예배,
신비를 만나다

예전·예배·성례전

Meeting Mystery: Liturgy, Worship, Sacraments

Copyright ⓒ 2006 Nathan D. Mitchell
All rights reserved.
This Korean Translation Copyright ⓒ 2014 ByBooks
This Korean edition is published by arrangement with Orbis Books, New York, U. S. A. through rMaeng2, Seoul, Republic of Korea.

이 책의 한국어판 저작권은 알맹2를 통한 Orbis Books와의 독점 계약으로 바이북스에 있습니다. 신저작권법에 의하여 한국 내에서 보호를 받는 저작물이므로 무단 전재와 무단 복제를 금합니다.

일러두기
1. 본문에 나오는 인명과 지명은 국립국어원의 외래어 표기법을 따르되, 《성서》에 나오는 인물이나 지명의 경우 개역개정을 따랐습니다.
2. 본문에 인용된 《성서》의 번역은 개역개정을 따르되, 의미상 연관에 따라 새번역을 따른 경우도 있습니다.
3. 본문에 인용된 가톨릭 전례문의 번역은 한국천주교주교회의에서 공인한 〈미사 통상문〉을 따르되, 다른 구절과 의미상 연관에 따라 영문을 직역한 경우도 있습니다.

예배,
신비를 만나다

초판 1쇄 인쇄 _ 2014년 3월 11일
초판 1쇄 발행 _ 2014년 3월 18일

지은이 _ 네이선 D. 미첼
옮긴이 _ 안선희

펴낸곳 _ 바이북스
펴낸이 _ 윤옥초
편집팀 _ 도은숙, 김태윤, 문아람
디자인팀 _ 이민영, 이정은, 김미란

ISBN _ 978-89-92467-82-7 03230

등록 _ 2005. 7. 12 | 제 313-2005-000148호

서울시 마포구 양화로 78 703호
편집 02)333-0812 | **마케팅** 02)333-9077 | **팩스** 02)333-9960
이메일 postmaster@bybooks.co.kr
홈페이지 www.bybooks.co.kr

책값은 뒤표지에 있습니다.

바이북스는 책을 사랑하는 여러분 곁에 있습니다.
독자들이 반기는 벗 — 바이북스

예배,
신비를 만나다

예 전 • 예 배 • 성 례 전

네이선 D. 미첼 지음
안선희 옮김

추천사

　제2차 바티칸 공의회가 가르치듯이, 예전 혹은 신성한 예배는 "그리스도의 사제직의 활동이며······ 사제이신 그리스도와 그의 몸 된 교회의 행위(전례헌장) 7항"다. 그러나 예배는 네이선 미첼이 일깨우듯, 각각 구별되지만 상호 의존적인 세 가지 예전이 만나는 교차점에서 발생한다. 세 가지 예전이란, "세상의 예전", "교회의 예전", 그리고 "이웃의 예전"이다.

　그러나 포스트모던의 시대, 곧 세상, 교회 그리고 이웃의 현실이 급격하게 변해버린 오늘날, 과연 예전은 어떻게 거행되고 있는가? 세상이 더 이상 유럽과 미국을 가리키는 말이 아니고, 지구가 더 이상 우주의 중심이 아니며, 세계가 말 그대로 지구촌이 되어버린 오늘날, 예전은 어떤 형태를 지녀야 할 것인가? 교회가 더 이상 서구의 교회가 아니고, 그리스도인의 3분의 2 이상이 소위 제3 세계, 아프리카, 아시아, 남미에서 비非그리스도인들에게 둘러싸여 살아가는 상황에서, 그리스도인들은 어떤 의례로 하나님을 예배할 것인가? 그리스도인들은 그들의 이웃이 더 이상 레저용 차량을 모는 이들이 아니고, 스타벅스 카페의 애용자들도 아니며, 대도시 근교에 거주하며 인터넷 서핑을 즐기는 중산층 시민도 아닌, 굶주린 이, 헐벗은 이, 목마른 이, 병든 이, 갇힌 이들이 되어버린 오늘날, 어떻게 하나님을 만날 것인가?

　《예배, 신비를 만나다》는 우리의 포스트모던 시대, 곧 다문화, 다종교, 글로벌한 세상이 그리스도인 삶에 제기하는 골치 아픈 질문들에 해답을 얻도록 도와준다. 이 책은 의례를 리듬감이 있는 반복적인 행동이라는 관점에서 성찰하는 것으로 시작한다. 영어 알파벳 R은 네이선 미첼이 가장 좋아하는 글자인 것 같다. 이 책에서 저자는 R로 시작하는 영어 단어들, 곧 "리듬rhythm", "반복repetition", "뿌리roots", "역할roles", "위험risks", "규칙rules", 그리고 "의례의 영역realm of ritual" 등의 어휘들을 중요하게 사용한다. 미첼은 "세상, 교회, 이웃이라는 삼위일체적 현실"에 대한 우리의 이해가 변화됨에 따라, 그리스도교 예배의 현실이 어떻게 도전받아 왔는지를, 앞에서 열거한 단어들의 개념과 범주를 따라가며 잘 보여준다.

이 책의 제1부에서 미첼은 우리의 상상력을 동원해, 의례를 머릿속에 다시 그려보도록 종용한다. 이를 위해서 우리의 상상력이 확장되고 치유되어야 한다고 말한다. 이는 예전이란, 의식들rites의 조합이 완성된 최종적 틀이 아니라, 세상의 물질들과 인간의 기술로 구성되어가고 있는 브리콜라쥬라는 사실을 이해하기 위함이고, 또한 우리가 사는 세상이 견고한 몸통과 잘 정리된 가지들을 가지고 하늘을 향해 서 있는 나무와 유사하기보다는 땅에 붙어서 이리저리 뻗어나가는 리좀rhizome: 뿌리줄기과 더 유사하다는 사실을 이해하기 위함이며, 나아가 예전을 거행하는 일이 세상을 뒤죽박죽으로 만들기 때문에 우리의 정신적 영적 건강에 해로울 수 있다는 사실을 이해하기 위함이고, 예배의 목표가 교회의 성장이 아니라 하나님 나라의 확장이라는 사실을 이해하기 위함이며, 예전이란 행하는 것을 말하는 것이기보다 말하는 것을 행하는 것임을 이해하기 위함이다.

이 모든 일들이 예전을 통해 일어날 수 있는 것은, 미첼이 이 책의 제2부에서 주장하듯, 예전이란 폴리포니polyphony: 다성 음악기 때문이다. 예배자는 예배 안에서 구술적 언어나 비非구술적 언어 등의 다양한 언어로 하나님뿐 아니라 다른 사람들과 말을 나누어야 하기 때문에, 진정한 예배는 다국어를 구사할 수 있는 사람이 지닌 것과 같은 능력을 요청한다. 그러나 예전의 기본 언어는 말word이 아니고 몸이며, 더 정확하게 말하자면, 시간과 공간 가운데서 일어나는 몸의 움직임이다. 예전은 주로 행위이기 때문이다. 예전이 말을 사용하는 경우에도, 예전은 서술적인 언어보다는 메타포, 곧 메타포적 표현에 특권을 부여한다. 예전은 본질적으로 송영이기 때문이다. 예배하는 공동체가 불길에 닿아 정화되고, 예수께서 명하신 대로 취하고 축사하고 쪼개어 나누어주는 네 가지 행동을 신실하게 수행할 수 있는 것은 예전의 다성적 상황에서만 가능하다.

미첼은 이 책의 결론에서, 의례란 원칙적으로 관계 맺기라고 말한다. 곧 의례란 우리와 하나님을 연결시켜주는 것이 무엇인지, 우리를 서로에게 연결시켜주는 것은 무엇인지, 우리를 공간과 시간, 그리고 역사에 연결시켜주는 것은 무엇인지, 나아가 우리를 세상과 지구planet에 연결시켜주는 것은 무엇인지, 마지막으로 우리를 기억과 욕망과 기대에 연결시켜주는 것은 무엇인지를 찾아내는 일이라고 말한다. 놀라운 이 책을 통해 독자들은 실제로 다양하고 풍성한 "연결점들"을 발견하게 될 것이다. 미첼이 앞에서 언급한 관계들 이외에도 독자들은 인류학자들, 프랑스의 현대 철학자들, 선불교 사상가들, 성서학자들, 시인과 소설가들, 신비주의자 및 예술가들과의 연결점들도 보게 될 것이다. 《예배, 신비를 만나다》는 단지 지적인 향연일 뿐만 아니라 넘치는 해학과 우아한 문체로 우리의 눈과 귀에도 큰 즐거움을 선물해 줄 것이다.

피터 C. 판

옮긴이의 말

　책을 읽는 내내 "친구가 있어 먼 곳에서 찾아오니, 이 또한 기쁘지 아니한가?朋友自遠方來 不亦樂乎"라는《논어》의 자구가 머리에서 떠나지 않았다. 그만큼 책을 읽는 기쁨이 컸다. 물론 저자 네이선 미첼은 베네딕도 수도회의 사제 수사 출신이며 미국 노터데임 대학교의 예배학 은퇴 교수이기에, 역자가 그의 친구가 되기에는 여러 모로 함량 미달임에 분명하다. 그는 신학적, 영성적, 인간적 깊이에서 역자가 감히 범접할 수 없는 인물이다. 그럼에도 책에 나타난 예배학 방법론과 예배 갱신 방향성을 놓고 보면, 그는 틀림없이 역자와 뜻을 같이하는 친구다. 학문에서 새로운 지식이나 정보를 전수하는 선생은 많아도 관점이나 입장을 공유하는 친구는 드물기에 책을 읽으면서 못내 반갑고 기뻤다.

　책에서 미첼은 그리스도교 예배를 객관적으로 이해하기 위해 그리스도교 신학이라는 울타리를 넘어 보다 넓은 학문적 시각에서 그것에 접근하는 입장을 취하고 있다. 프랑스 철학, 현대문학, 사회학, 선禪 사상 등을 두루 살피면서 그것들과 예배의 접점을 찾아내고 있다. 이는 예배가 무시간적이고 무공간적인 진공 상태에서 발생하는 것이 아니기에, 예배에 관한 연구는 사회 문화적 관련 속에서 수행되어야 한다는 입장에서 취해진 학문적 태도일 것이다. 나아가 그는 그리스도교 교리, 회칙, 교서 등에 들어있는 예배 이해를 문자적으로 수용하는 대신, 최근에 등장한 신학 사조들에 근거해 그것을 창조적으로 재해석하면서, 그 안에 면면히 흐르는 영성을 최대한 살리고 있다.

종합해서 말하면 미첼은 그리스도교 예배 전통에 관한 여러 인접 학문들의 연구 성과를 검토하는 데 그치지 않고 오늘의 중심적 신학 흐름에 기초해 이것을 신학화하려고 시도한다. 이런 신학적 의도 때문에 그는 예배를 단지 인간학적인 차원에서 의미를 창출해내는 행위가 아닌 '신비를 만나는 과정 meeting mystery'으로 이해하는 것이다.

한편 미첼은 예배와 그리스도교적 윤리 실천의 관련성을 추구하고 있다. 그에게 그리스도교적 윤리 실천은 예배의 적합성을 검증하는 기준이 된다는 점에서 이 둘은 서로 연결되어 있다. 지금까지 예배는 겉치레에 불과한 내용 없는 형식이라는 비판을 받으면서, 사회적으로 영향을 끼칠 수 있는 윤리 실천과는 관계가 없는 것으로 간주되어 왔다. 하지만 그는 예배를 세상을 바로 세우는 윤리적 행위와 긴밀한 연관 관계에 있는 것으로 파악한다. 그리고 이런 입장을 고수함으로써 예배학의 신학적 고립 내지 게토화를 방지하고 있다. 그러면서 그는 연결과 소통의 예배학으로 나아가고 있는 것이다.

책을 번역을 하면서 몇 가지 기준을 세웠다. 첫째, 책에 나와 있는 가톨릭 문헌이 우리말로 번역된 것일 경우 역자는 번역된 문헌에 명기된 표현이나 개념을 사용했다. 둘째, 미첼은 프랑스 철학과 신학 저술을 인용하는 경우 대부분 영역본에 근거했다. 따라서 역자는 이 부분들을 한글로 번역할 경우 이중 번역으로 인해 원래의 의미를 왜곡시킬 위험성이 있다고 판단해 인용된 프랑스 철학과 신학 저술의 우리말 번역본과 일일이 대조하면서 번역 작업에 임했다. 셋째, 미첼은 책에서 다양한 메타포를 통해 문학적 소양의 풍부함을 자주 드러내고 있다. 역자는 가능한 한 이런 그의 문학적 표현을 살리기 위해 의역보다는 직역을 선호했다. 그가 지적하는 바와 같이 메타포는 독자로 하여금 차이와 다름, 그리고 다양한 진실들을 풍부하게 대면하도록 도울 수 있다. 역자는 직역을 통해 독자에게 이런 메타포의 힘을 경험할 수 있는 기회를 제공하고 싶었다.

　책을 조금이라도 읽어 본 독자는 금방 감지할 수 있겠지만 미첼의 논의는 다양하고, 그 폭은 방대하며, 깊이 또한 심오하다. 꼼꼼하게 읽으며 되씹어야만 그와 의미 있는 학문적 대화를 나눌 수 있을 것이다. 그리스도교 예배를 오늘의 지평에서 새롭게 이해하고픈 일반인과 신학도에게 감히 일독을 권한다.

2014. 3. 1.

안선희

추천사 · 4
옮긴이의 말 · 7
프롤로그 · 14

제1부 예배의 하이퍼 리얼리티

제1장 의례의 뿌리 : 리좀, 웹, 말씀, 그리고 세상 · 27
포스트모던의 상황 · 32
나무 vs. 잡초: 포스트모던 문화 속에서 예전 다시 그려보기
상호 연관적인 차이의 문화: 구조주의를 넘어서 · 41
문화: 여러 방면으로 상호 작용하는 고원 | 말하기, 쓰기, 그리고 의미하기
응용 리좀학 · 55
말씀, 세상, 웹 | 웹으로서의 말씀 | 폴리포니로서의 말씀, "노마드 공간" | 말씀, 의식, 그리고 몸의 담론 | 기도의 규칙, 신앙의 규칙, 삶의 규칙 | 회심에로 부르심

결론 · 89
성찰을 위한 질문 · 94
독서를 위한 제안 · 95

제2장 의례의 역할과 위험성: 상징이 의미하는 방법 · 96
외례외 역할들 · 100
슬롯머신, 꽃, 인형, 젓가락 그리고 하이쿠의 공통적인 특징은 무엇인가? | 의례의 위험성
의례: 믿음에서 만남으로 · 121

결론 · 130
성찰을 위한 질문 · 132
독서를 위한 제안 · 133

제3장 의례의 규칙: 하나님 나라를 리허설하기 · 134

의례에 대한 예수의 응답 · 138
예수, 유대교 평신도 | 예수의 기도: 하나님의 이름을 거룩하게 하다

의례의 기억 · 160
두 번 생각하게 하다: 문화 비평가로서의 예수 | 가정생활에서의 의례에 대한 예수의 비평 | 한 분처럼 역사하지 않으시는 하나님의 의례들

결론 · 185
성찰을 위한 질문 · 194
독서를 위한 제안 · 195

제4장 의례의 영역: 다시 그려본 세상 · 197

전주 · 199
의례 · 203
손으로 그린 이야기들 | 그림으로 그린 기도들

의례를 위한 준비: 마음 비우기 능력 · 209
의례와 비유 · 216
비유 듣기 | 예수, "하나님 나라의 비유자" | 현대 비유들

계시로서의 의례 · 236
계시와 하나님의 신비 · 242
의례가 드러내는 것 · 248
결론 · 251
성찰을 위한 질문 · 254
독서를 위한 제안 · 255

제2부 폴리포니: 예전 언어들

제5장 몸 · 259
　초기 그리스도교의 몸에 대한 성찰 · 265
　신학의 장으로서의 몸, 그리고 그 몸의 근대적 복원 · 274
　그리스도교 인간학, 그리고 예전과의 연관 · 281
　　체현된 실존 | 몸의 운명 | 누가 몸의 주인인가? | 몸의 고유한 언어(vernacular)를 예배로 가져오기 | 몸의 고유한 언어와 예배 공간 | 몸과 역사
　변모된 몸, 변모된 세상 · 300
　경쟁의 자리로서의 몸 · 305
　　몸의 폴리포니 | 내러티브로서의 몸

　결론 · 315
　성찰을 위한 질문 · 317
　독서를 위한 제안 · 318

제6장 의례적 말하기와 메타포의 논리 · 319
　예전이 언어를 사용하는 방법 · 320
　태초에 메타포가 있었다 · 329
　인간의 메타포 · 335
　메타포가 신비를 만나다 · 339
　송영에 의해서 정의되다 · 353
　예전: 송영인가 상품인가? · 360

예전과 "소비자 종교" · 363
하나님을 여러 이름으로 부르기 · 368
예전 고유의 말하기를 재발견하기 · 375

결론 · 379
성찰을 위한 질문 · 382
독서를 위한 제안 · 383

제7장 부분들과 참여: 사역, 회중, 그리고 성례전 · 384

종 된 교회에서의 봉사 · 387
식탁을 위한 새로운 지형도 | 사역을 위한 새로운 지형도 | 안수받은 사역자를 위한 제2차 바티칸 공의회의 새로운 지형도 | 미(未)해결의 과제들 | 안수받은 성직자들의 예전에서의 역할 | 하나님 현존 가운데 봉사하기에 합당한 존재 | 불에 닿은 것처럼: 예배 회중이 되기

회중에서 성례전으로 · 422
다른 세계로 들어가기: 스스로를 변화에 내맡기기 | 성례전 다시 쓰기 | 아퀴나스: "실재하는" 그리고 "말할 수 있는 것"으로서의 인간과 세계 | 데이비드 존스: 이것을 다른 것으로 만들기 | 장뤼크 마리옹: 성례전적 선물

결론 · 459
성찰을 위한 질문 · 460
독서를 위한 제안 · 461

에필로그 · 463
미주 · 468
찾아보기 · 498

프롤로그

10여 년 전, 리처드 게일라데츠Richard Gaillardetz는 《예배Worship》라는 저널에 기고한 자신의 글에서 "북아메리카의 가톨릭 공동체는 '초월성transcendence 이 없는 공동체'를 추구하는 사람들과 '공동체가 없는 초월성'을 추구하는 사람들로 양극화되고 있다"고 언급했다.[1] 그로부터 10여 년이 지난 오늘날에도 게일라데츠 교수의 분석은 유효하고 타당하다. 이 표현은 교회와 사회를 온통 휘저어놓았던 "문화 전쟁"의 한 하부 현상으로서의 "예전 전쟁"을 일으켰던 두 입장의 불화를 가장 적절하게 묘사한 방식이기 때문이다. 게일라데츠가 지적한 바와 같이, 이런 갈등의 해결책은 "이것 아니면 저것"을 선택하는 것이 아니라, "둘 다"를 취하는 것이다. 예전 갱신에 대한 옹호자와 반대자 모두, 하나님과 공동체를 경외로운 동시에 일상적이며, 또한 일상적인 동시에 외경스럽다고 인정할 때에만, 비로소 공동의 기반에 이를 수 있다.

공동체는 사람들 사이에 이루어지는 교제의 또 다른 이름이다. 이 교제의 근원은 하나님의 내주하심이며, 이 공동체 안에서 "인간다움personhood" 이란 나 자신을 내어주는 관계로서 존재한다. 게일라데츠는 "하나님과 인간의 관계는 우리 인간들 사이의 관계와 경쟁 상태에 놓여 있지 않다. 이 둘은 동전의 양면과 같다"고 말한다.[2] 이와 비슷하게, 초월성은 타자성otherness의 또 다른 이름이다. 여기서 '타자'란, 굶주린 이, 헐벗은 이, 목마른 이, 병든 이, 갇힌 이, 가난한 이들처럼 우리가 볼 수 있고 들을 수 있는, 그래서 우리들 아주 가까이에 있지만, 불가사의하게도 저 너머에 존재하는, 우리가 어찌할 수 없는 현실을 명명하려는 시도이기도 하다.

《예배, 신비를 만나다》는 그리스도교 예전의 다양한 차원들, 곧 의례적, 사회적, 성례전적 차원들을 소개하고 있다. 나는 이 책을 비전문가들도 쉽게 읽을 수 있기를 기대한다. 이를 위해 깊이 있지만 너무 전문적이지 않고, 정통하되 난해하지 않으며, 명료하지만 상상력이 풍부한 글이 되도록 집필했다. 나는 로마 가톨릭의 관점에서 쓰긴 했지만, 다른 문화 및 다른 종교적 전통들과의 대화를 통해 풍성한 내용이 담기기를 기대했다. 이 책은 예전의 역사에 관한 저술은 아니다. 그리스도교 예배의 역사적 발전예식, 예식서, 예식과 예식문의 역사을 연구하고자 하는 독자들에게는 다음의 문헌들을 추천한다. 안스카 추풍코Anscar J. Chupungco, 1939~2013가 편집한 《예배학 핸드북Handbook for Liturgical Studies》, 옥스퍼드 대학교 출판부의 《예전 연구The Study of Liturgy》, 시릴 보겔Cyrille Vogel, 1919~1982의 대표작인 《중세 예전Medieval Liturgy: An Introduction to the Source》, 에리크 팔라초Éric Palazzo의 《예전서의 역사A History of Liturgical Books》 등이 그것이다. 그리스도교의 의례 및 상황 예식들에 나타나는 상징들을 다룬 최근의 개요서 가운데는, 버나드 쿡Bernard Cook, 1868~1952과 개리 메이시Gary Macy의 《그리스도교 상징과 의례Christian Symbol and Ritual》를 추천한다. 동방 그리스도교의 가장 중요한 예전들에 관한 연구는, 로버트 태프트Robert F. Taft, 1932~의 책, 《비잔틴 의식 약사The Byzantine Rite: A Short History》로 시작하는 것이 가장 좋을 것이다.[3]

나의 책, 《예배, 신비를 만나다》에서도 역사적인 세부 사항들이 가끔 다루어지긴 하지만, 이 책의 목적은 보다 넓은 맥락, 즉 동시에 세계화되고 포스트모던화된 컨텍스트에서 그리스도교 의례와 예전적 기도를 이해하도록 돕는 것이다. 포스트모던이란 용어에 대해서는 이 책의 제1장에서 다룰 것이다. 동양을 이해하고자 하는 시도 없이는 더 이상 서양을 이해할 수 없다는 사실이 점점 더 분명해지고 있다. 또한 종교 간 대화로부터 고립된 채로 그리스도교 교리를 토론할 수 없으며, 음악과 조각, 그림, 건축 등과 분리된 채로 의례의 예술을 해석할 수도 없다. 또한 다원적이고 포스트모던한 사회의 언어와 몸짓을 떠나서는 그리스도교 의례의 언행을 해석할 수 없다. 《예배, 신비를 만나다》는 그리스도교 예배의 독특한 전통을 부정하지 않으면서, "신앙과 문화"라는 보다 큰 틀 안에 그리스도교 예배의 전통을 위치시키고자 한다.

따라서 이 책은 독자들을 단순히 그리스도교 예배에 참여하는 자일뿐만 아니라, 진화하는 인간 역사의 주체인 동시에, 또한 세계와 우주의 시민으로 간주한다. 그런데 세계와 우주는 너무나 광대하고 복잡해, 하나님, 사람들, 그리고 지구와의 관계에 대해 지금까지 우리가 알고 있던 전통적이며 위안이 되었던 추측들을 근본적으로 뒤흔든다. 예를 들면, 우리는 오늘날 다음과 같은 사실들을 알게 되었다.

- 우주는 아마도 밀도와 온도가 무한대에 다다르면서도 실제로는 물리적 크기를 가지고 있지 않은 한 덩어리로부터 시작되었고, "무無차원"으로부터 시작된 우주의 팽창은 지금도 계속되고 있다.

- 우주에는 500억 개에 달하는 성운星雲이 있으며, 각각의 성운은 평균 20억에서 40억 개에 이르는 별들로 구성되어 있다.

- 지금까지 우리에게 알려진 우주의 끝에서 끝까지를 횡단하는 데 대략 150억 광년이 걸린다. 그러나 우주의 "끝"이란, 실제로 끝이 아니다.

• 우주는 엄청난 속도로 팽창하고 있지만, 이 광대함의 한편에 있는 원자를 구성하는 더 작은 입자들이 그 반대편에 존재하는 입자들과 순간 소통할 수 있는 것처럼 보인다. 실제로 말 그대로 '양존하는bilocate' 원자의 구성 입자들이 존재하는데, 이것은 동시에 두 개의 다른 지점에 존재한다는 뜻이다.

• 태양은 평균 정도의 크기와 강도를 지닌 별인데, 매 초마다 400만 톤이 넘는 물질을 소모하고 있으며, 앞으로 60억 년 더 생존할 것이다.

• 개미는 자기 몸무게의 50배를 들 수 있다.

• 성인 한 사람의 몸은 약 100조 개의 세포로 이루어져 있으며, 각각의 세포는 로스앤젤레스 시만큼이나 복잡하다.

• 대부분의 새들은 살짝 점프만 하고 바로 날아오르는 반면, 제트기는 안전한 이륙을 위해 거의 3마일의 활주로를 달려야 한다. 그러나 새가 불시착했다는 말은 들어본 적이 없다.

토마스 아퀴나스Thomas Aquinas, 1225~1274는 이미 13세기에 그리스도교 신학이 중세 이슬람 번역가들이 해석해놓은 그리스 철학자들의 지혜를 필요로 한다고 인식했다. 이와 마찬가지로 현대신학은 글로벌한 관점을 필요로 한다. 이는 내가 최근의 글에서 제시한 바와 같다.

오늘날 우리는 유럽과 미국이 지구의 중심이 아니며, 지구 역시 태양계와 은하계, 혹은 우주의 중심이 아니라는 사실을 안다. 우리는 이 행성의 자원이 무한하지 않을 뿐만 아니라, 인류의 미래가 지구 온난화, 궤도를 벗어난 운석, 혹은 순간적인 핵의 광기에 의해 갑작스럽고도 돌이킬 수 없는 방향으로 바뀔 수 있음도 안다. 우리 인간들, 곧 신학자들이 만물의 영장으로서의 인간 종種에 대해 자부심을 갖는 바로 그 인간들에 대해, 현대 천문학과 우주론은 '보다 큰 우주의 구조' 안에서의 인간의 위상을 더욱 냉철하게 평가하고 있다.[4]

《예배, 신비를 만나다》는 매 쪽마다 독자들로 하여금 그리스도교의 의례, 기도, 성례전은 서로 다르면서도 본질적으로 상호 의존적인 세 가지 예전들이 합류하는 교차점에서 발생한다는 사실을 기억하도록 초대한다. 여기서 세 가지 예전이란 "세상의 예전", "교회의 예전", 그리고 "이웃의 예전"이다. 이것이 바로 성찬식과 같은 성례전이 경제나 윤리로부터 분리된 채 이해될 수 없는 이유이기도 하다. 그리스도교 공동체는 결코 자신들만을 위해 예전을 거행하지 않는다. 세상 안에서, 세상을 위해, 나아가 "이 세상의 모든 생명들"을 위해 거행한다. 이 점에서 신자들은 창조주의 인도를 따를 뿐이다. 에이든 카바나Aidan Kavanagh, 1929~2006가 말했듯이, "세상은 창조주가 스스로를 드러내고, 매 순간 자기 자신으로 가득 채우는 기본 방식이다".[5] 하나님의 생명은 이 세상을 매개로 해서 퍼져나간다. 이는 20세기의 독일 신학자 카를 라너Karl Rahner, 1904~1984가 우리에게 상기시켜주는 바와 같다.

그리스도는 이미 이 땅의 모든 비천한 것들 사이에 계시고, 이 땅은 우리의 어머니이기 때문에, 우리는 이 땅을 떠날 수 없다. 그리스도는 모든 피조물들이 자신들은 알지 못하는 채로, 그의 몸의 영광에 참여하기 위해 기다리는 무언의 기대이시다. 또한 그리스도는 이 땅의 역사 안에 계시고 …… 모든 것을 변화시키신다. …… 그리스도는 우리에게 구걸하는 이 안에 거하시며, 구걸하는 이를 돕는 자에게 은밀하게 복을 내리는 분이시다. 또한 그리스도는 우리의 연약함 속에 거하시며, 결코 그 누구도 대적할 수 없는 힘을 가지셨지만 스스로 약함을 택하시는 분이시다. 심지어 그는 우리의 죄 한가운데 거하시며, 영원한 인내와 사랑으로 끝까지 함께하시는 자비로운 분이시다. 그리스도는 우리가 알아차리지 못하지만 항상 우리 곁에 있는 한낮의 빛이나 공기처럼 늘 우리와 함께 계신다. …… 그는 이 세상의 심장으로, 영원히 유효한 비밀스런 봉인으로 존재하신다.[6]

그러므로 예전적 기도는 사회적 교섭交涉이자, 우리와 하나님 사이의 인간적인 그 무엇이다. 예전을 가장 간단한 요소로 환원시키자면, (1) 리듬감 있고 반복적인 의례 행위, (2) 동시에 여러 목소리로 말할 수 있는 다성성polyphonic이다. 이 두 가지 요소는 《예배, 신비를 만나다》의 두 부분을 구성한다. 제1부 "예배의 하이퍼 리얼리티"는 제1장 의례의 뿌리, 제2장 의례의 역할과 위험, 제3장 의례의 규칙, 제4장 '다시 그려본 세계'로서의 의례의 영역에 대해 차례로 살펴본다. 더욱이 예전은 다국어를 사용한다. 이는 여러 가지 언어를 동시에 사용하는 것을 의미한다. 이러한 다성적 언어들은 제2부 "폴리포니"를 형성하는데, 제5장 "몸", 제6장 "의례적 말하기와 메타포의 논리", 그리고 제7장 "부분들과 참여 – 사역, 회중, 성례전"에 대해 차례로 살펴본다.

책을 읽어가면서 독자들이 포스트모던한 방식으로 예배학의 기초를 익힐 수 있기를 바란다. 앞에서 세상, 교회, 이웃이라는 세 가지 예전의 교차점에 대해 언급했듯이, 그리스도교 예배는 그 자체로 세상적인 것이다. 예배는 비단 이 세상의 풍요로운 물질들, 즉 물, 포도주, 빵, 기름, 소금, 빛, 향기 등

뿐만 아니라, 이 세상의 기술들도 사용한다. 즉 소리는 말과 노래로, 시각은 이미지와 도상圖像으로, 공간은 건축의 형태와 구조로, 움직임은 행렬과 춤으로 각각 확장되어 예배에 사용된다. 2,000년 이상을 지나오면서 그리스도교 예배는 그리스도교 예배로서 구별 가능한 고유한 형태로 집약되었다. 그러나 그 모든 것은 브리콜라쥬로 시작되었으며, 일상생활 가까이에 있는 세속적 의례의 레퍼토리들, 즉 만남, 결혼, 탄생, 매장, 씻음, 기름 부음, 식사 등으로 구성되었다. 그 어떤 예전도 처녀 생식의 방식으로 만들어진 경우는 없다. 심지어 예수의 죽음 예전, 예수의 십자가조차도, 로마 제국이 만들어 낸 기술적 언어, 즉 국가가 감독하는 사형 제도의 언어를 사용했다. 그러나 고문과 굴욕, 비인격화 등의 어휘는 독창적으로 고안되었다.

따라서 예전 역사가들이 의례의 계보와 가계도를 추적하려고 해도, 예배의 기원과 계보를 완벽하게 알아낼 수는 없다. 우리는 예수께서 친구들과 가지셨던 "최후의 만찬"을 그리스도교 성찬의 기원으로 언급하곤 한다. 그러나 예수의 식탁 사역이 유대인 평민으로 살았던 예수의 주변부적 삶의 경험과 관련되어 있으며, 동시에 고대 지중해 사회에서의 식사 관행과도 연관되어 있음을 우리는 안다. 그 당시에는 "누구와 함께 무엇을 먹느냐"에 따라, 그 사람의 사회적 위치가 강화되거나 반대로 강등당할 수 있었음도 우리는 안다.[7] 그러므로 성찬은 인간의 배고픔에 대한 일련의 역사와 연관되어 있으며, 그러한 역사는 우리를 인간 종의 시원으로까지 인도한다. 왜냐하면 사람을 사람답게 만드는 것은, 삶을 지속시키는 네 가지 현실들, 즉 음식, 불, 물 그리고 이야기로 기억되고 언어에 내재화된 경험이다.[8]

결국 예배학은 역사적 재구성으로 시작하지 않을 뿐만 아니라, "예배의 상징, 의식, 본문에 대한 우리의 경험"으로 시작하지도 않는다. 오히려 그것은 우리가 행하고 있는 것이 무엇인지 모른다는 냉철한 인식으로부터 시작한다. 이상하게 들릴지 모르지만, 루이마리 쇼베Louis-Marie Chauvet, 1942~가 《상징과 성례전Symbol and Sacrament》이라는 그의 중요한 연구에서 지적했듯이, 제2차 바티칸 공의회 이후 로마 가톨릭 예배에서 각 지역의 해당 언어를 사용한 결과 얻은 첫 번째 효과는 신자들로 하여금 "그들이 이해하지 못했던 것을 이해하도록" 만드는 일이었다. 쇼베가 주목한 것처럼 "예전의 기본 법칙은 '당신이 행하고 있는 것을 말하지 말라. 당신이 말하고 있는 것을 행하라'이다."[9] 이 말은 《예배, 신비를 만나다》에서 대단히 중요한 모토다. 예전의 가장 근본적인 목적은 인간을 "우주의 주인"으로 자리매김하지 않는 것이며, 오히려 우리에게서 권력과 지배와 통제의 욕망을 제거하는 것이다. 예전적인 의식은 주로 "의미가 나타나기 이전, 혹은 그 저변에서" 역할을 한다.[10] 이 점에 대해서는 제2장에서 더 상세하게 다룰 것이다. 요컨대 예전들은 기도 안에서, 혹은 기도로서의 '몸' 안에서, 몸 그 이상의 또 다른 내용을 가지고 있지 않다. 우리가 종종 너무나 많은 의미들을 예전에 부여한다 하더라도, 분명한 사실은, 우리 인간이 의식에 의미를 부여하거나 통제하거나 결정하는 것이 아니라, 의식이 우리 인간에게 의미를 부여한다는 것이다.[11] 의식들은 우리보다 더 오래전부터 존재해왔다.

예전은 "관련성"에 관한 것이다. 다시 말해 관계 맺기, 즉 연결되는 것, 그리고 연결을 만드는 것에 관한 것이다. 그것은 예전을 통해 우리가 하나님과 사람과 지구에 연결되고, 또한 공간과 시간, 문화와 역사에 연결되며, 나아가 다름과 타자성에, 그리고 기억과 기대에 연결되는 것을 말한다. 이는 캐서린 벨Catherine Bell, 1952~2008이 언급한 바와 같다.

사회는 종종 하나 이상의 의례 체계를 갖는다. 이때 의례 체계는 일반적으로 다양한 체계가 여러 겹으로 겹쳐지는데, 때로 서로 긴장 상태에 놓이기도 하고, 때로 상호 보완적으로 조화를 이루기도 한다. 중국과 아프리카의 그리스도인들은 양립할 수 없는 두 개의 의례 체계, 즉 한편으로는 조상 숭배에 해당하는 전통 의례 체계와, 또 다른 한편으로는 '우상 숭배'를 명백하게 금지하는 그리스도교 의례 체계 사이에 끼어 있다고 느낀다. 하와이의 전통 사회와 같은 몇몇 문화권들은, 비록 느슨하고 다양하며 때로는 하위 체계와 상충되기는 하지만, 비교적 잘 정돈된 의례 체계를 가지고 있는 듯 보인다. …… 중국의 종교는 …… 오랜 기간에 걸쳐 여러 단계의 의례적 삶들 사이에서 복잡한 상호 작용을 보여왔다. 여기에는 각 지역의 마을 종교도 포함된다. …… 다양한 지역적 단계들은 도교, 불교, 종파, 부족 연맹 등이 행하는 관습들에 의해 규정된다.[12]

그러므로 의례는 고립된 상태에서 발생하는 법이 거의 없다. 의례는 상호 보완적으로든 혹은 경쟁적으로든 무리 지어 움직이며 큰 체계를 형성한다. 내가 제1장에서 주장한 것처럼, 의례는 "리좀", 곧 뿌리줄기와 같다. 이때 뿌리줄기는 하나의 뿌리가 아니라 여러 뿌리들이 종종 무작위적으로 연결되어 있는 그물망과 같다. 의식은 나무보다 잡초를 닮아 있다. 나무는 가계도나 계보, 혹은 어떤 뿌리 중심의 조직과 같이, "기원, 토대, 존재론, 시작과 끝, 즉 뿌리와 관련된 것이다. 그러나 리좀, 곧 뿌리줄기는 연결, 동선, '그리고and'와 연관된 것이다".[13]

이제 그리스도교 의례와 예전적 기도에 관한 우리의 연구는 '관련성'들에 대한 연구가 될 것이다. 그 연결은 세상의 예전과 교회의 예전과 이웃의 예전을 이어주는, 끝없이 가변적인 조직과 같다. 내가 앞에서 언급했듯이, 그리스도교 예전과 예배, 성례전에 대한 좋은 소개서들은 이미 많이 나와 있다. 이 책에서는 그 책들에서 언급되지 않는 내용들을 독자들에게 소개하려고 한다. 나는 예배학을 공부하는 학생들과 일반 독자 모두에게, '예배에 대한 모든 것을 알고 있다'는 자신들의 생각에 의문을 던지도록 돕고 싶다. 또한 예전의 의미를 창출해내는 방식에 대해서보다는, 예수 그리스도와 성령 안에서 하나님을 만나도록 손짓하는 예전의 초청 방식에 대해서 대화하는 일에 더 많은 시간을 사용하고 싶다. 살아 있는 하나님과의 그러한 만남은 분명 괴로운 것이다. 그 결과 우리는 아마도 그간의 노고에 대해 자축하기보다는, 다리를 절뚝거리며 우리의 교회를 떠나야 할지도 모른다. 이제 우리는 결코 도달할 수 없는 목적지를 향해 여행을 떠나려고 한다. 이 여행의 목적은 말로는 도저히 담아낼 수 없는 경험들을 말에 담아보는 것이다.

제1부

예배의 하이퍼 리얼리티

의례의 뿌리

리좀, 웹, 말씀, 그리고 세상

"항상 배우라. 가르치지 말라ALWAYS LEARN, NEVER TEACH"는 아메리카 원주민의 짧은 이 격언은, 단 네 개의 단어를 가지고, 학생이 선생에게 줄 수 있는 위대한 선물을 잘 표현하고 있다. 지혜란, 가진 자가 가지지 못한 자에게 주는 그 무엇이 아니다. 지혜는 상호적인 관계에서 생겨나는 것이며, 대화와 교환을 통해 생겨나는 것이고, 듣는 데서부터 생겨나는 것이기 때문이다. 이는 6세기, 〈성 베네딕도 수도 규칙Rule of St. Benedict〉의 머리말에 기록되어 있듯이, 마음의 귀로 듣는 것으로부터 생겨난다. 폴리포니와 마찬가지로 지혜 역시 여러 목소리를 동시에 필요로 한다. 이 목소리들은 서로 조합하고 또 재조합하며, 때로는 서로에게 도전해가면서, 아름다움과 진리를 추구한다. 배움의 과정이란 결코 이미 끝나버린 일이 아니기 때문이다. 따라서 우리에겐 오랫동안 완결된 일로 여겨졌던 것에 대해서도 다시 조정하고 다시 그려보는 일을 마다하지 않는 지속적인 의지가 필요하다.

이 장에서는 독자들로 하여금 그리스도 예전과 성례전적 예배의 의미를 숙고해보도록 초대하려고 한다. 이를 위해 그 구조, 인간의 삶과 경험의 근원들, 그리고 변화하는 문화적 콘텍스트를 다시 그려보려고 한다. 약 45년 전에 발표된 제2차 바티칸 공의회의 〈전례 헌장〉은, 예전이란 살아 있는 다양한 역사적 문화 속에 구현된 공동의 의례 행위라는 점을 인정했다〈전례 헌장〉 14, 23, 37항. 가장 단순하게 정의하자면, "문화"란 인간들이 상호 작용하며 함께 살아가는 온갖 방식의 총합이다. 문화는 사람들의 사회적 접촉, 협약, 관습, 계약을 포함한다. 또한, 문화는 공유하는 언어와 문학, 예술과 작품들, 과학과 기술, 의미와 기억, 믿음과 행위, 도상과 이미지를 포함한다. 무엇보다도 문화는 사람들의 노래와 이야기 속에서 전해지고, 의례적 행위를 통해 시연되는 종교적 신념과 가치를 포함한다. 따라서 문화는 단지 그리스도인들이 그 안에서 예전을 거행해야 하는, 피할 수 없는 콘텍스트만은 아니다. 문화는 그리스도인들이 그들 가운데서 행하시는 하나님의 역사를 인식하고, 그에 응답하는 필수 불가결한 수단이다.[1] 교황 요한 바오로 2세Joannes Paulus II, 1920~2005는 그의 회칙 〈교회의 선교 사명Redemptoris Missio, 1990〉에서, 이 점을 명확하게 밝히고 있다. "성령께서는 모든 인간 가운데에서 활동하시는데, '말씀의 씨앗'을 통해 그리하신다. 성령은 인간의 활약에서 발견되신다." 그래서 "성령의 임재와 역사하심은 개인뿐만 아니라 사회, 역사, 민족, 문화, 그리고 다른 종교에도 작용한다28항."

따라서 문화에 관해 이야기하지 않고서는 그리스도교 신앙에 대해 이야기할 수 없다. 그리스도교 예전에 대해서는 더더욱 그러하다. 문화는 성령의 임재와 역사하심이 알려지고, 명명되고, 말씀과 성례전으로 기려지는 기본적인 자리다. 교황 요한 바오로 2세의 발언은 25년 전에 시작된 주제, 특히 제2차 바티칸 공의회 선언, 〈비그리스도교와 교회의 관계에 대한 선언 – 우리 시대Nostra Aetate〉와 〈현대 세계의 교회에 관한 사목 헌장 – 기쁨과 희망 Gaudium et Spes〉에서 제기된 주제를 확장시킨 것이다. 이 중에서 〈현대 세계의 교회에 관한 사목 헌장〉은 전 인류 가족과 교회의 연대를 선언했고, 가톨릭교회로 하여금 "모든 민족, 모든 인종, 모든 문화"에 속한 사람들과의 대화에 참여할 것을 촉구했다. 이 대화에서는 "그 누구도 배제하지 않아야" 하고, 특히 "어느 문화에 속한 것이든 상관없이 인간 정신의 드높은 가치를 고양하지만 그 원천인 창조주를 인정하지 않는 사람들이나 또는 교회를 반대하는 사람들까지"를 포함시켜야 한다〈사목 헌장〉 92항. 또한, 제2차 바티칸 공의회는 "우리가 살고 있는 세계의 기대와 열망, 그리고 때로는 극적이기도 한 그 특성을 인식하고 이해해야 한다"고 천명한다. 이때 세계란, "실제적이고 문화적인 변혁"이 일어나고 있는 세상이다〈사목 헌장〉 4항.

근대성modernity이란 물론 20세기의 산물이 아니다. 그 기원은 최소한 16세기까지 거슬러 올라간다. 이 시기의 사람들은 인쇄술의 발달로 온갖 정보에 혁명적으로 접근할 수 있게 되었다. 인문주의 학자들은 서구 문명의 근원인 여러 고전들에 주의를 기울이라고 요청했다. 그 고전들은 이미 인쇄되어 출판되어 있었기에 이런 요청이 가능했다. 이런 움직임으로 인해 인간의 역사와 그 기원, 진화, 그리고 변천 등에 대해 보다 깊이 이해할 수 있게 되었다. 18세기 유럽의 계몽주의 시대 동안 근대성은 현실을 구성하는 데 있어서의 인간 주체와 그 주체의 핵심적 역할들을 숙고하는 쪽으로 다시 한 번 방향을 바꾸게 되었다. 주체성에 대한 계몽주의의 관심은 인간 이성의 힘과 범위에 관한 점증하는 낙관주의로 구현되었다. 철학자들과 과학자들 모두는 사상가들과 연구자들의 능력에 대해 점차 확신을 가지게 되었는데, 이들의 능력이란, 인간 존재의 내부에서 작용하는 힘과, 그리고 인간 존재 바깥의 더 큰 우주에서 작용하는 힘들을 발견하고 측량하며 분석하는 것이었다.

20세기 중반에 이르러 근대성은 더 이상 모던하지 않은 것이 되었다. 세상이 점점 복잡해짐에 따라 생명과 우주의 신비를 꿰뚫는 "명료하고 분명한 생각들"이 갖는 힘에 대해 새로운 질문들이 야기되기 시작했다. 과학자들은 "상대성아인슈타인", "불확정성하이젠베르크", 그리고 "무작위성프리고진" 등이 현실의 구조를 지배하는 핵심적인 요소라고 말하기 시작했다. 심지어 현실 구조의 구성단위들의 불규칙한 움직임들조차도 상대성, 불확정성, 무작위성의 지배를 받고 있다고 주장하기 시작했다. 그 이후 과학은 엄청난 진보를 계속했지만, 그 대가도 컸다. 예이츠William Butler Yeats, 1865~1939는 1921년에 발표한 자신의 유명한 시, 〈재림The Second Coming〉에서 이렇게 썼다. "사물들이 부서진다, 중심이 유지될 수 없다 / 단지 무질서가 세상에 풀어진다. …… / 그런데 어떤 거친 짐승이, 그 시간이 드디어 되어, / 태어나려고 베들레헴을 향해 몸을 웅크리는가?"[2] 많은 사람들이 제2차 세계 대전에서 유대인을 조직적으로 학살하고, 히로시마와 나가사키에 원폭을 투하하는 것을 보면서, 예이츠의 말이 예언이 아닐까 하고 두려워했다.

아이러니하게도 로마 가톨릭교회가 〈현대 세계의 교회에 관한 사목 헌장〉을 통해 근대성과의 대화를 시작했던 그때, 세계는 다른 방향으로 움직이기 시작했다. 철학자들과 사회과학자들은 이 새로운 방향을 "포스트모더니티"라고 부르기 시작했다. "포스트모던"이란, 다양한 사회적 유형, 예술적 지적 운동, 그리고 기술적 혁신 등을 총칭하는 매우 넓은 개념이다.[3] 그러나 이 용어의 개념을 정확하게 정의하는 일에 너무 많은 시간을 할애할 필요는 없다. 포스트모던의 특징들은 너무 명백하고, 세상 어느 곳에서나 우리를 둘러싸고 있기 때문이다. 짐 파월Jim Powell이 그의 흥미로운 입문서,《초보자를 위한 포스트모더니즘Postmodernism for Beginners》에서 묘사했듯이, 포스트모던 문화는 절충주의와 파편화, 이미지와 파스티슈, 즉 모방 작품에 대한 집착으로 특징지어진다. 파월에 따르면, 포스트모던 시대의 도시 거주자들은 유쾌한 혼돈 속에서 살고 있으며, 그리고 앤디 워홀Andy Warhol, 1928~1987의 팝 아트와 같은 제품, 상품, 이미지들에 집착한다. 포스트모던 시대의 모든 것은 어떤 현실과도 연결되어 있지 않은 표면이고, 이미지에 중독된 시선에 스스로를 내맡겨버린 대중들이며, 현실이 제거된 채 그 껍데기만 남은 텔레비전 이미지들이고, 복제품이고, 키치, 모조품이며, B급 영화고, 싸구려 통속 소설이며, 광고, 모텔이며, 《리더스 다이제스트》류의 문화다. 단지 겉으로 꾸며진 얄팍하고 불필요한 문화다.[4] 요컨대 포스트모던 문화는, 휴대 전화, 비디오 게임, 텔레비전의 리얼리티 쇼, 미국 텔레비전 드라마 〈위기의 주부들〉로 대변되는 것이다. 사람들은 서로에게 하루 24시간 내내 "연결"되어 있으나, 실제로는 엄청난 소외감과 외로움을 느끼며 살고 있다.

그러나 포스트모더니즘이 단지 표피, 파편, 고립, 그리고 나쁜 소식에 관한 것만은 아니다. 나는 그것이 갖는 긍정적인 측면을 강조하고 싶다. 제1장에서는 독자들로 하여금 포스트모던 문화에 대해 독창적으로 사고해보도록 초청할 것이다. 특히 후기 자본주의, 미국과 같은 산업화된 서구 사회에 나타난 포스트모던 문화를 상상력을 가지고 들여다보도록 안내할 것이다. 그러나 미국 사회에만 국한시키지는 않을 것이다. 따라서 이번 장의 첫 번째 부분에서는 포스트모던 상황에 대해 대화를 시도할 것이고, 포스트모던 문화가 상호 연관된 차이들의 네트워크를 창출해낸다고 제안할 것이다. 여기서 네트워크의 모습은 그 네트워크 안에서 꽃을 피우고 있는 여러 기술들을 닮아 있다. 예컨대 웹, 인터넷, 아이팟, 휴대 전화 등의 정보 기술 등이다.

이번 장의 두 번째 부분에서는 웹과 같은 포스트모던 기술을 가지고, 어떻게 그리스도인들이 인류와 대화하시는 하나님의 소통 방식인 말씀을 이해할 것인가, 그리고 어떻게 그리스도인들이 세상, 곧 하나님의 말씀이 장막을 치고 거하기로 선택한 곳(요한복음 1장 14절)을 이해할 것인가에 대해 밝히려고 한다. 그런 다음, 포스트모던 시대를 살아가는 우리의 삶의 경험, 문화, 그리고 기술이라는 관점에서, 의례를 다시 그려봄으로써, 그리스도교 예전에 대해 연구를 시작할 것이다.

포스트모던의 상황

나무 vs 잡초: 포스트모던 문화 속에서 예전 다시 그려보기

미국의 시인 린다 그레그Linda Gregg, 1942~ 은 자신의 시집 《사자에게 선택된Chosen by the Lion》에서 하나님에 대해 다음과 같이 썼다. "세상의 무릎에서 꿈꾸며 누워계시는 이, 올빼미들이 깊은 침묵 속에서 영혼의 달콤함을 지킬 것임을 아시는 이, 항상 시詩에 대해 생각하시며 기쁘게 호흡하시는 이", 또한 "그물에는 고기가 많이 있다고, 이번에는 마음의 그물 속에 고기가 많이 있다고 속삭이시는 이시다".⁵ "세상의 무릎에서 꿈꾸며 누어계시는" 하나님은 물론 이해할 수 없을 정도로 가까이 계시지만, 그러나 직접 대면하기는 어려운 분이다. 즉, 하나님은 계시지만 안 계시는 것처럼 느껴지는 분이다. 그분의 진리는 말로 표현하려고 할 때 오히려 사라져버리고, 그분의 은총은 광대하지만, 너무나도 좁은 문을 통해서 스며 나온다.

그렇게 의도한 것은 아닐 수도 있지만, 그레그는 포스트모던 문화를 살고 있는 많은 사람들이 인식하는 하나님 경험에 주목하도록 우리의 주의를 환기시킨다. 포스트모더니티는 사실 21세기의 경험들, 적어도 서구 산업 문명의 많은 경험들을 형성해주는 피할 수 없는 상황이 되었다.⁶ 영국의 신학자 그레이엄 워드Graham Ward, 1955~ 는 다음과 같이 썼다.

근대성의 사고思考는 원, 입방체, 나선, 심지어 이중 나선과 같이 확정된 형태의 지배를 받았다. 그러나 포스트모더니티는 리좀과 같은 불확정적인 형태로 표현된다. 여기서 모더니티란, 16세기 후반, 곧 자본주의, 기술, 그리고 전체가 아닌 개별 주체로서의 개인에 대한 숭배가 급속히 발달하기 시작했던 때부터 시작되었다. 반면 포스트모더니티는 시기라기보다는 상황에 가깝다. 한 형태로서의 리좀은 단일 조직으로도, 혹은 복합 조직으로도 정리될 수 있는 것이 아니다. 그것은 단위들이 아닌 국면, 혹은 움직이는 방향들로 구성되어 있기 때문이다. 그것은 시작도 끝도 없으며, 다만 성장해나가고 넘쳐흐르는 중간이 있을 뿐이다.[7]

워드 같은 학자들은 기원후 1,000~2,000년 동안 서구 사회의 문화적 풍토가 바뀌었다고 말한다. 이 변화, 곧 전통에서 근대로, 근대에서 포스트모던으로의 변화는, 처음엔 서서히 진행되다가 후에 급속히 진행되었다. 전통적인 문화는 안정, 규칙성, 질서, 그리고 반복을 중시한다. 그리고 근대 문화는 혁신, 참신함, 그리고 역동성에 강조점을 두고 있다.[8] 그러나 전통문화와 근대 문화는 대단히 중요한 공통점을 가지고 있다. 양자 모두 결정된 구조와 형태를 중시한다는 점이다. 예컨대 미국의 경우 헌법을 제정한 "건국의 아버지들"은 18세기 유럽 계몽주의에 강한 영향을 받은 정치적 혁신주의자들이었다. 그들은 인간의 이성을, 미신과 억압된 인간 지성을 치유하라고 하나님이 주신 해독제라고 귀하게 여겼다. 또한 그들은 인간의 이성을, 사회적 진보와 과학적 진보를 위한 적절한 토대로 삼았다. 이것이 존 애덤스John Adams, 1735~1826나 토머스 제퍼슨Thomas Jefferson, 1743~1826 같은 사람들이 영국 제국주의에 대한 식민지 주민의 저항을 지지하면서도, 무정부주의를 경계했던 이유다. 미국 독립 전쟁에서 승리를 거둔 후, 이들 건국의 아버지들은 즉시 성

문화된 헌법을 제정해 질서를 회복하려고 했다. 이어서 이들은 입법, 사법, 행정부 등이 서로를 견제하면서도 균형을 이룰 수 있는 정부 조직을 확립했다. 미국의 "자유"와 "민주주의"는 그 자체로는 혁명적인 발상이었지만, 실제로는 정치 제도를 신뢰했고, 인간의 임의적인 변덕을 통제하기 위해 법치 제도를 제안했다. 건국의 아버지들은 근대적이었으나, 전통문화에서와 마찬가지로 형태와 조직을 선호했다.

그러나 20세기 중반에 출현하기 시작한 포스트모던 문화는 세상의 일관성과 자연을 분석하는 이성의 능력에 대한 근대의 확신에 도전했다. 모더니티는 구조와 안정성을 선호한 반면, 포스트모더니티는 불확정성, 과정, 그리고 움직임을 선호했다. 이것이 앞에서 인용한 대로, 그레이엄 워드가 근대 문화의 확정된 형태와 포스트모던 문화의 불확실한 유동성 사이의 차이에 주목할 것을 요청한 이유다. 여기서 근대 문화의 확정된 형태란, 원, 입방체, 피라미드, 나선 등을 말한다. 반면에 포스트모던 문화에서는 구조들은 단지 표면에만 존재하는 것처럼 보인다. 이것은 마우스를 가지고 단 한 번 클릭함으로써, 컴퓨터에서 완전히 삭제될 수 있음을 뜻한다. 워드와 다른 학자들은 모더니티와 포스트모더니티의 기본적 차이를 설명하기 위해 대조적인 이미지들을 사용한다. 워드가 제시한 것처럼, 포스트모던 문화는 굳건한 뿌리와 견고한 몸통, 가지 등을 가지고 하늘을 향해 서 있는 "나무" 같은 조직이기보다는 무작위로 연결된 뿌리들의 수평적 네트워크인 "리좀" 같다.

단순하게 말하자면, 포스트모던 문화는 단풍나무 숲보다는 잡초가 우거진 풀밭과 같다. 잡초를 뽑는 일을 해본 사람이라면 잡초들의 뿌리가 두더지가 파놓은 미로 터널과 닮아 있음을 알 것이다. 파월에 따르면, 잡초 풀밭은 하나의 중심 뿌리 대신에 "수많은 뿌리들로 형성되어 있으며, 그중 어떤 것도 중심 뿌리가 아니며, 그것으로부터 사방팔방으로 서로 연결되며 일정한 틀이 없는 네트워크를 형성한다. 이 네트워크 안에서는 어떤 마디도 다른 그 어떤 마디와 연결될 수 있다". "잡초" 문화는 동시에 여러 방향으로 끊임없이 움직이며 흘러가고 돌진해 나아간다. 다시 말해, 잡초 문화는 그 어떤 일관성 있는 형태도 형성하지 않는 문화다. 반면에 "나무" 문화는 "기원, 기초, 존재론, 시작과 끝, 다시 말해 뿌리"에 관심을 둔다.[9] 이번 장에서 나는 근대 후기의 "나무" 문화에서 포스트모던의 "리좀" 문화로의 전환을 분석해보려고 한다. 왜냐하면 이 전환이 산업화된 서구 사회에서의 예전과 성례전에 대한 우리의 이해를 새롭게 정립하게 해주는 계기이기 때문이다.

나무를 닮은 문화와 잡초를 닮은 문화의 차이에 대한 논의는, 20세기 후반의 프랑스 사상가인 질 들뢰즈Gilles Deleuze, 1925~1995와 펠릭스 가타리Félix Gattari, 1930~1992에 의해 진행되었다. 이들은 《앙띠 오이디푸스Anti-Oedipus》,《리좀Rhizome》과《천 개의 고원A Thousand Plateaus: Capitalism and Schizophrenia》[10]을 위시해 여러 영향력 있는 저술들을 함께 출판했다. 이들의 공동 작업은 세상에 대한 우리 이해, 우리의 살아온 경험들과 이미지들 사이의 밀접한 관련을 밝혀주었다는 점에서 가치가 있다. 들뢰즈와 가타리는 이미지란 단순한 형태나 모양이 아니라고 지적한다. 이미지란 오히려 현실을 보이는 대로 이해하고 인식하게 해주는 시각 혹은 렌즈에 해당한다. 잘못된 렌즈를 사용하면 제대로 볼 수 없다. 잘못된 이미지를 사용하면, 현실을 제대로 파악하지 못하게 된다. 들뢰즈와 가타리는 16세기에서 20세기까지 세상에 대한 인간의 이해를 지배해 온 이미지가 "나무"였다고 주장한다. 굳건한 뿌리 위에 위계질서로 조직된 체계로서의 나무 안에서 각 부분은 유기적 전체를 이루어, 하나의 나무를 이룬다. 이러한 "나무" 이미지로 사람들과 문화, 그리고 그 관계들을 이해해왔던 것이다. 이들은 계속 주장하기를, 이런 세상에서는 모든 사람에게 각자의 위치가 있고, 모두는 이 사실을 알고 있다고 한다. 마치 무대 위의 배우처럼 모든 사람은 각자 등장인물로서의 자신의 역할을 충실히 감당할 뿐이다. 지도자는 지도한다. 발명가들은 발명한다. 작가들은 글을 쓴다. 화가들은 그림을 그린다. 과학자들은 발견을 한다. 전사들은 싸운다. 그러나 이미지, 즉 렌즈, 시각을 바꾸어보면, 세상은 갑자기 아주 다른 곳으로 변해버린다. 그들의 저서에서 들뢰즈와 가타리는 이렇게 묻는다. "세상이 '나무'가 아니라 서로 연결된 다양한 것들의 네트워크로, '잡초 풀밭'으로 우리에게 나타난다면?"

들뢰즈와 가타리는 우리가 어떻게 세상을 인식하고 경험하며 해석해야 하는가에 대해 깜짝 놀랄 만한 질문을 던진다. 이들은 1960년대와 1970년대 사이의 유럽의 철학, 정치학, 정신분석학을 지배했던 두 가지 사상의 흐름에 도전장을 내밀었다. 그 하나가 구조주의structuralism로, 프랑스의 영향력 있는 인류학자인 클로드 레비스트로스Claude Levi-Strauss, 1908~2009의 저서가 그 입장을 대변한다. 레비스트로스는 근대 이전의 전통문화에 관한 연구로 유럽과 미국 전역에 큰 영향을 끼쳤고, 많은 학자들이 그와 입장을 같이 했다. 다른 하나는 국가철학state philosophy으로, 들뢰즈와 가타리는 이 용어를 유럽과 북미의 자유 민주주의 국가를 포함한 대부분의 현대 국가들이 그 기초를 두고 있는 이념이라고 보았다.[11] 이 사상의 흐름을 살펴보면 포스트모던 사상가들이 이 두 가지 사상에 대해 왜 그리 강력하게 반발했는지를 알게 될 것이다.

들뢰즈와 가타리는 "국가철학"이 인간과 인간들이 형성하는 사회관계를 확정된 형태와 구조, 그리고 이미지가 지배하는 대단히 수직적인 위계질서의 관점에서 이해했다고 분석하고 있다. 예를 들어, "나무"의 이미지를 살펴보자. 나무 이미지는 문화를 하나의 중심 뿌리에서 뻗어 나온 유기체로 이해하도록 권한다. 이렇게 형성된 식물, 즉 나무는 지배와 종속, 우월함과 열등

함으로 구성된 식물학적 심포니로, 질서 정연하게 통제되는 세상과 문화를 제시한다. 이들은 주장하기를, 서구에서는 그런 나무 이미지에 따른 사고가 철학에서부터 정신분석학에 이르기까지, 나아가 국정 운영에 이르기까지 모든 부문에 적용되어 왔다고 한다. 여기에는 플라톤Platon, B.C.428~B.C.347의 철학, 프로이트Sigmund Freud, 1856~1939 정신분석학, 그리고 초강대국의 전체주의적 이데올로기 등이 포함된다. 플라톤은 현상계material world를 이데아계realm of ideal form에서 뻗어 나온 무수한 발현이라고 보았다. 프로이트는 모든 심리적 과정은 근본적으로 오이디푸스적 갈등에서 나온다고 보았다. 초강대국의 경우, 자신들의 정치적 경륜이 보편적이고 절대적인 것이라고 여겼다.

들뢰즈와 가타리는 계속해서 주장하기를, 근대 "국가철학"의 실수는 질서와 구조, 그리고 개인의 자유와 개성에 대한 존중 등에 관해 말만 했지, 실행하지는 않았다는 것이다. 이들은 계속해서 지적하기를, 국가철학은 그들이 창안한 문화와 구조에 대해, 획일적으로 접근했다는 것이다. 또한 국가철학은 어떤 시대나 어떤 장소를 막론하고 모든 사람들이 공통의 계보를 가지고 있다고 상정한다. 여기서 공통의 계보란, 동일한 정체성에 '뿌리나무 메타포'를 둔 동질성과 일관성이라는 특징, 혹은 공유된 내적 본질을 뜻한다.[12] 그런 상황에서는 사람들이나, 문화들 사이의 진정한 차이는 무시당하거나 소홀하게 취급된다. 더 나쁜 것은 국가철학에서는 사람과 그 문화를, 국가가 자신을 드러내거나 또는 국가의 목적을 실현하는 도구 정도로 여긴다는 점이다. 그러나 이때 국가 자체도 비非인간화되어 있으며, 그래서 추상적이다. 이런 상황에서는 성찰할 줄 아는 시민들조차도 정치적 선전으로부터 벗어나서, 예를 들면 투표 같은 공적 담화의 영역에서 비판적 기능을 감당하기가 점점 더 어려워진다. 사실상 국가는 시민 사회를 마치 국가가 전액 출자한 자회사처럼 합병해, 시민들을 정부의 정책과 목표와 시책 등에 애국적인 응원만을 보내는 치어리더로 전락시켰다. 이제 시민들은 더 이상 자유롭고 독자적인 비판자의 역할을 할 수 없게 되었다. 따라서 국가철학에 따르면, 합리적으로 사고하며 순응하는 사람은 궁극적으로 "좋은 시민"일 뿐만 아니라, 국가는 "스스로를 원칙적으로 '한 공동체의 가장 합리적이고 이성적인 조직'이라고 규정하고" 있다. 그러나 들뢰즈와 가타리의 눈에는, 국가가 그 어떤 공동체나 혹은 모든 공동체에게 가장 합리적이고 이성적인 조직이라고 주장하는 것처럼 보인다. 만일 이성과 국가가 형제자매라면, 또는 같은 부모에게서 나온 쌍둥이 가지라면, 나무 이미지가 얼마나 강력하게 특정한 행동들을 촉발할 수 있는지, 또한 왜 근대의 자유 민주주의조차 사회적 순응과 복종에 대해 그렇게도 역점을 두는지를 감지할 수 있을 것이다. "항상 복종하라. 더 많이 복종할수록 더 많이 지배하게 될 것이다. 왜냐하면 당신은 순수한 이성, 다른 말로 하면 바로 너 자신에게 복종하는 것이기 때문이다."[13]

들뢰즈와 가타리는 계속 주장하기를, 국가철학과 그것을 지지하는 대중의 네트워크가 전개시켜나가는 이데올로기란 바로 이런 것들이라고 한다. 이때 네트워크란, 사회적, 정치적, 종교적, 학문적 네트워크 등을 포함한다. 그런데 들뢰즈와 가타리가 《앙띠 오이디푸스》에서 썼듯이, 그러한 현상은 서구 세계의 일상적인 상황에서 벗어나서 과거로 회귀하는 것이며, 전체주의 이데올로기에 빠지는 것이다. 왜냐하면 "오늘날 우리는 파편화된 벽돌과 잔해의 시대에 살고 있으며 …… 한때 존재했었던 근본적인 총체성을 더 이상 믿지 않으며, 또는 언젠가 우리에게 나타날 최종적인 총체성도 믿지 않기 때문이다".[14] 우리의 세상은 더 이상 말끔하게 수직적으로 조직된 형태와 구조의 세상이 아니며, 파편과 조각들, 그리고 잔해들로 가득한 세상이다. 예이츠는 옳았다. "중심이 유지될 수 없다." 가차 없는 소비주의와 빈약한 자원에 대한 강력하고 무한한 경쟁의 시대 속에서, 사람들, 문화, 그리고 심지어 종교 공동체 안에서의 양극화 현상이 심화되고 있다. 오늘날 경제학자와 정치가들은 지구화globalization에 대해 말하고 있다. 또한 문화 분석가들은 놀라운 정보 기술로 거리와 차이가 극복되고 세계는 하나가 될 것이라고 자신 있게 예언하고 있다. 그러나 실제로는, 한편으로는 경제적인 요인으로 인해 지구 상의 가진 자와 가지지 못한 자들 사이의 간격이 점점 더 벌어지고 있으며, 다른 한편으로는 이념적이고 종교적인 요인으로 인해 그 간격이 더욱 벌어지고 있다. 여기서 이념적이고 종교적인 요인이란 북미를 포함한 세계의 모든 지역에 강력한 영향을 끼치는 근본주의fundamentalism다.

우리로 하여금 세상을 인식하고 경험하며 해석하기 위해 우리의 이미지, 즉 우리의 렌즈, 우리의 시각을 바꾸도록 도전함으로써, 들뢰즈와 가타리는 우리로 하여금 포스트모더니즘이란, 철학이기보다 하나의 문화적 상황이라는 사실을 인식하도록 돕는다. 이런 문화적 상황은 "나무 중심적" 사고의 지배를 받아온 근대적 프로젝트가, 스스로 취한 잘못된 입장 때문에 자신이 희생물이 될 때 발생한다. 사실 우리 세상은 그 부분들을 정확하게 분석할 수 있는 일목요연한 전체가 아니고, 또한 그 세상에 속한 사람들도 "동일한 정체성에 뿌리를 둔 공유된 내적 본질", 곧 동일한 계보를 가지고 있는 것도 아니다. 제2차 바티칸 공의회의 〈현대 세계의 교회에 관한 사목 헌장〉은 전 인류에게 공동의 소명과 공동의 운명이 있다는 사실을 지목한 점에서는 분명 옳았지만〈사목 헌장〉 22항, 그렇다고 이것이 곧 부유한 자와 가난한 자를 나누고, 가진 자와 가지지 못한 자를 나누며, 권력 있는 자와 힘없는 자를 나누고, 영향력을 가진 자와 그렇지 못한 자를 나누는 현실적 차이를 부인하는 것은 아니었다. 들뢰즈와 가타리는 나무의 메타포가 우리의 사고를 지배하도록 허용한다면, 오늘날 이 세상에서 사람과 사람을 격리하거나 혹은 연결해주는 것이 무엇인지, 또한 한 문화와 다른 문화 사이를 나누거나 혹은 연결해주는 것이 무엇인지를 파악하는 일에 실패할 것이라는 점을 보여주려고 애쓰고 있다.[15] 우리들이 사는 세상은 나무처럼 하나의 뿌리에서부터 발생하는 단일 문화 세상이 아니다. 오히려 그것은 풀밭의 잡초처럼 동시에 사방팔방으로 뻗어나가는 다문화 세상이다. 그러한 세상 속에서의 통합은 문화적 차이를 부정하는 데서 가능한 일이 아닐 뿐만 아니라, 그 차이들을 획일화하는 데서 가능한 일은 더더욱 아니다. 오히려 문화적 차이들이 지니는 중요성을 인식하고, 각 문화의 특이성을 인정하며, 나아가 각 문화의 특성이란 결코 지워질 수 없다는 사실을 인정할 때 통합이 가능해진다. 들뢰즈와 가타리가 주장하듯, 우리는 "나무형 통합"을 경축할 것이 아니라, "이론, 정치, 그리고 일상의 삶 속에서의 차이와 다양성"을 경축해야 할 것이다.[16]

이것은 결코 쉬운 일이 아니다. 왜냐하면 '나무 이미지'가 식물학에서 정보학, 그리고 신학에 이르기까지 글자 그대로 모든 서구적 사고를 형성하고 또 지배하고 있기 때문이다.[17] 더욱이 들뢰즈와 가타리가 사회적 삶과 문화를 분석하기 위해 대안으로 제시한 모델인 "리조메틱" 혹은 "노마딕" 모델은, 나무 중심 사고가 갖는 경화되고 위계질서적이며 전체주의적인 성향에 정면으로 반대되는 것이기 때문이다.[18] 이러한 모델들 사이의 차이가 곧 나무와 잡초 사이의 차이와 유사하다고 말하는 것은 들뢰즈와 가타리의 관점을 확인해주는 것이다. 이들의 관점이란, 다多국면적 이미지가 인간의 문화, 행위, 경험, 사고, 예술, 그리고 관계를 이해하는 데 더 좋은 방법을 우리에게 제공해준다는 것이다.

상호 연관된 차이의 문화: 구조주의를 넘어서

들뢰즈와 가타리가 우리로 하여금 다시 그려보도록 도전하는 두 번째 생각의 흐름은 구조주의다. 국가철학에 관한 그들의 비판과 마찬가지로, 구조주의 인류학에 대한 그들의 비판도 나무에서 잡초로의 이미지 전환에 그 기초를 두고 있다. 다양한 문화를 이해하기 위한 그 비판의 결과들 또한 그러하다. 《리좀》과 《천 개의 고원》의 두 작품 모두 그러한 이미지들을 풍부하게 담고 있으며, 컴퓨터 기술과 인터넷 연결 등에 관해 조금이라도 아는 사람이라면 누구나 들뢰즈와 가타리가 리조메틱 사고와 문화를 어떻게 그려내고 있는지를 직관적으로 알아차릴 수 있을 것이다. 매우 많은 요소들이 리좀에 관한 그들의 견해와, 인간의 경험과 관계들을 이해하는 그들의 방식을 형성하고 있다. 이 가운데 처음 두 가지 요소들은 들뢰즈와 가타리가 "연결과 이질성의 원칙principles of connection and heterogeneity"이라고 부른 것으로부터 나온 것이다. 이 쌍둥이 원칙은 리좀 체계 안에 있는 어떤 지점도 다른 그 어떤 지점과도 직접 연결될 수 있어야 한다고 요구한다. 즉, 이것은 처음부터 리좀이 위계질서에 따른 명령 계통보다는 구글 검색을 닮아 있다는 뜻이다. 참으로 리좀은 위계질서에 반하는 것이며, 두더지 굴 혹은 떼를 지어 사는 동물과 같은 특성을 지닌다. "들쥐들은 리좀이다. 두더지 굴도 그러하다. 이 두 가지 모두 은신처, 공급, 움직임, 도피, 그리고 탈주의 다양한 기능을 감당한다는 점에서 그러하다. 들쥐들이 모여들 때, 그들이 이루는 리좀의 형태는 매우 다양하다. 리좀에는 가장 좋은 것과 가장 나쁜 것이 다 들어 있다. 감자와 잡초처럼 말이다. 리좀의 어떤 지점도 다른 어떤 지점과도 연결될 수 있고, 또한 연결되어야만 한다."[19] 따라서 "리좀"의 이미지는 위계질서에 따른 단일한 구조가 아닌, "끝없이 상호 연관된 차이difference"의 세상을 제시한다.

언어를 예로 들어보자. 언어는 문법과 통사론統辭論으로 조직되어 있지만, 실제로는 위계질서에 따른 체계가 아니다. 오히려 그것은 다음과 같다.

> 언어는 사방팔방으로 마구 뻗어나가는 덩이줄기를 닮아 있다. 또한 언어에는 언어학적 요소뿐만 아니라 인식, 흉내 내기, 몸짓, 그리고 지각의 요소들이 들어 있다. 언어 자체로만 이루어진 언어란 없으며, 따라서 언어학적 보편성이란 것도 없다. 다만 방언, 특수어patois, 은어, 그리고 업계의 전문 용어 등이 있을 뿐이다. 이상적인 화자와 청자도 없으며, 단일한 언어 공동체 또한 없다. 언어는 본질적으로 이질적 현실 그 자체다. 따라서 모국어란 없으며, 정치적 다양성 안에서 지배적인 언어가 행하는 힘이 존재할 뿐이다. 언어는 하나의 교구, 하나의 주교 관할 지역, 혹은 하나의 수도 주변에서 고착된다. 그것은 하나의 구근球根을 형성한다. 그것은 땅 밑의 가지로부터 자라나며, 강가의 마을들이나 기차의 선로를 따라 흘러간다. 그것은 또한 기름처럼 번져나간다. …… 언어는 기능적으로 노쇠하는 경우를 제외하고는, 스스로를 멈추는 법이 없다.[20]

들뢰즈와 가타리에 따르면, 결국 언어란 지시된 질서나 순서, 혹은 언어를 잘 사용하는 사람에게 주어지는 힘으로서의 권력에 관한 것이 아니라, 무언가 새로운 것을 말하는 혁신과, 그리고 다양한 연결에 관한 것이다.[21]

나앙싱 혹은 다구면성은 실제로 리좀에 있어서 세 번째로 주목할 만한 특징이다. 이 특징은 리조메틱 사고를 20세기 중반에 대부분의 서구 철학을 지배했던 구조주의와 충돌하는 상황으로 몰아간다.[22] 명석한 인류학자인 클로드 레비스트로스의 지지를 받는 프랑스 구조주의는 인간의 정신과 인간 사회의 기본 구조를 밝히고 또한 총망라하려고 노력했다. 이를 위해 인간의 삶 어디에서나 발견되는 기본적인 차이점, 이항 대립 쌍을 분석했다. 여기서 기본적인 차이란, 자연과 문명 사이의 차이, 날것과 익힌 것 사이의 차이, 남성과 여성의 차이, 동족결혼과 이족 결혼의 차이, 인사이더와 아웃사이더의 차이 등이다.

그의 기념비적 작품인 《신화학 1The Raw and the Cooked: Introduction to a Science of Mythology》의 서두에서 레비스트로스는 그의 프로그램을 명확하게 밝힌 바 있다.

이 책의 목적은 경험적 범주들이 어떻게 추상적 이념들을 상세히 설명하고, 또한 그것들을 결합해 제안의 형태로 조합해내는 개념적 도구로 사용될 수 있는지를 보여주려는 것이다. 예컨대 날것과 익힌 것, 신선한 것과 부패한 것, 촉촉한 것과 타버린 것 등의 경험적 범주들은 민족지학民族誌學적 관찰을 통해서만, 그리고 각각의 경우마다 해당 문화의 관점을 채용해야만 정확하게 파악할 수 있다.

나는 하나의 실험을 해보려고 하는데, 만일 그것이 성공하게 되면 보편적인 중요성을 가지게 될 것이다. 이렇게 말할 수 있는 것은, 내가 이 실험을 통해, 실체가 있는 논리가 존재한다는 사실이 증명되기를 기대하기 때문이다. 또한 이 실험이 그러한 논리의 작용을 증명해주고, 나아가 그 작용 법칙을 밝혀주기를 기대하기 때문이다.[23]

요컨대, 레비스트로스는 모든 인간 문화에 공통되는 "보편자"가 실제로 존재한다고 제안한다. 이때 보편적 실재란 다양한 세부 항목의 단계, 즉 식생활, 음식 준비, 결혼 관련 법률, 부족 내의 권위 체계 등을 둘러싸고 있는 관습의 미시적 단계에서 나타는 것은 아니다. 보편자는 "구조라는 거시적 단계"에서만 나타난다.[24] 문화에 나타나는 이러한 "보편적" 실재, 즉 모든 시대, 모든 장소, 모든 인간에게 적용되는 법칙 내지 규칙에 대한 탐구는 20세기 전반에 크게 발전한 언어학, 특히 페르디낭 드 소쉬르Ferdinand de Saussure, 1857~1913의 기호학에 그 뿌리를 두고 있다.²⁵ 소쉬르는 언어란 그 역사성이나 진화에 대한 고려 없이, 현재의 사용법을 지배하고 있는 규칙에 따라서 정확하게 분석될 수 있다고 주장한다. 또한 그는 모든 언어의 기호sign, 혹은 단어word는 그 안에 두 개의 요소가 하나로 통합되어 있다고 보았다. "그 하나가 청각·시각적 요소인 기표記標, signifier이며, 다른 하나가 개념적 요소인 기의記意, signified다."²⁶ 따라서 소쉬르에게 언어란 "생각기의을 표현하는 기호 체계기표다". 또한, 기표와 기의의 상호 작용이 의미를 산출한다고 설명한다. 이와 같은 소쉬르의 생각은 언어를 해석하는 일뿐만 아니라, 이 책의 후반부에서 살펴보겠지만, 예전과 성례전의 중요성을 이해하는 일에서도 결정적인 영향을 미칠 것이다. 소쉬르는 언어적 기호들linguistic signs, 곧 말하기speech와 단어들이란 임의적인 것이며, 기표와 기의 사이의 본래적 연결이란 없고, 단지 "우연한 문화적" 연결이 있을 뿐이라고 보았다.²⁷ 이와 동시에 그는 언어적 기호는 의미의 체계에 속하는 것이며, 이 안에서 "단어는 그 단어가 뜻하지 않는 바를 고려할 때만 의미를 갖는다"고 주장한다. 즉, 단어의 "반대되는 것들"과의 관련 속에서만 의미를 갖는다는 것이다.²⁸ 다시 말해 구조주의는 문화적으로 구성된 기표와 기의 사이의 이항 대립적 관계로부터 언어 자체를 끌어내온 언어학적 이론을 포용하고 있다는 것이다. 또한 그것은 언어에 있어서의 중요성, 혹은 "의미"를 단어와 그 단어가 뜻하지 않는 것 사이의 양극성polarity으로부터 끌어낸다.

레비스트로스가 신화, 혈족 체계, 의례 수행, 요리 문화 등에 대한 그의 문화 연구에서 이러한 언어학적 분석 방법을 적용한 것은 놀라운 일이 아니다.²⁹ 그는 언어에 대한 숙고가 사회적 관계에 대해 사고하는 데 좋은 방법이라고 믿게 되었다. 왜냐하면 그는 주장하기를, 사회 구조를 지배하는 무의식적 코드 혹은 규칙들 사이에는 연결점이 있는데, 예를 들면 공식적인 식사 자리에서 누가 무엇을 누구와 함께 먹느냐를 결정하는 규칙 혹은 규정들이 여기에 해당한다. 또한 이와 유사한 무의식적 규칙들이 말하기와 이야기에서도 작용하기 때문이다. 문화가 그들의 신화를 어떻게 형성하고 전승하는가를 결정하는 규칙이 여기에 해당한다. 두 경우 모두에서 무의식적이지만 효과적인 규칙들이 이항 대립적 양극단을 구분하는 체계를 통해 의미를 형성하게 된다.[30] 말하기는 기표와 기의 사이에 존재하는 양극성을 통해 그 의미를 산출한다. 또한 전통적인 이야기들, 신화들은 그 의미를, 하나의 주제를 다양한 변주곡으로 연주하는 것과 같은 방식으로 표출한다. 이때 의미는 표피적 유사성으로부터 유출되는 것이 아니라, 보다 깊은 종종 무의식적인 모순과 대비로부터 유출된다.[31]

레비스트로스가 《구조인류학》에서 썼듯이, 신화의 기본 목적은 모순을 극복할 수 있는 논리적 모델을 제공하는 것이다.[32] 다시 말해, 듣는 이로 하여금 생각할 수 없는 것을 생각하게 해주고, 상상할 수 없는 것들을 상상하게 해주며, 화해할 수 없는 것들과 스스로 화해할 수 있도록 도와주는 이야기를 창출해내는 것이다. 이 목적을 이루기 위해 신화는 일련의 양극단들을 제시한다. 여기서 양극단들이란, 젊음 · 늙음, 다산 · 불임, 부모 · 자녀 등이다. 이렇게 함으로써 듣는 이들로 하여금 규칙을 깨닫게 해서, 이야기 안에 감추어져 있던 함축적 의미를 파악하게 한다. 예를 들어, 고대 희랍의 고전극에 나오는 오이디푸스 신화는 상상할 수 없는 것을 상상하게 해준다. 그 내용인즉, 만일 사회가 계속 지속되려면 딸들은 그 부모에게 불충해야 하고, 그리고 아들들은 그 아버지를 살해하거나 아버지를 대신해야 한다.[33] 다른 말로 하면, 이 신화는 개인 윤리로 보나 공적인 법률로 보나 엄격하게 금지된 터부인 근친혼 또는 존속 살해 등과 같은 행위를 생각해볼 수 있게 한다. 그러나 이런 이야기들이 "생각도 할 수 없는 것들에 관해" 상상해보도록 허락할 뿐, 모든 갈등을 해결해주는 것은 아니다. 에드먼드 리치Edmund Leach, 1910~1989는 레비스트로스의 오이디푸스 분석에 관해 논하면서 다음과 같이 말했다.

여기에 풀리지 않았을 뿐만 아니라 반갑지도 않은 모순이 있다. 이 모순은 그것이 인간 도덕의 기본에 정면으로 배치되는 것이기 때문에, 우리가 무의식 속에 숨겨놓는, 그러나 피할 수 없는 사실이다. 이 이야기들에는 영웅이 없다. 다만 피할 수 없는 파국의 서사가 있을 뿐이다. 파국은 인간이 신神과 동족을 위해 마땅히 다해야 하는 의무를 제대로 수행하지 못할 때 일어난다. 이것이 바로 레비스트로스가 신화가 갖는 근본적인 도덕적 함의는 "지옥은 바로 우리 자신이다"라는 주장을 통해 밝히고자 했던 점이다. 적어도 부분적으로는 그러할 텐데, 나는 이 말을 "이기심이 모든 악의 근원이다"라고 해석하고 싶다. [34]

레비스트로스의 작업이 인간의 행위와 사회적 구조에 대단한 성찰을 제공한다는 점을 부인할 사람은 없을 것이다. 실제로 《천 개의 고원》에서 들뢰즈와 가타리는 레비스트로스의 개념을 호의적으로 인용하고 있다. 그 개념이란 세상은 누군가가 그것이 의미하는 바를 알기 전에 의미하기를 시작한다는 것이다. 그래서 그 의미가 알려지지도 않은 채 의미된 것들이 주어진다. 날리 밀허면 세상은 우리가 거기에 어떤 의미를 부여하기도 훨씬 전에 이미 의미를 지니고 있었던 것이다. 여기서 우리는 포스트모던 절학사들에게 대단히 소중한 하나의 주제를 발견하게 된다. 즉 모든 기호는 다른 기호, 오직 다른 기호만을 영원히 가리킨다. 즉, 모든 기호들은 기호의 기호들이다. 또한 기호의 세계, 단어와 말하기, 신화와 아이콘, 그리고 상징의 세계는, "나무" 메타포가 그러하듯, 논리적으로 구성되고 위계질서적으로 배열된 우주가 아니다. 오히려 기호의 세계란, 무정형의 연속체고, 잡초처럼 마구 번져나가는 리좀이다. 들뢰즈와 가타리는 계속해서 이렇게 말한다.

> 기호들이 무한한 네트워크를 형성해나갈 뿐만 아니라, 기호들의 네트워크도 무한대로 순환한다. 그 대상은 사라져도 그 진술은 살아남는다. 이름의 주인은 사라져도 그 이름은 남는다. …… 그것이 진술한 대상과 그 상황이 사라져도, 기호는 살아남는다. 또한, 기호는 그 연결 고리 속에서 자신의 자리를 다시 찾고, 그래서 새로운 상황으로 바꾸어보려고 하는 짐승이나 죽은 사람처럼 뛰어 오른다. …… 종잡을 수 없이 이리저리 떠다니는 진술들, 보류된 이름들, 연결 고리에 의해서 앞으로 나아가거나 돌아가기를 기다리며 놓여 있는 기호들로 가득하다. ……
>
> 그러나 기호의 순환성보다는 원형이나 고리들의 다양성이 더욱 중요하다.[35]

문화: 여러 방면으로 상호 작용하는 고원

이제 우리는 왜 뚜렷한 철학 운동으로서의 "포스트모더니즘"이 처음에는 구조주의 프로젝트를 거부하는 "후기 구조주의"로 출현했는지를 알 수 있다. 궁극적으로 구조주의는 환원주의처럼 느껴졌다. 왜냐하면 구조주의가 인간의 사고와 행위를 예견 가능한 형태와 단위로까지 압축하고 조직했기 때문이며, 그리하여 결국 실제의 삶에서 야기되는 피할 수 없는 혼란과 삶의 다면성을 무시 혹은 제거하려고 했기 때문이다. 달리 말하면 구조주의는 잡초를 나무로 만들려고 했던 것이다. 그러한 움직임에 대응하기 위해 들뢰즈와 가타리 같은 사상가들은, 우리가 성급한 일반화를 피할 때에만 인간 경험의 풍부함과 다양함을 이해할 수 있다고 주장한다. 따라서 우리는 "모든 시대 모든 장소"에 합당한 일반적인 구조나 규칙, 혹은 "보편적 법칙"의 방향으로 나아가지 말아야 하며, 오히려 차이의 가치, 그리고 사람과 문화와 그 활동들의 리좀 같은 다양성의 참된 가치를 인정하는 방향으로 나아가야 한다. 그때 우리는 인간 경험의 풍부함과 다양함을 제대로 이해할 수 있는 것이다. 단선적 논리의 담론으로는 단어나 세상, 혹은 말하기와 이야기 그 어느 것도 의미를 표현할 수 없다. 왜냐하면 모든 중요성, 모든 의미는 어쩔 수 없이 다양한 것이기 때문이다. 이것이 오늘날의 철학자와 신학자들이 상징의 다면성, 곧 다면적 가치polyvalence를 말하는 이유다. 상징들은 다국어와 같다. 그것들은 동시에 여러 가지 말을 한다. 또한 그 의미도 말하기와 마찬가지로 다양하다.

따라서 세상은 그 누구도 그것이 의미하는 바를 알기도 전에 나타나서, 자신을 보여주기 시작한다. 이것이 곧 세상의 의미다. 또한 세상은 그 의미를 나타내 보일 때, 동시에 여러 가지 언어로 이야기한다. 이는 〈사도행전〉 2장 5절에서 13절에 기록된 성령 강림 현상과 매우 유사하다. 그때 "유대교에서 개종한 유대인, 크레타와 아라비아에서 온 사람" 등 고대 근동의 전역에서 모여든 사람들이, 사도들이 말하는 "하나님의 큰일"에 대해, "마치 자신들의 모국어"로 듣는 것처럼 들었다. 세상의 문화들은 동시에 상호 작용하는 고원으로 이해할 때 훨씬 더 잘 이해할 수 있다. 그래서 들뢰즈와 가타리는 자신들의 위대한 저작에 '천 개의 고원'이라는 이름을 붙였던 것이다. 그래서 나는 이 책의 한 장, 즉 한 고원을 페르낭 레제Fernand Leger, 1881~1955의 큐비즘 회화인 〈도시 속의 사람들Men in the Cities〉을 재현하는 것으로 시작하려고 한다. 큐비즘은 다양한 각도에서 바라본 형태를 동시에 한 캔버스에 그려 넣는 것을 즐겨했고, 나아가 그리는 대상의 본래적 모습이 지닌 질서나 구조 자체를 따라 그리지도 않았다. 동시에 큐비즘 작품들은 인간의 삶과 활동이 갖는 피할 수 없는 분절分節을 지적하고 있다. 들뢰즈와 가타리는 레비스트로스와 같은 구조주의자들이 인간성의 "이항 대립적" 분할, 그리고 이분법적 분리에 대해 지적한 것은 옳았다고 인정한다. 여기서 이분법적 분리란, 신화는 물론 사회 구조 속에서 피할 수 없이 나타나는 "사회 계급들, 남자와 여자, 어른과 아이 등의 양극단"을 가리킨다. 결국, 다음과 같다.

> 인간이란 다양한 삶의 영역을 넘나들며 살아가는 분절적 동물segmentary animal이다. …… 거주하고, 이동하며, 일하고, 놀기도 한다. 인간의 삶은 공간적으로 또한 시간적으로 그 다양한 영역으로 나누어져 있다. 집은 각각 주어진 목적에 따라 여러 개의 방으로 나뉜다. 거리는 그 도시의 질서에 따라 나뉘고, 공장은 작업의 종류와 내용에 따라 나뉜다. 우리는 이항 대립적 양극단의 형태로 나뉘어져 있다. …… 우리는 또한 원형, 혹은 그보다 더 큰 원판의 형태로도 나뉘어져 있다. …… 내 이웃의 일, 내 도시의 일, 내 나라의 일, 세계의 일 등이 그것이다. …… 우리는 순차적 형태로도 나뉘어져 있다. 한 가지 일이 끝나면 즉시 그 다음의 일로 넘어간다. …… 학교는 우리에게 "너는 지금 집에 있는 것이 아니다"라고 말한다. 또한 군대도 우리에게 말한다. "너는 더 이상 학교에 있는 것이 아니다." 그러나 이 모든 분할의 유형들은 그것이 이분법적이든, 원형이든, 혹은 순차적이든, 서로서로 연관되어 있으며, 서로 넘나들기도 하면서, 관점에 따라 그 유형이 달라지기도 한다. 이는 마치 큐비즘 화가의 회화 작품과 같다.[36]

후기 구조주의의 초기 학자들은 인간의 삶이란, 특정하면서도 제한된 사회적 위치에 속하는 단위들로 구획 지어졌고, 또 그렇게 조직되어 있다고 보았다. "신병들, 너희는 이제 군대에 와 있다"라는 말을 생각해보라. 그러나 이것이 전부가 아니다. 구조주의는 인간이란 복잡하면서도 뿌리 뽑힐 수 없는 존재라는 사실을 잊은 것처럼 보인다. 칠레의 시인 파블로 네루다Pablo Neruda, 1904~1973는 인간 존재의 이러한 복잡성을 "인간 조건의 혼란스러운 불순함…… 족적과 지문, 모든 유물들로 둘러싸여 있는 인간이라는 끊임없는 존재"라고 노래했다.37 결국 인간이란 조직할 수 없는 "조직체"다. 인간과 그들의 문화는 에너지, 움직임, 관계, 변화하는 방향, 불연속성, 곧 "형태가 없는 연속체amorphous continuum"다. 이것은 어떤 개념 정의도 거부하며, 또한 규칙, 법칙, 구조, "보편성", 혹은 위계질서에 갇히기를 거부한다. 요컨대 사람은 나무보다는 잡초처럼 서로와 관계 맺기를 더 좋아한다. 네루다가 다음과 같이 노래한 이유기도 하다. "수프 국물로 얼룩진 우리의 옷이나, 부끄러운 행동으로 더럽혀진 우리의 몸처럼, 주름살과 밤샘과 꿈같은 불순한 시…… 마드리갈의 홀리 캐논holy canons of madrigal, 만지고, 냄새 맡고, 맛보고, 보고, 들을 수 있는 권한, 정의를 향한 열정, 성적 욕망, 그리고 소리를 내는 바다 …… 사랑을 전하다가 얻게 되는 사물에 대한 깊은 통찰."38

요컨대, 구조주의는 현상들을 사회 체제 속으로 조직해 넣는 기저에 깔린 법칙에 너무나도 집착한 나머지, 그리고 사회 현상을 언어학적 관점과 사회 구조, 법칙, 규칙, 그리고 체계의 관점에서 묘사하는 일에 너무나도 집착한 나머지, 이전에 사회과학과 인문과학을 형성했던 인문주의humanism를 거부하는 지경에 이르렀다.39 구조주의 모델에서 인간이라는 주제는 단순한 언어, 문화, 혹은 무의식의 한 결과로 치부되면서 무시되거나 극단적으로 주변화되었다. 그 결과 인간의 인과적 혹은 창의적인 능률은 거부당했다. 후기 구조주의자들도 어느 정도로는 인간에 대해 독립된 주체로서의 개념을 무시했다는 점에서 구조주의자들과 그 입장을 같이하고 있다.40 그러나 후기 구조주의자들은 인간을 사회 언어학적 구성물, 즉 무의식과 비인격적인 힘의 부산물로서 취급하는 구조주의의 경향에 대항해, 인간을 새롭게 개념 정의하고, 인간의 참된 실재에 대해 재규정하려 했다.

들뢰즈와 가타리와 같은 초기 포스트모더니스트들은 정신이란, 내재된 보편적 구조를 가지고 있으며, 따라서 어떤 문화에서도 인간의 본성은 변할 수 없다는 구조주의의 주장에 저항했다. 그들은 인간의 문화란, 각 시대마다, 혹은 각 지역마다 다르다고 주장한다. 이들 문화는 상호 연관되어 있기는 하지만 참으로 서로 다른 차이들의 세계를 구성하고 있다. 따라서 포스트모더니즘은 의식意識, conscious, 정체성, 의미의 서로 다른 형태들을 이해함에 있어서 철저하게 역사적인 관점을 견지하고 있다. 의식, 정체성, 의미들은 역사적 산물이며, 따라서 역사적 시대마다 서로 다르기 때문이다.[41] 앞으로 이 책을 통해 살펴보겠지만, 제2차 바티칸 공의회가 예배에 대해 새로운 관점을 취할 수 있었던 것은 바로 이러한 역사적 변화와 그에 따른 문화적 다양성을 존중한 결과였다. 따라서 〈전례 헌장〉은 "교회의 전례에서는 그 어떤 엄격한 형식의 통일성을 강요하고자 하지 않는다", 오히려 서로 다른 고유한 "여러 민족과 인종의 유산과 자질"을 "존중하고 계발하고 향상시키기를" 추구한다고 천명했다37항.

말하기, 쓰기, 그리고 의미하기

포스트모더니즘은 단순히 구조주의에 대한 반발로서만 일어난 것은 아니다. 예를 들어, 소쉬르의 이론인 기표와 기의 사이의 임의적 관계는 자크 데리다Jacques Derrida, 1930-2004와 같은 사상가들에게 계속해 영향을 주었다.[42] 데리다가 지적하듯이, 우리가 사용하는 단어의 의미는 그 단어를 사용하기 이전에 이미 정해져 있는 것이 결코 아니다. 특히 단어들을 글로 쓰는 과정에서 더욱 그러하다. 우리는 실제로 그것을 다 쓸 때까지 우리의 글이 어떤 의미를 갖게 될지, 결코 모른다. 음악가들도 같은 말을 하곤 한다. 즉, 우리가 실제로 어떤 작품을 연주하거나 노래해봐야만, 그 악보가 무슨 의미인지를 알게 된다는 것이다. 데리다는 계속해서 이렇게 주장한다. "그것을 말로 하거나 글로 쓰기 전까지는, 그 어떤 의미도 스스로 존재하지 못한다. 따라서 의미가 존재하고 스스로 달라짐으로써 그 자체, 곧 의미가 되기 위해서 의미는 말이나 글로 표현되기까지 기다려야만 한다."[43] 모리스 메를로퐁티Maurice Merleau-Ponty, 1908~1961가 주장했듯이, "문학에서의 커뮤니케이션이란, 단순히 작가 편에서 인간 정신의 선험적인 내용을 전달하는 것이 아니다. 오히려 일종의 미끼와 에두르는 행동을 통해, 커뮤니케이션이 의미를 발생시킨다. 작가의 생각이 그의 언어를 통제하는 것이 아니다. 작가는 그 자신이 일종의 새로운 어법이 되어 자신의 언어를 구성한다. 그 결과, 나의 말이 나를 놀라게 하고, 나의 말이 내가 생각할 바를 가르친다".[44]

데리다와 메를로퐁티 모두가 말하기와 의미 사이뿐 아니라 글쓰기와 의미 사이를 더 깊이 연관시켰다는 점을 주목해야 할 것이다. 이것이 어쩌면 이상하게 보일 수도 있다. 왜냐하면, 흔히 우리는 의미의 소통에 관해 생각하기를, 말하기가 우선적인 방식이요, 글쓰기는 이차적인 방식이라고 여기기 때문이다. 플라톤 이후 서구 철학은 말하기를 선호해왔고, 글쓰기에 관해서는 일종의 "잘못된 기억"으로 여기며 의심해왔다.[45] 왜냐하면, 말하기가 말하는 사람과 보다 직접적으로 연결되어 있는 것으로 보이기 때문이다. 말을 할 때는 말하는 사람이 말하는 내용을 확실하게 통제하고 있는 것처럼 보인다. 내가 말을 할 때, 내가 하는 말과 그 말로 전하려고 하는 의미 사이에 일종의 계약을 맺은 셈이다. 이 계약 관계는 나의 물리적 존재로서 보증된다. 법정에서 선서를 하는 것이 바로 이런 가정을 전제로 한 것이다. 다시 말해 나의 말과 나 자신 사이에는 엄숙한 계약 관계가 성립되어 있다는 전제다.

이와는 대조적으로 글쓰기는 나와 나의 글 사이에 쐐기를 박고 있는 듯 보인다. 즉, 쓰인 글은 거기 그대로 가만히 있지 않는다는 것이다. 그것들은 꿈틀거리고 흔들거리며, 나의 몸, 나의 의식, 나의 사고의 경계 저 너머로 옮겨간다. 편지를 보내놓고, 후에 그 편지 보낸 것을 너무나 후회해보았던 사람에게 물어보라! 쓰인 글은 그 나름의 생명력을 가지고, 의도하지 않았던 함축적 의미를 지니게 된다. 실제로 내가 쓴 글은 내가 죽은 뒤에도 살아남게 되며, 내가 무덤 속에 들어간 한참 뒤까지도 다른 사람에 의해서 읽혀질 수 있다. 이는 쓰인 글은 기대하지 않았던 방식으로 아마도 정확하지 않은 뜻으로 해석될 수 있다는 것을 의미한다. 단어들이 글쓰기를 통해 어떤 실체를 형성하게 되면 기표단어 자체들은 더 이상 그 기의그 의미에 매어 있지 않게 된다. 그리하여 그들은 스스로 기표 그 이상의 의미를 갖게 되고, 마침내 내가 의도하지 않았던 그 무엇이 된다.

바로 이 때문에 데리다는 글쓰기란 항상 무언가를 새롭게 시작하는 일이요, 그러나 동시에 위험하고 괴로운 일이라고 말한다. 계속해서 그는 글쓰기란, "그것이 어디로 가고 있는지도 모르는 일일 뿐만 아니라, 그것이 미래 그 어느 시점에서 어떻게 해석될지도 전혀 알 수 없는 일이다. …… 따라서 글쓰기란, 글쓴이가 의도하지 않았던 방향으로 해석될 수 있는 위험성을 안고 있으며, 그 위험성을 예방할 수 있는 대책은 없다"고 말한다.[46] 신입생을 대상으로 하는 작문법 강의에서, 탁월한 에세이를 써 냈으나, 교수로부터 F 학점을 받았던 아무 학생에게나 이에 대해 물어보라! 글쓰기란 위험한 일이다. 왜냐하면 글쓰기란 화자話者의 뜻을 전하는 것일 뿐만 아니라, 다양한 독자 집단에 의해서 읽혀지고 해석되어야 하는 것이기 때문이다. 따라서 글쓰기의 저자들은 자신들의 작품이 갖는 의미에 대해 통제할 수 없는 경우가 많다. 의미는 말하는 자와 듣는 자, 글을 쓰는 자와 본문 사이의 복잡한 상호 작용을 통해 생겨나는 것이다.

　따라서 의미란 스스로 원하는 바를 전달할 수도 없고, 스스로 창출될 수도 없으며, 스스로 선포될 수도 없다. 의미는 독자와 본문 사이의 주고받음을 통해서, 그리고 독자가 쓰인 본문에서 "타자"를 발견하는 데서부터, 때때로 천천히 나타나는 것이다. 데리다는 이렇게 묻는다. "의미는 이렇듯 그 자체로 나타나지 않고 있지 않은가? 타자가 발견되는 지점에서, 감시와 글쓰기와 글 읽기의 왕복 작용을 유지하는 타자가 발견되는 지점에서, 글쓰기와 글 읽기 사이에서 오는 작업이 아닌가? 이 일을 단순화할 수는 없는가? 의미는 행위 앞에 있지도 않고 뒤에 있지도 않다."[47] 이상하게도 글쓰기는 의미와 만나는 일보다는 타자와 만나는 일에 더 깊은 관련이 있다. 말씀이 '육신'이 되었을 뿐만 아니라 '글쓰기writing'가 된 것도 우연한 일이 아니다(요한복음) 1장 14절. 이 글쓰기의 결과로 주어진 텍스트를 새로운 독자들의 공동체가 읽게 됨으로써 하나님의 자기 계시의 역사적 과정이 무한하게 지속될 수 있게 되었다. 《성서》를 읽는 대부분의 그리스도인들은, 하나님은 우리가 《성서》라고 부르는 실체를 통해 만날 수 있는 "타자"라고 확언한다. 《성서》는 그 무엇보다 말하는 이와 읽는 이들이 모두 함께 "타자"를 찾아 만날 수 있다는 지점, 곧 만남의 장소다. 《성서》가 읽혀질 때, 특히 교회의 예전에서 봉독될 때, 우리를 찾으시는 하나님과, 하나님을 찾는 우리들이 마침내 만나게 된다.

　데리다는 계속 이렇게 말한다. "의미의 의미는 무한대로 뻗어나간다." 그의 이러한 주장은 우리로 하여금 "리조메틱" 사고와, 들뢰즈와 가타리 같은 포스트모던 사상가들이 주장한 이미지론論으로 다시 돌아가게 한다. 다시 말해, 우리는 세상과 그 다양한 문화를 경험하고 인식하기 위해, 우리의 이미지, 즉 시각과 렌즈를 바꾸라는 그들의 도전이 갖는 위대한 가치를 다시 보게 된다. 예를 들어, 인터넷이 가지들을 가진 "나무"가 아닌, 마구 뻗어나가는 일렉트로닉 잡초, 즉 "하이퍼텍스트적hypertextual" 리좀이라고 인식한다면, 어떤 일이 일어날 것인가? 당신이 인터넷 네트워크에 접속을 하는 그 순간, 그야말로 다른 접속점들과 연결된 무한대로 뻗어나가는 미로에 접속될 것이고, 동시에 전혀 예견할 수 없는 다양한 의미의 연쇄 작용이 시작될 것이다. 역설적이긴 하지만, 하이퍼텍스트에서 발견되는 의미들은 개개의 단어 자체로부터 나오는 것이 아니라, 단어들 사이의 빈 공간에서부터 나오는 것이다. 하이퍼텍스트의 의미들은 "저자의 원래 의도"에 한정되지 않으며, 새로운 독자들이 그 의미들과 상호 작용함으로써, 다시 말해 독자들이 함께 쓰고 다시 쓰는 과정을 통해, 한없이 증폭된다. 여기서 우리는 데리다가 지적했던, 매우 위험한 작업인 글쓰기의 유동성과 변덕이 무엇인지 이해하게 된다. 웹 사이트에 접속해서 글을 올려본 사람은 누구나 알듯이, 일단 거기에 글을 올리고 나면 더 이상 손을 쓸 수 없게 된다. 인터넷 상에 올라오는 글들은, 그 저자가 누구인지 알 수 없는 경우가 많다. 또한 그 글이 어느 지점에서 시작되었는지, 그 근원지를 알기도 어렵다. 또한 그 글들은 웹 사이트를 가로질러 사방팔방으로 다니기 때문에, 그 글에 담긴 본래적 의미란 아예 없다. 의미들은 하이퍼텍스트 "안에in" 혹은 "뒤에behind" 있는 것이 아니라, 그 "앞ahead"에 있는 것이다. 다시 말해, 의미들은 미래의 사건들future event에서 나타나며, 바로 그때 "글들이 나를 놀라게 하고, 내가 생각할 바를 가르치게 된다".[48]

응용 리좀학

나는 "나무들"과 "잡초" 사이의 포스트모던적 차이를 논하는 데 많은 시간을 할애했다. 왜냐하면 내가 앞에서 말했듯이, 우리의 이미지를 바꿀 때 세상에 관한 우리의 인식과 경험이 바뀌기 때문이다. 또한 21세기의 세상과, 우리가 그 세상을 경험하는, 즉 생각하고, 느끼고, 그리고 말하는 방식 모두를 재형성하는 기술을 이끌어내는 이론은 나무 이미지보다는 잡초에 관한 리조메틱한 이미지에 지배를 받고 있기 때문이다. 이미지의 변화는 실제로 세상을 변화시킬 수 있다. 이 사실이 가장 극명하게 드러나는 곳은 지금도 발전하고 있는 월드 와이드 웹www과 인터넷이다. 그러나 우리는 종종 이와 같은 이미지의 변화가 우리의 종교적 신념이나 신앙생활, 그리고 우리의 예전과 의례에까지 영향을 주기 시작했다는 사실을 알아차리지 못하고 있다. 말씀과 예배에 관한 서구 그리스도교의 경험은 정보 기술에 의해 근본적으로 다시 형성되고 있다. 이는 16세기 인쇄술의 발명이 가톨릭과 프로테스탄트 교회의 예배를 재형성하게 했던 것과 같다.

많은 사람들이 그러한 기술을 위협적인 것으로 여기고 있는데, 거기엔 그럴 만한 이유가 있다. 정보 기술은 우리가 그것을 알아차리지도 못하는 사이에 우리에게 영향을 주는 경우가 많다. 그 영향은 긍정정인 혜택일 때도 많지만, 오히려 크나큰 해악을 끼치는 경우도 적지 않다. 그러나 우리가 "정보 혁명"을 '신기술 반대자Luddite'들과 같이 공포심을 가지고 거부하기 전에, 우리는 인간의 역사가 시작된 이래 가장 근본적인 혁명에 관해 숙고해봄이 좋을 것이다. 이 혁명이란 바로 글쓰기의 발명이다. 데니즈 슈만트 베세라트Denise Schmandt-Besserat가 지적했듯, 글쓰기란, "말을 영원한 것으로 만든 최초의 기술", 즉 말하는 사람으로부터 그 말을 독립시켜 낸 최초의 기술이다."[49] 글쓰기는 구전口傳으로는 수행할 수 없었던 방식으로의 정보 검색을 가능케 했다. 뿐만 아니라, 글쓰기는 사람들이 서로 만나지 않고서도 의사를 소통할 수 있게 해주었다. 나아가 글쓰기는 사람들이 어떤 생각이나 아이디어가 떠오르자마자, 그 내용을 공유할 수 있는 누군가가 옆에 없다 하더라도, 그 내용을 즉시 포착할 수 있게 해주었다. 또한 그 즉시 그 생각들을 편집하거나 수정할 수 있게 해주었고, 또는 내용을 바꾸거나 윤색할 수 있게 해주었으며, 하나는 개인 보관용으로, 그리고 다른 하나는 공개용으로 각각 다르게 준비할 수도 있게 해주었다. 오늘날 컴퓨터 기술의 발전이 사람들의 고립화, 사무실이나 서재에 홀로 앉아 실제로 살아 있는 사람들과 대화하는 대신에 깜빡거리는 컴퓨터 화면과 교감하는 경향을 초래한다고 불평하는 사람들은 글쓰기 또한 대개의 경우 극단적으로 외로운 활동임을 잊지 말아야 할 것이다.

말씀, 세상, 웹

여기서 내가 주장하고자 하는 것은 새로운 기술이 들뢰즈와 가타리가 제안한 새로운 이미지와 마찬가지로, 문화를 재형성할 뿐만 아니라 예전과 의례를 포함한 종교적 체험까지도 재형성한다는 사실이다. 오늘날 가톨릭 예배자들이 처한 상황은 전례가 없는 것은 아니다. 실제로 기술 혁명은 포스트모던 문화 속에서의 서구 사상과 경험을 재형성하고 있다. 이 기술 혁명은 두 번째 밀레니엄이 시작된 이래 지속되어온 일련의 혁명적 변화들 가운데 최근의 것일 뿐이다. 이러한 기술 혁명들 가운데 처음 세 가지 혁명은 다음과 같다.

1. 12세기 후반 유럽에서 꽃을 피운 지적 예술적 르네상스로 십자군 운동 기간 동안과 그 후 그리스도교 문화와 타他 문화의 접촉.
2. 15세기 후반에 일어난 예술적, 과학적, 기술적 혁명들로 이탈리아에

서 시작된 후에 북유럽까지 전파되어 꽃피운 예술의 르네상스, 천문학 분야에서의 코페르니쿠스Nicolaus Copernicus, 1473~1542의 발견, 그리고 구텐베르크Johannes Gutenberg, 1398~1468의 인쇄술과 활자 발명.

3. 18세기 중반 영국에서 시작되어 유럽 전역과 신대륙으로까지 퍼져나간 산업 혁명.

두 번째의 밀레니엄 동안 이들 세 가지의 혁명은 생산 수단은 물론 생산물과 생산자 사이의 관계까지, 그리고 서구의 사상, 예술, 상업, 정치, 종교, 그리고 경제 분야 모두를 근본적으로 재구성했다. 그러나 이러한 혁명의 뿌리는 훨씬 이전, 적어도 첫 번째 밀레니엄의 초기로까지 거슬러 올라간다. 실제로 인터넷의 리조메틱한 성격은 조너선 로젠Jonathan Rosen이 지적하듯, 유대교의 《탈무드》에서도 찾아볼 수 있다. "내가 《탈무드》의 한 쪽을 펴면, 《탈무드》의 모든 본문들이 바로 그 한 쪽 안에 아주 밀접하게 서로 얽혀 있는 것을 보게 된다. 이것은 마치 이민 가족의 아이들 모두가 일인용 침대에서 뒹구는 모습과 같다." 로젠은 계속 이렇게 말한다. "서로 뒤죽박죽 개입하면서 뒤섞이는 인터넷 문화를 보면, 지난 수백 년 동안 전 세계 도처에 흩어져 살면서도, 삶의 모든 문제들에게 대해 실제로 묻고 실제로 답을 얻었던 《탈무드》교육의 다양한 센터들과 각 유대인들의 관계가 연상된다. 인터넷 또한 무한한 호기심의 세계인 동시에, 무선 접속을 포함한 모뎀을 가진 그 누구라도 참여해 논쟁하고 정보를 얻으며, 또한 잠시 동안 광야에서 나와서 질문을 하고 답을 얻을 수 있는 그런 세상이다."[50]

인터넷과 《탈무드》 사이의 유사성을 밝히기 위해 로젠은 자신이 자주 인용하는 존 던John Donne, 1572~1631의 글의 출처를 찾으려고 했으나 찾지 못해 낙담했던 경험을 이야기한다. 로젠이 자주 인용한 문장은 "누구를 위해 종을 울리는지 알려고 사람을 보내지 말라"였다. 로젠은 먼저 학술 웹 사이트들, 특히 리서치 라이브러리를 검색해보았다. 그러나 답을 찾지 못했다. 왜냐하면 존 던의 시와 산문은 대부분 아직 디지털화되지 않아서, 인터넷상에서의 검색 자체가 불가능했기 때문이다. 그러다가 우연히 그는 자신이 찾고 있던 인용문을, 전문적인 학술 검색창이 아닌, 존 던을 사랑하는 한 개인의 홈 페이지에서 찾게 되었다.[51] 이러한 현상을 로젠은, 저자의 책에서부터 직접 찾으려 했던 전통적인 검색 방법으로는 도저히 따라잡을 수 없는, 동시에 매우 빠른 속도의, 저자와 독자 사이의 새로운 접속 방법이라고 말한다. 그러나 학술 도서관의 색인 혹은 "던 용어 색인Donne concordance"을 통해 마침내 확인한 원문은, "누구를 위해 종을 울리는지를 알려고 사람을 보내지 말라"가 아니라 "누구를 위해 종을 울리나"였다. 더욱이 이 원문을 확인하기까지는 몇 시간 동안이나 도서관 여기저기를 돌아다니며 자료를 찾아야 했고, 또한 존의 《전집opera omnia》을 애써 읽어야만 했다.

로젠은 자신이 전통적인 검색 도구인 인쇄된 책들에서 디지털, 인터넷 검색으로 바꾼 점에 대해 죄의식을 느낀다고 고백하고 있다. 대부분의 헌신적인 독자나 저자와 마찬가지로, 그 또한 출판된 책과 그 책 내용 사이의 유대를 중시하며, 그 유대가 사라지는 것을 두려워하고 있다. 그는 이렇게 묻는다. "인터넷은 책이 파괴돼버린 자리에서 자라나는 것인가?" 어쩌면 그럴 수도 있다. 그러나 로젠은 그 자신의 종교적 전통 속에서 인터넷과 《탈무드》사이의 연결점을 찾을 수 있다고 믿고 있다. 왜냐하면 둘 다 상실로부터 생겨난 것들이기 때문이다. 그는 다음과 같이 제시한다. "《탈무드》는 뿌리가 뽑힌 문화와 디아스포라 유대인들을 위한 가상의 집을 제공해주었다. 또한《탈무드》는 문명을 말이라는 그릇에 담아서 세상으로 나가고자 하는 유대인들의 필요로부터 생겨난 것이다." 로마인들이 기원후 70년에 유대인들의 성전을 파괴했을 때, "성전의 예전, 곧 피와 불과 제물을 바치던 제사"도 함께 사라졌다. 유대인들은 그들의 집을 잃었고, 그리고 "하나님은 그의 집, 성전"을 잃었다. 그 후로 유대인들은 더 이상 "성전의 사람들이나 땅의 사람들"이 아닌 "책의 사람들"이 되었다. 이런 물리적 상실은 집과 성전이 《토라》와 《탈무드》로 변화되었다는 것을 의미한다. 이스라엘 사람들의 물리적 공간은 글쓰기, 곧 글을 새겨 넣는 "책"이라는 공간으로 축소되었다. 로젠은 계속해서 이렇게 말한다. "그러한 상실이 종종 간과되고 있지만, 그러나 나에게 있어서 그것은 《탈무드》 안에 그대로 남아 있다. …… 인터넷은 우리를 하나로 연결해준다고 말하지만, 나는 인터넷에서 디아스포라와 유사한 느낌, 곧 어디에나 존재하는 것 같지만 아무 곳에도 존재하지 않는 것 같은 느낌을 받곤 한다. 당신이 디아스포라가 아니라면 당신에게 왜 홈페이지가 필요하다는 말인가?"[52]

다시 말해서, 랍비들은 《미슈나》와 《탈무드》에 자신들의 말을 새겨 넣음으로써, 진짜 성전이 파괴된 후에 가상의 성전을 세운 셈이다. 랍비들이 기록한 《미슈나》와 《탈무드》란, 《토라》를 주석한 내용이거나 거기에 세칙을 더한 것으로, 구전법을 법전화한 것이라고 말할 수 있다. 《탈무드》에 속한 안식일 규정은 안식일에 금지된 여러 가지 노동들에 대해 논하고 있는데, 이 모두는 성전을 건축할 때 필요했던 노동들에서 나온 것이다. 랍비들의 말을 리조메틱한 양식으로 해석해보자면 다음과 같다. 랍비들은 유대인들이 안식일에 무거운 가구를 땅 위로 끌면서 운반해서는 안 된다고 주장했는데, 그 이유는 무거운 가구를 끌 때 땅 위에 이랑이 생길 수 있고, 이 이랑은 씨 뿌리는 작업을 연상시키며, 씨 뿌리는 작업은 성전 장식물이나 제사장의 예복을 염색하는 데 사용되는 염료용 식물을 연상시키기 때문이라는 것이다. 이러한 리조메틱한 연결을 근거로 한 주장은 하나님의 집, 곧 하나님과 유대인의 집,

곧 유대인을 연결시켜주는 미로 같은 메타포를 가리킨다. 로젠은 다음과 같이 말한다. "성전은 《탈무드》라는 신비스러운 매개 공간에서 존재하는 동시에 존재하지 않는다. 그러한 공간을 창조해냈던 것이 유대인들이 살아남을 수 있었던 비결 가운데 하나다. 흩어져 있으면서도 여전히 집에 있을 수 있고, 추방당해 있으면서도 여전히 세상의 중심에 존재할 수 있었던 것이다."[53]

로젠은 어쩌면 인터넷이란 것이 포스트모던 시대의 서구 사회가 중심의 상실을 극복하는 방식, 곧 이미 일어난 변화에 대응하는 방식, 혹은 우리가 인식하지 못한 상실에 대응하는 방식일 수 있다고 결론짓고 있다.[54] 그러나 웹상에서의 잡초와 같은 접속들이 "정보의 거대한 민주적인 네트워크"로서 전 지구적 차원에서 문화와 사회를 재구성할 수 있는 가능성을 가지고 있는 것 또한 사실이다. 기술은 인간에게 일어나는 그 어떤 현상들보다도 더욱 급속하게 퍼져나가고 있다. 식량 생산이나 정보의 공유 등에 필요한 기본 노하우에 관한 한, 마침내 기술이 모든 것을 지배하게 되었다. 존 디어John Deere 트랙터는 지구 상 거의 어느 곳에서나 볼 수 있고, 웹도 이젠 그렇게 되었다. 북미 클로비스Clovis 부족의 문화와 같은 근대 이전의 문화에서도, 창끝을 날카롭게 만드는 그들의 기술을, 그 창날을 만드는 돌의 산지로부터 수백 마일 떨어진 먼 지역까지 전파시킨 적이 있다. 만일 오늘날 다양한 문화들을 연결시켜주는 전 지구적 차원의 국제 공용어가 있다면 그 이름은 아마도 "정보 기술"일 것이다.[55]

기술 혁명이 성공한 것은 그것들이 이론적으로나 지적인 차원에서 혁신적인 것이어서가 아니라, 사람들이 상호 교류하고 함께 살아가며 기본적인 임무를 수행하는 방식을 그 기술 혁명이 재형성해주었기 때문이다.[56] 급속히 진화하는 "정보 혁명"이 이미 문화와 교회를, 다음과 같은 인간들 사이의 다섯 가지 근본적인 상호 교류에 영향을 주는 방식으로 재형성하기 시작했다고 주장하기도 한다.

1. **권력과 권위** 정보 기술의 가장 분명한 결과는 아마도 그것 없이는 "고리에서 빠진 채로" 존재하게 될 사람들에게 접근을 제공한다는 것이다. 매우 유능한 15세의 해커가 조금만 대담하게 군다면, 그 소년이 교외에 있는 자신의 집에 안전하게 앉아서, 미 국방부의 기밀 파일에 침입할 수도 있다. 그러한 행동이 가능할 뿐만 아니라 심지어 일상화되어 있다는 사실은 해당 문화의 권력과 권위 구조가 혁명적으로 분산되며 재편성된다는 것을 뜻한다. 전통적으로는 집중되어 있던 사회적, 정치적, 경제적, 도덕적, 종교적 권력이 중심으로부터 주변으로 이동하기 시작한 것이다. 근대 이전의 문화, 예를 들어 다윗 왕조의 고대 이스라엘에서는 그 권력과 권위가 그 중심으로 집중되어 있었다. 그리하여 도심 공동체, 왕조, 성전, 제사장직, 그리고 마침내 《토라》, 《타나크》에 이르기까지 모든 것들이 그 중심에 모여 있었던 것이다. 그러나 웹의 포스트모던 세상에서는 우리가 이미 보았던 것처럼, 권위는 "리조메틱하게" 분산되어 있으며, 여러 고원에서 권력에 대한 접근이 동시에 작용할 수 있다. 이는 "위로부터 아래로" 쉽게 통제될 수 없는 잡초 같은 다양한 연결망 덕분이다. 인터넷은 "위계질서적이 아닐 뿐만 아니라" "수평적"이다. 인터넷의 접속점들은 "임의적으로 개입할 뿐만 아니라, 어떤 접속점도 다른 그 어떤 접속점과 연결이 가능한, 통제되지 않는 네트워크다".[57]

2. **소속** 어딘가 혹은 누군가에게 "소속된다"는 것이 무슨 뜻인지에 대한 우리의 경험이 바뀌고 있다. 예를 들어 교회의 예전은 오래 동안 '직감에 근거한 원칙a seat-of-the-pants principle', 곧 "너의 몸을 데리고 와라. 그리하면 너의 정신도 따라올 것이다"라는 원칙에 의존해왔다. 다시 설명하자면, 그리

스도인들이 정기적으로 그리고 지속적으로 교회에 출석한다면, 천천히 점차 깨닫게 될 것이라는 원칙이다. 이해와 변화는 반복되는 행동으로부터 생겨난다. 사람들은 먼저 생각을 하고 새로운 행동 방식을 취하는 것이 아니라, 먼저 행동을 함으로써 새로운 사고방식을 깨닫게 된다. 이 원칙이 지난 2,000년 이상 동안이나 로마 가톨릭교회의 의례 제도에 근간이 되어왔다. 예전적 행위는 먼저 대뇌가 아닌 몸, 즉 감각 기관에 호소한다. 테르툴리아누스Quintus Septimius Florens Tertullianus, 160~220는 이렇게 썼다. Caro cardo salutis, 곧 "몸은 구원의 경첩이다". 그래서 우리는 뇌가 아닌 몸에 세례를 베푼다. 곧 떨고 있는 몸을 물속에 담그며, 욕망과 감정을 지닌 몸에 기름을 붓는다. 그리고 마침내 갈급한 초심자를 주님의 식탁으로 초청해 먹을 것과 마실 것을 대접한다. 한마디로 말하자면, 우리의 의례 제도는 우리가 공동의 몸에 속함으로써 하나님의 사람들에게 속할 수 있다는 사실을 전제하는 것이다. 그래서 성찬식에서는 그리스도와 연합된 몸들이 주님의 식탁에서, 그리고 그 식탁 주변에 모여서, 식탁 위에 놓여 있는 그리스도의 몸을 받는 것이다.

우리는 그렇게 믿는다. 그러나 인터넷 접속은 우리로 하여금 전 세계에 퍼져 있는 기도자 혹은 기도 공동체들과, 몸과 몸으로 직접 만나지 않고서도 연결될 수 있게 해준다. 선禪의 격언에 따르면, 세상에는 "두 사람이 서로 몸을 비벼야만" 배울 수 있는 것들이 있다고 한다. 그런데 앞에서도 이미 언급했듯이, 이 격언과 유사한 원칙이 성례전 예배의 가톨릭 전통의 기저에 흐르고 있다. 실제로 "자비로운 몸에 담긴 하나님의 말씀God's Word at the mercy of the body"이라는 말은, 성례전에 관한 짧고도 적확한 정의다.[58] 몸은 상황일 뿐만 아니라 예전이 거행되는 바로 그 장소, 곧 지점인 것이다. 다시 말해, 몸은 "살아 있는 몸이요, 삼중의 몸, 곧 우주적인 몸, 사회적인 몸, 선조로부터 받은 몸이 모여서 서로 연결된 하나의 몸······ 그리고 그곳에서 예전이 세상이 되는 몸이다."⁵⁹ 가톨릭교회의 성례전 거행에서 몸은 원조 인터넷, 즉 인류라는 종에게 없어서는 안 되는, 인류 최초의, 리조메틱하게 연결된 웹이다.

그렇다면 이러한 몸웹Body-Web은 우리의 진화하는 정보 기술의 월드 와이드 웹과 경쟁할 수 있을 것인가? 어떤 사람은 망원경이 시계視界를 넓혀주고, 확성기가 가청 범위를 넓혀 주는 것처럼, 웹이란 그저 인간 피부를 디지털하게 확장한 것일 뿐이라고 말하면서, "그렇다. 경쟁할 수 있다"고 대답할 것이다. 그러나 거기에는 매우 결정적인 차이가 있는 것 같다. 인터넷 접속은 그야말로 순간적이다. 다시 말해, 불과 10억분의 1초 만에 이미 정보를 향한 몸의 욕망을 충족시켜 준다. 그러나 역설적이게도, 그러한 즉각적인 충족이 실제로는 욕망의 죽음이라는 사실을, 우리는 경험을 통해 알게 되었다. 왜냐하면 인간의 욕망이란, "끝도 없이 충족되지 않는 과정" 속에서, 그것이 유예될 때만 살아남을 수 있기 때문이다.⁶⁰ 인간이 된다는 것은 루이마리 쇼베가 말하듯, "봉인을 풀 수 있게 해주는 틈새로 인해 열리는 것을 뜻하며, 그래서 결코 발견하지도 못할 그것을 조용히 찾는 것이다".⁶¹ 인간을 "욕망의 피조물"로 규정하게 만드는 요인은 동요restlessness와 연기deferral다. 그리스도교의 의례는 이러한 인간 조건을 존중한다. 나중에 논의하겠지만, 예전이란 끝이 아니고 시작이며, 따라서 예배는 예배하는 공간 너머에서 '진정성과 유효성이 검증'된다. 다시 말해 그 예배의 윤리적 가치가 이웃들과의 삶 속에서 제대로 구현될 때, 진정한 예배가 되는 것이다. 이때 몸의 역할이 필수 불가결하다. 왜냐하면 우리는 몸의 역할을 통해 인류와 교회에 소속되기 때문이다. 반면에 정보 기술은 '몸이 있다는 사실corporality'을 참아내지 못하거나 심지어 혐오하는 듯이 보인다. 여기서 우리가 직면하는 도전은, 우리가 하나님을 영적으로 만나기 위해 꼭 필요한 조건으로서의 몸, 곧 '물질성'

이라는 예배의 원칙과, 몸을 거치지 않고 접속하는 방식을 가지고 있으며 얼굴과 얼굴을 맞대면서 직접 만나야 하는 필요성을 최소화하려는 기술 사이를 화해시키는 것이다.[62]

3. 사적인 것과 공적인 것 세 번째 도전은 인간 삶의 전 부문에 있어서 사적인 영역과 공적인 영역 사이를 불분명하게 흐리는 데서 발생한다. 빌 클린턴 Bill Clinton, 1946~ 대통령의 사례를 돌아보자. 당시 특별 검사였던 케네스 스타 Kenneth Star, 1946~가 미 하원에 제출한 탄핵 소추안의 내용이, 클린턴 대통령이 네 시간에 걸쳐 대배심원 앞에서 행한 증언과 함께 아무런 여과도 거치지 않은 채, 그 전문이 인터넷에 유포되었다. 이와 같은 무단 유포 행위가 야기하는 윤리적 법적인 문제는 차치한다 하더라도, 그런 행동은 "헌법에 보장된 권리"인 프라이버시가 이제는 더 이상 보장되지 않는다는 것을 뜻한다. 이 점에서 있어서, 그 누구도 혹은 그 어떤 상황도 예외란 없다. 순식간에 수백만 명의 인터넷 사용자들이 공인의 사적인 성생활에 관해, 어쩌면 그들이 알고 싶어 하는 것보다 훨씬 더 많은 내용을 알게 되었다.

인터넷은 사실과 허구, 진실과 거짓, 선과 악, 좋은 것과 나쁜 것, 공적인 위상과 개인적인 잘못 사이의 어떤 명확한 구분도 하지 않는다. 컴퓨터의 스크린이란, 서로 다른 것들을 균질均質화시키는 공간이다. 한 번의 클릭으로 히브리어로 기록된 원전 《토라》나 또는 〈눈먼 이삭의 기도〉를 경건한 마음으로 읽을 수도 있지만, 또 한 번의 클릭으로 내 컴퓨터의 화면을 성인 오락물로 가득 채울 수도 있다. 더욱이 당신이 컴퓨터 화면을 보고 있는 동안, 누군가 다른 사람들이 아무도 모르게 당신을 바라보면서, 당신의 신용카드 거래를 추적하고, 구매 습관을 분석하며, 당신의 투자 계획 등을 감시하고 있을 수도 있다. 《미국 고등 교육 신문 The Chronicle of Higher Education》이 컴퓨터를 이용한 조사 연구를 통해, '쿠키cookies'의 사용에 관한 짧은 기사를 보도한 적이 있다.[63] 쿠키란 "웹상에서 사용자 모르게 사용자의 궤적을 추적할 수 있는 작은 컴퓨터 파일이다". 이 조사 연구에 참여했던 워싱턴 대학교의 오렌 에치오니Oren Etzioni는 쿠키가 연구 목적에 부합하는 좋은 것이라고 주장하면서, 자신을 쿠키 옹호자라고 말했다. 반면에 이 조사 연구에 참여했던 다른 연구자들은 사전 동의도 없이 사람들에 관해 연구를 한다는 발상 자체에 반대했다.

공적인 것과 사적인 것의 차이와 구분은 소위 보안 서버들이 급속하게 확산됨에도 불구하고, 인터넷상에서 종종 무시되곤 한다. 양자 사이의 근본적인 차이를 무시하는 이러한 경향은, 종교적 전통에 심각한 의문을 제기한다. 왜냐하면 그리스도교 전통은 지난 2,000년 이상이 흐르는 동안, 양심이라는 이름의 개인의 성소를 최고의 도덕적 권위로 여겨왔고, 사제의 "고해 성사의 기밀 유지"를 신성불가침한 의무로 귀하게 여겨왔기 때문이다.

4. 내용과 접근 진화하는 정보 기술은 오늘날 종교 당국자들이 신앙과 행위에 관한 정보의 내용과 그 정보에 대한 접근을 통제하기가 얼마나 어려운지를 보여준다. 가톨릭교회 〈교리서〉 890항은 다음과 같이 주장한다. "교회의 가르침, 즉 교도권教導勸의 사명은 하느님의 백성이 빗나가거나 쇠약해지지 않도록 보호해야 하며, 올바른 신앙을 오류 없이 고백할 수 있는 객관적 가능성을 보장해주어야 한다." 그러나 인터넷 서핑을 해본 사람은 쉽게 알 것이다. 소위 가톨릭 웹 사이트에 올려진 공식 가르침이 가톨릭 전통이 지닌 진정한 핵심과 그 어떤 유사점도 없을 수 있고, 반대로 있을 수도 있다는 사실을 말이다. "하느님의 백성이 빗나가거나 쇠약해지지 않도록 보호하는 것이 교도권의 사명"이라는 〈교리서〉의 확신은 훌륭한 목표이기는 하지만, 고

도로 경쟁적인 사이버 환경에서는 성취하기 어려운 목표다.

이것이 전적으로 새로운 상황인가? 그렇지만은 않다. 사도 바울은 〈고린도후서〉의 상당 부분을 할애해 거짓 사도들을 질책했다. 그들은 자신들이 하는 말의 정통성을 보증하려고 화려한 언변을 구사해 "슈퍼사도들"처럼 보였지만, 실상은 돌팔이들로서 그 가르침을 신뢰할 수 없는 자들이었다〈고린도후서〉 10~13장. 당시 유명세를 타던 언변 좋은 이들에 맞서서 사도 바울이 내놓을 수 있는 유일한 해독제는 그의 "몸"뿐이었다. 곧 쇠약한 몸, 어눌한 언변, 또한 매 맞고 죽을 고비를 넘기며 파선되고 잠을 자지 못하고 위험에 빠지며 굶주리고 목마르며 추위에 떨어야 했던 그 몸뿐이었다〈고린도후서〉 11장 16~33절. 그를 비판하는 자들에 대한 사도 바울의 대답, 결국 그가 전하는 복음의 궁극적 변증은 신학적 논증이 아니요, "몸", 바울 자신과 십자가에 매달리신 분의 몸뿐이었다〈고린도후서〉 13장 3~4절. 그래서 다시 우리가 직면한 도전은, 인터넷에 유포된 내용들이 그 자체로 신빙성을 보증한다거나, 곧 그 내용은 모두 진실이라는 인상을 극복해야 하는 것이다. 이 책의 서문에서 밝혔듯이, 그리스도교 의례의 수행은 "외면성exteriority"의 검증을 필요로 한다. 즉 교회의 예전은 "이웃의 예전liturgy of neighbor"을 통해 그 진정성과 유효성을 검증받아야 한다.

5. **공동체** 마지막으로 "공동체"를 구성하고 있는 것이 무엇인지에 대한 우리의 이해도 우리를 둘러싸고 있는 기술에 의해 근본부터 재형성되고 있다. 예를 들어 지난 세기 중반까지만 해도, 미국에서의 가톨릭의 정체성이란, 이민자들의 인종적 정체성을 통해 형성되었다. 아일랜드계인 나의 가족도 19세기 아일랜드를 휩쓸었던 대기근 때문에 미국으로 이민을 오게 되었는데, 그 기간 동안 아일랜드에서는 많은 사람들이 미국과 그 외의 여러 지역으로 이민을 떠났다. 그런 상황에서 가톨릭의 정체성은 본래 가톨릭의 성

례전이나 말씀의 의례와 긴밀하게 연결되어 있는 것만큼이나, 각 인종 집단의 의례와도 긴밀한 연관을 맺고 있었다. 더 정확하게 말하자면 이 두 가지 사이의 구분이 불가능하다고 말할 수 있을 것이다. 사실 가톨릭이 갖는 힘은 19세기 후반과 20세기 초반, 대서양을 가로질러 미국에 건너올 때 생겨난 힘이다. 다시 말해, 해당 인종 집단에 대한 각 구성원들의 충성심을 강조함으로써, 전 세계 종교 공동체의 신자수를 증가시키는 데 놀라운 능력을 발휘했다.[64]

그러나 그런 시대는 이제 지나갔다. 정보 기술의 영향으로 인해, 비교적 최근에 이 나라로 이민 온 가톨릭 신자들은, 이전에 이민자들보다 훨씬 더 빠르게 미국 문화에 동화되고 있다. 멕시코, 베트남, 혹은 필리핀에서 이민 온 가톨릭 이민자들이 그 예다. 웹과 인터넷은 공동체의 전통적이며 인종적인 이해들을 용해시키는 용매溶媒로 작용한다. 그러나 기술의 도움을 받는 이런 동화同化의 패턴은, 답을 제시하는 것만큼이나 많은 질문들을 제기할 수 있다. 20년 전, 마크 설Mark Searle은 이렇게 주장했다. "미국 가톨릭은 가톨릭적이기보다는 미국적으로 변해가는 과정에 있다. …… 문화적 동화가 이루어지는 과정에서 가톨릭의 정체성은 상실되고 있다. …… 이는 예전에 관해서 말하자면, 가톨릭의 예전이란 반복적으로 거행되어야 한다는 집단적 정체성과 집단적 책임 의식이 점점 희박해지고 있다는 것을 의미한다."[65] 어쩌면 이러한 진술이 옳을 수도 있고, 그렇지 않을 수도 있다. 어느 경우이든, 설은 2항에서 살펴보았던 "소속"이라는 문제에 대해 다른 관점에서 질문을 던지고 있다. 가톨릭 공동체에 소속된다는 것은 무슨 의미인가? 또한, 예전은 그러한 소속됨에 결정적인 기여를 하고 있는가? 이 질문에 대답하기 위해 웹과 말씀의 관계를 보다 철저하게 탐색해보자.

웹으로서의 말씀

우리가 그리스도교의 콘텍스트에서 《성서》의 역사를 살펴본다면, 로젠이 인터넷과 《탈무드》 사이에서 발견했던 것과 유사한 연관성이 드러날 것이다. 이와 관련하여 에드워드 멘델슨Edward Mendelson은 이렇게 주장한다. 오늘날 인터넷이 의존하고 있는 하이퍼링크 시스템은 동서양의 그리스도교 수도사들이 필사실에서 《성서》를 그들의 손으로 필사하고 관주冠註를 달 때 이미 나타나기 시작했다는 것이다. 물론 이 주장에 대한 반론이 있을 수 있다. 그러나 실제로 《성서》야말로, 교차 참조 시스템으로 상호 연결된 최초의 책이다. "성서의 독자를 하나의 성서 구절에서 다른 성서 구절로 안내하는, 어쩌면 수백 년 전에 기록된 구절로 안내하는 여백에 쓰인 관주들……." 멘델슨은 계속해서 이렇게 주장한다. "성서의 관주와 월드 와이드 웹의 하이퍼링크는 세상의 모든 것들은 연결되어 있다는 생각, 곧 모든 사건, 모든 사실, 모든 데이터는 서로 연결되어 있다는 생각을 구체적으로 구현한, 지금까지 고안된 유일한 두 가지 시스템이다."[66]

이것이 인터넷 기술이 제공하는 가장 분명한 혜택일 것이다. 어디서나, 그 누구라도, 컴퓨터에 접근할 수 있는 사람은 접속이 가능하다. 내가 서문에서 언급했듯이, 예전 또한 연결에 관한 것, 즉 하나님과 사람과 지구와 우주와 시간과 문화와 역사와의 연결에 관한 것이다. 현대의 정보 기술은 우리에게 전에 경험해보지 못한 능력을 주었다. 그것은 사람과 사람, 사람과 역사를 연결하는 능력이다. 또한 이 능력으로 사람들은 아이디어, 정보, 이미지, 문화, 예술, 그리고 제품들에 관한 고갈되지 않는 흐름과 연결된다. 하이퍼링크는 우리의 개인적 삶과 공적인 삶을 재형성해주는 상상할 수 없는 잠재력을 지닌다. 그러나 나쁜 소식이 있으니, 우리가 이미 보았듯이, 바로 이 하이퍼링크 시스템이 우리를, 모든 곳과 연결되어 있지만, 그러나 대부분 의미 없고 덧없으며 취약하고 불안정한 세상으로 인도할 수 있다는 점이다.[67] 클릭 몇 번이면 나만의 웹 페이지를 만들 수 있다. 클릭 몇 번을 더하면 그것을 파괴해버리거나, 혹은 완전히 다른 무엇으로 바꾸어버릴 수도 있다. 조너선 로젠과 같이 에드워드 멘델슨도 다음과 같이 주장한다. 인터넷은 어쩌면 이스라엘 사람들이 디아스포라로 흩어질 때 일어났던 것과 같은 고국의 상실과 성전의 상실뿐만 아니라 더 크고 깊은 상실에서 구축된 것일 수도 있다. 멘델슨은 계속해서 이렇게 말한다. "손으로 만질 수 있는 몸이나 오래 지속되는 기억들이 없는 세상에서는 그 누구도 약속을 지킬 수 없다. 그러나 《성서》는 인격적인 하나님이 이미 지켜오셨던 언약과 계약, 그리고 앞으로도 계속 지키실 약속의 책이다."[68]

약속이란 존재는 몸이라는 존재를 전제로 한다. 몸은 그 자신과 세상은 물론 다른 사람들, 나아가 하나님과 관계를 맺는 일차적인 방식이다. 《성서》의 "하이퍼링크 시스템"은 그러므로 육화된 것이다. 그것은 인간의 역사라는 관점에서 구원의 역사를 이야기한다. 여기서 인간이란 끊임없이 움직이는 존재다. 첫 번째 밀레니엄 기간 동안 신자들과 성서의 만남은 대단히 물리적인 것이었다. 왜냐하면, 《성서》는 글로 기록된 다른 자료들과 마찬가지로, 묵독黙讀으로 읽는 것이 아니라 소리 내어 읽는 것이었기 때문이다.[69] 읽기는 몸을 사용하는 활동이고, 이것은 공동체 안에서 만나는 다른 독자들과의 사회적 교섭이기도 했다. 즉, 무언가를 읽을 때면 침이 나오고, 입술이 움직이며, 혀와 이가 움직이는 등, 몸의 물리적 활동이 필요했다. 같은 원리가 중세와 그리고 근대의 《코란》 학교들에서의 학습에도 영향을 주었다. 더욱이 소리 내어 읽는다는 것은 혼자 읽는 경우조차도, 읽기 파트너들을 부르고 초청하는 일이며, 이에 따라서 의미들이 사회적으로 구성된다는 것을 뜻한다. 즉, 공유하고 있는 인간성에 기초를 둔 공동의 발견으로부터 의미들이 흘러나온다는 뜻이다.

　의미와 기억을 행동과 연관 지었던 일은 《성서》 자체에 사회 구조를 변혁할 수 있는 커다란 힘을 부여했다. 멘델슨은 이렇게 주장한다. 미국의 노예 제도 폐지는, 단순히 19세기 중반의 사회 경제적 압박 때문에 일어났던 것은 아니다. 오히려 퀘이커Quaker 교도들과 성서 읽기를 매우 중시했던 경건한 교인들이, 〈출애굽기〉 13장 21절에 나오는 내용, 곧 하나님께서 낮에는 구름 기둥으로 밤에는 불기둥으로 백성들 앞에서 행진하셨다는 사실과, 〈고린도전서〉 10장 14절에 나오는 사도 바울이 모세의 출애굽 해방 사건과 그리스도의 해방 사역을 병치시켜놓은 사실 사이에, 외면할 수 없는 연관이 있음을 이해했기 때문에 가능한 일이었다. 노예 제도의 철폐를 주장하는 사람들에게 위의 두 가지 사실 사이의 관계 및 그 결과는 너무나도 자명했다. 그리스도교 교인들은 자신들이 살고 있는 그 시대와 그 장소에서 모세의 출애굽 해방 사건을 재현해야 하는 도덕적 의무가 있다는 것이다. 단 하나의 민족, 혹은 단 한 명의 사람이라도 노예로 살고 있는 한, 하나님이 약속하신 해방의 역사는 미완성 상태로 남아 있는 것이다. 그 제도의 희생자이든, 혹은 가해자이든 간에 노예 제도를 용인하는 일은, 결국 바로의 군인으로 복무하는 것과 같다. 그런 노예 제도에 맞서 싸우는 일이야말로 모세와 예수가 복종했던 것과 같은 그 명령에 순종하는 일이다.[70]

　멘델슨이 말한 이 내용은 매우 중요하다. 그것이 성서의 것이든 혹은 웹의 것이든, 하이퍼링크 연결 혹은 접속이 어떻게 한 공동체의 행위를 재형성할 수 있는지를 보여주기 때문이다. 손으로 만질 수 있는, 물리적으로 새겨진 실체로서의 《성서》와 인간의 몸은 약속을 하고 또 그 약속을 지킨다. 동방이든 서방이든 그리스도교 예전의 전통에서는, 《성서》와 몸, 특히 그리스도의 성체를 동등하게 여긴다. 즉, 《성서》와 몸 둘 다를 공경하고, 손에 들고, 만지고, 높이 들어올리며, 환호로 맞이하고, 빛과 향으로 감싼다.[71] 로런스 폴 헤밍Laurence Paul Hemming은 이렇게 주장한다. 모든 공중 기도는 "말로 이루어지는데, 이는 그 기도를 드리는 동안 그 기도문 속에 나 자신이 새겨지는 것을 뜻한다. 곧 성령을 통해 아버지께로 돌아가는 것이다. 내가 그리스도께 속한 만큼이나 나의 기도는 나의 몸에 속해 있고, 따라서 그리스도의 몸인 회중, 곧 교회는 당연한 결과다".[72] 하나님의 말씀이 인간의 말하기와 성례전, 몸과《성서》에 새겨져 있기 때문에, 그리스도인의 기도와 약속들은 물리적 실체다. 곧 몸에 새겨져 있고, 숨과 피를 통해 운반되며, 뼈에 새겨져 있는 실체인 것이다.

이제 우리는 프랑스의 상징주의 시인인 스테판 말라르메Stéphane Mallarmé, 1842~1898의 다음과 같은 말을 더 잘 이해할 수 있게 되었다. "세상은 책이 되기 위해 존재한다." 웹과 마찬가지로《성서》의 말씀은 세상이라는 텍스트를 리조메틱하게 읽는 것이다. 유대인과 그리스도인들이 이해하듯,《성서》는 인간이 하나님의 마음을 읽은 결과가 아니라, 하나님이 세상의 마음을 읽은 결과물이다. 다시 말해, 피조 세계와 계약, 이야기와 노래들, 행위와 욕망, 굶주림과 역사 등에 나타난 의미들을 깊이 성찰한 결과다.《성서》자체가 이렇게 기록된 실체이기 때문에, 즉 한 민족의 상실한 고국을 대체한 실체이기 때문에,《성서》는 세상의 실체the world's body를 읽어낼 수 있다. 이는 마치 연인들이 서로의 몸을 읽어낼 수 있는 것과 같다. 만약 글쓰기가 "나의 말이 나를 놀라게 하고, 또한 나의 생각을 가르치는" 활동이라면,《성서》, 즉 "하나님의 글쓰기"는 세상을 놀라게 하고, 세상의 생각을 가르치는 존재다.

폴리포니로서의 말씀, "노마드 공간"

말씀이 세상을 읽을 때, 그 결과는 다성적이다. 이는 동시에 여러 가지로 소리가 나는 리좀학적 의미의 다양성을 뜻한다. 이 세상에서 말씀이 보는 것은 엄격한 유기체적 질서 혹은 논리적 인과 관계에 따라 형성된 "뿌리-책root-book"이 아닌 리좀이다.[73] 아직도 우주가 논리에 근거해 흐른다고 믿는 사람이 있다면, 그 이유는 그가 지금까지의 논의에 충분히 주의를 기울이지 않은 까닭이다. 들뢰즈와 가타리가 《천 개의 고원》에서 제시한 반反구조적 레이아웃은, 역설적이게도 "책으로서의 세상"과 "세상을 읽는 말씀"을 더욱 정확하게 보여주는 이미지다. 《성서》는 "1,000개의 고원"과 같다. 이것이 유대교 예전이나 그리스도교 예전 모두에서 《성서》를 기록된 순서를 따라 처음부터 끝까지 봉독하지 않는 이유다. 오히려 예전에서는 《성서》를 동시에 작동되는 여러 시스템을 가지고 리조메틱하게, 곧 다성적으로 읽는다.[74] 성서 봉독을 위한 성서 일과표의 다양성을 통해 그리스도교 예전은 《성서》란 하나의 열린 시스템, 곧 들뢰즈와 가타리의 표현을 빌자면 "노마드 공간"이라고 암시한다.[75] 노마드적 사고는 나무 같은 구조, 닫힌 시스템, 혹은 단일한 의미로 축소되는 것을 거부하는 "유연한 공간"이다. 그것은 역사가들이 선호하는 단선적이고 인과 관계적인 화법, 예컨대 '이런 일이 생겼다. 그래서 또 저런 일이 생겼다' 등이 아닌, 《성서》의 다성적 구조를 닮아 있다.[76] 노마드적 텍스트는 그 어느 지점에서 시작해도 다른, 혹은 모든 그 어떤 지점과 연결될 수 있다. 예전을 위한 성서 일과는 《성서》를 노마드적 공간으로 여긴다. 즉, 이 공간은 비록 주제, 구조적 유사성, 혹은 저자들이 다를지라도, 서로서로를 "대화"로 이끌 수 있는 유동적인 텍스트들의 집합체다. 그런 선택을 가능하게 해주는 "논리"는 그 자체로 노마드적 이미지인 각각의 성서 "구절"이 서로서로 연결되어 있으며, 그래서 텍스트들의 어떠한 조합도 "세상을 놀라게 하고 세상의 생각을 가르칠 수 있는" 공간을 열어줄 수 있다는 확신이다.

그래서 노마드 공간은 유연하다. 즉, 그 끝이 항상 열려 있다. 따라서 우리는 아무 때나 어느 지점에서나 일어나서 다른 곳으로 옮겨갈 수 있다.[77] 또한 노마드 공간은 열린 공간으로 스스로를 확장해나갈 수 있는데, 이는 참호를 파고 스스로를 그 안에 가두는 것과는 반대되는 개념이다.[78] 들뢰즈와 가타리는 "유연한 공간"이란 개념을 지학地學이나 지리학地理學이 아닌 음악에서 차용했다. 더 구체적으로 말하자면, 당대의 탁월한 작곡가이며 지휘자인 피에르 불레즈Pierre Boulez, 1925~의 작품에서 차용한 것이다. 그러나 이들이 음악에서 그 개념을 차용했던 이유는 자신들의 주장을 아름답게 포장하기 위해서가 아니다. 왜냐하면, 음악 작품들은 노마드 공간과 그 사고에 뿐만 아니라, 웹과 말씀이 세상을 읽는 방식에 대해서도 가장 뛰어난 성찰을 제공하기 때문이다. 이 점에 관해서는 이제부터 밝혀보기로 한다.

수 세기 동안 책과 그 쪽수들은 데이터를 보관하고 검색하기 위한 창고로 여겨졌다. 이런 전제하에서의 '읽기'란, 책을 단순히 훑어보고, 그 내용을 취하는 것이었다. 다시 말해 책 읽기란 재고를 조사하는 것, 즉 창고의 내용물을 기록하는 것과 같았다. 그러나 책의 쪽수들이 그것이 인쇄된 것이든 혹은 디지털화 된 것이든, 근본적으로 저장 시스템이 아니라 '태블러추어 기보법'이라고 가정해보자. 여기서 독자는 이미지의 변화를 주목하라! 오늘날의 용법에 따르면, 태블러추어 기보법이란 넓게 보아 모든 음악적 기보법을 지칭할 수 있으나, 초기에 그것은 리듬과 손가락 연주법을 지시해주는 기악곡을 위한 암호화된 악보를 의미했다. 그러나 당시 이 악보에는 연주가가 연주해야 하는 실제 음높이가 표기되어 있지 않았다. 따라서 이러한 기보 체계 안에는 상당한 정도의 불확정성이 내포되어 있었다. 더욱이, 음악에서의 태블러추어 기보법은 넓은 의미에서나 혹은 좁은 의미에서, 음악적 데이터를 실제로 저장하거나 검색하지 않는다. 다만 음악의 실현 혹은 연주에 있어서 지시나 단서를 제공할 뿐이다. 즉, 구조, 리듬, 강약, 절 나누기, 음자리표, 그리고 음의 높이 또는 조調 기호 등을 제공할 뿐이다. 《천 개의 고원》의 "리좀" 편을 열고 있는 시각적 이미지는, 실바노 부소티Sylvano Bussotti, 1931~의 〈데이비드 튜더를 위한 다섯 개의 피아노 곡Five Piano Pieces for David Tudor, 1959〉 악보의 첫 번째 쪽이다.[79] 클래식 음악을 전공한 피아니스트들에게는 이 악보가 다소 당혹스럽게 보일 것이다. 왜냐하면, 이 악보에는 보표譜表나 음자리표 같은 친숙한 요소들도 포함되어 있긴 하지만, 오히려 잭슨 폴록Jackson Pollock, 1912~1956의 그림을 더 많이 닮아 있기 때문이다. 부소티의 악보는 명확하게 정리된 음높이나 "조 기호"도 없이, 이리저리 낙서한 종이처럼 보인다. 그의 악보는 매우 리조메틱하고, 노마딕하며, 불확정적이다. 심지어 그것은 연주자로 하여금 도대체 어떤 소리로 어떻게 연주해야 하는 것인지를 고민하게 만드는, 잉크로 그린 무늬처럼 보인다. 그런데 바로 이 점이 중요하다. 부소티는 그의 이 연주곡을 데이비드 튜더David Tudor, 1926~1996에게 헌정했는데, 튜더는 널리 알려진 거장 피아니스트이며, 동시에 "라이브 전자 음악"의 대표적인 인물이다. 튜더와 미국의 다른 음악가들, 특히 존 케이지John Cage, 1912~1992는 그들의 작곡 영역에 불확정성의 원칙, 혹은 반反원칙을 큰 폭으로 도입했다. 이들에게 있어서 한 작품의 성공은, 악보에 표시된 작곡가의 지시와 연주자의 상상력 사이의 미리 정해놓지 않은 상호 작용과, 그리고 종종 다른 매체들을 연주에 적극적으로 활용하는 데 달려 있다. 이 매체에는 필름, 비디오, 레이저 영상, 춤, 모바일 라우드 스피커 등이 있다. 이렇게 하는 목적은 융통성이 있으면서도 복합적인 연주에 있다. 이때 연주는 공간과 시간 안에서, 때로는 청각적으로 때로는 시각적으로, 매우 큰 움직임 혹은 몸짓을 통해, 예측 불가능한 방향으로 전개되는 소리의 향연이다.

부소티나 다른 작곡가들의 "불확정적인" 악보들이 보여주는 것은, 모든 음악이란 악보 그 이상이라는 사실이다. 음악은 악보 뒤에서가 아니라, 악보 저 너머에서 연주된다. 혹은 전혀 연주되지 않는다. 궁극적으로 연주란, 물론 때로는 작곡자의 지시를 따르는 것이 필요하기도 하지만, 그 지시를 꼼꼼히 또는 정확하게 따르는 것이 아니라, 음악을 창조해내는 것이다. 그러나 실바노 부소티, 존 케이지, 데이비드 튜더, 피에르 불레즈, 슈테판 볼페Stefan Wolpe, 1902~1972 등 다수의 음악가들이 20세기에 들어서 주창한 포스트모던한 불확정성의 원칙은 그것이 처음에 소개되었을 때 느껴졌던 것만큼 그렇게 급진적인 것은 아니다. 서양에서 불렸던 그레고리오 성가의 초기 "악보"도, 예식서 혹은 예배 순서지의 여백에 낙서처럼 쓰인 지시 기호들에 지나지 않았기 때문이다. 따라서 성가의 실제 연주는 연주가의 상상력과 그의 연주 역량에 의해 좌우되었다. 다만 구전으로 전해오는 전통의 지침을 벗어나지 않는 범위 내에서 연주를 해야 했다. 만약 로마 성가, 혹은 갈리아 성가, 혹은 모사라베 성가들이 어떻게 연주되는지를 확실하게 알고 싶다면, 해당 교회 소속의 칸토 한 사람만 초청해오면 된다. 이와 마찬가지로, 요한 세바스찬 바흐Johann Sebastian Bach, 1685~1750로 대표되는 바로크 음악에서 사용되는 매우 풍성하고 다양한 장식음 역시, 비록 관습에 의해 형성된 것이기는 하지만, 상당 부분 개인 연주자의 연주 역량과 즉흥 연주에 맡겨졌다.

역사적으로 그리스도교 의례에서는 예전의 예식서들을 음악가가 악보, 특히 태블러추어 악보를 읽듯이 읽는다. 의례를 위한 예식서ritual text는 데이터를 저장하거나 혹은 교리를 검색하는 데 필요한 저장 창고가 아니다. 의례의 의미도 쌓여 고착되는 것이 아니다. 그 의미들이란 예식서 안이든, 혹은 비언어적 예전 행위 안이든, 깨워주기를 기다리며 그 어딘가에 누워 있는 그런 것이 아니다. 음악과 마찬가지로, 예전의 의미는 "예식서 저 너머에서"에서 실현되거나, 혹은 전혀 실현되지 못할 수도 있다. 루이마리 쇼베가 그의 책을 통해 말했듯이, 그리스도교 예배는 유대교 선조들의 예배와 마찬가지로, 그 스스로 검증되는 것도 아니고, 또한 그 자체로 정통성을 획득하는 것도 아니며, 결코 그렇게 될 수도 없다. 수확의 첫 열매를 바치는 의식은 그 의식을 수행하는 행위 자체만으로 윤리적 소명을 완수하는 것이 아니었다. 왜냐하면, 하나님의 존재를 인정하고 그분을 향해 감사하는 일은, 가난한 사람들의 존재를 인정함으로써 검증될 때에만 진정성을 획득할 수 있기 때문이다. 즉, 이스라엘의 예전은 나눔의 윤리적 실천을 통해서만 완성될 수 있기 때문이다.[80]

이와 마찬가지로, 그리스도교 예전 역시 그 예전 바깥으로부터, 즉 외적으로 검증되어야 한다. 이것을 에마뉘엘 레비나스 Emmanuel Levinas, 1906~1995는 "이웃의 예전"이라고 부른다.[81] 예를 들어 성찬은 윤리와 분리된 채 존재할 수 없다. 그 이유는 글자 그대로의 신학적이면서도, 동시에 인간애적이다. 사도 바울은 우리가 주의 만찬을 거행할 때마다, "주님의 죽으심을 그가 오실 때까지 선포〈고린도전서〉 11장 26절"해야 한다고 확언했다. 또한 쇼베는 이렇게 주장한다. "종의 모습으로 십자가에 처형당하신 하나님은 학문에 의해 지배당하는 것을 참지 않으신다. 하나님의 말씀은 인간의 삶과 행동에 대한 명령 imperative으로만 표현될 수 있기 때문이다." 성찬으로부터 비롯되는 윤리적 행위는 "하나님께 몸을 바치는 행위"이며, 이는 "우리가 '이웃의 예전'을 드려야 하는 그곳에서 그 무엇보다 정의와 자비를 먼저 행하는 것이다. …… '은총 가운데 살아가라는 삶'의 윤리도, 우선적으로 사람들에 의해 노예 상태로 전락한 사람들에 관한 것인데, 바로 이 윤리야말로 예전의 진정성을 검증하는 자리, 곧 진리를 검증하는 자리인 동시에, 나아가 성찬에서 하나님 아버지에게 자녀들이 감사를 드리는 자리다".

말씀, 의식, 그리고 몸의 담론

이제 우리는 왜 그리스도인들에게는, 최우선적 "선택"으로서의 가난한 사람들을 위한 윤리적 실천이, 실제로는 선택 사항이 아닌지를 이해할 수 있게 되었다. 윤리적 행동의 의무는 하나님 자신의 행동, 곧 자기 비움, 자기 지움, 자기 쏟아냄으로부터 비롯되는 것이다〈빌립보서〉 2장 7~8절. 자기를 낮추신 예수의 행동, 곧 "자기를 비우시고 종의 모습을 취하신" 행동〈빌립보서〉 2장 7절은 단순한 모범이 아니다. 왜냐하면, 십자가는 "하나님에 의한 하나님 자신의 포기로서만 해석될 수 있기" 때문이다. 다시 말해서 신자들에게 있어서 십자가라는 스캔들은 "삼위일체 하나님의 행동일 때에만 참아낼 수 있는 것이기 때문이다."[82] 십자가 위에서 하나님은 우리가 "하나님"에 대해서 알고 있던 모든 것을 뒤엎어버리신다. 이처럼 혹독한 스캔들은 개념적으로는 파악될 수 없다. 그것은 "담론으로부터 몸으로 향해가는 길을 필요로 한다. …… 이 길이야말로 우리의 욕망, 우리의 역사, 그리고 우리의 사회라는 구체적 현실로서의 몸이, 우리들 언어의 진정성을 담아내는 자리가 된다".

따라서 예전에 관한 담론은 필연적으로 윤리적 실천과 그 행동을 담당하는 몸에 길을 내 주어야 한다. 이렇게 말한다고 해서, 성례전적 예배 자체가 'ex opere operato', 즉 "그 행위를 수행하는 바로 그 일 자체로부터" 본래적으로 유효성을 지닌다는 가톨릭의 전통적인 강력한 주장, 즉 사효성을 부인하는 것은 아니다. 그러나 오늘날까지도 심각하게 오용되고 있는 이 주장은 정확하게 재해석되어야 한다. 다시 말해 'ex opere operato'라는 구문에, "하나님의" 혹은 "그리스도의"라는 단어가 항상 첨부되어야 한다. 왜냐하면 그리스도 안에 계시는 하나님만이 예전 혹은 예배의 유효성을 보증해주기 때문이다. 여기서 그리스도 안에 계시는 하나님은, 전통 스콜라적 언어를 사용하자면, 성례전의 "본래적 수행자principal agent"이시며 동시에 성례전의

"궁극적 원인final cause"이시다. 예를 들어 설명해보자면, 은혜grace란, 이러한 예전적 행동이 수행되는 그 언제라도 진실로 제공되고 베풀어진다. 그렇다고 이 말이 특정한 의도와 목적을 지닌 회중, 곧 성직자들과 평신도들에 의해 확실하게 거행되었다는 단지 그 이유만으로, 성례전이 "행하는 바를 말하고, 말하는 바를 행하는 것"이 된다는 뜻은 아니다. 'ex opere operato'라는 명제는 성례전이 성직자의 성향과는 상관없이 기계적으로 "작동"되는 것이라는 도발적 주장이 아니기 때문이다. 오히려 그 명제는 그리스도교 예배란 그 자체로 스스로에게 합법성 혹은 정통성을 부여할 수는 없다는 사실을 확고하게 상기시켜 주는 말이다. 비록 우리가 성례전을 교회, 즉 하나님의 "종말론적 승리의 은혜"로서의 교회, 또한 우리의 세상 안에 영원히 거하시며 항상 만나 뵐 수 있는 그리스도의 현존으로서의 교회의 "자기실현" 혹은 "자기표현"으로 이해한다 하더라도, 여전히 우리는 이 세상 안에서의, 그리고 이 세상을 위한 "구원의 성례전"으로서의 교회의 정체성이란, 교회 스스로 빚어 스스로에게 부여할 수 있는 것이 아니라는 사실을 기억해야 할 것이다. 다음과 같은 점에서 쇼베는 의심의 여지 없이 옳았다. 쇼베는 이렇게 주장한다. "교회는 예배와 성례전을 통해 스스로의 정체성을 '창안'해낼 수 없다. 교회의 정체성이란, 우리가 이해할 수 없을 만큼 우리와 가까이 계시면서, 그러나 동시에 결코 가까이 다가갈 수 없는 타자이신 하나님으로부터 부여받는 것이기 때문이다." 그러므로 성례전이란 타자이신 그분에게 복종하는 행동이다. 이러한 성례전을 통해 교회는 타자이신 그분의 처분에 스스로를 내맡기는 것이다. 그리하여 마침내 교회는 "스스로에게서 비롯되지 않은 행동을 취하고, 그 자신의 것이 아닌 말을 하며, 스스로 택하지 않은 것들을 수용함으로써, 타자이신 그분으로 하여금 행동하게 하는 것이다". 요컨대, 교회는 "그들의 주인이신 그리스도로부터만 스스로의 존재를 부여받을 수 있고, 그때 비로소 교회의 정체성을 획득할 수 있게 된다. 성례전은 ······ 이러한 '정체성을 얻게 해주는 매개'다". 그러므로 성례전이 거행되는 어디에서나, 교회는 자기 존재 및 자기 자유의 근거이신 그리스도를 향한 전적인 의존을 고백하는 것이다.

기도의 규칙, 신앙의 규칙, 삶의 규칙

나는 그러므로 그리스도교 의례를 태블러추어 기보법이나 혹은 음악의 악보처럼 읽을 때, 가장 잘 이해할 수 있다고 주장한다. 그런데 예식서라는 악보는 "리조메틱하고, 노마딕하며", 그래서 그 의미 또한 무한히 다양할 뿐만 아니라 내적으로는 "불확정적"이다. 즉, 예전 혹은 예배란 윤리적 행동이라는 외면성을 통해서만 검증될 수 있다는 뜻이다.[83] 그러므로 그리스도교 예전은 의례의 수행으로 시작되지만 윤리적 실행으로 완성된다. 이웃을 섬기는 예배는 교회의 예전 혹은 예배를 검증해주는데, 이는 작곡가의 악보가 연주라는 과정을 거쳐서만 음악으로 완성되는 것과 같다.

따라서 고대의 이분법적인 공식이며, 종종 교리보다 송영이 우선한다는 주장[84]을 뒷받침하는 근거로 인용되던 'lex orandi, lex credeni', "기도의 규칙이 곧 신앙의 규칙이다"는 실상은 마치 주의를 다른 곳으로 돌리기 위해 사용하는 '붉은 청어'와 같다. 이 공식은 처음부터 오류를 안고 있었는데, 왜냐하면 그 추론 과정 자체가 순환적이기 때문이다. 이 공식은 다음과 같이 주장한다. "우리는 교회에서 드리는 공중 기도가 우리의 신앙을 형성한다고 믿는다." 그러나 이러한 주장은 그 자체로 이미 그리스도와 교회의 본성에 관한 근본주의적 확신 혹은 믿음을 표현한 것이고, 바로 이 믿음이 예배를 가능케 하고, 동시에 예배에 참여하는 것을 의무화하는 것을 가능케 해준다.

물론 예전 혹은 예배야말로 신학이 태어나는 곳이라는 주장에도 일리는 있다. 동시에 예전이란, 교회가 그 신앙의 대상이며 근원이신 유일한 분의 존재 안에 굳건히 섬으로써 교회 자신의 본 모습을 가장 선명하게 드러내는 장소라는 말에도 일리가 있다. 그래서 예전은 '원原신학theologia prima'이라는 별칭을 얻게 된 것이다.[85] 'lex orandi, lex credeni' 공식은 폐쇄 회로와 같은 이분법적 양극단을 따라다니는 제한과 똑같은 제한으로 인해 고통을 받는다. 만일 송영이 교리를 검증하는 것이라면, 그 반대 역시 가능하지 않을까? 곧 교리 또한 송영을 검증할 수 있지 않을까?

바로 이것이 교황 비오 12세Pius XII, 1876~1958의 의견이었는데, 그는 자신의 교황 회칙 〈지극히 관대하신 하느님Munificentissimus Deus, 1950〉에서, "교회의 전례가 가톨릭의 신앙을 일으키는 것이 아니라, 가톨릭 신앙으로부터 예배가 나오는 것이다. 이는 마치 나무에서 열매가 열리듯, 신앙으로부터 거룩한 예배가 나온다는 뜻이다"라고 천명했다나무라는 오래된 이미지는 잘 죽지도 않는다.[86] 그 3년 전, 바로 그 교황께서 다음의 주장을 반박한 바 있다. "거룩한 전례는 신앙의 진정성과 의미를 검증하는 성능 시험장과 같은 것이다. …… 예전의 거룩한 의식들을 통해 '경건과 성스러움'이라는 열매를 맺었다는 사실이 발견될 때에만, 교회는 그 교리가 정통이라고 선언할 의무를 안게 되고, 그렇지 않을 경우 그 교리를 거부할 의무가 있다."[87] 종합하자면, 교황 비오 12세는 아키텐의 프로스페르Prosper of Aquitaine 성인의 선언, 곧 'legem credendi lex statuat supplicandi', "기도의 규칙으로 하여금 신앙의 규칙을 세우게 하라"라는 선언을 촉진하기보다는, 예전을 교리적으로 통제하는 일에 더 관심이 있었던 것 같다. 그는 프로스페르 성인의 격언이 "만일 신앙과 거룩한 예전 사이의 관계를 절대적이고 일반적인 언어로 구분하고 묘사하려고 한다면, 그것은 '완벽하게 옳다고'" 인정했다. 그러면서도 그는 여전히 다음과 같이 주장했다. "예전 혹은 예배는 전체적으로 …… 가톨릭 신앙을 내용으로 가지고 있어야 한다."[88]

그러나 'lex orandi, lex credendi'라는 슬로건은 기대와는 달리 별반 많은 것을 시사해주지 못한다. 송영과 교리는 둘 사이에 긴장이 있음에도 불구하고, 매우 안락한 둘만의 공동생활을 유지했다. 이런 동거가 가능했던 것은 한쪽 파트너가 다른 쪽 파트너의 관점에서 자신을 정의했기 때문이다. 그러나 더 심각한 문제는 신앙이 예배를 통제했느냐, 혹은 그 반대냐의 문제가 아니라, 양편 모두 'lex agendi', 행위의 규칙이 없는 상태에서 검증을 받을 수 있느냐의 문제다. 여기서 'lex agendi', 행위의 규칙은 과격하게 말하자면, "하나님 같지 않은un-God-like" 하나님과의 만남으로부터 비롯되는 윤리적 명령이다. 이 하나님은 예수의 십자가 안에, 그리고 "가난한 이, 굶주린 이, 목마른 이, 헐벗은 이, 갇힌 이들"의 몸 안에, 전혀 하나님 같지 않은 모습으로 거하시는 분이시다. 'lex agendi', 행위의 규칙이 지시하는 윤리적 명령은, 우리에게 매우 편안한 "신앙과 예배"라는 이름의 듀오를, 불확정성이라는 전복적인 요인을 도입함으로써 갈라놓는다.

나아가 그리스도교 예전은 이러한 불확정성에, 아직 확정되지 않은 신학적 비틀기를 제공한다. 불확정성은 안정을 깨뜨리고, 중심을 해체한다. 이러한 일은 당혹스럽기는 하지만 유익하다. "온갖 형태의 존재, 온갖 형태의 지혜, 온갖 형태의 권력 저 너머"에 계시는 하나님, 곧 "존재하지도 않는 것처럼 보이는 작은 자들"을 통해서만 존재하시는 하나님은, "세상의 몸과 인간의 몸" 안에서만 만날 수 있고 경배할 수 있는 분이다. 더 구체적으로 말하자면 고통당하는 인간의 몸 안에서만 만날 수 있고 경배할 수 있는 분이다. 그런데 "존재하지도 않는 것처럼 보이는 작은 자들"이 겪는 가난과 굶주림과 비참함 등은, 세상의 눈으로 볼 때 아무것도 아니다. 그리스도교 예전은 항상 십자가의 말씀을 선포하는데, 여기서 십자가의 말씀이란, "갈라놓는 말씀"이다.[89] 사도 바울이 고린도 교인들과 우리들에게 이렇게 하라고 권면했던 것은 단순한 수사적 표현이 아니었다. "그러므로 여러분이 이 빵을 먹고 이 잔을 마실 때마다, 주님의 죽으심을 그가 오실 때까지 선포하는 것입니다〈고린도전서〉 11장 26절."

"갈라놓는 말씀"인 십자가의 말씀은 진정한 하나님이란, 지금까지 우리가 통념적으로 하나님이 아니라고 믿었던 존재, 또한 하나님이어서는 안 된다고 믿었던 존재가 진짜 하나님이라고 선포한다. 스타니슬라스 브르통 Stanislas Breton, 1912~2005은 다음과 같이 말한다.

> 하나님이 이런 존재가 되신 이유는, 그분이 마땅히 그렇게 되셔야만 한다고 우리가 생각하는 그런 존재가 전혀 아니시기 때문이다. "진정한 하나님이 되심"은 필연적으로 타자의 얼굴을 통해서만 가능하다. 마태가 전하는 최후의 심판 이야기〈마태복음〉 25장 31~46절보다 …… 우리에게 더 혼란스러운 것은 없을 것이다. 우상들의 최종적인 패망을 선포하는 최후 진리의 시간, 그리고 한 생명의 구원을 위해 꼭 필요한 한 가지에만 집중해야 하는 시간이 오면, 우리가 지금까지 소중하고 본질적이라고 여겼던 모든 것들이 아무 쓸모없는 것들이 된다. 최후의 심판 날은 …… 모든 날들의 승리다. "내 아버지께 복을 받은 사람들"은 다음과 같은 계시의 말씀을 들을 것이다. …… "너희는 내가 주렸을 때에 내게 먹을 것을 주었고, 목말랐을 때에 마실 것을 주었고, 나그네 되었을 때에 영접하였고, 헐벗었을 때에 입을 것을 주었고, 병들었을 때에 돌보아주었고, 감옥에 갇혔을 때에 찾아주었다." 최종 선고를 기다리는 사람들이 그동안 믿어왔던 상식적인 수준의 종교적 신념들, 곧 제의, 경배, 초월적 진리에 대한 절대복종 등 구원을 위해 필수적이라고 믿어왔던 것들은 이제 더 이상 효력이 없다.

선택받은 사람들도 이해하지 못하는 것처럼 보인다. …… 가장 멀리 있는 사람이 가장 가까이 있는 사람인가? 혹은 우리가 가깝지도 멀지도 않다고 알고 있는 사람들인가? 그들은 가난한 사람들이 아닌가? 다시 말해, 그들은 사도 바울이 아직 보이지 않는 미래로서 기념했던 이 땅, 곧 예수께서 사람의 몸으로 입고 오신(빌립보서) 2장 5~11절 이 땅의 그림자 속에서, 존재하지 않는 것처럼 보이던 존재들이 아닌가?[90]

최후의 심판 날은 모든 날들의 승리다. '하나님 되심'은 타자의 얼굴을 통해서만 가능하다. 브르통의 다음과 같은 주장은 옳다. "예수의 십자가는 역사적으로 입히고, 먹이고, 돌보고, 마실 것을 주는 등의 일련의 겸손한 행동들로 규정되어 왔다. 이런 가장 평범한 해석의 관점에서 볼 때, 무책임한 신자들은 신앙의 경륜이 저속한 물질주의로 전락하지 않을까를 두려워하는 것도 놀라운 일은 아니다. 그러나 타협할 수 없는, 〈마태복음〉에 기록된 최후의 심판 비유에 나타난 패러독스는, 얼굴 없는 사람들에게 나누고 베푸는 일의 필요성을 중요하게 강조하고 있다."[91]

〈마태복음〉 25장에 나오는 최후의 심판 장면은 '천국의 예전'이 지니는 모든 특성을 잘 보여준다. 천국의 예전에는 모든 민족이 초청을 받는다. 제의 상황임을 알리는 기호로서 예배하는 천사들이 등장한다. 종말론적인 "사람의 아들"이 예배를 주관하며, 말하고 축복한다. 일종의 "대화 설교"가 끝난 후, 의로운 자들이 영생에 들어가게 된다. 이러한 모습들은 〈마태복음〉 22장 1~14절에 나오는 어떤 임금의 "혼인 잔치의 비유"에 이미 묘사되어 있는 것들이다. 그러나 "천국의 예전"의 중심에는 전복적인 불확정성이 담겨 있다. "입히고, 먹이고, 돌보고, 마실 것을 주었다"고 굳게 믿었던 자들은, 실제로는 그들이 그렇게 하지 않았었다는 사실을 알고서 충격에 빠진다. 반대로 자신들이 "입혔고, 먹였고, 돌보았고, 마실 것을 주었던" 사실을 전혀 인식하지 못하고 있었던 사람들도, 실제로 그들이 그렇게 했었다는 사실을 알고 나서 역시 충격에 빠진다. 마태의 비유에서와 마찬가지로, 예전적 불확정성이 우리의 "자기만족적인 평정심"을 깨버리고, 우리로 하여금 '철저한 타자성'을 대면케 한다.[92] 이때 '타자'는 하나님이시고, '타자들'은 인간을 뜻한다. 이렇게 함으로써 우리는 오만하고 이기적인 자신을 잊게 된다. 나아가, "항상 우리가 포착할 수 없는 저 너머에 존재했던 타자성의 상처"를, 우리에게 도움을 청하는 우리 이웃의 미미한 소리들을 통해 알아차리게 된다.[93] 요컨대, 하나님의 숨어 계심은, 통상 의심을 받아왔던 "무신론적인 상대주의, 인본주의, 물질주의, 그리고 모더니티"의 결과만은 아니다. 오히려 하나님의 숨어 계심은 그리스도교적 경험의 근본적인 실상이다. 그리스도교 신학은 항상 십자가의 신학staurology, 곧 십자가에 관한 학문이다. 이 신학은 "으깨어진 인간성 속에서 신성이 가려진 하나님에 관한 학문, 우리의 몸과 세상의 몸을 요구하실 때에만 진실로 우리 가운데 오실 수 있는 하나님에 관한 학문"이다.[94]

   그러므로 우리가 예배하는 하나님을 우리가 잘 알고 있다는 전제와 가정 아래 예배를 드린다는 사실은 끔찍한 실수다. 그 한 가지 이유는 예전이란 "하나님을 위한 우리의 섬김"이 아니라, 하나님이 우리를 위해 일하시는 것이기 때문이다. 나아가, 우리 가운데 하나님이 오신다는 것은, 항상 타자의 몸을 통해서만 가능하고, "입히고, 먹이고, 돌보고, 마실 것을 제공하는" 아주 평범하고 겸손한 행동을 통해서만 가능하기 때문이다. 여기서 잠시 멈추어서서 미국의 소설가이며 시인인 애니 딜라드Annie Dillard, 1945~의 다음과 같은 말을 숙고해보자. 그리스도교 예배자들은 종종 "그들이 하고 있는 일이 무엇인지를 잘 알고 있다는 듯이, 마치 예배의 전문가, 그러나 공인받은 바 없는 전문가라도 되는 양, 권위 의식과 허세로 가득한 채로, 하나님께로 나온다". 오랫동안 신성시 되어온 공소 예배 전통을 확실히 믿는 교회 안에서 성찬을 받는 사람들은, "그것이 얼마나 위험한 일인지조차 까맣게 잊은 채 건축 공사장의 높은 가설물 위의 좁은 통로를 따라 걸어가는 북미 원주민 모호크족Mohawk들처럼, 성찬식 때 줄을 지어 어슬렁거리며 나아가는 듯 보인다. 만약 하나님이 이러한 예배를 산산조각으로 날려버리신다면, 그 회중들은 정말로 놀랄 것임에 틀림없다."[95]

회심에로 부르심

예전이 안고 있는 위험을 잊는 것은, 예배가 회심에로의 부르심이라는 사실을 거부하거나 무시하는 것과 같다. 성공회 신학자인 어번 홈스Urban Tigner Holmes III, 1930~1981가 25년 전에 주장한 바와 같이 종교적 신앙이 "세상의 무릎에 누어 주무시는" 하나님, 그리고 "어둠 속에 숨어" 살아계신 하나님으로부터 신앙 그 자체를 격리시키기 위해 요란한 정통성의 확증이라는 방법을 이용하는 것은 전적으로 가능하다.[96] 예전 또한 이러한 유혹에서 자유롭지 못하다. 예배에서 더 이상 십자가의 말씀을 듣지 못할 때, 그리고 그리스도교의 송영과 교리 모두 십자가신학, "십자가에 관한 학문"이라는 사실을 잊을 때, 또한 으깨어진 인간의 몸 안에서 그 신성이 지워진 하나님을 외면할 때, 그러한 예배는 결국 "예전적 상징들이 가리키는 어두운 신비"가 아닌, 인간의 이데올로기를 섬기는 것으로 끝이 날 것이다.[97] 예전이 인간에게 "너무나 많은 주의를 기울인다면" 오히려 신성을 잃지 않을까 두려워하는 사람들은, "하나님은 십자가에 달린 그 사람, 사람보다 못한 사람 안에 계실 때 가장 신성하시다"라는 사실을 기억해야 한다.[98] 점점 더 양극화되어

가는 그리스도교 세계 안에서 우리가 우리 자신을 좌익에 놓든 혹은 우익에 놓든지 간에, 우리의 삶을 확증받고 우리의 생각을 확인받기 위해 예배에 참여한다면, 이는 잘못이다. 우리는 타자이신 그분을 지우려고 애쓰는 주권자로서의 "나의" 열망, 또한 타자이신 그분의 현존 안에서는 나에게 책임이 있다는 사실 자체를 잊으려고 애쓰는 주권자로서의 "나의" 열망을, 과소평가해서는 안 된다. 이 점에 대해서는 에마뉘엘 레비나스가 완벽하게 설명해주고 있다. "인간의 몸을 입고 오신 타자는 가난하고 곤궁한 분이시다. 우리에겐 낯선 존재인 이분에 관한 한, 그 어떤 것도 주권자로서의 '내가' 무관심할 수 있는 것은 없다."[99] 요약하자면, 가난한 이들이 주는 추천서 없이는 그 누구도 천국에 들어갈 수 없다.

어번 홈스는 이렇게 말한다. "좋은 예전은 세속 사회와 경계를 맞대고 있어야 하고 …… 또한 우리를 혼돈의 가장자리까지 이끌어가야 한다. 이런 경험을 통해 이전의 그 어떤 신학과도 다른 신학이 창출될 것이다." 이젠 고전이 되어 버린 그의 책 《예배 신학에 관하여On Liturgical Theology》에서 에이든 카바나는 홈스의 이러한 주장에 관해 언급하면서 다음과 같이 밝히고 있다. 혼란을 경험한 직후 우리에게 나타나는 '외상 후' 결과는, "바로 그 예전적 행위에 참여했던 사람들의 삶 자체에 일어나는 깊은 변화"다.[100] 실제로 그리스도교 예배의 역사는 의례의 텍스트와 형식을 연대기적으로 기록한 것이기보다, 예배에 참여했던 모든 사람들에게 끼친 영향, 곧 변화된 삶이 초래한 영향들을 축적한 것이다. 이 점을 예배에서 제거해버리면, 우리에게는 십자가 위에서 일그러진 몸, "우스꽝스러운 캐리커처 같은 몸, 너무나 쇠약해지고 축 늘어져서 예수가 남긴 옷을 놓고 다투던 사람들에게 이미 죽은 사람 취급을 당하던 그 몸"을 통해서 영광을 드러내시는 하나님을 향한 예배 대신에, 이데올로기적으로 주도되는 의례주의ritualism만 남게 된다.[101] 그래서 카바나

의례의 뿌리 87

는 다음과 같이 주장한다. 예전은 회중이 "살아계신 하나님의 현존 가운데서, 혼돈의 가장자리까지 규칙적으로 인도될 때"에만 "성장"한다는 것이다. 왜냐하면 예전을 "신학적"인 것으로 만들어주는 것은 바로 "변화", 곧 삶에서의 철저한 적용이기 때문이다. 이러한 변화는 "부분적으로는 의식적이고, 부분적으로는 무의식적이며 …… 장기적인, 그리고 변증법적인" 과정이다. 또한 그 변화의 주체는 "고위 성직자나 교수들 같은 사람들이 아니라 일용직 노동자 혹은 가게 점원 등과 같은 평범한 사람들일 가능성이 더 높다".[102]

다른 말로 하자면, 우리는 "바로 그들의 타자성 안에서 우리 자신을 인식하듯이, 다른 사람들을 인정하라"는 하나님의 명령에 따르지 않고서는 하나님을 예배할 수 없다.[103] 그러나 루이마리 쇼베의 주장에 따르면, 이렇게 하기 위해서는 큰 대가를 치러야 한다. 그 대가란 다름 아닌 "타자들을 책임지겠다는 자발적인 선택이다. …… 이 책임은, 그 누구도 나 대신에 질 수 없는, 그래서 피할 수 없는 책임이다."[104] 예전들은 "성장"한다. 또한 예전들은 실제로 살아서 움직이는 공동체 안에서 펼쳐지는 대화를 기록하는 그만큼만 "의미 있는 역사"를 지니게 된다. 카바나의 다음과 같은 주장은 옳다.

예배하는 회중의 위치란, 혼란의 끝 가장자리에 서 있는 매우 아슬아슬한 상태다. 은총과 은혜만이 그곳에 서 있을 수 있게 해준다. 은총과 약속만이 그곳으로 인도해준다. 그리고 하나님의 은총과 자비만이 회중으로 하여금 그러한 만남으로부터 온전히 돌아올 수 있게 해준다. 하지만 그때조차도 깊은 상처 없이는 돌아올 수 없다. 그러나 그 상처는 유익한 것이다.[105]

우리는 우리를 찾아오시는 낯선 이〈창세기〉 32절 23~32절와 씨름한 끝에, 만신창이 상태로 절뚝거리며 예배를 떠난다. 왜냐하면, "질문에로 부르심을 받지 않고서는," 우리가 예수의 십자가에서의 하나님의 승리를 인정할 수 없고, 십자가에 못 박히신 분을 "아버지와 같은 타자"로 인정할 수도 없기 때문이다.[106] 우리의 삶에서와 마찬가지로, 예전 혹은 예배에서 하나님의 영광을 고백하는 일은 다음과 같다.

우리 자신의 죄를 고백하는 일과 동시에 이루어진다. …… 우리는 어떻게, 우리의 인간적인 욕망 그 밑바닥까지 내려가지 않고서, 오직 십자가를 중심으로 하나님과 대화할 수 있을 것인가? 바로 이 지점에서 욕망의 뒤집기가 요청된다. 이때 욕망의 뒤집기란, 우리의 권한을 남용해 의로우신 그분을 정죄했던 바로 그 자리에서 우리 자신의 불의함을 고백하는 일인 동시에, 하나님을 우리의 유아적 욕망을 충족시켜주시는 경이로운 이가 아니라 철저히 타자로서 고백하는 일이다.[107]

예전은 우리를 혼란의 가장자리까지 인도하는데, 이는 우리의 잘못된 욕망을 바로 잡아주고, 더 나아가 우리의 욕망 안에 있는 승리주의와 과대망상증 혹은 과도한 권력욕을 뒤집기 위해서다.

결론

이 장에서 우리는, 의례의 기원과 포스트모던적 상황 사이의 관계를 탐구해보았다. 여기서 포스트모던적 상황이란, 서구의 산업 문화를 형성했고, 우리 자신들에 대한 이해, 타자와 세상에 관한 경험, 우리의 신앙, 신앙생활, 특히 예배와 예전적 언어 사이의 연관성 등에 깊은 영향을 준 상황이다.

모든 것이 언어화되고 실행될 때, 우리는 예전의 신학에 관해 말할 수 있다. 이는 송영과 교리가 서로의 승리를 뒷받침해주는 오랜 동맹 관계여서가 아니라, 이 장에서 내내 주장했듯이, 예배란 "응용 리좀학"이기 때문이다. 예배의 불확정성은 우리에게, '철저한 타자성'을 대면하도록 요구하는 윤리적 공간space of lex agendi을 제공해준다. 이때 타자는 하나님이시고, 타자들은 인간을 뜻한다. 또한, 그 불확정성은 우리로 하여금 오직 "이웃의 예전"을 통해서만, 그리고 타자와의 대면을 통해서만 예배의 정당성을 검증할 수 있게 해준다. 그래서 나는 미로 같이 서로 연결되어 있는, 잡초 같은 예배의 상황이, 교과서나 강의 계획안 혹은 교리적 개념 정의보다 음악과 더 닮아 있다고 주장한 바 있다.

또한, 들뢰즈와 가타리의 저술을 인용하면서 나는 이미지, 시각의 변화가 세상에 대한 우리의 인식과 경험과 해석을 바꾸어놓는다고 제안한 바 있다. 그러므로 의례는 세상을 "읽기" 위한 하나의 기술이라고 해석되어야 한다. 이것이 의례에 대한 리좀메틱한 방식의 해석이다. "기도의 규칙 및 신앙의 규칙과 삶의 규칙" 사이의 연관성에 관한 우리의 논의에서 이미 밝혔듯이, 의례는 세상을 포기하는 것이 아니라, 그 세상을 하나님 나라를 위한 "리허설"로 재구성하는 것이다. 리허설로서의 세상은 하나님과 인간이 한 식탁에서 만나게 될 어린양의 만찬을 미리 연습해보는 장이다. 그리스도인들에게 교회의 예전은 이웃의 예전을 통해서만 검증될 수 있다. 이렇게 말하는 것은 예배하는 공동체가 타자들과, 우리를 이름으로 불러주시는 타자이신 그분을 향해 문을 열어야만 한다고 고백하는 것을 뜻한다. 루이마리 쇼베 같은 신학자들이 상기시켜 주듯이, 우리가 불리는 "이름"은 우리 스스로 지어 부를 수 있는 이름이 아니다. 예전에서 우리는 우리 자신의 정체성을 스스로 만들어내거나 혹은 주장할 수 없다. 우리는 그 정체성을 부여받을 뿐이다. 바로 이것이 예배에 참여한 모든 사람들이 다른 이의 신분으로, 다른 이의 여권을 가지고, 다시 말해 "아버지와 아들과 성령의 이름으로," "낯선 땅"을 향해 여행을 떠나겠다고 동의한 뒤에야 비로소 그리스도교 예배가 시작되는 이유다.[108] 그래서 예전 혹은 예배를 시작하는 첫 번째 말들은, 우리가 누구인지를 밝히는 말이 아니라, 우리 자신을 타자이신 그분께 새겨 넣는 말들이다.

따라서 의례에서는 일종의 복화술이 작동된다. 우리들의 입이 열리지만, 말씀은 타자이신 그분이 하신다. 여기서 또한 의례는 음악과 닮아 있다. 의례와 음악 모두, '들리지 않는 몸짓들'을 만들어내는, 그러나 '들리는 예술'이다. 시사해주는 바가 매우 많은 에세이인 《음악, 음악Music, Music》에서 포스트모던 철학자인 장프랑수아 리오타르Jean-François Lyotard, 1924~1998는 다음과 같이 말하고 있다. 음악의 신비로움은 그 음악을 통해 들리는 소리가 아닌, 들리는 그 소리 너머를 듣게 해주는 것에 있다. 음악은 분만分娩이다. 즉, 음악은 생명을 탄생시키기 위해 산고를 겪는다. 이는 "아직 일어나지 않은 일, 아이, 어떤 이의 과거 …… 음악의 한 소절 등을 일어나게 하기 위한 통로를 열기 위해 애쓰는 산고다". 음악가의 임무는 그 길을 여는 것이다. 왜냐하면 궁극적으로 음악의 원천은 소리, 엔진의 굉음, 혹은 관악기의 흑단黑檀 나무관을 통해 나오는 숨소리, 혹은 관악기의 납관을 통과하는 공기 소리가 아니기 때문이다. 그것은 오히려 소리 이전에, 그리고 소리 너머에서 만들어지는 하나의 "몸짓"이며, 단어들 밑에, 그리고 단어들 너머에 있는 하나의 언어다.[109] 이는 T. S. 엘리엇Thomas Stearns Eliot, 1888~1965이 음악에 대해 노래한 그대로가 아니겠는가? "너무나도 깊이 들리는 음악 / 전혀 들리지 않으나 너는 음악이다 / 음악이 지속되는 한."[110]

어쩌면 음악의 원천, 그리고 의례의 원천은 들리지 않는 타자이신 그분이다. 그분의 "말씀"은 몸의 담론이다. 이는 파블로 네루다가 "불순한 말"과 그 말의 '불침번과 주름살과 꿈'이라고 노래했던 것과 같다. 우리는 몸을 통해 세상의 소리를 가장 깊이 있게 들을 수 있는데, 그래서 몸은 그것을 통해 세상을 읽는 눈이다. 이 점에 대해 파스칼 키냐르Pascal Quignard, 1948~는 다음과 같이 쓰고 있다. 음악과 의례 모두에게 궁극적이며 들리지 않는 근원은 어쩌면 탄식일지도 모른다. 이 탄식은 우리가 허무와 상실로 위협을 받을 때마다 뱉어내는 공포에 질린 원초적인 비명이다. 또한 이 탄식은 우리가 세상에 태어날 때 뱉어내는 소리이기도 하다.[111] 결국 우리 인간이란 피할 수 없는 근원적 공포, 우리가 호흡할 때마다 느낄 수밖에 없고, 우리의 살과 뼈에 새겨진 공포에 사로잡혀 살아가는 종種이다. 음악과 의례 모두가 경외심과 맞닿아 있는 공포로부터 비롯될 수 있을까? 그러나 음악은 종종 딸깍거리는 소리, 북 치는 소리, 두드리는 소리, 우는 소리로 시작되지 않는가? 아니, 어쩌면 탄식, 깊은 슬픔, 상실과 자포자기의 비명, 그리고 십자가에 달리신 그분의 "엘리 엘리 라마 사박다니"라는 외침은 이러한 평범한 소리들 저 너머에 있는 것일까?

    음악과 의례가 이러한 자포자기의 외침을 직접적으로 표현하지는 않는다. 그러나 그 외침은 우리의 음악 안에 영원히 존재하는 "묵음默音"으로서, 그리고 모차르트Wolfgang Amadeus Mozart, 1756~1791 음악의 환한 기쁨 안에 존재하는 슬픔의 그림자로서 항상 들린다. 이 이상의 그 무엇이 또 있다. 우리의 모든 음악과 의례 안에서 숨 쉬고 있는 상실과 탄식 저 너머에는 정서, 즉 단지 감정을 품고 있을 뿐만 아니라 그 감정들을 느낄 수 있는 능력으로서의 정서가 살고 있다. 아리스토텔레스Aristoteles, B.C.384~B.C.322가 지적했듯이, 이런 정서란 동물들의 전유물이다. 탄식이 우리 음악에 있어서 들리지 않는 원천이라면, 정서 혹은 감정은 우리를 앞으로 나아가게 해주는 그 무엇이다. 리오타르는 이렇게 쓰고 있다. "음악은 들리지 않는 숨결을 들리는 것으로 탄생시키기 위해 산고를 치른다. 음악은 그것을 소절로 표현하기 위해 애를 쓴다. …… 이렇게 만들어진 모든 소절들은 가장 단순한 것조차도, 다음에 다른 소절이 나올 것이라고, 그래서 이 곡은 아직 끝난 것이 아니라고 선언한다. …… 음악의 모든 소절은 다음에 나오는 소절에 의해서 기려지기를 요청한다. 이렇게 해서 소절은 당신을 향해 나아가서, 당신에게 한 소절을 달라고 요청한다." 여기서 당신에게 요청하는 한 소절이란 단순한 대답answer이 아니라 하나의 반응response이다. 이때 반응은 앞으로 나아가는 것을 뜻한다. 그러면 어떤 일이 일어날까? "한 공동체가 태어난다. 이 공동체는 단선율 송가에서조차도 다성적이며, 대위법에 따른 음악 안에서조차 환상에 사로잡히는 공동체다. 또한 이 공동체는 상실과 사망의 공포로 신음하는 익명의 무리를 잊는다. 그렇다고 그 무리들을 결코 지워버리지는 않는다."[112]

모든 음악, 또한 모든 의례는 어쩌면 죽음에 항거하는 비명, 신체의 속박, 왈츠의 끝, 장미의 시듦, 빛의 죽음에 저항하는 비명일지도 모른다. 우리의 모든 허세, 즉 우리 자신을 다스리고 통제할 수 있다는 허세, 그리고 교리와 송영의 상호성을 확신하는 허세에도 불구하고, 우리가 의례를 만들기 훨씬 이전에 오히려 의례가 우리를 만든다. 이것이 예전의 수행을 배우려는 이들에게 의례에 관한 지식이 아니라, 회심, 곧 혼돈의 가장자리에서 경험하는 깊은 변화를 요구하는 이유다. 이러한 배움에 대해 쇼베는 이렇게 쓴다.

예전 수행에 관한 이러한 배움은, "장인匠人이 안 되기un-mastery"라는 기술 분야에서 오랜 동안 도제 생활을 하는 일, 그리고 영원히 애도하는 일과 같다. 이때, 원한이나 분노가 없는 애도, 그리고 "부재의 현존"에 대한 "평온한" 동의가 우리 안에서 조금씩 생겨난다. 복음의 언어로 설명하자면, 이것은 부재 가운데 현존하시는 하나님께로 회심하는 일이다. 이 하나님은 인간들에 의해 '아무것도 아닌 것보다 못한 존재'로 끌어내려진, 그러나 역설적이게도 거기서 신앙이 하나님의 영광을 고백하게 되는, 십자가에 달리신 이의 으깨진 인간성 안에서 스스로를 부정하신 분이시다.[113]

성찰을 위한 질문

1. 당신이 살고 있는 문화들을 묘사하기 위해 어떤 이미지를 사용하겠는가? 어떤 이미지들이 "교회"에 관한 당신의 경험을 가장 잘 묘사해주겠는가? 이러한 이미지들은 어떤 점에서 서로 다른가? 혹은 서로 유사한가? 양립이 가능한가? 조화가 가능한가? 양립 내지 조화는 불가능한가?

2. 동시대의 정보 기술에 대한 당신의 경험은 세상에 관한 당신의 경험에 어떤 영향을 주고 있는가? 또한 다른 사람들과의 관계에 대한 경험에는 어떤 영향을 주고 있는가? 하나님의 말씀에 대한 경험에는 어떤 영향을 주고 있는가? 예전적 행위와 예배에서의 기도 경험에 대해서는 어떤 영향을 주고 있는가?

3. 이번 장에서는 정보 기술이 현재의 문화와 교회를 재형성하고 있는 다섯 가지 방식을 열거해놓았다. 이 목록에 첨가하거나 혹은 삭제하고 싶은 내용이 있는가?

4. 이번 장의 핵심 주제는 그리스도교 예전 혹은 예배가, "이웃의 예전"을 통해서만 "검증"될 수 있다는 것이다. 당신은 예전'기도의 규칙', 믿음'신앙의 규칙', 그리고 윤리적 행동'삶의 규칙' 사이의 관계를 어떻게 설명하겠는가?

5. 당신은 "회심에로 부르심"으로서의 성례전 예배에 정기적으로 참여하는가? 혹은 참여하기는 하는가? 참여한다면 그 이유는 무엇인가? 반대로 참여하지 않는다면 그 이유는 무엇인가?

독서를 위한 제안

Best Stevenm, and Douglas Kellner, *Postmodern Theology:Critical Interrogation*. New York: Guilford Press, 1991. 저자들은 이 책에서 들뢰즈와 가타리와 같은 중요한 사상가들에 대해 명백하고도 비평적인 안내를 제공한다. 이들은 미셸 푸코Michel Foucault, 1926~1984와 자크 데리다와 같은 다른 중요한 프랑스 사상사들의 이론과, 들뢰즈와 가타리의 이론 사이의 차이점과 유사점도 함께 밝혀주고 있다.

Louis-Marie Chauvet, *The Word of God at the Mercy of the Body*. Collegeville, Minn.: Liturgical Press/A Pueblo Book, 2001. 이 책은 포스트모던 신학이 이해하는 대로, 예전적 기도와 성례전적 예배를 이해함에 있어 훌륭한 지침서.

Kevin Hart, *Postmodernism:A Beginner's Guide*. Oxford: Oneworld, 2004. 이 책은 포스트모던적 사고, 특히 그리스도교 철학과 신학을 형성해주는 포스트모던적 사고에 관한 명쾌하고도 탁월한 지침서.

Nathan D. Mitchell, *Liturgy and the Social Science. American Essays in Liturgy*. Collegeville, Minn.: Liturgical Press, 1999. 이 책은 사회 과학 분야사회학, 인류학, 문화 연구 등에서의 연구가 제2차 바티칸 공의회1962~1965 이후 의례적, 예전적 기도에 관한 사상에 영향을 끼쳤던 여러 방식을 검토하고 평가한 간략한 연구서.

Keith Pecklers, ed. *Liturgy in a Post-Modern World*. New York: Continuum, 2003. 이 책은 2002년 로마에서 열린 한 심포지엄에서 취합된 논문들을 엮은 것이다. 각 논문은 예전적 기도와 예전 수행의 구체적인 측면들을 다루고 있다.

chapter 2

의례의 역할과 위험성
상징이 의미하는 방법

제1장에서는 의례의 뿌리, 곧 문화와 기술과 그리스도교 전통 안에서 발견하는 그 근원들에 관해 밑그림을 그린 바 있다. 우리는 말씀과 세상 사이의 관계에 끼친 정보 기술의 영향뿐 아니라, 들뢰즈와 가타리 등의 철학적 관점과 쇼베와 브르통 등의 신학적 관점에서 이루어진 인간 존재에 관한 포스트모던적 해석에 대해서도 탐구했다. 우리가 살펴보았듯이 그리스도교 예전은 직선적이거나, 시간의 추이에 따라 전개되는 논리적 구조가 아니다. 그것은 "잡초 같은" 특성을 지니는데, 이는 음악의 악보가 실제로 연주될 때 위험성과 불확정성이 따를 수밖에 없다는 점에서, 악보가 지닌 특성과 유사하다.

이 장에서 우리는 인간의 삶과 행동에서 의례가 수행하는 역할 및 의례에 내포된 위험성에 대해 다시 그려보고자 한다. 나는 "다시 그려보기reimagine"라는 용어를 사용할 것인데, 왜냐하면 최근까지도 예배학 분야에서 활동하는 많은 사람들이 의례의 의미와 정의는 이미 정해져 있다고 전제해왔기 때문이다. 이 점에 대해 나의 책, 《예전과 사회과학Liturgy and the Social Sciences》에서 이미 지적했듯이, 예전의 의미란 무엇이고, 예전은 그 의미를 어떻게 표현하는가에 대한 일종의 "정통성을 갖는 합의orthodox consensus"는 1970년대 및 1980년대 초반에 나타난 것이다. 이 합의는 "의례란 본질적으로 사회적 삶을 규정하는 하나의 방식이고, 개인의 정체성과 공동의 정체성을 형성하는 하나의 방식이며, 가치를 재고再考하고 갱신하는 하나의 방식이며, 상징적인 말과 행동으로 의미를 표현하고 전달하는 하나의 방식이고, 전통을 보전하는 하나의 방식이며, 문화적 융합을 보증해주는 하나의 방식이고", 그리고 사회적 지속성을 보장해주는 하나의 방식이라고 주장한다. 이제는 널리 공인받게 된 이 "정통성을 갖는 합의"는 더 나아가 다음과 같이 전제한다. 의례는 "실용주의적인" 것이 아니라, 오히려 그 구조에 있어서는 상징성을 특징으로 하면서, 그 의미에 있어서는 "모호하고, 전염성이 있으며, 다양한" 것이다. 간단히 말하자면 의례는 쓰인 텍스트가 아닌 비非구술적 행위들nonverbal deeds이다. 즉, "주제넘은 설명과 오히려 방해가 되는 주석을 하지 않으면서, 마음으로 수행하는" 퍼포먼스다. 나아가 의례는 예배 참여자들의 믿음교리과 행위윤리에 대한 규범이다.[1]

이러한 특징들 중 다수가 여전히 공인을 받아야 하는 상황이긴 하지만, 지난 25년 동안, 인류학자, 사회학자, 그리고 사회 역사가들에 의해 전개된 인간의 의례에 관한 연구를 통해, 의례에 관한 새로운 관점이 열리기 시작했다.[2] 특히 서구의 학자들은 다른 문화들, 특히 아시아의 문화들이 의례, 의례의 상징들, 그리고 의례의 공간에 대해 가르쳐주는 내용들을 천천히 배우기 시작했다. 예를 들어 불교에서는 부처Buddha, B.C.563~B.C.483의 죽음, 혹은 "최종적인 열반final nirvana"[3] 이후, 제자들이 다음과 같이 처신했음을 알게 되었다.

부처의 시신을 화장한 뒤에 남은 재를 유품으로 분배했는데, 그중 일부는 무덤에 모셨고, 또 일부는 사리탑에 안치했다. 화장 후에 남겨진 사리 등에 대한 숭배는 불교의 예전 전통을 위한 모델이 되었고, 후에 사리 등에 대한 숭배는 부처의 생애 중에 일어났던 사건과 연관된 여타의 다른 대상물, 이미지, 혹은 장소들에 대한 숭배로까지 확대되었다. 이렇게 숭배의 대상이 된 것들은 불교 전통에서 부처의 "보신報身, Form Body"을 구성하고 있으며, 반면에 부처의 가르침은 "법신法身, Dharma Body"으로 알려져 있다. "몸body"의 두 가지 유형을 통해, 종종 그 지역에 따라 해석이 달라지기는 하지만, 부처는 더 큰 불교 공동체 안에서 계속 현존하는 존재다.[4]

보살들[5]과 관련된 또 다른 매장 장소들 역시 순례지가 되었다. 중국의 승려인 현장玄奘, 602~664의 여행 경험을 서술하고 있는 16세기의 소설 《서유기西遊記》는 "관음보살觀音菩薩과 남중국해의 섬에 있는 푸퉈 산普陀山 순례지 사이의 연관성"을 보여주고 있다.[6] 소설 안에서 관음觀音은 그 평온한 아름다움, 지혜, 그리고 연민 때문에, 다음과 같이 칭송을 받고 있다.

> 초승달 모양의 눈썹과
> 밝은 별과 같은 두 눈,
> 옥玉과 같은 그녀의 얼굴은 자연스러운 기쁨의 빛을 발하신다.
> ......
> 그녀는 중생을 구제하고
> 그녀는 큰 자비심을 가지고 계시다.
> 그리하여 태산에서 다스리신다.

그리고 남해에 거하신다.

그녀는 선한 사람들을 구원하신다. 그들의 목소리를 찾으면서,

언제나 조심하고, 또한 간절히 바라며,

언제나 현명하시고, 영험하시며,

그녀의 난초 같은 심장은 커다란 대나무 속에서 기뻐하신다.

그녀의 순결함은 등나무를 사랑하신다.[7]

푸퉈 산이 불교의 성지로 형성된 일과 관련된 가장 오래된 신화 중 하나는 에가쿠慧萼에 관한 이야기를 전해주는데, 그는 관음상觀音像을 모시고 고국으로 항해하던 일본의 수도승이었다. 그러나 그의 배는 좌초당했고, 그는 보살에게 기도를 올린 후, 해변 근처의 한 동굴로 피신해 목숨을 구하게 되었다. 이 동굴에서 수도승은 감사하는 마음으로 관음을 위한 불당佛堂을 세웠다. 그러나 관음은 "푸퉈 산을 떠나기를 거부했다".[8]

이 이야기 자체는 물론 이 이야기와 연관된 순례지에서의 의례는 중요한 매장지埋葬地와 성스러운 예배의 장소를 연관시키고 싶어 하는 인간의 충동 혹은 강한 본능을 이해하는 데 도움이 된다. 예를 들면, 그리스도인들도 그 초기부터 십자가에 달리신 후 예수님이 매장되었던 장소를 성스럽게 여겨왔다. 십자가에 못 박히신 예수님의 주검에 향유를 발라드리려고, "안식일이 지난 이레의 첫날 새벽(마가복음) 16장 2절", 무덤으로 갔던 여인들은, 눈부신 "젊은 남자"를 만나 다음과 같은 놀라운 소식을 전해 들었다. "그대들은 십자가에 못 박히신 나사렛 사람 예수를 찾고 있습니다만, 그는 살아나셨습니다. 그는 여기에 계시지 않습니다(마가복음) 16장 6절." 그 이후 수 세기 동안 그리스도교 교회들은 순교자들의 무덤, 혹은 그 부근에 교회를 짓는 일이 많았다. 이 순교자들은 "신실한 증인이시며 죽은 사람의 첫 열매이신(요한계시록) 1장 5절" 예

수의 본을 받아, 자신의 생명을 바친 이들이다.

이번 제2장은 서구 사상가인 롤랑 바르트Roland Barthes, 1915~1980의 눈을 통해 본 의례의 역할에 대한 새로운 관점으로부터 시작하려고 한다. 그는 선禪과의 만남을 통해 의례의 수행이란 의미의 축적이 아니라 오히려 의미의 상실과 추방追放이라는 관점을 갖게 되었다. 의례는 다른 말로 하자면 "의미의 사회적 관리"가 아니라, 의례에 참여한 사람들을 완전히 새로운 계시로 인도해주고, 또한 신비와의 새로운 만남으로 안내해주는 비움의 체험이라는 것이다. 이것은 첫 번째 부활절에 예수님의 무덤으로 달려갔던 여인들이 경험했던 바로 그 체험이다. 그러나 의례를 "상실"로서 이해하는 일은 당연히 위험한 모험이기도 하다. 그런 이유로 이 장에서는 의례의 역할뿐만 아니라 의례의 위험성에 대해서도 논의해보고자 한다.

의례의 역할들

오늘날 우리는 '의례를 거부하는 문화', 곧 '반反의례 문화' 속에서 살고 있다고 종종 말들 한다. 이러한 문화는 의례 행위를 신경증적인 것으로, 혹은 의미 없는 것으로 여긴다. 그러나 이것은 완전히 틀린 분석이다. 나는 우리가 의례에 대해 아무런 기대를 하지 않는 것이 문제가 아니라, 너무 많은 것을 기대하는 것이 문제라고 생각한다. 우리는 의례의 중요성을 너무 부풀리고 싶어 한다.

'의례화된 인간의 행위'에 관한 가장 통찰력 있고 흥미로운 해석들 가운데 하나가 바로 롤랑 바르트의 간략한 저서인 《기호의 제국Empire of Signs》에 나온다. 부주의한 독자라면 롤랑 바르트의 연구 목표가 민족지학에 관한 것이라고 추측할 수도 있다. 즉, 요리 문화에서 공공 예절의 규범에 이르기까지 일본인들의 삶에 나타난 간략한 "의례의 역사"를 연구한 저서라는 추정이다. 그러나 이것 역시 완전히 틀린 해석이다. 비록 "일본"이라는 단어가 본 저서의 매 쪽마다 등장하긴 하지만, 이를 일본 문화에 대한 민족지학적 연구라고만 해석해서는 안 된다. 롤랑 바르트는 그의 책에서 무언가 다른 것을 사고思考하기 위해, 일본인들의 실제 삶에서 발견한 특징적 요소들, 곧 젓가락이나 꽃꽂이 등과 같은 요소들을 사용하고 있다. 그가 실제로 생각해보고자 했던 것은, 사람들이 의례적인 수단들을 통해 의미와 중요성을 추구하는 방식이었다. 롤랑 바르트는 이렇게 쓰고 있다. "내가 이 책에서 저술하고자 했던 것은 예술이나 일본의 도시 생활이나 일본의 요리에 관한 것이 아니다." 물론 롤랑 바르트는 그의 책에서 이러한 것들에 대해 언급하고 있다. 그는 계속해서 이렇게 제안한다. 사실 어떤 서구인도 일본에 "관해" 책을 쓸 수는 없다. 여기에는 적어도 두 가지 이유가 있다. 먼저 아시아에 대한 서구인들의 무지無知는 너무 심각해서 아시아의 어떤 민족이나 어떤 문화에 대해 글을 쓰든, "우리의 극단적인 나르시시즘narcissism을 드러낼" 뿐이고, 결국 그 글은 우리 자신에 관한 책이 되기 때문이다.[9] 두 번째로 일본에 "관한" 서구의 책은 필연적으로 일본 문화에서 만나는 상징들, 예술, 건축물, 의례, 풍경, 도심 환경 등에 관해, "의미들"을 부여하려고 할 것이기 때문이다. 우리 서구인들은 "사물things이 뜻하는 바의 의미"를 밝히는 일에 과도하게 집착한 나머지, 애완동물에게 너무 많은 음식을 주는 것처럼, 과도하게 의미들을 부풀린다. 그래서 비평가인 에드먼드 화이트Edmund White, 1940~는 서구인들의 잘못된 관행, 곧 "과도하게 의미 부여하기"에 대한 반박으로 저술한 책이 바로 롤랑 바르트의 《기호의 제국》이라고 말한다.[10] 그는 계속해서 이렇게 쓰고 있다. "과도하게 의미 부여하기"는 프티 부르주아 문화가 병들었다는 신호다. 광고, 요란하고 화려한 공연들, 언론 매체의 고민 상담 코너, 그리고 신동神童 등이 그 신호에 해당한다.

그렇다면 롤랑 바르트의 목적은 일본에 관해 쓰는 것이 아니라 일본을 쓰는 것이요, 더 좋게는 '가공의 일본fictive Japan'으로 하여금 우리를 쓰게 함으로써, 과도하게 의미 부여된 대중문화의 이미지들을 전복하려는 것이라고 말할 수 있다. 데리다의 주장에 반응하면서 롤랑 바르트는 의미의 의미는 고착되어버린 움직이지 않는 중심이 아니라, 무한한 암시라고 말한다.[11] 롤랑 바르트는 계속해서 글쓰기, 곧 복잡한 의미들을 이해하거나 혹은 풀어내기 위해 우리가 통상적으로 사용하는 방식인 글쓰기는, 실제로는 정반대의 목적을 가지고 있다고 말한다. 글쓰기란 의미를 축적하거나 혹은 그 의미를 먹이는 작업이 아니라, 오히려 언어 안에 들어간 바람을 빼버리고, 언어 자체를 비워내는 작업이라는 것이다.

글쓰기는 나름의 방식을 지닌 하나의 사토리悟リ다. 사토리는 득도得道, 곧 깨달음의 경험이다. …… 글쓰기는 지식이나 주제의 강력한 지각 변동을 유발하는 작업이다. 그래서 글쓰기는 언어의 비워냄을 가능케 하는 작업이다. 이는 글쓰기 작업을 구성하고 있는 언어를 비워내는 작업이기도 하다. 바로 이러한 비워냄을 통해 선禪은 모든 의미로부터 자유로워지게 되고, 정원, 몸짓, 집, 꽃꽂이, 얼굴, 심지어 폭력까지도 '쓸 수 있게' 된다.[12]

따라서 화이트가 지적하듯, 《기호의 제국》은 "빈 기호Empty Signs의 제국"이라고 명명하는 것이 더욱 타당할 것이다. 그렇다고 롤랑 바르트가 반反계몽주의나 허무주의를 추구하려는 것은 아니다. 그에게 있어서 "비움"이란 단순한 소개疏開, evacuation가 아니라 찢기a tear다. 이때 생기는 것은 거의 인식할 수도 없는 틈, 가늘고 빛을 발하는 줄, 갑작스러운 벌어짐, 혹은 "순간적으로 빛이 번쩍이는 것"이다. 이러한 비움의 목적은 패닉 상태를 초래하려는 것도 아니고, 큰 공포를 유발하려는 것도 아니며, 나아가 우리로 하여금 또 다른 곳에서 "보다 의미 있는" 상징들을 찾게 하려는 것도 아니다. 그 목적은 다만 우리로 하여금 그 찢음, 곧 "균열"에 주의를 집중케 하려는 것뿐이다. 이때 균열이란, '모든' 상징들을 갈라놓을 뿐만 아니라, 동시에 상징들의 개념 그 자체에 속하는 것이기도 하다.[13] 상징들은 갈라진다. 그것이야말로 궁극적으로 상징들이 갖는 힘의 원천이다. 그래서 롤랑 바르트는 《기호의 제국》이란 자신의 책에서, 상징을 "의미"로 축소시키는 일에 저항한다. 왜냐하면 이렇게 상징을 의미로 축소시킬 때, 상징은 꺼져버린 석탄이 되어 빛도 온기도 발하지 못하게 되기 때문이다. 이것은 화이트가 지적하듯 다음과 같다.

"명명命名된 의미는 죽은 의미다." 롤랑 바르트는 자주 이렇게 말한다. 롤랑 바르트가 아리스토텔레스의 자연론을 반박하면서, 진공 상태가 아닌 그 모든 것을 혐오했다고 말할 수도 있을 것이다. 그는 너무나도 우아하면서 동시에 가변적인 기질의 사람이어서, 서구 사회가 당연시하고 있는, 불현듯 나타나지만 틀릴 가능성은 전혀 없다고 여기는 '의미의 잉태'를 편안하게 받아들일 수 없었다. 롤랑 바르트는 나에게 항상 기대 이상으로 재미있는 사람이었는데, 특히 그의 저서 《S/Z》에서 그러하였다. 이 책에서 그는 발자크Honoré de Balzac, 1799~1850의 단편을 진지하면서도 꼼꼼하게 한 줄 한 줄 분석하고 있다. 롤랑 바르트는 발자크의 "사실주의적" 본문에서 나타나는 의미의 가식假飾들을 해체하는 동시에 그 언어 속의 거품을 제거하고 있다. 그리하여 결국 그는 발자크의 본문을 진부한 표현으로 가득한 일종의 거대한 컴퓨터가 스스로에게 의미 없는 말을 지껄여대는 것과 같다고 결론을 내리고 있다. 이러한 지껄임, 곧 이러한 '문화적 투덜거림' 뒤에서 롤랑 바르트는 서구 사회가 안고 있는 무서운 근심을 감지해내고 있다. 이 근심은 언어 자체가 아무런 의미도 갖지 못하게 되고, 나아가 공허를 향해 손짓하는 자동 제어 기기의 몸짓에 불과할 수 있다는 공포인데, 그러나 정확하게 규명하기도 어려운 공포다.[14]

《기호의 제국》이란 책에서 롤랑 바르트는 서구 문화 일반뿐만 아니라 서구의 종교에도 영향을 끼치고 있는 이 근심을 지적하고 있다. 그렇다고 그 자신이 문화를 진단하는 전문가인 척하는 것은 아니다. 나아가 기호의 "비움"에 관한 자신의 생각이, 그리스도교 공동체의 의례 레퍼토리를 형성하고 있는 온갖 상징으로 가득한 이야기나 행위들과 직접적으로 연관되어 있다고 주장하는 것도 아니다. 또한 선과 "의미의 상실"로서의 사토리, 곧 깨달음의 경험에 관한 그의 호기심이 "종교적 관심"을 의미하는 것도 아니다. 물론 그가 종종 서구 신비주의와의 유사성을 언급하기는 하지만, 그러나 서구인들이 이해하는 방식으로 그렇게 하는 것은 아니다.[15] 롤랑 바르트의 주장은 다음과 같다. 상징은 사토리, 곧 깨달음 자체와 마찬가지로, 그들이 말하는 것 때문이 아니라, 그들이 말하지 않는 것 때문에, 즉 그들의 "상실"과 "비움" 때문에 중요하다. 상징은 그것이 끝도 없는 지시 대상의 시스템으로 언어를 확장하는 것이 아니라, 오히려 언어를 유보하는 것, 그리고 언어를 급하게 멈추어 서게 하는 것이다. 사토리, 득도의 조용한 깨달음과 마찬가지로 상징은 "숨 쉴 여지"를 제공한다. 공간을 열어주고, 의미가 비워진 사막을 만들어내며, 그렇게 함으로써 진정으로 새롭고, 다르고, 기대하지 않았던, 그래서 완전히 다른 풍성한 드러남, 계시가 가능하게 되는 것이다. 우리가 앞으로 살펴보겠지만, 새롭고, 기대하지 않았던 다름이 나타나도록 허락하는 빈 공간으로서의 상징의 개념은, 의례가 어떻게 의미를 생산해내는가를 이해하는 데 필수적이다.

슬롯머신, 꽃, 인형극, 젓가락, 그리고 하이쿠의 공통적인 특징은 무엇인가?

롤랑 바르트가 상징과 그 "비움"에 대해 장난기 어리게 접근한다고 해서, 그가 현대 생활의 윤리적 영적 상황에 대해 냉소적으로 무관심하다는 뜻은 아니다. 오히려 그 반대로 그는 서구 사회가 초월성을 개인숭배로 대체하려는 충동과, 그리고 현실적인 것을 "의미론적 지껄임"으로 전락시키려는 충동을 날카롭게 비판하고 있다. 여기서 "의미론적 지껄임"이란, "의미의 소통이 실패하는 것에 관한 과도한 두려움을 그 특징으로 한다".[16] 《기호의 제국》은 사실 롤랑 바르트의 해독제다. 즉, 의미도 없는 곳에서 의미를 찾으려고 하는 강박적 습관, 또한 어떤 의미를 전혀 상관이 없는 엉뚱한 곳에 가져다 놓으려는 강박적 습관을 치유해주는 해독제다. 역설적으로 상징에다가 지나치게 의미를 부여하려는 충동, 다시 말해 지탱할 수도 없을 정도로 과도한 의미를 상징에다가 부여하려는 서구적 충동은, 우리로 하여금 상징이 갖는 참된 힘, 즉 새롭고 기대하지 않았던 다름을 드러내주는 힘을 그리워하게 만든다. 상징들은 그리고 그 상징을 활용하는 의식들은, 그 의미에 있어서 참으로 두텁고, 다층적이며, 다면적 가치를 지니고 polyvalent, 다양하다. 그러나 내가 이 책의 전반에 걸쳐서 논의하겠지만, 이러한 특징들은 상징의 충만함에서 흘러나오는 것이 아니라, 그 "비어 있음"에서 나오는 것이다. 롤랑 바르트의 저작에 나오는 다섯 가지의 예를 통해, 의례적 상징의 "비어 있음"이 그 의미화의 능력에 왜 필수적인지를 살펴보겠다.

슬롯머신파친코, パチンコ에 관한 장章에서 롤랑 바르트는 슬롯머신의 서구 버전에 대해 다음과 같이 쓰고 있다.

슬롯머신의 서구 버전은 '관통의 상징성symbolism of penetration'을 유지한다. 그 내용은 슬롯머신 판 위의 조명 속에서 고객을 유혹하며 기다리는 미녀를 잘 조준해 맞추기만 하면 그 미녀를 얻을 수 있다는 것이다. 그러나 파친코에는 성性이 없다. 즉 일본, 내가 일본이라고 부르는 그 나라에서 성적 관심은 오직 성에만 한정되어 있는 반면, 미국에서는 그 반대로 성이 성적 관심 이외의 다른 모든 곳에서 나타난다.[17]

파친코가 "상징성"이 아닌 게임 기술에 관한 것이듯, 꽃꽂이이케바나. 生け 花는 "의미 있는" 제품의 엄격한 구성물이기보다 몸짓gesture이다. 이케바나가 제공하는 것은 예술적인 "상징" 혹은 "주장"이기보다, "공기의 순환이고, 꽃들, 이파리, 가지들의 순환이며 …… 이들은 벽들이며 복도들일 뿐이다".[18] 이런 방식으로 이케바나는 우리로 하여금 선線에 고착되지 않는 "비움"을 다시 한 번 대면하게 해준다. 만일 요점이라는 것이 필요하다면, 꽃꽂이의 요점은 의미와 그 의미가 지시하는 대상물의 상징적 우주를 창조해내는 것이 아니라, 꽃에서 가지로 잎에서 줄기로 흘러가는 선線을 따라, 손이 가는 대로 자연스럽게 공간 안에서 손이 움직이도록 놓아두는 것일 뿐이다. 꽃꽂이의 "자연스러움"은 그 '여백 두기'에서 나온다. 꽃들을 잘라서 꽂을 때에만, 즉 다른 말로 하자면 그 극단적인 유한성과 필멸성이 모두의 눈에 선명히 보일 때에만, 꽃들은 "자연스러움"을 얻게 된다. 왜냐하면, 시들어 죽는 것이 식물의 본질이기 때문이다. 이와는 대조적으로 서구는 자연自然이란 죽지 않고 영원히 풍부한 존재라고 믿는 것처럼 보인다. 예를 들어, 17세기 네덜란드의 전형적인 정물화들을 살펴보자. 그 그림 속의 꽃들과 과일들은 너무나 풍부하게 넘쳐나서, 캔버스의 경계 바깥으로까지 흘러넘치는 것 같다. 그러나 이케바나에서는 그렇지 않다. 모두가 절제된 몸짓이며 또한 여백 두기다.

데니스 히로타Dennis Hirota는 선線 미학의 역사적 기원에 주목한다. 그는 선 미학이 이케바나뿐만 아니라 하이쿠 예술과 다도茶の湯까지를 형성했다고 말한다.[19] 선 미학에 오늘날까지도 여전히 영향을 끼치고 있는, 15세기 불교의 대가인 신케이心敬, 1406~1475는 아름다움이란 다음과 같은 경우에만 스스로를 드러낸다고 말한다.

그 표면이 번쩍거리는 세상의 화려함이 매력을 잃을 때, 사람들이 진정으로 그들의 유한성을 깨달을 때 아름다움은 스스로를 드러낸다. 이때가 되면 스스로가 만들어낸 자아상에 대한 강한 집착은 사라지고, 세상의 평범한 것들이 그 아름다움을 드러낸다. 이 아름다움은 심오한 파토스와 신비로 가득하다. 이 아름다움은 "시든 채", "차갑게", 그리고 "야위거나 수척한 채" 표현된다.[20]

신케이에게 사물을 시들고 차갑고 야위게 표현하는 일은 아름다움을 부인하는 원칙에 따르는 작업이 아니라, 현실에 대한 부처의 깨달음에 근거를 둔 이미지들을 드러내는 작업이다.[21] 이 이미지들은 요란한 계획이나 주장으로, 또는 허세로, 또는 의미와 진리에 대한 허울 좋은 주장 등으로 스스로를 부풀리는 것을 거부한다. 또한 이러한 이미지들은 미래에 대한 기대와 사후 세계에 대한 이기적인 욕심이 사라져버리게 하는, 세상에 대한 인식을 가리킨다.[22] 선은 세상으로 하여금 스스로 말하게 하려고 노력한다. 즉, 그 나름의 방식으로, 그 나름의 언어로서, 자신의 본질을 드러내도록 하려는 것이다. 이케바나, 곧 꽃꽂이에서 '시들고 차갑고 야위게' 표현하는 원칙을 사용하는 방식에 대해 언급하면서, 현대 일본 철학자인 니시타니 케이지西谷啓治, 1900~1990는 다음과 같이 쓰고 있다. "들판에 있는 꽃들은 '번식하기 위해 수

분殁粉을 한다'. 그리고 그렇게 함으로써 자연의 의지 혹은 생명의 욕망을 표현한다."[23] 또한 히로타는 이렇게 설명한다. 정원이나 초지에 심겨진 꽃들은 "생존을 위한 투쟁으로 그 뿌리를 내린다. 그것들은 '시간을 부인'하려고 한다. 그리고 그들의 근본적인 '뿌리 없음'을 감추려고 한다". 그러나 잘려서 꽃꽂이 작품에 꽂힌 꽃들은 마침내 그들의 진정한 본질을 보여준다.

> 삶의 세상에서 죽음의 세상으로 옮겨가는 것은 꽃에게는 일종의 초월이다. 죽음 위에 서 있도록 꽃꽂이로 만들어진 꽃들은 삶에서 일어나는 시간의 흐름으로부터 단절된 것이다. 이는 마치 시간이 정지된 현재에 서 있는 것과 같다. 그 수명이 며칠에 불과한 덧없는 존재로서의 꽃들은 태어남도 소멸함도 없는 '찰나적 점'이 된다. …… 따라서 이 꽃들은 비움 속을 떠다니며 마치 무無에서 생성된 듯 엄숙한 존재가 된다.[24]

역설적으로 부자연스러우면서 동시에 시간의 흐름을 부인하는 서식지를 차지하는 것은, 오히려 정원이나 들판에서 자라나는 꽃들이다. 꽃꽂이의 "인위성"만이 마침내 꽃들로 하여금 그들의 본연의 모습을 지니게 한다. 그 꽃들은 마치 시간이 무한하게 유예된 것인 양 꾸밈으로써 욕망을 버리게 한다. 나아가 "인과 관계와 중계를 박탈당한" 하나의 세상을 열어놓는다.[25] 차갑고 여위었으며 시든 이미지는, 마침내 "세상 속에 있지만 세상의 것이 아닌" 무엇이 된다.

같은 맥락에서 유명한 분라쿠文樂 인형극 또한, 서구 세계에서는 효과적인 드라마를 위해 필요하다고 통상적으로 여겨지던 구성 요소들과 관습들을 거부한다. 이 인형극은 "절제의 미를 잘 보여준다는 점에서, 서구의 극장들에서 볼 수 있는 지나친 흥분을 피한다는 점에서, 그리고 '감정 처리 전체'를 무대 한쪽에 앉아 있는 변사에게 일임한다는 점에서 매우 탁월하다".[26] 서구의 극장에서는 인간의 목소리를 화려하게 꾸며 그것으로 여러 의미들을 나팔 불게 한다. 나아가 그렇게 꾸민 목소리로 인간의 유일성, 곧 인간이 지구에서 없어서는 안 될 존재라는 사실을 상징적으로 선포하게 한다. 이와는 대조적으로 분라쿠는 오히려 목소리를 제한한다.

그렇다고 분라쿠에서 목소리 자체를 완전히 배제하는 것은 아니다. 왜냐하면 목소리를 완전히 제거할 경우, 오히려 목소리의 중요성을 드러내거나 반대로 목소리 자체를 비난 내지 무시하는 것이 되기 때문이다. 그래서 분라쿠에서 목소리는 옆으로 그 자리를 옮기게 된다. …… 분라쿠는 목소리에게 극 안에서 이루어지는 몸짓과 균형을 이루어서 극의 평형을 유지할 수 있는 힘을 부여한다. …… 서구의 극예술에서는 배우들이 연기하는 척하지만, 그들의 연기는 실상 무대 위에서의 몸짓, 곧 그저 극에 불과하다. 그리고 그 극은 스스로를 부끄럽게 여긴다. 그러나 분라쿠는 연기action와 몸짓을 분리한다. 그것은 몸짓을 보여주고 연기가 보이도록 한다. 즉 예술과 노동을 동시에 나타내 보여주며, 이 두 가지가 나름의 표현을 하도록 허용한다. 목소리 뒤에는 상당한 침묵이 흐른다. 그 침묵 속에는 다양한 기교로 또 다른 특징들과 또 다른 표현들writing이 새겨져 있다. …… 언어는 연기의 일부로 집약되고, 서구 극에서 오래 동안 중요하다고 여겨왔던 모든 특성들은 해체된다. 즉, 감정은 더 이상 과장되지 않고, 가라앉지도 않으며, 읽기reading가 된다. 그리고 전형적인 유형들이 사라진다. …… 화려한 장면이 붕괴되면서 독창성으로 남는다.[27]

분라쿠에서 목소리는 말하기가 아니라 침묵의 구현이다. 이는 이케바나, 곧 꽃꽂이에서 꽃들이 그 풍요로움보다는 고독과 여백을 표현하는 것과 같다.

끝으로 롤랑 바르트의 《기호의 제국》에 나오는 "가상의 일본"에서의 식사 경험을 살펴보자. 그곳에서 식사는 눈으로 보기 위한 "움직임 없는 광경"으로 시작된다. 이 그림은 점차 식사를 위한 행동의 공간으로 변해간다. 식사를 위한 행동이란 선택하기, 요리하기, 그리고 먹기다. 이 식사는 '액자 picture frame'에서 시작되는데, 이때 식사에 사용되는 모든 대상물들이 어두운 배경 위에 전시된다. "사발, 상자, 작은 접시, 젓가락, 잘 쌓여진 작은 음식, 회색의 작은 생강, 곱게 채 썬 오렌지색 채소, 갈색의 소스 등"이 그것이다. 그러나 그 액자의 모양은 천천히 깨진다. "시작할 때는 광경이었던 것이 점차 작업대나 장기판 같은 프락시스와 놀이의 공간으로 변해간다. 이 공간 안에서 우리는 이쪽에서 야채 조금, 저쪽에서 밥 조금, 또 다른 곳에서는 양념이나 국 등을 자신의 선택에 따라 자유롭게 취할 수 있다." 보기 위한 장소가 행하기 위한 장소로 된다. 마침내 식사는 의례적인 형식성을 띠게 되지만, 그렇다고 정해진 규정을 따라서만 진행되는 것은 아니다. 다시 말해, 의전 계획서 없는 순서를 따른다고 말할 수 있다. 롤랑 바르트가 말했듯이, "우리가 먹는 것을 우리가 만들어서 먹는 셈이다. 즉 여기서의 식사는 완성된 제품으로서의 식사가 아니다". 반면에 서구 스타일의 식당에서 제공되는 음식은, 우리와 떨어진 곳에서 사전에 은밀하게 준비된다.[28]

이러한 대비는 "일본"에서의 식사에서는 모든 것이 "작다"는 것을 고려해볼 때 더욱 분명해진다. 롤랑 바르트는 이렇게 쓰고 있다.

서구의 음식은 거대한 부피로 높이 쌓아 올려서 무언가 특권 의식과 연관이 있는 것처럼 보인다. 그래서 항상 무겁고 거창하며 풍부하고 넘쳐난다. 동양의 식사는 이와는 반대의 방향을 추구하면서 극소를 지향한다. 즉, 오이의 미

래는 그것이 쌓이거나 두꺼워지는 데 있는 것이 아니라, 오히려 그것의 나뉨 혹은 분산에 있다.²⁹

서구의 음식은 "거대한 부피로 높이 쌓아올려질" 뿐만 아니라, 그것을 먹기 위해서는 날카롭고 그 끝이 갈라진 식기, 곧 칼과 포크 등을 필요로 한다. 이것들은 쉽게 무기와 혼동된다. 그래서 서양의 식사에서는 그 '음식을 먹는 사람들'이 바로 그 음식이 될 위험성을 항상 안고 있다는 사실도 놀라운 일이 아니다. 칼과 포크 등의 식기를 폭력적이고 파괴적이며 무언가를 망가뜨리는 행동과 분리해 생각하기는 어렵다. 그러나 젓가락은 이와 전혀 다르다. 젓가락의 목적은 오직 실용적이어서, 음식을 집는 용도로만 사용된다. 롤랑 바르트가 지적하듯 젓가락은 동시에 "지시적"이다. 젓가락은 "음식을 가리킨다. 다시 말해 먹고 싶은 음식의 한 조각을 지목한다. 그리고 선택한 음식 조각을 지시하는 몸짓을 통해 그 음식에게 존재감을 부여한다". 젓가락은 단순히 먹기 위해 사용될 뿐만 아니라 음식을 지목하고 선택하는 일에도 사용되기 때문에, 식사의 규격화된 형식성formality에 파격의 요소를 더해 준다고 말할 수 있다. 식사하는 사람은 의례처럼 규정된 식사 예절을 깨지 않으면서도 자유롭게, 심지어는 자기 맘대로 음식을 선택할 수 있다. 자유自由가 편안하게 형식성과 공존한다. "지목하기"와 "선택하기"의 기능 이외에도 젓가락은 식사하는 사람으로 하여금 음식의 자연스러운 결을 발견하게 함으로써 물리적 폭력을 가하지 않고서도 음식물을 쪼개거나 나눌 수 있게 해준다. 젓가락은 음식을 잘라내거나 끊어내거나 깊이 찌르지 않는다. 젓가락은 음식을 풀어내고 부드럽게 찾으며 살짝만 찌른다. 이렇게 해서 음식이 저절로 나누어지도록 한다.³⁰

따라서 롤랑 바르트가 말하는 가상의 일본에서는 슬롯머신, 꽃, 인형극,

의례의 역할과 위험성 111

음식에서 젓가락에 이르기까지의 다양한 아이템들이 부풀려서 스스로의 중요성을 과장하거나, 혹은 "거대한 부피로 높이 쌓아 올려지지" 않는다. 이러한 아이템들은 "여윔", "없음", "비움"으로 특징지어진다. 이 점에서 이러한 아이템들은 선의 시詩 형식인 하이쿠俳句와 닮아 있다. 여기서 또한 주의가 요구된다. 우리 서구인들에게 하이쿠의 매력은 깊은 의미를 압축된 형태로 농축할 수 있다는 데 있다. 우리 서구인들은 하이쿠에 대해, "우리가 선호하는 모든 것들, 가치들, 그리고 상징들을 고스란히 유지하면서 편안히 지낼 수 있도록 허용하는" 관대하고 온화한 주인이라고 생각하는 경향이 있다. 따라서 우리는 하이쿠가 우리에게 이렇게 속삭인다고 상상한다. "당신들은 미미하고 작고 평범할 자격이 있다. 당신들이 보고 느끼는 것을 언어의 지평선 안에 품어 안아라. 그리하면 당신들은 흥미로운 존재가 될 것이다. 당신들은 당신들의 탁월함을 높이 세울 권리가 있다. 그것이 무엇이든 당신들이 말하는 문장은 하나의 도덕을 분명하게 말하게 될 것이고, 하나의 상징을 해방할 것이며, 결국 심오해질 것이다."[31]

하이쿠는 물론 서구의 방종, 의미, 심오성, 탁월함을 향한 탐욕 등에 대한 안티테제다. 하이쿠는 서구에서 자라난 "우리가 선호하는 모든 것들, 가치들, 그리고 상징들"을 축복하기는커녕 불태워버린다. 선 사찰의 수련 과정 중 하나인 선문답이 그 좋은 예다. 하이쿠는 서구의 시작詩作 작업에 통상 수반되는 메타포나 상징, 그리고 주해 등을 배격한다. 그렇게 배격하는 목적은 롤랑 바르트가 썼듯이, "언어를 끌어내기 위해서가 아니라 오히려 언어를 유보하기 위해서다."[32] 하이쿠는 주해로부터 거리를 둔다. 조지 스타이너 George Steiner, 1929~에 따르면 주해는 "시에 기생하는 2차적 존재"다.[33] 바쇼芭蕉, 1644~1649는 그의 여행기에서 다음과 같이 쓰고 있다.

얼마나 놀라운 일인가

번개를 보면서도

삶이 한순간인 것을 모르다니!³⁴

바쇼는 설교하지 않는 법을 알고 있었다. 왜냐하면 하이쿠는 설교가 아니기 때문이다. 서구 사회는 "마치 권위주의 종교가 전 민족에게 세례를 주듯이 모든 것을 의미로 적시려고 하는" 반면, 일본의 하이쿠는 그저 "그냥 하게 하고lets", "그대로 내버려둘lets be" 뿐이다. 그런데 서구 사회가 그렇게 하는 이유는 언어의 목적이란, "회심자"를 만들어내는 것이라고 믿기 때문이다.³⁵

슬롯머신, 꽃, 인형극, 음식, 젓가락, 하이쿠 중 그 어떤 것도 설교를 필요로 하지 않는다. '진짜'는 주석이 필요 없기 때문이다. 앞에서 열거한 것들 안에서는 자유가 형식성을 위협하지 않는다. 또한, 이것들 안에서는 '자연발생적인 것'과 '지정된 것'들이 편안하게 공존한다. 중요한 점은 식사에서 보았듯이, 참석자들의 자유로운 선택을 존중하는 것이 공동의 행동을 위협하는 것은 결코 아니라는 사실이다. 우리 서구인들에게는 이런 것들이 모두 당혹스럽게 보일 수 있다. 의미에 대한 우리의 근심, 즉 상징들은 반드시 예견되는 특정 지시물, 곧 정확한 의미 혹은 최소한 예견 가능한 의미들을 지닌 지시물을 내어놓아야 한다는 우리의 집착은, 아마도 계몽주의 이후 시대의 근대성을 파악할 수 있는 마지막 지표일 것이다. 여기서 계몽주의 이후 시대의 근대성은 이성의 질서와 질서의 합리성 모두를 중시한다. 이것이 롤랑 바르트가 계몽주의 시대의 탁월한 현인賢人인 볼테르Voltaire, 1694~1778를 서구 최후의 행복한 작가라고 여기는 이유다. 화이트가 말하듯이, "롤랑 바르트는 볼테르야말로 전 지구에 통용되는 원칙이 있다고 편안하게 믿을 수 있었던 최후의 작가였다고 보았다. 그것이 인간들에게 다 알려졌든 혹은 알려지지 않았든".[36] 계몽주의 시대의 낙관론, 과학과 이성, 인간 본성의 완벽함, 시민들이 "보다 완벽한 연합"을 창출해낼 수 있는 능력 등에 대한 확신은 세상이 하이든Franz Joseph Haydn, 1732~1809의 교향곡처럼 합리적 질서로 이루어져 있다고 상정했다. 질서는 이성의 계수였고, 이성의 주요 임무는 사물들이 뜻하는 바가 무엇인가, 그리고 사물들이 무엇을 어떻게 의미하는가를 밝혀내는 것이었다. 롤랑 바르트의 프로젝트는 그러한 낙관주의, 곧 "사물의 의미"를 지정 혹은 발견하는 인간의 능력에 대한 확신을 불도저로 밀어버리는 것이었다. 그러므로 롤랑 바르트에게 있어서, 《기호의 제국》에서의 "일본은 생각할 수 없는 것들을 생각해보라는 도전이고, 또한 마침내 의미가 사라져버리는 장소다".[37]

의례의 위험성

"마침내 의미가 사라지는 곳"에 관해 말하는 것 자체는 대부분의 그리스도인들에게 분명 당혹스럽게 들릴 것이다. 그리스도교적 상상이란 결국 온갖 의미들, 곧 성서적 의미, 교리적 의미, 정통 교리적 의미, 교리 문답적 의미, 도덕적 의미, 윤리적 의미들로 가득한 것이기 때문이다. "신앙과 도덕이라는 문제가 무엇을 의미하는가에 대해 말하는 것"이야말로 로마 가톨릭의 교도권이 갖는 주요 기능이라고 여겨왔다. 여기서 교도권이란, 주교, 신부, 그리고 신학자들의 권위 있는 가르침을 뜻한다. 제2차 바티칸 공의회 이후에 발발한 "예전 전쟁liturgy wars"에 가톨릭교회의 진보 진영과 보수 진영 모두가 전투 요원들을 투입했는데, 양측의 전투 요원들 모두가 합의한 한 가지 점이 있었으니, 그 내용은 그리스도교 예배란 그 상징과 실체에 있어서 심오한 의미를 지니고 있다, 혹은 지녀야 한다는 것이었다. 많은 사람들이 예전적 의식이란 교회가 그 가장 깊은 정체성, 연합, 가치, 신념, 그리고 의미들을 공적으로 반복하는 리허설이라고 규정할 것이다. 〈로마 미사 전례서 총지침General Instruction of the Roman Missal〉은 예배 회중, 성찬을 거행하기 위해 모인 평신도와 성직자들이야말로 교회의 신앙과 그 행위를 가장 잘 드러내주는 최적의 장소라고 말하는 데 주저함이 없다. "지역 교회에서는 주교가 자기 사제단, 부제들, 평신도 봉사자들에 둘러싸여 주례하고, 하느님의 거룩한 백성이 완전하고 능동적으로 참여하는 미사가 그 뜻으로 보아 첫 자리를 차지한다. 여기서 교회의 모습이 가장 뚜렷이 나타나기 때문이다."[38] 이보다 더 근본적이며 "의미 깊은" 것이 또 무엇이 있겠는가?

그러나 본 장에서의 나의 주된 논점은 예전적 의식의 목적은 "의미를 생산해내는 것"이 아니라는 점이다. 예전의 목표는 의미가 아니라 만남이다. 만남은 항상 위험성을 내포한다. 그리스도교 예배는 의례적 속기速記로 위장된 교리가 아니라, 역동적이고 호의적이며 동시에 위험스러운 하나님 자신의 생명 공간으로 우리를 이끌어주는 행동이다. 그리스도인들이 하나님을 이해하는 것처럼, 삼위일체 하나님의 "세 위격", 곧 아버지, 아들, 성령은 우리 인간들이 그러하듯, 분리된 별개의 상호 소통되지 않는 "의식의 중심들centers of consciousness"이 아니다. 오히려 삼위일체 하나님 안의 세 위격은 상호적인 자기 포기를 통해 서로가 서로에게 자신을 내어줌으로써만 존재한다. 하나님의 세 위격에 관해 말한다는 것은 '서로에게 내어준 하나님'에 관해 말한다는 것이고, 결국 각 위격이 각각의 다른 위격에게 끝없는 교환과 교류를 통해 '주고, 거저 주고, 맡기고, 부어준 하나님'에 관해 말하는 것이다. 하나님 안에서는 "정체성"에 집착하거나 "개성"을 주장함으로써가 아니라, 인간들의 경우와는 달리, 오직 자기를 내어주고 자신을 포기할 때에만

의례의 역할과 위험성 115

개별적 특성이 드러난다.

성서적 언어로 표현하자면, 예수의 죽으심과 다시 사심에 의해, 그리고 성령을 보내심을 통해 드러났듯이, 삼위일체 하나님 안에서 세 위격의 관계는 "자기 비움"이다. '케노시스kénōsis'는 사도 바울이 〈빌립보서〉에서 예수를 묘사할 때 사용했던 희랍어 단어다. "그는 근본 하나님의 본체시나 하나님과 동등됨을 취할 것으로 여기지 아니하시고 오히려 자기를 비워ekenōsen 종의 형체를 가지사 사람들과 같이 되셨고……〈빌립보서〉 2장 6~7절." 사도 바울의 서신에서 볼 수 있듯이 kenoun은 "비우기", "비어 있게 만들기"를 뜻하는데, 다시 말하자면 완전한 무의 상태가 될 때까지 지우고 무가치하게 만들며 비하하는 것을 뜻한다. 프랑스의 저명한 성례전 신학자인 루이마리 쇼베는 예수의 죽으심에 대한 바울의 신학은 하나님의 이미지에 관한 급진적인 혁명을 뜻한다고 말한다. 또한 하나님의 영광은 위대함이나 고결함 속에서 드러나는 것이 아니라, 역설적이게도 "인간들이 인간 이하의 상태로 끌어내려버린 하나님의 상한 얼굴" 속에서 드러난다. 십자가에 달리신 분, 사도 바울이 말하듯 종의 모습을 입고 오신 그분 안에서 하나님은 "부정되고crossed out", 그분 안에서 "거룩한 하나님의 인간성이 …… 우리에게 드러난다".[39]

이러한 부정, 자기 비움과 자기 지움은 우리는 물론 하나님에게도 중대한 의미를 지닌다. 저명한 신학자인 발터 카스퍼Walter Kasper, 1933~는 다음과 같이 쓰고 있다.

《성서》는 하나님의 고통의 문제를 피할 수 없게 만든다. 《성서》는 우리에게 하나님은 인간의 고통과 행동에 의해 영향을 받으신다고 반복해서 말하고 있다. ……〈신약성서〉 역시 이러한 입장을 계속 견지한다. 〈마가복음〉 3장 5절에서는 예수의 분노를 언급한다. 〈마가복음〉 6장 34절에서는 예수의 동정심을, 〈누가복음〉 19장 41절에서는 예수가 예루살렘을 보시고 우시는 모습을, 그리고 〈마가복음〉 15장 34절과 〈마태복음〉 27장 46절에서는 하나님께 버림받은 예수의 발언을 기록하고 있는데, 이 중에서 〈마가복음〉 15장과 〈마태복음〉 27장의 구절이 위의 사실을 가장 결정적으로 보여주는 경우다. …… 이 모든 것을 단순히 신인 동형론으로 돌려서 무시하는 일은 불가능하다. 또한, 이 모든 것을 예수의 신성神性을 손상시키지 않으면서 예수의 인성人性 탓으로만 돌릴 수도 없다. 왜냐하면, 케노시스는 선재先在하는 하나님 아들의 자기 비움이기 때문이며〈빌립보서〉 2장 7절, 또한 하나님의 인간되심humanness, 곧 하나님의 인자하심과 인류를 사랑하심이 나타난 것이기 때문이다〈디도서〉 3장 4절. "하나님의 인간되심 안에서, 그리고 그분의 죽으심과 다시 사심 안에서, 예수 그리스도는 하나님의 자기 해석이 된다."[40]

만일 예수가 하나님의 "자기 해석"이라면, 우리는 십자가를 지신 그리스도의 자기 비움을 통해, 하나님의 내적 생명inner life에 관해, 또한 우리에 관해 우리의 예상을 대단히 벗어나며 또한 당혹스러운 무엇인가가 드러난다고 결론을 내려야 할 것이다. 마태와 마가가 증언하듯이, 죽어가는 예수께서 〈시편〉 22편에 나오는 말들을 인용해 "나의 하나님, 나의 하나님, 왜 나를 버리시나이까?"라고 외쳤을 때, 예수는 다음과 같이 말한 것이다.

구약의 하나님만을 부른 것이 아니라, 그가 배타적으로 아버지라고 불렀던 하나님, 그리고 그가 유일하게 연결되어 있다고 느꼈던 그 하나님을 부른 것이었다. 즉, 예수는 십자가에서 지금까지의 모든 친밀함을 거두어들이신 분으로서의 하나님, 곧 완전한 타자로서의 하나님을 경험했던 것이다. 예수는 하나님과 하나님 뜻의 깊이를 측량할 수 없는 어두운 신비를 경험했으나, 그러한 신앙의 위기를 잘 이겨냈다. 이러한 극단적인 비움이 있었기에, 그는 하나님의 온전하심을 담는 그릇이 될 수 있었다. 그의 죽으심은 생명의 근원이 되었다. ······ 이 죽으심이야말로 하나님의 나라가 이 시대 조건 아래에서 존재하는 형태인 것이다. 즉, 인간의 무력함 속의 하나님의 나라, 풍요 속의 빈곤, 고독감 속의 사랑, 공허 속의 풍부함, 죽음 속의 삶으로 존재한다.[41]

십자가에 못 박히신 존재로서의 하나님의 자기 해석인 예수 안에서 우리는 하나님의 현현을 체험한다. 또한, 다음과 같은 점을 깨달을 수 있다.

바로 이 순간 십자가에 못 박히신 예수 안에서 하나님의 부재不在가 가장 극명하게 드러난다. 교회는 십자가에 달리신 이 예수를 그분의 아버지와 같은 타자로 인식한다. "하나님이 버리신 자"로서 죽으실 때 예수는 홀로 남겨진 것이며, 죽기 위해 나신 존재라는 피할 수 없는 유한성을 그분의 세상에, 그리고 그분의 원수들에게 전하신 것이다. 이때 하나님께서는 바로 그 한 분을 구하기 위해 개입하지도 않으셨다. 이제 예수는 전적으로 하나님이 하나님 되도록 그냥 그대로 놓아두시는 경험, 다시 말해 침묵 속으로 물러나시는 본질적으로 다른 하나님의 경험 속에 존재하며, 그리하여 바로 이때 예수와 성부 하나님의 동질성이 온전히 드러난다.[42]

이 모든 것이 무언가 대단히 예상치 못했던 일이 하나님의 삶 속에서 나타났다는 것을 의미한다. 또한 무언가 결정적인 것이 인간 속에서도 나타났다는 것을 의미한다. 우리는 이것을 "구원salvation"이라고 부르고, 또한 이것은 "세상에 관한 것만큼이나 하나님에 관한 것"이라고 부른다. 루이마리 쇼베가 말하듯, 이 무언가는 특별한 사람이 그 장면에 나타나 "하나님에 관한 우리의 우상 숭배적 오해"를 뒤엎을 때만 일어난다. 이 오해는 신학적 담론에 대한 우리의 과신, 우리가 의롭고 윤리적으로 살았다는 허세, 혹은 우리의 자기 합리화에 의해 심화된 오해다. 쇼베는 계속해서 이렇게 질문한다. "아담의 후예들이 그러한 전복을 실행할 수 있을 것인가? 이러한 전복은 《성서》에 따르면 하나님 바로 자신이 개입하셔야만 가능한 일이다. 그리스도교 신앙은 고백하기를 예수께서는 하나님과 동등함을 당연하게 생각하지 않으시고, 오히려 자기를 비워서 …… 죽기까지 순종하셨다〈빌립보서〉2장 6~11절. 그래서 인간들은 자신들의 불의함을 깨닫고, 마침내 회심함으로써 구원에 이르게 된다."[43]

"모든 의례들을 끝내는, 혹은 모든 의례의 완성으로서의 의례"인 그리스도의 수난과 십자가 사건에서, 인간은 의미를 발견하는 것이 아니라 만남을 발견한다. 즉, 이 만남은 자신을 기만하는 인간과의 만남, 그리고 "하나님의 버림을 받은" 십자가에서 죽으신 분으로 자신을 해석하시는 하나님과의 만남이다. 십자가 위에서의 고독 속에서 예수는 하나님의 철저한 타자성을 만난다. 또한 더욱 놀라운 사실은 예수 자신이 바로 그 타자성과 동일시된다는 것이다. 교회는 이 점에 관해 다음과 같이 고백한다. "이러므로 하나님이 그를 지극히 높여 모든 이름 위에 뛰어난 이름을 주사 하늘에 있는 자들과 땅에 있는 자들과 땅 아래에 있는 자들로 모든 무릎을 예수의 이름에 꿇게 하시고 모든 입으로 예수 그리스도를 주라 시인하여 하나님 아버지께 영광을 돌리게 하셨느니라〈빌립보서〉2장 9~11절."

이것이 내가 예배의 위험성에 관해 언급한 이유다. 의미는 우리가 어떤 메시지를 전달할 때조차도, 그 메시지 자체를 변형 혹은 재형성케 하는 인간의 지성과 추론을 통해, 걸러지고 처리된다. 그러나 진정한 만남은 추론을 통해 걸러지는 "계획된 사건들"이 아니다. 그 만남은 미리 계획된 것도 아니고 인위적으로 처리되지도 않은 분출이다. 이러한 만남의 돌발성이 우리를 철저한 타자성이라는 위험에 노출시킨다. 이는 예수가 십자가에서 타자성에 노출된 것과 같다. 만일 우리가 《성서》에서 "구원"이라고 부르는 그 무엇인가를 경험하기 원한다면, 먼저 하나님께서 감싸 안으신 그 위험을 우리도 감싸 안아야 한다.

자녀가 되려면, 타자성 속에 있는 우리를 인식하는 것과 마찬가지로 타자를 인식하는 것을 배워야 한다. 동시에 그것은 아무런 유사점이 없는 철저한 타자성에 동의하는 법을 배우는 것이기도 하다. 이런 동의에 대한 대가는 크다. 즉 타자들, 그리고 형제자매들에 대해 책임을 지는 자유를 선택하는 일에 다름 아니며, 이 책임은 다른 누구도 우리를 대신해서 질 수 없는, 피할 수 없는 책임이다.⁴⁴

어린 아이와 같은 마음으로, 곧 타자성 속에서 우리를 인식하는 것처럼 타자를 인식하는 것을 배우는 일은, 예수께서 십자가 위에서 정확하게 밝혀 주신 것이며, 이는 또한 교회로 하여금 예수를 "아버지와 같으신 타자", 그리고 "보이지 않는 하나님의 형상〈골로새서〉 1장 15절"으로 인정하게 하는 것이기도 하다. 이것이 그리스도교 의례가 예배에서 그 참가자들에게 열어주고자 하는 "만남"이다. 역설적으로 우리는 우리의 삶과 몸, 우리의 세상에 관해 가장 단순하면서도 실제적인 대상을 만남으로써만 예배 안에서 타자성의 신비를 만날 수 있다. 우리는 하나님의 타자성과 타자를 인식하는 것으로부터 나오는 타자성 둘 다를, 타자성 안에서 우리를 인식하는 것처럼 예배에서 취하는 행동들 가운데서 인식하고 만나게 된다. 이 행동들은 걷고 일어서고 무릎 꿇고 만지고 취하고 맛보고 빵을 떼고, 포도주를 붓고, 들어올리고, 나르고, 노래 부르고, 말하고, 앞뒤로 향로를 흔들고, 기름을 바르고, 보고, 보여주고, 이야기하고, 듣는 등의 행동들이다. 타자들에 대해 책임을 지는 행동을 선택한 우리의 선택을 실제로 행동으로 옮겨 구현하는 것을 통해 우리는 하나님을 만날 수 있다. 이것이야말로 예전이란 단순히 의미 있는 교리에 대한 주석일 수 없는 이유고, 또한 "교회의 예전"이 "이웃의 예전" 속에서 검증받아야만 하는 이유다.

의례: 믿음에서 만남으로

이상과 같은 방식으로 이해된 위험스러운 의례는 신앙의 행동인 동시에, 그 의례 안에서 신앙은 상실에 대한 인정, "부재의 현존the presence of absence"에 대한 동의로 경험된다.[45] 롤랑 바르트의 가상의 일본에 나오는 슬롯머신, 꽃, 인형극, 젓가락, 하이쿠와 마찬가지로 그리스도교 의례는 의미에 집착하는 서구인들의 탐욕에 의해서가 아니라, 놓아주기와 비워내기에 의해 생명력을 얻게 된다. 여기서 예수의 고난과 죽음 직후 엠마오로 향하던 낙심한 두 제자에 관한 유명한 이야기를 잠시 생각해보고자 한다〈누가복음〉 24장 3~35절. 낙담한 이 두 제자는 사려 깊은 신앙인 모두를 괴롭히던, 혹은 마땅히 괴로워해야 했던 문제들로 고뇌하고 있었다. 하나님이 친히 기름 부어 세우신 종이 하나님의 법으로 정죄당하고 버림받은 채 죽임을 당했다면, 그런 존재가 어떻게 여전히 하나님일 수 있다는 말인가? 버려진 그 아들이 아버지를 향해 "나의 하나님 나의 하나님 어찌하여 나를 버리시나이까?"라고 울부짖을 때, 어떤 신이 그 부르짖음에 대해 침묵할 수 있다는 말인가? 어떤 하나님이 친히 기름 부어 세운 아들을 죽기까지 내버려두었다가 나중에 다시 살려서 그의 무죄를 입증한다는 말인가? 이는 그 자체로 하나님의 율법, 곧 "나무에 달린 사람은 하나님께 저주를 받은 사람이다〈신명기〉 21장 23절"라는 말씀에 정면으로 위배되는 일 아닌가? 왜 하나님은 그리스도가 우리에게 저주가 되도록 그냥 놓아두신다는 말인가? 이에 대해 바울은 이렇게 말한다. "그리스도께서 우리를 위하여 저주를 받은 바 되사 율법의 저주에서 우리를 속량하셨으니 기록된 바 나무에 달린 자마다 저주 아래에 있는 자라 하였음이라〈갈라디아서〉 3장 13절." 낙심한 제자들이 이러한 문제들로 번민하며 걷고 있을 때, 한 나그네가 그들 곁으로 다가와서 함께 걸었다. 그리고 이 두 제자에게 하나님의 고통 받는 종에 관해 말해주는 《성서》의 "의미"를 가르쳐주려고 했다. 제자들은 이 나그네의 말에 대해 믿지 못하였고 회의적이었다. 그렇게 저녁이 되었고, 제자들은 누구인지 모르는 나그네에게 저녁을 함께 나누자고 초대했다. 그런데 그들이 함께 앉은 그 식탁에서 매우 중요한 사건이 일어났다. 제자들이 "빵을 떼던 중" 그 나그네가 누구인지를 알아보게 된 것이다〈누가복음〉 24장 31절. 바로 이 순간 그들의 눈은 "열렸고 …… 그러나 그 순간 예수께서는 그들에게서 사라지셨다〈누가복음〉 24장 31절".

    제자들의 눈은 화려함에 의해서가 아니라 부재와 비어 있음에 의해서 열렸다. 하나님의 계획과 그 의미에 관한 확신을 얻는 대신, 또한 잃어버린 친구를 다시 찾는 대신, 그들은 상실과 빼앗김으로 끝나는 만남을 얻게 된 것이다. "그러나 그 순간 예수께서는 그들에게서 사라지셨다〈누가복음〉 24장 31절." 신앙에 있어 가장 중요한 도전은 〈누가복음〉 24장의 이야기에서 볼 수 있듯이, 이 상실을 인정하는 것, 곧 "부재의 현존"에 동의하는 것이다. 누가는 〈사도행전〉에서 계속해서 이렇게 전한다. 부활하신 분은 "승천"하셨다〈사도행전〉 1장 6~12절. 그것은 '떠나셨다'는 뜻이다. "그분을 찾고 싶다면 이 상실을 인정"해야 한다. 교회라고 알려진 부적응자들과 타고난 회의론자들의 공동체 안에서만 하나님을 발견할 수 있다.[46] 따라서 교회는 제자들과 빵을 떼시다가 "그들에게서 사라지신" 나그네의 "부재의 현존"을 세상 속에서 세상을 위해, 세상에게 중재해주는 역사적이며 실체적인 공동체다. 따라서 교회는 다음과 같다.

하나님의 부재를 철저히 드러낸다. 교회의 이러한 중재를 받아들인다는 것은 이 부재가 결코 채워지지 않을 것이라는 사실에 동의하는 것이다. …… 그러나 부활하신 분을 상징적으로, 그리고 의례적으로 인식할 수 있음은, 바로 그분의 철저한 부재와 타자성을 존중하는 행동을 통해서만 가능해진다. 이것이 신앙이다. 또한 이것이 신앙에 따른 그리스도인의 정체성이다. "그리스도의 부재를 부인하는 자는 그리스도를 다시 십자가에 못 박는 자들이다."[47]

따라서 신앙이란 상실을 인정하는 일이고, 나아가 부재와 박탈에 대해 동의하는 일이며, 그리하여 비움 및 부재와 화해하는 일이다. 우리는 이러한 상실을 애도할 수는 있지만 거부하거나 혐오할 수는 없다. 이러한 신앙은 "이레의 첫날 새벽, 해가 막 돋을 때에, 향유를 가지고 무덤으로 갔던〈마가복음〉 16장 1~2절" 여인들에게서 처음으로 생성되었던 것과 같은 그런 신앙이다. 다시 말해 상실에 대한 인정과, 부재와 박탈에 대한 동의야말로 신앙의 전제 조건이다. 토머스 시핸Thomas Sheehan, 1941~은 그의 도발적인 연구서인 《처음 온 이들 The First Coming》에서 다음과 같이 쓰고 있다. 예수 부활의 첫 번째 증인들이었던 이 여성들은 '이중의 부재'에 직면했다. 예수께서는 돌아가셨을 뿐만 아니라, 그분의 무덤도 비어 있었고, 그분의 주검도 사라져버렸던 것이다. 예수께서는 완전히 "찾을 수 없이" 되었고, 따라서 이 여성들이 부활절 아침에 발견한 것은 궁극적인 부재와 그리고 죽은 자 가운데서 그분을 찾아도 찾을 수 없다는 허무함이었다.⁴⁸ 즉, 부활은 해답이 아닌 질문으로 시작되었다. 부활은 트럼펫과 백합과 "할렐루야"의 외침으로 시작된 것이 아니라 공포로 시작되었던 것이다. 〈마가복음〉 16장 8절의 희랍어 원전은 이렇게 끝을 맺고 있다. "그들은 두려워서ephobounto gar."⁴⁹ 더욱이 이 여성들의 경악을 완화시켜줄 만한 그 어떤 설명도 〈마가복음〉에서는 찾을 수가 없다. 그런데 그들이 이른 아침에 수행하려고 했던 의례는, 그들에게 어떤 의미를 찾게 해준 것이 아니라, 메신저와의 만남을 가져다주었다. 무덤에서 만난 젊은이는 이 여인들에게 다음과 같은 이야기를 전해주었다. 예수님은 여기 계시지 않는다는 것이다. 결국 여인들은 향유를 발라드릴 그분의 주검을 발견하는 대신 비어 있음과 부재, 그리고 상실을 만났던 것이다.

이 여성들은 의례 안에 내재되어 있는 고유한 위험성을 극한대로 대면해야 했다. 주검이 없는 상태에서 향유를 바르는 의식이란 종교적으로 그 어떤 중요한 의미도 가질 수 없기 때문이었다. 이 여성들이 떨면서 "계속 두려워했던" 것도 놀랄 일은 아니다. 그들은 비어 있음과 텅 빔vacancy을 응시하고 있었는데, 실제로 그 여인들이 응시했던 것은 의례라는 것 자체가 그것이 어떤 의례이든, 모든 의례와 그 의례를 승인해주는 종교적인 믿음까지도 모두가 다 공허한 시간 낭비일 수 있다는 가능성이었다. 바버라 마이어호프 Barbara Myerhoff, 1935~1985는 캘리포니아 주 베니스의 양로원에 살고 있는 대부분 동유럽에서 이민 온 나이 많은 유대인들에 관한 탁월한 연구에서 이 곤혹스러운 딜레마를 잘 지적해주고 있다.

모든 의례는 그것이 전통적인 것이든 혹은 즉흥적인 것이든, 또는 성스러운 것이든 세속적인 것이든, 모두 역설적이고 위험한 시도들이다. 의례들은 그것이 분명 인위적이고 극적劇的인 동시에 그것이 전하는 메시지는 절대적이며 피할 수 없는 진리라는 사실을 제시하기 위해 고안된 것이라는 점에서 역설적이다. 또한, 의례들은 우리가 의례에서 확신을 얻지 못하게 될 때, 그 의례 자체를 우리가 꾸며낸 것이라는 사실을 인식하게 될지도 모른다는 점에서 위험하다. 나아가 우리가 믿고 있는 진실, 의식들ceremonies, 그리고 우리가 소중하게 여기는 개념과 확신들까지도, 세상에 대한 궁극적인 이해가 아니라, 우리가 상상을 통해 꾸며낸 것이며, 결국 인간의 고안물이라고 깨닫게 될지도 모른다는 점에서 또한 위험하다. 이러한 인식은 우리를 마비시킬 수 있다.[50]

〈닭발 스튜Chicken Foot Stew〉라는 제목의 짧은 글에서 마이어호프는 의례에 관해 또 하나의 좋은 예를 보여주고 있다. 이것은 의례가 예측 가능한 의미 속으로 침잠하기를 거부하고, 어떻게 '만남meeting'을 향해 과감하게 나아가는지에 관한 좋은 예다. 이 짧은 글은 후에 마이어호프의 연구인 《우리의 날들을 셈하기Number Our Days》에 포함된다.

그들이 유대교에 깊이 뿌리를 내리고 있다는 사실이 양로원의 노인들로 하여금 자신들의 전통을 지키려고 애쓰며 그 의례를 수행하도록 하는 일에 도움을 주었다. 노인들은 전통을 지키고 의례를 수행함에 있어서, 작은 일이든 큰 일이든, 필요에 따라 즉흥성을 발휘하거나 자유롭게 응용하는 일에 거리낌이 없었다. 바샤Basha라는 할머니의 경우가 이 점을 잘 보여준다. 그녀는 작은 방에서 홀로 저녁을 먹는다. 그녀는 저녁으로 전기냄비에 닭발 스튜를 준비한다. 슈퍼마켓에서 닭발은 무료로 구할 수 있다. 식사 전 그녀는 탁자에 덮인 유포油布 위에 하얀 아마포亞麻布 손수건을 펼쳐놓는다. 그러면서 그녀는 다음과 같은 기도문을 암송하곤 한다.

"이것은 우리 어머니께서 나에게 하라고 가르쳐주신 것입니다. 아무리 가난해도 우리는 하얀 아마포를 깔고 식사를 할 것이며, 입에 음식을 넣기 전에 기도할 것입니다. 그래서 나도 그렇게 합니다. 나는 식탁에 앉을 때마다, 나는 하나님과 우리 어머니, 그리고 비록 내가 그분들을 볼 수 없다 하더라도 나와 같은 방식으로 식사하는 다른 유대인들 모두와 함께 음식을 먹습니다."

이러한 식사는 하나의 향연이다. 다시 말해 세러모니도, 주의 집중도, 의미도 없이, 서둘러 먹는 고급 음식보다 훨씬 탁월한 향연이다. 이런 이유로 나는 양로원의 노인들을 '현자의 돌'을 가진 분들로 여기게 되었다. 여기서 현자의 돌이란 온 세상 사람들이 그렇게도 오랜 동안 찾아 헤매던 신비한 보물로서, 비금속을 순금으로 바꾸어주는 방법을 가르쳐주는 비밀을 간직하고 있다고 여겨진 돌이다. 이 돌은 '파랑새의 행복의 깃털'이 그러하듯, 우리 곁 너무 가까이, 곧 발밑의 먼지 속에 숨어 있어서, 사람들이 잘 알아차리지 못한다고 한다.[51]

"나는 식탁에 앉을 때마다, 나는 하나님과 우리 어머니, 그리고 비록 내가 그분들을 볼 수 없다 하더라도 나와 같은 방식으로 식사하는 다른 유대인들 모두와 함께 음식을 먹습니다." 이 식사 의례에서 바샤가 경험하는 것은 너무나 자명하다. 그녀의 "닭발 스튜" 의례는 과감하게도 '만남'을 시도한다. 그녀는 하나님, 그리고 그녀의 어머니와 함께 먹는다. 나아가 그녀는 "비록 그들을 직접 볼 수 없다 하더라도 지금 나와 같은 방식으로 식사하는 모든 유대인들과 함께" 먹는다. 이러한 의례적 행위들, 즉 스튜를 준비하고, 깨끗하고 하얀 아마포를 식탁 위에 펼치며, 하나님과 보이지 않는 다른 이들과 함께 먹는 행위들은 "부재의 현존"을 확증하는 것이다. 바샤의 식사 의례 경험과 예수의 빈 무덤에서 두려움에 떨었던 여인들의 경험 사이에는 유사성이 있어 보인다. 사랑하는 분의 주검이 놓여 있던 장소가 비어 있음을 보았던 이 여성들이 깨달았던 내용은 다음과 같다.

이것은 우리가 결코 가질 수 없는 것에 대한 욕망으로, 곧 독특한 형태의 추구다. 이것이야말로 인간을 다른 어떤 존재와도 다르게 만들어주는 경험이다. …… 이러한 추구는 우리가 어쩌다 가끔씩 사로잡히는 것이 아니다. 오히려 이것은 우리를 인간으로 만들어주는 무엇이고, 또한 인간을 헛된 열정과 채워지지 않으며 채워질 수 없다고 여겨지는 욕망으로 가득한 존재로 만드는 그 무엇이다. 만약 우리가 끝없는 욕망eros을 가진 존재가 아니라면, 우리는 이 모든 것을 알고 있기에 더 이상 그 무엇을 찾을 필요가 없는 하나님God이거나, 반대로 채워질 수 없는 것에 대한 욕망을 품을 리가 없는 생명체 혹은 동물일 것이다.[52]

그러므로 우리는 이렇게 말할 수 있다. 감히 의례를 수행하는 일, 곧 "비어 있음"을 만나려고 하는 시도는, 우리를 세상에서 유일한 존재인 인간으로 만들어주는 것이다. 바로 이 점에서 의례란, 향유를 들고 예수의 무덤 앞에서 당혹한 채로 서 있던 여인들을 처음으로 사로잡았던 부활절 신앙과 밀접하게 연관된다. 그러한 신앙은 근본적으로 욕망desire이며, 끊임없이 무언가를 찾는 것이며, 우리 인간의 본성을 이루고 있는 끊임없는 추구다. 토머스 시핸은 이렇게 쓰고 있다. "찾을 수 있는 것을 찾는 행위 그 너머에서 우리는 여전히 '더 많은 것'으로 향하는 우리 자신을 발견하게 된다. …… 우리는 근본적으로 대답이 없는 것에 대해 질문을 던지는 행위로 남아 있게 된다."[53]

나는 신앙과 그 의례적 수행이란 "상실의 인정"과 "부재의 현존에 대한 동의"를 필요로 한다고 말해왔다. 이 말이 충격적으로 들릴지 모르지만, 그러나 "부재의 현존"이란 표현이 부정적으로 사용된 것이 아니라는 점이 중요하다. 그것은 "현존의 부재"를 뜻하는 것이 아니다. 오히려 이 말은 그리스도인들이 "육안으로 보는 것"과 "신앙의 눈으로 보는 것" 사이를 통상적으로 구분해온 일에 대해 경각심을 가지라고 말해준다. 신앙은 비전이다. 그러나 그것은 자연적이고, 유기적이며, 생화학적인 의미에서의 비전이 아니다. 또한, 그것은 내가 여기서 사용하는 의미의 부재, 곧 절대적 부정으로서의 "부재"도 아니다. 왜냐하면 절대적인 의미의 부재란 그저 그 자체가 소멸되는 것이기 때문이고, 그런 절대적 부재란 존재하지도 않고 존재할 수도 없기 때문이다.[54] 따라서 "부재의 현존"이라는 표현은 모든 의례 혹은 상징적 행동 속에 존재하는 긴장을 가리킨다. 즉 감춤과 드러냄 사이의 긴장, 숨기는 것과 보여주는 것 사이의 긴장이다. 모든 의례, 모든 상징은 감춤으로써 드러나고 드러냄으로써 감춘다. 혹은 토마스 아퀴나스가 말했듯이, 성례전적 상징들이 인간들에게 주어졌으며, 인간들은 이를 익숙한 것nota에서부터 익숙하지 않고 알지 못하는 것ignota으로 옮겨감으로써 알게 된다sacramenta dantur hominibus quorum est per nota ad ignota pervenire. 아퀴나스가 주장했듯이, 상징들은 인간으로 하여금 스스로 깨닫게 한다. 즉 상징들은 발명의 과정, 즉 발견의 과정을 야기시킨다. 또한, 상징들은 무지ignota에서 시작해 지식nota으로 끝이 난다. 바로 이 점이 의례와 상징으로 하여금, 이성만으로는 분별할 수 없는 현실과 진실의 "풍부함", 결코 고갈되지 않는 풍요를 지적하는 힘을 부여해주는 것이다. 또한 이 점이 의례와 상징들이 신앙을 초대하는 이유가 되기도 한다. "부재의 현존"에 관해 말하는 일은, 하나님이 인간의 역사와 우리의 구현된 인간성 안에서 하나님 자신을 계시하시고 또 내어주신다는 그리스도교직 확신을 부인하는 것이 아니라, 오히려 화중하는 일이다. 하나님은 감추심으로써 드러나시고, 드러내심으로써 감추신다. 따라서 신앙과 의례 안에서 "부재의 현존"을 인정하는 것은 루이마리 쇼베가 다음과 같이 말한 것과 일치한다.

예전 수행에 관한 이러한 배움은, "장인이 안 되기"라는 기술 분야에서 오랜 동안 도제 생활을 하는 일, 그리고 영원히 애도하는 일과 같다. 이때 원한이나 분노가 없는 애도, 그리고 "부재의 현존"에 대한 "평온한" 동의가 우리 안에서 조금씩 생겨난다. 복음의 언어로 설명하자면, 이것은 부재 가운데 현존하시는 하나님께로 회심하는 일이다. 이 하나님은 인간들에 의해 '아무것도 아닌 것보다 못한 존재'로 끌어내려진, 그러나 역설적이게도 거기서 하나님의 영광을 신앙적으로 고백하게 되는, 십자가에 달리신 이의 으깨진 인간성 안에서 스스로를 부정하신 분이시다.[55]

한마디로 말해서 신앙 안에서 비어 있음과 부재를 만나는 일은 사람과 장소, 그리고 사물들을 완전히 익히거나 통제하려는 우리의 충동을 내려놓는 기술을 배우는 일이다. 또한, 인간에 대한 폭력이나 조종 없이 우리에게로 움직여 "현존 속으로" 들어오시는 하나님 안으로 들어가는 기술을 배우는 것이다. 왜냐하면 하나님은 항상 주는 분이시고, 이 "주는 행위는 '현존으로 들어가게 하는' 태도에서만 은혜롭게 환영받을 수 있기 때문이다. 여기서 중요한 것은 현존 자체가 아니라 '현존으로 들어가게 하는' 것이기 때문이다."[56] 그러므로 신앙 안에서 우리가 부재를 동의함으로써 느낄 수밖에 없는 비탄悲嘆은 아무것도 아닌 것이 아니다. 오히려 그 부재는 "숨겨진 풍요로움의 현존", 곧 "히브리 예언자들과 예수가 '거룩한 것'이라고 명명했던 것"이다.[57] 다시 말해 부재는 부활절이 그러하듯이, 결론이 아니라 출발점이다. 또한, 그 부재는 이성理性의 계산을 통해 현실을 장악하려고 하는 계산을 잠시 멈추고, "장악하지 않기"의 기술을 배우는 "열린 장소"다. 우리는 신앙이란 무언가를, 예컨대 사람, 믿음, 가치, 혹은 의미 등을 부여잡으려는 것이 아니라, 오히려 우리의 지식을 교묘히 피해가지만 없어서는 안 될, 알려지지 않은 무언가에 의해서 우리 자신이 파악당하도록 스스로를 놓아두는 것임을 인정함으로써 부재에 동의하는 것이다. 물론 이는 곤혹스러운 일이다. "이러한 부재 속에 성숙한 상태로 가까이" 남아 있는 일은 두렵기는 하지만 반드시 해야만 하는 피할 수 없는 일이다.[58] 이렇게 함으로써 "우리가 파악할 수는 없지만 이웃의 겸손한 부름 속에 항상 그 흔적을 남기시는 타자의 상처"를 우리 속에 살아 있게 할 수 있기 때문이다. 유대인 철학자 에마뉘엘 레비나스가 말하듯이, "보이지 않는 하나님이란 상상할 수 없는 하나님일 뿐만 아니라 정의를 통해 접근할 수 있는 하나님이다".[59] 역설적으로 부재는 신앙을 성숙하게 하는 열쇠를 가지고 있을 뿐 아니라, 정의와 "세상의 생명을 위한" 자비를 구체적으로 실천하는 열쇠 또한 가지고 있다.

결론

우리는 롤랑 바르트의 "가상의 일본"에서의 "선"의 관점으로 의례의 역할을 다시 그려보는 것으로 이번 장을 시작했었다. 서구에서는 의례의 상징들에게 다양한 의미를 "과도하게 부여하거나" "부풀리는" 경향이 있는 반면, 선의 관점은 오히려 상실과 부재, 그리고 비워냄을 더 편안하게 보고 있음을 확인했다. 이미 내가 제안했듯이 그런 관점이야말로 그리스도교 의례의 역할 및 그 위험성을 분석함에 있어서 유용할 수 있다. 루이마리 쇼베와 같은 신학자가 논술했듯이, 부재는 의미의 파악에 대한 우리의 유아적 탐욕을 버리라고, 그리하여 하나님으로 하여금 은혜로운 자기 내어주심을 통해 우리에게 다가오실 수 있도록 하라고 요구한다. 그러므로 신앙과 의례가 부재와 비어 있음을 만나는 위험을 감수하는 것이라고 주장하는 일은, 신이 죽었다고 말하는 무신론이나 하나님의 문제는 인간과 인간의 미래에 아무런 영향도 끼치지 못한다고 말하는 무관심주의와 아무런 관계가 없다. 오히려 그것은 무엇보다 성숙한 신앙, 의례적 행동을 통한 신앙의 구현을 가능하게 만들어주는 조건들에 관한 것이다. 이런 맥락에서 우리는 자크 데리다와 같이 수많은 비난과 공박을 받은 바 있는 해체주의자들에게서 배워야 할 것이 많다. 데리다는 자신을 가리켜 신학자라고 주장한 적은 없으나 이렇게 말한 적은 있다. "신앙과 그 신학은 사막에서 자라는 사막 꽃과 같이, 주변의 모든 요인들이 신학의 성장을 방해하는 환경 속에서도 꽃을 피운다. …… 그것들은 우리를 강타해 죽일 수도 있을 만큼 참혹한 요인들이다."[60] 그는 우리가 상상으로 지어낸 신도 아니고, 이성으로 도달할 수 있는 결론으로서의 신도 아니고, 우리의 행동을 위한 알리바이로서의 신도 아닌 "전적으로 타자이신" 하나님을 찾는 일이 우리를 곧바로 부재와 비어 있음의 장소인 사막으로 인도한다는 사실을 알고 있다. 데리다는 계속 이렇게 쓰고 있다. "신앙의 최고의 본질은 믿을 수 없는 것을 믿을 수 있다는 점이다."[61] 신앙은 "동의"가 아닌 회심으로 시작한다. 이때 회심은 "다가오는 나그네를 향해" '네yes'라고 말하는 것이며, 이는 "그 낯선 이의 해안에 상륙해서 그의 땅을 탐험하고 마침내 그 땅을 정복하려는 의도를 가지지 않고서"도 그를 알아차리며 '네yes'라고 말하는 것이다.[62]

"부재의 현존"을 가장 잘 표현해주는 어구語句들은 그러므로 의심, 부인, 혹은 절망이 아니라, 신앙에 대한 꺼지지 않는 열망이다. 이는 향료를 가진 여인들이 무덤에 도착해 무덤이 비어 있음을 알았을 때 생성되었던 바로 그 열망이다. 신앙은 바로 그 타자를 향한 열망이며, 그 목표는 소유가 아니라 박탈이다. 즉 신앙은 우리의 관점에서 하나님을 파악하려는 것이 아니라 그분의 해안은 결코 도달될 수도 없고 정복될 수도 없는, 나그네로 다가오시는 하나님에게 '네'라고 말하는 것이다. 그것은 "전유專有의 힘을 부인하는" 열

의례의 역할과 위험성 131

망이다. 이 열망은 "인간의 소유에 대한 열정이나 인간이 결정할 수 있는 무언가에 대한 열정에 의해서 나오는 것이 아니라, 불가능한 것을 향한 열정으로부터 나오는" 욕망이다. 끝으로 신앙이란, 그리스도교 신비주의자들로 하여금 "우리에게서 하나님을 제하소서라고 기도하게" 했던 그 무엇이고, 또한 "하나님 없이 하나님을 추구하게" 했던 그 무엇이다. 나아가 신앙이란, 그리스도교 신비주의자들로 하여금 친숙한 진리와 진부한 문구들이 가져다주는 편안함 속에서는 하나님을 만날 수 없고, 마음속의 사막 그리고 영혼의 어두운 밤에서만 하나님을 만날 수 있다고 주장하게 만들었던 그 무엇이다.[63]

성찰을 위한 질문

1. 제2장은 의례가 그것이 "의미, 인생, 자신, 세상, 하나님, 타자들에 대한 의미를 파악하는" 우리의 계획을 거부하며, 우리에게 하나님이 우리 쪽으로 다가오시도록 가만히 있으라고 요청한다는 점에서 "위험스럽다"고 제시했다. 이때 하나님은 우리가 피할 수도, 통제할 수도 없는 하나의 신비로서 다가오신다. 당신이 생각하는 "예배의 위험성"에는 어떤 것들이 있는가?

2. "모든 의례와 모든 상징은 감춤으로써 드러내고, 드러냄으로써 감춘다." 토마스 아퀴나스는 의례적 상징들, 성례전이 "발견의 과정들을 촉발시켜주며" "스스로 깨닫게 한다"고 말했는데, 당신은 이 주장을 어떻게 표현할 수 있겠는가?

3. 프랑스의 신학자인 루이마리 쇼베는 의례적 상징들과, 성례전의 기본으로서 "부재의 현존"을 종종 언급한다. '부재의 현존'과 '현존의 부재' 사이를 오가는 "진동"과 그리스도교 신앙 사이에는, 어떤 관련이 있는가?

4. 〈로마 미사 전례서 총지침〉은 "예전을 위해 회중이 모이는 교회를 그리스도교적

신앙과 행위가 가장 잘 드러나는 장소112항"라고 확증해주고 있다. 이 확증은 당신의 경험과 일치하는가? 예전은 "행동으로 구현되는 그리스도교 신앙"을 발견할 수 있는 최적의 장소인가?

5. "하나님 안에서 인간다움이란 자기 내어주심과 자기 부정을 통해서만 나타난다"고 말한 바 있다. 하나님의 세 위격아버지, 아들, 성령은 인간이 지니고 있는 인간성과 어떻게 같고 어떻게 다른가? 인간이 "하나님의 형상을 따라 하나님과 닮은 이미지로 창조되었다"라고 말하는 것은 무엇을 뜻하는가?

독서를 위한 제안

Roland Barthes, *Empire of Signs*, Translated by Richard Howard. New York: Hill & Wang, 1982. "기호"와 "의미" 사이의 관계에 대해 고찰하는 새로운 방식을 제공하는 현대의 고전.

Louis-Marie Chauvet, *Symbol and Sacrament: A Sacramental Reinterpretation of Christian Existence*, Translated by Patrick Madigan and Madeleine Beaumont. Collegeville, Minn.: Liturgical Press, 1995. 그리스도교 정체성이 어떻게 형성되는가, 그리고 그 과정에서 말씀, 성례전, 윤리의 역할이 얼마나 중요한가에 대해 연구한 어렵지만 중요한 연구서.

Walter Kasper, 박상래 역, 《예수 그리스도The God of Jesus Christ》, 분도출판사, 2000년, 원서 Translated by Matthew J. O'Connell. New York: Crossroad, 1984; paperback, 1994. 예수의 삶과 죽음, 그리고 부활에 나타나 있는 하나님의 인간되심을 강조한 그리스도론 분야의 도전적인 연구서.

의례의 규칙
하나님 나라를 리허설하기

앞의 두 장에서 우리는 의례의 뿌리와 위험성에 대해 고찰해보았다. 각각의 경우에서, 우리는 새로운 관점, 즉 포스트모더니즘의 관점, 아시아의 문화적 종교적 전통의 관점 등으로 의례를 "다시 그려보려는" 시도가 어떻게 그리스도교 의례와 그 의례의 상징들에 대한 이해를 풍요롭게 해주는지를 볼 수 있었다. 이번 장에서는 성서적인 자료, 즉 예수 자신의 생애와 사역에 보다 집중해보고자 한다. 예수의 생애와 사역은 유대교 의례의 실행과 "하나님의 나라를 위한 준비" 둘 다에 연결되어 있다. 이번 장에서는 다음과 같은 내용, 곧 예수께서는 의례를 거부하신 것이 아니라, 오히려 곧 다가올 하나님의 통치 또는 하나님 나라를 위한 연습, 즉 리허설로 재해석하신 것이라는 사실을 강조하려고 한다.

따라서 이번 장의 주요 목표는 예수께서 "영과 진리로 아버지께 예배를 드리는 자〈요한복음〉 4장 23절"가 되기 위해, 사회적으로는 당시의 갈릴리 문화 속으로, 종교적으로는 당시의 유대교 문화 속으로 어떻게 철저히 침잠해 들어가셨는지를 보여주는 것이다. 내가 독자들에게 그려 보이고 싶은 점은, 예수는 기도하는 분이셨을 뿐만 아니라, 비판적인 입장을 취하기는 했지만 당시 백성들의 예배 관행에 참여하셨던 분이라는 사실이다. 예수께서는 갈릴리 출신의 독실한 유대교 평신도로서 회당과 성전에서 예배함으로써, 그 평생에 역사적으로 명확하고 구체적이며 특별한 예배 참여자가 되셨다. 그렇게 함으로써 예수는 모든 이들이 찾고 있는 하나님께로 가는 길이란, 각 공동체들의 삶과 예전이 지니는 특수성을 통한 길이라는 사실을 보여주셨다. 바로 이 점이 내가 제1장 서문에서 교황 요한 바오로 2세의 다음과 같은 주장을 언급했던 이유다. "성령의 임재와 역사하심"은 그리스도교의 범위를 벗어나는 것이며, 그리하여 "개인뿐 아니라 사회, 역사, 민족, 문화, 그리고 다른 종교들"에게까지, 특히 그들의 기도와 예배의 삶에까지 미치는 것이다〈교회의 선교 사명〉 28항.

바로 이 점이 오늘날의 그리스도인들이 전 지구적 차원의 기도와 예배를 배워야만 하는 한 가지 이유다. 존 D. 윗블리엇John D. Witvliet이 말했듯이, 〈요한계시록〉 21장 24절에서 26절의 말씀에서 보여주는 하나님 나라의 완전하고도 최종적인 도래란, "민족들의 영광과 명예가 하나님의 거룩한 도성으로 들어올 때" 일어나는 전 지구적인 차원의 사건이다. "하나님의 현존을 직접 체험하는 온전한 예배의 장소인 이곳에서 각 민족들에게 문화적으로 독특한 은사들은 본향本鄕을 찾게 된다."[1] C. 마이클 혼C. Michael Hawn은 "성별, 직업 …… 세대, 사회 경제적 지위, 그리고 문화적 편향성의 차이"로부터 발생하는 다양한 관점들을 수용하고 격려하는 예전을 묘사하기 위해 "폴리리듬 예배polyrhythmic worship"라는 표현을 사용한다. 그러나 폴리리듬 예배를 배운다는 것은 새로운 레퍼토리를 배운다는 뜻만이 아니라, "타 문화에 노출된,

그러면서도 자의식이 있는" 참여 관찰자가 되는 것을 뜻한다. 그것은 또한 문화적으로 "지배하지 않기"를 배울 뿐만 아니라, 나아가 "미경험 분야에서 약자"가 되기를 배우는 것을 뜻한다.²

남아프리카의 해방 성가, 특히 넬슨 만델라가 속했던 호사족Xhosa 최초의 그리스도인이자 예언자였던 느치카나Ntsikana, 1760~1821가 만든 성가를 예로 들어보자.³ 느치카나는 〈위대한 찬송Great Hymn, Ahomna, homna〉이라는 작품으로 널리 알려져 있는데, 거기에는 다음과 같은 구절이 나온다.

당신께선 천국에 사시는 위대하신 하나님
……
당신께선 생명을 창조하셨고, 저 높은 곳에도,
……
빛을 발하며 저희에게 메시지를 전해주는 별을.
당신께선 또한 앞 못 보는 이도 창조하셨죠.
뜻하신 바가 있어 창조하신 것이 아니던가요?
……
당신께선 영혼을 좇으시는 사냥꾼.
당신께선 서로 반목하는 무리를 한데 모으시는 이.
당신께선 우리 모두를 감싸시는 커다란 담요.
당신의 손은 상처를 입으셨죠.
당신의 발도 상처를 입으셨죠.
당신의 피, 왜 흐르나요?
당신의 피, 우리를 위하여 쏟으셨죠.⁴

사냥꾼이시며 모으는 분이신 하나님, 커다란 담요이신 하나님! 인종 차별 정책을 직접 경험하지 못했던 북미 백인들은 느치카나의 〈위대한 찬송〉이 품고 있는 이미지와 그 신학을 이상하다고 여길 수 있으며, 심지어는 수상하게 여길 수도 있을 것이다. 그들은 아마도 이 찬송이 아프리카 언어로 그리스도교의 가르침을 적절하게 표현하고 있는 것인지를 의심할 수도 있다. 그러나 이런 반응은 아프리카 신학에 관한 것이라기보다는, 실상 다른 문화에 노출된 불편함에 관한 것이다. "아프리카 신학에서는 …… 이런 가사가 어디서 나왔는지를 추적하거나 어떻게 생겨났는지를 밝힐 필요가 없다. 그렇게 하는 것은 서구적 방식의 분석 과정일 뿐이다. 아프리카적 관점에서는 이 찬송의 가사를 하나님이 그의 선지자 한 사람을 통해 주시는 하나의 선물로 받아들인다."

노래와 의례 안에서 송축되는 하나님의 넓으신 자비는, 해당 문화 고유의 "특성과 자질〈전례 헌장〉 37항"이라는 좁은 문을 통해서만 도달할 수 있는 것이다. 남아프리카 진실과 화해 위원회의 한 회합에서 데즈먼드 투투Desmond Tutu, 1931~ 대주교는 남아프리카의 한 흑인 여성에 관한 이야기를 자세히 전한 적이 있다. 이 여성은 "누가 자신의 남편을 고문하고 죽였는지" 정확하게 알기를 원했다고 한다. 그 여성의 이런 말에 대해 투투 대주교는 그런 걸 알아서 무슨 좋은 일이 있겠는가라고 반문했다고 한다. 그런데 그 여성의 대답이 회의 참석자들을 깜짝 놀라게 했는데, 그 내용은 다음과 같았다. "나는 누가 이런 끔찍한 일을 저질렀는지 알아야만 합니다. 그래야만 그 사람을 용서할 수 있을 테니까요."

폴리리듬 예배란 "균질均質화된homogenized" 예배를 뜻하는 것이 아니고, 혹은 "트렌디" 하거나 "다문화적"이 되기 위해 다른 사람들의 예전 전통을 뒤져보는 그런 예배를 의미하지도 않는다. 예를 들어 "영과 진리로 아버지께 예배하라"는 예수의 명령은, 1세기 당시 갈릴리의 유대교 회당에서 실행했던 예전 방식 그대로 예배하라는 명령도 아니고, 헤롯 통치 시대의 제2 성전에서 실행했던 예전 방식 그대로 예배하라는 뜻도 아니다. 물론 그런 내용들에 대해서도 연구할 수 있고, 또 연구해야만 할 것이다. 또한 이 장에서도 그런 내용들을 언급하게 될 것이다. 그러나 이런 연구는 모방을 위한 것이 아니다. 오히려 이러한 연구는 문화적 차이와 다양한 사람들의 종교적 관습을 통해, 각 시대마다 하나님의 자비가 "날마다 새로우며", "땅끝에서 땅끝까지", 그리고 "세대에서 세대로" 확장되고 있다는 점을 배우려고 노력하는 것이다.

의례에 대한 예수의 응답

그리스도인들은 그들의 성례전에서 종종 "예수께서 하신 대로 하자"고 주장하는 경우가 많은 것이 사실이다. 그런데 문헌을 보면 종종 예수를, 성전의 예배나 회당의 의례를 무시하시거나 또는 논박하는 '반의례주의자antiritualist'로 묘사하는 경우가 있다. 그러나 최근 학계에서는 예수의 종교적 태도를 반의례주의자라고 결론짓는 것에 대해 거부한다. 오히려 그 반대로 유대교 남성인 예수의 배경, 즉 유대교 신앙과 삶에 있어 가장 단순한 "기본들"이 중시되던 북부 갈릴리의 시골이라는 배경으로 볼 때, 예수는 회당에 정규적으로 참석하는 일을 당연하게 여겼을 것이라고 생각할 이유가 충분하다.[5] 그렇다면 예루살렘 성전에 대한 예수의 태도는 어떻게 설명할 수 있을까? 네 복음서 가운데 세 복음서가, 예수는 "희생 제사"보다 "자비"를 더 좋아하셨고, 의로운 자들의 의례 준수보다 죄인을 향한 연민을 더 좋아하셨다는 사실을 밝히 전하고 있다〈마태복음〉 9장 9~13절, 〈마가복음〉 2장 14~17절, 〈누가복음〉 5장 27~32절을 보라. 더 나아가 네 복음서 모두 예수의 "성전 정화" 사건을 상술하고 있다〈마태복음〉 21장 12~13절, 〈마가복음〉 11장 15~19절, 〈누가복음〉 19장 45~46절, 〈요한복음〉 12장 14~16절. 최근까지도 주석학자들은 예수께서 "돈을 바꾸어주는 사람들의 상과 비둘기 파는 사람들의 의자"를 둘러엎으신 것〈마가복음〉 11장 15절은, 성전의 영내에서 장사하는 것이 하나님을 예배하는 장소를 더럽히는 행위이며, 그래서 성전의 종교적 기능을 훼손하는 것이라고 여겼기 때문이라고 해석했다.[6] 그래서 예수의 행동은 전통적으로 성전의 의례나 예배의 순수성을 회복하신 행위라고 해석되어 왔다.

그러나 최근 20년 동안 성서학자들은 예수가 유대인이라는 사실을 충분히 고려하고, 또한 "성전 정화" 사건을 실제 1세기 당시의 유대교 관행이라는 콘텍스트 안에서 해석하기 위해 노력해왔다.[7] 이러한 학문적 노력의 한 결과가 로마 가톨릭의 탁월한 성서학자인 존 P. 마이어John P. Meier, 1942- 의 저작 속에서 발견된다. 마이어는 다음과 같이 주장하고 있다. 성전과 《토라》는 예수 시대 팔레스타인 지방의 유대교에 있어 핵심적인 종교적 상징이었을 뿐만 아니라, 동시에 지배 권력을 쟁취하기 위한 두 개의 커다란 전쟁터였고, 또한 후에 분단의 주요 원인이 되어버린, 그러나 본래는 연합의 상징이었다. "사해 사본"이 발견된 쿰란 공동체의 구성원들이 성전 체제에 반대해 그로부터 탈출했었다는 사실은 잘 알려져 있다. 이 점에 대해 마이어는 이렇게 지적한다. "쿰란 공동체가 궁극적으로 반대했던 것은 자신들이 성전을 장악하지 못했던 점과 성전이 그들의 규칙대로 운영되지 않았던 점이었다." 쿰란 공동체 구성원들은 성전에 대해 애증의 양가감정을 품고 있었다. 그래서 한편으로는 성전의 사제직과 예전이 그들 신학의 핵심이었던 반면, 다른 한편으로는 그들의 관점에서 볼 때 성전 예배가 그 수행 면에서 더럽혀졌기

에 부정한 것으로 여겨졌던 것이다.[8]

　비록 예수가 쿰란 공동체 사람들과 마찬가지로 1세기 팔레스타인 지방의 명백한 "종교 갱신 운동"을 대표했다 하더라도, 성전에 관한 예수 자신의 태도는 복잡한 것이었고, 그래서 그것을 재구성해보기란 쉽지 않다. 우선 예수 운동은 세례 요한과 연관된 예언자 운동으로부터 비롯되었다고 볼 수 있다. 예수의 사역에 가장 심대한 영향을 주었던 것이 요한이었으며, 예수 자신도 결코 요한, 또는 그의 가르침으로부터 완전히 결별한 적이 없었다고 볼 수 있다.[9] 세례 요한이 자신의 예언적 사역에서 가장 강조했던 점은, 하나님의 곧 닥쳐올 무시무시한 심판으로서, 죄 많은 이스라엘이 이 심판을 피할 수 있는 유일한 길은 회개뿐이라는 것이었다. 반면 세례 요한이 의례에 있어서 강조했던 점은, 곧 오실 더욱 위대하신 예언자, 더 강하신 분이 베푸실 성령의 세례를 가리키는 세례였다. 요컨대 요한은 세례란, "수세자의 회개와 새로운 삶에 대한 서원"을 행하도록 규정하는 것이라고 믿었고, 또한 "마지막 날에 더 강하신 분이 회개하는 죄인들 위에 물처럼 성령을 쏟아부어주실 때, 그 죄가 사함 받는다는 사실을 선포하고 기대하며 확증하는 것"이라고 믿었다.

　〈누가복음〉은 요한의 가족이 성전과 밀접한 관계에 있었다고 전한다. 또한 〈누가복음〉은 성전의 제사장이었던 요한의 아버지 스가랴가 세례 요한의 출생을 즉각적으로 예고해야 하는 사명을 받았다고 묘사하고 있다〈누가복음〉 1장 5~25절. 그러나 세례자 요한 자신의 성전과의 관계나 그의 사제직, 그리고 그에 따른 예식 등에 대해서는 《성서》에 기록된 내용이 없다. 누가는 요한이 출생한 이후에 살았던 삶에 대해 이렇게 전하고 있다. "아이가 자라며 심령이 강하여지며 이스라엘에게 나타나는 날까지 빈 들에 있으니라〈누가복음〉 1장 80절." 이와는 대조적으로 예수와 성전의 관계에 대해서는 〈요한복음〉에 두드러지게 나타나 있다. 특히 예수와 성전의 관계는, 예수의 공생애 말기 예루살렘에서의 마지막 사역에 관한 공관 복음서의 기록에 잘 나타나 있다. 또한, 〈누가복음〉 2장 41절에서 52절까지의 본문에는 10대 초반의 예수가 성전에서 선생들과 듣기도 하고 묻기도 했던 모습과, 그동안 예수의 부모는 애타게 예수를 찾았던 이야기를 상세히 전하고 있다. 존 P. 마이어가 지적하듯, 우리가 지금 알고 있는 것과 같은 이러한 장면들에 대한 상세한 묘사는 신뢰할 만한 역사적인 기록이기보다는, 후대 그리스도교 신학의 결과임이 거의 확실하다.[10] 그러나 복음서의 전통은 "예수께서 성전에 나타나신 일이나 혹은 성전의 활동에 참여하신 일에 아무런 문제가 없다"고 보았고, 나아가 "그런 일이 역사적인 사실이 아니라고 주장할 만한 그 어떤 근거도 알려진 바가 없다"고 말해준다. 따라서 마이어의 다음과 같은 결론은 합당하다.

> 모든 복음서가 보도하는 대로 예수께서 성전에 올라가시고 또한 성전에서 가르치셨다는 사실과, 공관 복음서가 전하는 대로 예수께서 성전에 가셔서 성전의 의례에 따라 양을 희생 제물로 바치는 유월절 제사에 참여하셨다는 사실은, 설명이나 이론의 여지가 없는 명백한 자료로 당연하게 여겨지고 있다. 이 점에 있어서 예수는 당시 통치권을 장악하고 있던 대제사장에 대한 그들의 생각과는 상관없이, 성전을 하나님이 선택하신 합법적인 희생 제사를 드릴 수 있는 거룩한 장소로 여기던 팔레스타인 유대인들의 "주류"에 속해 있었다.

따라서 〈요한복음〉 18장 20절에 기록되어 있는, 즉 "예수께서 대답하시되 내가 드러내놓고 세상에 말하였노라. 모든 유대인들이 모이는 회당과 성전에서 항상 가르쳤고 은밀하게는 아무것도 말하지 아니하였거늘"이라는 예수의 사역을 요약한 예수 자신의 말씀은 예수께서 당시의 의례 제도 및 성전을 수용하셨다는 사실을 확인해주는 것이라고 할 수 있다.[11] 그러므로 예수를, 성전과 회당을 멀리하고, 예배 절기들을 거부하며, 혹은 당시 1세기의 팔레스타인 유대인들 사이에 유지되고 있던 예배 관행의 정당성을 부인하던 반의례주의자라고 믿을 만한 이유와 근거는 없다. 마이어가 말하듯이, "쿰란 공동체 사람들과는 달리, 역사적 예수는 …… 정기적으로 성전으로 올라가셨고, 성전의 축제에 참여하셨으며, 나아가 그 성전을 수많은 유대인 동포들을 가르치는 엄숙한 공회당으로 사용하셨다". 이 점에서 예수는 그의 어린 시절부터 친숙했던 예배 양식을 성인이 되신 후에도 계속 유지했을 것이라고 여겨지며, 폴라 프레드릭슨 Paula Fredriksen, 1951~은 바로 이 의례적 패턴 ritual pattern을 자신의 저서인 《나사렛 예수, 유대인의 왕 Jesus of Nazareth, King of the Jews》에서 풍성한 상상력을 동원해 다음과 같이 재구성하고 있다.[12]

쿰란 공동체 사람들에게는 명백했고, 예수의 "성전 정화" 사건에서도 암시되어 있듯이, 성전은 그 한계와 실패를 안고 있기는 했지만, '순례, 기도, 가르침, 희생 제사를 드리는 곳으로서의 성전'은 예수의 관점에서 볼 때 "모든 유대인들이 하나님을 예배해야 하는 최고의 장소로서 하나님이 뜻하신" 완전히 합법적인 제도였다. 이러한 사실은 우리가 마이어의 다음과 같은 주장, 곧 "예수는 이스라엘이 그 모든 영광을 회복하기를 갈망하며, 갈릴리 지역에서 유대인의 민족적 종교적 정체성을 재인식하려고 애를 써왔던" 집단적 분위기를 공유해온 가족을 자신의 배경으로 가진, 갈릴리의 시골에서부터 온 갈릴리 출신의 "주변부 유대인"이라는 주장을 그대로 수용한다 해도 변함이 없다. 당시 갈릴리 지역에 살던 이러한 가족들은, 마이어가 주장하듯이 매우 헬라화된 문화적 콘텍스트 안에서 살면서도, "모세의 율법"에 상세하게 기록되어 있는 대로의 전통적인 유대교의 "기본들"로 되돌아가려는 복잡하지 않은 경건으로 고취되어 있었다. 그들이 지키려고 했던 유대교의 기본은 "할례, 안식일 준수, 정결 음식 규정 준수, 그들의 신앙생활 주기의 최고 정점이었던 주요 절기들 동안 희생 제사를 드리기 위한 예루살렘 성전으로의 순례" 등이었다.

예수가 예루살렘 성전을 "현존하는 질서"의 일부로서 받아들였다는 사실은 명백해 보이지만, 동시에 예수는 그날이 얼마 남지 않았음을, 또한 성전은 "이 시대와 함께 사라질 운명이며 그래서 이 시대에만 속한 것"임을 믿었던 것처럼 보인다. 요컨대 예수께서는 구원의 새로운 시대, 그리고 하나님의 이끄심과 그에 따른 인간들의 순종을 통해 나타날 미래를 기대하셨던 것으로 보인다. 예수의 관점에서 성전이 개혁되든 회복되든, 혹은 파괴되든, 이스라엘인들의 종교 생활에서 계속해 어떤 역할을 담당하게 될지는 확실치 않았다. 그러나 예수에게 있어서 성전의 예전은, 그 자체로 치명적인 결함을 안고 있거나 적절치 못한 것은 아니었다. 하지만 성전에서의 예전은 임시적인 것, 즉 곧 다른 것으로 대체될 운명의 것이었다. 다만 그 "다른 것", 곧 예전의 새로운 패턴, 혹은 새롭고 향상된 지상의 성소가 무엇을 가리키는지는 확실히 알 수 없었다. 다만 〈히브리서〉의 저자와 같은 시대의 그리스도인들은 예수가 자신의 피로써 들어가신 "하늘의 성소heavenly sanctuary"가 예루살렘의 성전과 그 사제직과 그 의례들을 명백하게 대신할 것이라고 믿었다〈히브리서〉 5장~10장.

예수, 유대교 평신도

예수가 당시 주요한 종교 제도, 《토라》와 성전에 반대해 사회적 프로그램을 촉진하는 데 주안점을 둔 공격적인 반의례주의자라는 관점을 지지할 만한 그 어떤 기록도 《성서》에서 발견할 수는 없다. 그러나 예수가 당시의 종교적 관행에 대해 무비판적이었다고 결론 내리는 것은 잘못이다. 또한, 예수가 의례 또는 예전의 문제들에 관해서 아무런 견해가 없었다고 상정하는 것 역시 오류다. 현재까지 제3권이 발표된 마이어의 방대한 역사적 연구서의 제목이 시사해주듯이, 예수는 "주변부 유대인"이었다. 예수께서는 비교적 평온한 농촌 지역에 거주하는 경건한 가정 출신이었고, 평균적인 생활 수준의 유지를 가능하게 해주는 존경받는 목수 직업을 가지고 있었으며, 또한 유대인의 삶과 신앙의 "기본들"과 좋은 관계를 맺고 있었다. 이러한 이유로 예수는 작은 마을의 평온함과 무명의 나사렛 마을에서 평생을 살기로 쉽게 선택할 수도 있었을 것이다. 그러나 예수는 그렇게 하지 않으셨다. 그 대신 예수는 주류 유대인들의 사회적인 삶으로부터 스스로 자신을 주변화시켰고, 현재까지 우리가 아는 바로는 결혼하지 않았으며, 마침내 곧 다가올 하나님의 나라를 선포하는 '떠돌이 독신자 평신도'로서의 공생애의 여정을 시작하셨다. 그러나 이는 예수 자신을 더욱 더 주변화시키는 선택이었다.

주변부 유대인 평신도로서의 예수의 생애라는 이러한 관점이야말로 이 책의 주제와 관련해 특별한 의미를 시사해준다. 예수가 자신이 속했던 종교 공동체의 의례와 맺었던 관계는 제사장 혹은 성직자로서의 관계가 아니었고, 어떤 종류이든 "예전적 전문가"로서의 관계도 아니었다. 그것은 단지 평신도로서 맺은 관계였다. 이러한 관계 맺음 역시 예수 자신의 주변화에 상당한 영향을 끼친 요인이었다. 즉, 평신도라는 사실이 예수로 하여금 조상으로부터 물려받은 많은 재산을 소유한 특권층 귀족, 특히 예루살렘의 사두개파 귀족들과 거리를 두게 했다. 그런데 이런 귀족들은 당시의 성전, 성전에서의 예전, 사제직, 성전 관련 직업 및 그 시장, 성전의 수입, 성전의 이데올로기, 그리고 성전과 대중의 관계 업무 등을 장악하고 있었다. 예수께서 자신의 선택에 의해 "권력 엘리트"에 속하지 않았고, "예전 엘리트"에는 더더욱 속하지 않았기 때문에, 당대 유대인들에게는 지나치게 참을 수 없을 정도로 평범한 인물로 각인되었을 것이다. 그분은 아무것도 아닌 곳에서 온 아무것도 아닌 존재였고, 기껏해야 약간의 명성을 얻는 존재였으며, 지엽적인 현상만을 일으키는 존재였다. 다시 말해 특별한 관심을 끌만한 존재도 아니었고, 따라서 분명코 중요하지 않은 존재였다. 그의 사역은 헬레니즘과 로마 세계의 주류 문화 엘리트들에 의해서 크게 무시당했다. 요세푸스Flavius Josephus, 37~100 같은 유대 역사학자들이나, 또는 타키투스Cornelius Tacitus, 56~120와 같은 로마 역사학자들은 예수를 무시하는 쪽의 입장을 선호했다. 제1세기에 팔레스타인을 정복했던 로마인들에게 예수의 고문, 재판, 그리고 처형은, 그 어떤 노예나 반역자들에게도 적용되었던, 좀 섬뜩하지만 그러나 합법적인 죽음이었다. 그러나 예수의 열광적인 추종자들에게 나무 십자가에서 죽임을 당한 예수의 운명은 하나님의 저주를 받았다는 명백한 징표였다. 왜냐하면, 《토라》에 따르면 나무에 매달린 자는 누구나 저주를 받은 것이었기 때문이다〈신명기〉 21장 23절. 그러나 예수의 주변화는 여기서 멈추지 않았다. 이에 대해 마이어는 다음과 같이 쓰고 있다.

예수를 주변화시킨 자들은 역사학자와 정치가들만이 아니었다. 어느 정도는 예수 자신이 먼저 스스로를 주변화시켰다. 대략 나이 30세쯤까지 예수는 남부 갈릴리의 어느 평범한 언덕 마을에서 경제적으로나 사회적으로나 그럭저럭 삶을 유지할 수 있는 평범한 목수였다. 그러나 그 이유가 무엇이었는지 확실치 않으나 예수는 생업과 고향을 버리고, 예언자적 사역을 감당하기 위해 "직업 없는" 떠돌이가 되었다. 그가 회당에서 가르치기 위해 고향으로 돌아왔을 때 불신과 거부를 당했던 것도 그러므로 놀라운 일은 아니다. 우리가 사는 지금의 사회보다 훨씬 더 타인들의 평가에 의해 한 사람의 명예 혹은 수치가 결정되던 그런 사회 안에서, 예수는 한때 누렸던 "명예" 대신에 "수치"를 당하게 되셨다. 팔레스타인에서 거주하며 직업을 가지고 살아가는 평범한 유대인들의 관점에서 볼 때, 예수는 많은 면에서 여전히 팔레스타인의 한 유대인이면서도, 추종자들의 호의와 지지, 그리고 경제적 지원에 기본적으로 의지하며 살아가는 주변부의 삶을 의도적으로 선택하신 셈이다.

직업도 없고 집도 없는 방랑자, 이렇다 할 생계 수단도 없는 성인 남자, 현재도 실업 상태이지만 앞으로도 직업을 구할 가능성이 없어 보이는 초대받지 못한 식객, 낯선 이들의 호의에 의지하며 살아가는 나그네, 이런 것들은 그리 보기 좋은 모습은 아니다. 더욱 보기 좋지 않은 모습은 예수가 의도적으로 그리고 자발적으로 결혼, 부모, 그리고 가족이라는 제도 밖에서 살아가는 삶을 선택했다는 점이다. 〈마태복음〉 19장 12절에 기록된 충격적인 말씀은, 어쩌면 예수 자신이 스스로 선택한 삶을 묘사했던 것일지도 모르겠다. "어머니의 태로부터 된 고자도 있고 사람이 만든 고자도 있고 천국을 위해 스스로 된 고자도 있도다." 예수께서는 가족의 가치를 대변하는 모범적인 아들이 되는 것과는 거리가 먼, 대단히 불규칙하고 의심스러운 삶, 곧 존경받을 만한 사회에서 거리가 먼 주변부의 삶을 선택하셨다. 예수가 영향을 받았던 세례 요한은 자신의 종교 서클에서 중심적인 인물이었음에도 불구하고, 오히려 예수는 요한이 금욕 프로그램의 두드러진 특징들, 곧 금식, 절주, 광야에서의 힘겨운 삶과는 명백하게 거리를 두셨다. 예수께서는 자신의 가족적 배경에 대해서는 절망감을 표현하면서, 사람들을 가족으로 묶어주는 요인이란 혈연이나 혈통이나 결혼 서약이나 자녀들이 아니라 함께 공유할 수 있는 영적 비전이라고 말씀하셨다.

더욱 충격적인 사실은 예수께서 상당수의 가부장적 특권들을 일관되게 부인했다는 점이다. 예를 들어, 유대인 남성들은 자신의 아내에게 이혼을 주장할 권리가 있었다. 그 경우 남성은 재혼할 수 있었지만 여성들은 그렇지 못했다. 그런 상황에서 예수는 아내들이 남편들에 의해서 남편들의 임의대로 이혼당하지 못하도록 보호하려고 애를 씀으로써, "결혼에 있어서의 여성의 역할에 대해 근본적으로 재규정한" 것처럼 보인다.[13] 예수 당시의 세상에서 이 일은 매우 중대한 문제였다. 여성들은 진실로 보호가 필요했는데, 왜냐하면 당시 유대 문화 속에서 여성들에게 이혼이란 경제적인 파탄을 의미했기 때문이다. 그래서 이혼당한 여성들은 종종 성매매에 내몰리거나, 혹은 혼인 외적 관계를 맺음으로써만 생계를 이어갈 수밖에 없는 경우가 많았기 때문이다. 남성들이 자신의 임의대로 이혼을 주장할 수 있는 상황을 금지시키지 않았던 《토라》에 대해 논박하면서, 예수는 결혼 계약에 있어서 남성들만이 가지고 있던 특별 대우나 특권을 부인했고 또한 공박했다. 이렇게 함에 있어서 예수는 물론 어느 유대교 교사에게나 주어졌던, 《토라》를 해석할 수 있는 권리를 주장했다. 그러나 이러한 주장은 곧 위험스럽고도 치명적일 수 있는 모험을 감행한 것이기도 했다. 마이어가 지적했듯이, 평신도 유대교 교사로서의 예수의 지위는 그의 적대자들에 의해서 조롱당할 것이 확실시되었기 때문이다. 예수는 당시 사회의 주변부에 위치한 보잘것없는 존재일 뿐이었다. 그러한 그의 취약성은 갈릴리의 가난한 시골 출신이었고, 율법 학교에 다닌 적도 없었으며, 또한 저명한 교사의 재능 있는 제자였던 적도 없었다는 사실로 인해 더욱 더 심해졌다. 다시 말하면, 예수에게는 그 어떤 자격증도 없었다. 그럼에도 그는 당시 많은 유대인들이 인정히고 있던 종교적인 규칙들에 대해 감히 의문을 던졌고 또한 도전을 했던 것이었다. 더욱이 예수는 절대적인 권위를 가지고 자신의 가르침을 선포하였지만, 적대자들의 관점에서 볼 때 그 권위라는 것은 전혀 근거가 없는 것이었다.

그러나 예수에게 있어 가장 큰 스캔들은, 분명한 이유 없이 독신으로 사는 삶을 선택했고, 또한 끝까지 독신으로 살았던 평신도라는 사실 그 자체였다. "예수는 유대인 평신도로 태어나서, 유대인 평신도로 사역했으며, 그리고 유대인 평신도로 죽었다." 이것이 그의 생애에 대한 기록이다. 마이어는 쓰기를, "예수는 이스라엘 역사의 한 시기에 '평신도'의 범주에 속하셨다. 당시는 예루살렘에서건 쿰란 공동체에서건 평신도가 아닌 사제가 권력을 장악하고 있던 때였다. 남부 갈릴리 시골의 이름 없는 마을 출신의 평신도라는 사실만으로도 예수는 이미 종교적 권력을 장악한 이들에겐 의심스러운 존재였다". 한편에서 보면 주변인으로서의 예수의 지위는, 예수의 얽매일 것 없는 자유로운 삶을 가능케 했다. 다시 말해, 예수는 그 어떤 권력에도 빚진 바 없었고, 또한 직업을 위해 그 누구에게도 의존할 필요가 없으셨다. 다른 한편에서 보면, 예수라는 존재는 어쩌면 당시 사람들에게는, 자격증도 없고 따라서 신뢰할 수도 없는 위험한 사람 혹은 예측 불허의 인물로 여겨질 수 있었다. 마이어는 주변인으로서의 예수의 지위에 대해 다음과 같이 압축해 설명하고 있다.

예수는 예루살렘의 귀족들과 갈등 관계에 있는 하찮은 갈릴리인이었다. …… 또한 부유한 도시 사람들과 갈등 관계에 있던 가난한 농부였다. 또한 당시 종교의 핵심적인 제도와 그 원만한 운영을 유지하는 일에 많은 관심을 기울이고 있던 제사장들과도 갈등 관계에 있던 '카리스마 있는 기적 행위자'였다. 또한, 현 체제를 유지하는 일에 가장 큰 관심을 두고 있던 사두개파 정치인들과도 갈등 관계에 있던, 하나님 나라의 도래를 약속하는 종말론적 예언자였다. 그러나 이 모든 갈등의 기저에는 또 다른 갈등이 놓여 있었다. 그 갈등은 예수라는 존재 자체가 깊이 뿌리 내리고 있던 당시 제사장 집단의 권력을 위협하는 듯 보이는, 종교적으로 헌신하는 한 사람의 평신도였다는 사실에 기인한다. 바로 이 점이 예수의 다른 배경들과 함께, 예루살렘에서의 최후의 충돌과 대립의 원인을 제공했다. 예수가 평신도였다는 사실은 그저 단순한 하나의 자료가 아니다. 그것은 극적인 예수 사건의 전개와 대단원에 있어 중요한 역할을 감당한 요인이었다.

예수의 기도: 하나님의 이름을 거룩하게 하다

우리가 예전이나 의례에 관한 예수의 태도나, 기도에 관한 예수의 가르침에 대해 말할 때면, 반드시 예수가 주변화된 평신도의 지위를 가지고 살았다는 사실을 고려해야 한다. 예수의 가장 유명한 기도인 "하늘에 계신 우리 아버지" 혹은 〈주기도문〉에 대해 말할 때도 이 점을 고려해야 한다. 예수의 기도는 본래 예전이나 의례를 위한 것은 아니었지만, 오늘날 우리가 복음서에서 발견하는 형태로의 예수의 기도〈마태복음〉 6장 9~13절, 〈누가복음〉 11장 2~4절는 그리스도교의 예전적 전통에 의해서 형성된 것임이 틀림이 없다.[14] 그러나 동시에 우리가 너무나 사랑하는 이 기도문 안에서 역사적인 예수 자신의 기도 생활에 대해서도 무엇인가를 알아낼 수 있다고 믿을 만한 충분한 이유는 있다.[15]

그리스도교 예전에서 〈주기도문〉을 사용한 것은 오랜 역사를 가지고 있다.[16] 여기서 나는 앞 장에서 탐구했던 주제, 즉 공적 예배가 갖는 위험성 혹은 의례 자체의 위험성에 대해 예수가 어떤 태도를 취하셨는지에 대해서, 〈주기도문〉이 무엇을 말해주는지를 살펴보고자 한다. 우선 〈주기도문〉의 첫 번째 청원, 곧 "이름이 거룩히 여김을 받으시오며"에 대해 생각해보자. 하나님의 이름을 "거룩하게 한다"는 주제는 《성서》에서는 많이 무시되고 있는, 그러나 유대교 문헌과 그 예전에 뿌리를 둔 주제다.[17] 이 점에 대해 헬 타우시그Hal Taussig는 다음과 같이 말한다. "예수에게 있어서 '이름이 거룩히 여김을 받으옵소서'라고 기도하지 않는 것은 불가능했을 것이다. 〈주기도문〉에 나오는 이 구절은 갈릴리 지방에 사는 거의 모든 유대인들이 규칙적으로 드리던 수많은 전통적인 기도문들에 포함되어 있기 때문이다."[18] 나아가 하나님의 이름을 거룩하게 하는 일은, 우리와 하나님 모두가 수행하는 행위다. 인간의 편에서 보면, 하나님의 이름을 거룩하게 하는 일은 "하나님의 말씀을 믿고, 그분의 약속을 신뢰하며, 하나님의 위대하심에 경외심을 품고 서서, 예배 안에서 그분을 경배하고, 그리고 예배와 일상생활 모두에서 그분의 가르침을 따르는 것"이다.[19] 그러나 보다 근본적으로 말하자면, 그분의 이름을 거룩하게 하는 일은 하나님께서 "그분의 권능과 영광과 거룩함을 나타내심에 의해" 행하시는 그 어떤 일, 곧 구원이나 심판 둘 중의 하나를 초래하는 하나님의 현현이라는 찬란한 빛 가운데서 "그분의 '초월성', 그분의 '타자성', 그분의 '하나님 되심'을 드러내는 일이다."[20] 여기서 우리는 다시 한 번 제2장에서 토론했던 주제와 만나게 된다. 그 주제는 타자성, 곧 궁극적인 "타자"를 만나려고 할 때 의례가 감행해야 하는 위험성이다. 이때 타자Other로서의 하나님은 우리가 자비와 정의를 베풀어야 하는 타자들others 안에서만 만날 수 있는 분이시다. 이름들 너머에 계시는 하나님, 즉 "이름으로 부를 수 없는 이름"이신 하나님은 나그네, 굶주린 이, 목마른 이, 헐벗은 이, 그리고 감옥에 갇힌 이들의 눈 속에서만 보이는 분이시며, 가난한 이들의 외침 속에서만 들리는 분이시기 때문이다〈마태복음〉 25장 31~46절.

하나님의 이름을 거룩하게 하는 일은, 그것을 우리의 예전적 행위로 보든 혹은 하나님의 구원의 행위로 보든, 세상에서 정의를 실현하는 일과 분리될 수 없다. 히브리《성서》에서 하나님 자신의 이름을 거룩하게 하심은 바벨론 포로 시기와 바벨론 포로 이후 시기에 이루어졌던 예언 활동에 현저하게 나타났던 주제였다. 에스겔은 "흩어졌던 이스라엘 백성들을 이방 민족들 가운데서 데리고 나아와, 저들의 고국으로 데리고 들어가기 위해"[21] 하나님께서 종말론적으로, 즉 완전하게 최종적으로 그리고 결정적으로 역사하실 것이라고 선포했다. 그러나 "이렇게 하심은 이스라엘을 생각해서가 아니라, 하나님의 더럽혀진 이름을 다시 거룩하게 하려 하심"이다. 이렇게 하나님이 자신의 이름을 거룩하게 하실 때 새로운 사람, 즉 정결케 되고, 다시 하나가 되며, 새로운 마음과 새로운 영을 받은 새로운 사람〈에스겔〉 36장 25~26절이 나타날 것이다. 이때 이스라엘의 황폐해진 고국은 아름다운 정원처럼 다시 꽃이 필 것이다〈에스겔〉 36장 35절.

하나님이 자신의 이름을 거룩하게 하실 때 사람들도 변화된다. 그 변화는 너무나도 철저한 것이어서 새로운 창조에 다름이 아니다. "너희에게 새로운 마음을 주고 너희 속에 새로운 영을 넣어주며, 너희 몸에서 돌같이 굳은 마음을 없애고, 살갗처럼 부드러운 마음을 주며 …… 너희는 내 백성이 되고 나는 너희의 하나님이 될 것이다."〈에스겔〉 36장 26~27절 에스겔이 자신의 예언 속에서 히브리《성서》의 창조 이야기, 예를 들어 〈창세기〉 1장에서 2장의 창조 이야기를 색다르게 다시 그려본 것은 바로 이런 이유 때문일 것이다. 〈에스겔〉 28장 1절에서 17절에 기록되어 있는 "창조 시"는 독실한 유대교인뿐 아니라 이스라엘의 오랜 적대국 두로의 왕자인 이방인 통치자에게도 적용되는 것이었다. 에스겔은 하나님이 이 왕자를 향해 직접 말씀하신다고 상정하고 있다.

너는 정교하게 만든 도장이었다.
지혜가 충만하고 흠 잡을 데 없이 아름다운 도장이었다.
너는 옛날에 하나님의 동산 에덴에서 살았다.

너는 온갖 보석으로 네 몸을 치장하였다. ……

네가 창조되던 날에 이미

소고와 비파도 준비되어 있었다.

나는 그룹을 보내어 너를 지키게 하였다.

너는 하나님의 거룩한 산에 살면서

불타는 돌들 사이를 드나들었다.

너는 창조된 날부터, 모든 행실이 완전하였다.

그런데 마침내 네게서 죄악이 드러났다.

물건을 사고파는 일이 커지고 바빠지면서

너는 폭력과 사기를 서슴지 않았다.

그래서 내가 너를 더럽게 여겨

하나님의 거룩한 산에서 쫓아냈다.

너를 지키는 그룹이,

불타는 돌들 사이에서 추방시켰다.

너는 네 미모를 자랑하다가 마음이 교만하여졌고,

네 영화를 자랑하다가 지혜가 흐려졌다.

그래서 내가 너를 땅 바닥에 쓰러뜨렸다.

너는 죄를 많이 지었다.

에스겔의 시에는 〈창세기〉에 나오는 창조 이야기들 모두에서 발견되는 다양한 요소들이 포함되어 있지만, 그러나 그것들은 에스겔이 상상력을 가지고 다시 그려낸 것들이다. 그 한 예로 인간을 유혹해 죄를 짓게 했던 뱀의 존재는 간 곳이 없다. 즉 에스겔은 인간의 "타락"을 내부의 문제로 다시 그려내고 있는 것이다. 예언자 에스겔은 "완벽한 지혜와 아름다움"은 태초부터 우리의 것이었으나, 우리 인간의 폭력과 오만 때문에 그것들을 잃어버린 것이라고 지적해준다. 다시 말해, 타락의 문제는 풀밭 속의 뱀의 교활한 유혹에 의해서가 아니라, 우리 인간이 다른 사람을 대함에 있어서 하나님의 자비로우심으로 대하지 않아서 발생된 문제라는 것이다. 에스겔의 시는 상업 도시인 두로를 메타포로 사용해, 인간의 타락이란, 〈창세기〉에 나오는 원초적인 "순진무구함"으로부터의 타락이 아니라, 천부적인 선물이며 창조주 하나님이 손수 빚어주시는 선물인 지혜와 아름다움으로부터의 타락이라는 사실을 잘 그려 보여주고 있다. 두로라는 도시는 국제 무역과 운송업에서의 혁신을 통해 부유해졌고, 따라서 권력도 갖게 되었다. 그러나 그런 기업가적 판단력에도 불구하고 두로는 패망하게 되었는데, 그 이유는 지혜나 아름다움에 끌려서가 아니라 그 도시의 시민들이 부정직하고 교만하며 폭력적으로 변했기 때문이었다. "무역이 커지고 바빠지면서 너는 사기를 서슴지 않았고, 폭력과 죄로 가득 차게 되었다〈에스겔〉 28장 16, 18절."

〈에스겔〉 28장은 하나님의 이름이 더럽혀진 경우에 대한 예언의 말씀이다. 하나님이 자신의 이름을 거룩하게 하실 때의 결과는 사람들의 변화다〈에스겔〉 36장 23~28절. 그러나 하나님의 선물들, 즉 지혜와 아름다움이 자기 응시를 위한 거울이나 아니면 자아도취의 평계로 전락하게 될 때, 인간은 고통에 빠지게 된다. 〈에스겔〉 28장의 시에서 보듯 인간을 멸망하게 만드는 것은 선악과나 뱀이나 또는 하나님의 뜻을 잘못 이해한 데서 기인하는 것이 아니라, 과도한 탐욕과 자만에 기인한다. 탐욕, 부정직, 그리고 폭력은 우리로 하여금 타자들에게 정의나 자비심 없이 비인간적으로 행동하게 만들고, 바로 그것이 우리를 파멸케 한다. 그런 사람들의 아름다움이란, 관용과 자비, 그리고 정의를 낳는 것이 아니라, 구속을 낳는다. "너는 네 미모를 자랑하다가 마음이 교만하여졌고." 에스겔은 하나님이 이렇게 말씀하신다고 그려보고 있다. "네 영화를 자랑하다가 지혜가 흐려졌다. …… 너는 죄를 많이 짓고 부정직하게 무역을 함으로써 …… 그러므로 내가 네 한가운데 불을 질러 너를 삼키도록 하였으며 …… 네가 땅바닥의 재가 되도록 하였다. …… 네 모습을 보고 깜짝 놀랐다〈에스겔〉 28장 17~19절."

세례 요한의 설교 가운데서 참회와 회심의 내적 갱신과, 또한 인간들을 알곡과 쭉정이로 나누어 거두실 하나님의 종말이 곧 다가온다는 사실을 동시에 강조하는 점에서 에스겔 예언의 메아리를 듣게 된다. "그는 손에 키를 들었으니 자기의 타작마당을 깨끗이 하여 알곡은 곳간에 모아들이고, 쭉정이는 꺼지지 않는 불에 태우실 것이다〈마태복음〉 3장 12절." 따라서 〈주기도문〉의 첫 번째 청원, "이름이 거룩히 여김을 받으시오며"가 유대인들의 전통적인 예언 속에 그 뿌리를 두고 있음이 분명하다. 그러나 또한 이 청원은 성전과 회당의 의식들과도 연관이 있다. 〈주기도문〉에 이러한 청원이 들어있다는 사실이야말로 예수 자신이 그의 백성들이 드리던 공적인 예전 기도에 깊이 영향 받았다는 점을 보여주는 것이 아닐까?

학자들은 〈주기도문〉의 첫 번째 청원에 사용된 언어와 당시 회당 송영 〈카디시Qaddish, Kaddish〉의 본문에 사용된 언어 사이에 하나의 병행 단어를 탐구해왔는데, 그것은 "거룩"에 해당하는 아람어 단어다.[22] 〈카디시〉는 고대의 기도문으로 후에 "회당의 예전에 있어서 송영이 되었으며", 하나님의 이름을 거룩하게 하는 것에 초점을 맞추고 있다.[23] 이 기도문의 초기 판본의 내용은 다음과 같다.

> 하나님의 뜻에 따라 지으신 세상 속에서
> 그분의 이름이 높임을 받고 거룩하게 여김을 받게 될지어다.
> 하나님의 나라가 너희들의 생애 동안,

그리고 너희들의 날들 동안 세워질지어다.

또한 온 이스라엘의 생애 동안,

조속히, 가까운 시간에.²⁴

〈카디시〉는 "이름을 거룩하게 하기"와 "하나님의 나라를 세우기"를 명백하게 연관시키고 있는데, 이런 연관은 〈주기도문〉의 첫 번째 구절에서도 똑같이 나타난다.

그러나 예수께서 이 〈카디시〉를 잘 알면서 사용하셨다고 말하거나, 혹은 그 기도문을 통해 공적 예배나 의례를 이해했다고 확언하지는 못하게 만드는 문제들이 있다. 우선 〈카디시〉 기도문 자체는 고대의 것이지만, 우리에게 전해진 기도문은 예수가 돌아가신 후, 곧 기원후에 나타난 사료史料에 근거한 것이라는 문제가 있다.²⁵ 또한 이러한 시간 추정의 문제와는 별도로 〈카디시〉 기도문이 회당 예배, 혹은 유월절 예식에서 구체적으로 어떤 역할을 담당했는지에 관한 문제도 있다. 바루흐 그라우바트Baruch Graubard는 이렇게 쓰고 있다. "〈카디시〉의 본래 기능은 예전적인 것이기보다는 설교적이었던 것으로 보인다. 즉 설교자의 설교 담화에 회중들이 이 송영으로 응답했던 것으로 보인다." 바루흐 그라우바트는 계속해서 이렇게 지적한다. "〈카디시〉의 언어는 당시 보통 사람들의 언어인 히브리화된 아람어로서, 예전의 언어인 히브리어와 달랐다."²⁶ 따라서 우리는 〈카디시〉가 예수의 생애 동안 갈릴리의 회당에서 거행된 예전의 일부였다고 단언할 수는 없다.

〈카디시〉 기도문이 오랫동안 회당에서 사용되었다고 알려져 있긴 하지만, 실제로는 아마도 5세기 경 《탈무드》 기간이 끝날 무렵에서야 〈카디시〉 기도문이 회당 예배에 도입되었을 것으로 추정된다. 그러므로 〈카디시〉 기도문을 1세기 당시 '기도의 유대교적 규범'의 한 표본이라고 간주할 수는 없다.²⁷ 또한, 시간이 흐르면서 〈카디시〉 기도문이 점점 그 형태를 갖추어갔던 것 역시 예전적 실행의 결과이었다기보다는 신비적 사색의 결과이었을 가능성이 높다. 로런스 호프먼Lawrence Hoffman, 1942~은 〈카디시〉와, 그리고 이와 관련된 기도인 〈케두샤Qedushah〉는 모두, 하나님의 "영광의 보좌", 즉 메르카바merkavah에 관한 유대교 신비주의자들의 논의로부터 영향을 받았을 것이라고 지적하면서 다음과 같이 말하고 있다.

> 유대교 신비주의자들이 주장하는 예배의 목적은, 하나님을 경배하는 것 …… 그리고 천국으로 가는 길에 놓여 있는 장벽들을 통과해 영광 중에 계신 하나님을 만나기 위해 지상의 거처라는 족쇄로부터 탈출하는 것이다. …… 따라서 예배의 목적은 청원이 아니며, 심지어 신비주의 예전의 표징으로 여겨지던 감사의 기도도 아니다. 경배가 목적의 전부였다. 이사야가 보았던 환상에 나타났던 천사들이 그랬던 것처럼 예배자들의 유일한 목적은, 마지막 영광의 보좌를 향해 천국에 올라가면서, 하나님을 찬양하는 것이었다. 더욱이 가장 중요했던 것은 기도문의 내용 자체가 아니라, 기도문을 소리 내어 읽는 방식이었다. 힌두교의 〈만트라mantra〉, 이 기도문들은 예배자의 정신적 자세를, 인식론적 숙고의 단계로부터 정서적인 감성의 단계로 변화시키기 위한 수단일 뿐이었다.²⁸

호프만의 관점에서 보면, 신비주의, 특별히 메르카바가 유대교 예배의 진화에 영향을 주었다는 사실에는 의심의 여지가 없다. 그러나 예전에 대한 신비주의적 해석은 기원후에 나타난 것으로, 예수 시대로 소급할 수 없으며, 나아가 예수 자신이나 예수의 초기 제자들에까지는 더더욱 소급할 수 없다. 그렇다면 예수께서 "이름이 거룩히 여김을 받으시오며"라는 유명한 구절을 사용하신 것은 어떤 의미를 가질까? 실상 예수는 "피조물이 창조주를 경외하는 일이 합당하므로 하나님을 경배하고 그분의 이름을 거룩하게 하라"고 말씀하셨던 것인데, 그러나 이 첫 구절의 청원은 종종 도덕적인 충고나 실용적인 권고로 해석되곤 했다. 그러나 마이어가 지적하듯이 이러한 해석은 초점이 잘못된 것이다. 히브리 예언, 예를 들어 에스겔의 예언에 그 뿌리를 두고, 예수 시대까지 진화를 거듭해온, 특히 쿰란의 에세네파 공동체 안에서 그 주제, 곧 하나님의 이름을 거룩하게 하라는 주제는, 우리가 본 장의 앞부분에서 다루었던 하나님의 철저한 타자성이라는 주제와 만난다. 이 점에서 〈주기도문〉의 신학적 궤적은 더욱 분명해진다. 그것은 "하나님 중심인 동시에 종말론적인 것"이다. 그 내용은 다음과 같다.

하나님 한 분만이 그 모든 권능과 영광 가운데 온전하고 합당하게 자신을 드러내실 수 있다. …… 하나님 한 분만이 그분의 이름을 거룩하게 하실 수 있으며, 그래서 조속하게 그리 해주시기를 소망한다. 이 해석은 〈주기도문〉의 첫 번째와 두 번째 청원, 곧 "하나님 청원"들이 밀접하게 연관되어 있다는 사실로 인해 더욱 확실하게 뒷받침된다. 분명코 하나님 한 분만이 그분의 나라가 임하게 하실 수 있다. 곧 이 두 청원들 사이에서 보이는 매우 유사한 병행도, 그 이름을 거룩하게 하라는 청원과 마찬가지로, 이것이 사실임을 확증해준다.[29]

만약 〈주기도문〉이 공중 기도에 대한 예수의 생각과 실행이 어떠한 것인지를 보여주는 신뢰할 만한 지침이라면, 실제로 이렇게 믿을 만한 이유는 충분한데, 우리는 다음과 같이 말해야 한다. 즉 예수께서는 예배의 의례들을, "하나님으로 하여금 우리가 보는 방식대로 세상을 보게 하고, 우리가 원하는 것을 내어주도록" 조정하는 기술로서 이해하시거나, 혹은 진리에 대한 우리의 승리를 주장하는 기회들로 이해하신 것이 아니라, 철저한 "박탈

dispossession"의 행위로 이해하셨다고 말해야 한다. 예수의 백성들이 예전을 형성했던 그 기본적인 의례적 몸짓들은, 취하기taking보다는 수용하는receiving 행위들이었고, 소유하기possessing보다 버리는divesting 행위들이었다. "흠 없는 최고의 것"이나 "농산물과 가축의 첫 열매"를 하나님께 바치라는 성서적 명령〈출애굽기〉 12장, 〈신명기〉 26장은, 하나님의 백성은 그들이 하나님으로부터 받은 것만을 소유한다는 뜻이다. 이러한 예물 드림은 '박탈', 혹은 '포기'를 의례화한 상징적 행위다. 이러한 상징적 행위를 통해서 이스라엘은 창조주이시며 계약의 주이신 하나님이 약속하시고 베푸시는 선물로서만, 정확하게 선물로서만, 그 땅을 받는 것이다. 이스라엘의 정체성은 스스로 선택한 것이 아니다. 그것은 스스로 만들어낸 것도 아니고, 또한 스스로 부여한 것도 아니며, 하나님이 주신 것이다. 박탈의 의례적 행위, 즉 농산물과 가축 중에서 최고의 것을 하나님께 드리는 행위는, 따라서 이중의 의미를 갖는다. 그중 하나는 이스라엘의 정체성을, 보잘 것 없는 족속을 이집트의 속박으로부터 해방시켜 주신 하나님의 자비로운, 기대하지 않았던 역사에 뿌리를 두게 한다는 것이다. 다른 하나는 하나님의 선민으로서의 이스라엘의 정체성이란, 가장 좋은 것을 내어주는 것을 통해서만 유지된다는 것이다. 다시 말해, 땅에서 나는 가장 좋은 소출 및 가축 중에서 가장 좋은 것을 자신에게서 박탈해, 가진 것이 없는 사람들, 특히 "이방인, 고아, 그리고 과부들"과 나눌 때에만 선민으로서의 정체성이 유지된다는 것이다〈신명기〉 24장 6~22장.

종교 공동체의 예전이 "이웃의 예전"에 의해서만 검증받을 수 있다는 생각은, 따라서 이스라엘 예전의 역사에 있어 그 가장 초기로까지 거슬러 올라간다. 박탈의 의례적 행위, 취하기보다는 수용하는 의례적 행위, 그리고 사회적으로 가장 취약한 사람들인 "이방인, 고아, 그리고 과부들"과 풍족하게 나누는 의례적 행위는, 하나님의 선민으로서의 이스라엘의 정체성과 하나님으로부터 받은 그들의 땅을 유지하게 해주고 또한 강화시켜주는 기본적인 "상징들boundary symbols"이 되었다. 그래서 이스라엘 백성들에게 의례란 단순한 "수단"이 아니었다. 오히려 의례란, 이스라엘 백성들이 그들에게 정체성과 기억, 그리고 선교적 사명을 부여해주는 타자를 만나게 함으로써, 이스라엘로 존재할 수 있게 해주는 것이었다.

〈주기도문〉에 나오는 "이름이 거룩히 여김을 받으시오며"라는 청원은 이토록 풍부한 의례의 역사를 잘 요약해주는 것이다. 앞에서 말했듯이 만일 예수가 주변부 갈릴리 사람으로서 의례에 관한 규정을 포함한《토라》의 "기본들"을 강조하는 유대교적 경건을 품은 채 성장했고, 또한 유대인의 정체성을 강화해주는 "상징들"을 지키며 자라났다면, 우리는 다음과 같은 결론에 도달할 수밖에 없다.[30] 즉 예수는 의례의 중요성을 "의미"의 보존에 두지 않고, '만남'과 '만들기'의 기회라고 확증하셨다는 결론이다. 의례 안에서 이스라엘은 자율self-autonomy이라는 허구와 스스로 자신을 창조할 수 있다는 허식을 버리게 된다. 그리하여 땅과 그 소출 모두가 하나님 한 분께만 속한다는 사실을 인정하게 된다. 이스라엘은 들에서 난 가장 좋은 농산물과 가축 중에서 가장 좋은 것들을 타자들, 즉 이방인, 고아, 과부 등을 위해 타자에게 바침으로써 자신의 정체성이 타자로부터 부여받은 것임을, 그리고 이스라엘이 "빌려서" 사용하고 있는 땅의 주인이신 하나님으로부터 부여받은 것임을 또한 인정하게 된다. 이런 의식들에 대해 루이마리 쇼베는 다음과 같이 말하고 있다.

이러한 의식들은 이스라엘로 하여금 내면 깊은 곳으로부터 자신의 정체성을 깨닫도록 일깨워준다. 땅을 소유한 후에도 이스라엘은 대代를 이어 야훼의 은혜로우신 손으로부터 그 땅을 계속 부여받아야만 이스라엘로 살아갈 수 있다. ……

첫 열매를 바치는 것은 대상과 기호, 무소유와 소유, 성취와 기대, 하늘과 땅, 하나님의 은혜와 인간의 노동이 상호 교차하는 한 형태figure다. 또한 그것은 이스라엘이 자신의 정체성에 충실하게 살아야만 하는 역사의 형태다.[31]

의례의 기억

내가 보기에, 〈주기도문〉을 여는 첫 번째 청원 바로 뒤에 있는 것은 과거의 의례, 즉 "역사 이전the prehistory"의 의례다. 예수는 이스라엘이 과거만을 가지고 있다고 믿지 않으셨다. 예수는 이스라엘이 미래도 가지고 있다고 생각하셨으며, 더 좋게는 하나님이 이스라엘을 위한 미래를 가지고 계시다고 믿으셨다. 의례가 지니는 중요한 위험성 중 하나는 그 기억, 곧 위험에 처한, 동시에 위험하기도 한 기억이다. 기억은 그 미래를 비워내거나 강탈할 수 있기 때문이다. 전체주의 정권이 흔히 사용하는 전략이 바로 그들의 언어를 금지함으로써, 그리고 그들 고유의 이야기들이 전승되지 못하도록 막음으로써, 그 사람들의 기억은 물론, 문화에 대한 그들의 기억까지 지워버리는 것이다. 그러나 인류가 기억을 간직하고 있기 때문에 인류에겐 미래가 있다. 인류는 그 기억으로부터, 그리고 그 기억을 위해, 혹은 그 기억을 향해 살아간다. 왜냐하면, 기억은 과거보다는 미래와 관련이 있기 때문이다. 기억은 과거의 모습을 한 채, 우리가 알지도 못하는 사이에 우리 가운데 살고 있는 미래다. 이것이 로런스 더럴Lawrence Durrell, 1912~1990이 그의 소설 〈클레어Clea〉에서 묘사했던 것처럼 "죽은 자들이 어디에나 있는" 이유다. 여기서 소설 〈클레어〉는 더럴의 작품인 《알렉산드리아 사중주Alexandria Quartet》의 네 번째 이야기다.

망자亡者들은 결코 피할 수가 없다. 우리는 그들이 우리의 은밀한 삶의 곳곳을 슬픈 손가락으로 누르면서 자신들을 기억해주기를, 그리고 다시 한 번 육체를 입은 인생으로 환생하기를 원하고 있음을 느낀다. 또한, 그들이 우리의 심장 박동 주변에 캠프를 치고, 우리의 포옹 안으로 끼어드는 것도 느낀다. 우리는 인생을 충분히 다 살다가지 못한 그들의 실패로 의해, 우리에게 남겨진 망자亡者들의 생물학적 흔적을 안고 다닌다. 그 흔적들은 우리들의 눈매나 코의 곡선 등에 남아 있기도 하고, 혹은 누군가의 영혼 없는 웃음이나, 오랫동안 묻혀 있던 미소를 살려내는 보조개와 같이 쉽게 사라지는 것들 속에도 남아 있다. 우리가 나누는 가장 간단한 입맞춤조차도 망자의 혈통을 품고 있다. 이러한 것들 속에서 우리는 다시 태어나려고 애쓰는, 잊혀져버린 사랑들과 다시 친구가 된다. 모든 한숨의 뿌리들은 땅속에 묻힌다.**32**

우리의 욕망, 우리의 열망, "모든 한숨"은 미래를 향한 움직임이다. 우리는 미래의 모든 곳으로부터 "우리의 심장 박동 주변에 캠프를 치고, 우리의 포옹 안으로 끼어들며" 다가오는 과거를 만나게 된다. 기억을 위험하게 만드는 것들 중의 하나는 몽유병 습관이다. "몽유병자로서의 기억"이라는 메타포는 유도라 웰티Eudora Welty, 1909~2001의 소설인 《낙천주의자의 딸The Optimist's Daughter》의 끝 부분에 나타난다. 이 소설의 주인공인 로럴 맥켈바 핸드Laurel McKelva Hand는 아버지가 돌아가신 후 가족들과 관련된 서류와 문서들을 정리하기 위해 어린 시절을 보냈던 미시시피 주의 집으로 돌아온다. 로럴은 미시시피 주에서 젊은 나이에 미망인이 되었었는데, 서류와 문서들을 정리하던 중 제2차 세계 대전 중에 참전했다가 전사한 필Phil과의 짧았던 결혼 생활을 생생하게 회상케 하는 편지들을 발견한다. 그런데 그 순간 그녀는 뜻밖에도 자기 자신이 그동안 시간의 흐름에 무심하게 살아왔음을 발견하게 된다. 편지를 읽으면서 그녀는 "열린 상태의 책상 덮개에 머리를 기대고 망자들에 대해, 그리고 사랑에 대해 비탄에 잠겨 흐느꼈다. 그녀는 마침내 자포자기 상태에 빠져 무정한 모든 것들과 함께 넋을 잃고 누워 있었다. 이제 그녀가 발견한 모든 것들이 그녀를 발견했다. 그녀 가슴속의 가장 깊은 샘물이 스스로 나타나 다시 흐르기 시작했다".[33]

그 순간까지도 로릴은 죽은 남편에 대한 그녀의 사랑이 오래 전에 봉해져서 완전히 밀봉된 채 과거로 넘겨졌다고 생각했었다. 그러나 이제 갑자기, 그리고 "그녀의 손에 의해 과거가 다시 살아났고, 필, 바로 그가 그녀를 바라보고 있었다. 그는 그동안 내내 바로 이 자리에서 나사로처럼 그녀를 기다리고 있었던 것이다." 위험은 과거가 아니라 기억 속에 도사리고 있다는 사실을 그녀는 발견하게 된다. 그녀는 이렇게 생각했었다. "과거는 그 자체로 열려서 누군가를 도와주거나 또는 누군가에게 상처를 줄 수 없다. 관棺 속에 계신 아버지처럼. 과거는 돌아가신 아버지처럼 무감각할 뿐만 아니라 다시는 깨울 수가 없다." 그러나 기억은 이와 다르다. "기억은 마치 몽유병과 같다. 기억은 상처 속에서 세상을 가로질러 돌아온다. …… 우리의 이름을 부르고, 마땅히 흘려야 할 눈물을 요구하면서 …… 기억은 오랜 시간이 지난 후에도 언제든 상처를 입을 수 있다. 그러나 바로 그 점 때문에 최종적인 자비를 입을 수도 있다. 기억이 살아나 상처를 입을 수 있는 한 그것은 우리를 위해 살아 있는 것이며, 그것이 살아 있는 한 우리가 할 수 있는 만큼 우리는 그것을 제대로 감당하게 된다."[34]

기억이 갖는 위험성을 고려하면서 〈주기도문〉의 첫 번째 청원으로 돌아가보자. "이름이 거룩히 여김을 받으시오며, 나라가 임하옵시며." 마이어가 말했던 〈주기도문〉의 "하나님 중심적이며 종말론적인 정향"에 대해서는 이미 언급한 바 있다. 예수에게 있어서 "이름이 거룩히 여김을 받으시오며"라고 기도하는 것은, 그가 아바abba, 곧 "나의 사랑하는 아버지"라고 특별한 이름으로 부르는 하나님께, 지금 즉시 역사하시어 온 인류에게 하나님의 거룩하심을 드러내주시라고 요청하는 것이다.³⁵ 여기서도 우리는 역설을 만나게 된다. 예수는 그의 제자들에게 하나님을 아바, 곧 "나의 사랑하는 아버지"라고 부르도록 가르치셨으나, 모든 유대인들이 알고 있었듯이 '아바'라는 이름은 전능하신 하나님께 적합한 히브리어 이름은 아니었다. "아바"는 하나님을 부르는 공식적인 이름이 아니었다. 그분의 이름은 너무나 거룩해 공중 기도에서 소리 내어 부를 수조차 없었다. 아바는 모든 가족들 사이에서, 혹은 집안에서 친밀하게 사용되던 아람어 단어였다. 그런데 예수께서 모든 인류에게 하나님의 거룩하심을 드러내주시라고 부탁드렸던 대상이 바로 이 "친숙한 하나님"이었다.³⁶ "하늘에 계신 아바"와 "이름이 거룩히 여김을 받으시오며"라는 표현 사이에는 적지 않은 아이러니가 존재한다. "아버지를 부르는 친숙한 단어와 하나님의 경건한 이름 사이의 역설적 연관성"에 대해서 햅 타우시그는 다음과 같이 쓰고 있다.

"아버지를 부르는 친숙한 단어와 하나님의 경건한 이름 사이의 역설적 연관성"은 매우 거슬리는 것이다. …… 예수께서 가난과 배고픔을 축복 및 행복과 연관시킨 일이 충격적인 것이듯 "아바·아버지, 당신의 이름이 거룩히 여김을 받으시오며"라는 기도 역시 충격적인 것이다. 의외의 이러한 조합은 사람들을 놀라게 하고, 어떤 것이 거룩하며 어떤 것이 거룩하지 않은 것인지에 대해 다시 생각하게 한다. 〈주기도문〉의 첫 두 가지 청원은 사람들로 하여금 하나님과 그분을 향한 경배에 대해 훨씬 더 넓은 관점에서 바라보게 한다. …… 이 두 문장짜리 기도는 예수의 비유나 그분의 말씀과 함께, 무엇이 중요하고 거룩한가에 관한 사람들의 시야를 넓혀주었다.³⁷

〈주기도문〉에서 의례의 위험성과 기억의 위험성이 모두 드러난다. 예수를 따르던 사람들은 특히 유월절 예전을 통해 의례적으로 반복되던 출애굽 해방 사건에서 역사하신 권능의 통치자 하나님을 친숙하게 기억하고 있었을 것이다.〈출애굽기〉12장 24~27절, 15장 1~17절, 〈민수기〉15장 37~41절. 그러나 예수는 〈주기도문〉에서, 자신의 기도를 여는 호칭인 "아바"를, 의도적으로 유대교 종말론의 핵심적 기대와 연결시키고 있다. 이 기대는 "마지막 날에 하나님의 권능이 영광 가운데 나타나실 것이며, 그때 하나님은 왕으로 오시어 다스리실 것"이라는 기대다.[38] 예수는 대담하게도 양립할 수 없는 현실들을 나란히 놓고 있다. 아바라는 단어는 인간의 아버지에게 적합한 말이었고, 예수 시대 유대교 예전에서 드리는 기도에서 하나님을 부르는 데는 결코 합당한 단어가 아니었다.[39] 더욱이 예수가 〈주기도문〉에서 취한 전략은, 하나님이 누구이시며 세상에서 어떻게 역사하시는가에 대한 일반적인 통념을 뒤엎을 만한 충돌을 야기시키려는 목적을 가지고 의도적으로 그런 비유를 사용하신 듯 보인다.[40]

두 번 생각하게 하다: 문화 비평가로서의 예수

헬 타우시그는 이렇게 쓰고 있다. "하나님을 '아버지아바'라고 부름으로써 예수는 사람들로 하여금 두 번 생각하게 했다."[41] 오늘날 우리에게는 하나님을 "한 가족의 아버지"로 다정하게 생각하는 일이 너무나 친숙하고 익숙해, 이 호칭에 대한 논란의 여지는 없다. 그러나 예수 시대 갈릴리 시골의 종교적으로 보수적인 사회에서 살던 당시 사람들에게는 예수가 사용했던 아바라는 단어가 무척 거슬리게 들렸을 것이다. 전통적인 경건은 독실한 유대인들에게 기본적인 것들, 즉《토라》, 성전, 가족, 지파, 민족, 부富, 그리고 경제적 성공 등의 전통적 가치에 충실하라고 가르쳤다. 이것들은 인간의 노력에 대한 하나님의 축복의 표징이었다. 그러나 예수는 대담하게도 이러한 기성의 가치들에 도전했다. 또한 예수는 공중 기도의 실행과 그 몸짓을 통해 이러한 도전을 직접 표현하셨다.

〈마태복음〉 6장에 나오는 근심하지 말라는 일련의 말씀을 회상해보자 〈마태복음〉 6장 25~34절. "목숨을 부지하려고 무엇을 먹을까 또는 무엇을 마실까 걱정하지 말고, 몸을 보호하려고 무엇을 입을까 걱정하지 말아라. …… 공중의 새를 보아라. 씨를 뿌리지도 않고, 거두지도 않고, 곡간에 모아들이지도 않으나, 너희의 하늘 아버지께서 그것들을 먹이신다. …… 어찌하여 너희는 걱정을 하느냐……?" 이러한 말씀은 잘못된 것에 의존하는 일에 대한 예수의 가르침들과 짝을 이루는 듯 보인다. 예를 들어 부〈누가복음〉 6장 20절, 가족 관계〈마태복음〉 12장 48~50절, 학자적 특권〈마가복음〉 12장 38~39절, 혹은 종교와 그 의례들〈마가복음〉 2장 27~28, 〈누가복음〉 18장 10~14절 등이 여기에 해당된다.[42] 베네딕트 비비아노Benedict Viviano, 1940~는 다음과 같이 지적한다. 〈마태복음〉 6장 25절에서 34절에 나오는 가르침은 "갈릴리의 번영을 전제로 하고 있으며," 그래서 절망적으로 가난하고 비참한 사람들에 대해서는 오히려 무심함을 보여주기까지 한다. 그러나 어쩌면 이것은 "인간 존재의 한계 및 인생에 진실로 필요한 것과 삶의 참된 가치를 발견해보려는 젊은이다운 관심"을 반영한 것일 수도 있다. 이에 못지않게 중요한 것이 희랍어 동사인 메림나오merimnao인데, 이 단어는 〈마태복음〉 6장의 이 본문에서 자주 사용되고 있다. 이는 통상 "걱정하다" 혹은 "근심하다"는 뜻의 영어 단어인 "worry" 혹은 "be anxious"로 번역되곤 한다. 그러나 보다 정확하게 보자면 메림나오라는 단어는 무언가에 "사로잡혀 있다" 혹은 무언가에 "정신이 팔려 있다"는 뜻이다. 이렇게 볼 때 예수의 가르침은 "인간의 기본적 욕구인 먹고 마시고 입는 …… 일에 관한 것으로, 그것들이 우상이나 집착이 될까 우려해" 언급하신 것 같다.[43] 또한 예수는 자신의 아바 하나님은 "부의 시스템과 동맹을 맺거나 그 안으로 끌려 들어가 계신 하나님이 아니다"라고 말씀하시는 것으로 보인다. 여기서 부의 시스템이란, 상업, 무역, 시장, 기업, 패거리 조직, 심지어 가족이나 종교와 같은 보다 믿음직스러워 보이는 시스템까지를 포함한다.⁴⁴ 더욱 놀라운 사실은 예수가 "너희 자신을 이런 것들에 사로잡히게 하지 말라"는 가르침의 근거를 《성서》의 본문, 예를 들어 선한 것의 자연스러운 질서를 묘사한 〈창세기〉 1장 1절에서 2장 4절과 같은 본문이 아닌 일상의 삶에 대한 단순한 관찰에서 찾고 있다는 점이다.⁴⁵

"가족의 가치"에 대한 예수의 태도를 생각해보자. 헬 타우시그는 이렇게 말하고 있다. 기원후 1세기경 "갈릴리 지역에서의 가족이란 사회적 안정의 기본 형태였다." 또한 "곤궁에 빠졌거나 나이든 사람들을 위한 안전망을 제공했던" 결속, 특히 "건강이나 사업상의 실패로 고통을 받는 사람들"을 위한 기본적 안전망을 제공했던 결속이었다. 따라서 예수가 핵가족이든 확대가족이든, 모든 경우에 모범적인 아들이 아니었다는 사실을 알게 되면 무척 놀라게 될 것이다. 실상 예수는 전통적 가족의 결속에 의존하는 것 자체를 가족이라는 인습을 넘어 하나님을 믿는 삶의 방식에 방해가 되는 것으로 여기신 것 같다. 따라서 예수는 정기적으로 자신의 핵심적인 말씀을 통해 그러한 관습들에 의존하는 태도를 비판하셨고, 나아가 하나님이 제공해주시는 보다 기본적인 삶의 조직을 신뢰하라고 호소하셨다.⁴⁶

가족에 대한 예수의 다소 복잡한 태도는 하나님에 대한 독특한 비전아바의 일부일 뿐만 아니라, 또한 문화에 대한 비평의 일부이기도 하다. 소설가 메리 고든Mary Gordon, 1949~은 〈마가복음〉에 나오는, 예수가 어린아이들을 대하는 방식에 주목하게 한다(마가복음) 9장 30~37절, 10장 2~16절). 그녀는 계속해서 다음과 같이 말한다. 현대인들 가운데 처음으로 "아동기와 사랑에 빠진" 이들은 빅토리아 시대의 사람들이다. 이런 현상은 찰스 디킨스Charles John Huffam Dickens, 1812~1870의 소설들에서 특히 두드러진다. 예수는 빅토리아 시대의 감상주의자는 아니었지만, 대단히 독창적인 방식으로 아이들에게 관심을 가지고 계셨다. 예수는 아이들을 소유물이나 불멸의 상징, 혹은 미래의 경제적 기회로서가 아니라 그 자체로 귀하게 여기신 것 같다.[47]

제1세기 지중해 연안의 사회에서는 개인이 중시되지 않았고, 특히 아이들은 더욱 그러했다는 사실을 고려한다면, 예수의 이러한 태도는 매우 놀라운 것이다. 당시 아이들은 글자 그대로 아무것도 아니었다. 아이들은 잠재적 존재라는 것 이외에는 어떤 권리도 또한 어떤 가치도 지니지 못했다. 이방인들 사이에서는 원치 않는 아이, 특히 여자 아이를 버릴 뿐만 아니라 죽기까지 방치하는 경우도 종종 있었다. 예수는 "혈연관계와 성별에 근거한 집단주의"를 특징으로 하는 사회 구조 속에서 살고 계셨다.[48] 당시엔 가족의 명예가 중요했고, 그 관계가 중요했으며, 후견이 중요했고, 남성이 중요했으며, 정치가 중요했다. 그러나 여성과 어린아이들은 중요하지 않았다.

따라서 가족 관계 및 그 네트워크를 매우 강조하는 사회 속에서 예수가 전통적 가족의 가치에 관해 상당히 심한 발언을 했다는 사실은 대단히 놀랍다. "너희는 내가 세상에 평화를 주러온 줄로 생각하느냐?"라고 예수는 〈누가복음〉 12장 51절에서 묻고 계신다. 그리고 "내가 너희에게 말한다. 그렇지 않다. 도리어, 분열을 일으키러 왔다. …… 아버지가 아들에게, 아들이 아버지에게 맞서고, 어머니가 딸에게, 딸이 어머니에게 맞서고……"라고 덧붙이신다. 또한 〈누가복음〉의 그 앞 부분에서는, 군중 속에서 나온 한 여성이 이렇게 외친다. "당신을 밴 태와 당신을 먹인 젖가슴은 참으로 복이 있습니다." 이에 대해 예수는 이렇게 쏘아붙이듯 응대하신다. "아니다! 오히려 하나님의 말씀을 듣고 지키는 사람이 복이 있다〈누가복음〉 11장 27~28절." 여기서 우리는 예수가 당시 사회 속에서, 가족 관계에 대한 전형적인 수사법을 수용하기를 거부하셨다는 증거를 발견하게 된다. 누군가가 지중해 연안에서 통용되던 화려한 수사법으로, 마리아는 "유명한 아들"의 어머니이기 때문에 "복이 있다"라고 선언을 하자, 예수는 여성이 아들을 생산했을 때만 가치가 있다는 가부장적 남성 우월주의를 거부하시면서 이 선언에 날카롭게 응대하셨다. 예수는 자신의 아바 하나님이 모든 사람에게 새로운 종류의 복을 주신다고 말씀하셨다. 이 복은 자손이나 가문을 전제한 축복이 아니고, 원하는 누구에게나 열려 있는 축복이며, 심지어 가장 평범한 사람들에게조차 성별의 구분 없이 주어지는 축복이라는 것이다.[49] 여느 때와 다름없이 돌아가는 세상 속에서 예수는 가정생활조차도 경쟁적인 힘에 근거하고 있다고 지적하셨다. 다시 말해 그 힘을 누가 소유하느냐, 누가 사용하느냐, 그리고 누가 그 힘에 종속되느냐에 따라 가정생활이 좌우된다는 것이다. 그러나 하나님이 다스리시는 "왕국", 곧 하나님이 조만간 직접 통치하시게 될 세상에서는 그렇지 않다. 이 왕국 혹은 세상에서는 전통적인 가족의 질서가 깨어지게 된다.

가정생활에서의 의례에 대한 예수의 비평

예수는 개인 생활과 가정생활의 경계를 지키고, 변화를 표시하고, 수많은 의식들을 중시하는 종교적 문화 속에서 자라나셨다. 여기서 의식이라 함은 성, 탄생, 결혼, 씨 뿌리기와 추수하기, 병과 회복, 협약과 계약, 식사, 음식, 요리, 그리고 죽음 등에 관한 의식들이다. 〈레위기〉 11장에서 16장까지에 개인 생활과 가정생활에서의 정결법 등에 관해 나온다. 그러나 앞에서 살펴보았듯이 복음서에는 예수가 가정생활에 맞추어 의례화된 경건에 대해 날카롭게 비판하시는 모습이 종종 나온다. 실제로 〈마가복음〉은 예수와 그 가족 구성원 사이의 날카로운 대화를 기록하고 있다. "어머니와 형제들"이 밖에서 예수를 부르자, 예수는 거의 자신의 가족을 부인하다시피 하신다. "누가 내 어머니이며 내 형제들이냐?"라고 물으셨던 것이다. 그리고 계속해서 이렇게 말씀하셨다. "그리고 주위에 둘러앉은 사람들을 둘러보시며 말씀하셨다. '보아라, 내 어머니와 내 형제들이다. 누구든지 하나님의 뜻을 행하는 사람이 곧 내 형제요 자매요 어머니다〈마가복음〉 3장 31~35절.'" 예수의 퉁명스러운 응답은 그의 원래 가족과의 다소 냉담한 관계를 암시하고 있다. 실제로 예수는 혈연보다는 선택과 의지에 기초한 새로운 가족, 즉 혈통보다는 동지同志에 기초한 새로운 가족을 자신의 가족이라고 주장하셨다. 예수 시대의 사람들에게 예수의 이런 발언은 경솔하고 심지어는 비판을 면할 수 없는 발언으로 들렸을 것이다. 결국 가족 관계가 대단히 중요한 사회 속에서 영적 가족이라는 발상은 다른 관계들을 상대화시키는 결과를 초래했다.[50] 당시에는 구원 자체가 하나님이 선택하신 그룹 안에 속하는 계속적인 멤버십에 의존하고 있었다. 가족 간의 결속은 하나님과 이스라엘 사이의 더 큰 계약을 반영하는 것이었다. 그런데 혈연 중심의 가족을 거부하심으로써 예수는 생각도 할 수 없는 일을 행하신 것이었는데, 이는 구원받을 그룹 밖으로, 곧 "울타리 너머로" 스스로를 내던지신 것이었다.

더욱 문제가 되는 것은 가족 사이의 분열과 혼란에 관한 말씀이다. "이제부터 한 집 안에서 다섯 식구가 서로 갈라져서, 셋이 둘에게 맞서고, 둘이 셋에게 맞설 것이다〈누가복음〉 12장 52절." 여기서 예수는 당시 팔레스타인 지역의 전형적인 확대 가족이었던 "다섯 명의 가족"에 주목하고 있다. 이들은 한집에서 살던, 아버지, 어머니, 아들결혼한, 딸결혼하지 않은, 그리고 며느리, 이렇게 다섯 명이었다. 우리는 예수가 확대 가족에 대해 무언가 좋은 말씀을 해주실 것이라고 기대하게 된다. 예를 들어, 가족 중의 젊은 세대들은 연장자를 존경하

의례의 규칙 169

고 보살펴드리라는 말씀 등이다. 또한, 우리는 예수가 그런 가족 구성에 대해, 하나님의 선하심과 보살피심과 그리고 축복의 표본이요, 하나님 호의의 징표라고 칭찬하실 것이라고 기대하게 된다. 그러나 이와는 반대로 예수는 그러한 가족들을 분열시키러 왔다고 말씀하신다.

예수의 이러한 말씀이 가정에게 초점을 맞추는 사람들에게는 매우 당혹스러운 것이기 때문에, 몇몇 주석가들은 예수의 가족 중 일부는 예수 자신을 믿을 것이요, 더러는 믿지 않을 것이라는 사실을 미리 알고 계셨던 까닭에 그런 격렬한 발언을 했다고 해석하곤 한다. 그러나 이러한 주장은 요점에서 벗어난 것이다. 가족은 믿음을 두고 갈라지는 것이 아니다. 오히려 힘을 두고 다투는 알력 때문에 갈라지곤 한다. 여기서 예수가 거부하신 것은 그러한 확대 가족 자체가 아니다. 예수는 아버지와 어머니가 보금자리를 지배하면서, 그들의 성인 아들과 딸, 며느리까지를 지배하는 가족, 부모가 자녀들에게 이래라저래라 명령하고 통제하며, 동등한 인격체라기보다는 그보다 못한 존재로 취급하는 가족, 결국 문제가 있는 가정을 거부한 것이다. 예수가 이해한 바로는 가정이란 사회의 축소판이다. 곧 우리가 처음으로 사랑하고 사랑받으며, 미워하고 미움을 받으며, 도와주고 도움을 받으며, 학대하고 학대받는 법을 배우는 곳이다. 그 안에 힘이 관련되어 있기 때문에, 뿐만 아니라 그 힘을 협상하는 위험스러운 의례도 관련되어 있기 때문에, 가정은 안전과 "평온의 중심"일 뿐만 아니라, 또한, "힘의 남용을 초래할 소지가 있는 곳이다". 바로 이 점을 "예수께서 주목하신 것"이다.[51]

하나님이 다스리시는 "왕국", 곧 하나님이 조만간 직접 통치하시게 될 세상에서는, 새로운 유형의 인간관계가 가능해진다고 예수는 말씀하신다. 예수는 계속해서, 이 새로운 유형의 관계는 전통적인 가정이 아니라, 전적으로 새로운 사회, 곧 가장 작고 보잘것없는 존재가 가장 크고 빛나는 존재와 동등하게 서게 되는 사회라고 말씀하신다. 또한, 가지지 못한 자들이 가진 자들과 팔꿈치를 부딪치며 식탁에 앉을 수 있는 곳, 초청받지 못한 자와 손을 씻지 못한 자들도 항상 환영받을 수 있는 곳, 굶주린 자가 먹을 수 있고, 헐벗은 자가 옷을 입을 수 있고, 목마른 자가 마실 수 있고, 갇힌 자가 위로를 받을 수 있는 곳이다. 이러한 것들이야말로 하나님의 왕국, 하나님의 주재, 하나님의 통치를 드러내주는 관계들이라고 예수는 말씀하신다. 이것은 가정이 하나님 나라의 원형原型이 아니라, 하나님의 나라가 바람직한 가정의 원형이라는 뜻이기도 하다. 그러한 이유 때문에 예수는 하나님의 통치란, 힘 있는 자, 즉 성인 자녀들을 불순종하는 아이들처럼 취급하는 부모 등과 같이 힘 있는 자들의 손에 주어지는 것이 아니라, 아무것도 아닌 존재들, 즉 힘없는 자녀들의 손에 주어지는 것이라고 믿었다. 〈마가복음〉 10장 13절에서 16절에 나오는 인상적인 장면을 함께 들여다보자.

사람들이 예수께서 만져주심을 바라고 어린아이들을 데리고 오매 제자들이 꾸짖거늘 예수께서 보시고 노하시어 이르시되 어린아이들이 내게 오는 것을 용납하고 금하지 말라. 하나님의 나라가 이런 자의 것이니라. 내가 진실로 너희에게 이르노니 누구든지 하나님의 나라를 어린아이와 같이 받들지 않는 자는 결단코 그곳에 들어가지 못하리라 하시고 그 어린아이들을 안고 그들 위에 안수하시고 축복하시니라.

이 구절들은 종종 빅토리아 시대의 연하장에 묘사되었던 것처럼, "예수는 어린아이들의 다정하신 친구"라고 감상적으로 해석되기도 한다. 우리는 종종 1세기 지중해 연안의 가정생활과 관련된 끔찍한 상황을 잊곤 하는데, 당시 어린아이들은 하나의 재산으로 취급되었고, 그래서 아이의 인생은 어떤 제재도 받지 않고 친자식조차 내버릴 수 있는 권한을 가진 아버지의 처분에 맡겨졌었다. 크로산John Dominic Crossan, 1934- 은 아이가 "파렴치한 어른에게 팔려 노예로" 키워질 수도 있었다고 설명한다. 그러나 예수는 힘없는 자의 편을 드신다. 그는 어린아이들을 사회 경제적 잠재성 때문이 아니라, 그 아이 자체로서 소중하게 여기신다. 마가는 예수가 어린아이들을 만지시고 껴안으시고 축복하셨다고 전하고 있다. 이런 예수의 행동들은 그 자체로 의례였으며, "새로 태어난 아이를 죽음이 아니라 생명으로 이끄시는 아버지의 공식적인 몸의 행동이었고, 또한 그 신생아를 쓰레기와 함께 밖으로 내버리는 것이 아니라 가정 안으로 받아들이기 위한 아버지의 공식적 몸의 행동이었다".[52] 예수는 자신을 생명의 편에 단호하게 세우셨다. 또한, 하나님이 주신 어린아이의 권리, 즉 살아가고 자라나며 번성할 권리를 인정하셨다. 예수에게 있어서 하나님의 나라는 어린아이들의 나라, 그리고 아무것도 아닌 존재들의 나라였다.

아무것도 아닌 존재들Nobodies. 이들이야말로 예수께서 예전으로, 하나님과의 교통으로, 또한 하나님 백성으로서의 삶으로, 하나님의 식탁 만찬으로 초대하시는 바로 그 사람들이다. 예수의 말씀에 따르면 하나님이 다스리시게 될 세상은 힘과 관련된 세상이 아니다. 그것은 연약함과 곤궁함, 그리고 정의와 관련된 세상이다. 〈누가복음〉에서 특히 하나님의 나라는 식사 및 식탁 교제와 밀접하게 연관되어 있다. 유진 라베르디에Eugene La Verdiere, 1936~2008 는 다음과 같이 말한다. 〈누가복음〉에서 식사는 "음식의 문제가 아니라 사람의 문제다. 모든 식사에서 중요한 것은 메뉴가 아니라 손님의 명단이다. 축복과 기도, 그것이 예전적인 것이든 비非예전적인 것이든, 그 식사를 함께 나누려고 온 사람들과 연관이 된다".[53] 빵은 항상 몸과 관련이 있고, 몸은 항상 정의와 관계가 있다. 의심할 여지없이 바로 이 점이 그리스도교 성찬이 수

세기 동안 우리들의 신앙에 핵심적인 아이콘이었고, 동시에 가장 중요한 성례전이 되어 왔던 이유다. 이것은 바로 예수가 철저하게 새롭게 규정했던 가족에 관한 문제다. 크로산은 계속해서 다음과 같이 쓰고 있다. "우리는 육과 영, 몸과 영혼, 종교와 정치, 그리고 신학과 경제를 함께 생각해야 한다. 하나님의 법은 항상 이러한 이분법적 요소들을 하나로 묶어준다. …… 음식은 정의와, 정의는 하나님과 관련되어 있다. 하나님의 나라는 음식과 마실 것에 관련된 나라요, 그 나라는 물질적인 지상에서 살아가는 물질적인 몸을 위한 거룩한 정의 위에 세워지는 나라다. 우리는 빵만으로는 살 수 없다. 그러나 빵은 결코 빵만의 문제가 아니다."[54]

예수는 그래서 "가족 중심주의"와 그와 관련된 의례들을, 하나님의 다스리심, 통치, 혹은 그분의 나라에 의해 주도되고 유지되는 새로운 인간 공동체라는 비전으로 대체하신다. 그런 공동체 안에서는 "특권, 유산, 그리고 명예 등을 중시하는 가정 체계에의 의존을, 하나님을 '아바·아버지'라고 부르는 것으로 대체하게 된다. …… 예수의 '아바' 기도를 듣는 사람들은, 예수가 눈에 보이는 가정의 안정을, 눈에 보이지 않는 '하나님의 통치'로 대체하고 계시다는 사실을 알아차렸을 것이다".[55] 그러므로 예수는 위험한 지혜를 설파하신 것이다. 하나님의 통치는 편안한 명예직을 차지하는 일과 관련된 것이 아니라, 사람, 그리고 새로운 공동체와 관련된 일이다. 이 점에 대해 후안 마테오스 Juan Mateos, 1917~2003는 다음과 설명하고 있다.

하나님이 통치하시는 새로운 공동체에서는, 위에 있는 사람도 없고 아래에 있는 사람도 없으며, 모두가 첫 번째요 모두가 마지막이다〈마태복음〉19장 30절. 또 거기에는 한 아버지의 자녀들, 한 주인을 섬기는 종들, 한 스승을 따르는 제자들, 그리고 그들의 부유함과 안전함이 오직 하나님 안에 있는 가난한 사람들이 있다⟨마태복음⟩ 6장 19~21절, 19장 21절. …… 거기에서는 내 것도 없고 네 것도 없다⟨사도행전⟩ 4장 32절. 이 공동체 안에서는 완전한 기쁨으로 가득하고⟨요한복음⟩ 15장 11절, 16장 24절, 서로 다정하게 대하며⟨로마서⟩ 12장 10절, ⟨골로새서⟩ 3장 12절, 즉시 그리고 끝까지 용서하고 ⟨마태복음⟩ 18장 21~22절, ⟨골로새서⟩ 3장 13절, 또한 경쟁심도 당파심도 없이 모두가 사랑 안에서 하나가 되며⟨골로새서⟩ 3장 14절, 서로에게 자비를 베푼다⟨마태복음⟩ 5장 7절. 또한 그 공동체에서는 서로 남의 짐을 져주고⟨갈라디아서⟩ 6장 2절, 각자의 은사를 가지고 모두를 섬기며⟨로마서⟩ 12장 3~8절, ⟨고린도전서⟩ 12장 4~11절, ⟨에베소서⟩ 4장 11~13절, 다스리는 자는 군림하는 대신 섬긴다⟨누가복음⟩ 22장 26~27절.[56]

　물론 이러한 새로운 공동체의 모습은 이미 이루어진 현실이기보다는 종말론적 희망에 더 가깝다고 말할 수 있다. 물론 예수 자신도 사람들이 가정생활의 의례들을 포함한 종교적 관습에 의존하는 대신에, 함께 살아가야 한다는 사실과, 함께 살아가는 방법을 새롭게 이해한다는 것이 얼마나 어려운 일인지를 과소평가하지 않으셨다. 예수는 인간이 안고 있는 문제의 근원은, 인간이 만든 제도의 근간, 즉 돈에 대한 탐욕, 특권에 대한 욕망, 그리고 권력에 대한 목마름에 놓여 있다고 보셨다. 이는 인간을 경쟁심, 미움, 폭력으로 몰아가는 삼중의 야망, '부여잡기', '올라가기', '명령하기'의 삼중의 야망이다. 부여잡기, 올라가기, 명령하기의 세 가지 중독을 스스로 끊어내는 것이 사람들이 자유롭고 행복할 수 있는 새로운 사회⟨마태복음⟩ 5장 3~10절를 창조할 수 있는 조건이다. 사람들이 "이 세 가지의 그릇된 가치, 돈부에 대한 목마름, 영광인정을 받고 싶어 하는 야망, 그리고 권력지배하고자 하는 욕망"을 거부할 때 예수의 비전은 실현되기 시작할 것이다.[57] 빵은 몸에 관한 문제이며, 몸은 항상 정의에 관한 문제다. 고대 이스라엘의 예언서와 비교해 볼 때 그리스도교의 ⟨신약성서⟩는 종종 정의를 향한 외침에 덜 열정적인 것으로 보인다. 마테오스는 그 이유를 다음과 같이 밝히고 있다.

예수의 급진성 자체가 예언서에서 발견되는 것처럼, 복음서에서는 왜 정의에 관한 청원이 발견되지 않는가에 대한 이유를 설명해준다. 예언자들도 개혁가들이었지만, 그들은 제도의 정당성을 믿었기 때문에 정의를 청원하며 외쳤던 것이다. 그러나 예수는 정의를 요구하기 위해 이 땅에 오신 것이 아니라, 세상의 불의에 대한 최종적인 해결책을 제공하고자 오셨다.[58]

예수의 해결책이란 제도의 개혁이나 예전의 개혁 정도를 의미하는 것이 아니다. 그것은 예수 자신의 몸은 물론, 예수와 함께 하나님을 믿고 또한 예수를 믿는 이들의 몸으로 실행하는 훨씬 급진적인 행동을 의미했던 것이다. "예수의 십자가는 불의한 세상에 대한 철저한 비난이었다"라고 말하면서, 마테오스는 다음과 같이 쓰고 있다.

십자가를 피할 수 있는 길이란 없다. 우리는 십자가에 못 박히신 이와 함께하든지, 아니면 그분을 십자가에 못 박은 자들과 함께할 수밖에 없다. 그 중간의 선택이란 없다. 하나님이 귀하게 여기시는 모든 것을 세상은 싫어하고 죽여버린다. 그러나 세상이 귀하게 여기는 것을 하나님은 끔찍하게 싫어하신다. 예수를 통해 하나님은 세상에게 평등, 연대, 서로 도움, 자유, 사랑, 생명, 그리고 왕이시며 동시에 아버지(아빠)이신 하나님과 함께하는 행복을 주셨다. 그러나 지배, 폭력, 불의, 종교적 권력이나 세속적 권력, 그리고 지배 계층과 제도 안에서 자신들의 안위를 추구하는 자들은 생명을 미워하고 죽음을 초래한다. 그들은 가이사를 왕으로 섬기는 것을 더 좋아한다.[59]

한 분처럼 역사하지 않으시는 하나님의 의례들

앞에서의 토론에서 나타났듯, 〈주기도문〉은 예수가 '그 이름이 거룩히 여김을 받으시오며'라고 기도했던 하나님이, 놀라운 정도로 "하나님답지 않은" 방식으로 역사하실 준비가 되신 한 분이라는 사실을 암시하고 있다. 로럴 매퀠바 핸드의 사망한 남편인 필처럼 이스라엘의 하나님은 과거 속에 안전하게 봉인되어 전혀 움직이지 않을 듯 보였다. 그러나 기억이 그 봉인을 깨뜨려서, 하나님으로 하여금 예수의 기도를 통해, 기존에 부여된 역할을 거부하시면서, 또한 특정한 성격 안에 머물기를 거절하시면서, 그리고 과거의 완전함을 무너뜨리시면서, 몽유병자처럼 자유롭게 미끄러져 다니시도록 했다. "친근한 한 단어 '아바'를, 마지막 때에 왕으로 다스리러 오실 하나님이라는 강력한 상징과 나란히 놓은 것"[60]은, 예수에게 있어서 세상에 대한 하나님의 최종적인 역사 즉, 하나님의 "종말론적 심판 행위"는 "여느 때와 다름없는 상태"가 아닐 것이라는 단서를 제공한다. 이 점에 대해 마이어는 다음과 같이 잘 요약하며 설명하고 있다.

예수는 제자들에게 마지막 때에 이스라엘을 다시 모으심으로써 그분의 권능과 영광을 드러내실 그런 왕으로 하나님이 오시기를 위해 기도하라고 가르치신다. 그러나 동시에 초월적이시고 전능하신 왕, 그리고 창조와 역사의 왕이신 분을 제자들로 하여금 자신들의 친아버지라고 부르게 하신다. 인간 역사의 마지막 때에 폭발하게 될 측량할 길 없는 거룩한 힘은, 거룩한 왕이신 분과의 친밀함을 향유하는 이들의 기도 속에서 지금도 느낄 수 있다. 거룩하신 왕은 동시에 기도하는 이들을 사랑하시는 아버지시다. 몇 개의 단어들로 양극단의 성격을 하나로 묶어놓은 이것은, 예수의 메시지를 잘 축약해 우리에게 보여주는 것이다.[61]

따라서 초기 그리스도교 저자들이 〈주기도문〉을 "전체 복음의 간단한 요약"으로 여긴 것도 놀라운 일은 아니다. 예수는 반의례주의자가 아니었을 것이다. 그러나 예수는 기억, 공중 기도와 《성서》로 거룩하게 된 기억조차도 하나님이 다정하신 아바로서 "새로운 일을 행하시려고", 또한 아무 의심도 하지 않는 자들과 구원을 받을 것 같지 않은 자들까지를 구원하시고자 지금 역사하시는 것을 막을 수가 없다고 믿으셨다. "내가 진정으로 너희에게 말한다. 세리와 창녀들이 오히려 너희보다 먼저 하나님의 나라에 들어간다. 요한이 너희에게 와서 옳은 길을 보여주었으나 너희는 그를 믿지 않았다. 그러나 세리와 죄인들은 믿었다〈마태복음〉 21절 31~32절." 하나님을 아바라고 부름으로써 하나님께 가까이 다가갈 수 있도록 한 것, 특히 당시의 소위 "종교적이라는" 사람들이 격리시켜 소외시키고자 했던 사람들로 하여금 아바 하나님께 가까이 다가갈 수 있도록 한 것이, 예수가 이해한 기도, 의례 및 마지막 때에 하나님의 은혜와 자비로 거듭나게 될 새로운 인간의 핵심이었다.

요컨대, 핼 타우시그는 〈주기도문〉에서 사용하신 예수의 언어는 "경제의 일반적인 관행이나 혹은 사회적 관습"에 쉽게 들어맞지 않는다고 설명한다. 의례적 반복을 통해 형성된 이스라엘의 하나님에 대한 기억, 곧 "권능의 손과 쭉 뻗은 팔"로 역사하시는 초월적이고 승리하시는 하나님이라는 기억이, 예수의 기도에 와서, 만군의 주 야훼로서가 아니라 "다정하신 아버지인 아바"로서 미래로부터 도래하기 시작한다. 더욱이 아바의 다스리시고, 통치하시고, 지배하시는 "나라", 곧 예수가 도래하기를 소망하며 기도했던 그 나라는 당시 경건하고 "종교적으로 옳다고 주장하던 사람들"이 귀하게 떠받들던 가치를 거역하는 나라였다. 예를 들면, 가능한 대로 많은 아들을 낳는 것이 하나님의 은혜를 입은 확실한 증거라고 여기던 사회 안에서 예수는 하늘나라 때문에 스스로 고자가 된 사람을 높이 평가하셨다〈마태복음〉 19장 12절. 이와 유

의례의 규칙 177

사하게 예수는 청중들에게, "재산을 가진 사람이 하나님의 나라에 들어가기가 얼마나 어려운지⟨마가복음⟩ 10장 23절"를 경고함으로써, "부가 하나님의 축복의 상징으로 여겨지던 문화 속에서 하나님의 통치의 다른 점을 강조하셨다".[62] 본 장의 앞부분에서 함께 보았듯이, 사회적 안정을 보장해주는 기초 단위로서의 가정에 의존하던 당시 사회는 가정생활에 대한 예수의 비판을 불충하고 위험한 것으로 여겼을 것이다. 오랫동안 지켜오던 종교적 기대와 관습을 충격적으로 전복하는 이런 말씀을 듣고 받아들이기 위해서는 전격적인 변화가 요청되었다. 아마도 이 점이 예수께서 다음과 같이 말씀하신 이유일 것이다. "부자가 하나님의 나라에 들어가는 것보다 낙타가 바늘귀로 지나가는 것이 더 쉽다⟨마가복음⟩ 10장 25절." 어떤 경우이든 예수의 가르침을 받아들이는 데는 상당한 위험성이 내포되어 있었다. 핼 타우시그는 이렇게 쓰고 있다.

이러한 개방성을 허락하고 유지하기 위해, 이를 내면화시키면서 영적으로 한 걸음 내딛는 것이, 포괄적이면서 잘 포착되지 않는 놀라운 하나님의 다스리심을 요청하는 ⟨주기도문⟩의 본래 의도다. 노동자, 가정, 그리고 경제를 이끄는 사람이 기존의 체제와 질서를 선호하던 사회적 상황 한복판에서, 누군가가 "당신의 나라가 임하옵시며"라고 기도하는 모습을 보며 많은 사람들은 깜짝 놀라 당황했을 것이다. 그러한 청원은 듣는 사람들에게도 도전으로 느껴졌을 것이고, 또한 서로를 대하는 방식을 바꿈으로써 하나님을 향한 충성의 방식을 재구성하고자 했던 사람들에게도 도전으로 느껴졌을 것이다.[63]

"아바 …… 나라가 임하옵시며"라고 기도하라고 가르침으로써 예수는 하나님 나라의 종말론적 도래와 함께 이루어질 "새로운 인간 공동체"를 지금 체험하기 시작하라고 그들을 초청하셨다. 이 나라는 군인, 장군, 혹은 무공武功을 세운 이들의 나라가 아니고, 또는 여느 때와 다름없는 가정 친화적인 나라도 아니며, 진보와 번영을 약속하는 경제적인 나라가 아니라, 박해를 당하는 사람, 마음이 가난한 사람, 슬퍼하는 사람, 온유한 사람, 평화를 이루는 사람, 그리고 의에 주리고 목마른 사람들의 나라다〈마태복음〉 5장 3~10절.[64] 예수의 아바 기도 공동체는 이스라엘 사람들에게만 국한되는 공동체가 아니다. 이 공동체는 예수가 선포하신 나라, 예수의 선교 안에서 "이미 시작되었고", 또한 "예수를 통해 아버지가 준비하신 나라를 받아들이는 모든 가난한 사람, 병든 사람, 그리고 곤궁한 사람들"을 포함하는 공동체다.[65] 이 나라, 왕국, 혹은 통치는 부나 전쟁, 혹은 무기로 나타나는 나라가 아니고, "팔레스타인의 종교적 하층민들과 어울리는 떠돌이 예언자, 그리고 그를 따르는 남성들과 배우자들을 두고 떠나온 여성들이 이상한 조합을 이룬 무리들과 시골을 유랑하는 떠돌이 예언자 속에서 나타나는 나라"다.[66]

더욱 놀라운 것은 예수가 그 도래를 기원했던 "하나님의 나라"는 제사장들의 공동체가 아니라 평신도들의 공동체였다는 사실이다. 예수 시대의 종교에서는 성전과 《토라》가 핵심적인 위치를 점하고 있었고, 또한 갈릴리 시골 출신으로서 예수 자신도 성전의 의례들, 즉 제사장의 희생 제사, 십일조, 그리고 성지 순례 등과 같은 의례들을 존중하셨다. 그러나 예수 자신의 종교적 헌신, 베들레헴에서 출생하실 때부터 예루살렘에서 돌아가실 때까지 내내 유지하신 헌신은, 종교생활에 깊이 뿌리를 내린 경건한 평신도로서의 헌신이었다. 이론적으로 말하자면, 예수가 소외당한 갈릴리 농촌 지역 출신이라는 점과 기원후 1세기 당시 그 지역을 지배하던 종교적 정서를 감안해볼 때, 사제직과 성전의 의례에 대한 예수의 태도는 보수적이며 전통적일 것이라고 흔히들 생각했을 것이다.[67] 그러나 "공인된 경로들 밖에서 카리스마적인 종교적 권위를 주장했던 갈릴리 농촌 출신 평신도 예수"는 마침내 "예루살렘의 성스러운 중심인 성전을 통제하는 권력을 장악하고 있던 고위 제사장 가문"들과 충돌하기에 이르게 된다.[68]

본 장의 앞부분에서 살펴보았듯이, 예수는 기본적으로 자기 백성들의 종교를 존중했던 경건한 평신도였다. 그렇기 때문에 어떻게 이런 갈등이 일어날 수 있었을까 하는 의문이 제기될 수 있을 것이다. 의심할 여지없이 이 갈등은 농촌 빈민층과 도시 부유층 사이의 엄청난 차이, 그리고 "앞으로 도래할 새로운 질서"를 종말론적으로 강조하는 평신도 예언자와 예전적으로 현 상태를 유지하고자 하는 관료적 사제직 사이의 깊은 차이에 뿌리를 둔 문화적 갈등이었다. 그러나 이러한 문화적 갈등이란 말이 모든 것을 다 설명해주지는 못한다. 예를 들어 공관 복음서에 나타나 있듯이 예수는 서기관, 바리새인들, 회당의 지도자들 등의 평신도 종교 지도자들과도 논쟁을 벌였기 때문이다. 그러나 마이어가 말했듯이, 이러한 평신도 종교 지도자들과는, 때로 그 논쟁이 "과열되기도 했지만", 항상 "소통의 통로를 열어"놓으셨다. 그러나 성전과 관련된 문제 즉 성전의 운영, 성전의 예전 수행 및 인사 관리 등의 문제에 이르러서는 그 상황이 더욱 민감하게 바뀌었다. 역사적으로 정확한 세부 사항이 어떠한 것이었든지, 공관 복음서에는 일련의 패턴을 보이는 충돌들이 기록되어 있다. 예수께서는 수많은 평신도 교사들과 "정기적으로 토론을 벌이셨고" 심지어 친밀한 관계를 유지하셨다. 그러나 예루살렘의 사두개파 평신도 귀족들을 포함한 제사장 무리, 거룩한 관계 및 거룩한 권력의 공식 수호자로 여겨졌던 제사장 무리들과는 거의 관계를 맺지 않거나 적대적인 관계에 서 계셨다.[69]

본 장을 시작할 때 제기했던 이슈로 돌아가보자. 〈신약성서〉는 예수를 떨어져 나간 유대인, 곧 성전과 회당의 예전을 회피했던 이탈자로 그리고 있지 않다. 그 대신 《성서》는 이러한 제도, 곧 성전과 회당의 예전에 대한 예수의 태도는 복잡한 것이었다고 암시하고 있다. 복음서들은 예수가 갈릴리 출신의 "평신도 신학자"였다고 말해주고 있다. 다시 말해, 예수는 예루살렘 성전을 권력 기반으로 하는 제사장들과 평신도 귀족들의 종교적 정치적 이념이 지배하던 상황 속에서 활동했던 시골 출신 예언자였다는 것이다. 《성서》에서는 예수를 일차원적 인물로 축소시키지 않는다. 예수는 예루살렘의 파워 엘리트들에게서 배척당한 사실에 분개해 민중을 선동한 그런 단순한 인물이 아니었다. 그러나 예수는 자신이 존중하던 의식들을 수행하던 바로 그 성전에 대해 강도 높게 비판하셨다. 성전의 예배를 존중하셨다고 해서, 예수께서 성전 예배에 대해 말없이 맹종하고, 자족하며, 무비판적으로 수용하신 것은 결코 아니었다. 마이어가 지적하듯이 "거룩한 사제직에 의해 수행되는 순전한 예배라는 이상ideal을 믿는 경건한 평신도이셨기에, 바로 그 이유 때문에 실제로 예수의 눈에 보이는 현실의 제사장들에 대해서는 더욱더 비판적인 태도를 취하실 수 있었던 것"이다. 따라서 주변화된 평신도 예언자, 설교자, 그리고 신학자라는 예수의 지위는 가치 중립적일 수 없었다. 바로 이 점이 예수의 생애와 선교의 "전개와 대단원"에 있어서 결정적인 역할을 한 요소다. 예수는 성전을 멀리하시는 대신에 예루살렘 성전으로의 순례에 동참하시는 등, 자기 백성들의 종교생활에 적극적으로 참여하셨다. 그러나 "당시 성전을 관장하던 고위직 제사장들의 실패에 대해서는 슬퍼하셨다. 그런 예수의 선교가 예수 자신을 평범한 평신도와는 전혀 다른 위치에 서게 했다는 사실이, 예수께서 행하셨던 비판을 제사장들은 물론 예수 자신에게 훨씬 더 위험한 것으로 만들었다".[70]

의심할 여지없이 예수에게는 날카로운 신랄함이 있었고, 그것 때문에 다른 사람들을 날카롭게 만드실 수 있었으며, 실제로 또 그렇게 하셨다. 존 도미닉 크로산은 이렇게 쓰고 있다. 예수는 "썩 잘난 태도를 지닌 유대 촌사람으로, 나의 이런 태도는 유대 하나님의 태도였다고 선포하셨다".[71] 이 유대의 하나님은 예수가 유대교의 공식 기도에서 사용하던 히브리어 Ab 아버지, 혹은 Abniu 우리 아버지라는 이름으로 불러드리기보다는 민중들이 사용하던 친숙한 언어인 아람어 Abba로 불러드리기를 좋아하셨던 하나님이시다. "나라가 임하옵시며"라는 예수의 기도는, 하나님께서 단번에 그리고 영원히, 새로운 종교 교리나 종교 권력이 다스리는 공동체가 아니라, 아바가 친히 다스리시는 새로워진 인간 공동체를 세워주시기를 소망한 기도였다. 크로산은 "하나님의 나라"에 대해 이렇게 쓰고 있다.

> 하나님의 나라란 결코 말이나 생각에 관한 것이 아니다. …… 그것은 삶의 방식에 관한 것이다. 즉, 피와 살로 이루어진 몸에 관한 것이다. 정의는 항상 말이나 생각에 관한 것이 아니라 몸과 삶에 관한 것이다. 부활이란, 단순하게 예수의 영혼 또는 정신이 이 세상에서 계속 살아나간다는 것을 의미하지 않는다. 또한, 예수의 추종자들이나 동지들이 이 세상에서 계속 살아나간다는 뜻도 아니다. 그것은 이 세상에 강한 영향력을 가진 상태로 남아 있는 체현된 삶이어야만 한다. …… 거기엔 불의한 세상에서 거룩한 정의의 삶을 사셨던, 현현하신 갈릴리 사람인 오직 한 분 예수만이 계실 뿐이다. …… 부활 이전의 예수와 부활 이후의 예수, 지상의 예수와 천상의 예수, 육체를 입은 예수와 영혼만을 지닌 예수, 곧 두 예수가 존재하는 것이 아니다. 예수는 유대의 하나님, 곧 하나님을 믿는 공동체를 위해 정의를 이루시는 그 하나님이 성육하신 역사적 예수, 단한 분뿐이시다. 여기서 하나님을 믿는 공동체란 그러한 성육신 사건이 이후로도 지속되도록 계속해서 헌신하는 공동체다.[72]

빵은 항상 몸에 관한 것이고, 몸은 항상 정의에 관한 것이다. 누가에 따르면 예수께서는 "예루살렘을 향해 가는 여정" 초기에 이미 이 점을 분명히 밝히셨다. 어느 안식일에 고향 마을로 돌아가는 길에 예수는 예언서 〈이사야〉에 나오는 본문으로 말씀하셨다. "주의 영이 내게 내리셨다. …… 가난한 사람들에게 기쁜 소식을 전하게 하셨다. …… 포로 된 사람에게 자유를 …… 눈먼 사람들에게 다시 보게 함을 …… 억눌린 사람들을 풀어주고 …… 주의 은혜의 해를 선포하게 하셨다〈누가복음〉 4장 18~19절." 예수께서는 다음과 같은 한 문장으로 당신의 설교 말씀을 여셨다. "이 성경 말씀은 너희가 듣는 가운데서 오늘 이루어졌다〈누가복음〉 4장 21절." 여기까지는 문제가 없었다. 그 말씀을 듣고 있던 청중들은 이미 자신들을 이사야 예언자가 말했던 가난한 사람들과 동일시하고 있었을 것이다. 그러나 예수께서는 거기서 신속하게 앞으로 나아가 당신의 논점을 밝히셨다. 엘리야의 시대에, 하나님은 이스라엘에 있는 많은 과부들을 무시하시고, 대신에 하나님의 예언자를 가난한 이방인 과부에게 보내셨다〈누가복음〉 4장 25~27절. 이것이 의미하는 바는 매우 도발적이었다. 엘리야를 포함해서 예수와 같은 예언자들을 통해 하나님의 자비가 보편화되어, 선민이 아닌 곤궁한 사람들, 그리고 모든 여성과 남성들에게까지 도달했던 것이다. 하나님의 자비는 이스라엘에게만 국한되는 것이 아니다. 그것은 무조건적인 것이다. 이렇게 되면 예수의 고향 마을 청중들은 자신들을 〈이사야〉에 나오는 가난한 사람들과 동일시할 수 없게 된다. 그들은 특별 대접을 주장할 수도 없고, 예수 안에서 하나님의 역사가 전개되어 가는 것을 반대하며 막을 수도 없다.[73]

여기서 예수는 안식일에서의 회당 의례를, 아마도 고의적으로 파괴하시는 것처럼 보였을 것이다. 그만큼 전통적인 갈릴리 사람들의 가정, 지파, 민족, 종교 등에 대한 의존도가 높았다는 뜻이다. 그러나 예수가 예전에 끼친 "해악"은 여기서 그치지 않았다. 이전에 살펴보았듯이, 예수는 성전을 "정화"하심으로써, 그리고 공생애의 마지막 주간에 도성으로 향하는 "승리의 행진"을 흉내 내어 조롱하심으로써, 예루살렘의 종교 권력자들을 격분케 하셨던 것으로 보인다. 여기서 예루살렘 성을 향한 "승리의 행진"이란, 당시 로마 제국의 식민지 분봉 왕이었던 헤롯 왕이 무지한 백성들의 환심을 사기 위해 매해 유월절마다 거행했던 엄숙한 왕실의 행사를 패러디한 것이었다.〈마가복음〉 1장 1~11절, 〈마태복음〉 21장 1~11절, 〈누가복음〉 19장 28~38절, 〈요한복음〉 12장 12~15절. 예수의 성전 정화 사건을 이와 비슷하게 거행된 시위, 곧 강력한 게릴라 연극의 한 편이라고 해석하고 싶은 유혹이 일어나는 것도 사실이다. 그러나 그 장면은 그렇게 단순하지 않다. 성전은 유대인의 생활에 있어서 종교, 예전, 그리고 상업의 중심이었다. 성전은 예수가 하나님과 백성들의 관계를 이해하는 핵심이었다. 바로 이 점 때문에 예수의 저항은, 만일 그것이 저항이었다면 대단히 위험한 것이었다. 만일 문제가 된 것이 성전의 예전이었다면, 예수는 단지 그 음악, 향, 예전복, 그리고 대제사장의 예전 수행 방식만을 비판하신 것일 수 있다.

그러나 예수에게 있어서 문제가 된 것은 예전이나 의례 자체가 아니었다. 오히려 관계, 곧 하나님과 그 백성들 사이의 유대가 문제였던 것이다. 따라서 예수가 성전을 반대해 행하신 시위는 '행위로 하는 비유parable-in-action'로 인식될 수밖에 없다. 그것은 하나님과 성전의 관계, 따라서 하나님과 성전에서 예배하던 사람들과의 관계가 철저하게 바뀌어야 하고, 또 바뀌려고 한다는 사실을 선언하는 것이며, 동시에 백성과 하나님과 성전을 연결해주던 전통적 방식의 유대가 재편되어야 하고, 또 재편되려고 한다는 사실을 선언하는 것이었다. 무언가 새롭고 급진적인 것이 지평선 위로 떠올랐던 것이다. 그리고 그 무언가는 〈요한복음〉에 따르면 예수 자신의 몸, 즉 죽었다가 다시 살아나실 운명의 몸이었던 것이다. 예수의 몸이 바로 성전이며〈요한복음〉 2장 19절, 바로 이 성전에서 하나님과 백성들 사이의 변화되고 있는 관계가 보일 것이며, 동시에 봉인될 것이며, 나아가 음식과 마실 것처럼 음미될 것이다. 예수는 그 이후로부터 성전이란, 더 이상 장소가 아니라 사람이라고 선언하셨다. 이제로부터 하나님과 백성 사이의 관계를 새롭게 하기 위해 필요한 것은 몸이다. 이 몸은 변화하고 성장할 수 있으며, 소리치고 또 속삭일 수 있으며, 약속을 하고 그 약속을 지킬 수 있으며, 행복에 겨워 목에서 즐거운 소리를 낼 수 있으며, 타르트와 달콤한 것들을 맛볼 수 있으며, 분노와 고통에 찬 비명을 지를 수 있는 인간의 몸이다. 또한, 그 행위가 뼈에 새겨지고, 숨결과 피를 통해 운반되며, 빵과 포도주로 주어지는 그런 몸이다. 예수는 그것이 악이었기 때문에 성전을 정화하신 것도 아니고, 또한 성전의 예전이 나쁜 것이었기 때문에 성전을 정화하신 것도 아니었다. 예수는 하나님과 그 백성의 관계가 변화하고 있었기 때문에 성전을 정화하신 것이다. 예수에게 있어서 그 관계의 미래란, 예수 자신의 몸의 미래와 뗄 수 없이 묶여 있는 것이었다. 예수는 그렇게 믿으셨다.

결론

본 장에서 살펴보았듯이, 예수는 기도하는 분이셨고, 다른 사람들에게도 기도하라고 가르쳤던 분이셨으며, "하나님의 이름이 거룩히 여김을 받으시기를", 그리고 "하나님의 통치 혹은 나라가 임하기를" 청원하라고 가르쳤던 분이셨다. 예수는 성전과 회당 모두의 예배에 참여하신 반면, 동시에 이 둘에 대해 비판하기도 하셨다. 그렇다고 해서 예수가 유대교 예배를 전복시키려고 했던, 기원후 1세기의 과격한 혹은 무시무시한 예전 테러리스트였다는 말은 아니다. 오히려 당시 대부분의 유대인들과 마찬가지로, 예수는 예전과 삶, 예배와 정의, 윤리와 의례 사이의 유대를 깊이 믿은 분이셨다. 폴라 프레드릭슨은 이렇게 말한다. "유대인에게는 윤리와 의례가 같은 연장선 위에 놓여 있다. 왜냐하면, 두 가지 모두는 동등하게 계시된 하나님의 뜻이기 때문이다." 마가는 예수께서 안식일에 자주 회당에 들르셨다는 사실과 수많은 사람들이 "예수의 옷 술"이라도 붙잡고 병 낫기를 원했었다는 사실을 언급함으로써 ⟨마가복음⟩ 6장 56절, 독자들에게 예수님의 생애에 전통적인 경건 생활이 끼친 영향을 교묘하게 상기시켜주고 있다. 여기서 말하는 '옷 술'이란, 오늘날에도 전통적인 유대교인들이 입고 있는 옷에 달려 있는 것으로, "멋을 내기 위한" 장식은 아니다. 그것은 그 자체로 의례적인 것이다. 의례적인 옷 술을 옷에 단다는 것은, 성전이 "위임받아 수행하던 희생 제사와 봉헌 제사"**74**를 포함한 모든 유대인들의 삶과 예전이, 곧 하나님이 당신의 언약 백성과 함께 하신다는 거룩한 상징이라는 믿음을 강조하는 것이었다.

    예수를 괴롭혔던 것은 유대교의 예전이 아니었다. 그것은 예전이 수행하고 구체화한다고 주장했던 관계였다. 본 장에서 여러 차례 언급했듯이 예수는 갈릴리 사람이었다. 즉, 그는 "책임 맡은 사람", 곧 예루살렘의 정치적 종교적 귀족들과는 상당히 다른 삶을 살았던 분이셨다. 마이어가 언급했듯이, 예수의 생애 대부분은 "참을 수 없을 정도로 평범했으며, 이 평범함에는 어떤 특별한 종교적 자격증이나 '권력 기반'도 없는 평신도라는 평범한 지위가 포함되어 있었다." 실제로 예수의 생애 대부분이 이름 없고, 기억할 것도 없으며, 아무런 사건도 없는 인생이었던 것처럼 보인다. 예수에게는 PR 조직도, 혹은 광고 담당자도, 홍보 요원도 없었고, 예루살렘의 종교적 정치적 "최고위층 인사"와의 연줄도 없는 듯했다. 예수는 보잘것없는 지역 출신의, 무시해도 좋을 법한 하찮은 존재였다. 또한, 예수의 기준으로 보면 그렇지 않겠으나, 우리의 기준으로 보면 가난한 목수였다. 마이어는 계속 이렇게 쓰고 있다. "이상하게 들릴 수도 있겠지만, 예수는 팔레스타인의 역사 대부분에 나타난 사막의 돌풍과는 거리가 있는 신기할 정도로 평온한 오아시스에서 성장했고, 대부분의 선교를 그곳에서 수행하셨다." 그래서 12세 혹은 13세 무렵의 예수의 삶에 대해서 복음서가 전하는 내용은 거의 없다. "아마도 실제 아무런 일도 일어나지 않았기 때문에, 그 삶에 대한 침묵이 적절한 설명이었을 것이다."[75]

따라서 생애 대부분의 기간 동안 예수는 "참을 수 없을 정도로 평범한" 사람이었다. 그는 평생을 두고 독실한 유대교인이었지만 로마의 법에 따라 죽임을 당하셨다. 그러나 예수의 처형 방법조차도 당시로서는 그리 특별한 것이 아니었다. 십자가 처형 방식은 정치적 반역자들이나, 심지어 정치적으로 위협이 된다고 판단된 자들에게 가해졌던 로마의 일상적인 사형 제도였다. 죽음의 순간에도 예수는 그렇게 "참을 수 없을 정도로 평범한" 상태로 돌아가신 것이다. 예수는 두 범죄자 강도들 사이에서 십자가에 달려 처형당하셨는데, 이는 예수가 수많은 죄인들 중 하나로 취급당했다는 의미다. 그러나 바로 이 평범성이 예수로 하여금 예언자, 치유자, 그리고 하나님의 다스리심 혹은 통치, 인간의 삶 속으로 파고 들어오시어 인간의 삶을 전복하실 뿐만 아니라, 그 삶의 안과 밖을 완전히 뒤집어놓으시는 하나님의 다스리심 혹은 통치를 선포하시는 분으로서 놀라운 권능을 갖게 해주었다. 그리하여 어떻게 그렇게 하셨는지는 자세히 모르겠으나, "하찮은 곳에서부터 온 보잘것없는 존재", 서른서너 살 정도로 보이는 유대 촌놈, 무시해도 좋을 만한 갈릴리의 예언자인 예수는, 놀랍게도 다른 사람들이 자신이 행했던 일 그대로를 계속 실행할 수 있도록 힘을 주는 방법을 찾아내셨던 것이다. 예수의 가르침을 강력한 것으로, 그리고 접근 가능한 것으로 만들어준 요인은, 그 자발성과 그 평범함이었다. "내가 하는 일은 너희들도 할 수 있다"라고 예수는

의례의 규칙 187

말씀하셨다. "너희가 배고픈 자를 만나거든 먹을 것을 주어라. 목마른 자를 만나거든 마실 것을 주어라. 감옥에 갇힌 자를 만나거든 그를 찾아가주어라. 헐벗은 자를 만나거든 입을 옷을 주어라."

예수는 유대교의 예전을 거부하신 것이 아니었다. 그는 다만 사람, 세상, 그리고 하나님 사이의 관계를 새롭게 정의하신 것이다. 이 일은 주로 식탁에서 이루어졌다. 영국학자 노먼 페린Norman Perrin, 1920~1976은 거의 40년 전에 이루어진 그의 혁신적 연구서인《예수의 가르침을 재발견하기Rediscovering the Teaching of Jesus》에서 다음과 같이 쓰고 있다.

> 예수가 선포하신 메시지의 핵심적 특징은 …… 죄의 용서에 대해 도전하신 점과, 하나님 및 다른 사람들과 새로운 관계를 맺을 가능성을 제공하신 점이다. 이 특징은 현재의 기쁨을 향유하고 동시에 앞으로의 성취를 갈망하는 식탁 교제로 상징화되었다. 이러한 기쁨과 즐거움의 식탁 교제는 십자가 사건 이후에도 지속되면서, 초기 그리스도인들의 공동체 생활에 구심점을 제공해주었다. 또한, 이 식탁 교제는 초기 그리스도인들의 공동체 생활과 부활 이전에 나누었던 예수와 제자들 사이의 교제 사이를 가장 직접적으로 연결해주는 것이었다. …… 이 식탁 교제를 예수의 선교에 있어 핵심적인 특징으로 여기는 것은 충분히 타당하다. 하나님의 나라를 선취하고, 동시에 지금의 기쁨과 도전을 진정으로 향유하면서, 식탁에 둘러앉는 것이 그 특징이다.[76]

예수는 한 끼 식사에 사람들을 불러 모음으로써 그들에게 힘을 주셨다. 그러나 하루의 일과가 끝났을 때 먹는 끼니는 단지 음식 그 이상의 의미를 지닌다. 이러한 식사는 사회적 지형도에 해당한다. 이것은 인간의 관계를 규정해주는 것이며, 혹은 그 관계를 보호해줄 수도, 혹은 파괴할 수도 있는 지도다.

이때 누가, 무엇을, 누구와 함께 먹느냐가 관건이다. 그리고 바로 그 식탁에서 예수의 참을 수 없는 평범함은 사라지기 시작한다. 예수께서 식사를 위해 제안하신 지형도는 철저하게 포용적인 것이었다. 최소한 우리가 〈누가복음〉의 말씀을 믿는다면 그러하다. R. 앨런 컬페퍼R. Alan Culpepper는 누가가 예수를 추방당한 사람들, 죄인, 사마리아인, 여성, 곧 사회적 종교적 "유력자들"이 종종 배척하고 정죄했던 그 사람들에 대한 선교에 거의 집착하다시피 했던 예언자로 기록하고 있다고 설명한다. "〈누가복음〉에서 예수는 다른 복음서에서 보다 더 많이 죄인들을 언급하고 있다17회. …… 죄인이라는 이 단어는 식탁 교제에서, 그리고 종교적인 권위자들에 의해서 경멸당하던 사람들과 음식을 함께 먹는 장면에서 종종 나타난다."77

예수께서는 스스로 거룩하다고 자부하는 자들보다 스스로 죄인이라고 고백하는 사람들로부터 배울 것이 더 많다고 믿으신 것 같다. 예수의 식탁 사역에서 가장 충격적인 사실은, 예수가 자신의, 그리고 우리의 기본적인 권리, 곧 "죄인들과 교제할 권리"를 주장하신 점이다.78 〈마태복음〉에 기록되어 있는 중풍병 환자를 고쳐주신 유명한 이야기를 회상해보자. 예수의 행동은 격렬한 반론을 불러 일으켰다. 왜냐하면 중풍병을 치료해주셨을 뿐만 아니라 그 환자에게 하나님의 용서를 확증해주셨기 때문이다. 그 장면의 목격자들을 격분하게 만들었던 것은 예수께서 "기운을 내라. 아들아, 네 죄가 용서함을 받았다"라고 말씀해주신 대목이다〈마태복음〉 9장 2절. 그것도 중풍병 환자가 자신의 "죄를 고백"하기도 전에 예수께서 용서를 선언하셨기 때문이었다. 더글러스 헤어Douglas Hare, 1929~는 이 점에 대해 다음과 같이 언급한다. "예수께서는 참회 혹은 고백 이전에 거룩한 용서를 제공하신다. …… 즉, 중풍병 환자 쪽에서 용서를 구하기도 전에 …… 예수가 그렇게 나쁜 친구들과 함께 어울리신다는 사실은, 믿음이 신실한 종교인들에겐 스캔들이었다. 예수의 적들은 그를 '먹고 마시기를 탐하는 자요, 세리와 죄인들의 친구'라고 조롱했다."[79]

요컨대 예수는 사람들이 "믿음을 가지고" 덕스럽게 혹은 성스럽게 되기까지 기다리지 않기로 선택하셨던 것이다. 또한, 사람들이 용서를 구할 준비가 되기까지 기다리지 않기로 선택하셨다. 대신에 예수께서 주도권을 쥐시고, 그분의 말씀을 듣는 사람들로 하여금 용서를 구할 준비를 할 수 있도록 은혜롭게 이끄셨다. 이렇게 해서 예수는 죄인들과 교제할 자신의 권리, 우리의 권리를 확증하셨던 것이다. 다시 말해, 예수께서는 실제로 죄인들을 식탁으로 초청할 권리, 그리고 의롭지 못한 자들과 잔치를 벌일 수 있는, 양도할 수 없는 권리를 주장하셨던 것이다. 예수께서는 우리가 죄인들과 어울릴 권리를 가지고 있을 뿐만 아니라, 죄인들과 함께 식탁에 둘러 앉아 겸손하게, 즐겁게, 감사하게 먹고 마실 수 있는 권리도 가지고 있다고 말씀하셨다. 예수가 제시하신 새로운 "식사를 위한 지형도"에 따르면, 식탁이란 죄인들이 둘러앉아서 "사람의 몸을 입고 계신 하나님"의 현존 가운데 잔치를 벌이는 장소를 의미한다. 이런 하나님을 만나기 위해서 우리에게 필요한 것은 덕이 아니라 굶주림, 동경과 갈망, 그리고 욕망이라고 예수는 말씀하신다. 메리앤 사위키Marianne Sawicki는 이렇게 쓰고 있다. 굶주림은 우리가 하나님의 말씀을 듣기 위해, 그리고 부활하신 주님께 가기 위해 필요한 "기본적인 능력"이다. 예수의 관점에서 보면 죄인들이 모여 있는 식탁이란, "어린아이조차도 자기 머리를 편히 뉘일 수 있는 하나님의 앞가슴"과도 같다. 그 이하는 결코 아니다. 또한, 그 식탁은 "그 가르침이 입맞춤처럼 달콤하게, 그리고 눈물처럼 맑게 흐르는" 그분의 발이다.[80] 그리스도인들의 식탁이란 가장 작은 자, 가장 보잘것없는 자, 그리고 길 잃은 자들이 마침내 집을 찾는 곳이다.

따라서 용서는 예수의 가르침의 핵심에만 들어 있는 것이 아니라, 그분의 식탁 사역의 핵심에도 들어 있다. 이는 예수가 의례를, 자신들의 공적, 즉 덕, 믿음, 교리의 이해, 하나님 예배 등에 있어서의 공적을 증명할 수 있는 기회뿐 아니라, 필요, 굶주림, 갈망 등을 드러낼 수 있는 기회라고 보셨다는 의미다. 용서, 의례, 그리고 그 관계에 대해 예수가 혁신적으로 이해하실 수 있었던 것은, 시간을 연대기적으로 이해하지 않으셨기 때문이었다. 토머스 시행의 말처럼 예수는 과거, 현재, 미래를, 통시적인 diachronic 시간의 연속선 위에 놓여 있는 시점들로 생각하지 않으셨다. 과거와 현재와 미래는 "예수에게만 의미가 있었던 단 한 가지의 관점으로 읽어내야 했던 종말론적 범주들"이었다. 즉 그것은 인간들 가운데 하나님이 현존하신다는 관점이었다.

"과거"란 죄와 사탄의 통치인 동시에 하나님으로부터의 인간의 소외이며, 하나님 아버지의 은사로 들어갈 수 없는 모든 것의 무게다. 예수에게는 이 모든 것들이 지나갔고 또 지나가고 있는 중이다. 바로 여기로 "미래", 곧 정의와 자비의 삶을 살아내는 사람들에게 오시어 함께하시는 하나님의 현존으로서의 "미래"가 다가온다. ······

이러한 시간들의 흐름을 가리켜 예수께서 사용하신 이름이 바로 "용서"다. 그러나 예수가 사용하신 용서라는 단어는, 통상적으로 사용되던 종교적인 의미의 용서가 아니었다. 하나님 아버지의 용서는 존재론적 부채의 탕감을 의미하지 않는다. ······ 또한, 한 개인의 죄를 하나님의 자비로 눈감아주시는 것을 의미하지도 않는다. ······ 예수께서 가르쳐주신 용서란, 기본적으로 죄와 관련된 것이 결코 아니고, 종말론적인 시간을 넘어가는 것을 의미한다. 하나님 아버지의 '용서하심' 안에 주어진 것은 종말론적 미래, 곧 하나님 자신이었다. 그러므로 용서란, 지금 여기로의 하나님의 임재, 또한 그 백성들에게 하나님 자신을 풍성한 은사로 내어주심, 그리고 성육신을 통한 인간들과의 소통을 의미했다.[81]

예수의 식탁 사역은 아바의 '용서하심'의 지도며 아이콘이었다. 타우시 그는 예수의 기도 생활에 관한 그의 연구에서 다음과 같이 탁월한 견해를 밝히고 있다.

〈주기도문〉은 기도하는 사람들에게 자신들이 속한 사회적 상황에 개입할 것을 요구한다. 용서하지 않고서 용서에 관해 기도할 수 없다. 보다 심각한 사회적 상황에서는 당면 문제에 개입하지 않으려고 저항하는 서로에 대해 비판하지 않고서는 용서에 관해 기도할 수 없다.

이와 마찬가지로 …… 하나님의 나라가 이미 오고 있다는 전제로 행동하지 않고서는 …… 하나님의 나라에 대해 기도할 수 없다. 가정에서 일어나는 우상 숭배에 도전하지 않고서는 하나님의 거룩한 이름에 대해 기도할 수 없다. 다른 사람을 돌보는 일에 헌신하지 않고서는 자신의 빵을 위해 기도할 수 없다.

…… 역사적 예수의 기도들은 거의 모두 웃고, 비판하고, 울며, 논쟁하고, 저항할 준비가 된 그룹 안에서 기도할 것을 요구한다. ……

이런 종류의 기도는 그 목소리가 하늘에까지 닿는 것을 포함하지 않는다. 또한 자신의 내면으로 침잠해 들어가는 것을 요구하지도 않는다. 그 기도는 상황 자체 안에서 하나님을 만나는 것을 의미한다.[82]

하나님의 현존이 성전의 예전 안에서 알려지고 경배된다는 사실을 부인하지 않으시면서, 예수는 자신의 아바 또한 보통 사람들의 하나님이라고 선포하신다. 예수의 비전을 특별하게, 심지어 위험스럽게 만들었던 것은 그의 혁명적 언사가 아니라, 하나님 역시 "참을 수 없이 평범하시다"라는 그의 확신이었다. 토머스 시핸은 이에 대해 다음과 같이 쓰고 있다. "예수께서 말씀하신 대로, 남자 그리고 여자 속에 하나님이 임재하신다는 사실은 새로운 것이 아니며, 하나님이 마지막 때를 위해 예비해두신 선물도 아니다. 예수께서는…… 항상 있어 왔던 것을 선포하셨다. 예수는 하나님께서 태초부터 이미 이루어놓으신 것을 깨달으라고 사람들을 초청하신 것이다."[83] 예수는 지루한 나날의 일상 속에서 하나님의 현존을 만날 수 있다고 말씀하신다. 즉 일상적인 것으로부터 거룩한 것을, 우연히 발견한 것으로부터 성스러운 것을, 비천한 것으로부터 고귀한 것을, 평범하고 인간적인 것으로부터 거룩한 것을 만날 수 있다고 말씀하시는 것이다. 이토록 참을 수 없을 정도로 평범하신 하나님은 한 여성이 밀가루 반죽에 섞어 넣는 누룩 속에서도 나타나시고, 어떤 주부가 부엌 바닥에서 찾아낸 잃어버렸던 동전 속에서도 나타나시며, 부정직하고 영리한 종이 자신의 미래를 위해 성공적으로 짜놓은 계획에서도 나타나신다. 동시대의 다른 많은 사람들과 마찬가지로 예수 또한 하나님의 "나라" 혹은 하나님의 "다스리심"을 기다리고 계셨다. 그러나 예수에게 이 "나라"는 하나님에 "관한about" 나라도 아니고, 하나님"의of" 나라도 아니다. 그 나라는 곧 현존하시고 활동하시고 살아계시며 자유로우시며 우리가 통제할 수 없는 하나님, 아바Abba시다. 우리가 통제할 수 없는 아바 하나님의 현존은, 그러나 대부분의 정치적 종교적 권력이 그렇게 하는 것처럼 사람들을 지배하거나 강요하거나 예속시키는 권세가 아니다. 하나님의 "다스리심"은 사람들을 해방하는 '용서하심'을 통해, 그리고 그 '용서하심' 속에서 드러난다. 그것은 힘 자체에 관한 것이 아니라, 힘을 부여하는 것에 관한 것이다.

본 장에서는 "참을 수 없을 정도로 평범한" 갈릴리 주변부의 유대교 평신도로서의 예수께서 어떻게 의례 기도를 다시 그려 보셨는지에 대해, 또한 의례가 하나님, 사람, 그리고 세상 사이의 관계를 어떻게 재규정하고 반복하는지에 대해 예수가 어떻게 다시 그려 보셨는지를 살펴보았다. 다음 장에서는 식탁을 집으로 하고, 가난한 자들을 섬기는 일을 중심으로 삼는 공동체를 형성하는 세상, 곧 하나님 아버지의 "다스리심" 혹은 "나라"를 예수가 어떻게 다시 그려보셨는지를 살펴볼 것이다.

성찰을 위한 질문

1. 제3장에서 논의된 내용의 관점에서 볼 때, 성례전의 수행에 있어서, 오늘날의 그리스도인들은 "예수께서 하신대로 행하고 있다"라고 여전히 말할 수 있는가?

2. 잘 알려진 성서학자 존 마이어는 예수를 "성직 제도"의 일원이 아니라 독실한 평신도로서 자신의 선교를 수행하셨던 갈릴리 출신의 "주변부 유대인"이라고 묘사하고 있다. 평신도 설교자요, 평신도 예언자라는 예수의 정체성이 예전 기도에 관한 예수의 견해에 어떤 영향을 주었다고 보는가? 또한 그러한 기도가 어떻게 우리와 하나님을 연결시켜준다고 보는가?

3. 〈주기도문〉에서의 기도에 관한 예수의 가르침을 생각해볼 때, "하나님의 이름을 거룩하게 하기"란 어떤 의미인가?

4. "만약 〈주기도문〉이 공중 기도에 대한 예수의 생각과 수행이 어떠한 것인지를 보여주는 신뢰할 만한 지침이라면, 이렇게 믿을 만한 이유가 충분하다면 우리는 다음과 같이 말해야 한다. 즉, 예수께서는 예배의 의례들을, '하나님으로 하여금 우리가 보는 방식대로 세상을 보게 하고, 우리가 원하는 것을 주도록' 조정하는 기술로 이해하거나, 혹은 진리에 대한 우리의 승리를 주장하는 기회들로 이해하신 것이 아니라, 철저한 '박탈'의 행위로 이해하셨다고 말해야 한다. 예수의 백성들의 예전을 형성했던 기본적인 의례적 몸짓들은 취하는taking 행위들이기보다는 수용하는receiving 행위들이었고, 소유하는possessing 행위들이기보다는 버리는 divesting 행위들이었다." 이상의 본문을 염두에 두고, 예수가 유대인이라는 사실

이 우리 그리스도인들이 예배를 이해하는 데 어떤 영향을 준다고 보는가?

5. "인류가 기억을 간직하고 있기 때문에 인류에겐 미래가 있다. 인류는 그 기억으로부터, 그리고 그 기억을 위해, 혹은 그 기억을 향해 살아간다. 왜냐하면, 기억은 과거보다는 미래와 관련이 있기 때문이다. 기억은 과거의 모습을 한 채, 우리가 알지도 못하는 사이에 우리 가운데 살고 있는 미래이다." 이상의 본문을 염두에 두고, 그렇다면 예전은 어떻게 "기억"하는가?

독서를 위한 제안

Paula Fredriksen, *Jesus of Nazareth, King of the Jews: A Jewish Life and the Emergence of Christianity*, New York: Knopf, 1999. 그가 철저한 유대인이었다는 정체성을 강조하는, 예수의 생애와 선교에 관한 중요한 한 연구.

Eugene LaVerdiere, *Dining in the Kingdom of God: The Origins of the Eucharist According to Luke*, Chicago: Liturgy Training Publications, 1994. 당시부터 현재까지 지속되는 예수의 식탁 사역의 중요성을 강조하는, "성찬 복음"으로서의 〈누가복음〉에 관한 한 연구.

John P. Meier, *A Marginal Jew: Rethinking the Historical Jesus*. Vol. 1, *The Roots of the Problem and the Person*. Vol. 2, *Mentor, Message, and Miracles*. Vol. 3, *Companions and Competitlrs*. Anchor Bible Reference Library, New York: Doubleday, 1991, 1994, 2001. 현재 로마가톨릭의 유력한 성서학자가 진행하고 있는 역사적 예수에 관한 연구.

Kenneth Stevenson, *Abba Father: Understanding and Using the Lord's Prayer*, Norwich: Canterbury Press, 2004. 저명한 성공회 학자이며 포츠머스의 주교인 저자의 〈주기도문〉에 관한 성서적 예배학적 연구.

Hal Taussig, *Jesus before God:the Prayer Life of the Historical Jesus*, Santa Rosa, Calif.: Polebridge Press, 1999. 〈주기도문〉에 관한 상세한 축자적 주석이 달려 있는, 예수의 기도 생활에 관해 접근이 용이한 연구.

의례의 영역
다시 그려본 세상

　제5장에서도 다시 한 번 살펴볼 예정이지만, 문학 비평가인 루이스 리언 Luis León의 한 에세이에 우리의 주목을 끌만한 내용이 담겨 있다. 그 내용은 라틴 여성들이 전통적인 종교적 신화, 상징, 그리고 의식들을 변형하고 재해석하는 창의적인 방식에 관한 것이다.¹ 그러나 그들은 신학에 관한 공적인 세미나들이나 교회 지도자들과의 공식적인 대화 등을 통해서가 아니라, 가정과 가족에 대한 자신들만의 독특한 경험, 즉 "은혜의 신학"의 "탄생지"인 가정과 가족에 대한 독특한 경험을 통해서 그렇게 한다.² 올랜도 에스핀Orlando Espín은 라틴 여성들이야말로 나날이 경험하는 죄와 은혜를 위한 "상징적 가정symbolic home"인 대중적 가톨릭의 "살아 있는 해석학"이라고 말한다. "라틴 성인 여성, 즉 우리 어머니, 할머니, 숙모, 그리고 누이는 대중적 가톨릭의 생존과 활력을 책임져왔다. 그들은 성서적 메시지와 하나님의 생각과 마음을 현명하게 해석한 사람들이었고, 윤리 교사들이었으며, 우리

의례의 영역　197

네 기도의 인도자들이었고, 나아가 하나님과 성인들에 대한 우리 가족의 살아 있는 성례전들이었다."³

가족의 기도 인도자이며 성서 해석자로서 중요한 역할을 감당하면서, 이 여성들은 문화, 계급, 라틴 공동체 안에서 일어나는 갈등들에 대한 날마다의 경험과 신앙사이를 연결시켜준다. 이는 에스핀과 같은 신학자가 지적하듯이, 종교는 "하나님에 대한 경험이 믿는 사람들의 문화와 역사와 삶 속에서 진실로 성육신 될 때에만 존재할 수 있기 때문이며," 그래서 "가톨릭 신자가 되는 방식, 혹은 은혜와 죄를 경험하는 방식은 결코 한 가지만이 아니기 때문이다". 이 경험이 상징적으로, 그리고 의례적으로 어떻게 그려지는가, 혹은 어떻게 다시 그려지는가에 따라 그 공동체의 하나님에 대한 경험이 크게 달라진다. 예를 들어, 미국의 경우처럼 라틴계 사람들이 불의와 차별, 인종주의와 편견의 대상이 된다면, "그들의 가톨릭 신앙과 그들의 죄와 은혜에 대한 경험은, 그런 공동체들의 갈등과 고난이 그들의 하나님에 대한 경험, 그들의 죄와 은혜에 대한 경험을 형성하는 것으로 받아들여지지 않는 한, 그리고 그 갈등과 고난의 경험이 사회화의 요소로 받아들여지지 않은 한, 더 큰 편견 없이 이해될 수는 없을 것이다".⁴

이 책의 프롤로그에서 이미 지적했듯이 예전적 의례는 항상 관련성 connection에 관한 것, 즉 "하나님, 사람, 지구", "공간, 시간, 문화, 역사", 그리고 "차이와 타자성, 기억과 기대"와 관계되거나 관계를 맺는 것과 관련된 것이다. 그리고 이 점 때문에 하나님, 죄, 그리고 은혜에 대한 경험은, "본질적으로 연관되어 있는 세 가지 예전이 합류confluence"될 때에만 가능하다. 이 세 가지 예전이란, 세상의 예전, 교회의 예전, 그리고 이웃의 예전이다. 이러한 합류를 알아보기 위해서는, 그리고 그것이 어떻게 실제의 시간과 공간 속에서 실제의 삶에 영향을 주는지를 파악하기 위해서는, 전에는 생각하지도 못했던 가능성들을 그려보는 능력뿐만 아니라, 그것들을 다시 그려보는 능력이 필요하다.

그래서 앞의 세 장에서는 의례의 뿌리, 의례의 역할과 위험성, 그리고 예수의 생애 및 사역과 관련된 것으로서 의례의 규칙에 대해 살펴보았고, 이제는 의례가 우리로 하여금 그려보도록 초청하는 세상이란 어떤 세상인지를 알아보려고 한다. 이 세상은 그리스도교의 《성서》가 "비유"라고 부르는 좀 성가시고 파격적인 이야기 속에서, 도래하는 하나님 나라가 스스로를 드러내는 그런 세상이다. 비유의 전략은 도발이다. 그것은 청중들로 하여금 스스로 변화해 회심하도록 도전하는 전략이다. 이제 비유적 담화들, 최근의 것, 동시대의 것, 혹은 오래된 것이나 《성서》에 나오는 담화 몇 편을 예로 들어 논의해볼 것이며, 이들 이야기에 관해 우리가 발견한 것들을 기반으로, 예전과 의례가 계시의 원천으로서 여전히 유효한지, 그리고 제2차 바티칸 공의회 문헌 중 〈하느님의 계시에 관한 교의 헌장 – 하느님의 말씀 Dei Verbum〉에 나타나는 주제에 합당한지를 살펴볼 것이다. 작고한 미국 작가 유도라 웰티의 단편 소설 〈닳고 닳은 길 A Worn Path〉에 대해 숙고하는 것으로 시작해보자.

전주

"우주는 원자가 아닌 이야기로 구성되어 있다."[5]

피닉스 잭슨 Phoenix Jackson은 …… 매우 몸집이 작은 늙은 노파였다. 그녀는 어두운 그림자가 드리워진 소나무 숲길을 천천히 걸어갔다. 할아버지의 시계에 달린 추처럼 무거움과 가벼움의 균형을 맞추면서 한 걸음 한 걸음 천천히 움직였다. 우산대로 만든 앙상하고 작은 지팡이로 앞에 놓인 얼어붙은 땅을 계속 두드려가면서 천천히 나아갔다. 지팡이로 땅을 치는 소리가 조용한 공기 속에 암울하고도 집요한 소리를 만들어냈고, 이 소리는 외로운 작은 새의 지저귐처럼 명상에 잠긴 듯 보였다.[6]

유도라 웰티의 단편 소설인 〈닳고 닳은 길〉의 시작 부분에 나오는 피닉스 잭슨은 미시시피 주의 소나무 숲을 통과해 작은 마을로 가는 할머니다. 그녀는 심하게 아픈 손자에게 줄 약을 사러가는 길이다. 그 길은 멀고 날씨는 험한데, 길에서 만나는 사람들은 그녀를 보고 곤혹스러워한다. 낯선 이가 나이를 물으면, 피닉스는 이렇게 대답한다. "그건 알 수가 없네요. 선생님…… 알 수가 없어요." 그녀는 자신이 어디로 향해 가는지에 대해 생각할 필요가 없다. "그녀는 자신의 발이 인도하는 대로 가는 것뿐이었다."[7] 마침내 병원에 도착했지만 피닉스는 자신이 왜 이 길을 왔는지 잊어버렸다는 사실을 깨달았다. 간호사가 그녀의 손자에 대해, 그리고 손자의 아픈 목에 대해 물을 때까지 그녀는 왜 이 길을 왔는지 몰랐다. 간호사가 말한다. "손자에 대해서 빨리 말해주세요. 죽은 것은 아니죠?" 바로 이 순간 독자는 피닉스 자신을 포함해 그 누구도 손자가 살았는지 죽었는지를 모르고 있다는 사실을 깨닫게 된다. 이야기는 허공에 이 모호함을 매달아둔 채로 이렇게 끝난다.

수십 년이 지난 후, 웰티는 작품 발표 후 학생들이 던져왔던 모든 질문들 가운데 가장 "압도적으로 많은 질문"은 이것이었다고 말했다. "피닉스 잭슨의 손자는 정말로 죽었나요?" 이 질문에 대해 웰티는 이렇게 썼다. "어떤 사실을 의도적으로 숨김으로써 독자들을 궁금하게 만들려는 의도는 없었다. 이렇게 독자들을 놀리는 것이 작가의 일은 아니니까." 웰티는 계속해서 이렇게 말한다.

이 소설은 손자의 약을 사러 가는 피닉스의 입장에서 쓰인 것이다. 그 입장에서 보면 아이는 여전히 살아 있다. 그럼에도 불구하고 독자들이 어떻게 생각하는가는 그들의 자유다. "이 이야기는 어떤 일이 일어나든 피닉스가 걸을 수 있는 한, 그리고 손자를 구하겠다는 목적이 있는 한, 그녀는 계속 걸을 것이라고 믿게 만든다."[8]

웰티는 자신의 소설 〈닳고 닳은 길〉을 읽은 학생들이 궁금해했던 문제가 어쩌면 잘못된 것이라고 생각한다. 손자가 죽었는지 혹은 살았는지의 문제는 이 이야기에서 별로 중요하지 않다. 가장 중요한 사실은 피닉스가 살아 있다는 것이며, 이 이야기 속에서 유일하게 확실한 것은 닳고 닳은 길 그 자체다. 그 길은 웰티가 "깊이 뿌리박힌 사랑의 습관"이라고 부르는 것으로서, 이것이야말로 이 소설의 진짜 주제다. "사랑의 습관은 비틀거리면서도 혼란을 뚫고 온갖 고난을 헤치며 나아간다. 그것은 얼떨떨해지는 어떤 순간, 왜 이 길을 가는지 그 이유를 잊을 때조차도, 그 길을 기억한다. 결국 중요한 것은 그 길이다."[9] 피닉스와 그녀의 길은 사랑의 절절함을 표현해주며, 결국 궁극적으로는 손자의 실제 운명이 어떤 것이든, 그 이야기는 죽음이 아니라 삶에 바치는 송가頌歌다. 웰티는 이런 관점을 다음과 같이 간단명료하게 요약하고 있다.

피닉스가 그랬던 것처럼, 우리들도 평생 모든 장애물과 잘못된 모습들, 그리고 스스로에게 행하는 잘못들을 헤치고, 하나의 의미에 도달하기 위한 길을 찾으려고 애쓴다. …… 그리고 마침내 우리들도 피닉스처럼, 우리가 그렇게 수고했던 이유는 죽음이 아니라 삶을 위한 것이었다고 생각해야 한다.

그러나 결국 우리는 오직 희망 때문에 그 길을 갈 것이다. 그렇지 않은가?[10]

나는 길을 떠났던 피닉스 잭슨의 이야기로 이 장을 열었다. 그 이야기가 의례를 경험하는 것에서 일어나는 많은 현상들을 잘 묘사해주고 있기 때문이다. 의례는 "마음으로 행하는 것"이다. 그것은 몸으로 "생각하는" 방식이며, 피부로 "기억하는" 방식이다. 우리의 가장 깊은 동기motive와 기억memory 들은, 길을 기억하는 발feet 속에 묻혀 있다. 발은 "얼떨떨해지는 어떤 순간", 정신이 잊어버리는 때조차도 그 길을 기억하기 때문이다. 의례는 그 자체로서 "깊이 뿌리박힌 사랑의 습관"에 살을 붙여주는 "닳고 닳은 길"이다. 그 길 자체가 중요한 것이다. 내가 제2장에서 말했듯이 의례는 종교적 혹은 신학적 "의미들"의 고리chain가 아니라, 오히려 만나기meeting와 만들기making다. 이 점에서 의례는 예술과 토대를 공유한다. 왜냐하면 유도라 웰티가 말하듯 예술에서 만들기란, "의미를 가진 무엇이며 …… 아름다움은 한동안 선하고 참을성 있는 손아래 있는 무엇일 것이며 …… 만들기 자체로 그 작품을 영원히 형성하기 때문이다". 그리고 이것이 예술에서든 의례에서든 만들기가 그 자체로 "은혜의 선물"인 이유다.[11]

피닉스 이야기로 이 장을 시작한 데에는 또 다른 이유가 있다. "우주는 원자로 구성되어 있지 않다. 그것은 이야기로 구성되어 있다." 그리고 유도라 웰티는 그녀가 의도했든 의도하지 않았든 〈닳고 닳은 길〉을 쓰면서 현대적 비유 하나를 창조해낸 것이다. 간단히 정의해보자면, 비유란 편안한 해답을 제공하지 않은 채 성가신 의문들을 불러일으키는 이야기다. 그래서 비유의 전략은 은근하게 관습을 거스르는 것이다. 그것은 독자들의 기대를 교묘하게 전복하며, 단지 "의미"의 차원, 즉 의미론에서뿐만 아니라 실제 삶의 차원, 즉 윤리에서 위기를 불러일으킨다. 따라서 비유의 영향력은 〈벨베데레의 아폴로Belvedere Apoll〉상으로 알려진 고대의 조각 작품이 지니는 영향력과 같다. 이 조각상은 머리 부분이 소실되었으나 토르소Torso에 엄청난 힘과 에너지가 모여 있어 시인 라이너 마리아 릴케Rainer Maria Rilke, 1875~1926는 이렇게 묘사한 바 있다. "가슴의 곡선"이 눈이 부시며, 그 돌 자체가 "야생 동물의 털처럼 반짝이는 듯", 혹은 "별처럼" 보는 이에게 빛을 발한다. 우리가 아폴로 상을 파악하는 것이 아니다. 아니 아폴로상이 우리를 붙잡고 우리에게 "너는 너의 삶을 바꿔야 한다"고 요구하고 있다.¹² 예술처럼 의례 또한 변화와 회심을, 그리고 새로운 방식으로 보고, 듣고, 느끼고, 알기를 요구한다. 비유는 도발이다. 그 도전이 조각 작품을 보는 것으로부터 오든, 혹은 이야기를 듣는 것으로부터 오든 말이다.

의례

손으로 그린 이야기들

도발로서의 비유라는 주제에 대해서는 본 장에서 잠시 후 다시 언급할 것이지만, 여기서는 먼저 가장 오래된 인간의 이야기들을 살펴보자. 최초의 이야기꾼들은 목소리voices가 아니라 손hands이었다. 어쩌면 손 자체가 이야기이기 때문일 것이다. 독일의 건축가 루돌프 슈바르츠Rudolf Schwarz, 1897~1961는 현대 문화를 위한 현대적 교회당 건축의 선구자로서 다음과 같이 쓴 적이 있다. "그 모든 손가락을 손바닥으로부터 펼칠 때", 손은 "팔 끝에 있는 열린 별"이다. 손들은 많은 이야기를 들려준다. 슈바르츠는 계속해서 다음과 같이 말한다.

손은 빛을 발할 수도 있다. ……
손은 스스로를 비울 수도 있다. …… 손가락을 모으면 사발 모양이 되어, 그

손은 비어 있게 되고 동시에 열려 있어 무언가를 붙잡을 수도 있다. ······

손은 만질 수도 있다. ······ 맨 처음의 가벼운 터치만으로도 무언가에 닿으려고 뻗었던 손을 움츠리게 할 수 있다. 무언가에 굴복하는 것은 그 안으로 침잠하는 것이 된다. 무언가에 조용히 손을 얹고 손가락으로 그것을 만질 수도 있다. 손은 안심시킬 수도 있고, 사랑할 수도 있고, 축복할 수도 있다. 여기서 존재가 존재에게 굴복한다. 여기에 치유가 있다.

무엇보다도, 물론, 손은 느낄 수 있다. 손은 "세상을 온갖 방향에서 '보기see'" 때문에, "눈보다 세상을 더 잘 이해한다".[13]

오늘날 우리는 나무에 거주하던 인류의 조상humanoid이 직립 보행할 수 있게 되어, 그들의 손이 기본적인 이동 수단이었던 역할에서 벗어나, 도구를 설계하고 만들며, 식량을 채집하고 저장하며, 물건들을 옮기고, 위험 신호를 보내며, 적을 공격하겠다고 위협하고, 무엇인가를 붙잡고, 껴안고, 서로 붙잡을 수 있게 되기까지는 수백만 년이 걸렸다는 사실을 알고 있다. 자유롭게 만질 수 있으며, 빠르고 유연한 손이 우리에게 도구, 무기, 언어가 되었다. 우리는 몸짓의 문법과 의사소통 방식을 개발해, 우리가 통상 언어라고 부르는 음성적 언어와 그에 따른 사고의 복잡한 체계를 창조해내기 훨씬 이전에, 우리의 손으로 말하는 법을 배웠다. 손은 그 손을 가지고, 우리가 물건들을 "매만지고fiddle", 들어 올리고, 뒤집고, 눈으로 검사하고, 냄새를 맡고, 그리고 만져보는 일을 가능케 함으로써 최초의 이야기꾼이 되었다. 슈바르츠는 "손이 온 세상을 만든다"라고 쓰고 있다.[14] 손은 사물의 뒤쪽의 표면이 거친지 매끄러운지, 혹은 구멍이 나있지는 않은지, 불쑥 튀어나와 있거나 움푹 패어 있지는 않은지를 모두 알아챌 수 있다. 손은 물건들을 만들 수 있고, 그것들의 실용성과 중요성을 다른 사람들에게까지 전해지도록 그 손으로 전달할 수 있다.

따라서 우리가 가지고 있는 가장 오래된 이야기들은 입말word of mouth로 전해진 구전 설화가 아니고, 글로 기록된 서사들narratives도 아니며, 오히려 스페인 북부의 알타미라나 프랑스의 보르도 시 인근의 라스코 동굴 벽에 손으로 창조된 그림들이다. 그 고대 벽화에 나타난 장면들은 사냥과 동물, 아름다운 붉은 사슴, 상처 입은 곰과 사자들, 공격하고 있는 들소, 나선형의 뿔을 가진 이국적인 소 등에 대해 우리에게 이야기를 해주고 있다. 이것들은 아마도 1만 6,000년 전에 우리는 알 길이 없는 인간 화가들이 그린 것들로, 저 유명한 〈길가메시 서사시〉 같은 고대 기록본들보다 훨씬 더 오래된 것들이다. 라스코 동굴 벽화는 인간의 용기, 독창성, 창의성, 대담함 등을 보여준다. 그 벽화들은 선사 시대의 이름 모를 사냥꾼들이 그 사냥감들에 대해 느꼈던 존경심과 경외심, 그리고 사랑을 표현해주고 있다. 또한, 그것들은 고대 인간 조상들의 영적 삶에 대해 알아볼 수 있는 창문을 열어주고 있다. 그 창문을 통해, 우리는 창조에 대한 그들의 강력한 사랑과 감사, 신비에 대한 인식, 들소, 곰, 그리고 인간의 피에 흐르고 있는 생명력 앞에서 느꼈던 그들의 영원한 경외심, 미래에 대한 희망, 그들의 뒤를 따를 다음 세대에 대한 근심 등을 알 수 있다.

이 중에서 마지막의 두 가지, 즉 미래에 대한 희망, 그들의 뒤를 따를 다음 세대에 대한 근심이, 특별히 뚜렷하게 드러나 있다. 라스코와 알타미라 벽화들에서 우리는 고대의 화가들로 하여금 그 그림을 그리도록 촉진했던 희망 속에 이미 도래해 있는 미래를 향해, 즉 앞을 향해 흐르는 인간의 경험인 고대의 종말론적 기대를 추적할 수 있다. 또한, 이런 고대의 작품들이 손과 인간의 정체성 사이의 관련성에 대해 말해주는 내용 역시 매우 놀랍다. 알파벳이 발명되기 이전의 시대에 화가들은 자신들의 초상화나 혹은 추상적인 표식으로 자신들의 작품인 것을 표시하는 대신, 그들의 손으로 표시하였다. 당시 그들에게는 손이야말로 그들 자신을 가장 잘 표현해주는 인간적인 것으로, 즉 그들이 누구인지를 말해주는 가장 결정적인 단서라고 여겨졌다. 오늘날까지도 우리는 여전히 전통, 메시지, 스토리 등이 한 세대에서 다음 세대로 전해진다고 할 때, 영어로 손에서 손으로 넘겨준다는 의미를 살려서 "handing on"이라고 말하고 있지 않은가?

그림으로 그린 기도들

그러므로 어떤 문화 속에서는, 의례적 기도가 주로 "손으로 기도하는" 문제라는 사실도 놀라운 것은 아니다. 약 10년 전 워싱턴 D.C.의 새클러 화랑에서 〈그림으로 그린 기도들: 인도 마을의 여성 미술Painted Prayers: Women's Art in Village India〉이라는 전시회를 개최한 적이 있다. 이 전시회에서는 남인도의 타밀나두 주州에서 많은 여성들이 아침마다 행하는 헌신적인 의식을, 사진과 실연 등을 통해 보여줌으로써 주목을 받았다. 스티븐 휠러Stephen Huyler는 이에 관해 다음과 말하고 있다. 그 의례는 살짝 데친 쌀을 갈아서 만든 하얀 가루를 가지고, 자신들의 집 문 앞의 축축한 땅으로 된 문지방 "캔버스" 위에 기도를 그림으로써, 고대의 미술을 구현하고 있다. 이 기도들은 말이 아니라 손으로 그린 복잡하고 현란한 이미지들이다. 그 이미지들 중에는 연蓮 넝쿨이 들어 있는데, 그 이미지는 "뱀처럼 구불구불하고 감각적인 동시에 꽃봉오리와 이미 핀 꽃들로 가득하다. 이는 가족과 가정을 지키는 여신의 소용돌이 상징으로, 그 여신의 자비를 구하는 동시에, 악惡이 집으로 들어오는 것을 막기 위해 그려진 것이다". 이렇게 그림으로 그려진 기도들은 그 특성상 곧 사라질 수밖에 없는 것들이다. 스티븐 휠러는 계속해서 이렇게 쓰고 있다. "땅에 그려진 이 문양들은, 해가 뜨고 사람들이 그 집을 드나듦에 따라 곧 지워진다. 한두 시간 이내에 그 흔적도 남아 있지 않게 된다. 따라서 중요한 것은 창조의 순간, 그리고 마음에 품었던 의도다. 인생과 마찬가지로 미술은 덧없는 것으로 여겨진다. 그 그림들은 매일매일 지워지고, 다음 날 새벽이 되기 전에 다시 새롭게 창조된다."[15]

남인도 여성들이 매일 아침 그 가족과 가정을 성별하기 위해 그림으로 그려냈던 그 의례적 기도들은, 작고한 성서학자 캐럴 스툴밀러Carroll Stuhlmueller, 1923~1994가 〈시편〉에 관해 언급했던 것을 상기시켜준다. 그는 시편들이 "여러 세대들이 살았던 집"이라고 말한다.[16] 한때 새로 칠한 석고와 페인트로 반짝이던 벽들은, 일상생활의 소동, 곧 반복된 사용으로 인해, 그 표면이 갈라지고 얼룩이 지며 그 색도 바랜다. 세월이 가고, 애완동물과 사람들이 이 방저 방으로 드나듦에 따라 페인트는 벗겨지고, 창문은 축 처지고, 소파의 색깔도 바래지만, 틀에 넣어져 잊혀져버렸던 사진들만이 더러워진 벽 위에 밝게 빛나는 한 부분을 남겨놓을 뿐이다. 집은 삐걱거리며 무너져 내리지만, 웃음과 눈물과 음악은 남아 세대에서 세대로 메아리친다. 이윽고 이스라엘 백성들에게 기도의 집이었던 예배용 〈시편집〉은, 예수의 제자들에 의해 개인적이며 공적인 목적으로 첨가되었다. 그리스도교 변증론자들은 이 시편들을 시와 기도의 경계선 훨씬 너머로 밀어냈다. 그들의 손에서 이 오래된 시편들은 설교, 해석학, 주석, 교리 문답, 논쟁 등의 다른 목적을 위해 변형되었다. 이 시편들은 날마다 인간들 속에서 일하시는 신적인 행위에 초점을 맞추기 위한 렌즈가 되었다. 그리하여 그 시편들은 머지않아, 매일 지워지고 다음 날 새롭게 그려져야 하는 그림으로 그린 기도를 닮게 되었다. 아마도 이것이 고대의 그리스도교 수사들이 매일매일 〈시편〉 전체를 기도해야 한다고, 곧 집 전체를 그려야만 한다고 느꼈던 이유일 것이다. 〈시편〉은 나날의 찬송과 탄원, 나날의 불평과 탄식이라는 그 끝이 없는 고리 속에서, 시간을 끌어안고 순환한다.

성서적인 시인 이 시편들은 뜨고 지면서 날마다 빛과 그림자를 만들어내는 태양을 점점 닮아갔다. 다시 말해, 그 메시지가 하나님의 자비처럼 매일 아침마다 새로워지는, 그러나 덧없는 미술 작품을 닮아갔다. 캐슬린 노리스 Kathleen Norris, 1947~는 수도원 예전에서 자신이 경험했던 〈시편〉에 대해 언급하면서 다음과 같이 쓰고 있다. "베네딕도 수도회의 예배는 말씀에 집중하는 예배, 특히 〈시편〉의 시들에 주로 집중하는 예배다. 특히 그날마다의 리듬이 예전 자체를 하나의 시로 만들어주는데, 이렇게 만들어진 시로서의 베네딕도 수도회 예배는 구술적이며 직감적이고, 부분의 총합보다 훨씬 더 강력하다." 이러한 예전적 경험이 노리스를 시와 신앙 모두에 대한 새로운 성찰로 이끌었다. 노리스는 계속해 다음과 같이 말한다. "나는 나 자신에게 이렇게 말하곤 했다. 더 이상 의미를 따지지 말자. 잠시 동안 이 말씀들, 이 침묵들 속에 그냥 앉아 있자. 그냥 〈시편〉을 노래하며 무슨 일이 일어날지를 두고 보자." 노리스는 자신이 다음의 사실을 새롭게 점차 이해하게 되었다고 말한다. "신앙과 시 모두는 과정이다. 시인으로서 나는 '마음 비우기 능력 negative capability'을 신뢰하면서, 막다른 골목을 지나, 마침내 나의 말을 할 수 있게 해주는 단어들이 떠오를 때까지 기다리는 법을 배웠다. 수도원에서 날마다 땀 흘려 기도하면서 …… 나는 이러한 '마음 비우기 능력'이 시뿐만 아니라 기도에도 필요하다는 사실을 깨닫게 되었다. 어쩌면 이것은 은혜와 구분될 수 없는 것인지도 모른다."[17]

의례를 위한 준비: 마음 비우기 능력

그래서 〈시편〉은 그림으로 그린 기도인데, 그것은 빵처럼 일상적이고, 은혜처럼 민첩한 것이다. 그러므로 그것들이 유대교 예전과 그리스도교의 예전의 그 배경 속에 항상 자리하는 것은 놀라운 일이 아니다. 기도로서, 시로서 그들의 "의미들"은 우리가 그 의미 따지기를 멈출 때, 우리가 말씀 속에 침묵하며 앉아서, 무슨 일이 일어날지를 기다릴 때에만 나타난다. 노리스는 우리가 여기서 의례적 기도에 참여하기 위해 가장 기본적으로 필요한 것을 만나게 된다고 말한다. 그것은 바로 마음 비우기 능력이다. 이 표현은 시인 존 키츠John Keats, 1795~1821가 1817년 12월에 쓴 유명한 편지에서 빌려온 것이다. 이 편지에서 키츠는 예술과 문학에서 가장 필요한 특별한 능력에 관해 말하면서, 셰익스피어William Shakespeare, 1564~1616가 이 능력을 "엄청나게" 지니고 있었는데, "그것은 바로 '마음 비우기 능력'이며, 이는 사실이나 이유에 도달하려고 성가시게 애쓰지 않고, 불확실성, 신비, 그리고 의심 속에 머물 수 있는 상태"라고 말했다.[18] 마음 비우기 능력은 수용receptivity의 전제 조건이고, 키츠가 "의도적으로 절반만 채운 지식half-knowledge"이라고 말한 관용의 전제 조건이며, 단번에 모든 구조를 다 파악하려는 충동을 억제하는 데 필요한 전제 조건이다.

따라서 우리는 마음 비우기 능력을 "예배를 위한 준비"라고 부를 수 있다. 우리는 이전의 장에서 루이마리 쇼베가 제시했던 개념, 곧 "상실에 대한 인정"과 "부재의 현존에 대한 동의"에 대해 논의할 때, 이미 예배를 위한 준비의 뿌리를 만났던 적이 있다.[19] 우리는 이 점을 퀘이커 공동체의 예배 전통에서도 만날 수 있는데, 이는 특히 퀘이커 친우회가 "침묵 속에서 기다리는 모임"이라고 부르는 전통에서 만날 수 있다. 키츠가 말한 "사실이나 이유에 도달하려고 성가시게 애쓰지 않고, 불확실성, 신비, 그리고 의심 속에 머물 수 있는" 상태란 그저 수동적인 무감각의 상태가 아니라, 기대에 찬 감수성을 의미한다. 프랑스 퀘이커 교도인 피에르 라쿠트Pierre Lacout는 다음과 같이 썼다.

적극적인 침묵 속에서 내면의 빛이 빛나기 시작한다. …… 불이 켜질 수 있게 하고, 또한 점점 빛나게 하기 위해서는, 논쟁이나 우리 감정의 아우성은 잠잠해져야 한다. 충만한 사랑으로 주의를 기울일 때, 우리는 내면의 빛이 불타올라 우리의 거처를 밝혀주게 하고, 또한 이 빛이 우리의 전 존재를 환히 빛나게 해주는 근원이 되게 할 수 있다.

말들이 평화의 메시지를 전하기 원한다면, 구속적인 침묵redemptive silence 속에서 먼저 그 말들이 정화되어야 한다. 말할 수 있는 권리는 곧 듣는 의무에 대한 요청이다. 말하기는 주의 깊게 듣고, 침묵으로 이해하는 것 없이는 아무런 의미가 없다. 침묵은 타자를 환영하며 받아들이는 것이다. 침묵으로 태어난 말은 침묵 속에서 수용되어야 한다.[20]

"말할 수 있는 권리는 곧 듣는 의무에 대한 요청이다. …… 침묵은 타자를 환영하며 받아들이는 것이다." 그러한 침묵은 "따지지 말라"는 노리스의 권고와 통한다. 마음 비우기 능력은 "나태하고 공허한 명상"도, 말이나 음악, 소리 등이 없는 상태나, "단순한 비어 있음"도 아니다. 오히려 그것은 "강화된 멈춤intensified pause"이다.[21] 영국의 퀘이커 교도들은 자신들의 모임의 "의미"에 대해 이렇게 말하고 있다.

예배를 위한 우리의 모임에서 우리는 고요함stillness을 통해 우리와 모인 무리를 위한 하나님의 뜻을 알고자 노력한다. 교회의 일들을 처리하기 위한 우리의 모임 또한 침묵에 기초한 예배를 위한 모임이다. 이 모임에서도 우리는 함께 서로서로의 이야기를 진심으로 듣는다면, 그리고 선입견으로 우리의 판단을 흐리게 하지 않는다면, 하나님의 인도하심을 분별할 수 있다고 기대한다. 이러한 기대와 믿음을 가지고, 세속적인 합의 방식으로부터 우리의 의사 결정 과정을 차별화시켜주는 조용한 기다림의 훈련을 통해, 우리는 하나님의 뜻을 구분할 수 있다.[22]

퀘이커 교도들의 모임에서 볼 수 있는 "조용하게 기다리는 예배"는, 찬양과 명상이라는 공적인 상황에만 국한되어 적용되는 것이 아니라, 실제적인 "사업"과 "교회 업무"를 위한 모임에도 적용된다는 사실에 주목해보자. 이 모든 모임들은 그 목적이 "성령이 교회들에게 하시는 말씀(요한계시록) 2장 7절"을 듣고자 함이든, 혹은 공동체 전체에게 영향을 주는 결정을 하기 위함이든, "강화된 멈춤", 즉 적극적인 기대에 찬 침묵에 근거하고 있다.[23]

퀘이커의 이러한 전통 속에서 소중하게 간직되어 온 지속성에 주목해보자. 퀘이커 친구들은 이를 "모임"이라고 부르는데, 다른 그리스도교 종파들이 "예전"이라고 부르는 이것은, 교회나 세상에서의 삶으로부터 격리되거나 게토화될 수 있는 것이 아니다. 따라서 다음과 같은 특징을 지닌다.

우리는 공동의 예배를 위해, 그리고 우리 공동체의 목회적 돌봄을 위해, 그리고 필요한 행정 업무 처리를 위해, 그리고 공통의 관심사를 서두르지 않고 처리하기 위해, 그리고 우리 앞에 놓인 개인적인 근심을 시험하기 위해, 그리고 영원한 문제뿐만 아니라 일시적인 문제들에 있어서 서로를 더 잘 알기 위해 모이는 것이다.[24]

최근 퀘이커의 문서는 의례의 준비에 관한 일련의 원칙들을 제시하고 있다. 이는 "마음 비우기 능력"에 기초를 둔 것으로, 로마 가톨릭교회도 고려해봄직한 것들이다. 예를 들어, 영국 퀘이커 친우회로부터 다음과 같은 원칙들을 배울 수 있다.[25]

1. 예전은 전통을 존중한다 해도, 실험을 통해 배운다.

우리는 다른 모임들에서 시행되는 실험들로부터 배우는 일에 열려 있어야 한다. "우리가 항상 이렇게 해왔다는 이유만으로" 만족스럽지 못한 일상에 고착되는 것은, 하나님의 인도하심을 찾는 일에 있어서, 우리의 전통을 허공에 던져버리는 것 못지않게 해로운 일이다. 우리는 실험을 통해 모험을 감수하며 살라고 명령을 받았지만, 그 실험은 우리가 교회의 업무 처리를 위한 모임을 제대로 수행하도록 그 방법과 목적과 원칙을 제공해주는 퀘이커 친구들의 여러 세대에 걸친 경험에 기초해야 한다.

2. 예전은 로비lobby하지 않고 설득한다.

우리는 로비를 피하고, 수사적 논쟁이나 약삭빠른 논쟁을 통해 무언가를 많이 얻으려고 하지 말라고 배워왔다. 논쟁을 통해 논점을 확보하는 일은 예배의 정신과는 다른 것이며, 나아가 도움도 되지 않는다는 사실이 발견된다. …… 서로가 서로에게 성급하게 일어나 대꾸하는 대신에, 이미 말한 내용들이 이해될 때까지, 시간을 갖는 것이 좋다. 우리는 모임의 어느 부분에서 제안되었든, 그 제안들에 대해, 진지하게 서두르지 않으며, 진심으로 공감하며, 그 제안을 고려해보려는 마음의 준비가 되어 있어야 한다. …… 우리가 추구하는 연합은 우리 모두가 다른 사람의 발언 속에서 진리를 찾아보려고 애쓰는 노력에 달려 있다. 다시 말해, 우리 자신을 설득을 향해 열어놓는 일에 달려 있다.

3. 예전은 열린 마음과 "적대감 없이 듣는" 능력을 존중한다.

교회의 사업들을 위한 우리의 모임이 제대로 운영되는 것은, 모두가 이미 결론을 가지고 참여하는 데 달려 있지 않고, 적극적으로 답을 찾아보려는 마음으로 참여하는 일에 달려 있다. …… 그러나 열린 마음이란 그저 비어 있는 마음도 아니고, 무비판적으로 무조건 받아들이는 마음도 아니다. 또한, 이 모임을 제대로 섬기기 위해서는, 종종 어렵사리 얻게 되는 사실에 관한 지식, 그리고 그것의 중요성과 적합성을 평가할 수 있는 능력을 필요로 한다. 이를 위해서는, 혹여 누군가가 나의 마음에 들지 않는 주장을 피력한다 하더라도, 아무런 적대감 없이 그 사람의 이야기를 신중하게 들어야 하고, 그가 제안하는 것의 진리를 분별해보려고 애를 써야 한다.

4. 예전은 각 구성원의 공헌"사역"을 귀하게 여긴다.

서로 다른 성격과 배경, 그리고 서로 다른 교육과 경험을 가진 사람들이 함께 모이는 것이기 때문에, 우리가 어떤 일을 수행할 때면 각자 서로 다른 공헌을 하게 된다는 사실을 항상 깨닫게 된다. 누군가가 강력한 확신을 물 붓듯 쏟아부어주기를 기대하거나, 혹은 쉽게 합의에 도달하기 위해 그저 침묵해주기를 기대하는 것은, 퀘이커 형제들이 진실에 도달하는 방식이 아니다. 그럼에도 불구하고, 우리는 누구에게나 어느 정도의 빛이 주어져 있다는 우리의 증언을 존중하라고, 또한 연합을 향한 길을 찾는 것은 지식과 경험과 관심을 나누는 일에 있다는 우리의 증언을 존중하라고 부르심을 받았다.

5. 예전의 목표는 항상 연합이다.[26]

우리가 추구하는 연합은 다른 사람의 발언에서 기꺼이 진리를 찾고자 하는 우리 모두의 태도에 달려 있다. 또한, 설득을 향해 자신을 여는 일에 달려 있다. …… 우리는 투표가 서로 다른 견해 사이에 분리를 강조하고, 하나님의 뜻을 알고자 하는 과정을 금할 것이라고 믿기 때문에 우리의 모임에서 투표하지 않는다. 하지만 우리는 소수 견해가 계속 존재할 것이라는 사실을 인식해야 한다. 우리가 하나의 의견으로 연합하게 될 때 …… 그것은 출석한 모든 사람들이 지배적 견해에 갑작스럽게 동의한 것을 의미하는 것도 아니고, 또한 하나님의 뜻을 인식하려고 거듭 시도해 얻게 된 하나의 방식에 대해 우리의 자신감을 표현하는 것도 아니다. 우리는 그 구성원들이 서로를 사랑하고 신뢰하는 공동체로서 행동한다.

6. 예전은 포고布告하는 대신 구求한다.

교회의 업무를 위한 우리의 모임을 이끄는 방법은 지난 300년 이상 동안이나 시험되어 온 경험이다. 초기 퀘이커 친구들은 논쟁이 격해지거나 경쟁이 과열될 경우, 그들의 모든 업무들 속에서 성령이 인도하심을 영광스럽게 체험함으로써 다시 결합하게 되었고, 그들의 공동의 결정들이 어떻게 이루어져야 하는지에 대해 단순한 이해에 도달하게 되었다.

7. 예전은 침묵하는 자들의 소리까지도 듣는다.

교회의 업무를 위한 모임에 참석하는 모두가 항상 발언을 하는 것은 아니다. 침묵하는 참여자들도, 만약 그들이 예배의 정신을 가지고 듣는다면, 모임의 전개에 도움을 줄 수 있다.

8. 예전은 문을 닫기보다는 새로운 길을 연다.

제대로 수행되는 모임에서는 참석자 한 명의 능력으로는 인식할 수 없는 새로운 길, 또한 드러나는 의견의 차이를 뛰어넘는 새로운 길이 발견될 수 있다.

…… 이런 경험을 나눈 사람들은 그것의 현실성을 의심하지 않고, 또한 그 모임이 선택한 방식에 즉각적으로 타당성을 가져다주는 확실성도 의심하지 않는다.

9. 예전은 예전 자체와 그 참석자들을 언제 어떻게 편집해야 할지를 안다.[27]

퀘이커 교도들은 …… 특정한 시간의 특정한 모임에서 결정했던 내용이 궁극적으로 옳지 않을 수도 있다는 사실을 깨닫는다. 퀘이커 공동체 안에서는, 한 퀘이커 친구가 자신의 개인적인 확신을 너무나 강력하게 주장하다가, 자신의 의견이 그 모임의 취지에는 맞지 않는다는 사실을 분명하게 깨닫고, 취지와는 다른 자신의 의견에 대해 충심으로 사과했던 사례들이 여러 차례 있어왔다. 그런 상황에서 이 친구의 의견에 대해 좀 더 숙고할 시간을 가진 뒤, 마침내 그 퀘이커 친구의 생각을 이해하게 되고, 나중에 그의 의견이 공동체에 의해 받아들여지는 경우들도 있어왔다.

10. 예전은 공동체를 의견의 차이로부터 구해내지 않는다.

우리는 우리 공동체가 우리들 의견의 차이로부터 구제받을 것이라고 기대해서는 안 된다. 만약 우리 안에 그런 의견이 차이가 전혀 없다면, 종교 공동체로서의 우리의 삶은 유익도 없을 뿐만 아니라 지루해질 것이다. …… 우리는 그러한 의견의 차이 속에서도 확실하게 거룩한 인도하심이 있어, 우리가 그것을 발견하게 될 것이라고 굳게 믿는다.

이상의 열 가지 원칙들은 퀘이커 공동체 모임의 경험에서 비롯된 것으로, 다른 그리스도교 종파들에게도 그들의 예전적 삶 속에서 마음 비우기 능력의 원칙과 적극적인 "기대에 찬 기다림"의 원칙을 구현하는 하나의 길을 열어줄 수 있을 것이다. 그러한 원칙들이 예전 전쟁을 끝내줄 수는 없겠지만, 모든 참여자들이 보다 향상된 방식으로 "예배를 위한 준비"를 하게 해줄 수 있을 것이며, 또한 예전 전쟁에 참여한 전투원들이 입어야 하는 부수적 피해를 줄여줄 수도 있을 것이다!

의례와 비유

비유 듣기

본 장의 바로 앞에서 나는 마음 비우기 능력이 의례를 위한 준비를 가능케 해주고, 의례 참여자 모두의 보람 있는 참여 가능성을 높여준다고 주장한 바 있다.[28] 그러나 본 장을 열었던 더 앞부분에서 나는 "비유"라고 불리는 특별한 종류의 이야기에 관심을 기울여보자고 제안한 바 있다. 그래서 이제부터 앞으로 몇 쪽을 할애해, 의례적 경험의 "비유적parabolic" 측면에 대해 논해보고자 한다. 비유들은 그것이 예수의 비유처럼 고대의 것이든, 혹은 유도라 웰티의 〈닳고 닳은 길〉처럼 현대의 것이든, 모두 의도적으로 도발한다. 그런 도발의 목적은 해설해주거나, 정보를 제공하거나, 자극을 하거나, 혹은 즐겁게 해주려는 것이 아니라, 놀라게 하려는 것, 어쩌면 화나게 하려는 것이다.

얼른 들으면 이러한 발언이 방금 전 평온하고 기대에 찬 기다림이라는 퀘이커의 관점에서 예전에 대해 언급했던 내용들과 상충하는 것이라고 보일 수도 있다. 그러나 퀘이커 공동체의 안식일 모임에서, 새소리 같은 높은 목소리로 "하나님은 사랑이시다!"라고 말하면서 침묵을 깨며 튀어 오르는 어린아이를 보는 것보다 더 놀라운 일이 있을까?[29] 나의 희망은 마음 비우기 능력이 의례를 위한 준비를 가능케 해주는 것처럼, 의례가 우리를 단지 혹은 주로 안심으로만 인도하는 것이 아니라 이야기의 "어두운 면"까지를 보게 해준다는 사실을 보여주려는 것이다.³⁰ 우리는 졸리거나 멍한 상태로 예전을 떠나서는 안 된다. 오히려 당혹스럽고, 놀랍고, 마음이 흔들린 채로, 그리고 무언가 행동을 취할 준비가 된 상태로 예전을 떠나야만 한다. 예전은 논리가 아니다. 예전은 다음과 같은 것들을 행하도록 우리를 격려하는 무엇이다.

> 예전은 보지 않고 보고, 듣지 않고 들으며, 묻지 않고 숨 쉬라고 격려한다.
> 오직 우연히 너에게 일어날 것처럼 보이는 것이, 곧 피할 수 없는 것이다.
> 너에게 진실로 부조리하다고 느껴질 그것이 현실이다.
> 만일 네가 꿈꾸고 있다고 확신하지 않는 한, 그것은 분명히 너의 꿈이다.
> 네가 "무언가 잘못되었어"라고 말하지 않는 한, 너는 잘못 안 것이다.³¹

요약건대, 예전은 우리로 하여금 하나님의 말씀을, 권면으로서뿐만 아니라 비유로서 듣도록 인도해준다.

비유의 의례적 영향력을 살펴봄에 있어, 아시아의 지혜 전승이 우리에게 통찰력을 제공해줄 것이다. 그러나 항상 그러하듯, 우리는 서구의 종교적 선입견을 가지고 타 문화를 식민화하지 않도록 주의해야 한다. 예를 들어, 선불교 전통에서의 선문답公案 대해, 특히 사찰 수련에서 사용되었던 선문답에 대하여 살펴보자.³² 선문답은 정답이 없는 수수께끼로, 논리적 추론의 부적합성을 보여주기 위해, 그리고 갑작스러운 깨달음을 유도하기 위해 사용된다. 선문답에 대한 가장 예리한 묘사는 중세의 현자인 송나라 중봉명본中峰明本, 1263~1323 선사가 쓴 것으로, 그는 다음과 같이 말한다. "그것은 논리로는 이해될 수 없다. 말로 전달될 수도 없다. 또한, 글로 써서 설명할 수도 없다. 이성으로 가늠할 수도 없다. 그것은 …… 그 가까이에 가는 모든 사람을 집어삼키는 커다란 불과도 같은 것이다."³³

선문답의 목표가 인간 지성에 일격을 가하는 것이라고 생각하는 것은 잘못이다. 선문답은 정신을 어지럽히려고 하는 것이 아니다. 그것은 인생에 대해 난문難問을 던지는 것이다. 베트남의 저명한 불교 승려인 틱낫한Thich Nhat Hanh, 1926~은 다음과 같이 경고하고 있다. "선문답과 수학 문제 사이에는 큰 차이가 있다. 수학 문제의 정답은 그 문제 속에 이미 들어 있는 반면, 선문답에 대한 해답은 그 답을 구하는 사람의 삶에 들어 있다."[34] 선문답은 듣는 사람으로 하여금 "출구가 없는 상황"에 맞닥뜨리게 하는데, 그 앞에서 지성과 이성은 무력해진다. 선문답이 도발하는 위기는, 지적인 것이라기보다는 실존적인 것이다. 선의 위대한 스승인 히사마쯔久松真一, 1889-1980는 이렇게 묻는다. "아무것도 소용이 없을 것이다. 그대는 어떻게 할 것인가?"[35] 이런 것이 그들의 불에 연료를 제공하는 "근본적인 선문답" 즉 공통분모다.

따라서 선문답은 해결될 수도, 설명될 수도 없다. 그것은 인생에게 도전한다. 이때 경험만이 그 선문답의 질문에 합당한 "답"을 얻을 수 있을지 혹은 없을지를 판단할 수 있다. 이 점에서 선문답은 어느 정도 루이마리 쇼베가 그리스도교 예배에 관해서 주장했던 바와 닮아 있다. 이는 우리가 이전 장에서 살펴본 것으로, 교회의 예전은 교회 밖에서만 "검증"될 수 있다, 즉 "이웃의 예전"에서만 검증될 수 있다는 주장이었다. 선문답은 진실로 정답을 가지고 있지 않다. 그것은 우리를 무엇도 결정할 수 없는 상태, 곧 영원한 불확정성의 상태에 남겨놓는다. 이는 선문답이 "학습자로 하여금 논리적으로 대답하려는 유혹, 곧 합리적으로 대답하려는 유혹에 빠지게 하지만", 반면 학습자는 "그 유혹에 넘어가지 않도록 훈련을 받아야 한다"는 사실에 부분적으로 기인한다.[36] 선문답에 대한 유일한 참된 대답은 다른 선문답으로 답하는 것뿐이다. 이때 대답으로서의 다른 선문답은, 수수께끼를 끌어안고 씨름하던 사람이 인간적인 검사, 기준, 혹은 진실성의 주장을 넘어서 마침내 하나의 진리에 도달했다는 사실을 암시하는 몸짓으로만 표시될 뿐이다. 그러나 결코 파악되지는 않는다. 이 점을 설명해주는 두 가지 사례가 있다. 그 하나는 18세기 일본의 한 원로元老 스승이 편찬한 《쇠 피리 The Iron Flute》에 나오는 한 이야기다.

> 세 명의 승려 설봉雪峰, 828~908, 흠산欽山, 암두巖頭가 사찰의 정원에서 만났다. 설봉이 물 양동이를 보고 그것을 가리켰다. 흠산이 말했다. "물은 맑고, 물 속에 달의 그림자가 비친다." 그러자 설봉이 이렇게 말했다. "아니, 그것은 물이 아니고, 그것은 달이 아니야." 암두가 그 양동이를 엎어버렸다.[37]

만일 세 승려 가운데 누가 "옳은지"를 말해야만 한다면, 그 답은 아마 암두일 것이다. 긍정 아니면 부정이라는 인간 지성의 편안한 구조 저 너머로 나아가 그는 그저 양동이를 엎어버렸던 것이다. 반면, 흠산은 의미들그 자체로 부여된과 표현들"물은 …… 비친다"의 세상에 사로잡혀 있었고, 설봉은 긍정 아니면 부정, 혹은 이것 아니면 저것이라는 세상의 체계를 벗어날 수 없었다"물이 아니고, 달이 아니야". 선 수련에서는 수업도, 성적표도, 진급도 없지만, 만일 그런 것들이 있다면, 암두가 A학점을 받을 것이다. 그러나 선문답은 우리로 하여금 "깨달음", 즉 세상의 눈으로 보면 광기나 우매함처럼 보일 수 있는, 진리와 현실에 대한 순간적이고 직관적인 파악으로 나아가도록 도발한다. 암두가 양동이를 엎었을 때 그는 설봉의 부정denial을 지워버렸을 뿐만 아니라, 선 자체가 철학도 종교도 아니라는 사실을 보여준 것이다.[38]

또 하나의 유명한 선문답은 "한 손의 소리the sound of one hand"라고 알려진 이야기다. 그 내용은 대략 다음과 같다. "스승이 말씀하신다. 양손으로 손뼉을 치면 소리가 난다. 그러면 손 하나로는 어떤 소리가 나겠는가?" 다시

한 번 "대답"은 말없는 몸짓이다. "수련생이 스승을 마주보며 올바른 자세를 갖춘 뒤 한마디 말도 없이 한 손을 앞으로 내민다." 이것이 답이다. 요엘 Yoel Hoffmann, 1937~이 지적하듯, 그러한 "말없이 몸으로 행하는 논쟁의 형태는 서구적 사고에 완전히 생소한 것은 아니다."**39** 사물은 실제로 존재하는 것이 아니라는 철학자 조지 버클리George Berkeley, 1685~1753의 유명론唯名論에 대한 새뮤얼 존슨Samuel Johnson, 1709~1784의 "반박refutation"이 또 하나의 유명한 예다. 사무엘 존슨의 전기 작가에 따르면, 어느 주일 아침 교회에서 나오던 길에 존슨은 버클리의 가르침이 진실은 아니지만 논리적으로는 반박할 길이 없다는 말을 들었다고 한다. 이 말을 들은 존슨은 큰 돌을 발로 찼고, 그 바람에 "큰 돌로부터 심하게 튕겨져" 나오면서 이렇게 외쳤다고 한다. "그래서 난 이렇게 반박한다!"**40** 호프만이 이미 언급했듯이, 버클리에 대한 존슨의 "대답"은, "선의 기준으로 보면" 옳은 것이다. 실제로 그의 반응은 "아무것도 증명하지는 못했기에" 비록 대부분의 서구 철학자들이 존슨의 반응이 적절치 못한 것이었다고 생각한다 하더라도, "버클리의 논리적 추론에 논리적 추론으로 대답하는 것은, 잘못일 뿐만 아니라 함정에 빠지는 일일 수 있다". 물론 실제로는 발차기로 논쟁에 참여할 수는 없지만, 그러나 존슨의 선을 닮은 발로 돌차기는 여전히 유효하다. 버클리의 관점은 사람들이 세상을 인식하고 그 세상과 상호 작용하는 방식을 변화시키려고 고안된 것이었다. 그러나 존슨은 돌을 발로 참으로써, 버클리에게는 사물에 대한 자연스러운 반응을 변조할 권리가 없다는 사실을, 그리고 그 자신의 종교적 관점을 변조할 권리도 없다는 사실을 주장했던 것이다.**41**

비유는 이와 유사한 방식으로 듣는 이들을 도발한다. 하나님, 세상, 그리고 타자들에 대한 우리의 반응 대부분은, 성서신학자들과 종교사학자들이 "신화"라고 부르는 이야기들로 형성되어 있다. 신화들은 거짓이 아닐 뿐만 아니라, 교묘한 거짓말과 동의어도 아니다. 그러나 신화들이 우리의 경험을 "의미 있는" 경험의 유형으로 빚어 짜 맞추려고 하는 것은 사실이다.[42] 이런 점에서 신화는 "화해시키는" 기능을 가지고 있다. 그것은 대립을 극복하고 논리적 도덕적 딜레마를 해결하고자 한다. 또한, 좋으신 하나님이 어떻게 해서 악한 일이 그리도 많이 일어나는 세상을 창조하셨다는 말인가 등의 난제들에 대해 정답을 찾으려고 노력한다. 이러한 난제에 대해 선의 세계에서는, 그저 한번 웃는 것으로, 혹은 다음과 같은 말을 함으로 답을 대신할 것이다. "플롯을 강화하기 위해." 이와는 반대로 신화는 듣는 이들에게 불완전한 우주에서의 그들의 삶에 대해 깨우쳐주고, 설명해주고, 그리고 화해시키려고 한다. 예를 들어 신화는 하나님의 명령을 어긴 처음 사람들의 불복종 행위가 온 세상에게 도덕적 타락을 가져왔다고 말할지도 모르겠다〈창세기〉3장.

비유의 목적은 이보다 훨씬 도발적이다. 화해시켜주는 설명을 제공하는 대신에 비유는 도발적인 도전을 제안한다. 비유는 분석과 사고를 통해서가 아니라, 삶과 행동, 물 양동이를 뒤집고, 돌을 차고, 넓은 소매 밖으로 손 하나를 쑥 내미는 등의 행동을 통해 해답을 얻으려고 한다. 따라서《성서》에서 발견되는 신화적 자료들이 그리스도교 예배 안에서 우리가 읽고 설교하는 것의 많은 부분을 차지한다 하더라도, 예전의 주된 의도는 비유적이다. 1982년에 발표된 미국의 주교 회의 문서인〈너희가 듣는 가운데서 이루어졌다 Fulfilled in Your Hearing〉는 다음과 같이 선언하고 있다. 설교는 "예전의 수행이라는 상황에 외부로부터 주어지는 말하기talk가 아니고", "회중을 성찬식으로 인도하는" 것이 그 목적인 예전에 내재되어 있는 한 부분이다. 이는 예전 기도의 기본 구조가 신화적이기보다는 비유적이라는 사실을 암시한다.[43] 안심시켜주고 화해시켜주는 친숙한 이야기의 언어로 말을 할 때조차도 말씀의 예전과 설교는 모두 "한 손의 소리"가 되는 것을 목표로 한다.

다시 말해 예전은 예전이 세상과 세상에 대한 우리의 경험을 비유적으로 읽는 것처럼, 신화까지도 비유적으로parabolically 읽어낸다. 따라서 예전은 우리를 이성으로가 아니라, 우리를 자유케 하지만 '왜 혹은 어떻게'에 대해서는 항상 말해주지는 않는 신앙에 의해 촉진되는 행동으로 나아가라고 밀어낸다. 회중 가운데서 선포되고 설교된 말씀에 대한 우리들 공동의 응답은 세미나가 아니라 행동이다. 행동을 통해 우리는 우리가 식탁으로 가지고 오는 선물들이 애초부터 우리의 것이 아니었다는 사실을 비유적으로 발견하게 된다. 더 나아가, 이 선물들을, 즉 하나님의 언어로는 거룩한 음식과 마실 것으로 재규정된 것을 받을 때, 우리는 그것들이 우리로 변하는 것이 아니라, 우리가 그것들로 변해 들어간다는 것을 인정하는 것이다. 식탁 위에 놓인 그리스도의 몸은 식탁 위에서 우리를 그리스도의 몸이 되게 한다. 오직 이것만이 우리로 하여금 "예수가 행하셨던 것과 같은" 행동을 취할 수 있도록 만들어주며, 또한 세상의 생명을 위한 정의와 자비로 쪼개어진 몸이 되게 해준다.

만약 신화들이 안정감을 주는 "안정의 에이전트agents of stability"라면, 비유는 우리를 안심시켜주는 것이 아니라 우리에게 질문을 던지는 것을 목표로 하는 변화의 에이전트다.[44] 크로산은 이 점에 대해 다음과 같이 간단명료하게 요약하고 있다. "당신은 멋진 집을 지었군. 신화는 이렇게 말하며 우리를 안심시켜준다. 그러나 비유는 이렇게 속삭인다. 당신의 집은 지진대地震帶 바로 위에 있군."[45] 의례의 전략은 그리스도교 예전에서는 적어도 우리로 하여금 우리의 안전지대를 넘어서도록 촉구하는 것이요, 또한 우리 자신을 인간의 이성을 뛰어넘는 지혜의 방향으로 "비유당하도록parabled", 그리고 "선문답당하도록koan-ed" 촉구하는 것이다. 또한 그 전략은 〈벨베데레의 아폴로〉상처럼 우리의 삶을 변화시키도록 도전하는 것이다. 예전은 "신화"를 말할지 모르지만, 그 고유한 언어는 비유, 즉 "한 손의 소리"다. 다음에서 소개할 비유, 곧 하나는 고대의 성서적인 비유이고, 다른 하나는 현대의 소설에 나타난 비유가 의례적 경험의 이러한 측면을 설명하는 데 도움이 될 것이다.

예수, "하나님 나라의 비유자"

일관성이 있고 특이한 이야기들로 구성되어 있는 예수의 비유들은, 현대 학자들의 눈으로 볼 때, 전승의 마지막 단계에서 완성된 그 비유들의 형태가 예수 자신에게까지 소급될 수 없다 하더라도, 거의 확실히 예수 자신이 직접 하신 말씀들로 여겨진다. 버나드 브랜던 스콧Bernard Brandon Scott은 다음 두 가지 점에서, 비유 전승의 진정성이 역사적 예수에게까지 소급될 수 있다고 말한다. (1) 이야기들의 수가 비교적 적다. (2) 그 주제들이 놀라울 만큼 유사하다.[46] 그 주제들은 전형적으로 도발적이며, 종종 상당히 유머러스하다. 근대의 불행 가운데 하나가, 예수의 가르침의 유머러스한 측면과의 연결이 단절되었다는 것이다. 우리는 예수를, 얇은 입술을 굳게 다물고, 바위 같은 턱선과 번뜩이는 눈매를 가지고, 팔레스타인 주변을 엄숙한 자세로, 남의 눈을 피해 다니는 젊은 날의 클린트 이스트우드Clint Eastwood, 1930~쯤으로 여긴다. 그러나 비유들은 혼자 재담하는 코미디언 같은 예수의 재능을 잘 보여준다. 예수의 겨자씨 비유를 예로 들어 보자. 크로산은 하나님의 통치 혹은 하나님 나라에 관한 예수의 짤막한 겨자씨 비유〈마가복음〉 4장 30~32절가, 전통적인 성서적 이미지에 대해 얼마나 의도적으로 유머러스하게 풍자한 것인지를 다음과 같이 밝히고 있다.[47] 어떤 농부라도 겨자 나무가 얼마나 해로우며, 골치 아픈 존재인지를 당신들에게 말해줄 수 있을 것이다. 뽑아버리지 않고 그대로 자라도록 놓아두면 겨자 나무는 밭을 점거해버리고, 아주 빨리 무성하게 자라서, 재배 작물을 말라 죽게 만든다. 또한, 그것을 "심고 나면 자라서, 어떤 풀보다 더 큰 가지들을 뻗어, 공중의 새들이 그 그늘에 깃들 수 있게 된다⟨마가복음⟩ 4장 32절"는 것은 물론 사실이지만, 그러나 그것은 해답이 아니고 문제problem다. 왜냐하면 어떤 농부도 새들이 와서 자신들이 뿌려놓은 씨나, 혹은 자신들이 추수하려는 곡식을 와삭와삭 먹는 것을 원하지 않기 때문이다.

더 나아가, 예수의 겨자씨 비유는 스콧의 말을 빌리자면, 또한 "유쾌한 익살극"이다. 《성서》의 전통은 하나님의 권능과 행하심을, 하늘로 치솟으며 자라는 "레바논의 백향목"에 비유하면서 자랑하기를 좋아했다. 이것은 예언자 에스겔이 사용했던 이미지로서, 다가올 메시야의 시대의 힘 있는 백성을 묘사하기 위해 사용한 것이다⟨에스겔⟩ 17장 21~23절. 몇 마디의 단어 선택으로, 예수는 비옥한 토지를 오염시키던 식물을 칭찬했을 뿐만 아니라, 또한, 하나님의 다스리심에 대한 메타포인 에스겔의 "레바논의 웅장한 백향목"이, 결코 농담일 수 없다고 생각하던 독실한 유대교 청중들에게서는, 적대감을 불러 일으켰다. 그보다 더 나쁜 점은 스콧이 지적하듯이, 이 이야기 속의 농부는 성서의 정결淨潔 법정결 대 부정不淨을 범하는 죄를 저지르고 있다. 그 정결법은 "서로 다른 식물과 서로 다른 동물과 서로 다른 실fiber"을 섞는 것을 금했다.[48] "성결 법전"인 ⟨레위기⟩ 19장 19절은 이렇게 규정하고 있다. "밭에다가 서로 다른 두 종류의 씨앗을 함께 뿌려서는 안 된다."

예수의 비유를 들었던 청중들은 스캔들에 휩싸이기가 쉬웠다. 예수는 《성서》를 우스갯거리로 만들었을 뿐만 아니라, 의례적 정결을 관장하는 율법을 소홀히 하거나 무시했다. 결국 청중들은 다음과 같은 근심에 쌓이게 된다. "하나님의 통치가 정말로 해로운 것인가? 하나님의 나라가 겨자씨처럼 보잘 것 없는 식물 같다는 말인가? 하나님의 나라가 정말 좋은 작물을 말라 죽게 하는 골치 아픈 잡초와 같다는 말인가? 이 세상에서의 하나님의 행하심이 그와 같다는 말인가? 하나님의 나라가 찰리 브라운Charlie Brown의 비참한 크리스마스트리, 앙상한 몸통에 헐벗은 나뭇가지에서 축 늘어진 금실 조각 두 개만이 덜렁 걸려 있는 트리 같다는 말인가? 만일 이상과 같은 풍자로도 근심스럽지 않다면, 의례적 정결과 청결의 경우는 어떠한가? 이들 또한 모두 하나님이 주신 법에 관한 문제였다. 하나님은 분명 정결치 못하고, 하찮으며, '불규칙한' 것 사이에서 그 '나라'를 선포하실 리가 없다."

예수의 비유는 도발한다. 그것은 청중들로 하여금 하나님과 세상, 그리고 백성들 사이의 관계를 다시 그려보게 할 뿐만 아니라, 생각할 수 없는 것을 생각해보도록 촉구한다. 이런 도전은 다른 그 어느 곳에서보다 예수의 또 다른 비유, 곧 빵을 굽기 위해 반죽에 누룩을 섞어 넣은 어느 여자에 관한 짧은 비유〈마태복음〉 13장 33절, 〈누가복음〉 13장 20~21절에 잘 드러난다. "하늘나라는 누룩과 같다. 어떤 여자가 그것을 가져다가, 가루 서 말 속에 섞어 넣었더니, 온통 부풀어 올랐다." 표면상으로 볼 때, 한 문장짜리 이 이야기는, 시골집의 부엌만큼이나 순진무구하다. 그것은 부풀어 오르는 반죽의 이미지와 따뜻한 오븐 속에서 구워지는 빵 덩어리의 향기를 불러일으킨다. 그러나 다시 한 번 생각해보자. "누룩은 빵 한 조각을 떼어서 어둡고 습기가 많은 곳에 곰팡이가 필 때까지 보관해둠으로써 만들어지는 것이다. 즉, 오늘날의 이스트와는 달리 이 누룩은 빵이 썩고 부패한 것이다."[49] 이 여자가 반죽에 섞어 넣은 것은 이렇게 썩은 물질이었다. 썩은 물질은 물론 정결치 못한 것이며, 더 나쁜 일은 그것이 전염처럼 불결함을 퍼트린다는 데 있었다. "썩은 사과 하나가 그 상자 안의 다른 모든 사과들을 썩게 만든다"는 속담처럼 말이다. 물론 "하나님의 나라"가 썩어가는 전염일 리는 없다. 그렇지 않은가? 만일 그렇다면 어떻게 해야 한다는 말인가? 결국 너무 무서워 생각하기조차 힘든 수수께끼, 정답 없는 수수께끼만을 안게 된다.

바로 그런 불편한 질문들을 품게 하는 것이 예수의 의도인 것처럼 보인다. 비유를 들었던 대부분의 청중들은, 지금까지 하나님의 행하심을 누룩을 넣은 빵이 아니라 누룩을 넣지 않은 빵 즉, 그래서 상하지 않았고, 상하게 할 수도 없는 빵에 비유해왔다. 그러나 예수의 이야기는 누룩을 넣은 빵, 즉 사실은 불결하고 감염된 빵으로 끝이 난다. 이것이 시사하는 바는 엄청난 것이다. 스콧은 다음과 같이 쓰고 있다. "이 한 문장짜리 비유가 신성神性에 대해 재규정해주고 있다." 누룩을 넣은 불결한 것을 누룩을 넣지 않은 정결한 것으로 변형시키는 것은 신성이 아니다. 아니, 그 반대의 일이 일어난다. "신성이 불결해지고, 심지어 더욱 도발적으로 이렇게 고쳐 말하게까지 된다. 하나님이 불결하게 되신다."⁵⁰ 하나님도 역시 "죄인들과 교제할 권리"를 주장하시며, 죄인들의 대의를 하나님의 대의로 삼으신다. 예수의 충격적인 이야기는 옛 성서 말씀에 생경하고 터무니없는 의미를 부여한다. "나의 길은 너희의 길과 다르다!" 청중들은 종교에 관해 위에서부터 아래로, 그리고 아래로부터 위로, 다시 생각하도록 강요받는다.

예전은 우리로 하여금 겨자씨와 비유에 관한 예수의 비유뿐만 아니라, 하나님의 모든 말씀을 비유적으로 듣도록 도발한다. 그러나 이것은 종교와 정치를 분리해, "신자들을 뒤흔들어놓을 만한 것"은 일체 예배로부터 제거하려는 시대에는 특히 어려운 과제다. 이런 시대에는 예전의 목적이 비유를 신화로 바꾸어서, 사람들로 하여금 "화해를 이루게 하고", 그래서 "스스로 선하다고" 느끼면서 교회를 떠날 수 있게 하려는 것이라고 여겨진다. 그러나 이런 입장에는 위험성이 도사리고 있다. 예언자 이사야에 관한 대담한 그의 주석에서, 대니얼 베리건Daniel J. Berrigan, 1921-은 이렇게 생각하는 사람들을 향해 신랄한 풍자를 던지고 있다.

이런 하나님이시라면, 어쩌면 우리가 감언이설로 속여서, 만족을 모른 채 전 세계를 향해 약탈의 손을 뻗치는 우리와, 우리 군대와, 우리의 국민 총생산 GNP과, 우리의 펜타곤pentagon과, 우리의 세계 시장, 그리고 우리의 북미 자유 무역 협정NAFTA 등과 함께 하시도록 설득할 수 있을 것이다. 어쩌면 이런 하나님은 듣기 좋은 말, 노래, 몸짓, 비처럼 쏟아지는 동전, 과장된 예술과 건축물 등에 대해서도 호의적일 것이다. 어쩌면 이런 야훼는 우리와 마찬가지로 우리의 연약함에 대해 쯧쯧 혀를 차며 측은히 여기는 대부와 같은 존재일 것이다. 또한, 이런 하나님은 눈가림으로 속일 수도 있을 것이다.[51]

우리는 하나님께로부터 영감을 받아 기록된 성서 말씀이라고 여겨왔던 많은 부분들이, 사실은 정치적 압박에 의해 형성된 것임을 인정해야 할 것이다. 모든 사람의 마음에 들려고 하면, 그 누구의 마음에도 들 수 없는 것처럼, "편들기"처럼 보이는 것이면 회피하고 싶어 하는 우리의 근대적 충동은 산만한 예전을 초래할 뿐만 아니라, "일그러진 양심"을 초래한다.[52] 하나님의 말씀을 비유적으로 듣게 되면, 예전이 의도하는 바대로 그것은 마음을 어지럽히고 감정을 휘저어놓게 된다. 그들이 주도권을 쥐고 있다고 믿는 사람들에게 하나님의 말씀은 항상 수용 불가능한 것이다. 이 점에 대해 대니얼 베리건은 다음과 같이 지혜롭게 경고하고 있다.

하나님의 말씀이 갖는 수용 불가능한 특징은, 필연적으로 정의의 문제 주변을 맴돌게 된다. 정의가 소홀하게 다루어질 때 …… 양심은 일그러진다. ……
일그러짐은 우리 시대에 지속될 뿐만 아니라 심지어 만연하게 된다. 모든 사물이 그러하듯이, 정치, 전쟁, 전쟁 준비, 무고한 이들에 대한 부당한 처우 등은 그대로 두면 굳어져서 도그마가 된다. ……

말씀은 그 자체로는 순순하게 비非정치적인 것으로 여겨진다. 따라서 위와 같은 불의한 상황에서도 이런 하나님은 수용 가능한 존재로 나타난다. 왜냐하면, 그런 하나님은 명백한 불의 앞에서조차 어떤 반대도 하지 않고, 혹은 어떤 반박하는 말도 하지 않으며, 또한 어떤 분노도 드러내지 않기 때문이다.[53]

베리건은 계속해서 다음과 같이 지적한다. 1989년 11월, 예수회 선교사들을 학살했던 산살바도르의 군부 엘리트들은, 학살 직전에 가졌던 기획 모임을 다음과 같은 기도로 끝냈다. "우리가 앞으로 할 일을 축복하소서. 이는 결국 '하나님과 조국'을 위한 일입니다." 이사야가 선포했던 고난 받는 종은 이런 속임수들이야말로 "속으로 곪아 터지는 범죄, 곧 하나님을 파는 이야기, 하나님을 빙자한 예배, 하나님께 드린다는 기도, 그리고 타락한 성소로부터 받는 축복 뒤에서 피를 흘리는 그런 범죄"라고 꿰뚫어 보았다.[54] 《성서》에 나오는 가장 가혹한 말씀들은, 예배와 그리고 예배하는 자들을 향해 던져졌다는 사실을 상기한다면 정신이 번쩍 들 것이다. "나는 너희가 벌이는 절기 행사들이 싫다. 역겹다. 너희가 성회로 모여도 도무지 기쁘지 않다. …… 시끄러운 너의 노랫소리를 나의 앞에서 집어치워라. …… 너희가 나에게 번제물이나 곡식 제물을 바치려거든, 너희는 다만 공의가 물처럼 흐르게 하고, 정의가 마르지 않는 강처럼 흐르게 하여라. …… 빈궁한 사람들을 짓밟고, 이 땅의 가난한 사람을 망하게 하는 자들아, 이 말을 들어라(아모스) 5장 21, 23~24절, 8장 4절."

현대의 비유들

선의 선문답처럼, 예수의 비유와 예전의 의례들은 위기를 초래하는데,

이는 단지 생각으로 극복할 수 있는 위기가 아니라 살아냄으로써만 극복할 수 있는 위기다. 그 위기는 확실하게 윤리적인 것이지만, 동시에 인식recognition의 위기이기도 하다. 회심을 가리키는 그리스도교 《성서》의 언어의 의미는 희랍어 동사인 metanoien 안에 압축되어 있는데, 이는 "마음 바꾸기", 참회를 뜻할 뿐만 아니라, 더 나아가 새롭게 인식하고 반응하는 것을 뜻한다. 다시 말해 회심이란, 예수의 비유가 제시하듯, 눈가리개를 벗고서, 하나님께서는 전혀 뜻밖의 장소에서, 뜻밖의 사람들, 정결치 못한 자들, 보잘것없는 자들, 환영받지 못한 자들, 감사할 줄 모르는 자들, 죄 많은 자들과 함께 역사하신다는 사실을 제대로 보는 것을 뜻한다. 이와 같이 새롭게 "인식하고 반응할" 필요가 있다는 점에 대한 또 다른 좋은 예가, 플래너리 오코너Mary Flannery O'Connor, 1925~1964의 섬뜩한 단편인 〈착한 사람은 찾기 어렵다A Good Man Is Hard to Find〉이다. 이 소설은 애틀랜타 시 교외에 사는 대단히 망가진 가족이 함께 떠나는 음산한 휴가 여행을 다룬 코믹한 이야기다. 이 가족들 가운데 으뜸가는 피부양자는 오코너가 "할머니"라고 부르는, 그러나 여족장과 같은 인물로서 비단처럼 부드러운 목소리와 강철 같은 의지를 지닌 교활한 여성이다. 이 할머니는 교회에 다니면서 《성서》를 즐겨 읽는 그리스도인으로서, 신실한 종교인이라는 가면 속에 자신의 소극적 공격성과 외국인 혐오증을 감추고 있다. 또한, 그녀는 다른 사람들을 "위해", 그리고 다른 사람들 때문에 영원히 고통을 감수한다고 느끼는, 이 가족의 전문적인 "순교자"다.

단편 소설 〈착한 사람은 찾기 어렵다〉의 줄거리는 대단히 단순하다. 이야기가 시작되면서 할머니의 소심한 아들인 베일리Bailey는 자신의 어머니에게, 가족이 플로리다 주로 휴가를 떠날 것이며, 가족이 키우는 고양이 피티 싱Pitty Sing은 결코 함께 가지 못한다고 말한다. 그러나 할머니는 테네시 주로 가고 싶어 한다. 물론 플로리다 주로 갈 생각도 없고, 또한 사랑하는 고양이를 집에 두고 갈 생각도 없다. 할머니는 자신의 가방에 고양이를 안전하게 숨긴 채, 차의 뒷좌석에 앉아서, 이번 휴가 여행을 지휘할 자세를 취한다. 아들 베일리가 할머니의 주장대로, 마침내 플로리다 주로 향하는 고속도로를 벗어나 남북 전쟁 이전에 지어진 테네시 주의 아름다운 옛 농장으로 가는 시골길로 접어들 때까지, 할머니는 출발하는 그 순간부터 투덜대고 야단치고 술수를 부렸다. 그러나 불행히도 베일리가 급회전을 시도해 울퉁불퉁한 흙길로 접어들어 차가 덜컹하고 흔들리는 바람에, 자고 있던 고양이가 깨고 말았다. 다음 순간 고양이가 겁을 먹고 앞 좌석으로 펄쩍 뛰어 베일리를 할퀴는 바람에, 깜짝 놀란 베일리는 운전대를 놓쳤고, 차는 도로를 벗어나 깊은 골짜기로 들어가게 되었다. 마침내 차가 숲의 가장자리에 멈추고, 가족들이 차에서 내렸을 때, 그들은 그 지역 감옥에서 탈옥한 세 명의 무장한 죄수들에게 둘러싸이고 말았다. 그 죄수들 중 두목은, 오코너가 "부ㅈ적응자"라고 부르는 사이코패스 연쇄 살인범이었다. 할머니와 이 두목의 만남은 이 가족에게 글자 그대로 파국의 시작이었다. 가족들은 한 명씩 차례로 탈옥한 죄수들에 의해 냉혹하게 숲으로 끌려가 사살射殺당했다. 결국 할머니만 남게 되었다. 목숨을 구하고자 이 노파는 자신이 가진 온갖 신앙적 덕목을 동원한다. "기도합시다. …… 기도합시다!"라고 외치며 두목을 조른다. "예수께로 돌아오세요. 그분께서 당신을 도와주실 겁니다." 그러나 두목은 미친 범죄자다운 논리로 이렇게 대답한다. "나는 도움 따위는 필요 없어 …… 나는 나 혼자서도 완전 잘하고 있어."[55]

오코너는 신실한 할머니와 악마 같은 두목의 대면對面을 통해 그리스도교적 회심의 과정에서 정말로 문제가 되는 것이 무엇인지를 탐색하고 있다. 또한, 오코너의 작품에서 종종 나타나듯, 독자들은 극 중 역할과 기대가 날카롭게, 그리고 비유적으로 반전되는 것을 발견하게 된다. 종교적인 수사법을 사용했음에도 불구하고, 할머니의 도덕적 우주는 우리가 보기에 숨이 멎을 정도로 편협하고 천진난만하다. 그녀의 성격은 다음과 같은 두목의 말에 정확하게 요약되어 있다. "누군가가 있어 1분에 한 번씩 그 할머니에게 총을 쏘아주었더라면 좋은 여자가 되었을 텐데."[56] 그 할머니는 끊임없이 예수의 이름을 불렀지만, 그 두목을 괴롭혔던 진정한 종교적 위기는 이해하지 못했다. 이야기가 끝날 무렵 할머니가 할 수 있는 말이라곤 "예수, 예수"뿐이었고, 그 말에 대해 두목은 다음과 같이 반응했다.

"네, 할머니", 두목은 마치 할머니에게 동의라도 하는 듯 말했다. "예수는 모든 것의 균형을 뒤흔들어버렸지. 예수나 나나 똑같은 경우였어. 다만 예수는 범죄를 저지르지 않았다는 점과, 그들은 나에 관한 기록이 있었기 때문에, 내가 죄를 범했다는 것을 증명할 수 있었다는 점이 다를 뿐이지. …… 물론 …… 그들은 나에게 내 기록을 절대로 보여주지는 않았어. 그것이 …… 내가 나 자신을 부적응자라고 부르는 이유야. …… 왜냐하면 나는 내가 저지른 잘못들을 내가 벌 받으면서 겪은 일들에 맞출 수가 없거든 ……."

"할머니", 두목은 계속 말했다. "한 사람은 산더미처럼 큰 벌을 받고, 또 다른 사람은 전혀 벌을 받지 않는 것이 옳다고 보여?"[57]

이 두목의 사이코패스적 "논리" 저 깊숙한 곳에 진정한 비유적 성찰이 숨어 있다. "예수는 모든 것의 균형을 뒤흔들어버린다." 오코너의 작품에 나오는 대부분의 악을 상징하는 인물들과 마찬가지로 두목은 진실에 관해, 그리고 현실이 어떤 것인지에 대해 정확하게 인식하고 있었다. 물론 그는 착한 사람은 아니다. 그는 온 가족을 냉혹하게 죽인 사이코패스 살인자다. 그러나 오코너의 작품에서 다른 등장인물 중 그 누구도 그다지 덕스럽지 못하다.

그는 악당이었지만, 진실과 죽음에 대한 냉정하면서도 단호한 눈을 가지고 있었고, 그랬기에 우리로 하여금 그 할머니가 예수와 기도에 대해 장광설을 늘어놓았음에도 불구하고, 얼마나 천박하고 위선적이며 어리석은지를 보게 해준다. "기쁨은 없고 치사함뿐이군"이라는 두목의 말 속에서, 우리는 오코너가 현대 그리스도교를 향해 던지는 함축적인 비판의 소리를 듣게 된다. 오코너는 현대 그리스도교가 너무나 유약하고 안일해서 우리가 살아가는 오늘날의 가혹하고 무서운 세상에 그 어떤 영향도 끼칠 수 없다고 보았던 것이다. 오코너의 작품 속에서 냉혹한 두목을 회심케 만든 것은 할머니의 신앙이나 덕목이 아니다. 이 작품에서 종교 때문에 자신과 자신의 세상에 관한 진실에 눈이 멀었던 할머니를 위해, 계시와 은혜의 근원이며 또한 자비의 통로가 되었던 것은 두목 그 자신이다.

오코너의 많은 훌륭한 소설들과 마찬가지로, 그의 단편인 〈착한 사람은 찾기 어렵다〉도 통념적인 해석을 거부한다. 분명 그 작품 속에는 회심들이 있다. 분명 신비와 은혜가 작동한다. 그러나 누가 구원을 받았고, 그 대가는 무엇인가? 오코너의 작품은 이러한 질문에 대답을 하고 있으나, 그 답은 우리가 기대하는 방식의 대답은 아니다. 소설의 끝에 이르러 할머니는 곧 죽임을 당할 것이라는 사실을 깨닫게 되고, 그녀가 믿어 왔던 종교의 가식적인 얼개는 무너져 내리며, 그녀의 신앙심은 바닥을 치게 된다. 그녀는 두목에게, 어쩌면 그가 옳을지도 모른다고, 또 하나님은 어쩌면 죽은 자를 다시 살리지 않으셨을지도 모른다고 중얼거리며 말한다. 바로 그 순간 이 작품 속의 모든 것이 바뀌게 된다. 은혜가 불타는 혜성처럼 그 길목의 모든 것을 불태우면서 그 장면을 비춘다. 두목은 갑자기 자신이 인간 이하의 존재였다는 사실과 도덕성이 전혀 없었다는 사실을 깨닫는다. 또한, 할머니의 비전은 맑아진다. 이 장면을 오코너는 다음과 같이 쓰고 있다.

"어쩌면 하나님은 죽은 자들을 다시 살리지 않으셨을지도 몰라." 그 늙은 여인은 자신이 무슨 말을 하는지도 모르는 채, 그리고 너무나 어지러워 두 다리가 꼬여 도랑 속으로 빠져 들어가면서 이렇게 중얼거렸다.

"내가 거기 없었으니까, 하나님이 그렇게 하지 않았다고 나는 말할 수 있지." 두목은 말했다. "내가 거기 있었더라면 좋았을걸." 그는 주먹으로 땅을 치면서 말했다. "내가 거기 없었다는 것은 옳지 않아. 내가 거기 있었더라면 나는 알 수 있었을 텐데. 들어봐요, 할머니. …… 내가 거기 있었더라면 나는 알았을 것이고, 지금 이 꼴이 되지 않았을 거야." 그의 목소리는 갈라질 듯했고, 할머니는 한순간 맑아졌다. 그녀는 마치 울 것 같은 두목의 얼굴이 자신에게 다가오는 것을 보았다. 그리고 중얼거렸다. "당신은 내 애기 중의 한 명이야. 내 자식 중의 한 명이라고!" 그녀는 손을 뻗어 두목의 어깨를 만졌다. 두목은 마치 뱀에게 물리기라도 한 듯, 펄쩍 뛰어 뒤로 물러나며, 할머니의 가슴에 세 발의 총을 쏘았다. 그리고는 땅바닥에 총을 내팽개치고는 자신의 안경을 벗어 닦기 시작했다.[58]

이 장면의 끔찍함과 잔혹성은 거의 상상할 수 없을 정도다. 그러나 회심과 은혜, 그리고 신비에 대한 오코너의 이해의 관점에서 보자면, 이 장면이 바로 구원의 장면이다. 이 단편 소설에서 회심을 경험하는 사람은 누구인가? 누가 구원을 받으며, 그 대가는 무엇인가? 대부분의 독자들은 회심을 경험해야 할 유일한 후보는 그 두목이라고 여길 것이다. 하지만 두목은 변화하기에는 너무나 사악하고, 게다가 사이코패스다. 그러나 1960년 앤드루 라이틀Andrew Lytle, 1902~1995에게 쓴 편지에서 오코너는 다음과 같은 견해를 밝힌 바 있다. 그녀의 경박함과 이기심에도 불구하고, 은혜는 할머니에게 임했다.

나의 작품 속 이야기 대부분에는 은혜의 순간, 혹은 은혜가 베풀어지는 순간이 등장한다. 그러나 이 은혜는 대부분 거절당한다. 할머니가 두목을 자신의 자식 중 하나로 인식하고 그를 어루만지려고 손을 뻗었을 때가 바로 그 예다. 비록 그녀가 어리석은 노파일지라도 그 순간은 그녀에게 은혜의 순간이었다. 바로 그 때문에 두목은 할머니를 총으로 쏘게 된다. 이런 은혜의 순간은 악마를 자극해 발작하게 만든다.[59]

오코너의 다른 편지에서는, 이 이야기에 대한 더욱 어둡고 난해한, 그러나 분명히 비유적인 해석을 발견하게 된다. 라이틀에게 편지를 보낸 후 약 두 달쯤 후, 오코너는 소설가 존 호크스John Hawkes, 1925~1998에게 편지를 써서, 다음과 같은 사실을 밝히고 있다. 은혜는 할머니와 두목 모두에게, 서로 다른 이유로, 그리고 서로 다른 방식으로 임한다. 오코너는 이 점에 대해 계속해서 이렇게 쓰고 있다.

가톨릭의 사고방식에 따르면, 은혜는 그 매개로서 불안전하고 동시에 완전히 인간적인, 심지어는 위선적인 사람까지도 사용할 수 있으며, 또 그렇게 한다. 은혜로부터 자신을 끊어내는 일은 매우 결정적인 문제요, 실제적인 선택과 결의에 찬 행동을 필요로 하며, 그래서 영혼의 근간에 영향을 주는 일이다. 두목의 특별한 고통을 통해 임한 은혜가 할머니에게도 전해진 것처럼, 두목을 자신의 자식이라고 인식했을 때 그 노파를 통해 임한 은혜는 두목에게도 전해진다. 두목이 노파에게 총을 쏜 것은 그녀의 인간적인 모습에 공포를 느낀 그의 반동이다. 그러나 두목은 총을 쏜 후에 안경을 닦는다. 이때 은혜가 그 두목 안에서 역사하고, 그는 다음과 같은 자신의 생각을 내뱉는다. 만약 내가 그녀가 살아온 생애 내내, 매 순간마다 그녀와 함께 있었더라면, 그녀는 분명 좋은 여성

이 되었을 텐데. 참으로 ······.⁶⁰

오코너는 주장하기를, 은혜에 대한 가톨릭의 견해는, 우리의 이해를 전환점, 그리고 그 너머로까지 확장케 해준다. 회심의 은혜는 옳고 그름, 선함과 악함, 덕과 악, 그리고 성인과 죄인 등에 관한 우리의 통념적 범주들 전체를 파괴하는 것이다. 우리가 우리의 모든 익숙한 범주들, 소위 모든 도덕적 범주들을 포함한 것들을 내려놓을 때까지, 철저히 내려놓을 때까지, 우리는 회심의 은혜를 결코 알 수 없을 것이며, 혹은 하나님의 자비, 동정심, 현존의 형언할 수 없는 신비를 경험할 수도 없을 것이다. 또한, 오코너는 다음과 같이 믿었다. 대부분의 사람들에게 있어서 회심의 길을 가로막고 있는 것은 그들의 사악함이 아니라, 그들의 덕Virtue이다. 바로 이런 점이 별 생각도 없이 "덕스러운" 할머니보다 그 두목이, 오코너의 눈에 하나님의 자비를 얻을 만한 더 나은 후보자로 보이는 이유다. 실제로 할머니의 경우, 그녀는 완전한 절망과 곧 다가올 죽음을 대면했을 때에야 비로소 깨달음을 얻는 구원의 은혜를 체험한다. 아주 잠시 동안 그녀의 머리는 맑게 개이고, 자신을 죽이려는 이 피투성이 누더기를 입은 인간을 알아보게 된다. 하나님에게 버림받고 하나님을 거부하는 이 죄인을, "나 자신의 아기들 중 하나"로 받아들임으로써, 한때 교만했던 이 여자는 처음으로 자신의 죄인으로서의 본성을 바라보게 된다. 바로 이 깨달음 속에서 그녀는 구원을 발견한다. 가톨릭 신학은 은혜를 궁극적으로 사회적인 것이라고 보고 있으며, 이 점에서 오코너의 직관은 옳았다. 이 인물들은 우리의 생각과는 달리, 각각 서로에게 은혜의 근원이 된다. 물론 이를 위해 인간이 치러야 했던 대가는 무서운 것이었다. 두목의 행동은 파렴치한 것이었지만, 결국 두목과 할머니는 모두 회심과 구속을 위해 필요한 빛, 곧 "폭발하는 빛, 그리고 모든 것을 무로 만드는 빛"으로부터 강타를 당하게 된다. 1961년 세상에는 잘 알려지지는 않은 그녀의 가까운 친구에게 보낸 편지에서 오코너는 이렇게 썼다. "나는 폭발하는 빛, 그리고 모든 것을 무로 만드는 빛, 그래서 평생 동안 지속될 빛 속에 서 있는 자기 자신을 바라보지 않고서, 그 누가 회심을 할 수 있을지 모르겠다."[61]

계시로서의 의례

비유들과 플래너리 오코너의 단편 소설 모두에게서 같은 유형을 보게 된다. 곧 의례는 우리를 계시, 즉 뜻밖의 장소에서, 뜻밖의 사람들을 통해 드러나는, 기대하지 않았던 은혜로서의 계시로 인도한다. 의례는 반죽 속에 누룩을 섞어 넣는 것처럼 평범한 것일 수도 있고, 연쇄 살인처럼 끔찍한 것일 수도 있지만, 어떤 경우이든 오코너의 또 다른 비유의 결말을 풀어 써보자면, 성령이 불 또는 얼음으로 장식된 채로, 그리고 "무자비한 모습 그대로, 누더기가 되어버린 인간 위로 계속 내려온다".[62] 혹은, 예수께서 안식일 회당 예배에서 가르치시고자 고향 마을로 돌아오는 이야기가 우리에게 말해주듯, 하나님의 말씀은 사람들 사이에서 의례를 통해 반복되는데, 필연적으로 같은 결론, 즉 잠재적으로 비유적인 결론에 이를 수밖에 없다. "이 성경 말씀은 너희가 듣는 가운데서 오늘 이루어졌다."〈누가복음〉 4장 21절 하나님의 말씀은 그저 이야기만 들려주지 않는다. 오히려 하나님의 말씀은 행하며does, 행동하며acts, 그리고 예배 참여자들로 하여금 그들이 듣고 싶어 하지 않거나 보고 싶어 하지 않을 계시의 괴로운 측면을 대면하게 해준다. 여기서 계시의 괴로운 측면이란, "폭발하는 빛, 곧 모든 것을 무로 만드는 빛"이다.

의례가 "계시의 근원"이라는 주장은 많은 사람들에게 과장으로 여겨질 수 있다. 제2차 바티칸 공의회 이전 시대에서 활동했던 신학자들은 통상 다음과 같이 주장했다. 하나님의 계시는 보다 제한적이고 기술적인technical 의미로 볼 때 두 가지 근원, 곧 하나님의 영감으로 기록된 《성서》, 말씀과 교회의 교권에 의해서 해석되고 규정되고 변증된, 그리고 교회의 승인을 받은 가르침으로서의 전통만을 가지고 있다는 것이다. 그러나 하나님의 계시가 언제 어떻게 나타나느냐, 즉 인간을 위해 말씀을 언제 어떻게 드러내시고, 또한 내어주시느냐에 대한 신학적 이해는, 제2차 바티칸 공의회에서, 그리고 그 이후에 확장되기 시작했다. 이러한 사실은 1965년에 발표된 공의회의 문서, 곧 〈하느님의 계시에 관한 교의 헌장 – 하느님의 말씀〉을 둘러싼 논쟁의 과정에서 더욱 명백하게 드러났다. 계시에 관한 새로운 접근은 부분적으로는 급격히 발전한 성서 연구에 의해 주도되었고, 또 부분적으로는 종교간 대화의 점증하는 중요성에 의해 이끌어졌다. 이 점에 대해서는 공의회 또한 논의했던 적이 있다.[63]

〈하느님의 계시에 관한 교의 헌장〉의 초고를 놓고 벌인 공의회에서의 격렬한 토론 과정에서, 시카고의 앨버트 마이어Albert Gregory Meyer, 1903~1965 추기경은 이 헌장의 최종 문건을 결정함에 있어 큰 도움을 준, 짧지만 강력한 발언을 한 적이 있다.[64] 마이어는 다음과 같이 주장했다. 계시는 본질적으로 "살아 있고 역동적이며 포괄적인 것이다". 따라서 이 헌장은 "교리적 제안일 뿐만 아니라 교회 전체를 위한 예배와 실천이라는 사실을" 확증해야 한다. 왜냐하면, "전통은 교권의 규정을 통해서만 발전하는 것이 아니라, '신도들의 명상을 통해 …… 또한, 신도들이 경험하는 영적 현실에 대한 직접적인 인식을 통해 발전해가는 것이기 때문이다'".[65] 마이어 추기경은 그리스도교 전통의 보다 확장된 의미에는 동의하지만, 여기에는 무언가가 빠져 있다고 지적한다. 그런데 그 전통이 "오류가 없는 교권의 한계 너머로" 확장된다는 바로

의례의 영역 237

그 점 때문에, "그 전통은 순례자들의 교회, 곧 하나님의 현실들을 '거울 속에서처럼 희미하게'만 인식하는 죄인들의 교회에서 노정되는 한계와 결점에 그대로 노출된다."[66] 달리 말하자면, 이때 전통은 사이코 같은 부적응자인 두목을 통해 경건한 할머니에게 찾아올 수도 있는 은혜에 대한 비유적 계시에 자리를 내주어야 한다. 마이어는 계속 이렇게 지적하고 있다. 교회의 긴 역사를 일견해 보더라도, 어떤 시기에는 중요한 문제들, 예를 들면 《성서》가 간과되거나, 혹은 그리스도의 부활과 같은 중요한 교리가 가려졌던 사례들을 많이 보게 된다. 이런 과정에서 왜곡이 심해졌다. 예를 들어, "도덕주의moralism는 과장된 궤변과 비예전적 경건함으로 점철되었다". 마이어는 〈하느님의 계시에 관한 교의 헌장〉의 최종 문건에서, "죄인들의 교회"가 갖는 한계를 다음과 같이 인정하는 것이 좋겠다고 결론을 내린다.

그럼에도 불구하고, 이 살아 있는 전통이 항상 성장하고 진보하는 것도 아니고, 모든 면에서 성장하고 진보하는 것도 아니다. 순례자들의 교회가 하나님의 현실에 대해 숙고할 때, 어떤 문제에 대해서는 실패할 수도 있고, 실제로 실패를 하기도 한다. 따라서 교회는 그 안에서 끊임없이 《성서》의 규범을 지켜야 하며, 교회의 생활과 그 규범을 대조해봄으로써 끊임없이 스스로를 교정하고 개선시켜나가야 한다.[67]

죄인들의 교회에서 나타나는 살아 있는 전통의 현실적 한계에 대한 마이어 추기경의 논평은 〈하느님의 계시에 관한 교의 헌장〉의 최종 문건에 반영되지 않았고, 이 점 때문에 바티칸 공의회의 탁월한 주석가인 요제프 라칭거Joseph Ratzinger, 후에 교황 베네딕토 16세가 본 문건이 지닌 "계시에 관한 지나치게 낙관적인 견해"에 대해 비평하게 되었던 것이다. 마이어의 발언을 명시적으로 인용하면서, 라칭거는 〈하느님의 계시에 관한 교의 헌장〉에 관한 주석에서 다음과 같이 썼다. "교회 안에 존재하는 모든 것들이 교회 안에 존재한다는 이유만으로 적법한 전통이 되어야 하는 것은 아니다. …… 교회 안에서 발생하는 전통 모두가 다 그리스도의 신비를 진정으로 기념하는 것도 아니고, 또한 그 신비를 지속적으로 유지해주는 것도 아니다." 라칭거는 계속해서 이렇게 주장한다. 바로 이것이 전통의 궁극적인 본질이다. 즉, 그것은 "모든 시대를 통해 여러 층으로 쌓여 있으면서도 동시에 하나인 그리스도의 신비의 현존이다. …… 또한 이 세상에서의 그리스도의 현존의 총체성이다".[68]

현재의 〈하느님의 계시에 관한 교의 헌장〉 제8항이 이 헌장의 최종 문건에 삽입될 수 있도록 만들었던 요인은, 실제로는 계시에 대한 보다 분명하고 포괄적인 설명을 원했던 열망, 즉 마이어 추기경과 같은 주교들이 분명하게 표현했던 열망이었다.[69] 이 중요한 문단은 계시에 대한 우리의 이해를 넓게 해주는 동시에 깊게 해주는 것으로서, 도미니카의 위대한 신학자 이브 콩가르Yves Marie-Joseph Congar, 1904~1995의 작품임이 거의 확실하다.[70] 제2차 바티칸 공의회 이후의 저서, 종종 그의 "성령론Summa Pneumatologica"으로 묘사되는 《나는 성령을 믿는다I Believe in the Holy Spirit》에서 콩가르는 교회의 생활을 "하나의 긴, 성령의 임재를 비는 기도epiclesis", 곧 입교의 성례전sacraments of initiation에서 발생해 그 정체성을 구체화해주는 기도라고 특징지었다. 여기서 "epiclesis"라는 단어는, 빵과 포도주를 그리스도의 몸과 피로 만들어주심으로써, 그리고 그 빵과 포도주를 받는 사람들을 "하나의 몸, 곧 그리스도 안에서의 하나의 영"으로 만들어주심으로써, 빵과 포도주, 그리고 그것들을 받는 사람들 모두를 변형시켜주실 것을 성령께 간구하는 바로 그 성찬 기도의 일부를 가리킨다. 또한, 콩가르는 이렇게 쓰고 있다. "그 교회의 사람들, 그 교회의 목회자들, 은혜의 수단으로서의 보물과 그 제도를 포함하는 전체

교회는 구원의 성례전이다. …… '나는 거룩한 교회를 믿는다'는 고백은 절대적으로 '나는 성령을 믿는다'는 고백을 전제 조건으로 한다. 이 교리는 교회의 생활과 사역이란 전적으로 '성령의 임재를 비는 기도'로 여겨질 수 있다는 것을 의미한다."[71]

콩가르의 이런 통찰은 〈하느님의 계시에 관한 교의 헌장〉 제8항의 최종 문건에 분명히 포함된 것으로 보인다. 예를 들면 다음과 같다.

사도들에게 전승된 것에는 삶을 거룩하게 하고, 하나님을 향한 백성들의 믿음을 강화시켜주는 데 기여하는 모든 것들이 포함되어 있다. 그래서 교회는 그 가르침, 삶, 그리고 예배 안에서 …… 교회가 무엇인지, 그리고 교회가 믿는 것은 무엇인지에 대한 모든 것을 모든 세대들에게 전승한다. 이 전승은 …… 성령의 도우심으로 교회 안에서 발전된다. 왜냐하면 전승되어온 말씀과 현실에 대한 이해가 성장하기 때문이다〈교의 헌장〉 8항.[72]

〈하느님의 계시에 관한 교의 헌장〉은 계시가 세 가지의 주요 과정, 즉 가르침, 삶, 그리고 예배를 통해 전통으로서 전승된다고 주장하고 있을 뿐 아니라, 이해의 성장과 발전도 이와 유사한 세 가지 과정을 통해서 이루어진다고 확증하고 있다. 이는 "이것들을 마음속 깊이 숙고하는 신자들의 명상과 연구", "그들이 경험하는 영적 현실에 대한 직접적인 인식", 그리고 교회의 승인을 받은 "설교"의 세 가지다〈교의 헌장〉 8항. 가르침과 삶과 예배, 기도와 함께하는 연구, 경험, 그리고 설교, 이 모든 것들이 순례자들의 삶 속에서 하나님의 계시가 펼쳐지는 주요한 방식이다. 그리고 여기서 또한 우리는 이브 콩가르가 끼친 영향을 확인하게 된다.

계시는 하나님이 …… 그 백성의 역사를 통해 우리에게 알려주셨던 것들로 구성되어 있다. 다시 말해, 계시는 영감을 받았던 이스라엘의 예언자들과 현자들의 해석을 통해 전해진 것이었고, 후에는 예수 그리스도라는 결정적인 사건에 대해 복음 전도자들, 사도들, 그리고 변증가들의 해석을 통해 전해진 것이었다. …… 우리는 하나님의 계시가 마지막 사도의 죽음과 함께 끊어졌다는 주장을 과도하게 단순화해 해석해서는 안 된다. …… 성령에 대한 우리의 경험은 그 이후에도 계속되어 왔다. 또한, 그러한 경험은 과거만큼이나 강렬하고 긴급한 것이다. …… 여기서 내가 "경험"이라고 지칭한 것은 하나님의 현실성에 대한 우리의 인식을 의미한다. 이때 하나님의 현실성이란, 성찬과 교제를 통해 우리를 그분께로 이끌어가시면서, 하나님이 우리에게 다가오시는 현실성이고, 하나님이 우리 안에서 역사하시는 현실성이며, 또한 하나님이 우리를 통해 역사하시는 그대로의 현실성이다. 그리고 인간이 타자를 위해 존재하는 그런 현실성이다.[73]

〈하느님의 계시에 관한 교의 헌장〉 제8항은 함께 "전통"을 형성하는 다양한 과정들을 통해 전승되는 계시의 복잡성에만 주목하도록 강요지는 않는다. 〈하느님의 계시에 관한 교의 헌장〉은 의례와 계시 사이의 명백한 관련성 또한 밝히고 있다. 문단 하나가 전체 문서를 규정하지는 않는다. 그러나 〈하느님의 계시에 관한 교의 헌장〉이 "계시의 근원"으로서의 예배에 대해 강조하고 있다는 점은 주목해야 한다. 제2차 바티칸 공의회에 참석했던 주교들은 계시란 무엇이며 어떻게 전승되는가에 대한 우리의 이해를 확장해주었을 뿐만 아니라, 계시의 상징적 구조가 순례자들의 교회, 곧 "죄인들의 교회"의 예배와 예전적 경험에 얼마나 밀접하게 연관되어 있는가에 대한 우리의 이해 역시 확장시켜주었다. 요컨대, 이 주교들은 "교회 교리에 대해 전통적인 선언에서만이 아니라, 하나님께 드리는 그리스도교 예배의 모든 요소들과 교회 생활의 모든 요소들에 관한 선언되지 않은 내용들, 종종 선언될 수 없는 내용들에서도, 하나님의 계시를 발견할 수 있다고 인정했다."[74]

계시와 하나님의 신비

계시의 신학은 명백하게 하나님에 관한 질문을 피할 수 없다. 포스트모던적 사상가들에게는 특히 이 점이 고도로 민감한 문제다. 왜냐하면, 계시의 신학은 우리가 하나님을 "이름 지을 수 있는가"에 대해 물을 수밖에 없고, 또한 만일 그렇게 할 수 있다면, 우리가 하나님을 실제로 만난 것인가 아니면 그저 우리 자신들이 했던 말을 우리가 들은 것뿐인가에 대해서도 물을 수밖에 없기 때문이다.[75] 그리고 이것은 신학만의 문제가 아니다. 이것은 또한 예배에 관한 문제이기도 하다. 예전은 끊임없이 하나님의 이름을 부르며, 최소한 기도할 때만큼은 하나님의 이름을 부르려고 노력한다. 그러나 여기서도 문제가 생긴다. 이름을 부른다는 것은 우리의 경험상, 통상 소유권을 주장한다, 인장印章을 찍는다, 혹은 손에 넣는다 등을 의미하기 때문이다. 예배에 참여한 회중이 하나님의 이름을 부를 때, 그들은 무언가 편안하지 않음을 인식하게 된다. 그래서 로마 가톨릭 의식에서는, 이제부터 우리가 행하려고 하는 일에 우리 자신이 잘 준비되어 있지 않다는 사실을 스스로에게 상기시켜주는 참회와 정화의 의식으로 예배를 시작한다. 예전의 언어는 죄인들의 교회로부터 나오는 공적인 말하기public speech다. 그것은 더듬거리는 말하기다. 그리스도교 예배의 언어는 그것으로 신성을 규정하고, 또한 유지하려고 애쓸 때마다 실패를 경험하는 고통스러운 말하기다. 우리의 말하기는 그곳으로 갈 수 없다는 사실을 알면서도 그곳, 곧 하나님의 신비 속으로 가려고 하는 상처받은 말하기다. 예배의 언어들은 그러므로 우리를 죄 범할 위험과 일탈의 위험으로 이끌게 된다. 예배란, 우리가 하나님의 이름을 부르는 문제가 아니라, 하나님이 우리의 이름을 불러주시고 우리가 당신의 소유임을 선포해 주시는 문제라는 사실을 알면서도, 우리는 감히 하나님의 이름을 부르려고 하기 때문이다. 장뤼크 마리옹Jean-Luc Marion, 1946~은 다음과 같이 쓰고 있다.

> 하나님의 이름Name은 …… 그 이름을 부르지 않은 상태로 두어야 하며 …… 그분의 이름이 우리의 이름을 부르고, 또한 우리를 부르도록 해야 한다. 우리가 하나님의 이름을 부르는 것이 아니라, 하나님의 이름이 우리를 부르시는 것이다.
>
> 그리고 이 부르심보다 더 무서운 것은 우리에게 없다. "왜냐하면 …… 우리들의 적합한 이름들을 가지고, 하나님이 모든 이름들 위에 그 이름을 선물로 주신 그 한 분One의 이름을 부르는 일은, 무서운 임무이기 때문이다."[76]

하나님의 이름을 부르는 예전적 시도는, 따라서 불가능한 임무다. 하나님은 항상 우리의 말솜씨로는 표현할 수 없는 분이기 때문이다. 이것이 그리스도교 예전이 끊임없이 반복되어야 하는 한 가지 이유다. 하나님의 순례하는 백성, 즉 죄인들의 교회는 결코 성공할 수 없다는 사실을 알면서도, "그 일을 제대로 하기"를 계속한다. 왜냐하면, "우리가 불가능한 것을 위해 우리 자신을 내어놓고, 굴복하며, 그리고 전적인 타자wholly other를 향해 출발할 때에만, 그리고 우리가 갈 수 없는 곳을 향해 나아갈 때에만, 우리는 실제로 무언가를 행하는 것이기 때문이다."[77] 어떤 기도이든 그 기도의 처음 시작으로 가까워지면 가까워질수록, 하나님은 점점 더 "우리의 통제 너머로" 멀어지시는 것처럼 보이는데, 이것이야말로 우리에게는 빛나는 축복이다.

그러므로 예전에서 우리가 "하나님의 이름을 부를" 때, 우리는 하나님을 소유하겠다고 주장하는 것이 아니라, 하나님께 우리를 소유해달라고 요청하는 것이다. 다시 말해 우리는 그분의 이름이 "우리의 이름을 불러주시기를, 그리고 우리를 불러주시기를" 희망하는 것이다. 이 모든 것들의 신학적인 근거는 탁월한 신학자인 예수회 소속 카를 라너의 저작들에 잘 나타나 있다. 라너는 계시의 적절한 계수coefficient는 인간 이성과 지성의 능력ratio이 아니라 신비라는 사실을 우리가 잘 이해할 수 있도록 도와준다.[78] 따라서 계시란, "비밀들", 숨겨진 것, 사물, 사람, 진리, 혹은 가르침 등에 관한 비밀의 폭로가 아니라, 인간의 역사 속에서 상징적인 언어와 행위들verta et gesta로 행하시는 하나님의 자기 소통God's self-communication이다. 하나님의 이런 자기 소통 안에서 하나님은 언제나 신비가 아니신 적이 없고, 그래서 우리가 하나님을 "아는 것"은 하나님을 모른다는 것unknowing에 의해 결정된다. 따라서 우리가 보기를 원하는 "하나님의 비전"이란, "포장을 푸는 일"이 아니라 "설명할 길 없고 이름 없는 영원한 현존" 속에 거하는 일이다. "이 속에서는 이해하는 것과 …… 이해하지 못하는 것 사이의 구분이 불가능하다." 왜냐하면, "비전은 신비를 포착하는 것과 신비에 의해 포착당하는 것 모두를 의미해야 하기 때문이다". 따라서 "지식이 행할 수 있는 최고의 일은 신비를 제거하거나 감소시키는 일이 아니라, 신비의 영원하고 총체적인 직접성 혹은 즉각성immediacy을 최종적으로 단언하는 일이다".[79]

그러나 하나님의 절대적인 신비에 대한 라너의 주장은, 인간들이 하나님을 경험할 수 없다는 뜻은 아니다. "이해할 수 없고 이름 없는" 그 한 분은, 우리의 이름을 불러주실 뿐만 아니라, 즉 우리에게 정체성을 부여해주실 뿐만 아니라, 인간의 삶과 역사 바로 그 속에서 당신의 신성을 나누어주심으로써, 이해할 수 없는 방식으로 우리에게 가까이 다가오신다.[80] 따라서 라너의 관점에서 보면 계시란 근본적으로 세상, 그 역사, 그리고 그 사람들과 하나님 사이의 직접적이고 실제적인 소통이다.[81] 그 결과 다음과 같은 일들이 일어난다.

첫째로, 계시란 기본적으로 행함activity이다. 즉, "온 세상에 계속해 부어 주시는 하나님의 '창의적이며 조형적인 사랑이다'. 하나님의 이러한 자기 소통은 《성서》의 세계 안에서 뿐만 아니라, 이 세상 안에서 실제로 이루어 져가는 모든 국면에 영향을 끼친다."[82]

둘째로, 계시는 약속이고promissory, 참여며participatory, 역사다historical. 우리 인간은 완성되지 않은 채 진화해가는 우주 속에 살고 있으나, 우리 "《성서》의 전통을 따르는 자들"은 이 우주가 인간 존재에 완전히 무관심하다고 믿지는 않는다. 그 반대로 우리는 다음과 같이 믿는다.

> 우리는 우리가 완전히 길을 잃었을 때 말을 걸어오시는 그분의 "말씀"을 들었다고, 또한 어둠 속에서 빛나는 빛을 보았다고, 그리고 우리가 혼자가 아니라고 말해주시는 거룩한 음성을 들었다고, 또한 우주는 태초부터 명백하게 아무도 없는 곳에서부터 전해져왔다고 말해주시는 거룩한 음성을 들었다고 믿는다. 우주의 침묵을 뚫고 들려오는 이 말씀을 "계시"라고 부를 수 있을 것이다. 이 말씀은 본질적으로 약속의 형태로 소통된다.[83]

구체적으로 이 약속은 사람들을 매일매일 하나님과의 영적 소통으로, 그리고 서로서로와의 영적 소통으로 부르시는, '자신을 내어주시는 하나님self-giving God'에 의해 주도되는 위대한 미래에 대한 믿음과 소망의 형태를 취하게 된다. "조상의 집을 떠나 알지 못하는 곳으로 모험을 떠나라"고 아브라함을 소환하셨던 것이, 바로 이런 부르심이었다. 이런 부르심은 이스라엘의 자녀들 사이에 미래에 대한 믿음을 불러일으키고 유지시켜주었던 부르심이었고, 또한 "우주의 명백한 침묵"을 깨고, "약속의 말씀"에 대한 믿음을 갖도록 도발하셨던 부르심이었으며, 그리고 '하나님의 역사'가 '우리와 함께하시는 하나님의 역사'가 되는 그런 세상으로의 부르심이었다.[84] 왜냐하면 "우리는 그 뜻이 약속인 역사에 속해 있기 때문이며," 그리고 "한 민족이 공유한 기억"에 우리가 참여하는 일이 자신을 계시하시는 하나님과 우리를 묶어주기 때문이다. 이런 하나님은 말씀이 예수 그리스도 안에서 육화肉化될 만큼 명백하게 인간의 역사 속에서 행하는 분이시다.[85]

셋째로, 계시는 궁극적으로 여럿이 아닌 유일한one 신비다. 바로 이것이 〈하느님의 계시에 관한 교의 헌장〉 2항에서 〈에베소서〉 1장 9절의 언어를 채택한 이유다. "그리스도 안에서 미리 세우신 하나님이 기뻐하시는 뜻을 따라, 하나님의 신비한 뜻을 우리에게 알려주셨습니다." 〈에베소서〉 1장 9절은 "하나님의 뜻의 신비희랍어, mysterion, 단수"가 "시간의 완성을 위한 하나의 계획희랍어, oikonomia, 단수, 'economy'"으로 눈에 보이게 나타났다고 선언하고 있다. 성서적 언어, 여러 가지 신비가 아닌 구원의 유일한 신비로의 이러한 전환은 매우 중요하다. 왜냐하면 제럴드 오콜린스Gerald Glynn O'Collins가 지적하듯이, 유일한 역사적 계시라는 이 개념은 "제1차 바티칸 공의회에서 밝혔던 '신비들복수'이란 개념"과 상충하기 때문이다.[86] 더욱이 언어에 있어서의 이러한 전환은, 제2차 바티칸 공의회 이후 시대에 계속 유지되어 왔을 뿐만 아니라, 특히 "그리스도 안에서의 유일한 신비 혹은 구속"에 대해 지속적으로 말해왔던 "교황 요한 바오로 2세의 주요 문서와 회칙들 안에서" 유지되어 왔기 때문이다.[87] 작고한 자크 뒤피Jacques Dupuis, 1923~2004가 주장했듯이, 하나님의 유일한 계시, 곧 유일한 구원의 계획이라는 개념은 종교 간의 대화에 있어서 상당히 중요한 의미를 가지고 있을 뿐만 아니라, 모든 민족들 가운데서 "보편적으로 역사하시는 하나님의 영의 현존," 특히 "그들의 종교적 전통들 안에서" "역사하시는 하나님의 영의 현존"에 대한 교황 요한 바오로 2세의 주장의 기초를 형성하고 있다.[88] 1986년, 로마 교황청에서 전한 말씀에서 그가 말했듯이, "우리는 모든 진정한 기도가, 모든 인간 존재의 가슴속에 신비한 방식으로 거하시는 성령에 의해 일어난다고 생각할지도 모른다".[89] 성령의 거하심과 역사하심은 실제로 각 개인의 생활 속으로 뿐만 아니라, 모든 사람들의 종교적인 생활에까지 침투해 들어오신다. "성령의 거하심과 역사하심은 개인뿐만 아니라, 사회와 역사, 민족, 문화, 그리고 종교들에게까지 영향을 끼친다."[90]

넷째로, 계시의 구조는 성례전적sacramental이다. 〈하느님의 계시에 관한 교의 헌장〉이 수용했던, 이브 콩가르나 카를 라너와 같은 신학자들의 저작에 뿌리를 둔 계시의 모델은, 하나님이 말씀하실 때면 하나님이 보여주시고, 또한 하나님이 보여주실 때면 하나님이 그것을 주신다는 사실을 전제한다. 만약 하나님의 말씀이 틀림이 없다면, 그 말씀을 통해 선포하신 바를 행하실 것이요, 그 행하신 바를 주실 것이다. 이 점이 바로 카를 라너가 하나님의 상징적인 '자기 드러내심'과 '자기 주심'으로서의 계시를 강조했던 이유다. 그리고 바로 이 점이 그를 잇는 후대의 신학자들이, "상징적 중재symbolic mediation"라는 그의 모델을 더욱 발전시켰던 이유다.[91] 왜냐하면 계시는 성례전 예배의 상징들이 그리하는 것과 상당히 같은 방식으로 변형transform시키기 때문이다. 그리고 이러한 변형을 통해 계시는 우리를 명제적 혹은 "사변적" 지식으로가 아니라, "참여적 지식"으로 인도하기 때문이다.[92] 그렇게 되는 이유는 상징 자체의 본성에 기인하기 때문이다. 즉, 상징들 역시 행동action이기 때문이고, 그 행동은 곧 "무언극과 기억에 의해 조종되는" 대상으로서의 세상이 아니라, 우리가 거기서 살도록 초청받은 세상이기 때문이다.[93]

다섯째로, 계시는 반응response이다. 〈하느님의 계시에 관한 교의 헌장〉 5항은 계시가 인간을 "신앙의 순종(로마서) 16장 26절"으로 부른다고 주장한다. 그러나 이 순종은 하나님께 자신의 존재 전부를, 자유 의지에 따라, "전적으로" 바치는 그런 순종이다. 이러한 순종은 단순한 "지적 굴복"이 아니다. 이는 오히려 하나님과 백성들 사이의 대화를 열어준다. 다시 말해 《성서》에 근거한 기도 안에서, 특히 예전 안에서 표현되는 "신앙의 대화"를 열어준다〈교의 헌장〉 25항.

의례가 드러내는 것

〈하느님의 계시에 관한 교의 헌장〉은 예전과 계시를 연결해주는 공통의 근거에 관해 명백하게 논함으로써 결론을 내리고 있다. 예전과 계시 모두 상호 작용하며, 또한 참여한다. 둘 다 "신앙의 대화"로부터 흘러나온다. 둘 다 구조적으로 상징적이며 동시에 성례전적이다. 더욱이 의례와 계시는 둘 다 이해할 수 있는 것이다. 반면 의례와 계시가 그 도래를 드러내주고 지속시켜주는 하나님의 신비는, 인간의 이해 가능성이라는 지평을 산산이 조각내버린다.[94] 루이마리 쇼베가 경고했듯이, 우리는 신학에서든 혹은 성례전 예배에서든 하나님을 "인간들에 의한by 인간들의of 정당성 확보를 위한 원칙"으로 만들어서는 안 된다. 왜냐하면, 이렇게 하는 것은 하나님이 하나님 되게 하는 것을 거부하는 일이기 때문이다.[95] 대신에 우리는 그분의 영광이 "못 박히신 이의 일그러진 인간성 속에서" 드러나는 그런 하나님, 또한, "하나님이

버리셨던 예수와 하나님 자신을 동일시하시는" 그런 하나님, 그리고 "아주 가까이로 물러나 계시다가" 그리스도 안에서 "하나님의 완전함을 받아들이기 위해 자신을 비워낸 형태, 즉 공허"가 되신 그런 하나님과의 씨름이라는 훨씬 더 힘겨운 도전에 착수해야 한다.[96] 신학도 예전도 예수께서 "하나님께 버림을 받고" 죽으셨다는 사실을 잊을 수는 없다. 또한, "하나님은 하나님 자신과 죽기로 운명 지어졌던 인간 예수를 동일시하셨다는 사실과, 이것이야말로 부활 신앙이 확증해주는 것이라는 사실을 잊어서는 안 된다."[97] 예배는 결코 "장엄 미사high Mass", 곧 언제나 모든 진리를 평온하게 소유한다고 자부하며 자축하는 분위기로 수행되는 그런 미사일 수 없다. 만일 교회가 가난하고 힘없는 자들의 "작은 교회"여야만 한다면, 그런 교회의 예전도 마찬가지로 십자가 상에서의 예수의 외침, 탄식, 그리고 고통 받는 자들의 기도와 눈물에 자리를 내주어야만 한다.

그렇다면 예전은 무엇을 "계시하는가?", 그리고 그 계시는 왜 그리스도인들에게 결정적인 것인가? 나의 대답은 이렇다. 의례는 반전反轉을 통해 계시한다. 의례는 부재를 통해 현존을, 거리 둠을 통해 가까이 있음을 제공한다. 또한, 그것은 역설을 통해 약속을, 박탈을 통해 소유를 가져다준다. 유월절에서와 같이 첫 열매를 바치는 이스라엘의 의례에 대해 언급하면서, 쇼베는 우리가 이미 보았듯이, 이 봉헌이 어떻게 모든 '예전적으로 기억하기'의 기초를 형성해주는지, 또한 어떻게 모든 제의적cultic "기념memorial"의 기초를 형성해주는지를 보여준다. 쇼베는 이에 대해 계속해서 이렇게 쓰고 있다. "첫 열매의 봉헌을 통해 대상과 기호, 무소유와 소유, 성취와 기대, 하늘과 땅, 하나님의 은혜와 인간의 봉사 등이 서로 교차한다." 이스라엘이 첫 열매의 예전적 봉헌을 통해 땅의 소출을 드림으로써, 즉 박탈을 통해 땅과 그 풍요로움을 받고 또 "소유"할 수 있었던 것처럼, "기억하는" 모든 제의

적 행위는 "아무것도 가지지 못한 자들과 나누는 윤리적 행동을 통해" 검증되어야만 한다.[98]

이 패러다임은 그리스도교 예배에도 그대로 적용된다. 쇼베는 우리의 예전적 삶은 본질적으로 종말론적인 "기억"에 뿌리를 두고 있다고 말한다. "이 기억은 미래에 대한 기억이다." 그리스도인들이 이해하는 바와 같이, 종말이란 세상의 역사를 의미 없는 "시간 낭비"가 되게 하는 유예가 아니다. 우리의 구원은 결국 역사 안에서within, 그리고 우리의 세상 안에서 일어난다. "종말"은 마침내 영광을 받으신 그리스도의 인간성이 예수 자신의 몸을 들어 올리신 것처럼, 이 세상을 들어 올리시는 계속되는 과정을 지칭하는 이름이다. 예수의 으깨진 몸으로부터 풀려나고 쏟아부어진 성령은 "주님의 유월절the Pasch of the Lord에 인간과 우주를 참여시키기 시작했다". 따라서 종말론은 그 가능성의 조건으로서 우리의 "현재의 역사"를 필요로 하며, 그리스도교 제의cult의 종말론적 성격은 "유대교 제사의 역사적·예언적 측면으로 돌아갈 것을 암시한다. 그 이유는 그리스도교 제의가 유대교 제사의 상속자기 때문이다".[99] 요컨대 의례적 박탈의 패러다임, 즉 "이웃의 예전"이 되는 "교회의 예전"의 패러다임은, 그리스도교 예배를 정의함에 있어 핵심적인 요소임이 드러난다.

따라서 우리가 예전에서 화해의 "종말론적" 선언과 사랑하시는 하나님의 용서의 확증을 들을 때에만, 우리는 우리 자신을 죄인으로 인식할 수 있게 된다. 또한, 성찬에서 "주님께서 오실 때까지 주님의 죽음", 그분의 결정적인 희생의 기념으로서 죽음이 선포될 때에만 우리는 예수 그리스도의 얼굴 위에 비추이는 하나님의 영광을 볼 수 있다. 그리고 우리가 성찬에서 빵을 먹고 포도주를 마실 때에만, 그러나 그 빵과 포도주가 너무 부족해 먹고 마신 후에 배가 불러지는 것이 아니라 더 배고파지는 것을 느낄 때에만, 우리는 하나님을 향한 우리의 욕망이 아니라 우리를 향한 하나님의 무한한 열망을 이해할 수 있게 된다. 의례는 역사로 돌아오는 계시의 길이다.

결론

만약 이야기들이 인간적인 것들이라면, 〈신약성서〉 속에서 예수가 탁월한 이야기꾼으로 묘사되어 있음을 발견한다 해도 그리 놀랍지 않을 것이다. 예수는 하나님의 나라 혹은 하나님의 다스리심을 선포하신 사역에서 여러 이야기들을 말씀해주셨을 뿐만 아니라, 예수 자신이 그리스도교 신앙의 중심 이야기가 되셨다. 빵을 쪼개어주시던 분bread-breaker이 쪼개어진 빵bread broken이 되신 것처럼, 이야기꾼storyteller이 이야기story가 되셨다. 《반지의 제왕the Lord of the Rings》의 저자인 영국의 공상 소설가인 J. R. R. 톨킨John Ronald Reuel Tolkien, 1892~1973은 복음서야말로 "유카타스트로피eucatastrophe", 갑작스럽고, 즐거운 전환을 가진 이야기, 또한 행복하게 시작되어 행복하게 끝나는 이야기의 최상의 표본이라고 말한 적이 있다. 예수의 비유는 인간의 상상력을 거부하지 않는다. 오히려 되로 찾는다. 톨킨이 다음과 같이 말하는 것과 같다.

하나님의 나라에서는 가장 위대한 자들의 존재가 작은 자들을 억압하지 않는다. 구속받은 인간도 여전히 인간이다. 이야기와 판타지는 여전히 계속되며, 또한 계속되어야만 한다. 복음은 신화를 폐지하지는 않았다. 복음은 신화를, 그 중에서도 "행복한 결말happy ending"을 오히려 거룩하게 만들었다. 그리스도인은 몸과 마음으로 계속해서 일해야 하고, 고통 받아야 하며, 소망하다가, 결국 죽어야 한다. 그러나 그리스도인은 그 모든 …… 경향과 재능들이 목적을 가지고 있음을, 또한 구속받을 수 있음을, 이제는 인식할지도 모른다. …… 모든 이야기들은 어쩌면 실현된다.[100]

세상을 다시 그려보는 능력은 우리의 "의례를 위한 준비"에 필수적인 부분이다. 의례는 그것이 새로운 교리를 발표하거나 기이하고 혁신적인 생각들을 제시하기 때문이 아니라, 우리로 하여금 세상을, 하나님의 틀림없는 말씀이 말씀대로 행하고 행한 대로 주시는 그런 공간으로 인식하고 경험할 수 있도록 힘을 주기 때문에 계시적이다. 〈누가복음〉 24장 13절에서 35절에 나오는 엠마오로 가는 두 제자의 이야기는 그리스도교 예전의 계시적 특성을 잘 설명해주는 훌륭한 비유다. 이 이야기는 특히 그 안에 담긴 예수가 "빵을 쪼갤 때" 제자들이 "알아보게 되었다〈누가복음〉 24장 35절"는 "깨달음의 순간"이 당혹스럽고 기대하지 않았던 결과를 초래했다는 점에서 비유적이다. 반反직관적으로 보일지 모르지만, 예수의 사라지심우리가 이 책의 앞부분에서 보았듯이은 실제로 계시적이다. 그리고 그것이 계시하는 것은 예전과 신앙 사이의 관계를 파악함에 있어 필수적이다. 셰인 맥킨리Shane Mackinlay가 지적하듯이, 최후의 만찬과의 연관성 때문에 빵을 쪼개는 행위는 제자들에게 "다시 사신 예수의 존재를 밝히는 일이다. 여기서 예수의 자신을 내어주신 사랑의 행위, 즉 제자들의 발을 씻기시고 자신을 빵과 포도주로 내어주신 일은 십자가에서의 자기 주심을 예고하는 동시에 제자들에게 같은 방식으로 스스로를 내어줄 것을 요구하고 있다".[101]

다시 말해서 예수의 사라지심을 통해 첫 번째로 드러난 것은, 예수의 제자들은 친숙한 "교회의 예전"으로부터 떠나, 경계를 넘어 "이웃의 예전"으로 나아가야만 한다는 사실이다. 그러나 이러한 건너감은 신앙을 통해서만 가능한 일이다. 맥킨리는 제자의 신앙이란, "예수의 주장에 대한 개념적 이해가 아니라 예수가 주장하셨던 바, 곧 예수가 자신에 관해 주장하셨던 바와 제자들에 관해 주장하셨던 바 모두를 받아들이는 것이다." 신앙을 가지고 부활하신 예수를 존재론적으로 받아들이는 것은, "예수의 계시가 제자들에게 분명히 드러나는 …… 공간을 열어주며, 따라서 제자들의 눈이 열려 영광 가운데 계신 예수를 알아볼 수 있도록 해준다". 여기서 핵심이 되는 것은 "열림openness"이다. 신앙이란, 바로 "계시를 수용할 수 있는 '열림'이다. …… 계시 안에서 주장된 바를 받아들이는 것은 …… 주어진 것을 믿는 것이다. …… 또한 신앙이란 그 응답으로서 개인적으로 헌신할 준비가 되는 것을 뜻한다". 제자들로 하여금 엠마오로 가는 길에서 나그네를 알아보지 못하게 했던 것은 교리나 사상이나 혹은 개념이 부족해서가 아니라, 제자들이 예수 자신의 행동이 뜻했던 윤리적이고 실존적인 책임, 완전한 자기 굴복, 타자를 위한 무조건적인 섬김을 받아들이지 못했기 때문이다. 제자들이 마침내 믿음을 갖게 해주었던 결정적 계기는 빵을 쪼개는 예수의 예전적 행동이었다. 이 예전은 마침내 "예수의 계시, 보통 사람의 시야에서는 예수가 사라지실 정도로 눈부신 계시가 제자들에게 드러나는 해석학적 공간"을 제공해주었다. 따라서 예전은 "이웃의 예전"을 통해, 그리고 정의와 자비의 실천을 통하여 추구되어야 한다.[102]

끝으로 모든 그리스도교 의례는 "계시"를 드러내주는 것이고, 또한 우리로 하여금 신앙으로 "계시"를 포용하도록 초청하는 것이다. 계시는 논리로 이해될 수 없다. 그것은 말로 전해질 수도 없다. 글로써 설명될 수도 없다. 이성으로 가늠될 수도 없다. 계시는 중국의 위대한 선사인 중봉명본이 선문답에 관해 쓴 글에 나오듯이, "가까이 오는 사람을 모두 삼켜버리는 거대한 불과 …… 같다".[103]

성찰을 위한 질문

1. "우주는 원자가 아닌 이야기로 구성되어 있다"는 주장은 어떤 의미에서 진리인가?

2. "〈시편〉은 그림으로 그린 기도인데, 그것은 빵처럼 일상적이고, 은혜처럼 민첩한 것이다. 그러므로 그것들이 유대교 예전과 그리스도교의 예전의 그 배경 속에 항상 자리하는 것은 놀라운 일이 아니다. 기도로서, 시로서 그들의 '의미들'은 우리가 그 의미 따지기를 멈출 때, 우리가 말씀 속에 침묵하며 앉아서, 무슨 일이 일어날지를 기다릴 때에만 나타난다." 캐슬린 노리스 같은 저자들의 주장에 따르면, "마음 비우기 능력"이 예전 기도에 "참여하기 위한 가장 기본적인 조건"인데, 왜 그렇다고 생각하는가?

3. 제4장에서는 예전이 "작동하는" 방식, 그리고 예전이 우리에게 하나님과 공동체의 관계에 대해 가르쳐주는 방식에 있어서 핵심이 되는 열 가지 조건을 제시하고 있다. 이 목록에서 제외시키거나 혹은 이 목록에 추가하고 싶은 내용이 무엇인가?

4. "만약 신화들이 '안정의 에이전트'라면, 비유는 우리를 안심시켜주는 것이 아니라 우리에게 질문을 던지는 것을 목표로 하는 변화의 에이전트이다." 예전의 비유적 구조는 어떻게 우리를, "계시"로서의 의례의 경험으로 나아가도록 도와주는가?

5. 예전과 계시는 "모두 상호 작용하며 또한 참여한다. 둘 다 '신앙의 대화'로부터 흘러나온다. 둘 다 구조적으로 상징적이며 동시에 성례전적이다. 더욱이 의례와 계시는 이해할 수 있는 것인 반면, 의례와 계시가 그 도래를 드러내주고 또한 지속시켜주는 하나님의 신비Mystery는 인간의 이해 가능성이라는 지평을 산산이 조각내 버린다". 예전이 "반전" 즉, 부재를 통한 현존, 거리 두기를 통한 가까이 있음, 역설을 통한 약속, 박탈을 통한 소유 등을 수단으로 해서 "드러낸다"고 말하는 것의 의미는 무엇인가?

독서를 위한 제안

Catholic Bishops of the United States, *Fulfilled in Your Hearing, In The Liturgy Documents*, 1권 342~376쪽. 3rd ed. Chicago: Liturgy Training Publications, 1991. 미국 주교 회의가 펴낸 문서. 설교뿐 아니라 교회의 의례 수행에 있어서, 말씀과 성례전 사이의 보다 깊은 관계에 대한 중요한 선언을 담고 있음.

John Dominic Crossan, 이대성 역, 《어두운 간격: 이야기 신학을 위하여The Dark Interval: Towards a Theology of Story》, 한국기독교연구소, 2009년. 원서 Niles, Ill.: Argus Communications, 1975. 예수의 설교를 형성했고 또한 그리스도교적 회심에 대한 우리의 이해에 계속해서 영향을 끼치고 있는 신화와 비유에 대한 명쾌한 해설.

Jacques Dupuis, *Toward a Christian Theology of Religious Pluralism*, Maryknoll, N.Y.: Orbis Books, 1997. Rev. ed., 2001. 오늘날의 종교 간 대화의 관점에서 그리스도교 계시 의미에 대해 살펴본 세미나의 결과물.

Karl Rahner, "The Concept of Mystery in Catholic Theology". In *Theological Investigations*, 4권 36~73쪽. Translated by Kevin Smith. New York: Seabury Press, 1974. 그리스도교 신학에서 말하는 "하나님의 신비" 혹은 "구원의 신비들"이 무엇을 의미하는지를 이해하는 데 있어서 상당히 난해하지만, 꼭 필요한 세 편의 논문들.

Bernard Brandon Scott, 김기석 역, 《예수의 비유 새로 듣기Re-Imagine the World: An Introduction to the Parables of Jesus》, 한국기독교연구소, 2006년. 원서 Santa Rosa, Calif.: Polebridge Press, 2001. 비非전문가들을 위해 집필된 책으로, 예수의 말씀 사역에서 사용된 비유들에 관한 유익한 연구서.

LITUR
WORSH
SACRAME
LITUR
WORSH
SACRAME
LITUR
WORSH
SACRAME

제2부

폴리포니:
예전의 언어들

chapter 5

몸

《예배, 신비를 만나다》의 제2부에서 우리는 예전에서 사용되는 다양한 "언어들"에 대해 알아보려고 한다. 여기서 "언어"라 함은 우리가 누군가에게, 무엇인가에 대해, 어떤 것을 말하는 구술적 말하기만을 의미하지 않는다. 그것은 인간들 서로가 감정, 생각, 사상, 계획, 그리고 꿈 등을 나누는, 의사소통의 보다 기본적인 유형을 의미한다. 그리스도교 예전의 의례들은 그 의미상 다성적이며 다多국어적이다. 그들은 여러 언어들, 즉 구술적, 비구술적 언어들을 동시에, 그리고 함께 엮어낸다. 이를 통해 우리는 서로서로와, 그리고 하나님과 상호 작용할 뿐만 아니라 의사소통을 한다. 예전에서 사용되는 가장 기본적인 언어는 바로 몸 자체이며, 따라서 제5장의 내용은 여기에 초점을 맞출 것이다.

"몸에 따라 좌우되는 하나님의 말씀"이란 말은, 프랑스의 신학자 루이마리 쇼베가, 그럴 만한 충분한 이유를 가지고, 그리스도교의 성례전을 설명하는 데 사용한 표현이다. 의례의 가장 분명한 측면은 행위action며, 행위의 가장 중요한 측면은 공간과 시간을 통한 몸의 움직임이다. 예전은 구체화된 행위다. 우리는 우리의 몸에 속함으로써 예전에 속한다. 따라서 몸은 예전 수행에 있어서, 교회, 성소, 책, 그리고 가구들보다도 더 기본적이고 필수적인 불가피한 "장소site"다. "몸"은 예전의 모국어이며, 그 첫 번째 말하기다. 시가 마음속에 떠오르기도 전에 입을 통해 읊조려지는 것처럼. 시는 감각이 느끼는 좋은 맛으로 시작된다. 마치 몸의 기쁨이 세상을 체험하는 것에서 시작되는 것과 마찬가지다. 그런 이후에야 정신이 "있다고be", 그리고 "진짜라고be real" 주장한 것들에 대해 저항하기 시작한다. 따라서 앞 장에서 논의했던 것처럼, 의례에서 말씀을 비유적으로 듣는 일은, 세상으로부터의 후퇴가 아니라, 그 세상을 읽는 것이다. 즉, 하나님, 사물, 사건, 그리고 인간이 은혜 아래서 서로 어떻게 관련되어 있는지에 대해 구체적으로 해석하는 것이다.

라틴 공동체의 종교적 경험에서보다 이런 점이 더 분명하게 나타나는 곳도 없다. 올랜도 에스핀은 다음과 같이 지적하고 있다. 사회과학자들이 때로 "민속" 종교 혹은 "대중" 종교라고 부르는 것은 단순히 라틴 계열 사람들이 수행하는 "공식 가톨릭"에 접목된 부속물이 아니다. 그는 계속해서 이렇게 쓴다.

> 대중적 가톨릭Popular Catholicism은 일상적 관계들을 구체적으로 표현해주고 …… 조직한다. 또한, "성스러운sacred" 네트워크를 포함해 보다 넓은 사회적 네트워크와의 연결을, 의식, 믿음, 대상, 그리고 종교에 관한 사람들의 경험 등을 통해, 상징적으로 표현한다. 라틴 계열 사람들은 그들의 대중적 종교에 의해 매개된 경험 때문에, 하나님은 그들의 편에 서서, 그들과 함께 그들의 전쟁에서 싸워주시고, 또한 그들의 고통과 굴욕을 함께 겪어주시며, 존엄성과 정의를 위

한 그들의 투쟁에 동참해주시고, 나아가 사회와 가정 속에서 그들을 압도하고 있는 죄를 극복할 수 있도록 힘을 주신다고 확신한다.¹

인간의 몸이 예전의 기본 장소인 것과 마찬가지로, 몸은 또한 대중적 가톨릭의 심장부에 속한다. 라틴 계열 사람들의 관점에서 보면, 우리는 항상 "일상의 삶이라는 콘텍스트"에서 하나님을 만난다. "그 다양한 요소들은 공적인 영역과 사적인 영역 안에 함께 얽혀 있는 동시에, 공적인 영역과 사적인 영역에 의해서 형성된다. 또한, 이 공적인 영역과 사적인 영역은 우리의 일상생활 속에 동등하게 엮인 채로 공존한다. 대중적 가톨릭은 실제 삶에 대한 삽화가 아니다. 그것은 일상생활의 일부며, 거울이며, 또한 해석자다."²

이 점에 관한 놀라운 해설이, 멕시코계 미국인 소설가이며 극작가인 존 레치John Francis Rechy, 1931~ 의 작품《아말리아 고메즈의 기적의 날The Miraculous Day of Amalia Gómez》에 잘 나타나 있다. 레치의 소설은 "멕시코계 미국인들 중 가난한 노동자들이 시를 쓸 때처럼 자유롭게 인식과 실천을 연결하면서, 희망과 힘이 상황적으로 창출되는 방식으로 종교적인 이야기들을 사용하거나 개작하는 방식을 아주 강렬하게 그리고 있다".³ 이런 생각인식과 구체화된 의례실천 사이의 살아 있는 연결vital connection 이야말로 문학 비평가 루이스 리언이 "종교적 시학詩學"이라고 부르는 것이다. 리언은 다음과 같이 쓰고 있다. "종교적 시학은 멕시코계 미국인들이 그들의 가혹한 현실을 감당하기 위해 사용하는 종교적 수행들……의 이름을 부르고 있다. 이들의 가혹한 현실은 멕시칸 아메리카 전역과 그 너머 지역에 걸쳐 있는 스페인어 사용 지역에서의 나날의 삶에 나타나는 가장 두드러진 특징이다. …… 레치의《아말리아 고메즈의 기적의 날》은 종교적인 것을 시적으로 재창조하도록 이끄는 움직임들을 아주 세세하게 묘사하고 있다."⁴ 이런 종교적 재창조의 시학은 단순히 혹은 일차적으로 인식론적인 것이 아니다. 이것은 몸에서 태어나 몸에 새겨지는 것이다. 이것이 참된 몸의 시학poetics of the body이다.

레치의 소설 속에서 우리는 한 멕시코 미국 여성을 만난다. 그녀의 이름은 아말리아고, 그녀는 '가족의 신심'에 의해 그녀의 의식, 정서, 그리고 몸이 형성된 여성이었다. 그랬음에도 불구하고 그녀는 후에 이혼, 낙태, 그리고 혼외정사에 대한 공교회의 가르침을 내버리게 된다. 그녀는 엘패소에서 태어났으며, 그녀의 가족이 신봉하던 종교적 아이콘은, "라돌로로사La Dolorosa", 곧 비탄의 어머니Mother of Sorrows였다. 그러나 아말리아는 인생이 단지 고통과 투쟁으로만 점철되어 있다는 생각을 받아들일 수 없었다. 그래서 그녀는 "비탄의 여자"가 되기를 거부하고, 그 대신 "스스로에게 기쁨이 되고 종교적 소망이 있는" 삶을 창조해보려고 애를 쓴다. 그녀는 과달루페의 성모상Virgin of Guadalupe으로부터, "순종과 수동적인 고통의 인내"의 아이콘이 아니라, "여성들만 겪는 시련에 대해 매우 민감한" 한 여성의 아이콘을 본다.[5]

아말리아의 이야기는 그녀의 "기적의 날"에서 그 정점에 달한다. 이 날 그녀는 LA의 초대형 쇼핑몰에서, 남루한 차림새로 어리둥절한 채 여기저기를 헤매는 자신을 발견한다. 이러한 쇼핑몰은 미국 소비주의의 성전으로서, 미국 경제에 활력을 주는 상업과 교환이라는 이름의 의례가 거행되는 "성소"다.[6] 이런 세속의 쇼핑 의식들에 둘러싸여 있던 아말리아, 그러나 자신의 적막한 삶에 지쳐 있던 그녀가 이제 막 쇼핑몰을 떠나려던 찰나, 그녀는 뜻밖에도 드라마의 중심인물이 되고 만다. 권총을 든 한 사이코패스가 그녀를 붙잡아 경찰의 공격으로부터 자신을 보호하기 위한 인간 방패로 내세운 것이다. "이 남자는 손으로 그녀를 붙잡고, 자신의 몸 앞으로 그녀를 끌어다 세웠다. 그리고 그녀의 목을 그의 팔로 휘감고, 그녀의 관자놀이를 총구로 눌렀다."[7]

찰나의 순간, 아말리아의 몸은 삶과 죽음이 투쟁하는 장소가 되었다. 절

체절명의 순간이었다. 공포에 사로잡힌 그녀는 갑자기 바닥으로 쓰러지면서, 멕시코 해방의 외침인 "이제 그만!"을 소리치며, 비명을 질렀다. "그러면서 그녀는 엄청난 힘으로 그 남자를 밀쳐내면서 콘크리트 바닥에 자신의 몸을 내던졌다."[8] 갑자기 몸이 노출된 그 남자는 즉시 경찰의 총에 맞고 쓰러진다. 바로 그 순간, 그가 그녀의 무릎 위로 쓰러지면서 이렇게 속삭이는 듯했다. "나를 …… 축복해주세요."[9] 단 한순간의 망설임도 없이 아말리아는 그의 말에 응답하면서 그를 용서해준다. "그녀는 죽어가는 이 사람을 축복함으로써, 자신 안에서 죽기를 바라는 그 무엇을 축복해 내쫓을 수 있다는 사실을 놀랍도록 분명하게 깨닫게 되었다." 그리고 다음 순간 텔레비전 카메라의 섬광 속에서, "그녀는 푸른빛 속에 감싸인 눈부신 하얀 광채를 보았고, 그 안에서 빨간 장미들 위에 서 계시는, …… 자신을 향해 팔을 뻗고 계신 복되신 성모를 보게 되었다."[10] "아말리아는 갑자기 자신의 온 마음으로", 성모는 단지 "라돌로로사"가 아니라 생명의 어머니이심을 깨닫게 되었다. 그녀의 몸으로 알게 되었던 것이다. 그리고 그녀는 "이것을 결코 의심하지 않았다. 왜냐하면, 생명의 파도가 그녀의 공포심을 모두 쓸어가버렸고, 그녀는 새로운 삶으로 거듭났다고 느꼈기 때문이다. 승리자의 모습으로 그녀는 일어섰다. '그래!' 그녀는 환희로 가득차서 말했다. '확실해!'"[11]

올랜도 에스핀이 상기시켜 준 표현에 따르자면, 가톨릭의 수많은 공소교리들과는 상당한 거리가 있음에도 불구하고, 아말리아 고메즈야말로 죄를 극복하게 해주는 은혜에 대한 "살아 있는 해석자"다. 에스핀은 계속해서 이렇게 쓰고 있다. "우리 사회에 깊은 상처를 줄 뿐만 아니라 우리 사회를 형성하고 있는 구체화된 갈등의 역학이, 라틴 계열 사람들의 일상의 관계에도 영향을 준다. 실제로 후자는 전자의 '사회적 성례전'이다." 대중적 종교란, "유럽·미주 문화에서라면 전형적으로 종교적이라는 딱지를 붙일 만한 그런 내용이나 관계들만을 가리키지 않는다. 그것은 종교적인 관계를 포함한 모든 인간관계를 총칭한다. 대중적인 가톨릭은 그 안에서 일상의 모든 현실이 생산되고 또한 재생되는 인식론적 자궁과도 같다. 따라서 라틴 계열 사람들의 은혜와 죄에 관한 신학을 회복하고 구축하기 위한 그 어떤 시도도, 반드시 대중적인 가톨릭을 거쳐야만 한다".[12] 죄와 은혜에 대한 말하기는 그 자체로 몸의 말하기다.

요컨대, 고통과 희생으로부터 구속으로 향해가는 아말리아의 순례는, 그녀로 하여금 멕시코계 미국인들의 세계 안에서, 그리고 종교적 상징들 안에서, 여러 곳을 방문하게 한다. 그런데 방문하는 곳마다 그녀는 무엇인가를 버리기도 하고 취하기도 한다.[13] 궁극적으로 그녀는 그 소설의 끝 부분에서 자신을 위한 구속의 의례redemptive ritual를 발견한다. 다소 우스꽝스럽게도 그녀는 텔레비전의 유비쿼터스를 통해 이를 발견한다. 그리고 과달루페 성모상으로부터 그녀의 구원을 위한 비전을 받으며, "그 결과 그녀의 몸, 영혼, 정신을 소유하게 된다". 아말리아는 여러 측면에서 볼 때, "종교적 권위의 새로운 원천들, 장소들, '성스러운 것', 혹은 종교조차도 '클릭'을 통해 찾게 만드는 양식들을 실용적으로 발명해내는 "포스트모던 시대의 순례자"다.[14] 그리고 이 모든 것을 통해, 그녀는 "예수의 죽임당하심을" 그녀의 몸에 짊어지고 다닌다는 사실을, 그리고 "그것은 예수의 생명이 우리 몸을 통해 나타나게 하려고 하신다는 사실을〈고린도후서〉 4장 10절", 머리가 아닌 몸으로 알게 된다.

따라서 본 장에서는 예전의 첫 번째이며 가장 명백한 언어인 몸에 대해 조명해볼 것이다. 이를 위해 가장 먼저 그리스도교의 중요한 형성기 동안 유지되었던 몸에 대한 태도를 간략하게 논의해보는 것으로 시작하려고 한다. 그런 다음, 몸body이 어떻게 신앙 및 예전에서의 신앙 고백과 연관되었는지를 이해하는 데 필수적인, 신학의 장소로서의 '인간의 몸human bodiliness', 곧 포스트모던 시대에 와서 복원된 '인간의 몸'으로 옮겨가보겠다.

초기 그리스도교의 몸에 대한 성찰

아말리아 고메즈가 깨달았듯이, 몸은 종교적 의례뿐만 아니라 생명의 근원에 대한 인간의 총체적 경험 그 중심에 있다. 이 점에서 그녀는 셀 수도 없이 수많은 세대를 통해 이어져 온 그리스도인들의 공동의 합의를 반영하고 있다. 오늘날까지도 그리스도인들을 자극하는 주요 관심사의 대부분이, 우리 몸의 의미 그 주변을 돌고 있는 듯 보인다. 인간 자신과 인간의 몸은 유대bond, 곧 풀 수 없는 연합unity을 형성한다는 사실을 깨닫게 되었다. 우리는 몸을 가지고 있을 뿐만 아니라, 우리 자신이 곧 몸이다. 죽어서조차도 몸은 그 정체성을 존중해달라고 요청한다. 또한, 더 이상 인간으로 존재하지 않음에도 불구하고, 한때는 그 몸과 결코 분리될 수 없었던 그 인간 존재를 여전히 우리에게 상기시켜 주고 있다.[15] 그리스도교 신학은 영혼과 육체의 연합을 주장하는 오랜 전통을 가지고 있다. 이렇게 된 것은 부분적으로 아리스토텔레스의 철학에서 영혼을 육체의 본질적 형상substantial form, 몸을 움직이게 하는 원리, 즉 우리의 육체에 생기를 불어넣어주는 원리로서의 형상으로 보았기 때문이다.[16] 그러나 또 다른 그리스도교 전통 역시 존재하는데, 이는 《성서》와 화해하기가 더 어려워 보이는 전통이다. 이는 몸을 무덤 혹은 감옥으로 보는, 그래서 몸과 영혼을 한 인간 안에서 전쟁을 치르며 결코 화해할 수 없는 힘들로 보는 희랍 철학의 이원론에 근거하고 있다soma(몸) = sema(무덤).

불행히도 두 번째의 왜곡된 전통이 그리스도교 역사의 많은 부분을 형성해왔고, 그 결과 몸은 두려워해야 하고, 믿지 말아야 하며, 경멸해야 하고, 벌

주어야 하며, 도외시하거나, 혹은 무시해야 할 대상으로 전락했다. "그리스도교의 금욕주의는 몸에 대해 완전히 편안하게 느껴본 적이 없다. 다시 말해, 그리스도교 금욕주의는 몸에 대해 기껏해야 애증의 양가감정을 가지고, 최악의 경우는 명백하게 파괴적인 이원론을 가지고 대하였던 것이다."[17] 그 초기부터 지금까지도, 그리스도인들은 자신들이 예수의 몸, 곧 부활하시어 영광 받으신 그분의 몸의 운명을 함께 지고 갈 것이라고 확언해왔다. 그리하여 그리스도교의 금욕주의가 몸에 대해 근심과 불편함을 나타내온 반면, 그리스도교의 신조들은 구원의 미래를 가져다주는 몸에 대해 강조해왔다. "우리는 죽은 자들의 부활과 다가올 세상의 생명을 소망한다." 초기 그리스도교의 저자인 테르툴리아누스는 고전적인 신앙 고백 격언인 "육체는 구원의 경첩hinge이다caro cardo salutis"로 시작하는 글에서 다음과 같이 말하고 있다.

육체는 구원의 문제를 좌우하는 경첩이다. 다시 말해 하나님께 우리의 영혼을 바칠 때, 그 봉헌을 실제로 가능케 하는 것은 육체다. 그 육체가 씻김을 받을 때 그 영혼도 정화된다. 육체가 기름 부음을 받을 때 그 영혼도 성화된다. 육체가 봉인될 때 그 영혼 또한 강화된다. 육체 위에 안수按手의 그림자가 드리울 때 그 영혼 또한 성령의 빛을 받게 된다. 육체가 그리스도의 몸과 피를 먹을 때 그 영혼 또한 하나님을 먹어 살지게 된다〈육체의 부활에 대해〉 8.[18]

그래서 테르툴리아누스는 성례전이야말로 분명코 몸의 기도라고 강조한다. 그러나 몸에 대한 이러한 긍정적 견해가 그리스도교의 지난 2,000년 역사 동안 항상 우세했던 것은 아니다. 지난 20여 년 동안 발간된 연구는, 기원후 2세기로부터 5세기에 이르는 동안 지중해 연안 지역에서 나타나기 시작했던 인간의 몸에 대한 새로운 태도에 초점을 맞추어왔다. 기원후 2세기로부터 5세기에 이르는 기간 동안 몸에 대한 급진적인 재평가가 이루어졌다. 즉, 성 아우구스티누스Aurelius Augustinus, 354~430 같은 그리스도교 사상가들에 의해서 몸과 인간성에 관한 새로운 개념이 형성되었던 것이다. 그는 그의《고백록Confessions》에서, 자신의 내면적 독백, 곧 자신과의 성찰적 대화에 대해 면밀하게 주의를 기울이고 있다. 이러한 주의attention는 오늘날 우리가 "자신에 대한 자신의 이야기", 곧 자서전이라고 알고 있는 문학 형식의 진화에 결정적인 요인이 되었다. 게달리아후 스트롬사Gedaliahu A. G. Stroumsa는 다음과 같이 쓰고 있다.

기원후 2세기부터 4세기에 이르는 동안 발전을 거듭해 집대성된 그리스도교 사상은, 철저한 자기 성찰이라는 개념과 함께 절정에 이르렀다. 여기서 자기 성찰이라는 개념은 아우구스티누스에 의해서 가장 분명한 형태로 소개되었고, …… 또한 그에 의해 서구의 사상 전통으로 전해졌다. 이 새로운 개념은 시대의 산물일 뿐만 아니라 그리스도교 안에서 발전된 것이기도 하다는 점을 강하게 주장해야 한다. 고전주의 세계에서는 이와 유사한 종류의 자기 성찰이 결여되어 있었다는 사실이 여러 철학 학파의 가르침에서 명백하게 나타나는데, 이들 철학 학파의 가르침은 여러 면에서 자아the self, 개인the individual, 그리고 특수자the particular에 대한 관심이나 존중심이 기본적으로 결여되어 있음을 보여준다.[19]

물론 이는 기원후 2세기에서 5세기 이전의 역사적 시대가 "주체의 부재absence of the subject", 즉 우리가 서구에서 알고 이해하게 된 "성찰적 자아"의 부재로 특징지어진다는 것을 뜻한다. "고대 세계에서는 시인들조차도 자기 자신에 관해 말할 수가 없었다. 그리스 로마의 시에서는 '나'라는 단어를 사용하는 것보다 더 오해의 소지가 많은 일은 없었다."[20]

그러나 그리스도교의 도래와 함께, 특히 4세기 초반 "밀라노 칙령"이 선포된 이후 교회의 부흥과 함께, "자아" 혹은 "주체"로서의 인간이, 주로 새로운 인간학의 결과로서 등장하기 시작했다. 위에서 언급했듯이 우리는 성 아우구스티누스의 《고백록》에서, 자아가 말하는 것을 듣는다. 그러나 아우구스티누스 이전에는, 작고한 프랑스의 철학자 미셸 푸코가 그의 책 《성의 역사 History of Sexuality》 제3권에서 논한 대로, 이러한 "새로운 인간 주체"가 로마 제국의 철학 및 과학 분야에서 스스로를 표현하는 것을 듣는다.[21] 푸코는 이 "자아에 대한 새로운 인식"이 "자아에 대한 관심 희랍어로 epimeleia heautou"을 강조함으로써 발전하는 방식을 연구했다. 그러나 epimeleia heautou라는 이방의 개념과 그리스도교의 지성인들과 미학자들이 후에 발전시킨 "자아에 대한 관심" 사이에는 엄청난 차이가 있다. 이 중에서 그리스도교 지성인들과 미학자들은 하나님을 섬김에 있어서, 자아를 포기하고 그리고 자아를 "판독" 혹은 말살하는 일에 역점을 두었다. 그러나 이방의 개념은 참된 혹은 진실한 자아란 깊숙이 숨겨져 있고 묻혀 있어서, 복원되고 retrieved 그래서 풀려나야 released 한다는 생각에 의존한 듯 보인다. 위에서 언급했던 고대 그리스의 '몸은 무덤 혹은 감옥 soma=sema'이라는 개념을 회상해보라. 따라서 자기 인식 self-knowledge 은 복원의 행위에 이르게 되고, 결국 이전의 잃어버렸던 무엇인가를 되찾는 데에 이르게 된다.

이와는 대조적으로 "그리스도교 사상가들은 인간에 관한 새로운 인식, 즉 먼저 복원된 후에 발전되고 귀하게 여김을 받아야 하는 인간이라는 새로운 인식을 확립하려고 매우 노력했으며, 상당 부분 성공을 거두었다".[22] 필요했던 것은 그리스도인들이 생각하기에 켜켜이 쌓인 기만과 부정 denial 그 밑에 묻혀 있던 자아를 복원하는 일이 아니라, 자기 부인 renunciation, 도덕적 진보, 인격적 개혁 및 회심을 통해 자아를 회복하고 발전시키는 일이었다. 이렇게 해서 출현한 그리스도교적 자아는 매우 역동적이며 항상 진화하는 존재로서, 윤리와 도덕을 새롭게 규정하려고 나아가는 인간이었다. 그리스도인들에게 있어서 "자기 자신에게 돌아가 스스로를 개혁하는 일은, 나뉠 수 없이 지속되는 회심metanoia의 과정으로 인식되었다. 즉, 이전까지 사고하고 느끼고 행동했던 습관으로부터 돌아서려고 지속적으로 노력하는 것을 뜻했다".[23]

이렇게 새롭게 출현한 성찰적이며 회심하는 그리스도교적 자아 혹은 주체가 발전할 수 있었던 것은, 고전 시대에는 불가능했고 알려지지도 않았던 두 가지 신학적 개념 덕분이다. 첫째는, 인간이 "하나님의 형상을 따라서〈창세기〉1장 26~27장" 창조되었다는 성서적 개념이다. 하나님의 형상을 닮은 인간이라는 개념은 인간이란 각 개인이 나뉠 수도 없고 줄일 수도 없는 통일체統一體라고 이해하게 해준다. 즉, 인간 존재는 몸, 혼, 영, 정신 등과 같은 선택 가능한 "부분들"이 느슨하게 연합된 집합체가 아니라, 하나로 연합된 실체라는 것이다. 따라서 영혼영적인, 고귀한, 천상의 존재로서의 영혼이 몸기본이 되는 거친 재료에 맞서게 할 수도 없다. 왜냐하면 성, 성적 정체성, 성적 차별성들조차도 자신의 형상대로 인간을 지으신 하나님의 창조에 그 뿌리를 두고 있기 때문이다.

새롭게 출현한 그리스도교적 자아의 형성에 도움을 주었던 두 번째 요소는 다음과 같다. 영혼과 몸 사이의 잘 알려진 이원성duality 외에도, 자아를 스스로에게조차 낯선 존재로 만드는 또 하나의 구분이 있었다. 이런 '낯설게 하기거리 두기, estrangement'를 성서적 언어와 신학적 언어로는 죄sin라고 부른다. 이는 인간 자아 안에서의 균열로서, 너무도 본래적이고 또한 확실해, "인간성"을 이루는 성찰을 가능케 한다. 아우구스티누스와 같은 사상가들은 이러한 균열이 우리를 우리 자신, 타인, 그리고 하나님으로부터 멀어지게 할 뿐만 아니라, 필연적으로 우리의 자아가 죄 많은 자아라는 사실을 인식하게 한다. 무언가를 의식한다는 것 자체가 스스로를 죄인으로 인식하는 것이다. 그래서 새롭게 출현한 그리스도교적 자아는 정의로운 동시에 죄 많은, 하나님의 형상을 따라 통일체로 창조되었으나 동시에 찢기고, 갈라지고, 낯설게 된 적지敵地의 이방인이기도 하다. 인간은 "하나님을 닮은" 역동적인 주체인 동시에, 자신의 깊은 뿌리로부터 추방당한 낯선 존재, 즉 죄인이기도 하다.

그리스도교 사상에서 새롭게 출현한 "자아"에 영향을 준 또 하나의 요인이 있는데, 그것은 몸에 대한 바울의 메타포가 갖는 놀라운 영향력이다. 그리스도인들은 느슨하게 연결된 개인들이 아니다. 그들은 새로운 사회적social 현실을 구성한다. 또한 그들은 그리스도의 몸, 곧 그분의 살 중의 살이요 뼈 중의 뼈를 이루고〈에베소서〉 5장 30절, 서로가 서로에게 지체가 된다〈로마서〉 12장 5절. 바울의 메타포는 새롭게 출현한 그리스도교적 인간학에도 결정적인 영향을 주었다. 〈창세기〉가 인간의 인간 됨, 즉 하나님의 형상을 따라 지음 받은 몸과 영혼의 통일체에 대해 그 근원적인 출처를 밝혀주었다면, 바울은 그 인간들 모두에게 주어진 운명을 밝혀주었다. 만약 그리스도인들이 그리스도의 몸이라면, 그들은 예수의 부활도 함께 나누어야만 한다. 우리가 매 주일 예배에서 암송하는 신앙 고백의 내용처럼, "우리는 죽은 자들의 부활과 다가올 세상에서의 생명을 갈망한다."

위의 세 가지 개념, 즉 하나님의 형상을 따라 지어진 인간, 죄에 의해 찢겨진 자아, 사회적 존재로서의 그리스도인의 정체성은, 리옹Lyon의 주교 이레나이우스Irenaeus, 135-202와 같은 신학자 겸 목회자들의 저작에서 2세기 경 하나로 집대성되기 시작했다. 그는 하나님이 우리의 육체를 구원하려고 하시지 않았다면, 그분은 우리의 육체가 되지 않으셨을 것이라고 썼다.[24] 그리스도인들은 인간학을 재규정하기 시작했고, 또한 인간의 인간 됨의 본질 혹은 "본질적 특성"을 구성하고 있는 것이 무엇인지를 재해석하기 시작했다. 인간의 본질은 영혼soul이 아니라, 몸과 영혼이 분리될 수 없는 통일체다. 따라서 이런 인간 안에서 몸과 영혼은 서로 없이는 결코 이해될 수 없다. 영혼이 몸을 규정하는 만큼, 몸도 영혼을 규정한다. 그 개념 자체로만 놓고 보자면, 아리스토텔레스에게서 그 개념의 선례를 볼 수도 있다. 그러나 그리스도인들은 이 개념을 한 단계 더 발전시켰다. 그들은 육체가 영혼과 똑같은 운명을 가지고 있다고, 그리고 이 운명은 거룩한 운명이라고 주장했다. 이레나이우스는 그리스도교 성찬에 대해 언급하면서 다음과 같이 주장했다.

> 우리는 본래 그분께 속했던 것을 하나님께 바친다. 이렇게 함으로써 육체와 영혼이 연합union되어 있음을 선포한다. 그리고 육체와 영혼 모두의 부활을 믿는 우리의 믿음을 고백한다. 땅에서 난 빵이 축성祝聖을 받음으로써 더 이상 평범한 빵이 아니라 지상과 천상의 두 가지 요소로 이루어진 하나의 성찬 빵이 되듯이, 우리의 몸은 성찬에 참여함으로써 더 이상 썩지 않을 몸이 될 뿐만 아니라 영원한 생명으로 부활할 소망을 가지게 된다〈이단 반박문Against Heresies〉 4.18.5. [25]

몸과 영혼은 같은 구원the same salvation을 받도록 운명 지어져 있다. 그래서 테르툴리아누스는 하나님이 인류를 위해 예비하신 것이 무엇이든지, 그것이 영혼뿐만 아니라 육체에도 주어질 것이라고 주장할 수 있었다. 육체는 구원의 경첩이다. G. 스트롬사는 이에 대해 다음과 같이 쓰고 있다.

> 총체적 집합체로서의 인간의 부활에 관한 그의 주장을 통해, 테르툴리아누스는 인간의 정체성을 유지하는 일에 관한 상당히 흥미로운 성찰들을 다음과 같이 제시하고 있다. 변화의 개념은 파괴의 개념과는 명백하게 구분되어야 한

다. "변형된다는 것은 다른 방식으로 존재한다는 뜻이다. 따라서 다르게 존재할 때에도 여전히 그 자신일 수 있는 것이다." ……

이러한 암시들은 …… 중대한 것이다. 그 어떤 이방의 철학자도 인간의 몸에 대한 그런 사랑을 감히 표현하려고 하지도 않았고, 또한 표현할 수도 없었다. 이 사랑을 처음으로 보여주신 분은 하나님이시다. 육체는 구원의 경첩이다. 고대 후기에 인간이 몸과 영혼이 연합된 한 집합체라는 사실을 발견한 것은 진실로 그리스도교의 발견이었다.[26]

테르툴리아누스의 이러한 성찰이 20세기의 미국 시인인 앤 섹스턴Anne Sexton, 1928~1974의 시 한 편에 잘 표현되어 있다. 그녀는 하나님이 인간의 영혼을 요구하시는 것이 아니라 지상의 물리적 실재를 요구하신다고 말하고 있다. 그녀에 따르면 하나님은 다음과 같은 분이시다.

> 몸을 부러워하신다.
> 몸이 없으신 그분.
> 열쇠 구멍처럼 열리고 닫히는 눈 ……
> 뱀장어 같은 뇌를 가진 두개골 ……
> 뼈와 뼈의 마디들로
> 합체되기도 하고 해체되기도 하면서 온갖 묘기를 부리는 ……
> 그분은 영혼을 그다지 부러워하지 않으신다. ……
> 그러나 그분은 몸 안에 영혼이 거하기를 원하시며
> 내려오시어
> 씻기신다.
> 가끔씩.[27]

섹스턴은 그리스도교적 인간학의 핵심을 암시적으로 확증해주고 있다. 즉, 하나님은 몸을 귀하게 여기시며, 몸들을 향해 다시 사실 그리스도의 운명을 함께 나누고자 부르신다. 이런 운명에 대해 성 아우구스티누스는 다음과 같이 쓰고 있다. "자신을 사랑하는 한 그리스도가 계실 것이다. 지체들이 서로 사랑할 때, 몸도 스스로를 사랑한다."[28]

기원후 매우 중요했던 초기 몇 세기에 걸쳐 형성된 신학적 인간학은, 철학적 논쟁을 통해 도달된 결론이기보다는, 의례적 수행에 의해 도달된 확신이다. 그것은 세례 안에서 수행된 인간학, 곧 의례적으로 구현된 인간학이었다. 이 세례 안에서 그리스도인들은 씻김이라는 물리적 행동을 통해 가장 깊고 가장 육체적인 실존으로, 즉 그리스도의 몸인 교회, 곧 예배 공동체와의 연합을 통해 그리스도와의 연합으로 받아들여졌다. 이때 우리는 교회와 결합되지 않고서는 그리스도와 결합될 수 없고, 그리스도와 결합되지 않고서는 교회와 결합될 수 없다. 개인적 실존과 집단적 실존은 개인적 운명과 집단적 운명이 그러하듯, 서로가 서로를 규정한다. 구원은 자기 인식이 아니라 사랑에 달려 있다. 더욱이 하나님을 향한 우리의 사랑, 그리고 다른 사람들을 위한 우리의 사랑, 또한 자신을 위한 우리의 사랑을 가능케 하는 것은 우리를 향한 하나님의 사랑이시다.

요컨대 기원후 2세기부터 5세기 사이에 출현한 새로운 그리스도교 인간학은 두 가지 결정적인 점을 강조하고 있다. 첫째로, 인간의 정체성은 그 근원하나님과 그 운명그리스도의 몸과의 연합, 나아가 몸의 부활과의 연합에 있어서 집단적이며 사회적이다. 둘째로, 정체성이란 철저하게 구현된 것이고 또한 사회적인 것이기 때문에, 죄와 자유 사이의 역설적 긴장이 늘 따라다니는 인간 주체 또한 구현된 것이며 사회적인 것이다. 따라서 인간의 주체성은 상호 주체성 intersubjectivity이다. 또한, 자기 성찰적 자아는 "화려한 고립"으로가 아니라 타자들과의 삶의 교제communion-of-life-with-others로 인도한다. 스트롬사는 다음과 같이 밝히고 있다.

> 상처 받고 회한에 찬 자아는 …… 스스로에 대한 겸손과 타자를 향한 연민을 향해 나아간다. 이런 연민이 윤리의 새로운 기초가 된다. 여기서 윤리의 새로운 기초란, 하나님의 형상imago dei을 회복하고 자신의 총체적 재통합을 성취하기 위한 유일한 방법으로서 타자를 향한 우리의 의무를 깨닫는 것을 말한다. 이러한 새로운 윤리가 종교적 토대를 제안하는 것이라면, 그것은 또한 정치적 함의含意를 갖게 된다. …… 창조된 우주는 인간과 마찬가지로 바로 그것의 깨짐과 불완전성 안에서, 창조주의 숨겨진 현존을 반영하고 있다. 그리스도교 윤리와 정치는 따라서 이중의 모호한 성격을 갖는다. 즉, 둘 다 인류의 구원을 지향하고 있고, 둘 다 신비한 과거와 종말론적 미래 사이에 있으며, 그래서 근본적으로 불완전한 윤리요 불완전한 정치다. …… 이웃을 향한 연민을 통해서만 스스로에게 도달할 수 있는 희망을 품을 수 있다.[29]

신학의 장으로서의 몸, 그리고 그 몸의 근대적 복원

그러므로 그리스도교 인간학은 그 발전의 초기 단계에서 영혼, 자아, 주체와 몸을 연결시키려고 했을 뿐만 아니라, 이 연결 안에서 윤리와 정치를 위한 새로운 기초를 놓으려고 노력했다. 제2차 바티칸 공의회는 1965년 12월 7일에 승인했던 〈현대 세계의 교회에 관한 사목 헌장 – 기쁨과 희망〉의 최종 문서, 가장 급진적이라고 논란이 일었던 그 문서에서, 이 고대의 통찰을 재조명했다. 〈현대 세계의 교회에 관한 사목 헌장〉 22항은 그리스도인들이 그리스도를 믿는 신자들의 기원과 운명에 대해서뿐만 아니라 인류 가족 전체의 소명에 대해서 어떻게 이해하는가에 관한 특별히 중요한 선언이다. 이 문서에 따르면 그리스도인들은 그들이 "악마와 싸워야 하고 …… 죽음을 겪어야 할지라도", "우리 몸의 속량⟨로마서⟩ 8장 23절"을 고대하는 영혼과 육체의 통일체다. 또한, 그들은 "부활의 신비와 연결된 상태로, '죽어가는 그리스도 dying Christ'의 본을 따르며", "소망에서 나오는 힘으로 부활을 향해 서둘러 나아갈" 것이다. 이 대목에서 ⟨현대 세계의 교회에 관한 사목 헌장⟩은 특별한 주장을 펼치는데, 이는 아직도 우리가 이해하려고 애를 쓰고 있는 내용이다.

이 모든 것들은 그리스도인들뿐만 아니라, 그들의 가슴속에서 보이지 않는 방식으로 은혜가 역사하고 있는 선의를 가진 모든 인간남성과 여성들에게도 진리다. 그리스도가 모든 사람을 위해 돌아가셨음으로, …… 또한 인간의 궁극적인 소명은 …… 사실상 하나이며 거룩한 것임으로, 우리는 성령께서 하나님만이 아시는 방식으로 모든 사람에게, 이 부활의 신비와 연결될 수 있는 가능성을 부여하신다고 믿어야 한다⟨사목 헌장⟩ 22항.

여기서 공의회는 그리스도인의 소명에 관한 고대의 가르침을 반복할 뿐만 아니라, 다른 신앙이나 문화와 우리의 관계에 있어서 새로운 지평을 열어주었다. 작고한 자크 뒤피는 이것이 우리를 "대결로부터 대화로" 인도해준 것이라고 말했다.[30] 물론 우리는 다른 사람들의 신앙은 무시하면서 그들의 문화 속에서 우리 자신의 신앙을 찾으려고 해서는 안 된다. 그러나 ⟨현대 세계의 교회에 관한 사목 헌장⟩의 의도는 분명하다. 그 의도란, 뒤피가 주장했듯이, 인간을 위한 구원의 계획이란 단 하나만이 있을 뿐이며, 이 계획에 모든 사람들이 초청받았다는 사실을 강조하려는 것이었다. 인간을 거룩하신

몸 275

분파의 교제로 부르는 데는 "두 개의 길"이 존재할 수 없다. 같은 문서의 앞부분에서 공의회는 "그분의 성육신에 의해, 하나님의 아들이 어느 정도 모든 인간과 스스로 하나가 되셨다. 그분은 인간의 손으로 역사하셨고, 인간의 정신으로 생각하셨으며, 인간적 선택에 따라 행동하셨고, 인간의 가슴으로 사랑하셨다〈사목 헌장〉 22항"고 선언했다. 이 구절에 관한 뒤피의 다음과 같은 언급은 인용할 만한 가치가 있다.

> 성육신은 하나님께서 역사 속에서 인간에게 스스로를 내어주신 가장 심오하고 내재적인 방식을 대표한다. 예수 그리스도 사건, 성육신에서 부활을 거쳐 영광 받으신 것까지의 사건은 그 전체로서 하나님이 인간과 맺어주신 결정적 계약의 봉인封印이다. 그것은 전 역사를 관통하는 성례전인 동시에 계약의 봉인이다.[31]

동시에 그리스도의 성육신과 부활의 신비가 갖는 의미란, 뒤피가 언급했듯이, "예수 그리스도의 성육신 이전과 부활 이후 모두에 있어서, 깨우쳐서 구원에 이르게 하는 말씀의 역사를 위한 공간"을 열어주는 것이다.[32] 이 "말씀의 보편적 역사"는 그리스도 사건과 경쟁 관계에 있는 것이 아니라, 오히려 모든 인간을 위한 "독특하고 거룩한 계획" 안에서, 그리스도 사건과 "유기적으로 결합되어" 있다. 이 계획을 〈현대 세계의 교회에 관한 사목 헌장〉 22항은 명백하게 확증해주고 있다.

또 다른 20세기 신학자들도 초기 그리스도교 인간학을 확장시키고 발전시키기 위해 노력했다. 예를 들어 카를 라너는 기본적으로 초월적인 토마스학파Thomist의 학문적 틀을 가지고, 모든 그리스도교 신학은 사실상 "신학적 인간학"이라고 주장했다. 라너는 계속해서 다음과 같이 주장했다. 토마스 아퀴나스의 인간학은 육체와 영혼의 관계를 묘사하기 위해 형상form과 질료matter라는 아리스토텔레스의 범주를 사용한 인간학인데, 여기서 몸이란, "영혼의 본질적인 '표현'이고, 그 안에서 영혼이 먼저 구체적인 실재를 이룬다". 따라서 다음과 같이 말한다.

> 영혼은 질료를 사용하지 않고서는 스스로를 완성할 수 없다. 영혼의 자기완성이 커지면 커질수록, 다시 말해 사람이 점점 더 영이 되어갈수록, 영혼은 점점 더 몸이 되어간다. 이는 몸이 모든 의사소통의 매개일 뿐만 아니라, 역으로 영혼은 인간이 몸의 세상에서 몸을 입은 인간 존재로서 살아가는 그만큼씩 스스로를 완성시켜간다는 뜻이다.[33]

라너는 계속해서 이렇게 주장한다. 만일 "존재를 향한 개방성openness이 영spirit의 특징이고, 동시에 영이란 무엇이며 또한 무엇이 아닌지에 관한 스스로의 인식이 영의 특징이라면", 만일 영이 근본적으로 "두 개의 개방성", 곧 보편적 존재와 그 자신에 대한 "두 개의 개방성"으로 구성되어 있다면, 그렇다면 우리는 "영"이란, 곧 초월transcendence, 절대 타자성을 향해 본질적으로, 그리고 끊임없이 "자신을 넘어서기"인 동시에 성찰reflexivity, 자의식과 자유 안에서의 냉정이라고 말할 수 있을 것이다.[34]

그러나 라너는 우리 인간의 경험 속에서, "영"은 결코 몸과 분리될 수 없다는 점을 인식했다. 그는 계속해서 다음과 같이 쓰고 있다. "인간 영의 유한성"은 이러하다.

> 그 영이 "타자"와 "낯선 이"를 부분적으로만 만날 수 있고, 그 만남은 예측할 수 없는 지점에서 일차적으로 나타난다. 이 만남은 길path을 건너야 하고,

그러므로 주체와 객체 사이의 다리가 되어주는 영의 몸이 없이는 불가능하다. 따라서 인간의 영은 "순수한 영pure spirit"이 아니라 본질적으로 "영적인 영혼 spiritual soul"이다. 이 영적인 영혼과 몸의 연결, 곧 공간과 시간의 연결이, 영적인 영혼을 특정한 "인간의 영human spirit"으로 만들어 준다. 이 "인간의 영"은 그 생각과 지식과 의지에 있어서, 영과 몸으로 구성되어 있는 총체적 인간whole man의 감각성sensuality을 가리킨다.[35]

라너의 사상은 이해하기 쉽지 않지만, 그의 최종적인 결론을 여기서 간략하게 되풀이해보겠다. 육체와 영, 영혼과 몸은 각각 경쟁자들이 아니다. 한 가지를 박탈 또는 무시함으로써 다른 한 가지를 높일 수 없다. 인간의 인간 됨은 연합이다. 따라서 내가 "몸"이 되면 될수록, 나는 점점 더 "영"이 된다. 내가 "영"이 되면 될수록, 나는 점점 더 "몸"이 된다. 이 두 가지는 반비례하는 것이 아니라 정비례한다.

이 모든 것은 단지 철학적 명상의 문제가 아니다. 그것은 그리스도교의 계시에 단단하게 뿌리를 내리고 있다. 예수는 인간적 존재로서의 예수와 신적 존재로서의 예수 둘이 아니다. 또한, 지상적 존재로서의 예수와 천상적 존재로서의 예수 둘도 아니다. 예수 그리스도는 한 인격person, 곧 역사적이며 인간적인 몸을 입으신 인격으로서, 우리를 위해 구원을 성취하신 한 분이시며, 그 몸을 "우리를 위해 포기하시고" 내어주신 한 분이시다. 죽임을 당하시기 전날 밤, 친구들과 나누신 만찬 자리에서 예수는, 자신의 몸과 피를 우리를 위한 음식으로 주셨을 뿐만 아니라, 우리를 위한 표징들signs, 곧 몸, 그분의 몸과 우리의 몸 안에서만 나타나는 실재realities로서 보여주셨다. 라너는 이렇게 쓰고 있다.

교회가 하나님의 백성으로서 제정制定됨으로써 본질적으로 성례전과 바실레이아basileia, 하나님의 왕국, 혹은 다스리심의 선언에서 스스로를 인식하고 있다는 사실은 다음과 같은 점을 보여준다. 육체적 삶의 본질적 특징인 지각 가능한 표징들에 의한 의사소통은, 인간의 구원에도 필수적인 요인이다. …… 그리스도가 성취하신 구원은 필연적으로 몸 안에서 나타나야 한다. …… 은혜를 "영혼만의" 영역으로 추방하는 일은 그리스도인에게도 매우 부적절한, 그래서 결정적인 실수라는 사실이 드러날 것이다. 왜냐하면, 은혜에 사로잡혀 은혜의 표현이 된 몸, 그리스도의 몸, 그리고 교회의 몸 안에, 그리스도의 육체적 현존을 통해 육체적 축복을 받은 하나의 온전한 인간과 인류 전체가 있기 때문이다.[36]

은혜와 구원은 육체적인 문제인 동시에, 그리스도가 "어느 정도 인간과 자신을 연합"하셨기 때문에(사목 현장) 22항 모든 인간에 영향을 주는 문제기도 하다. 예전과 의례, 그리고 성례전은 "몸에 따라 좌우되는 하나님의 말씀"일 뿐만 아니라, "몸속에서 나타나는 은혜와 구원"이라고 규정할 수 있다. 은혜는 우리 "영혼들"의 행복welfare뿐만 아니라 우리 육체의 행복과도 관련이 있다. 이것이 바로 그리스도교 예전이 전통적으로 성찬에서의 음식과 마실 것을 "영혼과 몸을 치료하는 약"이라고 말해왔던 이유다. 왜냐하면, 하나님의 자비로 값없이 베푸시는 자기 주심인 은혜란, 항상 인간과 그 역사의 종말론적인 즉, 완전하고 최종적이며 결정적인 완성을 가리키기 때문이다. 이 점에서 교회는 제2차 바티칸 공의회가 주장했듯이, 세상 자체의 성례전, 즉 인간성이 구현된embodied 세상이다. 라너의 말을 빌리자면, "그리스도의 육체적 현존 속에서 육체적 축복을 받은 인류 전체"다. 그리스도인들에게는 종말론조차도 인간학적이며, 몸의 현존을 필요로 한다. 카를 라너가 즐겨 말했듯이, 우리 그리스도인들은 "가장 탁월한 물질주의자"다.[37] 이는 그리스도교 신학이 인간의 몸과 인간의 세상 둘 다의 생태계를 포용하기 때문에 그러하다. 이 둘은 변형될 운명이다.

> 육체는 그리스도께서 영원히 부활하셨기 때문에, 속량되었고 영화로워졌다. …… 우리는 우리 자신의 몸 됨을 사랑해야 하며, 또한 세상의 환경을 사랑해야만 한다. …… 물질주의자들로서 우리는 스스로를 물질주의자라고 자처하는 사람들보다 훨씬 더 지독하게도 물질주의자다. …… 우리는 이 질료, 곧 이 몸, 이 세상이 영원히 존속될 것이며, 또한 영원히 영화로울 것이라고 인식하며 그렇게 믿는다. 그것은 영화로울 것이다. 그것은 변화를 겪을 것이다. 그 변화의 깊이는 우리가 죽음을 경험할 때 느끼는 공포와 떨림으로만 인식할 수 있는 깊이다. …… 우리의 몸, 우리의 육체는 남아서 …… 영원히 지속되는 잔치를 누린다.[38]

영적인 힘과 질료의 변형된 운명에 관한 라너의 주장은 오래 묵은 것인 동시에 새로운 것이다. 그리스도인들에게 질료의 신비는 영의 신비들을 드러내준다. 이것이 바로 그리스도교적 경륜의 근본적인 법칙이다. 이것은 또한 라너가 왜 모든 그리스도교 신학은 신학적 인간학이라고 생각했는지 그 이유를 이해하도록 도와준다. 이것은 또한 "그리스도론이 그것이 신성의 관점에서 본 것이든, 인성의 관점에서 본 것이든 왜 신학적 인간학의 가장 철저하고 완벽한 재현으로 보이는지"를 이해하도록 도와준다.[39] 그리스도교 인간학에서 몸 됨이란, 그리스도의 것이든 우리의 것이든, 한때 사용했다가 쉽게 버릴 수 있는 단순한 실용주의적 도구가 아니다. 오히려 예수의 구현된 인간성은 우리의 육체가 바로 그 신성에 영원히 속한다는 것을 의미한다.

그리스도교 인간학, 그리고 예전과의 연관

이제 우리는 그리스도교 인간학이 어떻게 예전의 의례들과 성례전을 형성했고, 또 그것들에 의해 형성되었는지에 대해 살펴보려고 한다. 그리스도교 인간학은 우리가 인간성이라고 부르는 "체현된 상호 주체성embodied intersubjectivity"에 초점을 맞추고 있다. 그리스도교 예배가 "몸의 기도", 즉 "몸"을 그 모국어로 사용하는 예배라고 말하는 것은 무슨 의미인지를 밝히는 데 있어서 다음과 같은 몇 가지 점들이 도움이 될 것이다.

체현된 실존

인간학에 관한 초기 그리스도교의 혁신을 간략하게 살펴보면, 개신교의 위대한 성서신학자 루돌프 불트만Rudolf Karl Bultmann, 1884~1976이 지난 세기에 펼쳤던 주장을 확증하게 될 것이다. 즉, 바울 같은 사상가에게 "몸soma은 떼어낼 수 없이, 그리고 본질적으로 인간 실존에 속해 있다. …… 유일한 인간 실존은 성령의 영역 안에서조차도 육체적somatic 실존이다."[40] 바울에게나, 그보다 20세기 후의 사람인 카를 라너에게나, 신학은 인간학이다. 몸은 "사람의 형이상학적 연합을 위한 기초"다. 또한, 그것은 "사람들 사이의 관계의 가능성"을 만들어낸다.[41]

몸의 운명

예수와 우리들의 부활은 다음과 같다.

불멸의 영혼이라는 테제를 암시하지 않는다. 반대로 부활은 몸이 온전한 남자 혹은 여자라는 생각을 제시한다. 즉, 부활의 목표는 인간 실존, 인간성, 그리고 관련성relatedness 등을 설명할 수 있는 인간의 몸이다. 그들의 육체적 존재성corporeality을 통해 신자들은 서로 관계를 맺게 되고, 그래서 육체적 존재성을 변화시켜주시는 그리스도를 함께 따를 수 있다. 그러므로 《성서》는 그리스도 안에서 우리가 어떤 존재인지만을 밝혀주는 것이 아니라, 그리스도 안에서 우리가 어떤 존재가 될 것인지에 대해서도 밝혀준다. 우리의 육체적 존재성이 우리의 실존을 둘러싸고 있다면, 그리고 상관성relationality을 위한 기초라면, 우리 몸의 부활은 우리가 더 이상 우리의 몸 안에서 전쟁을 벌이지 않을 것이라는 사실을 의미한다.**42**

모든 인간이 공유하고 있는 부활의 운명에 관한 우리의 믿음은〈사목 헌장〉22항 부활의 신비가 단순히 "그리스도교 신앙"의 목표일 뿐만 아니라 윤리적 명령이라는 사실을 의미한다. 만약 육체가 영만큼 소중하다면, 몸의 궁극적인 운명은 영혼의 운명만큼이나 중요하다. 〈마태복음〉 25장 31절에서 46절에 나오는 최후의 심판 장면을 상기해보라. 요컨대, 그리스도인들은 몸의 부활을 〈신경信經〉의 강령, 종말론적 약속, 그리고 도덕적 임무라고 이해한다.

진정한 "자각"으로부터 몸을 제외시키는 철학과는 대조적으로 그리스도인들은 인간의 운명, 부활하신 그리스도 안에서 부활하신 그리스도에 의해 규정된 운명에 대해 다음과 같이 주장해왔다. "인간의 운명은 모든 사람이 그들의 몸 안에서 그리스도의 영의 완전하심을 발견할 수 있는 기회며, 또한 발견하라는 명령이다. …… 따라서 그리스도교가 인간이란, 하나님의 형상을 따라 지음 받은 존재라는 믿음 위에서, 몸과 영혼을 하나로 연합해, 이를 인간의 통전성에 대한 신학적 표현으로, 그리고 규범적 임무로 규정했을 때,

그것은 서구 세계를 향해 인간의 몸에 대한 새로운 주장을 제안한 것이다."[43]

누가 몸의 주인인가?

그리스도교의, 인간의 몸에 대한 새로운 주장은, 누가 혹은 무엇이 몸을 통제하는가, 즉 누가 최종적인 힘을 행사하는가를 이해함에 있어서 매우 중요한 변화를 뜻한다. 피터 브라운Peter Robert Lamont Brown, 1935~의 연구가 보여주듯이, 고대 후반의 세계는 다소 무비판적으로 폴리스, 도시, 국가, 혹은 "정부"가 몸을 통제한다고 상정했다. 몸은 국가에 속했을 뿐만 아니라, 국가의 재산이었다. 이러한 통제는 기본적으로 두 가지 방식으로 전개되었다. 몸의 통제란, 전체 사회의 "선한 질서"를 의미했음으로 (1) 수련self-discipline을 위한 반복 훈련을 통해, (2) 성, 종족을 이어가는 수단인 번식 욕구의 훈련된 억제를 통해 가능했다. 이러한 이중적 통제를 통해, 로마 제국은 "그 긍지와 …… 필요한 만큼만의 후손을 확보할 수 있었고, 국가는 …… 시민들에게 적정한 억제의 선을 넘지만 않는다면, 그들의 몸으로 무엇을 하든지 그 자유를 허용했다".[44]

그런 체제 안에서 국가는 인간의 몸에게 그 몸이 지닌 고유의 존엄과 통전성으로부터 나오는 존엄성이 아닌, 국가 자신의 이해관계로부터 나오는 만큼의 존엄성만을 부여했다. 그러나 이와는 대조적으로, 그리스도인들은 전혀 다른 생각을 가지고 있었다. 피터 브라운은 이를 다음과 같이 요약하고 있다.

성에 관한 그리스도인들의 태도는 몸의 통제자로서의 도시city라는 개념에 치명타를 날렸다. 그리스도교 설교자들은 몸에게 박탈할 수 없는 본래적 성격을 부여했다. 이제 몸은 더 이상 자연 세계에 불현듯 나타난 가치 중립적인 불확실한 존재가 아니었고, 또한 도시 안에서의 신분이나 그 유용성에 의해서만 살아갈 권리와 쓰임이 결정되는 그런 존재도 아니었다.[45]

그리스도교는 몸을 폴리스, 정부로부터 되찾아, 본래 그 몸의 주인, 곧 바로 그 몸인 사람에게 돌려주었다. 이렇게 합당한 주인에게로 몸을 돌려준 것은 여성들에게 특별한 의미가 있었다. 국가 소유 체제에서 여성의 몸은 그 무엇보다도 실용주의적 활용의 대상이었다. 여성은 국가에게 자녀를 생산해주는 요긴한 수단이었다. 그러나 그리스도교는 이러한 관점과는 상당히 다른 모델을 제시하였다. 그래서 과부였거나 처녀였던 여성들은 국가의 실용주의적 목적 그 너머의 삶을 살기 위해, 종족 번식이라는 구속으로부터 스스로를 어느 정도 해방할 수 있었다. 브라운이 관찰하였듯이, 서방 세계에서 여성에 대한 이러한 새로운 이해의 근거를 제시해주었던 사람은 암브로시우스Ambrosius, 339~397였다. 브라운은 이렇게 쓰고 있다.

암브로시우스가 제시한 …… 처녀성에 대한 개념은 적대적인 사회 속에서 가톨릭교회의 통전성을 명확하게 해주었다. 이와 동시에 그 개념은 교회에 외부 세계와의 대면에서 영향력을 가지고 있다는 인식을 부여했다. …… 여성의 생식 능력과 관련된 정상적인 연상들, 다시 말해 정부가 인정하고 촉구하는 성적 연상들을 부인해왔다는 바로 그 점 때문에, 처녀들의 몸은 신자들의 생각 속에서, 가장 "정결한 것", 그리고 다산성, 계속성, 생산성이라는 개념 속에서 분명코 생기로 가득 찬 그 모든 것들을 떠올리게 했다. 닫힌 자궁은 빗장을 지른 문만을 의미하는 것은 아니었다. 그것이 닫혀 있다는 그 이유 때문에 그것은 가장 열려 있을 수 있었다. 그것은 또한 부글부글 끓는 냄비이기도 했다. 그리고 그것은 빛이 흘러나오는 근원이기도 했다. 또한, 암브로시우스가 사용한 이미지들에 따르면 부드러운 비를 뿌려주는 구름이었다. 몸이 닫혀 있다는 그 이유 때문에 처녀인 여성들의 정신과 마음, 그리고 손들은 오히려《성서》, 그리스도, 그리고 가난한 자들을 향해 활짝 열릴 수 있었다.[46]

물론, 모든 사람들이 처녀성에 대한 암브로시우스의 혁신적 견해에 대해서 브라운이 가졌던 열정에 동의했던 것은 아니었다. 여성들의 몸에 관한 통제권이 국가에서 교회로 넘어간 일이, 여성들을 위한 인간적 자유의 진보에 실제로 기여했었는지에 대해 의심하는 사람도 있을 것이다. 우리는 역사를 통해, 교회가 모든 여성들은 순종적이고, 고분고분하며, 복종적이기를 기대해왔다는 사실을 알 수 있다. 그러나 이런 기대는 예수 자신의 견해와는 전혀 맞지 않는 모델이다. 수로보니게의 이방인 여성에 관한 비유〈마가복음〉 7장 25~30절, 〈마태복음〉 15장 21~28절에서는 예수가 유대인이라는 사실이 강조되고 있으며 "아이들이 먹을 빵을 집어서 개들에게 던져주는 것은 옳지 않다." 〈마가복음〉 7장 27절, 그래서 예수는 이 여성을 정결치 못하다고 여기신 듯 보인다. 그러나 이 이야기가 끝날 때쯤 되자, 이방인들은 하나님 나라의 축복을 받을 권리가 없다는 이 문제에 관한 예수의 견해가, 이 여인의 지혜와 투지에 의해서 바뀌게 된다. "여자야, 참으로 네 믿음이 크다! 네 소원대로 될 것이다〈마태복음〉 15장 28절." 요컨대, 교회는 "누가 몸의 주인인가"에 관한 교회 자신의 성찰대로 살아내는 일에 어려움을 겪고 있었던 것이다. 또한, 교회는 여전히 그 어려움을 겪고 있다.

몸의 고유한 언어vernacular를 예배로 가져오기

'누가 몸의 주인인가?'라는 질문에 우리가 어떻게 답하느냐가, 예전의 성

례전적 의례들에 관한 우리의 이해에 직접적인 영향을 미친다. 공의회 이전의 미사를 기억할 정도로 연로한 사람들은, 소위 〈트리엔트 미사 경본〉이라고 불리는1570년의 가톨릭 미사 경본의 전례 법규가 사제의 세세한 몸짓까지 규정해놓았던 점을 기억할 것이다. 엄숙함과 품격을 표현하기 위한 엄격한 몸의 수련과 통제들이 망라되어 있다. 사제의 손은 몸 가까이에 두어야 하고, 손을 들어 올릴 때는 약간만 살짝 들어 올려야 했다. 목소리는 성가를 부를 때를 제외하고는 항상 나지막하게 유지해야 했고, 시선은 항상 아래를 향해야 했으며, 심지어 회중들에게 "주께서 여러분과 함께"라고 인사할 때조차도 시선은 아래를 향해야 했다. 성찬을 거행하는 동안 사제들이 따라야 했던 의례 규정도, 어느 정도로는 다른 문화 속에서 발견되는 전형적인 의례적 몸짓들이었다. 예를 들어, 일본의 전통적인 다도茶道인 차노유茶の湯에서 사용되는 정형화된 동작들과 같은 몸짓들이었다. 사제의 몸동작들은 동시에 교회의 자기 이해를 보여주는 것이기도 했다. 즉 교회란, 그 지체들이 권위 있는 지도자들, 예를 들어 주교들 혹은 교황에 의해 제정된 세세한 규칙을 따라야 하는 몸이라고 이해했던 것이다.

역설적이게도, 고도로 제한되고 또한 통제된 몸짓들로 이루어진 트리엔트 공의회 예전은, 서구 예술이 다른 방향을 향해 가는 것처럼 보이던 그 시기에, 즉 그리스도의 인성과 그리스도인들의 인성을 왕성하게 확증하는 방향으로 나아가던 그 시기에 제정된 것이다. 상당한 논란이 일었던 레오 스타인버그Leo Steinberg, 1920~2011의 연구인 《르네상스 예술과 근대적 망각에 있어서의 그리스도의 성The Sexuality of Christ in Renaissance Art and in Modern Oblivion》은, 15세기 후반 기를란다요Domenico Ghirlandaio, 1449~1494의 그림인 〈동방 박사의 경배Adoration of Magi, 현재 피렌체 우피치 미술관 소장〉에 관한 자신의 연구에서 영감을 얻은 것으로, 그리스도의 몸 됨에 관한 르네상스와 근대 초기의 관심이 어디까지 확장되었었는지를 보여준다.[47] 처음 스타인버그의 관심을 끌었던 것은 동방 박사들이 바라보고 있던 대상물, 아기 예수의 생식기였다. 이에 대해 더욱 연구해본 결과 그리스도의 생식기를 그대로 내보인 것은 르네상스 미술에서는 상식에 해당하는 일이었다는 사실이 밝혀졌다. 이런 신체 기관들이 반복해 묘사되었는데, 스타인버그는 화가들이 외설적인 호기심에서가 아니라 그리스도를 완전하고도 통전적인 인간으로 묘사하려는 욕구 때문에 그리했다는 결론에 이르게 되었다.

미국 예수회 소속의 탁월한 역사학자인 존 오말리John W. O'Malley도 나름의 연구를 통해 스타인버그의 결론에 동의하게 되었다. 오말리는 이렇게 쓰고 있다. 실제로는 그 반대로 인식되고 있지만, 실제로 "종교 개혁 발발 75년 전에, 유럽 전체에서 가장 독창적이고 창의적인 신학 작업이 진행되던 곳은 바로 로마Roma였다." 그리고 그런 신학 작업 가운데 가장 충격적인 것은 "성육신의 신비를 다루는 방식"이었다.[48] 그리스도의 인성에 관한 성찰에 있어서 르네상스 시대의 신학자들은 오말리가 "에피다익틱epideictic 수사법", 곧 "영웅들의 행동과 생애를 반복하는 …… 찬사의 수사법"이라고 부른 것을, 영웅들의 전기에 나타난 세세한 내용들을 중개함으로써 다시 살려 썼다.[49] 전례의 보수성에도 불구하고 중세 후반과 근대 초기의 로마 가톨릭 의식의 예전들은 이런 칭송의 수사법의 몇 가지 특징들을 채택했다. 예를 들어, 미사를 위한 전례들은 집례자와 회중들이 "〈신경〉을 …… 암송하는 동안 한 대목에서만 무릎을 꿇도록" 지정했는데, 그 대목은 다음과 같다. "성령으로 인하여 동정 마리아에게서 육신을 취하여 사람이 되셨다et incarnatus est de Sportu Snacto ex Maria Virgine, et homo factus est."[50] 그러나 이보다 더 눈에 띄는 것이 있으니, 어쩌면 예배력과 설교 안에 나타난 그리스도의 인성에 관한 상세한 주목일 것이다. 역사적으로 성육신은 천사 가브리엘이 마리아에게 수태를 고지하고, 마리아가 이를 받아들임으로 시작되었다(누가복음) 1장 26~38절. 그러나 르네상스 시대의 사상가들은 이 신비가 실제로는 단계적으로 세상에 드러났다고 이해했다. 즉, 베들레헴에서 그리스도가 탄생하는 단계로부터, 동방 박사가 구유를 방문한 단계를 거쳐, "아기 예수가 할례 의식을 받게 된 단계까지에 걸쳐 가장 확실하게" 나타났다는 것이다.[51] 이 모든 사건들은 중세 후기와 근대 초기 가톨릭에서 주요한 축제로 기념되었다. 그 의례를 수행할 때, 예전은 하나님 자신의 "칭송의 수사법"으로부터 한쪽을 빌려 왔고, 그 드라마는 할례 시에 처음으로 뿌려진 그리스도의 피의 의례에서 정점에 이르렀다.

그리스도의 할례에 관한 설교들은 오늘날 매우 드물고, 이는 이해할 만한 일이기는 하지만, 1495년 프란체스코 카르둘로Francesco Cardulo가 교황청에서 행한 설교는 그렇지 않았다. 오말리가 관찰한 바에 따르면 카르둘로는 그리스도의 인성이 할례를 받을 때 '만지작거림을 당하고, 손으로 꼭 쥠을 당하고, 상처를 받고, 그리고 고통을 당하는quod attrectatur, quod sumitur in manus, quod plagam recipit, quod sentit dolorem' 남자아이의 명백한 현실에서 가장 강렬하게 드러나 보였다고 설교했다. 여기서 attrectare라는 단어는 오말리에 따르면, 그다지 점잖은 표현이 아니며, 때로 우리 시대의 표현으로는 '애무하다'에 해당하는 에로틱한 함의를 갖는 경우도 있다. 품위 없는 함의를 가지고 있지 않다고 하더라도, 오늘날의 청중들이라면 설교에서의 그러한 표현들에 대해 의구심을 가질 것이다. 그러나 지금보다 덜 까다로웠던 시대에서는, 예술가들과 설교자들이 그리스도의 인성이 갖는 부인할 수 없는 성적 특성을 자랑스럽게 기념했던 것이다. 르네상스 예술에 나타난 성스러운 인물들의 전라의 나체상에 대해, 오말리는 다음과 같이 제안하고 있다. 그리스도의 가난함, 특별히 성직 생활을 위한 개혁파들의 모델로서의 가난함에 대한 15세기와 16세기에 걸친 논쟁은, "벗고 계신 그리스도naked Christ의 헐벗으심

nakedness을 따르자Nudum sequi nudum Christi"는 중세의 슬로건을 예술적 표현으로 이끌었던 것일지도 모른다.⁵²

전례 법규rubric들은 예전의 수사법을 구체화한 것으로, 미사에서 〈신경〉을 암송하는 동안 그리스도의 육체적 인성에 대한 극적인 찬사를 특히 강조했는데, 이러한 강조가 "그림을 그리도록 위임받은 종교적인 대상에 대해 매우 민감했던 화가들"에게 강한 인상을 남겼을 것이다. 따라서 대부분 남성들인 르네상스 시대의 화가들은 생식기의 가시화ostentatio genitalium야말로 예수의 인성에 관한 논박할 수 없는 증거이고, 당시 대중적이었던 "인간의 존엄성"이라는 주제에도 부합하는 것으로 여겼음에 의심할 여지가 없다.⁵³ 그러나 그리스도의 인성을 어떻게 이해했는지는 그다지 분명하지 않다. 이들 화가들이 성별이 구분된gendered 인간성을 강조하려고 했다고 주장하고 싶은 유혹이 있는 것도 사실이다. 그러나 스타인버그의 연구에 대해 응답하면서 캐럴라인 워커 바이넘Caroline Walker Bynum, 1941~은 다음과 같이 지적하고 있다. "중세 후기 르네상스 직전의 회화繪畫에서, 화가들은 젖을 먹이시는 그리스도의 몸, 즉 자녀를 양육하는 어머니의 몸을 가지신 그리스도를 표현한 바 있다. 그러나 젖을 먹이시는 그리스도의 그림이 성별이 구분된 몸을 강조하는 것은 아니다. 수유授乳는 '여성화된' 그리스도의 몸이 아니라, 온전한 인간으로서의 그리스도를 확증해주는 것이다." 바이넘은 계속 이렇게 쓰고 있다. "인간성은 성별을 구분할 수 없다. 중세에 여성들에게 인간성이란, 기본적으로 여성성이 아니라 육체성, 곧 '몸이 되신 말씀Word-made-flesh'으로서의 육체였다."⁵⁴ 바이넘의 견해에서는 젖을 먹이시는 예수의 그림들이 그리스도의 여성적 면모를 보여주는 것이 아니라, 다만 그리스도의 완전한 인성을 기록한 것일 뿐이었다. 중세의 여성들에게 예수는 인성의 "한 부분", 단순한 남성성 혹은 여성성만을 뜻한 대상이 아니라, 오히려 충만한 생명으로서의 총체적 인성을 뜻하는 대상이었다. 그들이 보기에, 몸이 되신 말씀이 젖을 먹이지 않는다면, 그 누구도 젖을 먹이지 않을 것이기 때문이었다. 왜냐하면, 수유를 통한 양육이 더 이상 인간성의 충만함에 속하지 않을 것이기 때문이다.

바이넘은 계속해서 이렇게 주장한다. 그리스도교 인간학이 인간을 "체현된 상호 주체성"으로 보게 된 것처럼, 중세의 여성들은 그들의 몸을 통제, 즉 기도, 금식, 금욕적 수련, 교회의 권위 등에 의한 통제의 대상이 아닌, 하나의 주체로 재생하게 되었다. 중세 여성들은 자신들을 몸, 즉 체현된 상호 주체성으로 이해하기 시작하였다. 남성 사제들만이 성찬에서 주님의 몸에 접근할 수 있었던 시대에, 이 여성들은 그들 자신과 그리스도의 몸 사이의 교제를 통해, "통합된 존재로서의 인간을 위한 원형과 모든 인간을 다 포용할 수 있는 근거를 회복했던 것이다. 그들의 몸속에서 …… 신비한 비전과 심지어는 신비한 연합을 통해 여성들은 그리스도의 몸이 느꼈던 고통과 그 구속하심을 똑같이 체험했다. 완전한 통합은 정확하게 몸을 통해서만, 그리고 몸 안에서만 발견된다".[55] 이 여성들은 자아와 주체성이 그 자체로 성육신임을 발견했고, 그들의 몸 됨이 거룩한 분을 향해 가는 주된 접근 방식이라는 사실을 발견했던 것이다.

몸의 고유한 언어와 예배 공간

이런 주제는 계속되었는데, 특히 16세기 말과 17세기 초반에 점차 속도를 내기 시작한 소위 반反종교 개혁 기간 동안 그러했다. 여기서도 역시 반反직관적으로 보일지 모르지만, 트리엔트 공의회 이후에 일어난 의례 개혁의 보수적인 엄격성을 통해, 가톨릭 신자들이 그들의 몸과 그리스도의 몸,

그리고 예전 사이의 관계를 어떻게 이해했는지를 명백히 이해하기는 어렵다. 이 점에 대해서는 미술이 오히려 더 나은 안내자가 될 것이다. 카라바조Michelangelo Merisi o Amerighi da Caravaggio, 1571~1610라고 알려진 화가의 작품을 예로 들어보자. 그의 비교적 짧고 거칠었던 삶도 그 자체로 매력적이기는 하지만, 그의 중요성은 그가 남긴 작품의 대단한 혁신적 특성에 있다. 그가 남긴 작품의 대부분은 추기경들, 수도회 등 교회의 후원자들을 위해 제작된 것이거나, 또는 제단 장식용 등 예전적 목적으로 제작된 것이었다.[56] 미술사가이며 전기 작가인 헬렌 랭던Helen Langdon에 의하면, 카라바조의 작품은 형식적 의례성formal ritual quality을 지니고 있는 동시에 동시대 작가들의 선망의 대상이기도 했던 탁월한 자연주의 작품이기도 하였다.[57] 카라바조는 사전 스케치 없이 직접 그림을 그렸을 뿐만 아니라, 생명체를 그것이 지닌 모든 모호한 직접성으로 그려냈다. 과일과 꽃을 그린 것으로 유일하게 전해지는 그의 "정물"화는, 시들어가는 덩굴, 너무 익은 과일, 벌레 먹은 이파리들, 찌그러진 낡은 바구니들이 앞으로 비스듬히 그려져 있어서, 마치 화면을 뚫고 나와 탁자 위로 쏟아질 것처럼 보이는 것으로 유명하다.[58] 그림 속에 있는 "바람에 떨어진 사과들과 멍이 든 배들"의 존재에도 불구하고, 이 그림은 "자연의 작고 미천한 소산물들이 갖는 아름다움"과, "지극히 평범하고 일상적이고" 초라한 것들의 최상의 가치를 강조하는 매우 깊은 영적 감각을 구체적으로 표현하고 있다. 요하네스 크리소스토무스Johannes Chrysostomus, 347~407와 같은 초기 그리스도교의 주교들과, 카라바조와 동시대 사람인 카를로 보로메오Carlo Borromeo, 1538~1584와 같은 근대의 주교들도 이 점을 강조했었다.[59]

무엇보다도 우리는 카라바조가 그린 작품의 종교적 주제에 대해, 그리고 예전과 관련된 그의 작품들에 대해 주목하며 살펴보려고 한다. 이런 작품들은 성찬 거행을 위해 설치한 의례적 세팅에서 상당히 중요한 부분을 이루게 되는데, 예를 들어 마태의 소명과 순교를 묘사한 작품의 경우 로마의 산 루이지 데이 프란체시San Luigi dei Francesi 교회에 여전히 전시되어 있다.⁶⁰ 카라바조의 종교화에 나타난 자연주의naturalism는 르네상스 시기에 그리스도의 생식기를 표현했던 그림들만큼이나 나름의 방식으로 충격을 준다. 그는 그의 그림에 나오는 인물이든 혹은 배경이든 불쾌한 부분을 제거해 건전하게 보이려고 하는 방식을 거부하였다. 카라바조가 1604년에 산타고스티노 Sant'Agostino가톨릭교회의 제단 장식을 위해 그린 〈순례자들의 성모 마리아Madonna of the Pilgrims〉를 예로 들어보자.⁶¹ 이 그림은 즉시 떠들썩한 소동을 불러일으켰는데, 작품 속의 마리아가 멀리 보이는 우아하고 아름다운 모습이 아니라, 따뜻하고 인간적인 "섹시한 젊은 주부"의 모습으로 묘사되었기 때문이었다. 이 그림 속의 마리아는 "멋진 출입구가 있고, 문틀은 약간 금이 가 있으며, 벽의 회반죽이 약간 떨어져서 그 밑의 벽돌이 드러나 있는 로마의 아주 평범한 어느 집의 현관으로 나오는 중이다".⁶² 이 여성과 "이 여성의 팔에 안긴 벗고 있기엔 너무 자란 다 벗은 남자아이"를, 초라해 보이는 어느 순례자 남녀가 바라보고 있다. 그들은 방금 "문을 두드린 듯 보이며", 그중 한 사람은 엉덩이 부분을 기운 옷을 입고 있는 수염을 기른 맨발의 30대 남자고, 다른 한 사람은 "지친 표정의 상당히 나이가 들어 보이는 여성으로, 그 남자의 어머니뻘로 보인다. 그 여자의 치아는 이미 다 빠져 있고, 그 머리카락은 도로의 먼지를 막으려는 듯 길게 드리워져 있다".⁶³ 마리아와 순례자들은 모두 가난해 보이고, 또한 그들의 발은 더럽게 묘사되어 있는데, 이는 점점 더 가난한 사람들의 존재를 혐오하고 두려워하기 시작하던 도시에서, 성찬을 거행하는 동안 중앙 제단 위에 걸기로 예정된 그림으로서는 하나의 도발이었다.⁶⁴

카라바조가 성화를 이렇게 개작했다는 사실 때문만이 아니라, 더러운 발 등을 그려넣음으로써 씻기지도 않은 인간의 상태를 예전을 거행하는 장소 한복판으로 가져왔다는 점 때문에 논란이 일었다. 이에 대해 헬렌 랭던은 다음과 같이 쓰고 있다. "미천하고 가난한 사람들이 공적인 제단 장식에서 그 중심에 나타난 것은 전혀 새로운 일이었다." 또한, 〈순례자들의 성모 마리아〉라는 작품이 당시 로마 사회의 가난한 사람들이 경험했던 실제의 비참한 현실을 그대로 보여주지는 못했지만, 집 없는 떠돌이들에 대한 연민과 그들과의 연대를 강조했던 영성, 성 필리포 네리Filippo Neri, 1515~1595 등의 인물들과 연관된 영성에 호소하고 있음은 분명하다.[65] 카라바조의 그림에서 반종교 개혁의 승리주의의 수사법이 르네상스 절정기까지 지속된 칭송의 수사법, 즉 생식기에서 발에 이르기까지 인간을 그 모든 측면에서 소중히 여겼던 수사법을 완전히 떠내려 보낸 것은 아니다. 〈순례자들의 성모 마리아〉는 신학적으로나 예전적으로 심각한 의미를 갖는 노골적인 선언이었다. 종교 개혁 이후 시대 로마에서는 최초로, 마리아가 따뜻하고 육체적이며······ 환대하는, 대단히 모호한 인물로 그려졌다. 반면 가난한 사람들은 지나치게 공손한 엘리트들의 눈 바로 앞에 불쑥 내밀어졌다.[66] 그 당대에 많은 작가들이 그렸던 천박한 작품들과는 달리 카라바조의 〈순례자들의 성모 마리아〉는 통상의 종교적 수사법을 제거한 일상의 삶에서 나오는 장면들과 초월적 메시지들을 보여준다.[67]

고유한 언어로 표현하는 것vernacularism이 트리엔트 공의회 이후의 예전post-Tridentine Mass의 언어 안으로 아직 들어오지는 못했지만, 예전 수행을 형성해가던 의례적 공간들을 재형성했음에는 틀림이 없다. 랭던이 관찰한 바에 따르면, 성스러운 이미지들, 특히 예전과 연관된 이미지들은 최소한 이론적으로는 교회의 예술과 건축에 관한 반종교 개혁 조약들에 규정된 엄격한 기준과 신학적 타당성을 준수해야만 했다. 그러나 카라바조의 "혹독한 고유어harsh vernacular" 안에서는, 그 실제 모델이 창녀인 성자들을 만날 수 있을 뿐만 아니라, "미술 분야에서는 충격적인 새로운 방식으로" 비천하고 더럽고 가난한 사람들을 만나게 된다. 카라바조는 "엘리트 계층 앞에 가난한 사람들의 세상을 밀어내 보이면서, 또한 거칠어 보이고 고유하면서도 모든 사람들이 이해할 수 있는 언어를 사용하면서, 비천함이 주는 충격을 빚어내고 있다." 이런 유의 고유한 언어로 표현하는 것은 전복적이고 비유적이면서도 "심오하게 가톨릭적이다".[68] 마침내, 피터 롭Peter Robb, 1950~이 지적하듯이, 카라바조의 주요 제단 장식화 중 하나인 〈성 마태의 순교Martyrdom of St. Matthew〉는, 살인에 의해 방해를 받는interrupted 미사까지 보여주고 있다! 성소에서의 신성모독이라니! 그의 악명 높은 또 다른 작품인 〈자비의 일곱 가지 행동Seven Works of Mercy〉에서는, 경건한 행동들을 "거리의 생활처럼, 그리고 연극처럼" 묘사하고 있다. 이상화된 덕목들을 보여주는 대신에 그것은 "일상생활에서의 자비와 연민과 슬픔, 또한 감사가 없는 자비, 기본적인 필요를 충족시켜 주는 자비, 그리고 사업으로서의 자비"를 묘사하고 있다. 여기서 우리는 "턱수염을 기른 굶주린 늙은 죄수"가 자기 딸의 젖을 빨고 있고, 그 딸인 젊은 여자는 "자신의 윗옷을 할 수 있는 한 최대로" 추켜올린 채, "한마디 하고 싶은 놈 있으면 나와봐!"라고 말하는 듯 주변을 둘러보는 모습을 볼 수 있다. 그 딸의 젖 몇 방울이 늙은 죄수의 수염 위로 떨어져 흘러내리고 있다. "일상생활에서 매일 일어나는 듯이"[69] 말이다. 이 모든 장면들이 예전 수행의 틀을 형성하고 해석하기 위해 마련된 제단 장식 바로 그 안에 들어 있었던 것이다!

랭던의 분석에 따르면, 카라바조가 그의 작품 〈자비의 일곱 가지 행동〉에서 사용한 "혹독한 고유어"는 의도적으로 "부유한 자의 세상"을 배제하고, 〈마태복음〉 25장 31절에서 46절에 나오는 최후의 심판 장면으로 직접 돌아간 것처럼 보인다. 이 그림은 많은 인간들이 그 조건하에서 자신들의 구원을 위해 노력해야만 하는 어두운 상황들을 보여준다. 그의 제단 장식화에서 카라바조는 《성서》의 선례와 성인들의 삶뿐만 아니라, 그에게 작품을 의뢰한 교회가 소재해 있었던 중심 도시 나폴리의 소용돌이치는 삶들을 가리키는 암시들의 거미줄을 그려놓았다. 그는 "광기 어린 행위들의 소용돌이", "극단적인 빈곤과 사치 사이의 끔찍한 대비들"을 보여주면서, "당시의 장면에 보편적인 의미를" 부여하고 있다. 카라바조의 예전에 대한 비전, 미사가 거행되는 장면에 어떤 것들이 속해 있는지에 대한 그의 이해는 도발적이며 비유적이다. 카라바조의 작품인 〈엠마오에서의 만찬 Supper at Emmaus〉에서 그리스도가 "일상적으로 돌아가는 세상에 살던 당시의 인물"로 묘사된 것처럼, 신성과 인성이 "나폴리의 거리"에서 만나고 있다. 트리엔트 공의회가 예전적 말하기 speech에 자국어 사용을 금지했다면, 카라바조와 같은 화가들은 보통 사람들의 언어를 예전적 공간 space으로 가져오는 방법을 발견했던 것이다. 하나님의 말씀을 다시 그려냄으로써, 그리고 그 말씀이 지닌 비유적 힘을 회복함으로써, 그는 "세련된 엘리트들 …… 앞에 가난한 사람들의 종교를 들이밀게 해주고 …… 가난한 이들의 거칠고 고유한 표현 양식들을 높이 평가하게 해주며 ……" 엘리트들에게 도전할 수 있게 해주는 예배 공간을 창출해냈다.[70]

요컨대 예전의 언어를 "고유어화 veracularising"하려는 현대적 과정은 제2차 바티칸 공의회에서는 물론 그 이후에도 시작되지 못했다. 비록 그 당시 의식들이 개혁되었고, 세계 도처의 모국어들이 로마 가톨릭교회의 미사에서 사용되기 시작하기는 했지만 말이다. 그 현대적 과정은 그것이 예전적 텍스트와 의식들 안에 나타나기 훨씬 전에 이미 시각 예술 속에서 시작되고 있었다. 르네상스 시기의 화가들이 온전한 인성에 초점을 맞춘 것, 카라바조가 그린 더러운 발과 나폴리 거리의 생활에 나타난 "혹독한 고유어" 등이 그 예다.

몸과 역사

카라바조의 고유어 사용하기는 그리스도의 몸과 우리의 몸 모두를 나폴리의 "비천한 거리"와 서로에게 해가 되지 않는 방식으로 연결시킴으로써, 또한 그리스도의 몸과 우리의 몸을 신성과 인성이 만나는 meet 장소인 예전적 공간과 서로에게 해가 되지 않는 방식으로 연결시킴으로써, 그리스도의 몸과 우리의 몸으로 하여금 역사 속에 닻을 내리게 했다. 또한 그의 고유어로 표현하는 방식은 그리스도의 몸, 혹은 우리의 몸을 기화氣化, etherealize 시키거나 "영화靈化, spiritualize" 시키는 어떠한 시도도 거부했고, 그래서 엠마오의 저녁 식탁을 묘사한 그의 그림에서 묘사된 그리스도는 "평범한 모습으로 이 세상을 살아가는 당시의 보통 사람"이었다.[71] 이런 면에서 카라바조는 중요한 신학적 원칙을 고수하고 있었던 것이다. 즉 우리의 몸도, 그리스도의 몸도, 역사와의 연결을 놓쳐서는 안 된다는 것이다. 부활하신 예수의 몸은 못 자국을 그대로 가지고 있는데, 이는 그리스도의 영광 받으신 인성이란, 십자가 위에서 죽음을 겪으시고 "우리와 많은 사람들을 위해" 피를 부어주신 그 몸으로부터 분리될 수 없는 것이라는 분명하고 명백한 표징이라는 것이다. 제이비어 존 서버트Xavier John Seubert는 이렇게 쓰고 있다. 성육신의 신비는 역사와 인간이 영원히 하나님의 신성에 속한다는 것을 의미한다. "예수는 하나님의 본질이신 관계relationship를 통해 하나님이시다. 이는 최종적으로 인간의 역사와 함께하신 그분의 몸 됨 안에서 영원히 일어나고 있다. 우리는 역사로부터 탈출하거나 벗어남으로써가 아니라, 우리의 역사 안에서, 우리의 모든 몸 됨으로, 우리의 삶과 그 관계를 연결시킴으로써 구원을 받는 것이다."[72]

그럼에도 불구하고 그리스도교는 인간의 몸 됨의 중요성과, 구원을 받아야 하는 몸의 운명의 중요성을, 종종 최소화해온 그런 전통, 즉 신학, 예전,

영성 전통의 상속자다. 예를 들면, 그 전통에서는 아퀴나스의 "인간이란 무엇인가라는 개념이 영혼의 세계 속에 존재하는 몸이라는 관점에서 이해되어야만 한다고, 그 역逆은 아니라고" 말해왔다.[73] 실제로 중세의 다른 사상가들과 함께 토마스는 인간의 몸을, 어쨌든 현재의 조건 속에서는 본질적으로 "결함이 있는" 것으로 보았는데, 우리의 미래는 썩게 될 나약한 육체가 아니라 "썩지 않을 부활한 몸"이기 때문이다.[74]

패트릭 퀸Patrick Quinn은 아퀴나스의 몸에 대한 견해가 두 가지 관심사에 의해 형성되었다고 말한다. 첫째는 인간을 위한 궁극적 "모델"이 "영적으로 통합되어 있어서 몸 자체가 질료의 한계를 초월하는" 그런 인격이라는 관심사이고, 둘째는 인간의 진정한 몸 됨이 썩지 않을 몸 안에서 찾아져야만 한다는 관심사였다. 이 두 가지 관심사는 아퀴나스의 인간학의 두 가지 주요 목표와 부합했다. 그는 우리의 지성이 부활한 상태에서도 자유롭게 작용할 수 있도록 보증할 수 있기를 원했다. 아퀴나스는 인간 지성이 그 무엇에도 속박되지 않을 자유와, 그 지성이 아무런 제한을 받지 않고 계속 탐구할 수 있는 무한한 잠재력을 유지하고 싶어 했기 때문에, 질료matter보다는 정신mind을 우선시하는 경향이 있었다. 아퀴나스의 두 번째 목표는 인간 몸의 궁극적인 정체성을, 물질주의적 원리보다는 영적인 원리에 기초하는 것이었다. 이 점은 부활한 이후의 몸, 즉 그리스도의 몸과 우리의 몸이 감당할 역할에 대한 그의 논의에 분명히 나타나 있다. 퀸에 따르자면, 아퀴나스는 한편으로는 부활한 개인들이 육체를 입지 않는 것은 아니라고, 그리고 "몸으로부터의 분리"란 "영혼이 온 힘을 다해 하나님의 본질God's essence에 대한 비전으로 향해 가는 것을" 막는 일이라고 확언하고 있다. 요컨대, 몸이 존재할 때에만 하나님의 본성God's nature에 관한 우리의 지식이 "모든 면에서 완벽하다. 즉 완전하다"는 것이다. 그러나 다른 한 편으로 아퀴나스는 "인간의 욕망이 하나님의 본질에 관한 비전으로 충족되고 나면", 몸은 어떤 역할을 할 수 있을까에 대해 당혹스러워 한 듯 보인다.[75] 만일 영혼이 하나님의 진정한 본질을 알게 된다면, 우리가 일단 부활의 운명을 성취하고 난 후에, 인간의 몸은 인간의 행복에 무엇을 더 보태줄 수 있다는 말인가?

아퀴나스가 "영광 안에서 인간의 몸이 차지할 자리를 만들지" 못했기 때문에, 카를 라너와 같은 근대의 신학자들은 "영혼을 몸으로부터 분리하는" 언어가 죽음 이후의 우리의 상태를 묘사하기에는 부적절하다고 결론짓게 된 것이다.[76] 퀸이 지적하듯이 아퀴나스의 인간학은 그 철학적 뿌리들을 다음과 같이 제시한다.

> 그의 저작에 종종 나타나는 신플라톤주의의 혼합 속에서 구분이 가능한, 플라톤 철학과 아리스토텔레스 철학이 끼친 영향들에 그 뿌리를 두고 있다. 우리가 이 사실을 궁극적인 몸의 부활에 대한 그의 그리스도교적 믿음과, 인간의 행복은 하나님의 본질에 대한 직접적인 비전을 통해 달성 가능하다는 그의 확신을 함께 고려해볼 때, 인간의 몸 됨에 관한 그의 이론 속에서 모호성과 불일치가 어떻게 발생했는지를 이해하는 일은 그리 어렵지 않을 것이다.[77]

그러한 한계성 때문에 라너 같은 사상가들은 죽음을 저 세상의otherworldly 상태로 사라지는 것이기보다는 세상과의 새로운 관계 속으로 들어가는 것으로 보는 쪽을 선호했다. 라너는 이렇게 쓰고 있다. "죽음은 총체적 존재요, 영적인 인격인 인간에게 나타나는 그 무엇이다. 또한, 인간 개인의 자유로운 성장의 결정적이며 최종적인 단계다. …… 식물과 동물들은 '소멸하는' 반면 인간만이 죽는다."[78] 죽음은 영혼을 풀어놓아 우주 속에서 그 어떤 것과도 연결되지 않은 채 목적도 없이 방랑하게 만드는 것이 아니다. 우리는 죽음 속에서조차도 물질과 본질적으로 연결되어 있다.

영적 영혼은 죽음을 맞이하기 전에도 그 몸 됨을 통해 스스로를 세상을 향해 개방했다. …… 그것은 닫혀 있고, 창문마저 없는 단자monad가 아니다. 그것은 항상 온 세상과 교제하고 있다. 이런 …… 관계는 영혼이 죽음으로 인해 몸의 모양을 포기함으로써, 그리고 스스로를 모든 것을 향해 개방함으로써, 온 세상의 조성에 기여하는 원인이 되고, 심지어 심신을 지닌 다른 존재들의 개인적인 삶의 기반으로서의 세상을 조성하는 데 기여하는 원인이 된다. …… 피조물 전체, 곧 세상은 그 "몸"이 어떤 의미에서는 세상인, 성육신된 영적인 사람들을 통해, 그리고 그들 안에서, 그 최종 단계를 향해 점점 성장해가고 있다.[79]

달리 말하자면 일상생활에서조차 우리의 몸은 결코 우리의 내장 기관, 육체적 기능, 체액, 그리고 실패의 총합만은 아니다. 우리의 몸은 다른 사람, 공간, 시간, 사건, 그리고 세상의 진화하는 물질적 구조들과 맺은 체현된 관계들의 역사다. 그 관계가 바뀌기는 하지만, 죽음 이후에도 계속되어, 그리스도교 신앙에 따르자면 우리가 "죽은 자들의 부활과 앞으로 올 세상에서의 생명을" 함께 나눌 때 그 절정에 달한다. 이것이 그리스도인들이 그가 부활할 것이라는 징표로서, 죽은 자의 주검을 세례를 상징하는 것들인 성수, 하얀 포, 혹은 옷들로 둘러쌈으로써, 죽음에 대해 의례적으로 그리고 예전적으로 반응하는 한 가지 이유다. 또한 이것이 장례식에서의 성찬 기도가 "신앙인들에게 삶이란 끝나는 것이 아니고 변화되는 것이다"라는 서문의 확증으로 시작하는 이유다. 영광 속에서 몸과 세상의 관계까지도 새롭게 된다. 라너가 쓰고 있듯이 은혜는 "영혼만의 영역으로" 결코 사라지지 않기 때문이다. 그리스도 안에서 구원 자체가 몸에 나타나게 되고, 따라서 우리의 개인적인 운명은 "은혜에 사로잡힌" 몸이며, 또한 "그리스도의 몸 된 현존 속에서 육체적으로 축복을 받는 인간 전체"와 우리의 연합을 표현해준다.[80]

변모된 몸, 변모된 세상

그리스도교 인간학에 관한 우리의 연구는 인간의 몸이 그 기원과 운명, 그 통제와 재생, 그리고 그 성적 정치적 의미에 있어서 오늘날의 그리스도인들에게 왜 그렇게도 피뢰침lightning rod인가에 관한 이유들을 알아보았다. 우리가 살펴보았듯이, 현대의 학자들은 그리스도교 전통에서 몸이 갖는 의미들에 대한 놀라울 정도로 많은 주장들에 대해 합의에 도달했다. 예를 들면 그들은 인간이란, 몸을 가진 존재가 아니라 그 자신이 몸인 존재라는 사실에 합의했다. 또한 몸은 객체object, 즉 기계, 도구, "껍질" 혹은 감옥이 아니라 주체subject라는 사실에도 합의했다. 심오한 의미에서 캐럴라인 워커 바이넘의 저작에서 볼 수 있듯이, 몸은 자아다. 따라서 주체성에 관한 서구의 발견은 몸 안에서 그리고 몸으로 이루어진 발견이다. 요컨대, 몸은 하나님, 세상, 그리고 타자들과 관계를 맺고 있는 총체적 인간whole human person이다. 몸은 하나님과 인간들이 만나게 되는 최상의 장소인 동시에 특권을 부여받은 장소다. 인간의 몸 됨에 대한 태도는 자연과학, 즉 생물학, 화학, 생화학, 그리고 의학 등의 학문 분야에서조차도 변화되었다. 오늘날 마크 존슨Mark L. Johnson, 1949- 같은 철학자는 대부분의 연구자들이 다음과 같은 사실을 인식하고 있다고 지적한다. 즉, "의미와 합리성에 관한 적절한 설명은, 반드시 우리의 세상을 인식하는, 체현되고 창의적인 이해의 구조들에 대해 중점을 두어야 한다"는 것이다.[81] 이성은 결국 순수하게 추상적인 것도, 그리고 초월적인 것도 아니다. 인간의 이해는 육화된 것이고, 따라서 현대 과학의 임무는 "정신 속에 몸을 되찾아 넣는 일"이다.

신학은 역사의 의미와 목표가 영광을 입은 몸들의 변모된 세상에서만 성취될 수 있다고 주장함으로써, 그러한 숙고가 결정적인 한 걸음이라고 여겼다. 한마디로 세상의 미래는 카를 라너가 승천에 관한 설교에서 한 번 언급했듯이, 몸이다. "승천은 미래 세상의 축제다. …… 주께서 영원히 다시 사셨기 때문이다. 우리 그리스도인들은 …… 이 일이 영원토록 지속될 것이며, 영원토록 영광을 받으실 것이라고 믿는다. …… 하나님께서는 그것을 자기 자신의 몸이라고 여기신다. 너희는 성모의 자궁을 업신여기지 않았다. 너희는 질료의 축복받은 영원성을 업신여기지 않았다Non horruisti virginis uterum. Non horruisti materiae beatam aeternitatem."[82]

따라서 우리가 보아왔듯이, 부활에 관한 그리스도교의 가르침은 "불멸의 영혼"에 중점을 두는 것이 아니라, 인간의 실존, 인격, 그리고 관계성을 영원히 체현하는 인간의 몸에 중점을 두는 것이다. 부활은 그리스도론을 위한 배타적 영역이 아닐 뿐만 아니라, "자신들의 육체를 통해 신자들로 하여금 관계를 맺게 해주고, 또한 그 육체를 변화시키시는 그리스도를 함께 따를 수 있게 해준다"고 확증해준다.[83] 그리스도인들은 마음, 영혼, 그리고 정신의 회심만을 주장하는 것이 아니라, 몸의 최종적인 변형 가능성transformability 또한 주장한다. 이것이 그리스도교의 가르침이 "몸에게 박탈할 수 없는 본래적 성격qualities을 부여한" 이유다. "이제 몸은 더 이상 자연 세계에 불현듯 나타난 가치 중립적인 불확실한 존재가 아니고, 또한 도시 안에서의 신분이나 그 유용성에 의해서만 살아갈 권리와 쓰임이 결정되는 그런 존재도 아니다."[84]

이 모든 것이 예배 신학에 직접적인 영향을 끼쳤다. 성찬의 거행을 예로 들어보자. 축성된 빵과 포도주의 형태로 그리스도인들에게 주어지는 그리스도의 몸은 사물이 아니라 사람이다. 성찬 속에서의 그리스도는 찬양받으실 대상으로가 아니라 만나야만 하는 실제 사람, 체현된 주체로 임재하신다. 토마스 아퀴나스는 이 점을 잘 이해하고 있었고, 그렇기 때문에 성찬 거행의 궁극적 목적은 경배할 대상을 만들어내는 것이 아니라 교회이신 그리스도의 연합된 몸을 창출해내는 것이라고 주장했다.[85] 따라서 로마 가톨릭의 성찬 전통은 그리스도론적인 것이 교회론적인 것과 분리될 수 없다고 주장한다. 그리스도의 몸은 식탁 위에on 계실 뿐만 아니라, 식탁에at 함께하신다. 우리는 은혜, 신앙, 그리고 입교의 성사를 통해, 성령으로 충만한 신자들의 몸에 참여할 때, 그리스도의 몸과 하나가 된다. 〈신약성서〉에서 보여주듯이, 부활 신앙을 가능케 했고possible, 또한 진실로 보이도록plausible 만들어주었던 것은, 성령 안에서 그리스도가 계속 임재하시며 활동하신다는 사실에 대한 초대 교회의 체험적 경험이었다. 부활 이후에 관한 기록들은 예수의 몸에 일어난 일을 묘사한 것이 아니라 제자들에게 일어난 일들, 곧 그들이 어떻게 해서 "믿게 되었는가"를 묘사한 것들이다. 부활절은 "예수께서 부활하셨다"라고 말할 뿐만 아니라, 성령의 힘을 통해 그리스도의 몸이 사람이 되셨다고 말하고 있다. 이 점이 내포하는 함의는 엄청난 것이다. 매리 콜린스Mary Collins가 주장했듯이, 그것은 "그리스도의 몸이라는 상징에 대한 익숙한 어법을, 부활 신앙, 성령이 충만한 교회, 그리고 성찬 예전과 연결된 어법으로 다시 생각해야 한다"는 것을 뜻한다.[86]

부활절에 대해 생각할 때면, 우리는 대개 그리스도론적 관점에서 생각하곤 한다. 예수 그리스도에게 어떤 일이 일어났는가? 그 일이 우리에게 어떤 영향을 주고 있는가? 그러나 이에 못지않게 부활절에 관해 교회론적으로 접근하는 것 또한 그리스도교 신앙에 있어서 필수적이다. 그것이《성서》에 나오는 부활 이후에 관한 기록들이 빈 무덤과 제자들의 회심에 대해서 뿐만 아니라, "교회의 설립"에 대해 말하는 이유다. 곧 부활의 메시지를 믿은 자들이 공동체로서 어떻게 연합하기 시작했는가, 이것이 〈사도행전〉 전체의 플롯이다. 부활절, 종말론, 그리고 성찬의 신비들은 교회론적 신비로 이해되고 있다. 이것들을 통해 그리스도의 몸은 개별성의 상징일 뿐만 아니라 포괄성의 상징이 된다. 즉, 모든 인간은 우리와 함께하시는 하나님의 종말론적 잔치에 초청을 받는다. 따라서 부활절, 종말론, 그리고 성찬은 그리스도의 인성과 운명뿐만 아니라 인류와 지구의 운명에 대해서도 다루고 있다. 이러한 이유로 인해 그리스도인들은 그 초기부터, 교회론적이고 성례전적인 충만함으로 이해된 그리스도의 몸 안에서, "모든 인간을 완전히 포함하기 위한 토대와 완전한 인간들의 통합을 위한 원형을 발견해왔던 것이다".[87]

요컨대, 우리는 "예수 그리스도 안에서 육신이 되신 말씀의 구원 사역", 부활의 신비를 포함하는 구원 사역을, 전 지구적인global 관점에서 보아야 한다. 그리스도 안에서 이루신 하나님의 사역은, 그리스도인들에게만 결정적인 것일 뿐만 아니라, "보다 광범위한 사역으로서의 성례전, 즉 인간의 종교 역사 전체를 포함하는 하나님의 영원한 말씀의 사역"으로 볼 수 있다.[88] 클로드 제프레Claude Geffré는 다음과 같이 관찰하고 있다.

> 역사를 매개로 나타난 하나님의 성육신이라는 바로 그 법 자체가 우리로 하여금, 예수가 하나님의 현현의 역사를 끝낸 것이 아니라고 생각하도록 이끈다. …… 교부敎父들의 전통적인 관점에 따르면 …… 성육하신 아들의 섭리를 보다 광범위한 섭리의 성례전으로, 말하자면 인류의 종교 역사와 동시에 일어나는 하나님의 영원한 말씀의 성례전으로 볼 수 있을 것이다.[89]

이것은 역설적으로 우리 그리스도인들의 믿음이 갖는 궁극적 의미란, 다른 신앙 전통들과의 지속적인 대화와 교제를 통해서만 발견할 수 있다는 뜻이다. 토마스 아퀴나스가 알았듯이, 성례전과 성사성sacramentality의 범위는 그리스도교에만 한정될 수 없는 것이다. 그것은 하나님이 세상과 상호 작용하시는 그 본질에 속하는 것이다.⁹⁰ 그 결과 오늘날 우리는 성례전을 계속해서 그 국면이 점점 확장되어 가는 범주로 보아야만 할 것이다. 인류 역사를 통해 내내 그래 왔듯이 말이다. 하나님은 이스라엘의 종교와 그리스도 안에서 세상과 성례전적인 소통을 하실 뿐만 아니라, "다른 종교적 전통에 속한 구성원들"이 살아가는 세상과도 성례전적으로 계속 소통하신다. 그렇게 하심으로써 그들의 전통이 갖는 "구원을 가져오는 가치"를 그들과 우리들 모두에게 드러내신다.⁹¹

성례전의 이런 포괄적인 특성에 대해 로마 가톨릭 신자들도 그렇게 놀라지는 않을 것이다. 1999년에 발표된 문서인 〈문화에 대한 사목적 접근에 대하여Toward a Pastoral Approach to Culture〉에서 교황청의 문화 위원회는 교황 요한 바오로 2세를 인용하면서 다음과 같이 주장했다.

> 모든 문화는 "세상의 신비, 특히 인간의 신비에 관해 숙고해보려는 노력이다. 또한, 그것은 인간 삶의 초월적인 차원을 설명하고자 하는 한 방식이다. 모든 문화의 심장부에는 가장 큰 신비, 즉 하나님의 신비에 접근해보려는 노력이 담겨 있다". 따라서 문화에 대한 사목적 접근의 결정적인 도전은, "문화가 되지 못하는 신앙은 완전히 수용되지 못한 신앙이고, 또한 완전히 성찰되지 못한 신앙이며, 나아가 충실하게 살아내지 못한 신앙이다"라는 것이다.⁹²

이번 장의 앞부분에서 살펴보았듯이 문화란 인간 사회의 조건이다. 그것은 우리의 몸 됨의 일차적 조건이다. 우리의 몸은 단순한 고기 덩어리, 알들, 씨앗들이 아니고, 문화와의 연결이다. 제2차 바티칸 공의회는 우리에게 다음과 같은 사실을 상기시켜 주었다. 우리는 우리의 "바로 그 육체적 조건" 속에 물질적 세계의 요소들을 개괄해 담고 있다.

이 요소들은 인간을 통해 최고의 완성에 이르게 되며, 창조주를 목소리 높여 찬양할 수 있게 된다. 이 점 때문에 인간들은 그들의 육체적인 삶에 대해 절망하지 않을 수 있다. 오히려 인간들은 그들의 몸을 좋은 것으로 여기게 되며, 그 몸을 높여야 한다. 왜냐하면, 하나님이 그들 모두를 창조하셨으며, 마지막 날 그들을 높여주실 것이기 때문이다. 그럼에도 불구하고 인간들은 죄에 의해 상처를 입어왔다. 그들은 그들의 몸이 반항을 한다는 것을 경험으로 알고 있다. 따라서 인간의 존엄성은 사람들로 하여금, 그들의 몸을 통해 하나님을 영화롭게 해야 하고, 그들의 몸이 그들의 마음이 가진 악한 성향에 봉사하도록 허락해서는 안 된다고 요구한다〈사목 헌장〉 14항.

경쟁의 자리로서의 몸

이러한 긍정적 평가에도 불구하고, 몸에 관해 핵심 쟁점이 되는 이슈들이 계속 주목을 받고 있다. 낙태에서 동성애와 동성 결혼에 이르기까지, 또한 안락사, 사형 제도, 줄기세포에 관한 논쟁에 이르기까지 말이다. 오늘날 몸은 경쟁의 자리, 그리고 정치의 자리가 되었다. 그리스도교 역사를 돌이켜 보아도 이러한 논쟁이 새로울 것이 없다. 웨인 미크스Wayne A. Meeks가 그의 위대한 연구인 《그리스도교 도덕성의 기원The Origins of Christian Morality》에서 썼듯이, 그리스도인들은 처음부터 몸을 "표징이며 문제sign and problem"로 여겨왔다.⁹³ 예배에서의 몸에 관한 갈등들은 이미 바울의 시대 고린도 교회 공동체를 어지럽히고 있었고, 따라서 21세기의 예전 전쟁들은 분명코 주목할 만한 선례를 가지고 있는 셈이다. 본 장에서 계속해 논의해 왔듯이, 의례의 논리는 곧 몸의 논리다. 그것은 "몸의 육체적 움직임 속에서 구현되는 것이며, 또한 의식consciousness과 정밀한 표현articulation이 포착할 수 있는 한계 저 너머에 거하는 것이다".⁹⁴ 그것이 의례적 행위, 즉 예전, 예배에 관한 논쟁이 이성과 인식의 적용을 통해, 혹은 권위에 호소함으로써 해결될 수 없는 이유다. 제2차 바티칸 공의회에 모인 주교들이 "완전하고 의식적이며 능동적인 full conscious active 참여"를 요구했을 때〈전례 헌장〉 14항, 그들은 예전이란 그 정의 definition 자체가 "의식과 정밀한 표현이 포착할 수 있는 한계 저 너머에 거하는 것"이라는 사실을 인식하고 있었다. 그들은 의도적으로 "내면성interiority"과 자아의 자율성을 고립시키는 것에만 기반을 둔 축소 지향적인 참여 모델들을 거부했던 것이다. 그 대신에 그들은 말하기와 노래하기, 행위와 대화, 환호와 응답, 몸짓과 동작을 통해 예전의 말과 몸짓verba et gesta에 몸으로 참여하는 것에 기반을 둔, 그런 유의 참여를 제안했다.

첫 두 문장 안에서 두 번이나 "모든 사람의 완전하고 능동적인 참여totius populi plena et actuosa participatio"를 요구함으로써 〈전례 헌장〉 14항은 의도적으로 예전적 행위에 있어서 개인적이고 집단적인 몸의 역할에 주목하도록 우리를 이끈다. 공의회는 그 개혁의 중심으로서의 예배의 회복을, 전체 회중에 의해 체현된 행동으로 만들었다. 나아가 말씀과 성찬이라는 예전의 쌍둥이 테이블liturgy's twin tables⁹⁵의 연합을 주장함으로써, 공의회는 지성과 내면성뿐만 아니라, 몸 자체의 기도를 요구하는 참여로 초청했던 그들의 주장을 강화시켰다. 말씀과 성례전은 예배의 행위 안에서 뗄 수 없이 연합되어 있음으로, 모든 공중 기도는 필연적으로 말로 표현되어야 하며, 삼위일체적이어야 한다. 이는 우리의 몸 그 자체가 기도의 말씀 속에 새겨 넣어져야 하며, 성령을 통해 아버지께로 돌아가야 한다는 것을 뜻한다.[96] 우리 예배하는 자들이 그리스도의 지체인 한 우리의 기도는 몸의 기도이며, 따라서 우리의 기도는 회중, 에클레시아ecclesia, 그리스도의 몸을 당연한 것으로 받아들인다.[97]

몸의 폴리포니

본 장에서 주장했듯이 인간의 몸은 본래 폴리포니, 즉 다성적이다. 그것은 예전과 의례가 그러하듯 동시에 여러 언어를 사용한다. 제2차 바티칸 공의회가 능동적 참여를 묘사함에 있어 역동적이고 집단적인 이미지들을 선호했던 것은 현대의 성서 연구와 인간학이 도달한 많은 결론들과 잘 공명한다. 몸은 메타포의 가장 풍부한 근원일 뿐 아니라, 또한 우리가 보아 왔듯이, 최종적이고 집단적인 인간의 운명을 가리키는 기호들의 복잡한 앙상블이기도 하다.[98] 이러한 운명은 개인화된 실체로서가 아니라 다양한 성격을 띤 관계들의 총체로서의 인간이라는 유대적 개념 속에 이미 내재되어 있다.[99] 바로 그 이유 때문에 그리스도와 그리스도인들이 함께 나눈 부활의 운명은 우리가 보아 왔듯이, 불멸의 영혼에 초점을 맞추는 것이 아니다. 그 운명은 몸이란 개인적이며 동시에 사회적인 총체적 인간whole person이라는 사실을 전제한다. 따라서 부활절의 목표는 육체를 배제한 비非물질성이 아니라, 실존, 인격, 그리고 관계성을 포괄하는 영화로운 몸 됨이다.[100] N. T. 라이트Nicholas Thomas Wright, 1948~의 최근 연구에서 나타나듯이, 현재의 몸과 미래에 부활할 몸 사이의 계속성은, 바울과 같은 교사들이 제시한 현재의 윤리적 명령들에 무게를 실어줄 뿐 아니라, 또한 그리스도인들이 현재 그들의 몸을 가지고 하는 일이 종말론적으로 중요하다"는 사실을 확증해준다.[101]

특별히 그리스도교적인 인간학의 기원과 진화에 대해 본 장의 앞부분에서 언급했듯이, 신자들은 몸을 이 세상에서의 인간 삶에 대한 특권을 부여받은 해석자라고, 그리고 사회 구조와 개인 사이의 관계 모두의 열쇠라고 이해하게 되었다. 그러나 바울과 같은 교사들은 우리의 몸 됨을, 십자가에 못 박히시고 다시 사신 예수의 몸과 연관 지어 재해석함으로써 여기서 한 걸음 더 나아갔다. 그리하여 바울은 친숙한 사회적 메타포들, "몸"으로서의 공동의 행복common weal을, 매우 특별한 방식으로 비틀면서 자유롭게 사용하게 되었다. 미크스는 바울의 시대에 유행하던 도덕적 철학이 보수적인 목적들, 즉 로마 제국의 권위와 지위를 고스란히 유지하기 위한 목적을 위해, 몸에 관한 사회 정치적 메타포, "몸 정치학"을 사용했을 것이라고 지적하고 있다. 그런데 바울은 "몸"을 "여전히 메타포적이고 …… 여전히 정치적이며 …… 여전히 보수적인" 방식으로 사용하면서도, 이것을 억압적인 정권에 결부시킨 것이 아니라, 제의 공동체의 내적 질서에 결부시켰다. 이 공동체 안에서는 지도자 역할이 성령에 의한 '은사들'로 여겨지며, 따라서 보통의 경우 그 사회에서 머리와 눈에 해당하는 지위에 속하지 않는 사람들에게도 그 은사들이 주어지는, 그런 제의 공동체의 내적 질서와 연결시키고 있다. 요컨대 바울은 몸을 하나님이 주관하시는 새로운 사회 질서의 풍요로운 표징으로 보고 있다. 이 사회 제도는 그 시민들이나 교회 구성원들의 통상적인 기대를 전복시킬 수도 있고, 종종 전복시키는 그런 제도다. 바울은 그리스도교 회중 안에서 제국의 질서와는 본질적으로 일치하지 않는 "질서"를 창조하시는 성령의 역사를 인식하고 있다. 이 질서는 도저히 그럴 수 없을 것 같은 사람들, 예를 들어 바울 같은 사람들을, 전혀 기대하지 않았던 지도자의 위치로 올려줄 수도 있는 질서다. 비록 그 공동체 안에서 성령에 의해 부여된 새로운 재능들로 인해 생겨난 새로운 지위를 차지하기 위한 경쟁은 반대하지만, 대체로 바울은 예전 공동체의 이러한 카리스마 있는 관리 방식charismatic governance을 인정한다.¹⁰²

바울의 목회신학은 "예수 몸의 못 박히심과 부활하심"을 일종의 전염contagion으로, 또한 "보통의 정치적인 메타포를 감염시키는infecting" 재해석된 "주主, master 메타포"로 인식하고 있다.¹⁰³ 웨인 미크스에 따르면, 바로 이 주 메타포의 결과는 다음과 같다.

〈고린도전서〉 12장에서, 한 몸의 각 "지체들"이 수행해야 하는 의무인 서로를 돌보아주는 형태form 속에 내포되어 있다. 그러나 다른 경우, 예를 들어 〈빌립보서〉 2장에서 바울이 그리스도 찬가를 사용했던 경우와, …… 또한 바울이 공동체 안에서 유력하고 유식한 자들이 "약하다"고 여겨지던 사람들에 대해 가져야 하는 의무를 논한 경우〈고린도전서〉 8~10장, 〈로마서〉 14~15장에, 이 점이 명백하게 드러나 있다.¹⁰⁴

이제 바울의 손에서 사회 정치적 상식들인 공공의 행복에 관한 보수적 메타포로서의 몸은, 새롭고도 도전적인 목적으로 전환되어간다. 로마 제국 내의 파워 엘리트에게 몸의 메타포는 강압, 즉 다른 사람들을 강제하는 힘, 그리고 절대 국가의 의지를 실행하는 힘을 뜻한다. 몸은 종속subjugation의 장소이거나, 혹은 소수 특권층을 위한 통치권sovereignty의 장이었다. 이와는 대조적으로 바울의 "몸"에 관한 주 메타포는 비워냄, 삭제된 권력, 힘없음, 케노시스, 다른 사람들에게 생명을 가져다주는 자기를 내어주는 사랑의 아이콘이 되었다. 바울의 눈으로 보면 예수의 몸, 즉 죽으시고, 다시 살아나시고, 성부의 오른편으로 되돌아가신 예수의 몸은, 몸에 관한 다른 모든 메타포들을 재규정하고, 자기 비하의 힘없음powerlessness을 통해 그것들을 압도하며,

삶 자체를 "살든지 죽든지, 나의 몸으로 말미암아, 그리스도께서 존귀하게 되시는 것〈빌립보서〉 1장 20절"으로 재해석한다.

그러므로 표징들의 복잡한 총체인 몸은 처음부터 교회의 자기 인식에 있어 중심을 이루고 있었으며, 따라서 교회 예배의 중심에 있어 왔다. 그리스도의 신비를 통해 재해석된 인간의 몸은, 그리스도인 개개인들의 자기 인식뿐만 아니라 신앙 공동체 전체의 자기 인식을 위한 중심으로 등장했다.[105] 몸은 그 마지막 운명이 죽으셨다가 다시 사신 그리스도 안에서 이미 드러났기 때문에, 개인의 통합과 사회적 결집을 위한 기초가 되었다. 이 점에 대해서는 바울이 이미 고린도 공동체와의 논쟁에서 밝힌 바 있다. 제롬 네이리 Jerome H. Neyrey의 연구가 밝혀주듯이, 바울은 몸의 메타포를 사용해 하나님의 백성이 지녀야 하는 자격에 대한 신학을 재구성하고 있다.[106] 이스라엘의 정결법은 다른 고대 문화의 그것과 마찬가지로 사회적 경계, 더러는 속하고 더러는 속하지 않는 경계를 형성하는 일에 복무했고, 또한 개인의 몸과 사회적 몸 모두를 보호하고 다스리기 위해 고안된 도덕적 규범을 통해 행위들을 통제하는 일에도 복무했다. 자신의 사역에서 이런 정결법에 도전하심으로써 정결치 못한 자들, 예를 들어 문둥병자들을 의례적으로 만지시고, "죄인들"과 먹고 마심으로써 예수께서는 하나님의 거룩한 백성들의 공동체에 속할 수 있는 자격을 규정함에 있어서 새로운 해석학을 제안하셨다.[107]

그리스도교 예배 회중은 그 기원부터 정결하고 힘 있는 자들의 공동체가 아니라 새로움에 압도당한 회중이었다. 그 회중은 "부활절은 혁신한다, 그것도 철저하게 혁신한다"고 확신하는 몸들의 몸이었다. 또한, 그 회중은 이 혁신이 "이름을 가지고 있다"고 확신했다. 그 이름은 예수 그리스도다. 그분은 그 몸이 죽음을 뚫고 나아가 그 누구도 이전에 살아본 적이 없는 그런 생명으로 다시 태어나시어 마침내 사람이 되셨다. 또한, 그분은 새로운 창조,

새로운 공동체, 완전히 새롭게 주조되어 그 시민들이 마치 아이처럼, 혹은 새로움에 압도당한 노인들처럼 모든 것을 다시 배워야 하는 그런 세상을 향해 내던져진 공동체가 되셨다.[108]

내러티브로서의 몸

의례적 정결함에 관한 예수의 개혁적 접근, 부활절의 철저한 새로움, 그리고 바울의 소속에 관한 새로운 해석학들은 모두 하나님의 자기 드러내심과 자기 주심이 이루어지는, 특권을 부여받은 장으로서의 몸을 가리키고 있다. 몸은 단순히 부활절에 인간을 위해 창조된 새로운 상황의 상징만은 아니다. 그것은 우리가 누구인지, 그리스도의 몸, 즉 교회는 누구인지, 그리고 우리는 장차 어떤 존재가 될 것인지, 또한 부활하신 예수에 의해 체현된 종말론적 승리를 나누는 자들은 누구일지 등에 대해서 우리에게 말해주는 내러티브기도 하다. 그리스도의 영광 받으신 몸, 식탁에서 쪼개어지고, 죽음을 통해 으깨어지셨다가, 성령으로 다시 사신 몸은 그 자체로 새로운 인간의 "이야기story-line"가 된다.

나아가 그리스도인들에게 몸, 즉 그리스도의 몸과 우리들의 몸은 보여주기만 하는 것이 아니라 말도 한다. 따라서 몸은 상징symbol인 동시에 이야기story다. 만약 이것이 성례전에 대한 짧은 정의처럼 들린다면, 그렇다. 몸 자체와 마찬가지로, 성례전은 교환의 장이다. 또한, 성례전은 교섭, 거래, 그리고 우리와 하나님 사이의 인간적인 그 무엇이다. 이러한 교환은 필연적으로 줄거리, 즉 이야기 구조를 갖게 되는데, 성례전들은 우리가 제3장에서 논의했던 그대로의 〈주기도문〉처럼 그 자체로서 복음의 간단한 개요synopsis기 때문이다.[109] 성례전들은 우리와 그리스도의 육체적 삶으로부터 그들의 서사성을 끌어낸다. 왜냐하면, 몸의 복잡한 이야기들은 상징들로 압축되고, 상징들은 관계들을 드러내주는 행동들이기 때문이다.¹¹⁰ 요컨대 모든 성례전은 우리와 하나님 사이의 관계, 곧 부활절이라는 프리즘을 통해서 본 관계가 체현된 역사에 대해 말해준다.

인간의 몸은 의식 자체보다 더 근본적이다. 왜냐하면, 사람은 의식 없이도 몸을 가질 수 있고, 또한 몸일 수 있기 때문이다. 반면 적어도 이생에서는, 몸 없이는 사람이 의식을 가질 수 없다. 장뤼크 마리옹 같은 포스트모던 신학자들이 지적했듯이, 자아에 대한 우리의 경험은 육체의 경험에 뿌리를 두고 있다.¹¹¹ 그리스도교의 의례적 상징들과 성례전에 관한 근본적이고 이 세상적인 근원은, 몸, 다른 몸들과의 관계 속에서의 인간의 몸이다.

이런 주장은 내가 앞에서 교섭과 교환의 장으로서의 몸에 대해 논했던 것과 연관이 된다. 성례전이 물리적으로 만지는 몸짓을 통해 의미를 표현하게 된 것은 우연이 아니다. 왜냐하면, 피부는 우리가 세상, 타자들, 그리고 하나님과 상호 작용할 때 사용하는 근본적인 말하기이기 때문이다. 피부는 그것을 통해 우리가 세상 속에 존재하고, 세상은 우리 안에 존재하게 되는 인간 몸의 조직이다. 피부는 들여보낼 수도 있고 내보낼 수도 있는, 침투성의 모공을 가진 막이다. 마이클 심스Michael Sims, 1948~는 이렇게 쓰고 있다. "피부는 우리가 자급자족하면서 이 세상을 두루 다니는 개별적인 동물이 되는 선line이다."¹¹² 피부는 인간 몸의 가장 큰 조직으로, 세상과의 상호 작용을 위해 없어서는 안 되는 것이다. "피부 외에는 우리 몸의 다른 어떤 부분도 우리가 아닌 무엇과 접촉할 수 없다. …… 또한 피부는 방수성防水性이고, 세탁洗濯 가능하며, 탄력성彈力性도 있다."¹¹³ 그래서 피부는 우리의 육체적 삶을 조직해줄 뿐만 아니라 더 넓게 펼쳐준다. 피부는 "물감, 문신, 그리고 보석 등으로 장식하기에 이상적인 화폭"이다. 또한, 그 몸에 난 여러 구멍들holes마저도 매우 중요하다. 입과 귀는 모두 피부에 난 구멍들이다. 입은 "연료 처리기이며 독약 검사기이며 마이크"다. 귀는 "그 주변에 위성 접시가 설치된 구멍"이다.[114] 피부는 몸의 이야기를 보고 들을 수 있게 만들어준다. 또한, 이에 못지않게 피부는 몸들을 문화들과 연결시켜준다. 우리 각자는 우리의 몸을 어떻게 다루어야 하는지를 종종 고통스러울 정도로 자세히 우리에게 말해주는 문화로부터 왔기 때문이다.[115]

몸은 그 몸 위에 문화와 우리가 맺은 관계의 전 역사를 기록하고 있기 때문에, 또한 하나님, 세상, 자아, 타자들과 우리가 맺은 관계의 전 역사를 기록하고 있기 때문에, 예전과 성례전에 속하는 것이다. 이것이 바로 그리스도교 성찬의 기도들이 종종 구원의 이야기를, 우주론과 창조론의 자연사와 문화사를 담고 있는 내러티브로서 반복하는 이유다. 지구와 인간이 어떻게 존재하게 되었는가에 대해 아주 생생하게 반복함으로써 하나님의 구원의 역사를 찬양하는 고대 갈리아 가톨릭의 성찬 기도 서문contestatio 일부가 그 좋은 예다. 그 내용은 다음과 같다.

태초의 혼란과 혼돈을 극복하셨을 때, 그리고 사물들이 헤엄쳐 다니던 어두움을 극복하셨을 때, 당신은 놀란 원소들에게 경이로운 형상을 주셨습니다. 태양의 불로 붉어진 부드러운 세상, 달의 움직임에 놀란 투박한 땅. 그리고 ⋯⋯ 태양이 공허함 위에서 빛을 발하지 않게 하시려고, 당신의 손은 진흙으로 보다 더 탁월한 모상을 지으셨습니다. 그 안에서 거룩한 불이 되살아났습니다. ⋯⋯ 아버지, 우리는 내적 신비들을 들여다보지 않을지도 모릅니다. 오직 당신께만 당신이 하신 일의 위대함이 알려져 있습니다. 사람 속에 있는 것, 곧 혈관 속에 담겨 있는 피가, 무서워하는 사지와 살아 있는 지구를 씻어줍니다. 몸들의 느슨한 모습들은 조이는 신경들로 함께 묶여 있고, 각각의 뼈들은 그 안에 있는 조

직들로부터 힘을 얻듯이 말입니다.[116]

이와 마찬가지로, 성 바실리우스St. Basilius, 329~379의 성찬 기도anaphora는 하나님께서 문화와 거래transactions하시다가 예언자들을 보내셨고, 종국에는 "아들까지를 보내셨으며, 그 아들을 통해 시대까지 만드신" 역사를 간략하게 이야기해준다.[117]

몸의 내러티브는 따라서 문화적인 것이다. 또한, 이것은 성례전과 예전 속에 체현된 이야기의 형태로 문화화된inculturated 것이다. 그리고 이것은 세상이 그 역사를 기록하는 문화적 장이다. 마이클 심스는 다음과 같이 쓰고 있다.

우리는 매일, 천사가 부러워하는 사치스러운 육체성 속에 뒹굴고 있다. 인간의 몸은 그 감각들을 통해 세상을 인식한다. 그리고 만짐touch 없이는 감각도 없다. 세상은 우리의 몸을 통해 우리를 만진다. 그것들의 분자가 우리의 혀를 애무할 때, 우리는 초콜릿과 샴페인의 맛을 느낄 수 있다. 음파가 우리의 귀에 팀파니를 연주할 때, 우리는 음악을 듣는다. 우리는 커피 분자가 허공을 떠다니다가 우리 코의 감각 기관을 건드릴 때, 커피의 향을 느끼게 된다. 광자光子가 우리의 눈에 들어올 때, 햇빛이 비치는 이파리의 색깔을 볼 수 있게 된다.[118]

어쩌면 천사들조차도 결국은 "그들의 영원한 관음증에 지쳐, 연필을 붙잡고 싶어 하고, 귀를 애무하고 싶어 하며, 발가락을 펴고 싶어 하고, 고양이에게 먹이를 주고 싶어 하며 …… 신문을 읽다가 손에 까만 잉크를 묻히는 일들을 직접 행하고 싶어 한다. 이를 열망한다".[119]

결론

제5장에서는 예전의 첫 번째 언어인 동시에 가장 명백한 언어인 몸에 초점을 맞추었다. 우리는 초기 그리스도교의 몸에 대한 태도들과, 그리스도교 인간학의 점진적 진화, "신학의 장"으로서의 몸의 근대적 복원, 그리고 우리의 몸 됨과 예전 수행 사이의 뗄 수 없는 연결 등을 검토했다. 인간은 우리가 말할 수 있는 한, 그들이 하나님과 맺은 관계의 역사를 그들 자신의 몸에 기록한 최초의 동물이었다. 우리 그리스도인들은 여전히 우리의 몸에 그 역사를 새기고 있다. 예를 들면, 우리는 입교 예식에서 세례 후보자의 몸을 씻기고, 그리스도의 죽으심과 다시 사심의 이야기 속으로 그 몸을 담그게 한 다음, 향유香油를 그 몸에 바르고, 그리하여 그 몸을 성령의 새 집으로 만든다. "몸"은 우리가 요람에서 듣는 첫 번째 이야기고, 또한 우리가 세상을 떠날 때 말하는 "고별사"다. 그 점 때문에 토마스 아퀴나스 같은 신학자들은 성례전의 의미가 구술적인 언어와 몸짓의 언어 모두로부터 발생한다는 점을 인식하고 있었다.[120] 이것은 또한 아퀴나스가 그의 전 시대와 후 시대에서 스콜라 신학scholastic theology이 확증한 내용을 어려움 없이 받아 들였던 이유다. "십자가에 달리신 예수의 옆구리로부터 성체聖體들, 곧 피와 물이 흘러나왔다. 그리고 그 성체들로부터 교회가 생겨났다."[121] 그러나 그리스도의 몸은 단지 성례전 혹은 성체들의 근원만은 아니다. 그분의 몸은 우리의 미래기도 하다. 카를 라너가 말했듯이, 우리의 미래는 천국이며, 천국은 바로 그리스도의 몸이고, 또한 "하나님의 현존 속에 인격적인 피조물들을 하나로 묶어주는 것이며, …… 인류가 …… 명백한 그리스도의 몸으로 모여들어 …… 인간을 만드시고, 인간으로 남아 계시는 하나님과 교제하는 인간들의 모임이다. 따라서 그것은 우리 인간들이 '그곳에서 서로 다시 만나게 되는' 곳이며, 이

세상에서의 관계가 천국에서도 지속되는 곳이다".[122] 그러므로 그리스도의 인성은 부활절에 변화하기 시작하는 하나인 세상의 영원한 한 부분이다.[123]

따라서 그리스도인들은 그 초기부터, 하나님의 자신을 낮추시는 삶이 인간의 몸에도 쓰일 수 있고 쓰여야 한다는 사실을 인식해왔다. 그렇게 인식한 이유는 십자가에 달리셨다가 부활하신 예수의 몸속에, 하나님의 충만한 생명이 역사와 창조의 모든 과정을 간직한 채 놓여서, 영광으로의 변모를 시작하기 때문이었다. 본 장의 앞부분에서 그의 작품에 대해 논했던 카라바조뿐만 아니라 그보다 이전 시대의 화가인 조토Giotto di Bondone, 1264~1337의 작품들에 나타난 회화 상의 혁명을 가능케 했던 것이 바로 이 확신이었을 것이다. 조토 이전의 화가들은 특히 인간의 모습에 관한 한, 사실적인 묘사를 피해왔다. 혹은 그 묘사에 실패했다. 그러나 조토는 작품들에 등장하는 인물들에게 실제 몸, 감정, 관점, 깊이, 색채 등, 알아볼 수 있는 인간적인 특징들을 부여하기 시작하였다. 그의 작품 속에서 인간의 모습은 특히 색채의 사용을 통해, 따뜻한 생명력을 갖게 되었다. 쥴리아 크리스테바Julia Kristeva, 1941~가 지적했듯이, 조토는 색채를 분할해 몸에 연결시킴으로써, 빛이 단순한 인식이 아니라 감정, 욕망, 즐거움, 환희 등이 되게 하였다.[124] 색채를 통해 빛의 구분되지 않는 단일성을 쪼갬으로써 조토는 채색된 표면들의 홍수를 열었고, 의미의 눈부신 백색 속에 잡혀있는 모든 완고한 일원론적 신학에 이의를 제기하는 예술을 창조했다.[125]

제2차 바티칸 공의회가 예전의 개혁과 갱신을 명령했을 때, 그것은 조토, 기를란다요, 그리고 카라바조와 같은 화가들이 그들의 시대에서 행했던 것들을, 우리 시대에서 행하려고 노력한 것이었다. 공의회는 개인적 자율성과 내면성 안에 안전하게 숨어 있는 자아를 넘어서서, 역사의 비천한 거리로 나아가는 예배에, 직접적이고도 공적으로 참여할 것을 촉구했다. 조토와 카라바조는 그리스도, 마리아, 그리고 성인들의 성화를 대담하게 다시 썼다. 그렇기 때문에 우리는 더러운 발을 한 가난한 순례자의 가혹한 고유어들을 통해, 하나님의 자기 소통의 장이라는 특권을 부여받은 몸을 발견하게 된다. 그리하여 공의회는 그리스도인들을 능동적인 참여로 초청했다. 곧, 고유어를 사용하는 예전으로, 서로 다른 문화의 특징과 은사들을 두려움 없이 확증하는 예배로, 그리고 그 몸과 피부를 편안하게 받아들이는 의례로 초청했다.

성찰을 위한 질문

1. 당신은 루이마리 쇼베가 그리스도교 성례전을 "몸에 좌우되는 하나님의 말씀"이라고 "짧게 정의한 것"에 찬성하는가? 혹은 반대하는가?

2. "육체는 구원의 경첩이다테르툴리아누스." 인간의 몸에 대해 그리스도인들이 취한 태도의 역사는 예전 기도에 대한 우리들의 이해와 체험을 어떻게 형성해왔는가?

3. 제2차 바티칸 공의회의 〈현대 세계의 교회에 관한 사목 헌장〉 22항은 "그분의 성육신에 의해, 하나님의 아들이 어느 정도 모든 인간과 스스로 하나가 되셨다"고 확증하고 있다. 이에 대한 응답으로 자크 뒤피는 성육신이 분명 우리 신앙의 중심이긴 하지만, "예수 그리스도의 성육신 이전과 부활 이후 모두에 있어서, 깨우쳐서 구원에 이르게 하는 말씀의 역사를 위한 공간"을 열어주는 신비라고 주장하고 있다. 다른 종교적 전통 속에서 그리스도교의 예전과 예배 사이의 관계를 이해하기 위한 이 두 가지 확증들이 갖는 함의는 무엇인가?

4. 카라바조의 그림들과 같은 미술은 우리가 본질적으로 체현된 그리스도교의 예전의 특징을 이해하는 데 어떻게 도움이 되는가?

5. "부활절은 '예수가 부활하셨다'라고만 말하고 있는 것이 아니라, 성령의 힘을 통해 예수의 몸이 사람이 되셨다고 말하고 있다." 예전은 왜, 그리고 어떻게, 하나님의 백성의 집단적 행동, 곧 그리스도의 몸으로 표현될 수 있는가?

독서를 위한 제안

Diane Ackerman, *A Natural History of the Senses*. New York: Vintage Books, 1991. 세상에 대한 우리의 경험을 자세히 설명해주는 과학과 문학 작품에 의지한, 몸의 오감五感에 관한 매력적인 연구서.

Catherine Bell, *Ritual Theory, Ritual Practice*. New York: Oxford University Press, 1992. 주로 학계의 청중을 위해 저술된 예배의 모든 측면에 관한 가장 중요한 최근 연구들.

Peter Brown, *The Body and Society: Men, Women, and Sexual Renunciation in Early Christianity*. New York: Columbia University Press, 1988. 그리스도인들이 특별히 사회적 교회적 구조와 관련해 몸을 어떻게 보고 있는가에 관한 세미나 연구서.

Jacques Dupuis, *Christianity and the Religion: From Confrontation to Dialogue*. Translated by Philip Berrymann. Maryknoll, N.Y.: Orbis Books, 2003. 세계의 다른 종교들의 구성원들과의 대화라는 관점에서 성육신의 신비를 그리스도인들이 어떻게 이해하는가에 관한 중요한 연구서.

James F. Keenan, "Current Theology Note: Christian Perspective on the Human Body", *Theological Studies* 55 (1994): 330~346쪽. 오늘날의 신학자들이 인간의 몸 됨을 어떻게 해석해야 하는가를 학생들이 이해하는 데 도움이 될 만한 소중한 논문.

의례적 말하기와 메타포의 논리

    제5장에서는 예전의 첫 번째 고유어이며 가장 명백한 고유어인 몸에 관해 논한 바 있다. 의례 혹은 성례전에서의 행위는 '몸으로 말하기body's speech'의 유창함이 필요하다. 더욱이 몸 자체는 여러 가지 언어에 능통하다. 우리는 지난 장에서 이야기이며 또한 이야기들의 원천이 되는 "내러티브narrative"로서의 몸에 대한 논의로써 이 점을 밝힌 바 있다. 이와 마찬가지로 제3장과 제4장에서는, 우리를 낯익은 것으로부터 뛰쳐나와 "다름의 땅the Land of Unlikeness"을 향해 가게 하기 위해 계획된, 또한 예수께서 "하나님의 나라 혹은 다스리심"이라고 부르셨던 영역을 향해 가게 하기 위해 계획된 비유적 담화로서의 의례에 관해 언급했었다.[1] 이번 제6장에서는 예전의 또 다른 "모국어들"인 메타포의 의례적 논리에 대해 살펴보려고 한다.

예전이 언어를 사용하는 방법

조금 놀랍게 들릴지 모르지만, 인간은 본디 산문이 아니라 시로 말을 한다. 만일 하루 동안 우리가 말했던 독백과 사람들과의 의사소통을 모두 기록해본다면, 우리의 말하기 유형은 논리적이고 합리적으로 이루어진 문단들이 아니라, 폭포처럼 쏟아지는 물줄기, 즉 탄성과 이미지의 분출이라는 사실을 발견하게 될 것이다. 닥터 수스Dr. Seuss, 1904~1991의《모자 속의 고양이The Cat in the Hat》와 그 외 유명한 작품들이 지속적으로 인기를 얻는 이유는, 우리가 주로 시를 통해 아이들에게 말하기와 읽기를 가르친다는 사실과 연관이 있다. 또한, 광고주들이 그들의 제품을 팔기 위해 '운율이 있는 대사 혹은 노래'를 사용하는 일도 물론 우연이 아니다. '운율이 있는 대사 혹은 노래'들은 제품을 파는 일에 도움이 될 뿐만 아니라, 그 자체가 쉽게 기억된다. 광고들이 "정겨운 하늘을 나세요UA 항공사의 광고"라고 말하든지, 혹은 "손에서는 안 녹고, 입에서만 녹는M&M's 초콜릿 광고" 초콜릿을 먹으라고 말하든지 간에, 그 광고 문구는 해당 제품이 사라지거나 혹은 다른 제품으로 바뀐 뒤에도 오랫동안 우리 곁에 남아 있게 된다. 음악에서는 래퍼들이 레치타티보, 리듬, 라임 등으로 읊조리는, 순수한 시로 이루어진 레퍼토리를 창작한다. 만일 랩이나 로큰롤이 진지한 시로서 자격을 갖추지 못했다고 생각한다면, 저명한 비평가인 크리스토퍼 릭스Christopher Bruce Ricks, 1933~가 밥 딜런Bob Dylan, 1941~의 가사에 대해 최근에 상당한 부피의 논문을 썼다는 사실을 기억하기 바란다.[2] 우리의 시대 자체가 종종 반의례적이며 산문적이라고 분류되고 있지만, 둘 다 사실이 아니다. 의례는 고인에 대한 즉흥 추도사impromptu memorials, 9·11사태 이후의 그라운드 제로를 회상해보라에서부터 쇼핑몰과 아마추어 스포츠에 이르기까지 어느 곳에서나 넘쳐나고 있다. 시는 매 초 단위로 우리의 아이팟iPod으로부터 넘쳐

흐른다. 우리가 깨어 있는 시간 내내 세러머니와 주문呪文으로 가득하다. 우리는 그 본성상 주문이고 의례인 말하기, 곧 리듬과 두운頭韻이 있는, 그리고 이미지로 분출하는 말하기로, 안녕 혹은 잘 가라는 말을 하기도 하고, 누군가를 만나서 사랑을 나누기도 한다.

미국의 시인 도널드 홀Donald Hall, 1928~은 이렇게 말하고 있다. 시는 요람에서부터, 즉 유아가 "옹알거리고 소리 지르는 구강 만족mouth pleasure"에서부터 시작된다. 따라서 "몸은 우리를 집 안으로 들어가게 해주는 시의 문, 즉 팔과 다리에서 진동하고, 또한 입안에 가득한 말들의 소리다".³ 월트 휘트먼Walt Whitman, 1819~1892의 짧은 시인 〈농장 풍경A Farm Picture〉을 소리 내어 암송해보자.

> 평화로운 시골 헛간의 널찍한 열린 문을 통하여,
> 소떼와 말떼가 노니는 햇빛 가득한 목초지가 희미해져가고,
> 안개와 전망이, 그리고 저 멀리 지평선이 사라져간다.⁴

만일 이 시를 여러 번 소리 내어 읽게 되면, 그것의 자연스러운 리듬, 그리고 강세가 있는 음절과 강세가 없는 음절의 패턴을 느끼게 될 것이다. 각 행마다 대략 같은 수의 음절이 들어 있다. 즉, 처음 두 행에는 14개의 음절이, 제3행에는 15개의 음절이 들어 있다. 또한, 휘트먼은 "무운시無韻詩, blank verse"를 썼음에도 불구하고, 제1행의 리듬은 짧은 쉼, 또는 호흡으로 방해를 받는다. 이 점을 슬래시 기호/로 표시해보겠다. "평화로운 시골 헛간의 / 널찍한 열린 문을 통하여Through the AMple Open DOOR / of the PEACEful COUNtry BARN," 밑줄 치고 대문자로 표시한 음절들은⁵ 각 행의 절반마다에 세 개의 강세가 주어져 있다. 제2행의 패턴도 비슷하다. "소떼와 말떼가 노니는 / 햇빛 가득

한 목초지가 희미해져가고a SUNlit PASture FIELD / with CATtle and HORSes FADing," 만일 이 시詩의 세 행 모두가 똑같은 리듬을 반복한다면, 시가 지루해질 수 있으므로, 휘트먼은 마지막 행에다가 음절 하나를 추가함으로써, 독자의 주의를 환기시킬 정도로만 운율을 방해하고 있다. "안개와 전망이, 그리고 / 저 멀리 지평선이 사라져간다And HAZE and VISta, / and the FAR hoRIzon FADing aWAY." 도널드 홀이 지적하듯이, 휘트먼이 마지막 행에서 사용한 말하기는, 느린 속도로 펼쳐지면서, "천천히, 그리고 신중하게, 감각을 깨운다". 이때 독자들의 입은 "마지막 행의 세 음절이 주는 사치스러움" 안에 한없이 젖어든다. 안개······ 사라져······ 간다hAze ... fAding ... awAy.⁶

비록 짧지만, 휘트먼의 시는 상당히 복잡한 예술 작품이다. 그것은 박자와 음의 고저를 갖추고 있을 뿐만 아니라, 노래, 즉 독자로 하여금 단어들 사이에서 여유 있게 일광욕을 즐기는 사람처럼 축 늘어져 있게 만들어주는 나른한 모음과 이중 모음으로 작곡된 노래를 가지고 있다. 물론 보통 우리는 말하기의 그런 특징들을 분석하지는 않는다. 우리는 그것들을 다만 육체적 감각으로 느낄 뿐이다. 또한, 이 시는 그 안에 초침이 재깍거리며 움직이고 있는 작은 폭탄을 품고 있다. 제1행에 나오는 "평화로운"이라는 단어를 반복하면서, 휘트먼이 이 시를 1865년 미국 독립 전쟁이 끝날 무렵, 처음으로 발표했다는 사실을 기억하라.⁷ 휘트먼은 그 자신이 그 전쟁을 직접 목격했을 뿐만 아니라, 워싱턴 D. C.의 야전 병원들에서 남군과 북군 소속 부상병 모두를 돌본 적이 있다. 이런 사실을 고려할 때, "평화로운"이란 단어가 의미하는 바가 무엇이겠는가? 기도? 희망? 죽음? 나라를 뒤흔들어놓았던 전쟁과 폭력의 아이러니한 대비? 이 시의 형식과 이미지들은 목가적이다. 그러나 불쑥 나타나는 울림은 비유적parabolic이다.

이 짧은 시에는 다른 무엇이 있다. 이 시의 짧은 세 줄에서 휘트먼은 우리가 논리적이고 합리적으로는 설명할 수 없을지도 모르는 일련의 정서들을 자극하고 있다. "안개와 전망이, 그리고 저 멀리 지평선이 사라져간다." 이 장면은 단연코 농촌의 목가적인 광경이다. 또한, 향수를 불러일으키는 갈망, 곧 일종의 그리움을 불러일으킨다. 무엇을 향한? 사라져버린 삶의 방식? 인간 역사에서 단순하고 더 조용했던 시절? 자연에 대한 우리의 반응이 직접적이고 친밀했던 시대, 즉 가혹한 전쟁의 기술과 산업의 기술에 의해 끝나버린 시대? 휘트먼의 시는 사회 비평인가? 그는 순진무구했던 초기의 미국에 호소하고 있는가? 어쩌면 그럴지도 모른다. 그러나 우리가 주목해야 할 것은, 휘트먼의 시를 어떻게 부연 설명한다 해도 휘트먼이 직접 사용했던 시어詩語들이 가진 정서를 정확하게 표현할 수는 없다는 점이다. 홀은 이 점에 대해 다음과 같이 언급하고 있다.

> 육체적 즐거움과 충만함을 느끼고, 이성 너머의 의로움을 느끼며, 만족감과 축복마저 느끼면서도, 우리는 우리의 지극한 만족에 대해 설명할 수가 없다. 말할 수 없는 것을 말해내는 기술을 가지고, 시는 분간할 수 있는 과도한 자극들로 가득한 반응을 산출해낸다.
>
> 그 말할 수 없는 것들이 비밀의 방을 만드는데, …… 이 방에서는 부연 설명에 대한 과도한 느낌들을 보여준다. 이 방은 지성에 의해서 부연 설명해야 하는 숨겨진 의미가 아니다. …… 이 비밀의 방은 동의의 침묵 속에서 인정하고, 받아들이고, 존중해야 하는 그 무엇이다. 비밀의 방은 말할 수 없는 것들이 모여드는 곳이고, 이것이 바로 시의 독특성이다.[8]

휘트먼의 시 속의 이미지들을 다시 살펴보자. 그 이미지들은 추상적인 생각들이 아니다. 그것들은 보통의 사물들이다. 헛간의 열린 문. 햇빛 가득한 목초지. 소 떼와 말 떼가 노니는 목초지. 안개 …… 전망 …… 지평선 등이다. 이 모든 것들은 매우 단순하면서도 특정한 대상들이며 경험들이다. 우리는 "시골 헛간"이나 "햇빛 가득한 초지"가 무슨 뜻인지 물을 필요가 없고, 실제로 물어도 소용이 없을 것이다. 말하기 너머에 있는 정서들을 불러일으킬 때조차도 그들은 스스로가 "뜻이다".

이제 토머스 하디Thomas Hardy, 1840~1928의 시에 나오는 다음의 세 행을 읽어보자.

> 그리고 오래 전의 아름다운 소녀
> 내가 종종 알고자 노력했던 그녀가
> 어쩌면 이 장미 속으로 들어오고 있는지도.[9]

이 행들에서는 두 가지의 '문자 그대로의 의미들'이 경쟁하는 것처럼 보인다. 우리는 소녀의 분자分子, molecular가 살아남은 사실을, 그리고 하디가 암시하는 말을 듣는다. 그 소녀의 죽은 몸의 분자들은 식물성 영양분이 되어 토양을 비옥하게 만든다.[10] 그러나 소녀의 몸이 묻혀서 분해되었다고 할 때 분해의 문자 그대로의 의미는 생명과 성장의 문자 그대로의 의미와 부합한다. 젊은 여성의 분자와 원자들은 "살아 있는 여성이 교회의 입구로 들어가는 것처럼 장미 속으로 들어간다".[11] 시가 "말할 수 없는 것들을 말하려고" 노력할 때, 이러한 이미지들은 서로 만나서, 죽음으로부터 생명이 나오는 것을, 그리고 부패로부터 성장이 나오는 것을 지켜보는 느낌과 희망을 전달한다. 그리하여 시를 읽는 독자들은 생물학적 분자의 변화라는 글자 그대로의 단계, 즉 부패하는 몸, 살아 있는 장미를 느끼고, 동시에 의례라는 상상의 단계, 곧 "예전적인" 몸짓과 동작을 느낀다. 시는 행진을 해서 일상적인 행동과 관찰의 세상, 즉 "말해진 것"을 벗어나, 신비한 계시의 세계 곧 "말할 수 없는 것"에로 들어간다.

월트 휘트먼과 토머스 하디의 시에서 나타난 예들은, 언어가 의사소통을 위한 단순한 도구가 아니라 음악처럼, 예전처럼 퍼포먼스라는 사실을 보여준다. 단어들은 이야기하고, 말하고, 무언가를 묘사할 뿐만 아니라, 무언가를 행한다do. 그들은 움직이고 창조하며 무언가를 일으킨다. 리처드 로드리게스Richard Rodriguez, 1944~의 회고록인《갈색 피부Brown》에 나오는 다음과 같은 구절을 함께 생각해보자.

> 나는 단일한 색이 아니고, 엄격한 조리법도 아니며, 예상된 결과도 아닌, 무심한 욕망에 의해 생겨난 색, 심지어 사고事故로 생긴 색인 한 가지 색色에 관해 쓴다. 나는 섞인 피에 관해 쓴다. 나는 본질적으로 완전한 자유이며 말하기의 완전한 자유로서의 갈색 피부에 관해 쓴다. 나는 불순함을 찬양한다. ……
>
> 나는 미국에서 통용되는 인종이라는 개념을 위태롭게 하겠다는 희망으로 미국의 인종에 관해 쓴다.
>
> 갈색 피부는 직선을 따라 피를 흘린다. 예를 들어, 그 선은 흰색과 검정색을 가르는 선이다. 갈색 피부는 혼란을 준다. 갈색 피부는 모순의 경계에서, 둘 또는 여러 가지를 동시에 표현할 수 있는 언어의 능력, 즉 동시에 둘 또는 여러 가지를 경험할 수 있는 몸들의 능력을 형성한다.[12]

위의 구절이 그의 회고록인《갈색 피부》의 서문을 열어주기 때문에, 독자들은 저자가 관습에 따라 자신을 소개하고, 자신이 무엇을 하려는지 말해주며, 이 글을 왜 썼는지를 밝힐 것이라고 기대한다. 그러나 로드리게스가 작곡한 서곡은 그 장르를 바꾸고 있다. 그는 갈색 피부에 대해 "규정"하는 대신, "갈색 피부스럽게bownly 쓰기를", 그리고 "나의 갈색 피부를 인정하지 않고 순혈화하려고 시도하는 모든 사람에게 대항하기를" 선택하고 있다. 우리는 이런 말들 뒤에서 울리는, 이 저자의 전기biography의 메아리를 듣는다. 또한, 우리는 로드리게스가 성공한 작가이며, 그의 인종적 유산은 앵글로·색슨계 미국인이 아니라는 사실을 감지하게 된다. 혹은 우리는 그의 이름을 "구글"에서 검색해볼 수 있으며, 그 검색을 통해 그가 말하는 것을 듣는다. 글자 그대로 말하자면, 그가 누구인지를 듣는다. 1997년에 행한 한 인터뷰에서 그는 이렇게 쓰고 있다. "그냥 나를 봐라."

나는 이 세계의 다른 곳으로부터 왔다. 나는 국경 남쪽으로부터 왔다. 나의 부모님은 멕시코 이민자들이고, 이것이 바로 나다. 이 사람 나는 인디언의 얼굴을 하고, 스페인계 성姓을 쓰며, 앵글로·색슨계 백인 이름인 리처드다. 나에게 주어진 목소리는 실제로 아일랜드계 수녀님들이 내 목으로 밀어 넣은 셈인데, 그분들은 표준 영어Queen's English를 감정을 배제한 채로, 나에게 가르쳐주셨다. 독자들은 리처드 로드리게스를 형성하고 있는 이런 복잡성에 대해, 그리고 이런 복잡성을 만들어낸 수 세기 동안의 역사에 대해 궁금하게 여길 것이다. 나는 어떤 단순한 의미로도, 다문화주의multiculturalism의 산물이 아니다. 나는 그보다는 훨씬 극단적인 그 무엇의 산물인데, 그 무엇이란 한 문화가 다른 문화를 침투한 것이고, 또한 한 인종이 다른 인종에 의해 침투당한 것이다. 그래서 나는 오늘 여기 서 있다. 그러나 이렇게 말하고 있는 나 자신도, 나의 어떤 부분이 인디언에 속하는지 잘 모른다. 나의 어느 다리가 인디언계 다리일까? 또 어느 다리가 스페인계 다리일까?[13]

이 글 역시 매우 강력하다. 그러나 이것 역시 친숙한 이야기 관습을 따르고 있다. 이것은 화자가 1인칭인 자서전이다. 그 자신에 관해 말하고 있는 자는 리처드 로드리게스다. 그러나 《갈색 피부》의 서문은 상당히 다르다. 저자가 1인칭으로 말하고 있는 것은 사실이다. "나는 갈색 피부를 채우고 있는 문학에게 찬사를 보낸다." 그의 서문의 첫 쪽은 보통의 그 어떤 의미로도 자서전이 아니다. 로드리게스는 자신에 "관해" 쓰고 있지 않고, 심지어는 "갈색 피부라는 것"에 관해서 쓰고 있지도 않다. 그는 "갈색 피부스럽게 쓰고" 있다. "암시, 아이러니, 역설 등을 가지고, 하! 즐겁게."¹⁴ 저자는 그저 "갈색 피부"라고 말하거나, 혹은 갈색 피부에 대해 묘사하거나, 자신을 갈색 피부라고 부르지 않는다. 그는 갈색 피부를 하고do, 그것을 수행한다. 독자들은 "모순의 경계"로, "여러 가지 것들을 동시에" 표현하는 언어의 힘 속으로, 그리고 "갈색 피부"로의 실제적 참여real participation로 곧장 끌려간다. 로드리게스가 경고한 대로 "당신들은 이 책에서 갈색 피부가 역설의 이파리들을 붙여주는 접착제라는 사실을 종종 발견하게 될 것이다. 물론 당신들은 역설이 담긴 책을 원하지 않을 수도 있다. 만일 그렇다면 순수한 순 혈통의 저자를 찾아야 할 것이다".¹⁵

우리는 시가 몸에 주는 즐거움과 그 한 방 먹이는punch 의외성, 그 역설, 우리가 느끼는 감정이 무엇인지를 밝혀주고, 그 이름을 붙여주는 '불가사의한 정확성uncanny accuracy' 때문에 시를 찾는다. 앞에서 나는 시가 인간 고유의 말하기라고 말한 바 있다. 우리가 아는 한, 모든 문화는 구전이든 문서이든, 고대의 것이든 산업화 시대의 것이든, 시를 만들어내고, 그것을 한 세대에서 다른 세대로 전한다. 도널드 홀은 이렇게 쓰고 있다. "시는 사람이라면 누구나 하는 그 무엇인가를, 창작의 자료로 사용하는 유일한 예술art이다."¹⁶ 시는 그저 말이 아니다. 말은 일상적 소음처럼 들릴 수 있지만, 시는 "예술로 바뀐 말, 그 시를 읽으면서 연상과 소음의 요점을 알아내기 위해 미간을 찌

푸리는 독자들을 위해 배열된 단어들, 그리고 그 독자들을 위해 천천히 말하는 말하기다".**17** 이것은 바뀐 "말"이 랩이든, 밥 딜런의 가사이든, 에밀리 디킨슨Emily Dickinson, 1830~1886의 시이든, 마찬가지다.

시는 예술로 바뀐 말하기며, 예술은 항상 풍부함 또는 넘쳐남을 다룬다. 내가 이미 제안했듯이 예술은 축소시킬 수 없다. 다시 말해 예술은 "핵심core", "본질essence", 혹은 단일한 핵심적 중요성으로 축소시킬 수 없다. 시의 "정확한 의미들"을 밝히려고 노력하면 노력할수록, 그 의미들은 더욱 모호해진다. 분석은 그 의미들을 더욱 증대시킬 뿐이며, 분석이 끝날 때가 되면 분석을 시작했을 때보다 그 시에는 더 많은 의미들이 생겨나게 된다. 바로 이 점이 내가 말이 예술로 바뀔 때 넘쳐나게 되는 풍부함에 주목했던 이유다. 휘트먼의 다음과 같은 짧은 시를 여러 번 소리 내어 읽어보라. 그러면 한 편의 시에 담겨 있는 "축소시킬 수 없는 풍부함"을 감지하기 시작할 것이다.

지금은 당신의 시간입니다. 오 영혼이시여. 말 없음 속으로의 당신의 자유로운 비상飛上,

책과는 멀리 떨어져, 예술과도 멀리 떨어져, 날day은 지워지고, 수업은 끝났고,

당신께로 완전히 나아갑니다. 당신께서 가장 사랑하시는 주제들을, 침묵 속에서, 바라보고, 숙고하면서 ······

밤, 잠, 죽음과 별들.**18**

이 시의 언어는 평범하고, 어조는 조용하다. 휘트먼은 이 시를 〈맑은 한밤중A Clear Midnight〉이라고 부른다. 그래서 이 시의 "행동-자유로운 비상 ······ 멀어져 ······ 완전히 앞으로 나아감 ······ 바라봄 ······ 숙고함"들은 세상이 잠들어 있는 동안 일어나는 것으

로 상상되어 있다. 화자는누굴까? "영혼누구의 영혼일까?"이 예술과 배움을 버리고"책으로 멀리 떨어져, 예술로부터 멀리 떨어져 …… 수업은 끝났다", 시간을 중지시키고"날은 지워지고", 침묵 속에서 앞으로 나아가 많이 사랑받는 주제들"밤, 잠, 죽음, 그리고 별들"을 숙고하고 있다. 이 시는 기도일까? 탄원일까? 열망일까? 혹은 관상contemplation의 장려일까? 그것은 시인 자신의 "내적 대화"로 향해 열린 창문일까? 이 시는 공부에서 진실을 찾으려고 하는 책벌레들을 은근히 비판하고 있는 것일까? 영혼은 혹은 화자는 죽음을 갈망하고 있는 것일까? 혹은 고독을? 지혜를? 초월을? 이 시는 자살을 생각하고 있는 누군가의 독백일까? 그리고 그 영혼은 무엇을 혹은 누구를 "바라보고" 있는 것일까?

태초에 메타포가 있었다

위의 질문들 그 어떤 것에도 명확한 답을 제시할 수는 없지만, 그렇다고 해서 〈농장 풍경〉이나 〈맑은 한밤중〉 같은 시들이 모호하거나 전달 불능이거나 혹은 의미가 없다고 말할 수는 없다. 오히려 그 반대로 이 시들은 어느 특정한 한 가지만을 의미하지 않으면서, 불투명하지만 강력한 방식으로 뜻을 전하고 소통하는 경험, 곧 예술로 바뀐 말하기에 우리를 노출시킨다. 우리는 우회적으로만 진실을 전달해주고, 규정할 수 없는 잉여를 통해서만 의미를 전달해주는 하나의 경험, 곧 하나의 예술을 만나는 것이다. 동시에 이런 시들의 독자들은 그 시들이 "단일한 의미"를 가지고 있지 않다고 말하는 것이, 곧 그 시들이 어떤 뜻anything으로든 해석될 수 있다고 말하는 것은 아니라는 사실을 인식하고 있다. 분명코 그럴 수는 없다. 시는 그 시의 의미들을 말할 수 있는 우리의 능력, 혹은 말하지 않을 수 있는 우리의 능력에다가, 시 나름의 내적 제한성을 부여한다.[19] 요컨대 시들은 자기 제한성self-limiting을 가지고 있다. 시 자체가 최종 결정권last word을 가지고 있는 것이다.

이렇게 암유暗喩적이고 애매모호한 말하기는 시뿐만 아니라 그리스도교 의례, 예전, 그리고 성례전에도 또한 내재되어 있다. 그런 말하기의 심장부에 메타포가 있으며, 이때의 메타포는 서로 속하지 않는 것처럼 보이는 두 가지를 함께 묶어주는 것이라고 규정될 수 있을 것이다. "달은 우리 어머니이다." 물론 달이 진짜로really 우리 어머니는 아니다. 그러나 달과 어머니를 동일시하는 것은, 메타포가 내포하고 있는 '실제상의 오류literal falsehood'를 뛰어넘는 하나의 진실을 표현하는 것이다. 따라서 메타포는 거짓말하기lying를 통해서만 진실을 말할 수 있다. 그리스도교 예배야말로 이러한 메타포적 말하기에 있어 진짜 정글이다. 예전은 이름 부르기를 좋아하기 때문이다. 예전은 하나님을 왕, 주, 바위, 숨을 곳, 목자, 아버지, 어머니, 구세주, 구속자, 그리고 그 밖의 다른 여러 가지 이름들로 부른다. 예배는 거기에 모인 회중과 축성된 성찬용 빵 두 가지 모두를 가리켜, "그리스도의 몸"이라고 부른다. 그리고 예전은 세례 받은 평신도lay 회중을 가리켜 왕 같은 제사장royal priesthood이라고 부른다.

또한, 예전적 메타포는 항상 구술적인 것도 아니다. "희생", "감사", "송영", "봉사", "예전공적 사역"이라는 메타포들은, "예배 행위activity of worship"를 생각나게 해준다. 나아가, 예배하는 공동체가 모이는 장소는 시각적 메타포다. 기원후 1세기 동안에는 그 예배의 장소가 개인 집의 식당인 경우도 있었고, 개조된 회당, 혹은 공회당basilica, 혹은 순교자의 무덤인 경우도 있었다. 예전적 의식들을 실행하는 몸짓들은 일상을 뛰어넘는, 혹은 전복시킬 수도 있는 무언가를 표현하기 위한, 그러면서도 일상생활의 문법을 차용하는 체현된 메타포들이었다. 그래서 우리는 앞 장에서, 들에서 난 첫 열매와 가축의 첫 소출을 하나님께 바치는 이스라엘의 의식들이 어떤 점에서 메타포적 행위인가를 알아보았다. 이때 봉헌이라는 메타포적 행위는 포기와 박탈surrender and dispossession의 행위를 통해서만 소유, 즉 땅, 정체성, 사명의 소유를 체현해주는 것이었다. 이스라엘이 그 땅이나 정체성을 "취하는" 것이 아니다. 이것들은 절대 타자로부터 이스라엘에게 주어지는 것이다. "소유하는 것"은 받는 것이다. "주는 것"은 주어지는 것이다. 따라서 하나님의 백성은 "이웃의 예전"에서 모든 것을 줌으로써만 받게 되는 일에 충실할 수 있다.

따라서 예전의 메타포들은 복합적이다. 구술적인 동시에 비구술적이고, 감각적인 동시에 몸짓이며, 공간적인 동시에 시각적인 것이고, 건축인 동시에 음악적이며, 또한 법적인 동시에 정치적인 것이다. 따라서 메타포들이란, 단지 다채로운 말하기나, 상상력이 풍부한 표현의 전환만이 아니라는 사실을 인식하는 것이 중요한다. 상징에 관해 언급했던 내용들이 메타포에도 그대로 적용될 수 있을 것이다. 두 가지 모두, "그것들과 함께 생각하기에 좋은" 것들이다. 생각하기란, 우리의 정신이 극단성과 차이를 인식할 때 시작된다. 자아 · 타자, 이것this · 저것이 아닌 것not that, 하나 · 다수多數 등이 그것이다. 인식과 언어는 이런 차이들을 설명하려고 애를 쓴다. 형용사는 이런 애씀으로부터 태어난 것이다. 형용사는 우리로 하여금 같음을 주장하게 해주는 동시에 고양이 두 마리가 있다, 차이를 확증하게 해준다 한 마리는 회색이고 다른 한 마리는 오렌지색이다. 형용사들은 두 마리의 고양이가 단순히 "똑같다"라는 허구를 유지하게 도와주면서도, 실제로는 두 마리가 다르다는 차이를 감당할 수 있도록 도와준다. 메타포들은 우리로 하여금 언어의 "하얀 거짓말들"을 두 가지 새로운 단계로 올려놓게 함으로써 수준을 높인다. 우리는 "저것어머니"이 아닌 "이것딸"을 실제로는 "저것어머니"이라고 주장할 수 있다. 왜? 왜냐하면 메타포의 갈등, 서로에게 속하지 않는 두 가지를 하나로 묶음으로써 발생하는 갈등은 실제의 수준, 즉 문자 그대로의 수준에서는 해결될 수 없기 때문이다. 해리 포터Harry Potter라 할지라도 달을 가지고 실제의 어머니를 만들 수는 없다. 따라서 우리는 새로운 가능성을 상상하도로 강요를 받게 된다. 여기서 새로운 가능성이란, 달과 어머니 둘 다와 다르면서도 둘 다의 중요성을 밝혀주는 진정한 그 무엇을 말한다.

언어학자들은 메타포를 의미론적 "움직임motion"의 한 양식으로 상상하기를 좋아한다. 이는 메타포란, 듣는 우리로 하여금 스스로 이해하게 한다는 것을 뜻한다. 즉, 메타포는 우리를 발견의 길목으로 나아가게 해준다. 토마스 아퀴나스가 "기호들구술적 기호와 비구술적 기호"이 우리가 아는 것으로부터 우리가 모르는 것으로 향해 나아가는 인간 고유의 방식이라고 썼을 때 인식했던 것이 바로 이 점이라 할 수 있다.[20] 메타포의 의미론적 움직임은 우리를 (1) 인식과 관찰, 즉 "아하! 내가 본 빛이 틀림없는 태양이었구나!"의 단계로부터, (2) 묘사, 예를 들면 호메로스Homeros가 새벽을 표현할 때 가장 좋아했던 복합 형용사인 "장밋빛 손가락을 한"의 단계로, 또한 (3) 담화, 즉 누구에게 무언가에 관해 무엇인가를 이야기하는 단계로, 그리고 마지막으로 (4) 보다 복잡한 메타포, 즉 같은 것에 속하지 않은 듯 보이는 두 가지를 함께 묶기의 단계로 나아가게 한다. 메타포의 첫 번째 움직임은 항상 말하기 안에서 실수 혹은 일탈로 보인다. "이럴 수는 없어. 무언가 실수가 있을 거야!" 요컨대 메타포는 우리가 결코 계획하지도 않았던 여행을 떠나게끔 한다.

메타포가 "차이와 다름otherness과의 밀접한 만남"으로 정의될 수 있는 이유가 바로 이것이다. 메타포는 처음부터 무언가 불가사의한, 어쩌면 심지어 불가해한 점을 담고 있다. 메타포는 동시에 많은 반응들, 즉 웃음, 호기심, 불신, 무서움, 기쁨, 경외심 등을 유발시키는 낯선 것, 이상한 것, 놀라운 것들로 우리에게 충격을 준다. 메타포들은 우리들로 하여금 매력을 느끼게 하는 동시에 혐오하게도 만든다. 이렇게 거리, 차이, 다름을 두면서도 가까이 끌어당기는 힘은, 메타포의 뿌리가 이성 이전의 것이고, 의식 이전의 것이라는 사실을 드러내준다. 이 뿌리들은 우리의 머리와 몸속에 깊이 묻혀 있다. 즉, 우리의 싸우거나 혹은 도망치거나를 향한 일차적 본능 속에 깊이 뿌리박고 있는 것이다. 따라서 메타포들이란, 피부로 생각하는 방식이라고 표현하는 것이 더욱 적절할 수 있을 것이다. 달리 말하자면, 메타포란 차이에 관해, 그리고 다름에 관해 생각하는 몸이다. 그 몸은 밀접함nearness이란 거리를 두었을 때만 가능하며, 거리 두기는 밀접함 속에서만 가능하다는 인식에 도달하는 몸이다.

이제 우리는 메타포에 체현된 언어가 왜 그리스도교 예전, 의례, 그리고 성례전에 밀접하게 연관되어 있는지를 보기 시작할 수 있다. 믿음의 하나님은 결국, "모든 것들에게 변화를 가져오시는 분, 그리고 그분 앞에서 모든 것들이 변하게 되는 그런 한 분이시다". 불가사의하게 너무나 가까이 다가오셔서 우리의 심장 박동 사이에 거居하시면서도, 여전히 이해할 수 없는 채로 남아계시는 한 분이시다. 인간 담화의 대부분의 형태는 종결을 원한다. 즉, 그들은 끝내려고 노력한다. 예를 들어, 우리의 의도가 단순히 정보를 전달하거나 자료를 올리거나 내려받는 것일 때는 문제가 없다. 그러나 재판에서 증언을 할 때는, 검찰 혹은 변호인 측이 제시한 질문에 대답을 해야만 한다. 그리고는 지시에 따라 증언대를 내려간다. 양측의 그 누구든, 양측의 어느 쪽에서든, 그를 다시 증언대로 소환할 권리가 있기는 하지만, 증언은 끝났다. 그러나 메타포는 종결을 거부한다. 그것은 영원히 움직이는 채로 남아 있으려고 한다. 미국 철학자인 필립 휠라이트Philip Ellis Wheelwright, 1901~1970가 형성한 범주를 사용해보자면, 메타포적 담화는 언어적 사건 속에서의 "전달 수단"과 그 "취지" 사이의 관계를, 그리고 "전달 매체단어들, 말하기"와 그 "내용-메시지" 사이의 관계를 "비튼다". 메타포는 매체와 내용 사이의 관계를 상호 작용적이며 이동적인 것으로 유지한다. 즉, 각자가 "끝"을 내지 않은 채, 서로를 재규정한다. 이것이 공중 기도가 중간중간 잠시 쉬기는 하지만, 실제로는 회중의 모임이 끝난 후에도 결코 끝나지 않는 이유다. 이렇게 공중 기도가 결코 끝나지 않는 이유는, 성찬 기도의 시작마다 하나님을 찬양하는 사람들에게, 그리고 언제나 어디서나 그 찬양을 계속하는 사람들에게 함께하자고 초청하기 때문이다. 우리가 예전으로 "들어갈" 때, 우리는 실제로 "이미 진행 중인 프로그램"에 참여하는 셈이다.

> 모든 곳에서 저희는 당신의 권능의 역사를 선포합니다.
> 당신께서 우리를 암흑 가운데서 불러내시어
> 당신 자신의 경이로운 빛으로 인도하셨기에,
> 그리고 하늘에 있는 모든 천사들의 찬양대와 함께,
> 우리는 당신의 영광을 선포합니다.
> 그리고 그들의 끝없는 찬양의 노래에 참여합니다.
> 거룩하시도다, 거룩하시도다, 거룩하시도다. ……[21]

메타포는 말하기에 있어서 차이에 관해 생각하는 몸일 뿐만 아니라, 또한 말과 몸짓에 있어서 다름을 해석하는 몸이다. 메타포에 대한 이런 관점은 우리로 하여금 왜 성 아우구스티누스와 같은 그리스도교 큰 스승이 성례전을 보이는 말씀verbum visibile이라고 말했는지를 이해하는 데 도움을 준다. 이 메타포가 갖는 내재된 불확실성에 주목해보라. 우리는 말들을 시각적인 사건이 아니라 음성적인acoustic 사건이라고 생각한다. "말"이라는 단어와 "보이는"이란 단어를 함께 묶어놓은 것은 일탈 혹은 실수처럼 보인다. 아우구스미누스가 "성례전"을 "보이는 말씀"으로 규정하기로 결정한 것은, 메타포적 충돌을 구체화한 것이다. 그것은 "성례전"이 그것을 통해 우리가 "우리의 귀로 보고", "우리의 눈으로 듣는 것"을 배우게 되는 의례적 경험이라고 제안한 셈이다. 만일 성례전의 뿌리가 메타포라면 우리에게는 새로운 가능성이 열린 것이다. 즉, 우리는 들리는 것을 보이는 것으로, 보이는 것을 들리는 것으로 인식할 수 있게 된다.[22]

인간의 메타포

직전 단락에서 나는 메타포를 "말과 몸짓 속에서의 차이에 대해 생각하는 몸, 그리고 말과 몸짓 속에서의 차이 혹은 다름을 해석하는 몸"이라고 규정하자고 제안한 바 있다. 나는 몸을 매우 특정한 이유 때문에 "생각하는 주체"라고 강조해왔다. 대부분의 서구인들은 인간의 생각이란 본질적으로 "비非물질적인 것"이며, 육체로부터 이탈된 것이라고 여기고 있다. 적어도 데카르트René Descartes, 1596~1650 이후로 서구의 사상은 "인식론적 분리cognitive apartheid"에 의해 지배되어왔다. 이 인식론적 분리는 물질로부터 정신을 격리시키고, 행동으로부터 사고를 분리시킬 뿐 아니라, 생각하기를 인간의 실존 및 정체성의 핵심으로 만드는 분리다. "나는 생각한다. 고로 존재한다"는 말은 데카르트의 유명한 명제였다. 그러나 그가 의도했든 혹은 의도하지 않았든, 데카르트의 구분distinction은 이분법dichotomy이 되고 말았다. 인식, 즉 추론하는 정신은 감각, 곧 몸의 삶과 행동을 지배한다. 데카르트적 사유의 목표인 자율적 주체는 "명확하고 구별되는" 사상들이다. 또한, 인식론적 분석의 힘이다. 그리고 수학적 증명의 정밀성과 우아함이다. 따라서 인식론적 학문은 몸에서 태어난 지식보다 본래적으로 탁월한 것이라고 인식되고 있다.

선禪의 오래된 격언, 곧 "두 사람이 몸을 비벼보아야만 알 수 있는 것들이 있다"는 말은, 따라서 데카르트의 독실한 추종자들을 당혹시킬 것이다. 그러나 메타포는 생각하기를 거부한다. 그것은 엘리자베스 슈얼Elizabeth Missing Sewell, 1815~1906이 다음과 같이 말한 바와 같다.

온 자아로 생각하는 것이다. 여기에는 메타포와 그 방법의 일부로서 정신과 몸을 사용하는 일이 포함된다. …… 또한 특별히 인간적인 경험들, 사랑, 실패로 겪는 고통, 죽음에 대한 생각으로 겪는 고통들을, 그 경험들을 넘어서는 해석의 힘을 가지고, 메타포로 사용하는 일도 포함된다.[23]

메타포란 일종의 체현된 통견divination의 일종이다. 즉, 혼미한 상태에서 손으로 더듬어 찾기, 혹은 "짐작하기guessing, 불어 동사 deviner은 "짐작하기"라는 뜻이다"의 일종이다. 이는 부정확하고 불완전하며 불명료함에도 불구하고, 진실하고 인간적인 지식을 향해 진보한다는 것을 뜻한다. 사실 이러한 "더듬어 찾기"는 신학적 혹은 예전적 언어의 특성만은 아니다. 이것은 또한 마이클 폴라니Michael Polanyi, 1891~1976와 또 몇몇 사람들이 보여준 것처럼, 현대의 수많은 과학적 사고를 형성해주고 있다.

따라서 메타포는 그 나름의 정밀함, 곧 그 의미들보다는 방법들로부터 발생하는 정밀함을 제공해준다.[24] 앞장에서 분석한 바 있는 월트 휘트먼의 시 〈맑은 한밤중〉은 인간의 상황에 대한 지혜와 성찰을 전해주고 있다. 예를 들면, "밤, 잠, 죽음, 그리고 별들"과 같은 더 크고 자연적인 리듬들과 우리의 관계가 그것이다. 그러나 여기서 놓치기 쉬운 것은, 휘트먼이 어떻게 그의 성찰을 전달하는가의 문제다. 이 시는 단어와 의미의 단계에서 뿐만 아니라 방법의 단계에서도 메타포적이다. 그것은 통견의 도구로서 뿐만 아니라, 인간을 우주의 관점에서 재규정하라는 초청으로서 스스로를 제공한다. 독자의 손 안에서 그 시는 인식의 문들, 곧 시간을 멈추고, 일상책, 예술, 수업을 넘어서서, 무한한 우주별로 "자유로운 비상"을 시작하는 문들을 여는 열쇠가 된다. 〈맑은 한밤중〉은 그 이미지는 모호한 반면 그 방법은 명확하다. 다시 말해 이 시는 독자들을 향해, 다름, 즉 인간의 통제를 벗어나는 힘들인 밤, 잠, 죽음, 별들로 하여금 인간을 규정하게 놓아두라고, 나아가 그 자유의 과정, 다시 말하자면 그것의 "말 없음으로의 자유로운 비상"을 결정하도록 놓아두라고 주문한다.

우리는 이제 예전적 언어가 왜 어떻게 메타포적인지를 좀 더 잘 이해할 수 있게 되었다. 우리가 예배 중에 내뱉은 모든 말이 "메타포로 가득하다"는 뜻은 아니다. 성탄절 자정 미사의 예전을 예로 들어보자. 물론 개회 기도와 제1 독서〈이사야〉 9장 1~6장는 많은 것을 생각하게 해주는 메타포들을 사용하고 있다. 개회 기도는 "성부여, 당신께서 이 거룩한 밤을 우리의 빛이신 예수 그리스도의 광채로 빛나게 하시나이다"라는 기도로 시작된다. 그런 다음 제1 독서에서 이렇게 말한다. "한 아이가 우리에게 태어났다. 그의 이름은 놀라운 조언자, 전능하신 하나님, 영존하시는 아버지, 평화의 왕이라고 불릴 것이다." 그러나 제2 독서〈디도서〉 2장 11~14절는 이미지보다는 윤리적 권고에 중점을 두고 있는데, 복음서〈누가복음〉 2장 1~14절에서는 예수의 탄생을 둘러싼 사건들을 서술하고 있다. 그러나 예전의 기도들과 본문들 속에 메타포가 널려 있지 않을 때조차도, 예전의 방법은 메타포적이다. 게일 램쇼Gail Ramshaw는 다음과 같이 주장한다.

메타포는 인간의 정신이 작동될 때만 나타나는 독특한 특성이다. 무언가를 새롭게 본다. 무엇에 대해 그것이 아닌 그 무엇이라고 제시한다. 그렇게 하는 것은 공동체를 위한 것이다. 즉, 무언가를 그것이 아니었던 어떤 것과 겹쳐 놓음으로써layering 인간의 상상력을 확장시킨다. 이것은 인간이 사고하는 과정인 동시에, 인간의 의사소통에 있어서 매개다. 어떤 말하기가 다른 말하기보다 더욱 명백하게 메타포적일 수는 있지만, 그러나 모든 사고의 확장과 상상력의 축적은 본질적으로 메타포적인 노력이다. 우리는 세 살 아이가 장시간의 목욕을 끝낸 후 물에 불어 쭈글쭈글한 자신의 발가락들을 보고 놀라서 "건포도 발이 되어 버렸어!"라고 외칠 때, 또한 과학자들이 무언가를 …… 블랙홀이라고 부를 때, 이러한 정신의 사용을 인식한다.[25]

그것이 공동의 의미를 형성하고 양육하기 위한 기본적인 전략이기 때문에, 메타포는 항상 그리스도교적 예전에서 자신의 거처를 발견해왔다. 메타포는 그것이 구술적이든 비구술적이든, 모든 예전적 언어의 필수 불가결한 방법을 구성하고 있다. 겉으로 드러나 보이는 비유적 표현이 없는 경우에도 그러하다.

알 길 없는 하나님에 대해 말하기 위해, 그리고 자비를 표현하기 위해, 공동체는 메타포에 의지하게 된다. "하나님의 얼굴이 당신들 위에 빛나게 하라"고 우리는 말한다. 물론 하나님에게는 얼굴이 없다. 그러나 우리는 우리가 자비를 말하는 방식으로서 하나님에게 얼굴을 드린다. "빛나게" 하라는 말도 또 하나의 메타포다. 교회는 이렇듯 계속해 그 메타포의 정원을 가꾸고 있다. …… 바라기는 모든 메타포가 번성해 모든 믿는 자들을 위해 의미가 풍성해지기를.[26]

메타포가 신비를 만나다

메타포는 예전 공동체가 한 세대에서 다음 세대에 걸쳐, 하나님의 신비와 관습, 하나님과 문화, 자연 세계와 인공 세계 사이의 겹쳐진 관계에 대해 재교섭을 가능하게 해주는 갱신 가능한 언어적 자원이다. 메타포들은 영원하고, 부동적인, 절대 변경 불가능한 컴퍼스의 중심점들이 아니다. 엘리자베스 슈얼이 말한 대로 그것은 "작동하는 점들working points"이다. 다시 말해, "정신이 안과 밖에 있는 두 개의 우주 사이에서, 그것들을 해석할 목적으로, 세우고 인식하는 유동적인 관계들의 그물인 것이다."[27]

> 모든 인간은 영원 속에 있으므로. 강들 산들 도시들 마을들.
> 모두가 인간적이다. 그리고 당신이 그들의 가슴속으로 들어갈 때 당신은 걷는다.
> 천국들과 땅들에서, 당신의 가슴속에 당신이 품듯이. 당신의 천국을,
> 그리고 땅을, 그리고 당신이 보는 모든 것, 비록 그것이 없는 것처럼 보일지라도 그 안에 있다.
> 당신의 상상 속에 있는 유한한 인간들의 이 세상은 그저 그림자일 뿐.[28]

예전의 주요 목표가 하나님과 세상, 그리고 인류 사이의 관계를 알고 그 이름을 짓는 것이라면, 메타포적 말하기는 이 목표를 달성할 수 있는 방법이다. 예배 안에서 하나님과 세상, 그리고 사람들은 영원한 재규정의 과정으로 서로를 끌어들인다. 메타포의 방법만이 예배 회중으로 하여금 "그리스도의 몸을" "식탁 위에" 계시는 동시에 "식탁에 함께하시는" 존재로 인식하게 해준다. 메타포만이 예배 회중으로 하여금 하나님에 대해, "이해할 수

없는 분인 동시에", 그러나 "이해할 수 없을 정도로 가까이 계신 분"으로 확증하게 해준다. 그리고 메타포만이 "강들 산들 도시들 마을들"이 영원히 인간적이며, 당신이 그 안으로 들어갈 때 "당신이 천국들과 땅들에서 걸을 수 있게 해준다. 마치 당신들 자신의 가슴속에 천국과 땅을 품듯이". 혹은 조지 허버트George Herbert, 1593~1633가 그의 유명한 시 〈기도Prayer〉에서 다음과 같이 썼듯이 말이다.

기도PRAYER, 교회들의 잔치, 천사들의 시대,
그의 탄생으로 되돌아가는 인간 속 하나님의 숨결,
주해註解 속의 영혼, 순례 속의 마음,
천상과 지상의 깊이를 재는 그리스도인들의 측연測鉛,

전능하신 분에 대항하는 엔진, 죄인들의 탑,
반전反轉 천둥, 그리스도의 옆구리를 관통한 창,
한 시간으로 바뀌어버린 여섯 날 동안의 세상,
만물이 듣고 두려워하는 하나의 곡조,

부드러움, 그리고 평화, 그리고 기쁨, 그리고 사랑, 그리고 축복,
높이 들린 만나, 최상의 것이 주는 반가움,
일상 속의 천국, 잘 차려입은 사람,
은하수, 낙원의 새,

별들 너머까지 들리는 교회의 종소리들, 영혼의 피,
향료들의 땅, 이해된 그 무엇.[29]

함께 속하지 않을 것처럼 보이는 "세상들"을 함께 묶음으로써, 메타포는 그리스도교 예전이 놀라운 결론에 도달하는 데 필요한 방법을 제공한다. 하나님, 세상, 사람들 모두가 인간의 얼굴을 공유하고 있다. 내가 이 책의 앞부분에서 논했듯이, 예전의 기본적인 전략 중 하나가 "분리시키는 공간을 부인하는 것", 즉 "기표"와 "기의"를 분리하는 공간을 축소시키는 것이다. 그리스도는 그 안에서 기표와 기의가 만나 결혼하기 때문에, 바로 이 사실 때문에 그리스도교 예배의 중심에 계시는 것이다. 그렇게 함으로써 세상을 결혼 잔치로 만들 뿐만 아니라, 나아가 우리들에게 "일상 속의 천국을, 잘 차려 입은 인간을, 은하수를, 낙원의 새"를 보여주는 것이다.

그러나 그리스도 안에서 "기표와 기의가 만나 결혼한다"고 말하는 것은 무엇을 뜻하는가? 그리고 어떻게 이런 일이 예전, 그리고 성례전의 수행 속에서 일어난다고 말할 수 있는가? 이 점을 밝히기 위해, 장뤼크 마리옹과 캐서린 픽스톡Catherine Pickstock과 같은 포스트모던 신학자들의 저작으로 들어가서, 다음과 같은 다섯 가지 요점을 살펴볼 것이다.

1. 어떤 독자들은 마리옹과 같은 사상가들의 저서를 읽으면서, 20세기 개신교의 위대한 신학자인 카를 바르트Karl Barth, 1886~1968를 연상할지도 모르겠다. 카를 바르트는 인간적인 모든 것들에 대한 하나님의 절대 주권을 변론하면서도, 하나님의 절대 우위와 초월성은 단지 "신적 우위divine preeminence"의 문제들만은 아니라고 주장했다. 다시 말해 하나님의 다름, 피조물 전체 혹은 인간과 완전히 구별되는 하나님의 차별성은 너무나도 심오한 것이어서, 인간의 이성으로는 결코 파악할 수 없다는 것이다. 요컨대, "신학"은 그 어떠한 긍정적인 의미에서도 불가능하다는 것이다. 타락이 인간의 정신과 마음을 어둡게 했기 때문에, 이성도 더 이상 믿을 수 없게 되었다. 신학은 따

라서 "자연", 창조 세계에 나타난 하나님의 계시에 기초를 둔 "자연신학"에 기반을 두고 구축될 수도 없고, 혹은 인간의 경험을 기반으로 구축될 수도 없다. 하나님은 오직 예수 그리스도 안에서만 드러나신다. 이것이야말로 하나님이 인간에게 인간을 위해 건네시는 유일한 말씀이시다. 바르트는 계속 이렇게 주장한다. 인간의 문화적 성취들을 포함해 다른 모든 것들은 죄에 뿌리를 둔 것이며, 따라서 궁극적인 가치를 지닐 수 없다.

바르트의 견해를 염두에 두고 마리옹의 신학적 관심사에 접근해보자. 먼저, 마리옹은 어떤 신학도 신학과 결별할 때까지는, 그리고 신학과 결별하지 않고서는, 진정한 신학이 될 수 없다고 주장한다. 달리 말하자면, 신학은 하나님에 관해 "진실로, 그리고 정확하게" 말하는 체 하기를 거부해야만 한다는 것이다. 마리옹은 파스칼Blaise Pascal, 1623~1662을 인용하면서, "하나님만이 하나님에 관해 잘 이야기할 수 있다"고 말한다.[30] 그리스도교 신학을 차별화시켜 주는 것은 "성찰들"과 의미들의 단일함에 있지 않고, 이 단일함을 확증해주는 그 무엇이다. 그리스도교 신학은 그리스도에 대해 말한다. 그러나 그리스도는 하나님에 "관한" 이야기를 하시지도 않고, 또한 하나님에 "의해 영감을 받은" 이야기를 하시지도 않으신다. 오히려 그리스도는 화자話者와 말하기 사이의 간격, 그리고 화자와 기호 사이의 간격을 지우신다. 그 공간을 축소시키신다. 또한, 마리옹은 이렇게 주장한다. 그리스도 자신은 그 어떤 말도, 혹은 하나님의 말씀도 하지 않으신다. 오히려 그리스도는 그 자신himself, 곧 말씀the Word을 말하신다. 그리스도께서는 자신과 다른 그 어떤 "메시지"도 전하지 않으신다. 그분 안에서만 유일하게 화자speaker, 기호 예를 들어 단어, 말하기, 그리고 내용reference, 의미이 만나게 된다. 그리스도를 "말할 때 …… 모든 것을 말하는 것이다. '말씀이 육신이 되어 우리 가운데 사셨다〈요한복음〉1장 14절'라는 선언을 이루는 이 말씀 안에서, 모든 것은 이루어진다". 말씀이 육신이 되는 것과 같이, 그리스도는 육신이 되신 말씀 안에서 하나님이신 모든 것을 이루신다. 따라서 마리옹은 다음과 같은 결론에 도달하고 있다.

    하나님에 관해 말해진 말씀은 그 누구도 정확하게 듣거나 이해할 수 없다. 따라서 사람들은 사람들의 언어로 그분이 말씀하신다고 믿는 바를 들으면 들을수록, 대낮처럼 명명백백한 이야기를 하는 것임에도 불구하고, 그 뜻을 점점 더 파악할 수 없게 된다. 그렇게 되면 그 말씀에 합당한 이름을 바침으로써 존경을 표하는 일은 할 수 없다. 만약 예외적인 은혜를 통해 그분을 "하나님의 아들"이라고 고백할 수 있다 하더라도, 그분이 스스로를 말씀하시는 것처럼 그분을 말하는 것도 아니고, 결코 그렇게 할 수도 없다. 말씀은 그 자체가 언어를 벗어나는 것이기 때문에 그 어떤 말로도 말해질 수 없다. 뼈와 살이 되신 말씀으로서의 그분은, 화자와 기호와 그 지시 대상referent이 서로 분리될 수 없는, 그런 존재로 주어지신 것이다.[31]

    2. 신학은 카를 바르트에게 그러하였듯이, 마리옹에게도 "불가능한" 것이다. 그러나 독자들은, 신학자들이란 여전히 말을 하고 있고, 신학 서적들도 여전히 출판되고 있다는 사실을, 그때나 지금이나 잘 알고 있다. 그렇다면 어떻게 "불가능한" 신학적 담론이 가능하게 되는가? 혹은 신학은 그저 의미 없는 수다나 맹신적 허튼 소리로 치부되어야 하는가? 마리옹은 이렇게 쓰고 있다. "그리스도교를 정당화하기 위해서 신학은 로고스the Logos의 로고스a logos, 말씀the Word의 말a word, 그리고 말씀하신 것the Said의 말한 것a said으로 여겨져야만 한다." 이러한 일은 신학자들이 언어를, 자신들이 통제할 수 있는 그 무엇이 아니라, 자신들이 그 통제를 받는 그 무엇, 자신들이 그 언어에 굴복해야만 하는 그 무엇으로 이해할 때에만 가능한 일이다.

신학을 한다는 것은, 신들gods의 언어를 말하거나 혹은 "하나님God"의 언어를 말하는 것이 아니라, 말씀이 우리에게 말하도록 하는 것이다. …… 하나님을 말하기 위해서는, 먼저 하나님으로 하여금 우리를 통해 우리의 말하기로 우리를 말하시도록 해야 한다. 이런 유순한 포기를 통해, 이때 우리의 말하기는 인간의 말로는 표현할 수 없는 아버지의 말씀처럼 들리게 된다.³²

　신학자의 임무는 하나님에 대해 말하는 것이 아니라, 그 자신이 말씀에 의해 말해지도록, 말씀이 성부에 의해 말해지도록 하는 것처럼 하는 것이다. 신학자의 첫 번째 임무는 통제가 아니라 항복이다. 신학자는 먼저 인간의 말하기로 하나님에 의해 말해져야 한다. 하나님은 말씀 안에서 우리 모두의 이름을 말하시기 때문이다.³³ 어디서 이런 일이 일어나는가? 동방이든 서방이든 그리스도교 전통은 하나님이 "각 사람을 이름으로 부르시는 것"이 예전 기도에서 그 무엇보다 중요한 일이라는 입장을 견지해왔다. 따라서 예배, 송영doxology이 신학의 제1의 장소premier site다.³⁴

　3. 신학자들이 자신들을 하나님의 말씀으로 말해지도록 한다는 조건하에서 "불가능한" 신학은 "가능하게" 된다. 만일 그렇다면 신학은 무엇에 관해 말할 것인가? 신학은 내용과 주제를 가지고 있는가? 그리스도교 《성서》를 보게 되면, 말씀이 단순히 말들, 본문text을 전달하는 것처럼 보인다고 말할 수 있을 것이다. 그러나 계시의 중심이 되는 것은 본문이 아니라 사건event이다. 하나님께서는 단순히 말씀하심으로가 아니라 행동하심으로 계시하신다. 실제로 하나님의 말씀하심은 이미 행동이다. 그러므로 다음과 같은 질문이 제기된다. 우리는 어떻게 그 행동들과 그 사건들을 복원할 것인가? 역사는 뒤집을 수도 없고 되풀이할 수도 없다. 그렇다면 어떻게 예배가 우리로

하여금 그 사건들을 기록하거나 기억하는 성서의 본문에 "가닿게 하는 것"이 아니라, 실제로 계시된 사건들real revealed events에 가닿도록 이끈다고 주장할 수 있는가? 장뤼크 마리옹은 다음과 같이 주장한다.

> 계시적 사건들이 복음서 본문들에 그 흔적을 남기는 방식과 핵폭발이 벽들 위에 불탄 자리와 그림자들을 남기는 방식 사이에는 병행하는 유사점이 있다. …… 본문은 그 해당 사건과 같은 시공간에서 생겨나지 않는다. 그렇다고 본문이 그 사건으로 돌아가도록 허락하지도 않는다. …… 폭발의 섬광에 의해 생겨난 그림자는 네거티브negative 필름으로가 아니고서는, 그 폭발을 재생해낼 수 없다. 본문은 우리에게 원 사건을 구성하고 있는 바로 그 이벤트의 네거티브 필름을 제공해줄 뿐이다.[35]

복음서에서조차 본문과 사건 사이의 간격, 기록과 계시 사이의 간격은 여전히 남아 있다.

그렇다면 그 본문은 우리를 어디에 남겨놓는가? 그 간격에는 다리를 놓을 수 있는가? 만약 실제의 사건들이 본문을 산출한 것이라면, 우리는 역사적 궤적을 벗어나지 않으면서 그 사건으로 되돌아갈 수 있는가? 단순하게 본문들을 의례적으로 읽거나 되풀이하는 것으로는 충분치 않다. 왜냐하면, 본문들이 사건들을 만든 것이 아니며, 사건들이 본문들을 만들어낸 것이기 때문이다. 공公 예배에서 《성서》를 읽는 것만으로는 사건들을 재구성해낼 수도 없고, 역사 속에서 일어났던 실제의 순간들을 마법과 같이 복원해낼 수도 없다. 어느 한순간, 우리들을 예수의 고난과 죽으심과 부활의 사건이 일어났던 그 시대로 데려다주는 마법의 탄환 같은 것은 없다. 본문과 사건 사이의 간격은 극복되지 않은 채로 남아 있게 되며, 바로 그곳에 궁극적인 은혜가 있다고, 마리옹은 제안한다. 부활절은 그래서, "해석" 혹은 "의미" 혹은 "의미의 효과effect, 결과, fallout"가 아니라, 바로 사건이다. 그 개념상 부활이란, 역사의 궤적을 벗어난 곳에서 일어나기 때문에 비록 시간과 공간의 제한을 받는 것은 아니지만, 부활절은 여전히 사건이다. 이것이 부활하신 분One이 실제적 존재이며 그 몸에 상처의 흔적을 그대로 간직한 채, 또한 역사와 연관되었으나 동시에 역사적 조건들을 뛰어넘는 존재로서, 부활 이후의 이야기들 속에 나타나는 이유다. 메리앤 사위키가 지적하듯이, 부활절 사건은 죽은 자들을 "과거"에 맡기는 것을 거부함으로써 시간을 해체한다.

예수는 과거인 동시에 부활일 수 없다. 왜냐하면 과거는 움직일 수 없으며, 또한 현재에 존재할 수 없기 때문이다. 성경의 본문들, 예를 들어 복음서들은 부활하신 주님을 과거의 이야기들 속에 등장하는 존재와 동일시하는 것을 거부한다. 그분은 《성서》의 본문들 너머에 계신 분이시다. 한 텍스트로서의 예수의 이름은 곧 사람들persons에 붙어 있고, 또한 무한하게 변화하는 교회의 활동을 통해 날마다 발견되는 힘을 북돋우는 경험들에 붙어 있다. 복음서 본문들이 가리키는 대상이란, 말하자면 인간의 행동들 속에 지속적으로 새겨 넣어지는 그런 본문들을 향하고 있다. 즉, 본문들을 통해 가능한, 부활하신 주님에 대한 끊임없는 발견을 향하고 있다.[36]

다시 말하자면, 본문의 지시 대상, "의미하는 대상"은 과거의 행동이나 이야기들 속에 암호화될 수 있는, 그래서 갇혀버린 사건이 아니라, 통제할 수 없이 계속 펼쳐져 나아가는 미래다. 이렇게 펼쳐져 나가는 미래는 신자들의 몸 위에 성례전적으로, 예를 들어 의례적 상징들을 통해 스스로를 새겨 넣는다. 예컨대, 그리스도 교회의 입교 예식이 이에 해당한다. 부활절 사건

안에서 예수는 이야기가 되어버린 것이 아니라 우리의 미래가 되셨다. 빅뱅 Big Bang과 마찬가지로 부활절은 끝나지 않았다. 즉, 그 행동은 아직 완성되지 않았고, 따라서 과거에 속할 수 없다. 따라서 심지어 부활절조차도 그 폭발exploding을 "해체하기"를 계속해야만 한다. "부활절 아침과 같이 과거 속에 갇힌 한 사건의 이야기는 스러져버리게 되고", 그래서 "부활은 과거의 사건이 될 수 없다". 그리하여 유일하게 진실한 부활절 "이야기"는 미래 속으로 펼쳐질 이야기뿐이다.[37]

〈창세기〉에 나오는 창조 이야기와 비교해보면 이 점이 더욱 명확해진다. 〈창세기〉를 보면, 시작에 관한 명백한 이야기들이 실제로는 기원학들이 전혀 아니고, 인간이 언제, 어떻게, 완전히, 자유 의지로, 그리고 최종적으로 하나님께 굴복하게 되는가에 관한 이야기들, 즉 종말론이다. 이와 유사하게, 부활절은 그리스도교의 기원학, 즉 역사적 과거 안에서의 우리의 기원에 관한 이야기가 아니라 그리스도교적 종말론이다. 그것은 우리에게 인간이 어디에서 왔는가를 말해주는 것이 아니라 어디로 가고 있는가를 말해준다. 부활절은 예수께서 무덤에서 나오신 것으로 끝난 것이 아니다. 제2차 바티칸 공의회의 〈사목 헌장〉 22항이 명백하게 확증했듯이 부활절은 모든 인간을 포함하며, 부활절의 역사는 인간 모두가 그리스도의 부활의 운명을 나눌 때까지 끝나지 않을 것이기 때문이다. 부활절은 그리하여 인간의 유용성을 구속하거나 제한하는 모든 구조들을 폭파시킨다. 예수는 이제 과거의 이야기를 통해서가 아니라, 열린 미래를 향해 나아갈 수 있도록 우리에게 힘을 부여해주는 현재의 활동, 레이투르기아와 디아코니아, 즉 예배와 봉사, 제의와 돌봄을 통해서 존재하신다. 사위키는 다음과 같이 지적한다.

성례전, 특히 성찬은 종말론적 경계를 건너가는 수단이다. 또한, 그것은 "예수"인 것과 "예수"가 아닌 것 사이의 대립을 극복한다. 성례전 예전은 많은 사람, 공동체, 심지어 물질적인 요소들까지를 예수와 연합하게 해주는 수단이다. 여기서 물질적 요소란, 우리에게 익숙한 시간표에 따라서는 그러한 연결을 입증할 수 없는 그런 요소다.

그러므로 부활은 가난한 자들을 돌보는 활동들과 예전을 수행하는 활동들 속에서, 부활하신 주님으로서의 예수의 존재 가능성에 "관한" 것이다.[38]

요컨대, 예전은 "제의와 돌봄", 곧 "교회의 예전"과 "이웃의 예전"이라고 이해된 예전은 사건과 본문 사이의 간격, 행동과 말의 간격이 극복되는 장소다. 부활절은 사건으로서 모든 "본문" 너머에 있는 것이기에, 다시 말해 그것이 아직 완성되지 않았기에, 그래서 하나의 이야기 안으로 축약될 수 없는 것이기에, 부활절은 현실에 대한 공인받은 해석자가 될 수 있다. 〈누가복음〉 24장에 나오는 엠마오 이야기가 여기에 해당될 것이다. 낙담한 제자들은 아무런 실마리도 찾지 못한 채다. 《성서》의 본문들은 그들에게 닫힌 채로, 그리고 이해할 수 없는 채로 남아 있다. 또한, 그들은 명백하고 자명한 것을 보지 못한다. 그러나 하나님의 말씀으로서 부활하신 예수는 과거에 속하는 단순한 "이야기"가 아니기 때문에, 예수는 공인된 해석자, 즉 제자들의 눈을 뜨게 해주는 존재가 될 수 있다. 제자들은 《성서》 본문들, 즉 과거의 사건들의 이야기들을 다시 읽는 중에 예수를 알아본 것이 아니라, 현재의 행동, 즉 빵을 떼는 행동 가운데, 다시 말해 과거가 아닌 미래, 곧 "나그네", 부활하신 그리스도가 제자들에게 나타나시는 미래에 속한 행동 중에 예수를 알아본다. 이것이 바로 마리옹이, "신학자는 본문을 넘어, 말씀으로 가서, 말씀의 관점에서 본문을 해석해야 한다"고 주장한 이유다.[39]

4. 이제 우리는 어떻게 "불가능한" 신학이 가능하게 되는지를 보다 잘 이해할 수 있게 되었다. 신학은 그 해석학, 그 해석의 방법이, 송영적이고, 예전적이며, "성례전적"일 때에만 가능하다. 다시 한 번 〈누가복음〉 24장의 엠마오 이야기를 생각해보자. 마리옹은 이렇게 지적하고 있다. 이 이야기 속에서 "성찬은 이 이야기의 가장 핵심적인 순간으로서, 해석학을 성취한다. …… 또한, 성찬만이 본문을 그 지시 대상으로 넘어가게 해서, 말들words의 비非본문적 말씀nontextual Word으로 인식되도록 해준다".[40] 즉, 성찬은 부활절의 종말론적 성격을 유지해주며, 그것이 과거에 관한 또 하나의 이야기가 되지 않도록 막아준다. 따라서 부활절과 성찬 사이에는 본질적 유대가 있고, 또한 그리스도교 초기 저자들은 세례와 견신례, 반복 가능한 성례전적 행위로 완성되는 그리스도교 입교 예식, 즉 "파스카 성례전들"로서의 입교 예식을 강조한 것이며, 그리고 에이든 카바나가 예전을 "원신학"이라고 말했던 이유이고, 마리옹이 모든 "신학의 성찬의 장the eucharistic site of theology"에 관해 말한 이유다. 성찬은 단순히 "많은 것들 중의 하나의 근원", 즉 신학이 시작되는 "많은 장소 중의 하나"가 아니다. 그것은 탁월한 신학의 장이다. 이 점에 대해 마리옹은 다음과 같이 말하고 있다.

말씀은 성찬을 통해 사람들에게 간섭한다. …… 이렇게 함으로써 해석학을 성취하게 된다. 해석학은 성찬에서 절정에 이른다. 해석학은 성찬이 가능한 조건을 확보해준다. 본문의 지시 대상, 지시되는 지시 대상으로서의 그리스도가 사람 속으로, 그 의미의 중심으로서, 간섭해 들어오는 것이다. …… 말씀이 성찬의 순간에만 사람 속으로 간섭해 들어온다면, 이때 해석학, 기초신학fundamental theology이 시작되며, 그것은 성찬 속에서만 자리를 찾게 된다. …… 따라서 신학자는 성찬 속에서만 해석학의 자리를 확보하게 된다. …… 또한 성

찬 속에서만, 사람을 입은 말씀이 침묵으로 말씀하시고 또 축복하신다. 이때 축복하시는 만큼 말씀하신다.⁴¹

따라서 성찬에서는 화자기표, 말하기말, 그리고 지시 내용의미, 이 세 가지 모두가 하나님의 말씀의 사람, 곧 부활하신 그리스도 안에서 함께 일어난다. 영국의 젊은 신학자인 캐서린 픽스톡은 그의 저서 《글쓰기 이후After Writing》에서 이와 유사한 주장을 편 바 있다. 이 책의 서문에서 픽스톡은 다음과 같이 쓰고 있다.

> 송영, 즉 의례, 기도의 "체현된 말하기", 찬양과 예배는 기호와 몸, 모두에 대해 똑같은 정도의 중요성을 인정한다. …… 이 기호와 몸의 일치coincidence는 성찬 사건에서 가장 명백하게 나타난다. 이 성찬 사건은 삶으로서의 죽음을 제시함으로써, 삶과의 대립으로서의 죽음을 극복한다. ……
> 성찬은 …… 기호와 몸의 일치, 그리고 죽음과 삶의 일치를 보여주는 본보기만은 아니다. …… 그것은 …… 몸을 떠나지 않는 언어의 관점, 그리고 시체 애호증necrophilia에 자리를 내어주지 않는 언어의 관점에 근거를 두도록 허락하는 성찬 사건에 대한 현실주의적 해석일 뿐이다. …… 성찬은 …… 그런 의미 있는 언어에 근거를 둔다. 실제로 …… 나는 예전적 언어야말로 그리스도인들에게 실제로 뜻이 통하는 유일한 언어라고 제안하는 바다.⁴²

이상과 같은 픽스톡의 주장은 마리옹이 조금 다른 용어를 사용해 다음과 같이 정확하게 설명해준 입장과도 유사하다.

> 계속해서 성찬을 거행해온 그리스도교 회중은, 신학의 해석학적인 장을 재

생산하고 있는 것이다. …… 그것은 본문을 듣고, 구술을 통해 그것을 지시 대상인 말씀의 방향으로 전해준다. 육신을 입은 말씀carnal Word이 공동체 안으로 들어오고, 공동체는 그분 안으로 들어가기 때문이다. 그러므로 공동체는 본문을 그 지시 대상인 그리스도의 관점에서 해석한다. 이때 해석은 정확하게 함께 부르심을 받고 연합되며, 성례전적으로, 따라서 실제적으로 말씀에 의해 거듭나고 해석될 수 있을 정도로 이루어져야 한다. ……[43]

5. 신학이 성례전이 될 때, "불가능한" 신학이 어떻게 가능해지는가에 관한 이러한 분석은 두 가지 결과를 초래한다. 첫째는 이것이다. 성찬에서 말씀은 무한하다. 왜냐하면, 그 말씀은 부활절 말씀이기 때문이다. 즉, 인간과 우주가 변모되어 "하나님이 만유의 주님이" 되실 때에만, 육신이 되신 말씀의 부활이 완성되기 때문이다〈고린도전서〉15장 28절, 〈골로새서〉1장 15~20절. "본문"으로서의 말씀은 더 이상 그것을 기록한 인간 저자의 작품이거나 소유물이 아니다. 그 말씀은 "이야기" 안에 갇힐 수도 없는 분, 과거에 묶일 수도 없는 분, 정확하게 부활하신 그분의 말씀 말하기the speech of the Word가 된다. 따라서 마리옹이 제안하듯이, "일종의 무한한 본문이 형성된 것이며", 또한 깊이를 잴 수도 없고 고갈될 수도 없는 "의미의 무한한 풍부함"이 생겨난 것이고, 결국 "무한한 해석"이 요구되는 것이다. 마리옹은 계속해서 이렇게 말한다. "이 끝도 없는 풍부함은" 성찬에 참여하는 회중들에게서 체현되는 "성찬적 태도들eucharistic attitudes을 생성시키는 성령의 힘에 의존한다". "신학은 그것이 쓰이기 전에 이미 실행되었다. 왜냐하면, '모든 것을 시작하기 전에, 특히 신학을 시작하기 전에 기도로 시작하기 때문이다'. …… 무한하게 출현하는 서로 다른 공동체들에 의해서 거행되는 성찬들이 무한대로 나오게 되며, 각각의 성찬은 말들의 한 조각을 말씀으로 되돌려놓게 된다. ……"[44]

두 번째 결과는 이것이다. 로마 가톨릭교회와 같은 신앙 공동체 안에서 신학은 성찬 성례전적으로 전개된다. 주일에 주님의 식탁 주변으로 모여든 회중 자체가 바로 "원신학"의 장인 것이다. 따라서 신학은 예전적으로 시작되는 것이다. 다시 말해, 교회의 지도력에 의한 권위적인 선언으로 시작되는 것이 아니다. 이에 대해 마리옹은 다음과 같이 말하고 있다.

> 신학은 말씀으로의 회심 이외에 그 어떤 다른 방향을 목표로 삼아서도 안된다. 신학자는 …… 공소 성찬에서 주교가 되거나 어느 가난한 신자 중 한 사람이 되거나 …… 신학의 과정이란 모호하고 결실이 없는 추측이 아니라, 말씀 안에서는 이미 이루어졌으나 우리들 속에서, 그리고 우리들의 말 속에서는 아직 이루어지지 않은 가능성들의, 결코 그 끝이 없는 전개다. …… 우리는 신학 안에서 무한대로 자유롭다. 우리는 모든 것이 이미 주어졌고, 달성되었으며, 사용 가능하다는 사실을 발견한다. 이제 이해하고, 말하고, 거행할 일만 남았다. 그렇게 많은 자유는 당연히 우리를 두렵게 만든다.[45]

따라서 신학의 불가능성은 성례전 회중의 의례적 행동들과 상징들에 의해 극복된다. 그러나 이 "과정"이란, 완전히 일직선으로 된 오르막길로만 향해가는 것은 아니다. 어떤 단계에서는 예전 또한 "불가능성"이다. 픽스톡은 다음과 같이 쓰고 있다.

> 예전은 하나님으로부터 온 선물인 동시에 하나님께 바치는 희생이다. 또한 모든 일상적인 지위들, 곧 중개인과 접수인의 입장을 깨뜨리는 상호 교환이다. …… 나아가 예전적인 표현은 타락의 때에 일어난 관계의 단절로 인해 "불가능하게" 되었다. 이 절교는 분명코 해결 곤란한 문제, 즉 아포리아 aporia의 장

이다. 왜냐하면, 그 절교가 인간이라는 주체로 하여금 송영을 불가능하게 만들며, 또한 …… 인간이라는 주체는 찬양이라는 박탈의 행동 속에서만 …… 구성되기 때문이다.⁴⁶

여기서 우리는 루이마리 쇼베의 성례전 신학에서 이미 발견했던 주제를 다시 만나게 된다. 다시 말해 교회는 탈脫전유disappropriation의 형태, 즉 박탈의 형태로만 그 은사들을 "봉헌offer"할 수 있다. 받은 것만을 드릴 수 있다. 따라서 성 요하네스 크리소스토무스의 예전에 나오듯, "우리는 당신께 당신의 것을, 당신 자신의 것 중에서, 모두를 위해, 모든 것 중에서, 바칩니다".

송영에 의해서 정의되다

나는 과거의 사건과 기록된 이야기인 본문 사이의 간격이, 메타포가 신비를 만나고, 성례전이 그 결과로 나타날 때만 극복될 수 있다고 말해왔다. 이제 나는 캐서린 픽스톡의 연구 결과들이 "불가능한 임무"로서의 예전과, 인간적인 것이 무엇을 뜻하는지에 관한 정의로서의 송영 사이의 간격을 좁히는 일에 어떻게 도움이 되는지를 밝히고자 한다. 픽스톡은 하나님 자신과 그분의 행동, 즉 예수의 삶, 죽음, 그리고 부활 속에 계시된 행동이 일종의 "거룩한 광기divine madness"라고 생각한다. 그러나 하나님의 어리석음은 "사람의 지혜보다 더 지혜롭고, 하나님의 약함은 사람의 강함보다 더 강하다〈고린도전서〉 1장 23~25절". 픽스톡이 관찰한 바에 따르면, 그리스도교의 신조 그리고, 방금 전에 인용했던 바울의 짧은 요약은 우리들로 하여금 "경험적인 연구나 '논리적인' 연구를 통해서는 이해할 수 없는, 이해할 수 없는 채로 남아 있는 지혜로 …… 성육신하신 하나님의 광기어린 모습 …… 곧 인간이 되셨으나 인간이 보기에는 광인狂人이신 그리스도의 모습"을 대면하게 해준다."[47]

픽스톡은 성찬 예전문의 제정사에서, "세상은 이 광기 앞에서 스스로를 낮추도록 지음 받았다"고 주장한다.[48] 어떻게? 성찬 기도에 삽입된 예수의 말씀들은 기본적으로 "접속사를 생략한asyndetic" 상태다.[49] 그 말씀들은 앞뒤의 말들과 거의 관련이 없이, 또한 아무런 준비도 없이, 어디선가 불쑥 나타난다. 천지 창조에서의 하나님의 역사, 이스라엘 백성들 사이에서의 하나님의 역사, 그리고 우리 시대에 이르기까지의 하나님의 역사를 찬양하는 더욱 긴 이야기 한복판에, 예수의 말씀이 직접 인용으로 삽입되고 있다. 또한, 이 말씀은 집례자에 의해 말해지는 긴 기도의 한복판으로 뚝 떨어지는 단언assertion이기도 하다. 이런 전략은 포스트모던 문학에서 널리 사용되는데, 작가들은 "접속사 생략asyndeton", 즉 연결, 접속사, 그리고 상호 참조가 없는 기법을 사용해, 뿌리 뽑힘, 유동流動, 소외, 그리고 낯설게 하기 등을 표현한다. 그러나 이런 기법은 전통적, 예전적인 담화에서는 대단히 드물게 나타나는 것이다. 왜냐하면 전통적, 예전적 담화는 말들과 행동들과 사람들과 사건들이 어떻게 연결되어 있는가를 보여주려고 애쓰기 때문이다.

성찬 기도의 한복판에 인용되는 예수의 말씀들은 다른 곳으로부터의, 다시 말해 집례자 이외의 다른 누군가로부터의, 혹은 공동체로부터의 갑작스러운 침입intrusion인 셈이다. 이러한 침입을 더욱 드라마틱하게 만들기 위해 기도는 "감속deceleration"이라고 알려진 수사적 전략을 사용한다. 오늘날의 학자들은 "감속된" 화법과 "가속된accelerated" 화법을 구분하고 있다. 이렇게 대비되는 용어들은 "본문이 얼마나 많은 영역을 다루고 있는가", 또한 "본문이 그것을 다루기 위해 얼마나 긴 시간을 필요로 하는가"를 가리키고 있다. 예를 들어, 우리가 미사에서 〈신경〉을 암송할 때에는, 대부분 짧은 시간 동안에 거대한 역사, 천지 창조로부터 "육신의 부활과 영생에 이르기까지"의 모든 역사의 기간을 다루는 가속된 화법을 따른다. 그러나 이 〈신경〉에서 성육신의 신비가 묘사되는 대목에 오면 감속된 화법으로 전환한다. 그리고 이러한 감속은 절하기, 혹은 한쪽 무릎을 꿇기 등의 의례적 몸짓에 의해서 잠시 멈추게 된다. "성자께서는 저희 인간을 위하여, 저희 구원을 위하여 하늘에서 내려오셨음을 믿나이다. 또한 성령으로 인하여 동정 마리아에게서 육신을 취하시어 사람이 되셨음을 믿나이다."

성찬 기도는 가속 화법과 감속 화법을 결합해 사용한다. 성찬 시작 기도의 대화preface dialogue에서 송영에 이르기까지 기도는, 두 번의 감속 순간을 제외하고는, 계속해서 그 속도를 높여간다. 첫 번째 감속은 "거룩하시도다"라는 대목에서 일어나는데, 이때 사람들의 갑작스러운 찬양과 경배로 인해 기도의 흐름과 속도가 깨진다. "거룩하시도다, 거룩하시도다, 거룩하시도다, 전능하신 주 하느님 ……" 두 번째 감속은 "수난을 받으시기 전날", 식탁에서 행하신 예수의 말씀과 행동을 다소 자세하게 묘사할 때 일어난다. 〈성찬 기도 I Eucharistic Prayer I〉는 그 선조ancestor인 고대 라틴 미사 법규처럼, 《성서》에서는 발견되지 않는 수사적 기법을 더함으로써, 더욱 속도를 늦춘다. "수난을 받으시기 전날, **예수께서는 거룩한 손으로** 빵을 드시고Latin: in sanctas ac venerabiles manus suas, **하늘에 계신 당신의 전능하신 천주 성부를 바라보았습니다**Latin: et elevatis oculis in caelum ad te Deum Patrem suum omnipotentem, ……" 굵은 글씨로 강조한 부분은 예수의 행동들 주변에 일종의 후광을 만들어내는데, 그 후광은 기도의 속도를 늦추면서, 성찬 예전문의 제정사 앞에 나오는 내용과 그 뒤에 나오는 내용 사이의 차이를 강조하게 된다. 성찬 예전문의 제정사가 회중들의 신앙의 신비 선포memorial acclamation로 끝이 나면, 기도는 다시 속도를 내어 그리스도의 죽으심과 부활하심을 기억하는 빠른 암송으로 나아가며, 교회의 봉헌을 권한다〈성찬 기도 I〉. "아버지, 저희는 생명의 빵과 구원의 잔을 봉헌하나이다". 성자들의 성찬을 회상하고, 산 자들과 죽은 자들을 위해 간구하며, 그리고 "그리스도를 통하여, 그리스도와 함께, 그리스도 안에서 ……"라는 송영으로 끝을 맺는다.

성찬 예전문의 제정사 안에서, 로마 가톨릭 의식에서 드려지는 성찬 기도들이 예수의 말씀과 행동을 인용하는 방식에 있어서 우리가 주목해야 할 점이 또 하나 있다. 유대교의 평신도인 예수가 알고 사용하셨던 전통적인 종교 언어는 각 상징, 예를 들어 "피"는 그 상징의 다른 사용법과 공명을 이루는 통일된 종교적 담화의 세계에 속해 있었다. 그래서 히브리《성서》에서 성전 제사의 "피"를 언급하게 되면, 그것은 피에 대한 다른 모든 언급들을 상기시키게 되었을 것이다. 예를 들면, 그가 죽임을 당한 후 땅으로부터 외치는 아벨의 피, 이집트 장자들의 피, 이삭을 제물로 바치던 장면에서 가까스로 피할 수 있었던 피 흘림까지 말이다. 예수의 죽음이 "유월절 상황"에서 일어났든 혹은 그렇지 않든, 그분이 피와 계약을 언급하심으로써, 피와 관련된 상징들과의 공명이 남김없이 일어났을 것이다.

그러나 성찬 기도에서는 두 가지 일이 일어난다. 첫째는, 그리스도의 말씀이 복음서의 문맥, 수난 이야기로부터 분리된다. 바울이 그 말씀들을 〈고린도전서〉 11장에서, 앞뒤의 문맥과 상관없이 인용했던 것처럼 말이다. 둘째는, 예수의 말씀들이 기도의 다른 부분들과 접속사 없이 연결된다. 그 말씀들은 그 이전과 그 이후의 부분들과, 논리적으로나 구조적으로 어떤 연관성도 없다.[50] 또한 더욱 놀라운 것은, 그 말씀들이 "전능하신 영광의 하나님, 당신께 거룩하고 완전한 예물을 바치는" 회중들이나 집례자로부터 나올 수 있는 말이 아니라는 점이다. 집례하는 사제나 회중들은 글자 그대로 "이는 내 몸 …… 이는 내 피다"라는 말을 할 수 없다. 이 말들은 인용구들이다. 요컨대, 그리스도의 말씀들은 갑작스레 기도 속으로 뚝 떨어진다. 엠마오로 가는 길에서 낯선 이가 "불쑥" 나타났던 것처럼 말이다. 따라서 성찬 기도에 인용된 예수의 말씀들은 당시 백성들의 종교적 역사와 여전히 연결되어 있긴 하지만, 인간의 사고, 말하기, 혹은 기억에 의해 통제될 수 있는 의미의 닫힌 체계로부터는 자유로운 것이다. 예수께서 하신 성찬 제정의 말씀들은, 성찬 기도 자체를 포함해 세상뿐만 아니라 종교적 전통과 기도의 합리성이나 논리와도 단절된 것이다.

이것이 캐서린 픽스톡이 분석한 대로, 예수의 말씀들이 "거룩한 광기"의 본보기인 이유다. 그 말씀들은 인간의 합리성이나, 예수 시대의 그리고 우리 시대의 관습적인 종교적 말하기와도 단절된 것이다. 따라서 예수의 말씀들은 시간을 초월하는 "이해 불가non-sense"의 상황 속으로, 다시 말해 사고와 분석으로 이루어지는 보통의 세상으로부터 단절된 말하기의 상황 속으로 들어가게 된다. "이는 너희를 위하여 내어줄 내 몸이다. …… 이는 너희와 모든 이를 위하여 흘릴 피다." 친구와 가족들이 함께 나누는 식사의 전통이나 유월절 의례 안의 그 무엇도 이 선언을 이해할 수 있게 해주지는 못했을 것이다. 이 말씀들은 실제로 광인狂人의, 아무런 관련도 없는, 접속사가 없는, 뜻 모를 말로 들린다. 픽스톡은 이에 대해 다음과 같이 쓰고 있다.

최후의 만찬에서 그리스도가 접속사 없는 표현을 사용하신 것은, 인간의 이성은 불완전한 것이며, 찬양은 결코 끝나지 않는다는 사실을, 수행되는 모든 예전마다에서 상기시켜주려는 것이다. …… 십자가의 광기insanity, 곧 이해 불가능한 희생은 세상의 "합리성" 속으로 익사해버린 지혜였으며, 그곳에서 그 이해 불가함을 드러냈다. 최후의 만찬에서 예수께서 나를 기억하라고 하신 말씀을 묶어주는 전치사가 생략된 침묵에 의해, 예수의 말씀은 그 어떤 말로도 "설명"할 수 없는 한 공허, 즉 비어 있음의 장arena을 열어준다. 이 장은 충만함보다 더욱 충만한 장이다. 왜냐하면, 신비는 단지 수행되고, 받아들여지며, 되풀이될 수 있을 뿐이기 때문이다. 이러한 공백이 인간의 "합리성"과 거룩한 지혜 사이의 단절을 야기하며, 이때 하나님만이 …… 이해 불가한 것 속에서 "사리"를 분간하실 수 있다.[51]

그러므로 그리스도인들의 성찬 행위는 예수의 성찬 제정의 말씀과 마찬가지로, 근원적으로 동요動搖를 야기시킨다. 그것들은 세속적인 합리성과 종교적 합리성 모두를 공격하며, 픽스톡이 제시한 바와 같이, 존재하는 것은 예배하는 것이라고, 또한 인간의 존재는 그 자체로 송영이라고 주장한다. 또한, 예수의 말씀들은 예배란, 어느 수준에서는 그 자체로 "불가능한 것"임을, 그리고 그리스도의 깨어진 몸과 흘린 피 안에서 체현된 거룩한 지혜는 우리들에게 그 자체가 어리석음, 즉 거룩한 광기로 보인다는 사실을 드러내준다. 그럼에도 불구하고 픽스톡은 이렇게 결론을 짓고 있다. 송영은 인간 주체로서의 우리의 존재를 가능하게 만들어주는 것이다. "자아", 곧 "주체"가 되려는 욕망은 자율적 프로젝트가 아니다. 사실, 우리는 우리 스스로를 "발명"하는 것이 아니다. 인간 주체는 자기 소유에 의해서가 아니라, 자기 박탈에 의해서 형성되는 것이다. 우리는 하나님을 찬양하는, 곧 자신을 낮추는 행위, 자기 비움를 통해서만 진짜 인간이 되며, 또한 우리 자신이 된다.

픽스톡은 그러한 생각이 서구 사상에서는 새로운 것이 아니라고 말한다. 플라톤은 말하기가 근본적으로 "송영적" 특성을 지니고 있다고 인식했으며, 그래서 그는 다른 형태의 시는 대부분 배제했음에도 불구하고. 예전적 시, 신들에게 바치는 찬송, 지고의 선善을 찬양하는 노래들을 자신의 《국가Republic》에서 배제하지 않았다. 플라톤은 이러한 말하기가 덧없음temporality

을 시사해줄 뿐만 아니라, "타자"에 대한 개방성을 시사해준다고 인식했다. 이렇게 인식한 이유는 인간의 말이란, 다음의 음절이 나오기 전에 죽어야만 하는 하나의 음절에 불과하기 때문이다. 그는 언어란, 초월적 본성을 지니고 있다고 전제했다. 즉, 언어는 일차적으로 거룩한 존재에 대한 찬양으로서 존재하는 것이며, 결국 그러한 찬양으로서만 의미를 지닌다는 것이다. 따라서 송영적 표현은 "찬양하는 자, 찬양의 대상, 그리고 그 표현 안에서 공유하는 모든 이들을" 하나의 투명한 행동으로 묶어준다. 그 행동 안에서는 "그 무엇도 가려지거나 숨겨질 수 없다". 예전적 행동은 단순히 찬양할 가치가 있는 무엇이나 또는 누군가를 나타내주는 것일 뿐만 아니라, 동시에 "생활 방식 자체다. 초월적 선을 …… 본받는 일이란, 그 선에 참여하거나 혹은 나누는 일을 반드시 포함하는 것처럼, 찬양받을 만한 대상을 찬양하는 일은 그 개념상, 그 찬양에 참여하는 것을 포함한다". 그 결과 송영은 특수한 경우에만 사용되는 말하기 기능이 아니라, "최상의 윤리를 이루고 있는" 삶의 방식이며, 말하는 사람을 주체로, 다시 말해 "그가 찬양의 대상에게 전적으로 헌신하는 바로 그 순간, 자신에게 완전히 집중하는" 사람으로 만들어주는 것이다. 이 각도에서 보면 인간의 말하기에 관한 플라톤의 이해는 다음과 같다. 즉 예전, 곧 송영을 "언어의 가장 높은 형태, 즉 찬양할 가치가 있는 대상의 공유된 가치들을 표현하고 또 수행하는 것"으로 보는 것이다.[52]

말하기와 화자들에 관한 플라톤의 송영적 이론에 대한 픽스톡의 분석은, 철학자 요제프 피퍼Josef Pieper, 1904~1997와 같은 현대 저술가들이 어떤 이유에서 확증affirmation, 즉 거기 있는 모든 것에 대해 '예yes'라고 말하기를 그리스도교의 기념과 축제의 근원으로 여길 수 있었는지를 설명하는 데 도움이 된다.[53] 또한, 이것은 에이든 카바나가 예전적 행위들과 송영적 행위들이란, 항상 의식rite이라고 확언할 수 있었던 이유기도 하다.

의식은 예배, 법 …… 금욕적인 수도원 조직, 복음적이며 교리 문답적인 노력들이 지니는 …… 수많은 특성들 가운데서 발견되는 그리스도인들의 삶의 방식 전체라고 불릴 수 있다. …… 예전적 행동은 이 모든 것들을 구체화시켜주는데, 그렇게 함으로써, 이 모든 것들이 세상에서의 삶을 위해 주어진 시간과 장소에서, 살아계신 하나님 앞으로 모여든 공동체에게 접근 가능하도록 만들어준다. 이런 그리스도교적 의미에서의 의식은 신실한 사람들의 정규적인 모임 안에서 생겨나고 또한 유지된다. 이들의 존재 속에서, 그리고 이들의 행위를 통해, 우주 자체의 불안정한 근원Source은, 마치 친구들 사이에서 그렇게 하듯이, 자유롭게 정착하고 머무르게 되어 기뻐한다. 그리스도인들의 예전은 구원받은 세상이 이루어지는 방식이다.[54]

예전: 송영인가 상품인가?

우리 인간들이 송영에 의해 정의된다고 주장하는 것과, 그리고 그리스도교의 예전은 "구원받은 세상이 …… 이루어지는 방식"이라고 말하는 것은 의식, 곧 친구로서 우리들 사이에 거하는 "우주의 불안정한 근원"과 우리의 만남을 이루는 "그리스도교적 삶의 방식 전부"를 포함하는 것이다. 그러나 이런 것들이 사실일 수는 있지만 자명한 것은 아니다. 이 점은 "경제적, 기술적, 정치적 진보"의 개념에 의해 지배를 받고, "다른 것들에 대한 정복과 지배"를 선호하는, "자본주의적이고 정복적인" 포스트모던 사회 속에서는 특히 더욱 그러하다.[55] 이 책의 앞부분에서 나는 로런스 폴 헤밍의 논문인 〈기도의 주체: 하나님에 대한 포스트모던적 접근에 있어서 본의 아닌 말들The Subject of Prayer: Unwilling Words in the Postmodern Access to God〉을 언급한 바 있다. 이 논문에서 헤밍은 21세기 후기 자본주의 시대에 기술적으로 발전된 서구 문화 속에서의 예배 경험에 관해 통찰력이 돋보이는 언급을 하고 있다. 그는 이렇게 쓰고 있다. "우리는 이제 기도할 때조차도 더 이상 예전 기도를 따라 하지 않는다. 우리는 우리 자신을 위해, 우리의 심리적인 내적 삶을 가장 잘 표현해줄 수 있는 예전을 스스로 구성한다. 예전은 이제 스타일이 되었다. 예전이 나를 만드는 것이 아니고, 내가 예전을 만든다. 그 결과 내가 그것이 '맞아!'라고 말할 때, 나는 그것이 이미 지니고 있는 내 성향disposition에 맞는다고 말하는 것이다. 내가 이런 점에 대해 생각이나 한다면 말이다."[56] 이젠 "예전이 더 이상 우리를 만들지 않고, 우리가 예전을 만든다"고 생각하는 사람들이 많다. 이제 예전은 우리의 재산이다. 우리가 그것을 계획하고, 만들어내고, 수행한다. 그 결과 예전은 점점 더 현지에서 재배한 상품, 그리고 홈메이드 상품으로 인식되고 있다. 다시 말해, 예전은 더 이상 이사야의 예언에 나오는 그분, 곧 그 영광이 온 땅에 가득하시고, 문지방의 터를 흔드시며, 성전을 연기로 가득 채우시는 그 한 분께, 자신을 포기하고 굴복하는 행동이 아니다〈이사야〉 6장 1~4절.

　그렇다고 해서 공의회 이후의 예배가 "그 성스러움을 잃어버렸다"거나, 또는 그 질서와 예절이 없다고 주장하려는 것은 아니며, 나아가 그런 예배가 예배 회중을 하나님의 경이로우심 저 너머로까지 높여준다고 주장하려는 것도 아니다. 이 책의 서문에서 말했듯이, 공의회 이후 책임감 있는 예배학자들은, 끊임없이 초월성과 공동체 사이에서 선택하기를 피해왔다. 초월성과 공동체 각자는 항상 서로를 함축하고 있다는 사실을 인식하고서 양자 중 하나를 선택하는 일을 끊임없이 피해온 것이다. 예배에서 우리는 하나님과 회중 모두 경이로운 동시에 평범하고, 평범한 동시에 경이롭다고 인정한다. 이 점에 대해 리처드 게일라데츠는 다음과 같이 주장했는데, 그의 주장이 옳다. 완전히 갱신된 예전을 위해 "그리스도교 공동체의 삼위일체적이며 성찬적인 기초들"을 복원하는 일이 필요하다. 예전은 "하나님과의 교제, 그리고 서로서로의 교제"의 연합을 기념하는 것이기 때문이다.[57] 예수께서 주장하셨듯이 우리는 이웃 안에서 하나님의 사랑을 알아야 하고, 또 이웃 안에서 그 사랑의 이름을 지을 수 있어야 한다.

따라서 미국 가톨릭 신자들이 "우리를 또 다른 영적 영역으로 인도해주며 경외심을 일깨우는 예전의 수행과, 따뜻하고 비형식적인 유사類似 친구들 pseudo-intimates의 모임 가운데 하나를" 선택해야만 한다고 주장하는 것은 거짓이다.[58] 사실 인간의 관계성, 낯선 이를 환영할 때도 친구를 맞이하는 것처럼 진실해야 하는 그런 관계성은 그 자체로 하나님이 인간들과 나누시는 교제의 도상icon이다. 그리스도인들은 하나님은 하나의 마을이라고, 다시 말해 아버지와 아들과 성령의 삼위가 나누는 교제라고 믿는다. 이때 삼위는 서로를 서로에게 내어주는 행동으로부터 나타난다. 하나님의 내적인 삶은 자신을 비우는 자기 굴복, 자기를 낮추시는kenosis 것이다. 따라서 하나님의 삼위는 하나님의 신비 속에서, 영원히 스스로를 내어주는 행동에서 파악된다. 하나님은 "전적인 선물altogether gift", 곧 기부donation다.[59] 삼위일체 하나님을 고백한다는 것은 하나님을 '주어진Given' 존재로, '~에게 주어진given to', '~을 위해 주어진given for, '양보받은given up', '양도받은given over', '거저 받은 given away' 존재로 확증하는 것이다. 삼위는 각자가 서로서로에게, 또한 서로를 위해 자기 자신을 남김없이 쏟아 부어준다. 삼위일체 하나님의 각 위격은 박탈의 행위를 통해서만 그 본성을 "지닐 수 있다", 즉 소유할 수 있다. 그래서 아퀴나스는 삼위일체를 "고유의 관계들subsistent relations"을 지닌 인격적 공동체라고 규정할 수 있었던 것이다. 요컨대, 하나님은 삼위 서로서로를 위해, 그리고 우리 인간을 위해 쏟아부어진 삼위의 교제communion시다.

하나님의 본성은 자신을 내어주시는 것이며, 상호 내어줌mutual given-ness이다. 그 결과 모든 예전의 수행이란, "우리 삶의 매 순간마다에서 진실인 것을 의례적으로 표현하는 것이다. 이렇게 표현할 수 있음은 특권이다. 인간들 사이에서 이루어지는 진정한 교제의 모든 행동은, 바로 그 이유 때문에, 하나님과의 교제다".[60]

예전과 "소비자 종교"

그러나 21세기의 미국 사회 같은 포스트모던 시대의 소비자 중심 문화들은, 예전을 "상품", 즉 의식적으로 계획되고 만들어진 산물로 보려는 경향이 있다. 공의회 이전의 예전으로 회귀하고 싶어 하는 가톨릭 신자들은, 자신들의 감성이 실제로는 "대단히 현대적"이라는 사실을 발견하면서 놀라게 될 것이다.[61] 빈센트 J. 밀러Vincent J. Miller는 최근 이 점에 대해 다음과 같이 쓰고 있다.

제2차 바티칸 공의회를 반박하는 가톨릭의 신新전통주의 형태들은 상품화된 향수commodified nostalgia의 거의 완벽한 예시처럼 보인다. 현대성을 비판적으로 수용하려는 공의회의 노력을 거부하면서 그들은 가까운 과거의 가톨릭 안에 안주한 채로, 그 가톨릭의 수행, 신념, 장식과 의상들까지를 귀하게 여긴다. 이러한 향수에 기반한 복원 작업은 필연적으로 과거를 창출해냈던 특성들로부터 그 과거를 떼어내고, 또한 그 과거를 현재와의 어떤 유기적 연관성으로부터도 분리시킴으로써, 과거 자체를 이상화하게 된다. …… 이러한 "전통주의적" 복원은, 또한 불가피하게 혁신적일 뿐만 아니라 대단히 현대적이다. 근본주의

는 철저하게 현대적인 현상이다.**62**

소비자 종교는 그것이 "우익"이든 혹은 "좌익"이든, 필연적으로 소비자 문화와 연결될 수밖에 없고, 포스트모던 세계의 다른 많은 현상들과 마찬가지로 좋은 소식과 나쁜 소식 모두를 가져다준다. 먼저 좋은 소식부터 알아보자. 밀러가 말하듯이, 소비자 종교는 대부분의 사람들에게 하나의 해방으로 경험된다. 현대 기술과 마찬가지로 그것은 우리의 선조들이 당연하게 생각했던 짐들로부터 사람들을 해방시킨다. 예를 들어, 1세기 전까지만 해도 미국의 많은 가톨릭 신자들은 유럽계 이민자들이었고, 그들의 삶은 닫힌 문화들, 즉 작고 촘촘하게 짜인 공동체 속에서 펼쳐졌다. 이런 공동체 안에는 계급, 성별, 사회적 지위에 따른 역할이 엄격하게 지정되어 있었고, 동시에 이 공동체는 부모, 교사, 사제, 주교들 등의 지역 권위자들, 심지어는 배우자, 친구, 동료 교구민 등의 지역 권위자들의 엄격한 통제 아래 있었다.**63** 오늘날 우리가 당연시하는 자유들, 예를 들면 가족의 부당한 간섭 없이 결혼 상대를 선택할 수 있는 자유나, 1968년 교황청의 인공 피임 금지령에도 불구하고 결혼한 부부들이 가족계획을 시행할 수 있는 자유들이, 1세기 전 가톨릭 이민자들의 도시 공동체 안에서는 사실상 불가능했었다.

이제 나쁜 소식을 알아보자. 소비자 천국은 다음과 같다.

문화에서 정치적 마찰을 제거해버린 상황, 곧 각 개인이 나름의 종교적 통합을, 그것이 영감을 받은 독창적인 것이든, 혹은 순응하는 진부한 것이든 간에 자유롭게 추구할 수 있는 상황을 만들어냈다. …… 이 모든 것이 …… 개인적인 통찰이라는 사적 영역에 갇혀 버린 반면, 세계화되고 있는 자본주의는 아무런 반대도 없이 자신의 사업을 펼쳐 나가고 있다.**64**

규제를 받지 않는 소비주의는 예를 들어, 과시형 소비를 축복함으로써, 구체적으로 말하자면 미국인들로 하여금 엄청난 연료가 소모되는 SUV 자동차를 몰면서 그 연료가 필요한 나라들의 비극적인 운명은 아랑곳하지 않거나, 혹은 지구의 불확실한 미래를 도외시하게 만들고 있다. 더욱이 소비주의는 이것의 쌍둥이를 만들어낸다. 상품화commodification가 바로 그것인데, 이는 상품을 구매하고 소비하면서 체득한 습관, 관습, 그리고 태도들이, 모든 사람, 모든 장소, 그리고 모든 사물과 맺는 우리의 관계에까지 파고들어오는 것을 의미한다. 바로 이러한 "사람, 장소, 사물" 안에 예전이 있다. 예전 또한 생산 경제 안에서 하나의 상품이 되어가고 있다. 베네딕도 수도회 신부이며 1926년 지금의 《예배》의 전신인 《기도하라, 형제들이여Orate Fratres》를 창간한 미국의 예전 개척자인 버질 미셸Virgil Michel, 1888~1938이 예전의 갱신은 경제적 사회적 갱신과 함께 시작되어야 한다고 인식했던 것도 놀라운 일은 아니다.

소비주의가 상품화와 짝을 이루게 되면, 그 결과로 "시장 가치"에 기초한 문화, 즉 그리스도인들과 그들의 예전까지를 포함해 모든 것이 상품, 원가 계산, 그리고 수익성의 경제에 속하는 그런 문화가 나타난다. 돈과 시장 가치가 생활의 모든 영역에 침투하게 되고, 예전 역시 후기 자본주의적 "서비스 경제"의 형태로 자연스럽게 전락하게 된다. 빈센트 밀러는 "물건들의 수사법", 곧 물건들을 구매하고 소비하는 방식이 우리 경험의 더 큰 영역까지를 점령하게 될 때, 다음 두 가지 결과가 초래된다고 지적하고 있다.[65] 첫째는, 가치의 의미 자체가 변한다. 가치는 더 이상 내적 품질이 아니라, 임의적이고 외적인 "가격"이 되고 만다. 나름의 중요성을 상실한 가치는 이미지 노릇을 하거나, 혹은 다른 무언가의 "대역" 노릇을 하게 된다. 심지어 "다른 무언가"가 로토 복권에 당첨되는 것과 같은 판타지일 때조차도 그러하다.

그런 조건 아래서는 가치의 인플레이션 현상이 일어나서, 가치가 "원본" 없는 이미지가 되거나, 위장僞裝이 되거나, 혹은 가장假裝이 된다. 둘째는, "가격"이 매겨진 상품과 제품들은 그 자체가 가상의 행위들, 하나의 "스타일", 진열장 장식, 혹은 가상의 삶을 위한 소품들로 변형된다. 요컨대, 소비는 그 대상이 제품 자체일 뿐만 아니라 광고인 가상의 행동이 된다. 이것이야말로 빅토리아의 진짜 비밀Victoria's real Secret, 여성용 뷰티 제품 브랜드 빅토리아 시크릿의 패러디이라고 말할 수 있을 것이다.⁶⁶

다시 말해, 예전을 "상품" 혹은 "스타일"이라고 보는 소비주의 문화들은 의례의 메타포적 논리logic를 거부한다. 내가 본 장에서 보여주려고 애를 썼듯이, 이 논리는 의미와 가치를 가치와 소비의 인간 경제 저 너머로 가져다 놓음으로써, 의미와 가치를 재배치한다. 결국, 메타포는 벗어남transgression이다. 그것은 서로에게 속해 있지 않은 것들을 함께 묶어준다. 고기와 치즈, 문둥병 환자와 마을, 사자와 양, 유대인과 이방인, 노예와 자유인, 가진 자와 가지지 못한 자, 그리고 산 자와 죽은 자 등이 그것이다. 모든 메타포는 경계를 무너뜨릴 수 있고, 무질서를 초래할 수 있으며, 혼돈을 야기시킬 수 있고, 우리를 "품위 있는respectable" 사회의 주변부로 밀어낼 수 있다. 게일 램쇼가 예전에 관해 말했듯이, 메타포는 예전의 방법이고, 포용성은 예전의 목표이다. "무언가를 새롭게 보는 것은 …… 어떤 것 위에 그것이 아닌 것을 겹쳐 놓음으로써 인간의 상상력을 확장하는 것이다. …… 공동의 의미를 형성하고 또 육성하는 정신의 그런 창의성이란 〈창세기〉에 나오는 '하나님의 형상'이 의미하는 것과 같다. 거룩한 것이 자연스러운 것으로부터 터져 나왔고 의미가 창조되었다."⁶⁷

의례의 메타포적 논리는 우리로 하여금 현실을 새롭게 보게 하고, 또한 성별과 경제적 지위, 그리고 사회적 계급이라는 문화적 범주를 넘어 가도록 하는 것을 목표로 한다. 예전의 메타포는 가장 작고 미천한 자들이 식탁의 상좌를 차지하고, 모든 사람이 그 식탁에서 함께 먹을 수 있는 그런 하나님의 나라의 포용적인 논리를 반복하는 것이다. 메타포는 의미를 공유할 수 있는 가능성을 위한 조건일 뿐만 아니라, 나그네를 환대하고 쫓겨난 사람에게 자리를 내어줄 수 있게 하는 회중 공동체의 고유한 말하기다.

그러나 서구의 포스트모던 소비 문화 속에서 그리스도인들은 의례의 고유한 말하기 즉, 메타포를 듣고 그 논리를 이해할 수 있을까? 물론 우리 시대는 다른 어떤 시대만큼이나 달변의 시대다. 부정어법否定語法, 하나님은 표현 불가능한 존재이며, 따라서 그분의 이름을 지을 수 없다는 어법의 오랜 전통에도 불구하고, 그리스도인들은 예배 중에 침묵하고 있는 것 같지 않다. 오히려 역사를 보면, 이름을 지을 수 없는 하나님의 이름들을 부르기 좋아하는 우리들의 취향을 증언해주는 예전적 자료들이 도처에서 발견된다. 그렇다면, 그것이 구술적인 것이든 혹은 비구술적인 것이든, 말하기와 노랫말이라는 들리는audible 말들, 그리고 성례전과 의례적 몸짓이라는 보이는visible 말들을 모두 포용하는 예전적 행위 자체에 관해서는 어떠한가? 그리스도인들은 예전적 말하기가 구술적인 것이든 혹은 비구술적인 것이든, 그것이 하나님의 말씀으로 들릴 수 있고, 또한 특정한 상황 곧 가난한 이들의 외침, 예언자의 경고, 용서의 말이라는 상황 아래서는 반드시 하나님의 말씀으로 들려야 한다는 그들의 터무니없는 주장을 어떻게 변론할 것인가? 그리고 또한 우리는 예배 공동체 안에서 이런 일들이 현저하게 일어난다고 대담하게 주장할 수 있을 것인가?

이런 질문들에 대답하기 위해서는, 예전이 왜 우리가 수행하는do 무엇 곧 인간의 몸 위에 새겨진 행위들이 아니라, 우리가 그것에 관해 생각하고 토론하며 계획하고 그려보고 생산하는 무엇이 되었는지, 그 이유를 더욱 자세히 살펴볼 필요가 있다. 우리는 작고한 예수회 사회학자인 미셸 드 세르토

Michel de Certeau, 1925-1986가 "암송되는 사회들recited societies"이라고 불렀던 것들을 검토해볼 필요가 있다. 세르토의 분석에 따르면 미국의 경우와 같은 자본주의적 정복 문화는 이야기들récits, 우리의 광고와 정보 매체에 의해 구성된 우화들, 이야기들의 인용, 그리고 이야기들의 그칠 줄 모르고 반복되는 암송에 의해 정의되는 문화다. 이러한 화법들은 보는 것을 믿는 것으로 변형시키고, 겉모습을 현실로 꾸며내는 이상한 이중적 힘을 가지고 있다.⁶⁸ 그레이엄 워드가 언급하듯이 우리는 미디어가 만들어내는 이야기들은 우화고, 따라서 거짓이며, 그들이 폭로한다고 주장하는 현실들은 단순한 복제품이라는 사실을 알고 있는 경우가 많다. 그러나 아무려면 어떠랴. 우리는 그것들을 믿고 있지 않은가. 우리는 다른 사람들의 권위를 인용한 것에 기반을 둔 대상 없는 신뢰성을 용인한다. 따라서 워드가 지적하듯이, 우리 모두는 "다른 사람들이 믿는 우화와 위장들을, 그것을 믿을 만한 그 어떤 대상도 제시하지 않으면서, 사람들로 하여금 믿게 만들려는 것이 그 목적인 바로 그 우화들과 위장들, 사기, 복제품을 만들어내고 있는 것이다".⁶⁹ 그 결과 "믿음"으로 가득한 문화, 그리고 요란하고 대중적이며 정치화된 믿음에 관한 말들로 가득한 문화, 그러나 실제로는 아무것도 믿지 않는 그런 문화가 나타났다. 이에 대해 세르토는 "거치據置, 신용, 그리고 신임장의 문화", 즉 "가상 현실"의 문화의 지원을 받는 "사이비 신자들pseudo-believers"의 사회라고 말하고 있다.⁷⁰

하나님을 여러 이름으로 부르기

그렇다면 포스트모던의 "암송되는 사회들" 속에서 예전은 어떤 기회들을 가질 수 있겠는가? 위에서 지적했듯이, 오늘날의 예전은 종종 그 주±목적이 우리의 "내적" 믿음들과 신념들을 표현하는 것인 상품 혹은 홈메이드 제품으로 인식되고 있다. 그러나 역사적으로 볼 때, 미리 지정된 의례 형식을 정규적으로 사용하는 로마 가톨릭 신자들과 다른 그리스도인들은, 예전을 우리we가 예배worship에다가 가져다주는 말들이 아니라, 예배가 우리에게us 가져다주는 말들로 여겨왔다. 우리는 누군가 다른 사람의 여권을 가지고, 다른 사람의 말하기를 사용하며, 예전에 참여하고 있다. 예전은 하나님의 이름을 지어 부르는 우리의 행위가 아니라, 우리의 이름을 지어 불러주시는 하나님의 행위다.

이 모든 것에도 불구하고, 예전은 말하기의 근원이 무엇이든 간에 하나님을 여러 이름들로 부르기를 매우 좋아한다. 이제 하나님을 여러 이름으로 부르는 일은, "거룩하신, 강하신, 영존하시는, 이름 지을 수 없는" 등 '하나님 이름 짓기naming God'와 똑같은 일이 아니라는 점이 확실해졌다. 장뤼크 마리옹은 다음과 같은 사실을 상기시켜 준다. "그 이름 '하나님'은 하나님을 하나의 실체로 이름 짓지 않는다. 그 이름은 모든 이름을 넘어서는 그 무엇을 가리킨다. 그 이름은 이름을 짓지 않는 그 무엇을 가리키며, 또한 그것은 이름을 짓지 않는 것이라고 말해준다." 이런 식으로 이해할 때 하나님의 이름Name이란, "하나님을 우리의 단정이라는 지평, 즉 확언과 부정이라는 인간적인 체계 안에서의 지평으로 …… 새겨 넣지 않으면서", "우리를 하나님의 지평 속으로 …… 새겨 넣는 것이 된다". 따라서 예전에서 하나님의 이름을 지어 부르는 것은 "하나님이 누구신지를 말하려는" 우리의 노력이라기보다는 하나님이 우리에게 주시는 이름에 굴복하는 일이 된다. 마리옹은 계속해서 이렇게 쓰고 있다. "이것이 바로 우리가 인식할 수 있는 이름을 하나님께 바치는 것이 아니라, 우리가 입에 올릴 수 없는 하나님의 이름으로 들어가서 우리의 이름을 받을 때, 세례식 혹은 명명식이 가능한 이유다." 바로 이 이유 때문에 예전은 "우리가 하나님을 of 말하는 문제가 아니라 말씀의 말들 the words of the Word 안에서 하나님께 to 말하는 문제다".**71** 요컨대 예전은 기도, 다시 말해 모든 신학적 담론이 갖는 근본적으로 예전적인 기능을 구현하는 기도다. 플라톤의 관점에서 보면, 송영이 인간을 "신적인 존재와의 관계 속에 있는 존재"로 규정한 것처럼 말이다.

그러나 만일 예전, 곧 공중 기도가 모든 신학적 담론의 최종 목적지라면, 그리고 예전이 하나님께서 그것으로 우리의 이름을 지어 불러주시는 "말씀의 말들"을 말하는 것이라면, 어떻게 예전적 언어가 "위기"에 처할 수 있는가? 라틴어 typica 즉 공식 전례서典禮書의 번역상 정확성에 관한 논쟁에서부터 "품위와 격식"이 결여된 기도문들에 관한 불평에 이르기까지, 로마 가톨릭 예배의 언어는 "문화·예전 전쟁들"의 피해자가 된 듯 보인다. 이러한 위기는 내가 보기에 실제로 두 가지의 명백한 원인으로부터 발생한 것이다. 하나는 성서적 원인이고, 다른 하나는 철학적 원인이다. 이 원인들은 앞으로 몇 쪽에 걸쳐 더 언급하려고 하는 포스트모던의 "암송되는 사회"라는 조건 때문에 더욱 복잡해진다.

첫째로, 이 위기의 성서적 원인부터 살펴보자. 리옹의 이레나이우스는 다음과 같이 말한 적이 있다 대략 기원후 200년경. 그리스도의 오심은 "우리에게 그분 자신을 가져다주심으로써 가능한 모든 새로움을 가져다주었다. 그리스도는 이전에 이미 예언된 존재이시며, 예언된 내용은 정확하게 다음과 같기 때문이다. 그분의 새로움이 인류를 새롭게 하고, 또 인류에게 새로운 생명을 부어주기 위해 오실 것이다〈이단 반박문〉 4.34.1".**72** 만일 부활절이 그리스도의 철저한 새로움을 체현하는 것이라면, 우리는 또한 부활절이 세상 안에서 보다 직접적이며 감지할 수 있는 하나님의 현존을 가져올 것이라고, 즉 예수의 부활하신 몸 안에서 이해하기 힘들 정도로 가까이 계시는 하나님을 경험하게 될 것이라고 기대할 수도 있을 것이다. 그러나 이 책의 앞부분에서 이미 보았듯이 이것은 《성서》가 말해주는 이야기가 아니다. 그리스도교 《성서》를 보다 자세히 읽어본다면 부활절은 하나님의 현존에 관한 보다 명백한 확신을 가져다주는 것이 아니라, 오히려 거리와 부재에 대한 인식을 강화시켜줄 뿐이다. 막달라 마리아에게 해주신 부활하신 예수의 충고는 "물러서라. 내게 손을 대지 말라〈요한복음〉 20장 17절"다. 그리고 〈요한복음〉의 뒷부분에서 예수는 굼뜬 쌍둥이 도마에게 그의 손가락을 당신 손의 못 자국에 넣어보게 하고, 또한 그의 손을 당신의 상처 난 옆구리에 대보도록 허락해주시긴 하지만, 그의 나약한 믿음을 꾸짖으시고, 육체적인 증거를 보지 않고도 믿는 믿음이 더 낫다고 말씀하신다〈요한복음〉 20장 27~29절. 복음서 문학의 어디를 펼쳐 보더라도 부활절을 둘러싼 언어는, 비어 있는 방을 스쳐 날아가는 목소리들처럼 불길할 정도로 공허하고 또 멀리 들린다. 〈요한복음〉과 공관 복음서들은 "그는 여기에 계시지 않습니다!"라는 무서운 메시지를 전해주는 젊은이들, 혹은 천사들에 대해 언급하고 있다〈요한복음〉 20장, 〈마태복음〉 28장 6절, 〈마가복음〉 16장 6절, 〈누가복음〉 24장 6절. 여기에 계시지 않는다니! 이제 빈empty 무덤은 공허함, 공백, 그리고 상실과 부재의 명백한 아이콘이 된다.

〈누가복음〉도 우리로 하여금 이와 유사한 놀라움을 대면하게 해준다. 엠마오로 가는 길에서 제자들은 친숙한 얼굴이 아니라 말이 많은 낯선 이, 그러나 마침내 빵을 떼던 중 그 존재를 알아차리게 되지만 즉시 "그들에게서 사라지시는" 이를 만나게 된다〈누가복음〉 24장 31절. 〈누가복음〉 24장 31절의 희랍어 원어 Aphantos egeneto를 직역하면, "그는 보이지 않게 되었다"가 된다. 〈사도행전〉에 나오는 승천의 장면도 우리에게 그다지 위로가 되지 않는다. 왜냐하면, 천국에 대해 축복받은 "현존의 장소"라고 확증해주는 대신, 〈사도행전〉 1장 9절은 우리에게 "구름에 싸여서 예수가 보이지 않게 되셨고",

즉 구름이 그분을 붙잡아서, 그분을 감추고, 그분을 통째로 삼켜버렸다고 말해주기 때문이다. 이것은 "그럴 수도 있는 작은 구름"이 아니며, 그럴 리도 없고 그러지도 않을 구름인 것이다. 그런데 그것은 부활하신 분을 낚아채어, 그분을 납치하고, 그 증거를 지워버리고, 그리스도의 몸 대신에 공허함을 남겨놓는다. 승천은 현존이 아니라 사라짐을 남겨놓는다. Aphantos egeneto, "그는 보이지 않게 되었다".

역설적이게도 그렇기 때문에, 부활절의 신비는 현존의 문제를 제거해주는 것이 아니라 오히려 더욱 강화시켜준다. 볼프하르트 판넨베르크Wolfhart Pannenberg, 1928-는 다음과 같이 쓴 적이 있다. 부활절 신비 속에서 "하나님의 종말론적 의지를 계시해주는 자가 종말론적 현실 자체의 성육신이 되었다".[73] 이것은 분명코 그리스도인들이 믿는 것에 대한 적절한 설명이다. 그러나 인간에게 하신 하나님의 종말론적 약속이, 그렇게 상정되어 있던 그대로, 예수께서 죽은 자 가운데서 다시 살아나심으로 체현되고 완성되는 바로 그 순간, 그분의 현존에 대한 우리의 직접적 접근은 차단된다. Aphantos egeneto, "그는 보이지 않게 되었다". 이상하게 들릴 수도 있겠으나, 다시 살아나신 그리스도의 육체 속에서 우리와 영원토록 거하시겠다는 하나님의 결정을 체현해주는 종말론적 현실은, 그리스도교 《성서》에서는 가까움proximity과 현존presence의 담론으로가 아니라, 부재absence와 사라짐disappearance, 그리고 멀리 있음distance과 보이지 않음invisibility의 담론으로 해석된다. 〈사도행전〉의 첫 장에서 제시되었듯이, 부활절과 그 직후의 시기는, 예수는 사라지시고 제자들은 공허한 하늘을 쳐다보며 말없이 서 있는 것으로 끝이 난다.

그래서 예전적 언어에 있어서의 포스트모던적 위기의 첫 번째 원인은 성서적이다. 그 원인은 부활절 이야기 그 자체로부터 비롯되는 것이다. 만일 하나님의 궁극적, 종말론적 의지와 현존이 예수의 인성과 사역을 통해 계시된 것이라면, 만일 그것들이 부활하신 한 분의 영광 받으신 육체 속에 영원히 거하는 것이라면, 그리고 그리스도의 몸인 교회의 의례 레퍼토리들 속에 체현된 것이라면, 왜 그리스도교《성서》는 부활절 이후의 담론을 사라짐, 멀리 있음, 부재로 말하는 것일까? 요컨대, 예전적 말하기의 근원인 "말씀의 말들"이 부재를 말하는 것이라면? 예수께서 현존하시기 위해 왜 "사라져버리실" 필요가 있는 걸까? 이미 복음서들 안에서 부활절의 신비mystery는 메시지message가 되었고, 또한 그리스도의 다시 사신 몸body은 새겨진 본문text, 즉 지속되는 논의와 논쟁의 주제가 되었다. 엠마오 이야기는 "현존을 요청하는", "저녁때가 되고 날이 이미 저물었으니 우리 집에 묵으십시오!"라는 대목에서 그 절정에 이를 수 있지만, 그러나 그 이야기는 뒷공론gossip으로 시작해 뒷공론으로 끝이 난다. 이는 그리스도교 예배가 무엇인지에 대해 짧게 정의한 것이기도 하다. 예전은 하나님에 관한 교회의 공적인 뒷공론이며, 그 현존이 분간될 수 있고, 이름 지어질 수 있으며, 오직 부재로서만 알려질 수 있는 그 한 분에 관한 루머들이다.

예전적 언어와 포스트모던 사회 사이의 불편함을 초래하는 두 번째 원인은 철학적인 것이며, 그것의 근대적인 근원들은 17세기 철학자인 르네 데카르트의 사상에까지 소급될 수 있다. 하나님과 자아에 대한 데카르트의 이해 중에서 특히 다음과 같은 두 가지 점이 이 논의와 연관이 있다.

그 첫째는 인간 주체, 즉 "자아"에 대한 데카르트의 이해에 관한 것이다. 데카르트의 자아Ego는 사고와 자율성, 그리고 내면성과 고립으로 구성되어 있다. 진정한 의미에서 데카르트적 시각은 자아를 스스로 만드는 것self-made으로 보고 있다. "나는 생각한다. 고로 나는 존재한다." 인간의 자아는 다름, 즉 다른 사람들 혹은 하나님이신 절대 타자와의 대화를 통해 생겨나는 것이 아니라, 전적으로 내면적인 대화로부터 생겨난다. 따라서 데카르트의 유명한 명제는 자율적이고 생각하는 "나"에 초점을 맞추고 있다. Cogito, ergo sum, '나는 생각한다. 고로 나는 존재한다'. 이 명제가 일인칭 단수를 사용하고 있음에 주목해야 한다.

그 둘째는 하나님에 대한 데카르트의 이해에 관한 것이다. 데카르트는 하나님을 그 실재가 "탁월하신", 즉 우리의 세상 혹은 물리적인 세상보다 더 "현실적인", 명백하고도 분명한 생각idea으로 보고 있다. 데카르트는 이렇게 말한다. "나는 '하나님'을 무한하고 독립적이며 최상으로 지적인 존재, 그리고 최고의 힘을 가진 존재 즉, 이 세상에 존재하는 나와 그 모든 것들이 그로부터 연원되는 그런 존재라고 생각한다. 이런 본성들에 대해 생각하면 생각해볼수록, 그것들은 나 자신에게서 나올 수 없는 것들로 여겨진다. 그래서 나는 하나님이 필연적으로 존재하신다고 결론을 내릴 수밖에 없다."[74] 이 논리는 허점이 없는 것처럼 보이지만, 그러나 옥玉에 티가 있다. 데카르트는 하나님에 관한 생각이 완전히 명백하고도 분명하며, 다른 생각들보다 더욱 주관적인 현실성을 지니고 있다고 항변하고 있다. 그러나 이것은 해결책을 주는 것이 아니라 문제를 야기시킨다. 하나님이 생각으로 변화된다. 그리고 그 생각은 결국 자율적으로 사고하는 주체들에 의해서 도달되는 결론으로 남아있게 된다. 데카르트는 하나님은 몸속에서, 그리고 세상과 그 역사 속에서 만날 수 있는 존재가 아니라, 자아의 고립된 내면성 안에서 만날 수 있는 존재라고 암시하고 있다.

이상에서 언급할 것들이 내가 보기에는 오늘날 예전적 언어를 따라다니는 위기에 대한 성서적, 철학적 원인들이다. 데카르트의 세 번째 명상Third Meditation의 후계자인 우리들에게는 모든 종류의 기도란, 공적이든 사적이든, 개인적이든 사회적이든 사고와 생각의 내적 세계에 속하는 것이다. 그것은 내면화되고 자율적인 소산물로서 심리적인 활동인 동시에, 우리가 의도하고 행하는 그 무엇이다. 하나님은 나 자신의 자아, 그리고 자율적 주체성이라는 극장 안에서만 주로 만날 수 있는 분으로, 히브리《성서》가 제안하는 것처럼 계시의 파괴적인 형태 속에서나, 역사를 함께 만들어가는 몸들의 소동 속에서 만날 수 있는 분이 아니다. 데카르트의 하나님은 하나의 추론inference, 즉 우리가 이성과 인식을 통해 얻게 되는 결론이다. 다시 말해, 그 하나님은 히브리《성서》에서처럼 갑작스럽게 분출해 불꽃을 일으키고, 카데시의 광야를 뒤흔들며, 예언자의 입술을 불타는 석탄으로 깨끗하게 하시고, 과부의 기름 단지를 다시 채우시며, 엘리야의 등 뒤에서 부드럽게 숨을 쉬시는 그런 존재가 아니다. 그러나 하나님이 "다른 어떤 곳에서부터 분출하는 존재"가 아니라, "사고하는 자율적인 인간 자아에 의해 만들어진 추론"이라면, 공중 기도의 성격 자체가 변하게 된다. 예전은 "나"와 "너", 또 다른 고립된 "나"를 행동하게 하는 의미, 선택, 그리고 의도들의 기능이 된다. 그것은 의도적인 계획, 생산품, 그리고 우리 고립자solitaries들이 우리의 내면성을 표출하는 스타일이 된다. 그것은 더 이상 몸의 기도가 아니고, 그 언어는 우리의 몸에 새겨진 것으로부터 하나님께로 이끌어주는 것도 아니며, 사고하는 자아self의 내면성과 자율성으로부터 하나님의 말씀으로 향해 나아가게 하는 것이다.

예전 고유의 말하기를 재발견하기

그렇다면 이러한 것들이 우리를 어디에 남겨놓는가? 우리 포스트모던 시대의 사람들은 "예전"을 말하는 법을 배울 수 있는가? 아니면 마치 라틴어처럼, 그것은 사어死語인가? 이 책의 앞부분에서 보았듯이, 포스트모던적 사고는 그 끝이 없는 관계의 다양성을 그 특징으로 한다. 즉, 전형적으로 "리조메틱"하다. 이와는 대조적으로 예전의 말하기는 만일 그것이 마리옹이 제시한 것처럼 "말씀의 말들"이라면, 밋밋하고 일차원적이며 종국에는 지루한 것으로 보인다. 서구의 근대성이 데카르트의 자율적 자아의 출현으로 정의되고, 또한 엄격한 과학적 방법론과 "명백하고 분명한 생각들"을 선호했던 반면, 포스트모더니즘의 복잡한 폴리포니, 즉 다성성은 그 자체로 해석하기가 훨씬 더 어렵다. 어떤 사람들은 문화를 묘사하는 용어로서의 포스트모더니티와 지배적인 철학, 신학, 혹은 세계관으로서의 포스트모더니즘을 구분하는 것을 선호하기도 한다. 그러나 많은 사람들이 미셸 드 세르토의 견해에 동의할 것인데, 그는 자본주의적 정복주의 서구 문화들이 "암송되는 사회들"로 되었다고 말한다. 즉 그 이야기들, 특히 마케팅 담당자, 홍보 담당자, 그리고 정보 기술을 파는 사람들에 의해 되풀이되는 우화들, 또한 미디어에서 "복음적 진리"처럼 인용되고cited 암송되는recited 그런 이야기들로 정의되는 사회가 되었다는 것이다. 그레이엄 워드가 말하듯이, 암송되는 사회 속의 사람들은 "그들이 보는 것을 믿는데, 또한 그들이 보는 것은 주로 방송된 이미지를 통해 그들을 위해서 생산된 것들이다".[75] 또한, 우리의 세상은 기술화된 이미지들의 세상이기 때문에, 그리고 우리의 이미지들은 스크린 위에 생산된 이미지이기 때문에, 또한 그 스크린 뒤 혹은 그 너머에 어떤 "원본"이 반드시 있는 것도 아니기 때문에, 우리들이 허구와 사실을 분간하기는 매우 어렵다. 그 하나의 결과로, 소위 "리얼리티 TV 프로그램"이라고 알려진, 그러나 실제로는 미리 짜 맞춘 이야기들이 나타나게 되었다. 우리는 우리에게 그 차이를 알려주게 하기 위해, 뉴스 앵커, 정치가, 라디오 토크 쇼 사회자, 인터넷 블로거 등 "권위자들"을 배치한다. "암송되는 사회들"이 예전 언어의 메타포적 논리에 던지는 도전들은 매우 명확하다. 그 도전에 응전하기 위해서는 최소한 다음 두 가지의 명백한 전략이 필요할 것이다. 먼저, 예전은 그 고유의 언어, 즉 최초의 말하기, 몸 자체의 언어인 말하기를 복원할 필요가 있다. "말씀의 말들"은 육신이 되신 말씀의 말들이며, 그 몸은 인간의 몸, 즉 부활절의 저편에서조차도 역사와 세상과의 연결점을 잃지 않는 몸이신 말씀의 말들이다. 물론, 이것은 우리 "데카르트적 그리스도인들"로서는 이해하기 힘든 이야기다. 왜냐하면, 우리는 물질보다 정신을, 행동보다 사고를 우위에 두는 경향이 있기 때문이다. 그러나 그리스도교 예배는 그것이 의례의 중요한 장, 즉 예배 수행의 일차적 장으로서의 몸으로 돌아가는 길을 찾을 수 있을 때에만 미래가 열린다. 고대의 그리스도교 의례가 지니고 있던 직관은 내가 보기에 옳은 것이었다. 우리의 몸들이 우리의 기도들을 만든다는 것이다. 우리는 몸짓, 자세, 그리고 노래 부르기, 응답하기, 행진하기, 들어 올리기, 움직이기, 만지기, 맛보기, 말하기, 보기, 듣기 등을 함께 실행하는 것을 통해 몸으로 기도한다. 만일 예전이 교회의 뒷공론이라면, 우리의 몸들은 교회가 최고로 믿을 만한 포도 넝쿨이다. 결국, 정신은 우리가 듣고 싶어 하는 것을 말해줄 것이지만, 몸은 거짓말을 하지 않는다. 예전은 그 시초의 이야기, 그 고유의 말하기 혹은 본문이 몸 자체인 언어를 말한다. 우리의 몸들은 더욱이 이미지가 아니라 아이콘들이다. 이미지들은 관음증을 불러일으킨다. 그들은 보아주기를 간청한다. 그러나 아이콘들은 다르다. 우리가 아이콘들을 보는 것이 아니다. 아이콘들이 우리를 본다. 〈골로새서〉에서 예수를 "eikon tou Theou aoratou"라고 기념한 것은 중요한 의미를 지니는 일이다. "보이지 않는 하나님의 형상이시요, 모든 피조물 보다 먼저 나신 분이십니다. …… 그의 몸인 교회의 머리이시고 …… 근원이시며 …… 죽은 사람 가운데서 맨 먼저 살아나신 분이십니다〈골로새서〉 1장 15~18절."

그렇다면 우리는 어떻게 몸의 도상적iconic 언어를 배우는 일에 착수할 것인가? 위그 드 생빅토르Hugues de Saint-Victor, 1096~ 1141가 쓴《디다스칼리온》

Didascalion》에 관한 이반 일리치Ivan Illich, 1926~2002의 매력적인 주석이 좋은 출발점이 될 것이다. 일리치는 첫 번째 밀레니엄 기간 대부분을 통해 그리스도교 독자들이 태블러추어 악보, 기보, 연주보, 악보 등의 형태로 기록된 것들만을 경험했었다고 말한다. 그 면 위에 그려 넣어진 말들은, 소리 내어 말하고 크게 읽으라는 뜻이었고, 그래서 그 의미들은 음미되었었고, 몸으로 흡수되었다.[76] 이것이 아우구스티누스가 그의 스승인 밀라노의 암브로시우스 주교가 눈으로만 읽는 모습을 보고 놀랐던, 어쩌면 화가 났던 이유다. 고대 세계에서의 읽기란, 단어들을 아삭아삭 씹는 행위로서, 이는 몸 자체를 일차적 본문, 해석자, 예전의 언어로 만들어주는 신실한 씹기, 곧 "밖으로 소리 내어" 읽는 것이었다. 예전적 읽기란 데카르트적 "내면성" 안으로 자아가 침잠해 들어가는 것이 결코 아니었다. 책이 몸이었고, 몸이 책이었다. 따라서 예전 안에서 빛들이 몸과 복음서의 책장을 감싸고 있었고, 또한 이 둘은 자욱한 향기 속에 잠겨 있었다. 소리 내어 읽고 읊조리는 일이 읽는 이들의 몸을 하나님의 말씀에 묶어주는 결정적인 사회적 연결을 지속시켜주었다. 이 연결은 인간의 말하기란 무엇보다도 만지고 싶고, 또 관계를 맺고 싶어 하는 욕망이라는 사실을, 또한 인간의 입과 혀는 "모든 인간의 노력 …… 야망, 그리고 근심의 내적 불완전성"을 표현해준다는 사실을 이해했던 신실한 "아삭아삭 씹는 자들"의 공동체를 이루어주는 연결이었고, 또한 민주적 읽기를 통해서 사람과 사람을 연결시켜주는 그런 결정적인 사회적 연결이었다.[77] 소리 내어 읽기는 육체 속에서 말들의 경이로움과 상처 모두를 느끼는 것이었다.

따라서 예배 공동체들이야말로 역으로 "암송되는 사회들"이라고 불릴 수 있을 것이다. 이곳에서 읽기란, 내면화된 자아에 의해 통제되는 자율성의 주장이 아니라, 인간의 말하기와 노래 속에서 읊조려지고, 또한 그 표면에 그려 넣어지는 하나님의 말씀이 인간의 몸 위에 새겨 넣어지는, 그런 자신을 낮추는 경험이다. 예전은 명사&±들이 출현하는 리얼리티 쇼의 볼만한 한 장면이 결코 아니며, 한 닫힌 공동체의 관심사, 권력, 혹은 특권 등에 관한 방종한 기념 행사도 아니다. 그 반대로 예전은 비어 있음과 힘없음을 체현하는 것이다. 즉, 하나님의 말씀과 우리의 말들이 갇히는 고통을 겪지 않으면서 교제할 수 있는 상호 현존 속으로 들어가는 인간 삶에서의 "부재"를 체현하는 것이다. 예배는 체현될 수밖에 없고, 도상적이다. 예전은 우리를 만든다. 우리가 예전을 만드는 것이 아니다. 왜? 예전은 하나님이 자신의 말씀을 몸, 즉 인간의 육체에 내어 맡기시는 순간이기 때문이다. 예전 안에서 하나님의 말씀은 세상, 역사, 그리고 몸들에게 굴복한다. 이것이 그리스도교 예배의 행위 안에서 "하나님이 우리 이름을 부르신다"고 말하는 것의 의미다.

결론

제6장에서는 예전의 풍부하고 다성적인 짜임새 안에서 들려오는 또 다른 목소리, 즉 메타포의 논리와 언어에 초점을 맞추어보았다. 우리가 보았듯이, 메타포의 논리는 "벗어남"과 "에두름indirection", 그리고 "서로 속하지 않는 것처럼 보이는 것들을 함께 묶어주는 것"에 의해 우리를 진실에로 인도한다. 메타포는 우리로 하여금 차이와 다름을, 그리고 다양한 진실들을 동시에 파악하는 방식으로 대면하게 한다. 진실들은 표면상 서로서로 도전하거나 심지어 모순되는 것처럼 보이기도 한다. 그래서 메타포란, "차이에 대해 생각하게 하고, 그 차이 혹은 다름을 말들과 몸짓으로 해석하게 하는 몸"이라고 나는 제안한다. 그것이 성 아우구스티누스가 성례전을 "보이는 말씀", 즉 체현된 말로 정의할 수 있었던 이유다.

"메타포"로서의 그리스도교 예배에 관한 최고의 이미지는 〈누가복음〉 7장 36절에서 50절 사이에 등장하는 이름 없는 여인의 이야기일 것이다. 하나님과 마찬가지로 이 여인에게는 이름이 없다. 낯선 이로서, 따라서 개념상 위험한 이로서, 그녀는 바리새인 시몬의 집으로 들어와 예수의 발에 향유를 붓는다. 이름도 없이 말도 없이 그녀의 몸이 일종의 성찬식을 수행한 것이다. 그녀는 값비싼 향유 옥합을 가져다가take, 그것을 깨어서break 열고, 그것을 축복의 향유로서 드린다give. 그녀는 가져다가, 깨어서, 드리고, 축복한다. 이 네 가지 행동 속에서 이 이름 없는 여인은 예수의 이름을 짓는다name. 즉, 그분을 진정한 그리스도, 곧 하나님의 기름 부음을 받으신 이로 이름 지어드린다. 사랑과 눈물 속에서 깨어져 열린 그녀의 몸이, 그녀의 호의를 받으시기 위해 깨어져 열린 그분의 몸을 만난다. 예수와 이 여성은 함께, 구세주와 구원받은 자가 체현된, 그런 성찬의 아이콘을 이룬다. 그리스도는 그의 십자가에서 완성되는 사명을 위해 기름 부음을 받으시고, 이 여성은 자유와 용서로 해방된다. 누가의 이야기는 이름 부르기로 시작되지만, 사랑과 용서로 몸에게 내맡겨진 하나님의 말씀으로 끝이 난다.

누가 이야기의 초점은 내가 보기엔 의도적으로 충격을 주기 위한 것이요, 그래서 의도적으로 전복적이다. 그것은 우리에게 하나님 자신의 말씀이 상처받았다고 말한다. 예수의 몸이 그 여인의 눈물과 사랑, 기름과 향유를 위해 열렸던 것처럼, 그분의 몸은 죄인들처럼 나무 위에 매달려 침 뱉음을 당하시고, 수치를 당하시고, 못 박히시고, 창에 찔리심을 당하시기 위해 열리셨다. 꼭 유념하라. 하나님의 말씀은 "자신을 낮추시고" 자신을 내어주시는 것이었다. 이는 십자가 위에서뿐만 아니라, 그 처음부터 아니 그 이전부터 그러하였다. 영원에서 영원까지 하나님의 말씀은 주어진given to 말하기요, 전수되는handed over 말하기다. 즉, "분리되고 개별화되며 내면화된 의식의 중심들우리가 그러하듯"이 아니라, 그들이 그들 되게 하는 끝없는 완전한 주심givenness인 삼위의 교제를 통해 주어지고 전수되는 말씀이다. 바로 이 이유 때문에, 이 장의 앞부분에서 나는 하나님의 삼위는 자기 낮춤이라고 주장했던 것이다. 즉, 하나님 안에서 각 위격은 자기 비움, 상호적 자기 내어줌이다. 하나님의 세 위격은 정확하게 자신들을 박탈하는 것을 통해서 스스로를 소유하게 된다.

모든 예전적 행위는 인간들의 몸에 삼위일체적 박탈을 새겨 넣으려는 시도다. 그렇기 때문에 본 장에서 나는 의례의 논리는 메타포이며, 의례 고유의 말하기는 도상적이라고 설명했던 것이다. 또한 그 이유 때문에, 나는 예배는 몸에 맡겨진 하나님의 말씀이라고 말했던 것이다. 따라서 예전적 언어에 대한 신학은 절대 타자의 목소리에 호소해야 한다. 즉, 십자가 위에서 외치셨던 말씀 자체의 포기 선언에, 그리고 예수의 피가 외치는 큰 목소리에 호소해야 한다. 십자가에 못 박힌 말하기crucified speech는 십자가 위에서 마침내 예배의 순종을 배운다. 그 십자가 위에서 인간의 혀는 마침내 풀려나 저 위대하고 끝나지 않는 예전의 찬송을 부르기 시작한다. 이는 "모두를 위해, 모두가" 부르는 찬송이다. 우리의 십자가에 못 박힌 말하기는 죄와 죽음으로 인해 침묵하다가, 십자가 위에서 마침내 그 목소리를 찾는다. 이것이 우리가 성자들과 천사들, 그리고 모든 시대 모든 장소의 사람들이 함께 부르는 "끝나지 않는 찬양의 노래"에 참여하라는 초청에 응해야 하는 이유다. 하나님의 축복된 삶을 이루고 있는 세 위격들이, 십자가에 못 박히신 말씀 안에서 한 공간을 열어서, 우리들의 상처 입은 말하기를 그들 자신의 삶 속으로 가져가서, 그들의 말하기로 만들어주기 때문에, 우리는 이렇게 할 수 있다. 마침내 우리는 인간의 말하기를 하나님의 말씀으로 들을 수 있다.

성찰을 위한 질문

1. "암유적이고 애매모호한 말하기는 시뿐만 아니라 그리스도교 의례, 예전, 그리고 성례전에도 또한 내재되어 있다. 그런 말하기의 심장부에 메타포가 있으며, 이때의 메타포는 서로 속하지 않는 것처럼 보이는 두 가지를 함께 묶어주는 것이라고 규정될 수 있을 것이다." 예전적 언어는 왜 "메타포적"이어야만 하는가?

2. "예전의 주요 목표가 하나님과 세상, 그리고 인류 사이의 관계를 알고 그 이름을 짓는 것이라면, 메타포적 말하기는 이 목표를 달성할 수 있는 방법이다." 당신은 예전의 "주요 목표"가 무엇이라고 설명하겠는가?

3. "로마 가톨릭교회와 같은 신앙 공동체 안에서 신학은 성례전적으로 전개된다. 주일에 주님의 식탁 주변으로 모여든 회중 자체가 바로 '원신학'의 장인 것이다." 이 진술은 진실인가? 혹은 그렇지 않은가? 왜 그러한가?

4. "예전적 행동은 단순히 찬양할 가치가 있는 무엇이나 또는 누군가를 나타내주는 것일 뿐만 아니라, 동시에 '생활 방식 자체. 초월적 선을 …… 본받는 일이란, 그 선에 참여하거나 혹은 나누는 일을 반드시 포함하는 것처럼, 찬양받을 만한 대상을 찬양하는 일은 그 개념상, 그 찬양에 참여하는 것을 포함한다'. 그 결과 송영은 특수한 경우에만 사용되는 말하기 기능이 아니라, '최상의 윤리를 이루고 있는' 삶의 방식이며, 말하는 사람을 주체로, 다시 말해 '그가 찬양의 대상에게 전적으로 헌신하는 바로 그 순간, 자신에게 완전히 집중하는' 사람으로 만들어주는 것이다." 인간 존재는 어떤 면에서 "송영에 의해 정의되는가?" 송영은 어떻게 "최상의 윤리로서", 그리스도교 예전이 항상 "이웃의 예전" 속에서 검증받아야 한다는 개념에 연결되는가? 혹은 어떻게 그 연결에 실패하는가?

5. "소비 종교"는 어떤 면에서 그리스도교 예전의 경험과 인식을 "상품"으로 인식

하게 하는가?

독서를 위한 제안

Donald Hall, *Poetry: The Unsayable Said*. Port Canyon, Wa.: Copper Canyon Press, 1933. 시적 언어의 본성과 메타포의 본성에 관한 미국의 주요 시인이 저술한 짧은 입문서.

Aidan Kavanagh, *On Liturgical Theology*. Collegeville, Minn.: Liturgical Press/A Pueblo Book, 1984/1992. 교리교회 안에서 형성되어 신학자들에 의해 해석된와 송영교회의 공적 예전 속에서 파악되고 거행된 신앙 사이의 관계를 검토한 예배학 연구서.

Gail Ramshaw, *Liturgical Language: Keeping It Metaphoric, Making It Inclusive*. American Essays in Liturgy. Collegeville, Minn.: Liturgical Press, 1996. 예전적 언어의 본질에 관한 짧은 소개서.

Marianne Sawicki, *Seeing the Lord: Resurrection and Early Christian Practices*. Minneapolis: Fortress, 1994. 그리스도인들이 다양한 목회적 실행들과 공公 예배 안에서 부활하신 주님께 접근할 수 있는 방식에 관한 연구서.

Graham Ward, ed. *The Blackwell Companion to Postmodern Theology*. Oxford: Blackwell, 2001. 포스트모던 시대의 그리스도교적 사상과 그에 기여한 사상가들에 관한 포괄적 소개서.

부분들과 참여

사역, 회중, 그리고 성례전

그리스도교 예전은 몸의 행동의 언어와 의례적 메타포의 언어를 말할 뿐만 아니라, 봉사와 사역, 회중과 성례전을 말한다. 예배란, 부인할 수 없이 하나님을 향한 공적인 찬양이며 경배인 동시에, 이에 못지않게 목회적 돌봄의 행동이며, 또한 예배란 사람들 가운데서 일어나는 상호적이며 얼굴과 얼굴을 맞대고 이루어지는 사역이다. 예전이 선포하는 것은 하나님의 존엄성만은 아니다. 또한, 신앙과 예배는 대교황 레오 1세Leo the Great, 400~461가 알고 있었듯이, 그리스도교 회중 안에서 각 사람들이 하나님께로부터 받은 존엄성을 선포하는 것이다. "그리스도인들이여, 당신들의 존엄성을 인정하십시오! 여러분은 거룩한 본성에 참여하게 되었습니다. ······ 여러분이 어떤 분의 머리, 어떤 분의 몸의 지체인지를 기억하십시오!"[1] "거룩한 본성에의 참여자요", 그리고 "그 머리가 그리스도이신 한 몸의 지체이기도 한" 그리스도인들은 사역자로서 행동할 준비를 갖춘 것이며, 또한 아버지께 "찬양과 감사의 제물"을 봉헌할 준비를 갖춘 것이다.

그렇다고 해서 그리스도인들만이 사역을 독점한다고 말할 수는 없다. 물론 대부분의 신앙 공동체에서는 특별히 지정된 사람들, 곧 출신 성분에 의해, 혹은 소명에 의해, 혹은 선거에 의해 지정된 사람들이, 예배 관련 임무와 혹은 목회적 사역을 감당하곤 한다. 고대 이스라엘에서는 예를 들어, 베델, 세겜 등의 지역 성소들을 섬겼던 제사장직과 후에 예루살렘 성전에 집중된 제사장직등이 크게 보아 혈통에 따르는 문제였다. 다시 말해, 소명이나 선택에 의해서가 아니라 출생과 상속에 의해 사제가 되었던 것이다.[2] 제2 성전 시기, 곧 유대인들이 포로에서 돌아온 이후 시대에는 제사장 가문과 문중이 예를 들어, 세례 요한의 아버지인 사가랴의 경우처럼 순번을 정해서 예루살렘 성전을 섬겼다. 그리고 그들이 감당해야 할 가장 엄숙한 임무는 제비뽑기로 할당되었다. 그래서 〈누가복음〉은 다음과 같이 전하고 있다. 사가랴는 "제사직의 관례를 따라 제비를 뽑았는데, 그가 주의 성소에 들어가 분향하는 일을 맡게 되었다〈누가복음〉 1장 9절". 사가랴가 세례 요한의 출생을 예고해준 "주님의 천사"가 그에게 전해주었던 저 유명한 예언을 받았던 곳이, 바로 그때 그곳이었다〈누가복음〉 1장 11~23절.

다른 세계의 종교들도 성聖 문서를 가르치고 해석하거나, 거룩한 의식을 인도하는 일에 있어서 특별히 준비된 사람들을 인정하고 있다. 예를 들어, 힌두교에서는 영적 교사들이 때로 신의 지위까지를 부여받기도 한다. 이 점에 대해 바수다 나라야난Vasudha Narayanan은 이렇게 쓰고 있다. "힌두교 전통에서는, 인간의 모습으로 지상에 내려온 신들이 신의 지위까지 올라간다. 구원을 가져오는 진리는 바로 이 거룩한 사람들에 의해 중재된다는 것이다. …… 많은 힌두교 공동체들 안에서 거룩한 교사들은 신들처럼 중요한 존재로 여겨지며, 또한 존경을 받으며, 심지어 숭배되기까지 한다."[3] 이것이 힌두교 경전과, 수백만 힌두교도들의 의례적 수행 모두에 반영되어 있는 하나의 고대 전통이다. 기원후 11세기의 경전인 《아차리아 데보 브하바Acharya devo bhava, 너의 스승을 신처럼 여기라》에는 다음과 같은 내용이 나온다.

> 나는 스승들gurus의 혈통에 절하노라
> 락슈미Lakshmi 주님에게서 시작되어
> 중간에 나타무니Nathamuni와 야무나Yamuna가 계셨던
> 나는 나의 스승께 피하노라!⁴

이 경전은 거룩한 남녀의 긴 가계를 기념하면서, "모든 의례 기도의 시작 부분에서 힌두교도들에 의해 암송된다. 이 경전은 락슈미를 최초의 스승들 가운데 한 명으로 인정한다. …… 그 영적 사슬의 '중간' 지점에 나타무니와 야무나가 있는 것으로 나타난다".⁵

나라야난이 언급하듯이, 종교 교사들과 스승들을 향한 강한 헌신은 놀라운 일이 아니다. 왜냐하면, 다른 어떤 종교적 전통보다 힌두교는 인간 안에 존재하는 신성을 인정하기 때문이다. 어떤 제자들에게는 스승들이 신보다 더 중요하게 여겨지기까지 한다. 너의 스승을 신처럼 대접하라는《우파니샤드의 금언Taittiriya Upanishad》은 수백만 명의 힌두교 교인들에게 잘 알려져 있다. 스승에 대한 이러한 존경과 숭배는 힌두교의 성스러운 장소들에 대한 헌신에도 역시 반영되어 있다. 인도의 지도는 점으로 표시된 성지들과 가로세로로 표시된 순례의 경로들로 가득하다. 그러나 성스럽게 여겨지는 대상은 단지 공공의 성지만은 아니다. 인간의 몸 자체도 때때로 '최상의 존재의 성전'이라고 말해지기도 한다. …… 기원후 8세기의 시인인 페리얄바Periyalvar는 한 노래에서 이렇게 선언하고 있다. "너의 심장 속에 성전을 지어라. 그

안에 크리슈나 Kṛṣna 신을 모셔라. 그분께 사랑의 꽃을 바쳐라."⁶ 거룩한 스승들, 성지들, 그리고 인간의 몸 자체, 이 모든 것들이 신이 스스로를 나타내는 장이다. 그리고 많은 힌두교 교인들이 가지고 있는 이러한 확신이야말로 수많은 그리스도인들 역시 공유하고 있는 확신이다.

따라서 예를 들어, 제2차 바티칸 공의회의 〈전례 헌장〉 14항에서는, 예배 회중을 가리켜 "선택된 겨레, 임금의 사제왕 같은 제사장, 거룩한 민족, 그리고 하느님의 소유가 된 백성"이라고 선언한다. 또한, 이 헌장은 예전에 관한 한 모든 사람에 의한 완전하고도 능동적인 참여가 다른 무엇보다도 앞서 고려되어야 할 목표라고 천명한다. 왜냐하면, 이러한 참여야말로 신실한 신자들이 그것으로부터 진정한 그리스도교적 정신을 끌어내야만 하는, 가장 으뜸이 되며 없어서는 아니 되는 근원이기 때문이라는 것이다. 목회 사역은 다음과 같은 이유 때문에, 그리고 바로 그 이유 하나 때문에만 교회 안에 존재하는 것이다. 그 존재의 이유란, 하나님의 "임금의 사제왕 같은 제사장"로 하여금, 인류를 향한 하나님의 가장 깊은 계획을 반복하는 예배에 "완전하고도 능동적으로 참여"하도록 돕는 것이다. 여기서 예배란, 모든 인간의 굶주림이 충족되고, 그 누구도 빈손으로 돌려보내지지 않는 축제 같은 잔치를 의미한다. 제7장에서는 두 가지의 중요한 주제들에 집중할 것이다. 먼저 "종 된 교회에서의 봉사"에 관해 탐구한 후에, 이어서 "용서받은 자들의 공동체"로서의 최종, 다시 말해 "세상의 성례전"으로서의 회중과 "하나님의 내어주심의 언어 language of God's giving"로서의 성례전 사이의 관계에 대해 살펴볼 것이다.⁷

종 된 교회에서의 봉사

20세기 초부터 성서학자들과 예배학자들은, 돌아가시기 전날 밤 제자들과 나누신 최후의 만찬에서 예수께서 취하신 행동에 관한 공관 복음서의 설명들이, 어떻게 우리의 성찬 전통을 형성해 왔는지에 대해 주목해왔다. 우리가 듣기로 예수께서는 빵을 취해took, 축사하고blessed, 떼어broke, 식탁에 함께 한 이들에게 주셨다gave. 앞의 네 가지 동사들, 즉 네 가지의 친숙한 행동들이, 돔 그레고리 딕스Dom Gregory Dix, 1901~1952가 명명해서 유명해진 "예전의 형태"를 구성하고 있다.

예전적 전통은 이견의 여지없이 이 행동들을 …… 다음과 같은 네 가지로 재생산해내고 있다. (1) 봉헌, 즉 봉헌물 준비: 빵과 포도주가 "취해져" 함께 식탁 위에 놓인다"took". (2) 기도: 집례자가 빵과 포도주 모두에 대해 하나님께 감사 기도를 드린다"blessed". (3) 분할fraction : 빵이 떼어진다"broke", (4) 분병례communion : 빵과 포도주가 함께 나누어진다"gave".
이런 형태와 이런 순서로 된 이 네 가지 행동들이 유프라테스에서 갈리아에 이르기까지, 그리고 고대로부터 오늘에 이르기까지, 우리에게 알려졌던 모든 성찬 예식의, 절대로 변경할 수 없는 핵심을 이루었다.[8]

취해, 축사하고, 떼어, 주기. 〈고린도전서〉 11장에 나오는 바울의 서술에 따르자면, 제1 세대 그리스도인들은 이미 '주님의 만찬〈고린도전서〉 11장 20절'에 참여하는 것이 예수 자신의 "계속 권능을 부어주시는 현존"을, 다시 말해 "완전히 똑같은 바로 그 예수께서 절대적으로 다른, 즉 새롭게 부활하신 존재의 양식으로 계속되는 현존을 체험하는 것임을 이미 믿고 있었다".[9] 예수께서 식탁에서 행하신 일, 취해, 축사하고, 떼어, 주신 일은 예수가 돌아가신 후에도 살아남아, 부활절 이후에는 하나님의 종말론적 도래에 관한 예수의 메시지를 믿는 사람들의 모임에서, 그리고 하나님이 인간의 역사 속으로 뚫고 들어오시는 하나님의 나라 혹은 하나님의 통치에 관한 예수의 메시지를 믿는 사람들의 모임에서 그 핵심이 되었다. 내가 이 책의 앞부분에서 말했듯이, "세리들과 죄인들과 함께" 나누신 예수의 식탁 교제는 "그를 따르는 자들에게는 매우 의미 있는 일이었으나 …… 그의 비판자들에게는 거슬리는 일이었다". 그래서 바로 이 식탁 교제가 그리스도인들의 공동체 생활과 "예수와 그 제자들 사이의 부활절 이전의 교제"를 가장 직접적으로 연관시켜주는 연결점이 되었다.[10]

식탁에서의 즐거운 교제는 역사적 예수와 고백된 예수 사이를 연결해주는 가장 중추적인 연결점이다. 여기서 고백된 예수란, 부활하신 예수, 하나님의 현존 속에 영원히 살아계신 예수, 그리고 제의, 곧 성례전적 예배와 돌봄, 곧 "작은 자들", 그리고 "가장 보잘것없고" 가장 취약한 자들을 목회적으로 돌보는 일을 통해 만날 수 있는 예수시다. 빵을 떼시는 존재로서의 예수가 떼어진 빵으로서의 예수가 되셨다. 그래서 이제 하나님의 나라는 제의와 돌봄을 통해, 예전과 봉사를 통해, 그리고 회중의 예배와 회중을 위한 목회적 사역을 통해서만 접근 가능한 현실이다. 이런 현실들의 뿌리는 하나님의 나라 혹은 하나님의 다스리심에 관한 예수 자신의 설교였다. 존 도미니크 크로산이 지적하듯이, 예수께서 선포하신 나라는 지정학적 현실이 아니었다. 따라서 그 어떤 세속적인 통치 모델에도 기반을 두고 있지 않다. 하나님 나라 운동에 관해 크로산은 다음과 같이 쓰고 있다.

하나님 나라 운동은 지배하려는 운동이 아니라 힘을 주려는 운동이다. 역사적 예수는······그의 제자들에게 그들 또한 예수가 행하셨던 그대로를 행할 수 있다고 말씀하셨다. 그들은 서로서로를 치료하고, 음식을 함께 나누며, 그들 한 가운데 하나님의 나라를 가져올 수 있었다. 그런 나라의 하나님은 그의 왕권으로 사람들을 지배했던 가이사와는 달리 사람들에게 힘을 주셨다. ······ 예수가 처형당하셨을 때, 예수와 함께하던 자들은 용기를 잃고 도망쳤다. 그러나 그들이 신앙을 잃어버리고 믿기를 아주 그만둔 것은 아니었다. 그들이 발견한 것은 예수께서 처형당하신 후에도 힘을 주시는 하나님의 나라가 여전히 존재하고 있고, 여전히 작동하고 있으며, 여전히 그곳에 있다는 사실이었다. ······ 예수의 현존은 이전에 예수를 알고 있었던 사람들뿐만 아니라, 처음으로 예수에 대해 들었던 다른 사람들에게까지도 힘을 주는 경험이었다.[11]

식탁을 위한 새로운 지형도

그리스도교 신앙은 따라서 다른 사람을 억압하거나 지배하기 위한 힘이 아니라, 다른 사람을 북돋워주는 힘empowerment이다. 이런 믿음, 곧 그 아이콘이 부활절이며, 그 제의적 표현이 성찬인 믿음은 향유를 들고 온 여인들이 빈 무덤에서 깜짝 놀랄 만한 발견을 하기 오래전부터 시작되었다. 그리스도교 신앙은 예수께서 사람과 사람 사이, 사람과 하나님 사이의 관계에 대한 완전히 새로운 지도를 그려 보여주신, 저 열려 있고 포용적이던 식탁들tables 주변에서 시작되었다. 예수의 식탁 사역은 다음 두 가지 점에서 독특했던 것 같다. 첫째로, 예수의 식사는 당시 예수 주변의 문화들 속의 식사들과는 철저하게 다른 방식으로 진행되었다는 점이 독특하다. 전형적으로 고대 세계에서의 식사란 사회적 특권과 우대의 축소판이었다. 당시 식사의 주요 목적은 배고픔을 해결하는 것만이 아니라, 식사에 참여한 사람들의 계층화된 "사회적 지형", 그들의 사회 경제적 지위와 계층, 그들의 성별, 인종, 그리고 정치적 소속 등의 지형을 반영하고 강화하려는 것이었다. 기원후 1세기의 지중해 문화 속에서는, 누가 무엇을 누구와 그리고 어떤 순서로 먹느냐에 따라 많은 일들이 달라졌다. 그러나 우리가 앞에서 보았듯이 예수께서는 이런 관습들에 도전하시고, 식사의 지도들을 다시 그리셨다. 실제로 예수는 아무 때나, 아무한테나, 아무하고나 함께, 아무것이나 먹자고 하신 듯 보인다. 요컨대, 예수는 누구나 환영받는 식탁, 그리고 그 누구도 성별, 인종, 사회 경제적 지위 혹은 "도덕적 조건"에 근거해 배제당하지 않는 그런 식탁 교제를 퍼뜨리셨다. 예수는 죄인들과 함께 먹고 마실 수 있는 권리를 주장하셨다. 예수는 "열린 식탁 친교, 즉 식탁을 사회의 수직적 차별과 수평적 분리의 축소판 지도로 사용하지 않으면서 다함께 나누어먹는 식탁 친교"를 주장하셨다.[12]

둘째로, 예수의 식탁 사역은 예수 당대의 종교적 문화와 극적으로 결별했다는 점에서 독특하다. 당대 유대교 안의 다른 개혁 운동들, 예를 들어 쿰란의 에세네파 공동체 같은 운동들도 함께 나누는 의례적 식사의 중요성을 강조했었다. 그러나 쿰란에서의 식사들은 순서, 지위, 선례, 계급, 그리고 위계질서 등을 강조했다. 예수가 명백하게 좋아하셨던 포용적인 평등주의가 아닌 것이다. 쿰란 공동체의 "공동체 규칙"에 따르면 "공동의 식탁"에서는 그 누구도 "제사장보다 먼저 빵과 포도주의 첫 열매"를 축성할 수 없었다. "이스라엘의 메시야"인 제사장이 "그의 손을 빵 위로 뻗은 후에야", 공동체의 각 사람들이 "그의 지위에 따라 차례대로" 축성할 수 있었다.[13]

그러나 예수께서는 의례에서 소수의 특권을 강조하신 것이 아니라, 많은 사람들을 먹이는 일을 강조하셨다. "취해, 축사하고, 떼어, 주기." 크로산은 이 동사들이 "동등한 나눔의 과정, 즉 어떤 음식이든 모두에게 똑같이 배분되는 과정"을 뜻한다고 설명한다.[14] 많은 학자들이 연구해왔듯이, 네 개중 앞의 두 동사, 취하다와 축사하다는 집례자 혹은 주인, 즉 "그 과정을 주관하는" 누군가가 취하는 행동들이다. 그러나 뒤의 두 동사, 떼다와 주다는 종, 즉 다른 사람의 필요가 충족되었는지를 살피는 것이 임무인 종의 행동들이다. 이에 대해 크로산은 다음과 같이 논하고 있다. "예수는 집례자이며 주인으로서 종의 역할을 수행하셨고, 참여자들은 모두 동등한 자격으로 똑같은 음식을 나누었다." 더욱 놀라운 점은 종의 역할을 수행하시면서 예수께서는 여성의 역할도 감당하셨다는 사실이다. 예수 시대의 세상에서는, 종교적 식사이든 혹은 세속의 식사이든, 여성들은 식탁에서 남자들과 동등하게, 그리고 편안한 자세로 앉아 있을 수가 없었다. 여성들은 음식을 대접하고, 식탁을 치우고, 혹은 식후의 여흥을 제공하는 일들을 감당하면서 섬겨야 했던 것이다. 그래서 "예수께서는 종뿐만 아니라 여성의 역할을 스스로 감당하셨다. …… 편안한 자세로 앉아 섬김을 받으신 것이 아니라, 예수 자신이 여느 주부들처럼, 자신을 포함해 모든 이들에게 똑같은 식사를 대접하셨던 것이다".[15]

사역을 위한 새로운 지형도

따라서 그리스도교 식탁 예전의 의례적 형태를 조성해준 네 개의 동사는 매우 도전적인 성례전 신학뿐만 아니라, 이보다 더 도전적인 목회 신학을 제안하고 있다. 여기서 잠시 〈마가복음〉 14장 3절에서 9절 사이에 나오는 이야기, 곧 시몬의 집에서의 식사 도중에 침입해 들어왔던 이름 없는 어느 여자의 이야기를 회상해보자. 설교자들은 종종 〈누가복음〉 7장 36절에서 50절[16]에 나오는 유사한 이야기를 근거로 해서, 이 여성이 "죄인"이었을 뿐만 아니라, 그녀의 "죄"는 성과 관련된 것이었다고 추정하곤 한다. 그러나 마가는 이런 이야기에 대해선 전혀 언급하지 않는다. 오히려 그는 매우 크고 분명하게 성찬을 암시하는 어조로 바로 이 여성이 값비싼 "향유 옥합"을 가져왔고, 그것을 깨어 열고, 예수의 머리 위에 부었다고 말한다. 이 값비싼 향유는 예수의 머리 위에 부어져, 어쩌면 "헐몬의 이슬이 시온 산에 내림과 같이〈시편〉133편 3절", 그의 수염을 타고 흐르는 축복이 되었다. 이 여성이 취한 행동에 주목하라. 그녀는 가져다가, 깨어, 축복하고, 드렸다. 사실상 그 여자와 예수는 시몬의 집 식탁에서 "성찬 팀eucharistic team"이 되었던 것이다. 더욱 놀라운 사실은 예수께서 다음과 같이 말씀하신 점이다. "내가 진정으로 너희에게 말한다. 온 세상 어디든지, 복음이 전파되는 곳마다, 이 여자가 한 일도 전해져서, 사람들이 이 여자를 기억하게 될 것이다〈마가복음〉14장 9절." 주인의 행동들, 가져다가 축복하기와 종의 행동들, 떼어 주기를 결합하심으로써, 예수의 성찬 행동들은 식사들을 위한 새로운 지도의 원형이 되었다. 그리고 이 여자의 행동들은 사역을 위한 새로운 지도의 원형이 되었다. 누가〈누가복음〉22장 29절와 바울〈고린도전서〉11장 24~25절은 예수 자신의 행동들 다음에 "반복하라는 명령"너희는 이것을 행하여 나를 기억하여라""을 첨가한 반면, 마가는 그 만찬에 관한 설명에서 그러한 명령을 생략하고 있다〈마가복음〉14장 22~26절. 오히려 "이 여자를 기억하며" 반복해야 할 일은, 이 여자의 아낌없는 돌봄과 봉사의 행동, 즉 예수의 발에 기름을 부은 행동이라는 것이다〈마가복음〉14장 9절. 이는 요한이 예수의 만찬은 상호 섬김의 행동을 통해 "기억re-membered"될 것이라고 암시한 것과 같다.

어쩌면 이것이 〈요한복음〉에서는 왜 성찬 이야기가, 바울과 공관 복음서 안에서는 소중히 간직된 것과는 달리 대부분 다 숨겨져 있고, 그 대신 예수께서 제자들의 발을 씻겨주신 이야기로 대치되었는지를 이해하는 데 도움이 될 것이다. 발에 관한 이야기는 〈마가복음〉14장과 〈요한복음〉13장 모두에서 두드러지게 나타나는데, 두 본문 모두에서 그들은 우리를 목회와 사역의 새로운 지형도로 인도한다. 〈요한복음〉에서는 "주인"이신 예수가 자신의 "종들"을 위해, 〈마가복음〉에서 그 여자가 예수께 행했던 일을 친히 행하신다. 그리고 식탁은 "계급"이 드러나거나 혹은 "권력"이 과시되는 그런 장소가 아니라, 오히려 이타적인 봉사의 행동들, 씻기고 기름 붓는 행동들이 그 식탁의 먹을 것과 마실 것에 직접 연관되도록 하는 그런 장소가 된다.

따라서 사역은 성찬의 의미가 되며, 성찬은 사역의 의미가 된다. 빵과 포도주를 들어 축복하고 떼어 주심으로써 예수께서 행하신 일의 내용은, 마가의 이야기 속에 나오는 이름 없는 여자가 값비싼 향유를 가져다가 깨어 예수의 몸을 축복하며 드렸을 때, 그 여자의 행위 속에 직접 반영되어 있다. 사역과 성찬의 행동들이 서로의 행동을 초대하고 있다.

안수받은 사역자를 위한 제2차 바티칸 공의회의 새로운 지형도

복음서로부터 나오는 식탁과 사역을 위한 새로운 지형도들은, 제2차 바티칸 공의회의 〈전례 헌장〉이 발표된 이후 지난 40여 년 동안 지속되고 있는 미국 가톨릭의 교구 생활의 갱신에 있어서, 매우 중요한 《성서》적 근원을 제공한다. 안수받은 성직자로의 소명과 그에 따른 종교적인 삶으로의 전통적인 소명에 대한 응답은 점점 감소하는 반면, 안수받지 않는 소명들, 즉 지역 교회 수준에서의 평신도 예배 지도력 등에서 명백하게 나타나는 것과 같은 소명들은 점점 더 그 꽃을 피우고 있다. 이는 성직자들이 사역을 감당할 시간이 없어서 일어나는 현상이거나, 혹은 성직자들이 감당하지 않으려고 하는 임무들을 평신도 자원 봉사자들이 대신 수행하기 때문에 일어나는 현상이 아니다. 예전 생활의 거의 모든 부문에서, 교구민을 영접하고 《성서》를 봉독하는 일에서부터, 음악을 인도하고 성찬 때 예배 위원으로 섬기는 일에 이르기까지 능력 있는 평신도 사역자들이 매 주일마다 공동체의 공소 예배를 섬기는 모습을 볼 수 있다.[17]

제2차 바티칸 공의회 이후 평신도 예배 사역은 계속해서 발전되고 성숙해왔다. 1997년에 발표된 목회 서신 〈신실하게 함께 모여라 Gather Faithfully Together〉에서, 로저 마호니 Roger Michael Mahoney, 1936~ 추기경은 다음과 같이 말하고 있다. "주일 예배에 있어서의 평신도의 관여는 미국 교회들이 제2차 바티칸 공의회의 갱신을 깊이 새겨 넣고 있는 영역이다. 많은 사역들이 그 사역을 잘 감당할 수 있는 교육을 받은, 재능 있는 교회 구성원들에 의해서, 가장 잘 감당될 수 있음이 명백하다."[18] 마호니 추기경은 계속해서, 이렇게 새롭게 나타나고 있는 예전 사역의 핵심이 바로 회중 그 자체 the assembly itself 라고 말한다. 예배를 섬기는 사람은 누구든지, 가장 먼저 예배와 함께, 그리고 예배에 완전하게 의식적으로 그리고 능동적으로 참여해야만 한다는 것이다. 이러한 평신도 사역자들에 대해 마호니 추기경은 다음과 같이 말했다.

> 앞으로 나아가 《성서》를 봉독하고, 성체를 나누어주며, 또한 성가대에 참여해 노래한다는 것이 무슨 뜻인지를 이해한다. 교구들에서는 한 사역자가 한 가지 사역을 담당함에 있어 일정한 기간의 제한을 두어, 한 사역자가 한 가지 사역을 4~5년 동안 섬긴 후에는 1년간 쉬도록 요청하고 있다. 이러한 제한이 평신도 사역자들로 하여금 그들의 일차적 역할은 예배 공동체의 한 구성원으로 예배에 참여하는 것임을 환기시켜줄 것이다.[19]

마호니 추기경의 서신은 사역에 관한 공의회 이후 신학이 이룬 괄목할 만한 발전에 주목하도록 환기시킨다. 모여든 회중, 예배 공동체는 안수받은 성직자들이 행하는 목회의 "대상" 혹은 피동적 수혜자만이 아니며, 오히려 예전적 행동에 있어서 가장 중요한 주체다. 메리 앨리스 필Mary Alice Piil은 예전적 행동의 주체로서의 회중이라는 공의회 신학이 20세기를 지나는 동안 어떻게 발전했는지를 잘 보여주고 있다.[20] 1943년의 〈그리스도의 신비체Mystici Corporis Christi〉와 1947년의 〈하느님의 중개자Mediator Dei〉라는 교황 비오 12세의 위대한 회칙들 안에 이미 이 신학의 씨앗이 뿌려졌다. 이 회칙들 안에서 교황은 로마 가톨릭 교회론의 범주를 확장하기 시작했다. 비오 12세는 다음과 같이 주장했다. 교회는 단지 위계질서를 가진 사법적 사회 조직이 아니다. 교회는 신실한 백성a faithful people이다. 또한 교회는 은혜, 신앙, 그리고 사랑의 공동체다. 교회는 성령에 의해 모여든 회중이다. 예전에서, 보다 정확하게는 성찬에서 성직자는 "그리스도와 교회 둘 다의 역할을 맡아 행한다. 신자들은 성직자와 함께, 성직자를 통해 기도하기 때문에 봉헌한다".

그러나 교황 비오 12세의 견해에 따르면, "예전적 행위에 직접 참여하는 일은 여전히 성직자들만의 몫으로 남겨져 있다."

이러한 예전의, 혹은 성찬의 행위를 완성하기 위해 필요한 존재는 성직자뿐이다. 그러나 교황 비오 12세가 암시하듯이, 신자들은 예배에 적극적으로 참여하도록 장려되어야 한다. 그럼에도 신자들의 참여가 가치를 지니는 이유는 신자들 개인을 위한 목회적 효과에 달려 있는 것이지, 그들이 성찬 예물의 봉헌에 필요하기 때문은 아니다. 그러나 비오 12세는 예전적 행위에서 신자들이 어떤 역할을 담당할 수 있는 가능성 자체는 열어두었다.[21]

예전에서의 성직자의 역할과 평신도 회중의 역할 사이의 정확한 관계에 대한 교황의 결론이 열려 있었기 때문에, 제2차 바티칸 공의회에 모인 주교들은 이 문제를 다시 거론할 수 있었다. 그러나 이제부터 내가 설명하겠지만, 〈전례 헌장〉은 이 관계의 본질에 관한 모든 질문들을 제기하지도, 또한 답을 제시해주지도 않았다. 그러나 〈전례 헌장〉이 제안한 내용은 교황 비오 12세의 두 회칙 〈그리스도의 신비체〉와 〈하느님의 중개자〉에서 도달한 결론을 넘어서서 몇 발자국을 더 내딛고 있다.

1. 〈전례 헌장〉 14항은 모든 신자들의 성직권을 단순한 성서적 이미지로서가 아니라 예전 자체의 본질에 근거한 하나의 신학적 원칙, 즉 그리스도교 예배의 "선택"의 여지가 없는 필수적인 차원으로서 회중의 참여를 요청하는 신학적 원칙으로 인정했다. 그리스도교 예배에서 신자들의 출석과 참여는 안수받은 집례자의 출석과 참여만큼이나 필수적인 것이다. 즉, "선택 가능한" 것이 아니다.

2. 〈전례 헌장〉 2, 7항과 41, 42항은 지역의 개교회야말로 진짜 교회이며 참된 교회라고 인정했다. 성찬을 위해 주교 주변으로 모여든 예배 공동체야말로 교회의 "탁월한 현현 praecipua manifestatio"이라는 것이다. 이로써 공의회는 사법적 혹은 위계질서적 범주들로부터가 아니라 성찬으로부터 파생되는 교회론의 씨앗을 우리에게 주었다.

3. 〈전례 헌장〉 14항은 그리스도인의 예전 참여가 세례신학에 뿌리를 두고 있다고 인정했고, 그에 따라 "전례의 쇄신과 증진을 위해서는 모든 신자들의 완전하고 능동적인 참여가 다른 무엇보다 먼저 고려되어야 하는 목표"라고 결론을 내렸다.

4. 〈전례 헌장〉 48항은 지금도 널리 인용되는 구절에서 다음과 같이 주장하고 있다. 그리스도인들은 "국외자나 말 없는 구경꾼"으로서가 아니라, "흠 없는 제물을 사제의 손을 통해서만이 아니라 사제와 하나되어" 진정으로 봉헌하는, 경건하고 능동적인 에이전트로서 예배에 참여해야만 한다. 이

부분의 라틴어 원문은 그 뜻이 더욱 명확하다. ... immaculatam hostiam, non tantum per sacerdotis manus, sed etiam una cum ipso offerentes. 이 문장은 회중과 집례자가 성찬 봉헌에서 각각 고유하고 명백하며 필수적인 역할을 담당한다고 제시하고 있다. 평신도 회중과 성직자는 각자 나름의 방식으로, 그러나 함께 예전을 수행한다는 것이다. 평신도 회중은 성직자와는 다른 나름의 방식으로 예전적 행위의 주체다.

이상의 내용이 〈로마 미사 전례서 총지침〉을 구성하고 있는 신학의 근간이다. 〈로마 미사 전례서 총지침〉은 "성찬을 위해 모인 개교회의 전체 회중이 공적인 예전 행위의 주체"라는 사실을 강조하고 있다. 이전의 전통적인 스콜라적 신학에서는 성직자만이 "성찬 예물을 공적으로 직접 봉헌할 수 있는 주체"라고 이해했다.[22] 그런데 〈로마 미사 전례서 총지침〉과 〈전례 헌장〉 모두 오랜 스콜라적 공식을 넘어섰다. 그러나 두 문서 모두, "성직자 · 집례자, 성직자 · 공동 집례자, 그리고 회중의 다른 구성원들이 개교회의 성찬 예전에 참여하는 특정한 방식"에 관해서는 다소 모호한 입장을 취하고 있다.[23] 메리 앨리스 필은 따라서 다음과 같이 결론을 내리고 있다. 공의회 이후 시대에서는 다음과 같다.

두 개의 교회론과 두 개의 성찬신학이 계속해서 나란히 존재하고 있다. 주일 예배에 모여든 회중이 성찬에 대해, 이는 교회를 위한 그리스도의 선물, 곧 그리스도를 대신해 집례하는 성직자의 지도력 아래 모여든 교회를 위한 그리스도의 선물이라는 사실을 진정으로 이해할 때, 그때 비로소 교회는 성찬의 행동에 직접 참여하는 주체로 서게 될 것이다. 이와는 반대로 성직자가 신자들을 위해 행동을 한다는 이해를 가지고 주일 예배에 참석할 때, 의례 자체가 아무리 많이 바뀐다 하더라도, 평신도는 자신들을 성찬 행위의 수동적인 수령인일 뿐이라고 계속해서 생각하게 될 것이다.[24]

미未해결의 과제들

그렇다면, 제2차 바티칸 공의회와 그 이후로 진척된 예전의 개혁은, 성찬에서의 집례자의 역할에 대해 분명히 밝혀준 동시에, 또한 모호하게도 만들었다고 말할 수 있겠다. 역사를 간략하게 살펴보면, "두 개의 교회론", "두 개의 성찬신학"들이 어떻게 왜 가톨릭 공동체 안에서 경쟁해 왔는지가 드러날 것이다.

오늘날, 개혁은 멈추어야 하고 예전은 "재再가톨릭화re-Catholicized"되어야 한다고 생각하는 사람들은, "로마 가톨릭 의식의 본질적 연합the substantial unity of the Roman Rite"을 주장하는 〈전례 헌장〉 38항에 호소하는 경우가 많다. 이 말 뒤에는 강력한 신화가 숨어 있다. 그 신화는 가톨릭교회의 예전이야말로 기억할 수 없는 시대로부터 지금까지 결코 변경할 수 없는 의례와 전례 법규와 본문과 몸짓의 깨어진 적이 없는 역사였다는 무비판적인 가정으로부터 비롯되는 것이다. 또한, 그 신화는 모든 사람이 로마 가톨릭이 근원이고 로마 가톨릭이 내용이며 로마 가톨릭이 구조라고 인식한다는 무비판적인 가정으로부터 나온다. 서구의 예전 역사를 조금이라도 아는 사람이라면, 이 신화는 희망 사항이거나 혹은 자아도취적 회상에 불과하다는 사실을 알 것이다. 단일한single "로마 가톨릭 의식"은 사실이기보다 허구에 가깝다고 말하는 것이 아마 더 정확할 것이다.

이것은 결코 놀라운 사실이 아니다. 왜냐하면 40여 년 전에 이미 스티븐 반디크Stephen van Dijk와 조앤 해즐든 워커Joan Hazelden Walker가 7세기에 로마 가톨릭교회의 의례는 "동방의 수도승과 성직자들이 아랍의 침략과 그리스도 단성론자들의 박해를 피해 로마로 물밀듯 극적으로 유입"됨에 의해 혁명적인 변화를 겪게 되었다고 밝혀주었기 때문이다.[25] 이들 난민들은 그 수도 매우 많았고 영향력 또한 매우 커서, 실제로 "교황청 공의회를 지배하기도 하였고, 로마 가톨릭교회 성직의 고유한 활동 영역에까지도 밀려들어 오게 되었다".[26] 그들은 희랍어와 예전들과 관습들뿐만 아니라, 교회 미술과 교회 건축에 있어서의 새로운 유행까지도 함께 가지고 들어왔다. 사실상 "사치스러운 회화와 장식, 공들여 만든 프로그램들, …… 즉 피난민이었던 동방의 예술가들에 의해 실행된" 프로그램들이 많은 로마 가톨릭교회들을 "그다지 로마 가톨릭스럽지 않은", 하지만 성스러운 장소로 바꾸어놓았다. 7세기 초 604년에 서거한 대교황 그레고리우스 1세조차도 이미 로마 가톨릭의 예전을 "비잔틴화" 혹은 "헬라화"했다는 비난을 받은 바 있다. 물론 그 자신은 극구 부인했지만 말이다.[27]

따라서 특히 7세기에, 지금 우리가 "로마 가톨릭 의식"이라고 부르는 것들이, 유입된 그리스 · 비잔틴 문화와 동화됨으로써 변형되었던 것이라는 사실, 어떤 경우에는 매우 극적으로 바뀌었다는 사실은 조금도 의심의 여지가 없다. 실제로 스티븐 반다이크는 교황 비탈리아누스Vitalianus, 657~672 재임 기간 동안 비잔틴 사상과 문화의 모방이 교황청의 예전을 어느 정도까지 변형시켰는지를 잘 보여주는 두 개의 로마 교회 고위 성직자 계층의 문서들 가운데 하나인 〈로마 전례 지침서 I Ordo Romanus Primus〉를 특별히 언급하고 있다.[28] 〈로마 전례 지침서 I〉"에 나타난 성찬 예전을 들여다보면 이 사실을 잘 볼 수 있다. 그 이전의 세기 동안에는 성찬 예전에서 참석한 회중들에게 빵과 포도주를 분배하는 행위는 의례적으로 단순하고 직선적이었다. 예를 들어, 순교자 유스티누스Justinus, 100~165의 《첫 번째 변증론First Apology, 기원후 약 150년》은 분병례에 대해 다음과 같이 서술하고 있다.

그리고 집례자, 즉 성찬에서 집례하는 사람이 감사 기도를 드린 후, 참여한 회중 모두가 이에 동의하면, 우리가 부제deacon라고 부르는 사람들이 축성된 빵과 포도주와 물을 출석한 회중 각자에게 준다. 그러고 나서 그것들을 참석하지 않은 이들에게 가져다준다.²⁹

유스티누스의 서술에서는 부제들이 회중들에게 성찬용 빵과 포도주를 나누어줄 때, 그 어떠한 의도적인 의례적 행동도 취했다는 증거를 찾아볼 수 없다. 이때 성찬용 빵과 포도주는 "성육신하신 예수의 몸과 피"로 확증된 것이지만, 그러나 그것들을 받는 행위는 고도로 의례화되어 있지 않았다.³⁰

그러나 〈로마 전례 지침서 I〉에 기록되어 있는 성찬 예전은 완전히 다른 이야기다. 일단 성찬 기도가, 회중들이 큰 목소리로 화답하는 "아멘"의 외침으로 끝이 나고, "하늘에 계신 우리 아버지"로 시작되는 〈주기도문〉과 그 부속 기도embolism가 암송되고 나면, 글자 그대로 성직자들의 한 부대가 성찬 예전의 분병례를 시작한다.

교황이 원로원의 자리에 앉은 이들에게 영성체 예식을 집례하기 위해 '교황청 상서원장chancellor'과 '수석 참사관chief counselor'과 함께 자리에서 내려온다. 그전에 부주교archdeacon는 그들과 교통한다. 부주교를 따라와 주교들이 성찬을 주고, 부제들이 그들을 뒤따른다. 교황이 빵과 포도주를 나누어주기 위해 내려올 때, 복사acolyte 한 명이 자신의 목에 아마포를 두른 채 빵과 포도주를 담은 접시를 들고 교황보다 앞서서 걸어간다. 이와 같은 방식으로 그들이 항아리들과 사발들을 들고 부제들의 뒤를 따라 가서, 회중들에게 나누어주기 위해서 큰 대접들에 붓는다. …… 교황의 명령에 따라 교황청 상서원장이 고갯짓을 하면, 사제들이 빵과 포도주 모두를 회중들에게 나누어준다.

교황이 원로원석의 영성체 예식을 시작하는 그 순간, 성가대가 차부제들subdeacons과 함께 성찬 교송communion antiphon을 시작해 참석한 회중 모두가 빵과 포도주를 받을 때까지 노래를 계속한다. 그 후 교황이 그들에게 "성부께 영광을Glory be to the Father"이라고 말할 것을 고갯짓으로 지시한다. 그래서 그들이 이 구절을 반복한 후, 그들은 침묵한다.

교황은 여성 좌석의 성찬 분배가 끝나자마자 그의 자리로 돌아와 서열에 따라 줄지어 서 있는 지역 관리들에게 성찬을 분배한다. …… 끝나고 나면, 교황은 자리에 앉아 손을 씻는다.[31]

방금 전에 인용한 〈로마 전례 지침서 I〉의 본문을 잠깐만 들여다보더라도, 이 성찬 예전이 얼마나 복잡다단한 의례가 되었는지 알 수 있을 것이다. 순교자 유스티누스의 설명에 따르면, 성찬 예전의 의례적 초점은 부제들이 담당했던 역할과 회중들의 성찬 참여에 집중되어 있었다. 그러나 〈로마 전례 지침서 I〉에서는 그 초점이 회중들의 협동적인 행위로서의 성찬 참여로부터, 사회적으로 계층화된 공동체"원로원 자리", 여성들을 위해 마련된 별도의 자리, 부주교와 부제와 차부제와 복사들의 역할 등에 관한 언급에 주목하라 안에서 성례전을 수행하기에 꼭 필요해진 '정교한 예전적 안무elaborate ritual choreography'로 옮겨갔다. 물론 순교자 유스티누스가 언급했던 성찬 예식의 기본적인 개요와 흐름이 여전히 보이고는 있다. 성찬 예물이 가져와지고, 집례자가 큰 감사의 기도를 소리 내어 말하고, 축성된 빵과 포도주가 참석한 회중 전원에게 나누어지고, 또한 참석하지 않은 이들에게도 가져다주는 등이 그것이다. 그러나 〈로마 전례 지침서 I〉에 나타난 예전적 정교함의 정도는 유스티누스의 예전이 갖는 단순성에 견주어볼 때 놀라운 것이다.

오늘날까지 우리의 예배를 계속해서 형성해주고 있는 7세기 로마 가톨릭 예전은 아주 명백하게도 비잔틴에 기초를 둔 재문화화reinculturation를 큰 폭으로, 엄청난 강도로 겪어낸 것이었다. 이 재문화화는 그 무엇보다 "비잔틴의 교회 예식 및 궁중 예식을 본 뜬" 새로운 교황papal 예전의 도입을 초래하였다. 이 새로운 예전은 로마 가톨릭 교구 교회들에서 그리스도인들이 수행하던 이전의 도심 예전 및 그 음악과는 극적으로 완전히 다른 예전이었다.³² 그 이전의 로마 가톨릭 교구의 예전과는 반대되는 새로운 교황 예전은 〈로마 전례 지침서 I〉의 성찬 예전에서 분명하게 볼 수 있듯이, 반디크가 "교황청 규모의 큰 폭의 성장과, 이에 병행하는 교황청 내 해당부서 업무들의 진화"라고 부른 것으로부터 초래되었다. 교황청과 교황청 내 부서들에게 주어진 새로운 형태의 예전은 유입된 비잔틴 문화의 결과였다. 이에 관해 반디크는 "황제 교황주의caesaropapism 안에서 이 예전은 보물이 무진장한 이상한 나라wonderland가 되었다"라고 쓰고 있다.³³

"황제 교황주의의 장엄함." 요컨대, 이 말은 그다음 수 세기 동안 유지하게 되었던 로마 가톨릭 예전의 방향을 표현해주고 있다. 예수의 식사 사역에서 성찬이란, 같은 빵과 포도주를 나누어 받는 행동을 통해 참석자들 사이의 교제를 이룸으로써 하나님과 사람들 사이의 교제를 확립하는 것이 그 목적인 의례였다. 그 교제의 원천은 예수 자신의 "너희와 모든 이를 위한" 희생이었다. 이러한 목적이 순교자 유스티누스의 《첫 번째 변증론》안에서는 여전히 분명하게 나타나고 있었으나, 〈로마 전례 지침서 I〉에서는 잘 드러나 보이지 않았다. 〈로마 전례 지침서 I〉에서는 성찬 예전이 거룩한 회중, 곧 "거룩한 일에 참여하는" "성도들의 교제"가 거룩한 교제를 창출해내는 그런 회중에게 초점을 맞춘 예전이 아니라, '성찬을 집례 하는 유명 인사, 즉 교황'에게 초점이 맞추어진 복잡한 안무가 되고 말았다. 그리하여 로마 가톨릭 예전은 급속하게 교황 혹은 그의 대리자를 중심으로 하는 "유명 인사의 의례"로 변해갔다. 점차 교황 예전, 다시 말해 이전의 로마 가톨릭 교구 의례를 서서히 대체하게 된 교황 예전은 숙련된 전문가의 사역을 필요로 하게 되었다. 특히 음악 레퍼토리를 연주하는 일에서는 숙련된 가수들이 필요했는데, 그들의 존재는 "서방 세계에서 교황의 최고 지배권을 상징하고 보장해주는 정치적이고 예술적인 이벤트"를 의미했다.[34] 그 의례적 복잡성 때문에 이 새로운 교황 예전은 사람들을 수동적인 관중, 수동적인 청중으로 남겨 놓게 되었다. 이런 수동적인 관중으로서의 회중의 역할이란, "성직자뿐만 아니라 회중에 의한 의례에의 능동적인 참여"가 그 특징이었던 이전의 로마 가톨릭 도심 예전에서 평신도 회중들이 수행했던 역할과는 상당히 다른 의례적 역할이었다.[35]

7~8세기 기간 동안에 일어났던 로마 가톨릭 예전의 비잔틴화의 여파는 엄청난 것이었다. 로마 가톨릭의 예전 형태들이 중세기 동안 진화하면서, 그 수사법에 있어서는 대중화되었지만, 그 의례의 구조에 있어서는 귀족 중심, 교황 중심이 되었기 때문이다. 그것은 교황청의 특권, 특히 교황 자신의 개인적 특권을 강화하기 위해 고안된 예전이었다. 또한 그것은 교황의 권력과 황제의 권력을 동등한 것으로 만들려는 "개인 숭배"를 목적으로 체계화된 예전이었다. 나아가 그것은 반디크가 "접근할 수 없는, 그리고 매우 엄격한 예법 안에서 즉흥적인 개작을 전혀 인정하지 않는 하나의 이상ideal ……"이라고 부른 것에 의거한 예전이었다.[36]

요컨대, 그것은 교황권의 위신과 집례자의 인격을 대변하고 강화해주는 예전이었다. 이것은 "그 본질적 연합substantial unity"이 중세 교황청의 "직급에 따른 질서ordines" 속에 살아남은 로마 가톨릭 예전이었다. 이 예전은 특히 탁발 수도승들의 활동과 그 영향을 통해 유럽 전체에 확산되었고, 또한 1570년 "트리엔트 공의회" 미사를 위한 기초가 되었으며, 제2차 바티칸 공의회 1962~1965까지 계속 사용되었다. 1970년대에 와서 교황 바오로 6세의 미사가 출현하였을 때, 집례자들은 로마 가톨릭 예전의 역사 자체가 성찬과 모든 형태의 예전 기도를 집례함에 있어, 그러한 "유명 인사 모델"을 선호했다는 이유만으로 계속해서 그들 자신이 예전적 중력의 중심에 있는 듯 행동했다. 이런 모델은 좌우 진영 모두의 예배학자들로부터 당연하게 비판을 받아왔는데, 그러나 이런 현상은 전 세계에서 집례되는 교황 미사와 교구 미사들에서 여전히 나타나고 있다. 오늘날까지도 로마 가톨릭은 소위 "회중들을 위한 예전"을 집례자에게만 과도하게 초점을 맞춘 형태의 예전으로 유지하고 있다.

안수받은 성직자들의 예전에서의 역할

이런 역사로 미루어볼 때, 안수받은 성직자들과 예전 행위의 주체 혹은 일차적 에이전트로서의 회중 사이의 관계가, 서로마 지역에서는 매우 민감한 문제로 남아 있다는 사실이 놀라운 일이 아니다. 지금으로부터 16세기 전, 성 아우구스티누스는 북아프리카 히포Hippo 지역의 사람들을 섬겼던 자신의 경험을 다음과 같이 서술한 바 있다.

주 예수는 짐을 지고 가는 자와 함께 그 짐을 나르는 경우가 아니고서는, 예수 자신의 짐에 관해 언급하신 적이 없다. 당신도 마찬가지다. 이제 나를 좀 도와주라. 사도의 명령에 따르라. 그래서 우리는 서로의 짐을 나누어질 수 있고, 그렇게 그리스도의 법을 성취하게 된다. 그분이 우리와 함께 짐을 지어주시지 않는 한, 우리는 실족하게 된다. 그분이 우리를 붙들어주시지 않는 한 우리는 넘어진다. 내가 당신에게 어떤 존재인지를 생각하면 두렵긴 하지만, 나는 당신과 함께 있다는 사실로 위안을 받는다. 당신에게 나는 주교이고, 당신과 함께 나는 그리스도인이다. 전자는 나에게 주어진 직무이고, 후자는 내가 받은 은총이다.

전자는 위험하지만, 후자는 구원을 가져다준다〈설교〉340.1[37]

아우구스티누스는, 안수받은 집례자가 주일 예배에서 회중의 한 구성원이라는 사실을 언제나, 누구보다도 잘 알고 있었다. 그는 성직자와 개교회의 평신도 회중 사이의 진정한 관계, 곧 혈연과도 같은 관계를 주장하는 가톨릭 전통을 이해했다. 그 누구도 "되는 대로" 안수받지는 않는다. 안수받은 성직자는 실제로 봉사를 통해 장소와 사람, 즉 구체적인 특정 공동체와 실제로 연결되어 있어야 한다. 그 장소가 지금은 지중해 속에 가라앉아 있는 고대 도시라 할지라도 명목상의 주교들이 존재하는 경우처럼 말이다. 아우구스티누스의 시대에는 개교회의 담임 목회자인 주교가 통상적으로 성찬 예전의 집례를 맡았다. 우리 시대에는 주일 예배를 집례하는 자가 보통 주교 다음의 사제presbyter다. 이 점에 대해 마호니 추기경은 자신의 목회 서신〈신실하게 함께 모여라〉에서 다음과 같이 썼다.

교회에 의해 성직에 부름을 받은 자는 주교의 대리로서 지역 교구 공동체 속에 있어야 한다. …… 주일에 그는 예배를 집례하는 안수받은 성직자로서 다른 사역자들처럼 회중 가운데서 나오는 것이 아니라, 이 회중을 "지도하는orders" 자로서, 곧 이 회중을 주교 및 더 큰 교회와 연결시켜주는 자로서 나오는 것이다. 우리의 가톨릭 영성에 충실하게, 우리는 우리 교회의 유대가 이론과 신학보다는 몸과 피에 근거하고 있다고 이해한다. 우리와 주교 사이의 유대, 그리고 전 세계와 전 시대에 걸친 다른 공동체들과의 유대는, 바로 여기 우리 인간 존재 안에 있는 것이다32~33항.

명백하게 가톨릭 전통은 주일 예배 안에서 안수받은 성직자와 안수받지 않은 사역자들 사이의 오래된 지속적인 차이점을 인정하고 있다. 누구도 이 점을 부인하지 않는다. 그러나 지난 10년 동안에 발표된 로마 가톨릭 문서들은 이 차이를 어쩌면 과장된 정도로 예외적으로 강조해왔다. 예를 들어, 〈성직자의 거룩한 사역에 있어서 안수받지 않은 신자들과의 협력에 관한 질문들〉이라는 바티칸의 문서는 전통적으로 안수받은 성직자에게 할당된 사역 업무가 평신도들에 의해 부적절하게 침해당하는 문제에 대해 매우 민감하다.[38] 이와 비슷한 걱정이 교황청 경신성사성 훈령인 〈구원의 성사 Sacramentum Redemptionis〉에서도 명백하게 나타나는데, 이 문서는 평신도 사역자들, 곧 주일 예배의 성찬식을 임시로 섬기는 평신도 사역자를 제한하고 통제하려는 목적으로 발표된 것이다.[39]

그러나 제2차 바티칸 공의회가 끝난 이후 쏟아져 나온 평신도 사역자들을 성직자의 "경쟁 상대"로 여기는 사람들은 전 세계 교회의 목회 상황에 대한 이해가 없는 사람들이다. 종교 간 대화에 있어서 위대한 신학자인 자크 뒤피는 다음과 같이 쓰고 있다.

> 실제 교회가 직면한 문제는…… 교회 안에서 평신도의 위치가 어떠해야 하는지를 규정하는 문제가 아니라, 교회 안에서 계급화된 성직의 기능이 무엇인지를 결정하는 문제다. …… 또한, 계급화된 성직이 하나님의 백성의 기본적인 사제적 현실과 어떻게 연관되어 있는가를 보여주는 문제다. 지난 분석에서 보았듯이, 교회 공동체 안에서의 성직자의 기능에 관해 던지는 질문은 하나님의 백성의 일원이 되는 일에 관해 던지는 질문보다 훨씬 더 어려운 것이 아닌가? 그리고 우리 시대는 평신도들이 겪는 정체성의 위기보다 성직자들이 겪는 정체성의 위기가 더욱 두드러지지 않았던가?[40]

뒤피의 주장은 옳았다. 에드워드 하넨버그Edward Hahnenberg가 언급하듯이, "오늘날의 사역에 관해 던져야 할 첫 번째 질문은 '성직자에게 적합한 임무는 무엇이며 평신도에게 적합한 임무는 무엇인가?'가 아니다. 중요한 질문은 '오늘날까지 살아남아 있는 많은 사역들이 세례 공동체 안에서 어떻게 관리되고 있는가?'다".⁴¹ 사역에 임하는 평신도들은 안수받은 성직자들이 수행하는 기능들을 빼앗고 싶어 하는 욕구도 없고 그럴 의도도 없다. 평신도 사역자들은 그들이 하는 일과 또 성직자들이 하는 일 사이의 차이점을 직관적으로 이해하고 있다. 주일 성찬식에서 사역하는 대부분의 가톨릭 평신도들은 품위를 유지하며, 감사로 섬기고 있다. 그들은 "하나님의 현존 가운데 서서 섬기게 됨을" 감사하며, 그들을 신앙과 사역으로 부르시는 하나님의 은혜로운 인도하심에 감사한다. 말씀과 기도와 찬송과 노래 속에, 그리고 모여든 회중들 속에, 그리고 빵과 포도주 속에 예수님이 살아 현존하심에 감사한다. 성직자를 포함해 사역하는 모두에게 감사한다⟨전례 헌장⟩ 7항. 그들은 우리를 함께 묶어주는 것이 우리를 분리하거나 나누는 것보다 중요하다는 것을 뼛속 깊이 이해하고 있다.

그러나 지난 반半세기, 혹은 그 이상의 기간 동안, 교권敎權은 평신도와 성직자 사이의 본질적 차이를 강조하는 신학적 공식을 힘써 주장해왔다. 그리하여 안수받은 성직은 모든 그리스도인들에게 공통으로 해당되는 세례직과 "단순히 그 정도에 있어서가 아니라, 그 본질에 있어서" 다르다고 주장해왔다. 이러한 주장은 교황 비오 12세의 1947년 회칙인 ⟨하느님의 중개자Mediator Dei, 38~48항⟩에서 전조를 보였고, 제2차 바티칸 공의회의 ⟨교회에 관한 교의 헌장 – 인류의 빛Lumen Gentium, 10항⟩에서 사용되었으며, 가톨릭교회의 ⟨교리 문답집1992⟩에서 반복되고 있는데, 잘못 해석되기가 쉽다. 예를 들어, 이 주장은 안수받은 성직자들이 다른 모든 그리스도인들보다 존재론적으로 우월한 성직자들의 엘리트 군단을 형성한다는 식으로 잘못 해석되는 경우가 많다. 그러나 영국의 신학자인 마이클 리처즈Michael Richards가 지적하듯이, 이 주장이 의미하는 바는 오히려 그 정반대다. 제2차 바티칸 공의회가 안수직과 세례직 사이의 본질적 차이를 주장했을 때, 그것은 "본질"을 확증한 반면 "등급degree"을 배제한 것이었다. 리처즈는 다음과 같이 쓰고 있다. 공의회는 "만일 안수가 어떤 차이를 만들어내는가를 이해하고 싶다면, 본질적 차이, 곧 단순한 등급의 차이가 아니라 종류의 차이를 찾아야 할 것이다".[42]

요컨대, "등급"을 배제함으로써 공의회는 우리가 사용하는 "성직 계급"이라는 단어에 통상적으로 따라붙는 연상들, 예를 들면 강압적 권력, 계급, 특권, 나름의 내적 서열을 가진 엘리트 장교들의 군단과 그 멤버십 등을 의도적으로 제거했다. 〈교회에 관한 교의 헌장〉에 사용된 라틴어 문장들을 면밀하게 분석한 후 리처즈는 다음과 같은 결론에 도달했다.

교회의 정신을 공적으로 선언한 이 문서에서, 성직 계급은 그리스도께서 그 사도들에게 주신 가르침의 특별한 적용으로서만 해석될 수 있을 뿐이다. 그들이 이렇게 물었을 때 …… '우리 가운데 누가 가장 큽니까?' …… 예수께서는 누구든지 첫째가 되고자 하면, 그는 모든 사람의 꼴찌가 되고, 또한 모든 사람의 종이 되어야 한다고 그들에게 말씀하셨다. 다른 말로 하자면, 계급 없는 사람, 그 말이 통상적으로 의미하는 그런 성직 계급이 없는 사람이 되라는 것이다. ……

제2차 바티칸 공의회가 안수에 의해 주어지는 특별한 은사와, 안수받은 자들의 직무를 안수받지 않은 자들의 직무와 그 종류에 있어서 다른 것으로 만들어주는 특별한 은사를 강조하고자 원했을 때, 그리고 그 강조점을 "성직 계급"

이라는 표현으로 규정하기로 선택했을 때, 그러나 공의회가 그 특별한 은사를 계급 서열상 우위에 있는 것이라고 말하려는 의도는 아니었다. 공의회가 주교와 부주교와 부제들이, 교회의 나머지 다른 사람들보다 우위에 있다고 선언한 것도 아니다. 또한, 이런 우월성이 그들의 사제직의 본질을 구성하고 있다고 선언하지도 않았다.[43]

하나님 현존 가운데 봉사하기에 합당한 존재

따라서 공의회의 가르침은 예배를 위해 모인 회중 안에서 안수받은 성직과 안수받지 않은 사역직의 차이를 이해하기 위해 세속의 권력 모델을 사용할 수 없다는 것을 의미한다. 각각의 사역이 다르고, 둘 중의 어느 직분도 "계급" 혹은 "우위"에 근거하고 있지 않다. 세례와 마찬가지로 안수 역시 "승진promotion"도 아니고 즉위coronation도 아니다. 세례식과 안수식은 둘 다 그리스도인으로 하여금 하나님의 나라의 "부엌일"을 감당하도록 위임하는 것이다. 감자 껍질을 벗기고, 요리를 하고, 청소를 하고, 음식을 내고, 그리고 가장 보잘것없고 가장 작은 이들이 충분하게 돌봄 받았는지를 확인하는 등이 그것이다. 따라서 안수받은 성직자들은 발을 씻김으로써 "가르친다teach". 안수받은 성직자들은 하나님의 권능이 치유하는 능력과 용서하는 능력을 주시기 위해 어떻게 역사하시는지를 보여줌으로써 "거룩하게 한다sanctify". 또한 안수받은 성직자들은 식탁에서 그리고 십자가 위에서 자기 자신을 내어주신 예수의 본을 따라 자기 자신을 내어줌으로써 "치리한다govern". 오리건 주 포틀랜드에서 가난하고 집 없는 사람들을 주 대상으로 목회하고 있는 예수회의 개리 스미스Gary Smith는 교회 안에서 안수받은 성직자의 사역이 안수받지 않은 평신도들의 사역과 그 "지위"가 아니라 "종류"면에서 어떻게 다른지를, 성 목요일 예배를 예로 들면서 다음과 같이 설명하고 있다.

> 오늘 밤 성 목요일 예배에 가난한 이웃들이 많이 참여했습니다. 그들의 발은 아주 부드럽게 씻김을 받았습니다. …… 나는 그 모든 장면들을 보았습니다. 가난한 이웃들, 발을 씻기던 대야들, 발을 씻어주던 사역자들의 어색한 모습들, 침묵 속에서 경건한 얼굴을 하고 있던 회중의 모습들 …… 나는 다시 한 번 봉사의 거룩함이 무엇인지를 깨달았습니다. ……
>
> 나는 …… 만일 예수께서 당하셨던 수난의 유물 가운데 선택해야 한다면, 나는 창이나 채찍이 아니라, 더러운 물이 담긴 둥그런 대야를 선택할 것이라고 생각했던 옛일이 떠올랐습니다. 나는 그 대야를 팔에 끼고, 사람들의 발만 쳐다보면서, 온 세상을 돌아다닐 것이라고 생각했습니다. 그리고 허리에 수건을 두르고, 그가 친구인지 적인지를 구분하지 않기 위해 몸을 굽혀 그의 발목 복숭아뼈보다 더 높은 곳은 쳐다보지도 않겠다고 생각했습니다. 나는 무신론자의 발도 씻길 것이라고, 나는 마약 중독자의 발도 씻길 것이라고, 나는 무기 판매상의 발도, 살인자의 발도, 포주의 발도 씻길 것이라고, 그리고 모든 부류의 학대하는 자들의 발도 씻길 것이라고 생각했습니다. 내내 침묵하면서, 그들이 이해할 때까지 말입니다."

안수받은 성직자의 사역과 안수받지 않은 평신도의 사역을 하나로 연합해주는 것은, 저 "더러운 물로 가득해진 대야"다. 이타적인 섬김의 아이콘으로서의 세족洗足은, 〈요한복음〉에 나오는 최후의 만찬 이야기를 주조鑄造했을 뿐만 아니라, 서구의 수많은 그리스도교 교회들의 세례 예식을 형성해주었다. 기원후 397년 밀라노의 주교인 암브로시우스가 새롭게 세례 받은 자들에게 말했듯이, 세족은 본질적으로 세례의 신비에 속한 것이다. 그것은 다음과 같다.

겸손한 섬김 그 자체다. 왜냐하면, 그리스도께서 이렇게 말씀하셨기 때문이다. "너희의 구세주이며 주인인 내가 너희의 발을 씻겼다면, 너희는 서로서로의 발을 얼마나 더 많이 씻겨야 하겠는가?" 구원의 근원이신 바로 그분이 자신의 복종을 통해 우리를 구속救贖하셨기 때문에, 그분의 종인 우리는 겸손과 복종으로 얼마나 더 많이 섬겨야 하겠는가?De mysteriia 6.33

세례 예전의 핵심으로서의 세족은 암브로시우스 주교 이후에도 사라지지 않았다. 세례의 의미를 지니는 세족을 보증해주는 〈요한복음〉에 나오는 그리스도의 행동을 회상하는 권고는, 18세기 프랑스 가톨릭, 서유럽 가톨릭, 스페인 가톨릭, 그리고 이탈리아 가톨릭의 수많은 성례전 예식서들에서도 발견된다.[45] 예들 들어, "주님이시고 구세주이신 예수 그리스도께서 그 제자들의 발을 씻기셨습니다. 이제 나성직자 혹은 주교도 여러분의 발을 씻겨드립니다. 그러므로 여러분도 이제 순례자들과 나그네들에게 이와 같이 행하십시오. 만약 여러분이 이렇게 행한다면, 이제와 또 영원히 지속될 생명을 얻게 될 것입니다".[46]

그러므로 그것이 평신도 사역자들에 의해 수행되는 것이든 안수받은 성직자들에 의해 수행되는 것이든, 교회 안에서 행해지는 모든 사역의 중요성을 밝혀주고 규정해주는 것은, 그리스도 자신이 보여주신 발 씻기 행동에 근거한 그리스도교 입교 예식의 신학이다. 토마스 아퀴나스가 알고 있었듯이, 그리스도인들 사이에 존재하는 단 하나의 유일한 사제직은 그리스도 한 분이신데, 그리스도의 수난은 발을 씻기신 행위와 만찬에서 먹이신 행위에서 시작되어 십자가 위에서 완성되었다.⁴⁷ 성례전적 입교 예식인 세례식, 견신례, 그리고 성찬식은 그가 평신도이든 혹은 안수받은 성직자이든, 모든 그리스도인들이 그리스도의 사제직에 참여하는 결정적인 원천이다. 아퀴나스는 그런 참여야말로 그리스도인들이 성례전의 "특징character"⁴⁸이라고 말하는 것의 의미가 무엇인지를 규정해준다고 말한다. 이 특징은 하나의 대상이나, 하나의 사물, 혹은 〈볼티모어 교리 문답〉이 과거에 그렇게 말했듯 "지울 수 없는 흔적"이 아니라, 관계relationship, 즉 그리스도인들을 영원히 그리스도의 사제직에, 그리하여 교회의 멤버십에, 그리고 그 교회의 예전에의 참여로 연결시켜주는 하나님이 주신 권능이다.⁴⁹ 이것이 〈전례 헌장〉 14항이 예전 수행에 있어서의 "완전하고 의식적이며 능동적인 참여"를, "세례를 받음으로 인해" 우리의 것이 된 "왕 같은 제사장직"과 연결시킨 이유다. 여기서 세례는 그리스도인들로 하여금 "의례를 위한 준비"를 하게 해주고, 또 주님의 식탁에 참여할 준비를 하게 해주는, 근원이 되는 성례전이다.⁵⁰ 또한, 이것이 고대의 〈로마 전례 지침서 XI〉에서 세례 예식을 설명하고 있는 바에 따르면, 새롭게 세례를 받고 견신례를 받은 그리스도인들에게 스톨라stola와 카술라casula를 입힌 후 주교에게 데리고 가서 주교에게 보여주고, 주교는 "성령의 일곱 겹의 은혜를 기원해줌으로써 그들을 최종 승인했던"⁵¹ 이유다. 스톨라와 카술라를 입혔던 이유는 입교자들이 그리스도와 공동체에 대해 갖게 되는 새로운 제사장적 관계를 반영한 것이기 때문이다.

그러므로 교회 안에 "이중의two-track" 성직 제도란 없다. 이는 아퀴나스가 말하듯이 다음과 같은 이유 때문이다. "그리스도교 의례의 전체 구조는 그리스도의 제사장직으로부터 나온 것이다. 따라서 우리가 '성례전의 특징'에 관해 말하는 것은 분명코 그리스도 자신의 제사장적 권능을 말하는 것이며, 신자들은 이 권능에 따라 성례전을 통해 형성되는 것이 분명하기 때문이다."⁵² 교회 안에서 세례 받은 개인들, 예배 회중, 안수받은 성직자들에게 주어진 모든 직분의 뿌리는 관계다. 그 관계는 항상 오직 교제를 위해 존재한다. 그 교제는 어떤 "신격화된 …… 추상적이고 보편적인" 연합이 아니라, 제2차 바티칸 공의회가 보았듯이, 실제의 개個 교회 공동체들 안에 존재하는 것이다.⁵³

이런 그리스도의 교회는 합법적으로 조직된 신자들의 모든 지역 모임 안에 실제로 존재하며, 그들이 자신들의 담임 목회자들과 연합하는 한, 〈신약성서〉가 교회들이라고 적절하게 표현했던 바로 그 교회들이 된다. 왜냐하면, 이들은 사실상 그들 자신의 지역 안에서, 성령의 능력으로, 그리고 그들 자신의 큰 확신의 결과로 하나님의 부르심을 받은 새로운 백성이기 때문이다〈데살로니가전서〉 1장 5절 참조. 그 교회들 안에서 신자들은 그리스도 복음의 설교를 통해 함께 모이게 되고, 또한 주님의 만찬의 신비가 기념되며, "그리하여 주님의 살과 피를 통해 그분의 몸의 전술 지체들이 하나가 된다. 주교의 거룩한 사역 아래에 있으며 제단 주변에 존재하는 그 어떤 공동체 안에서도, 자비와 신비한 몸의 연합의 분명한 상징이 보여야 한다. …… 비록 그들이 종종 매우 작고 가난하며, 혹은 디아스포라로 존재한다 하더라도, 이런 공동체 안에는 그리스도께서 현존하신다. 그리고 그분의 권능과 영향력을 통해 이 공동체들을 '하나의One, 거룩하고 Holy, 보편적인Catholic, 사도적Apostolic 교회'로 세우십다〈교회에 관한 교의 현장〉 26항."

방금 인용한 본문은 다음과 같은 점을 분명히 밝혀 준다. 교제communion는 성직자가 회중을 위해서 고안해내는 무엇이 아니다. 오히려 그것은 하나님 자신이 "성령의 권능 안에서 새로운 백성을 부르시고", 또한 그들을 "복음의 설교를 통해" 모으시며, 그리고 그들을 "주님의 만찬의 신비로" 인도하신 결과이며, 이 모든 것의 목적은 항상 아우구스티누스를 인용하면서 아퀴나스가 인정했듯이 "교회의 연합"이다.[54] 안수 받은 성직자들이란 그 과정을 섬길 뿐이지, 그 과정 자체를 창출해내는 것은 아니다. 나의 스승인 에이든 카바나가 언급하곤 했듯이, 그리스도께서는 죽으셨고, 다시 사셨으며, 그리고 사람이 되셨다. 이것이 그리스도교 예배와 사역의 근원이다. 이것이 또한 교회 사제직의 근원이다. 그리고 이것이 교회 안에서 신앙과 생활과 성례전을 통해 이루어지는 교제의 근원이다.

세례와 성찬은 죽었다가 다시 사는, 진정으로 하나인 집합 인격corporate person이다. 그러나 이런 집합 인격은 물과 기름, 또는 빵과 포도주와 같은 단순한 것들 위에 얹기에는 너무 크다. 그런데도 그들은 결코 불평하지 않는다. 그리고 그들은 죄를 지은 적도 없다. 그들은 그들의 원초적 무죄로서 하나님께 신실하며, 또한 하나님께 가까이 있다. …… 우리의 상상력을 비틀거리게 만들 정도로 그러하다. 그들처럼 되는 것이야말로 예수께서 우리에게 오셔서 보여주시려고 하셨던 바로 그것이다. 그들은 하나님께서 우리가 그렇게 되기를 뜻하셨던 그만큼 탁월하다. 그 길로 나아가는 것은 사리 분별로 인해 타락했던 우리에게는 하나의 수난이다.[55]

여기서 논점은 세례 받은 평신도들과 안수받은 성직자들이 상호 "경쟁적인" 직분자들이 아니라는 것이다. 그러므로 평신도들의 "왕 같은 제사장직"을 성품 성사聖品聖事, Sacrament of Holy Orders의 모델을 가지고 해석하는 일은 잘못된 것이다. 비록 〈로마 전례 지침서 XI〉와 아퀴나스의 신학이 전자는 의례적 몸짓에 의해서, 후자는 신학적 주장을 통해서 그리스도의 제사장직에 세례를 통해 참여하는 일이, 그리스도인들에게 예배를 위한 권능을 주며, 또한 그리스도인들을 예배를 위해 준비시킨다고 주장하고는 있지만, 그렇다고 해서 세례식을 "안수식"으로 해석해서는 안 된다. 하넨버그가 지적하듯이 사제직, 즉 제사장직 자체가 "사역을 의미하는 메타포"는 아니다.[56] 오히려 "직분자로서 하나님과 소통하기 위한 기초는 일차적으로", 안수받은 성직자와 마찬가지로 세례 받은 사역자들에게도 "그리스도와의 교제로부터 분리되어 그들 안에서만 일어나는 세례식 혹은 성품 성사의 행동들이 아니라, 그분의 교회 안에서 그리스도와의 사이에서 일어나는 교제 그 자체다".[57] 따라서 그것이 안수받은 성직자의 사역이든, 안수받지 않은 평신도의 사역이든, 그리스도교의 사역은 권력의 교만함으로 인도되어서는 안 되고, "당신의 현존Your presence 가운데 서서, 당신You을 섬기기에" 합당하게 되는 겸손한 기도로 인도되어야 한다. 우리는 물과 기름, 그리고 성찬식에 사용되는 선하고, 신실하고, 하나님과 가까운 성물聖物로서의 빵과 포도주처럼 당신께 합당한 존재가 되기 위해 기도한다. 우리는 하나님께서 우리가 그렇게 되기를 뜻하셨던 그만큼 탁월하게 되기 위해 기도한다. 우리는 가난한 이웃에게 합당한 존재가 되기 위해, 그리고 우리가 섬기는 이들에게 합당한 존재가 되기 위해 기도한다.

불에 닿은 것처럼: 예배 회중이 되기

따라서 카바나가 지적하듯이 교회는 다음과 같다.

> 세례를 베풀어 직분자들을 세운다. 교회는 사역의 주요 품급品級 안에서, 해당 직분을 수행하게 하기 위한 목적으로만 안수한다. …… 또한, 안수식에서 …… 처음으로 안수받는 자에게 성직자로서의 자질이 나타나는 것도 아니다.

계속되는 세례를 통해, 교회는 기름 부음 받으신 분 자신의 영에 의해, 직분자들로 구성된 회중으로 거기에 태어나는 것이다.⁵⁸

따라서 성직 안수는 세례 교인으로서의 자격이나 회중의 일원으로서의 자격을 박탈하는 것을 의미하지 않는다. 교회 안에서 예전을 섬기는 모든 사역자는 회중의 일원으로서 나와서 섬기는 것이다. 그러나 그 회중이란 누구이며 혹은 무엇인가?

1930년대 후반, 독일의 탁월한 신학자인 로마노 과르디니Romano Guardini, 1885~1968는 후에 《예배 전의 명상들Meditations before Mass》이라는 제목으로 출간된 일련의 명상들을 저술한 바 있다. 예배 회중의 중요성에 관해 말하면서 과르디니는 다음과 같이 언급한 바 있다. 그리스도교 회중은 단순히 뜻이 맞는 사람들끼리 모인 자발적인 연합체가 아니다. 그것은 그들 가운데 계시는 "살아계신 그리스도〈마태복음〉 18장 20절"가 그들을 성령의 능력을 통해 아버지의 얼굴 앞으로 인도하실 때 존재하게 되는 회중이다. 그 회중은 하나님의 주권에 의해 부르심을 입은 예배 공동체다. 그러나 그 부르심은 거룩한 초청이며, 믿음의 응답으로서의 부르심은 정의의 실현을 전제 조건으로 하는 것이다. 따라서 "사람을 차별하는 불의가 극복된" 이후에만 예배 공동체는 존재할 수 있다. 그러므로 예배 회중은 용서에 수반되는 교제로부터 태어나는 것이다. 그것은 용서받은 자들의 공동체이고, 그러므로 용서는 교회의 개념 자체 안에 속하는 것이다. 과르디니가 말하듯이 용서는 신중함, 곧 "투자를 분산시켜서 위험 부담을 줄이자"는 것도 아니고, 무관심, 곧 "어찌 되든 상관없잖아"것도 아니며, 거짓 친절, 곧 "전복된 적의"도 아니고, 혹은 비겁함, 곧 "싸우기보다 도망치는 게 낫다"는 것도 아니다.⁵⁹ 용서를 통해 주어지는 것은 단순히 빚의 탕감도 아니고, 죄나 실수로부터의 면죄도 아니다. 용서는 하나님 자신을 주시는 것이다. 토머스 시핸이 쓰고 있듯이 용서란, 우리를 위해 자신을 내어주신 하나님 자신이시다. 즉 용서란, "하나님이 현재로 도래하심이고, 또한 당신의 백성들에게 하나님 자신을 선물로서 남아돌아갈 정도로 풍족하게 내어주시는 것이다."[60]

따라서 용서는 하나님을 위한 우리의 사역이 아니라, 우리를 위한 하나님의 행동이다. 즉, 우리가 우리 스스로를 위해서는 할 수 없는 일을 하나님이 우리를 위해서 친히 행해주시는 것이다. 불의를 바로 잡는 일, 그리스도교 공동체, 즉 예배 회중이 될 수 있는 "가능성의 전제 조건"은, 인간의 의지와 수고만으로는 실현 불가능하다. 과르디니는 이 점을 다음과 같이 잘 요약해 설명하고 있다.

> 너희 원수들을 용서하라는 명령은 다음과 같이 표현될 수도 있었을 것이다. "십자가 위의 그리스도께서 그분의 원수들을 용서하셨기 때문에, 너희도 너희 원수를 용서할 수 있다는 것을 알라. 너희가 용서할 수 있도록 해주시는 분은 그분이시다." ······
>
> 그리스도의 용서는 ······ 하나님의 사랑이 우리 안에서 그 발판을 마련해, 하나님의 아들과 딸들을 다스리시기 위해 필요한 새로운 질서를 창조해내시는 것을 뜻한다.[61]

그래서 예배 회중은 스스로를 고안해내는 것도 아니고, 혹은 스스로를 구성하는 것도 아니다. 회중은 불의가 극복될 때에만 존재할 수 있고, 이 일은 하나님의 용서를 통해서만 가능하다. 불의는 사람들을 소외시키고, 분리시키고, 분열시킨다. 따라서 잔치가 열리기 전에 용서가 선행되어야 한다. 대니얼 베리건은 예언자 이사야의 입술에 "불이 닿아" 그가 정결케 되었던 본문의 이야기〈이사야〉 6장 1~13절를 주석하면서, 이 점에 대해 다음과 같이 강력한 어조로 주장하고 있다. 정의와 용서의 사역, 곧 하나님의 역사는 "우리 자신의 능력 저 너머에 있는" 진정성을 요구한다. 왜냐하면, "우리의 능력은 전적으로 자기기만에 빠질 위험이 있기 때문이다". 또한 정의와 용서는 "불에 닿은" 입술과 "불에 닿은" 삶을 필요로 한다. 왜냐하면, "어디에서나 증명되는 우리의 현실은", 우리 자신이 "눈멀고, 귀먹었을 뿐만 아니라, 그중에서도 가장 나쁘게는 우리 마음이 잔혹하다는 것이기 때문이다. 또한, 우리가 저지른 파괴의 흔적과 피의 악취가 온 세상에 선명하기 때문이다". 그래서 예언자 이사야, 그의 과거를 정결케 해주는 불에 닿았던 예언자 이사야에게 일어났던 일은, 우리가 "예배 회중"이 되기를 원한다면, 우리에게도 일어나야만 하는 일이다. 한 "공동체, 즉 불 주변에 모인 회중은 단순히 불로 인해 따뜻해질 뿐만 아니라, 그 불에 닿게 되는 것이며, 그래서 지울 수 없는 흔적을 받게 되는 것이다". 그래서 베리건은 이렇게 쓰고 있다. "이러저러한 종잡을 수 없도록 산만한, 주제를 벗어난, 엉뚱한 예전의 움직임들을 행하는 것은", 타협과 나쁜 신앙의 죄를 범하는 일일 뿐이다.[62]

예전을 "은신처hideout", 곧 불의를 자행해 스스로를 위험에 빠뜨린 자들을 위한 피난의 장소로 삼는 일의 무익함에 대해, 이사야 예언자보다 더 잘 이해한 사람은 없을 것이다. 이사야는 인간의 그런 하찮은 간계에 대한 하나님의 반응이 다음과 같다고 말한다. 데이비드 로젠버그David Rosenberg가 시적으로 다시 쓴 버전을 따르자면 다음과 같다.

> 금테 두른 기도들의
> 방종으로부터 위를 보라
> 감상적 아첨으로부터

너의 기분을 좋게 만들기 위해

너희들의 의례에서 바치는 돈을

"봉헌하는" 시간의 ……

나는 충분히 보아왔다

너희들의 산만한 명상과 신비들을.

나는 피곤하다, 하나님이 벼락같이 외치신다, 너희의

나의 성소를 짓밟는 ……

너희가 소중하게 여기는 앨범들

너희의 비현실적인 책들

기도에 대한 너희의 필사적인 판타지

나는 더 이상 성스러운 거울들을 원하지 않는다

너희들의 모습이 비춰는

너희의 공허한 목소리들이 담긴 마이크들을 ……

나는 너희의 이상한 사칭impersonation을 참을 수 없다

영적 존재들의 사칭을

너희의 명상의 비망록들을

그리고 주일 휴무를

나는 미워한다

그 영혼의 싸구려 탐닉을 ……

너희들의 손은 피로 가득하다.[63]

불의를 참지 못하시고, "영혼의 싸구려 탐닉"을 혐오하시는 하나님에 관한 이사야의 경고는 단순한 수사적 표현만은 아니다. "풍성한 잔치〈이사야〉 25장 6~8절"가 진정 이 세상 모든 민족을 위한 하나님의 계획이시다. 그러나 그

식탁을 준비하시는 하나님은 그 불이 닿는 것마다 다 태워버리시는 "사르는 불⟨이사야⟩ 33장 14서"이시다. 용서로서의 하나님의 도래, 불의를 뒤집는 분으로 하나님께서 오시는 도래가 생명과 예전의 공동체를 가능케 해주신다. 하나님의 정의가 먹을 것과 마실 것으로 비처럼 내리지만, 그러나 이런 일은 먼저 "심판"을 뜻하는 또 다른 말이기도 한 하나님의 공의로우심이 비처럼 내린 후에야 가능하다. 물론 우리들 대부분은 이런 일을 원하지 않는다. 오히려 우리는 피스메이커를 감옥에 가두는 쪽을 선택하고, 전쟁에 대해 의문을 던지는 사람들을 비애국적이라고 비난한다. 이렇게 하면서 우리는 "그 과정에 고문 기술까지 포함되는 커리큘럼을 통해 암살단 지휘관들"을 훈련시킨다. 또한, 우리는 자신들의 "치밀하게 계산된 반응들"과 "고난도의 결정들"이 마치 하나님의 일을 수행하는 것인 양 묘사되는, 그런 "권력자들의 허구"를 선호한다.⁶⁴

이사야의 예언에 나오는 "의롭게 사는 사람"이 그러한 모든 도덕적 불감증에 대항해, "피 흘림과 관련된 그 어떤 음모에도 귀를 막고", 나아가 "마음껏 절기를 지킬 수 있는 도성", 즉 용서받은 자들의 공동체를 위한 본향 안에서 거듭나게 될 삶을 약속한다⟨이사야⟩ 33장 15, 20, 24절, ⟨New Jerusalem Bible⟩을 참조할 것. 따라서 "먼저 가서 화해하라⟨마태복음⟩ 5장 24절"는 예수의 명령은 이사야와 같은 고대 예언자들의 예언에 그 뿌리를 굳게 내리고 있다. 만약 빵과 잔치가 하나님이 모으신 공동체의 중요한 아이콘이라면, 또한 빵이 항상 몸과 관련된 것이라면, 다음과 같은 결론은 불가피하다. 정의가 이루어지지 않은 곳에서 진정한 예배 회중이란 존재할 수 없다. 그리스도인들이 주일 예배를 드리기 위해 모일 때, 그들은 용서받은 자들의 공동체로 모이는 것이고, 또한 "타오르는 하나님의 심판의 불안에서 무리들과 함께 춤을 추는" 참회자들의 공동체로 모이는 것이다. 바로 그 춤 안에서 그들은 "위대하신 자비"를 발견한다.

심판이란 …… 정죄가 아니다.

심판이란 묵인도 아니다.

심판이란 자비로우신 하나님을 선포하는 일이지, 중립적인 하나님을 선포하는 일이 아니다.

심판받는다는 것은 정죄당하는 일이 아니다.

심판받는다는 것은 묵인받는 일도 아니다.

심판받는다는 것은 자비로우신 하나님을 체험하는 일이지, 중립적인 하나님을 체험하는 일이 아니다.

마지막으로, 심판받는다는 것은 공동체의 목소리를 경청하는 일이요, 공동체의 목소리에 복종하는 일이다. 이러한 심판은 회심으로의 초청과 그에 대한 응답으로서, 적극적이면서도 자비롭게 일어난다.[65]

회중에서 성례전으로

그것이 용서받은 자들의 세례 공동체기 때문에, 항상 회심하고 참회하는 자들의 세례 공동체기 때문에, 교회 회중의 정체성은 그 구조에 있어서 성례전적이다. 이 점은 제2차 바티칸 공의회의 문서들, 특히 〈교회에 관한 교의 헌장〉과 〈현대 세계의 교회에 관한 사목 헌장〉에서 명백하게 인식되고 있다. 〈교회에 관한 교의 헌장〉과 〈사목 헌장〉에 들어 있는 교회론은 하나님과 교회, 그리고 세상이 어떻게 상호 연결되어 있는지에 관한 우리의 이해를 넓혀 주었다. 먼저 공의회는 바로 인간 역사의 시작에서부터, 심지어 특별한 계시를 중심으로 모여든 신자들의 공동체가 생겨나지도 않았을 때부터 존재했던, 유일한 그리고 "모든 것을 포용하는 하나님의 구원"을 강조했다.[66] 하나님의 "지혜와 선하심의 완전히 무상無償인 신비한 계획이 전소 우주를 창조하셨고, 남자와 여자를 들어 올려 하나님 자신의 거룩한 생명 안에서 함께 살게 하겠다고 선택하셨다(교의 헌장) 2항". 따라서 하나님의 은혜로우신 계획은 모든 사물과 모든 사람을 포용하는 것이고, 이스라엘의 역사와 육신이 되신 말씀의 신비 속에서 발견되는 역사적인 계시들보다 앞선 것이다. 따라서 〈교의 헌장〉과 〈사목 헌장〉 모두 교회의 역할을 "세상의 성례전"이라고, 또한 인간뿐만 아니라 피조물 전체를 향한 하나님의 뜻과 의지를 실현하는 "구원의 연합체"의 가시적인 표징이라고 말할 수 있었던 것이다.[67]

세상, 역사, 인간, 그리고 우주와, 교회 사이의 관계를 묘사하기 위해 성례전의 언어를 사용함으로써, 교회는 자신이 우주의 중심이 아니라는 사실을 인정하였다. 그루트Groot가 언급하듯이, 제2차 바티칸 공의회 문서들 안에서 교회는 스스로가 "인간 역사 전체가 그 주위를 돌고 있는 실제 중심이 더 이상 아니라고" 보기 시작했다. 그러나 교회는 "인간의 역사 안에서 완수하도록" 운명 지어진 자신의 "특별하고도 중요한 기능"은 인식하고 있었다. 요컨대, 교회는 "구원과 정의와 평화의 표징이며 도구"로서의 교회의 성례전적 특성을 인식하기 시작했다. 이때 "구원과 정의와 평화"는 모든 인간, 모든 역사, 창조된 우주 전체를 향하신 하나님의 뜻이다.[68] 공의회는 다음과 같이 확증했다. 하나님의 지혜, 말씀, 그리고 성령이 전소 인간 역사를 통해, 그리고 카를 라너가 "세상의 예전"이라고 불렀던 것 안에서, 그리고 유대교 철학자인 에마뉘엘 레비나스가 "이웃의 예전"이라고 불렀던 것을 통해 말씀하시고 역사하신다는 것이다. 자크 뒤피가 지적해왔듯이, 공의회의 이런 성례전적 교회론은 그리스도인들이 어떻게 "다양한 문화와 다양한 종교적 전통들", 다시 말해 각각이 "차이에 대한 권리"를 지니고 있는 문화와 종교적 전통들에 의해 특징지어지는 세상과 연결되는지를 이해하기 위한 새로운 콘텍스트를 형성해준다. 뒤피는 이렇게 쓰고 있다.

> 그러므로 모든 백성을 위한 하나의 거룩한 구원의 계획은 전 우주를 포괄하는 것이다. 교회의 사명은 이 계획이라는 콘텍스트 안에서 이해되어야만 한다. 교회는 우주 안에서의 하나님의 역사를 독점하는 것이 아니다. 따라서 교회는 세상 안에서의 하나님의 특별한 사역을 깨닫는 것과 동시에, 다른 종교들 안에서도 나타나는 세상 안에서의 하나님의 역사에도 민감해야 한다. …… 선언proclamation은 교회가 사명 안에 있음을 인식한다는 것의 표현인 반면, 대화dialogue는 그 경계 밖에서의 현존과 역사하심을 인식한다는 것의 표현이다.[69]

교회 자신과 마찬가지로 그리스도교 예전은 그 자체를 위해서만이 아니라 세상을 위해 존재하는 것이다. 그것은 세상의 예전, 그리고 이웃의 예전을 알려주기 위해 존재하는 것이다. 이것이 바로 제2차 바티칸 공의회의 〈비그리스도교와 교회의 관계에 대한 선언 - 우리 시대〉가 다른 종교 안에서 발견되는 "진실하고 거룩한" 것에 관해 말했던 이유이다〈비그리스도교에 관한 선언〉 2항. 이 문서는 그리스도교와 유대교의 특별한 관계를 인정했고, 나아가 힌두교, 불교, 그리고 이슬람교와 같은 세계 종교의 문화, 기도, 가르침, 의례뿐만 아니라 사회생활 안에서 발견되는 "영적인 진실과 도덕적인 진리들"을 확증했다. 동시에 〈비그리스도교에 관한 선언 - 우리 시대〉는 "인종이나 피부 색깔, 또는 삶의 조건이나 종교 때문에 사람들에게 가해지는 어떠한 학대 또는 차별도", 인간의 존엄성에 위배되는 것으로서 철저하게 거부했다〈비그리스도교에 관한 선언〉 5항. 요컨대, "가난한 이들을 위한 선택"과 마찬가지로 종교 간 대화에 대한 그리스도인들의 헌신은 "해도 되고 안 해도 되는" 그런 문제가 아니다. 이는 신학적으로나 목회적으로 반드시 수행해야 하는 필수 사항이다. 특히

9·11 사태 이후의 세계에서는 더욱 그러하다.

교회의 성례전적 구조, 즉 "세상의 연합을 위한 표징이며 도구로서의" 조건에 반드시 포함되는 종교 간 대화에 대한 이 문서의 확증은, 또한 성례전에 대한 우리의 이해를 넓히는 데 도움을 주었다. 대체로 다음과 같은 세 가지 신학적 원칙들이 성례전에 관한 이런 보다 포괄적인 이해를 뒷받침해준다.

원칙 하나, "연합의 신비" 〈현대 세계의 교회에 관한 사목 헌장 – 기쁨과 희망〉은 교회만이 "세상의 성례전"이라고만 주장하지 않는다. 이 문서는 모든 인간이 인간의 근원과 운명에 뿌리를 둔 하나의 소명을 가지고 있다고도 주장한다. 이 점은 〈사목 헌장〉 22항에 강력하게 잘 나타나 있다. 그 내용은 다음과 같다. "그리스도께서 모든 인간을 위해 죽으셨기 때문에, 그리고 모든 인간은 사실상 하나의 같은 운명으로 부름 받았기 때문에, 그리고 이 운명은 신성한 것이기 때문에, 우리는 성령께서 하나님께만 알려진 방식으로 모든 사람들에게 부활절의 신비 안에서 파트너가 될 가능성을 제공하신다고 믿어야 한다." 따라서 우리는 다음과 같이 믿는다. 우리의 교회도 다음과 같이 가르친다. 하나님께서는 모든 인간들이 참여하도록 초대받은 하나의 구원 계획을 가지고 계신다. 이것은 물론 새로운 믿음이 아니다. 새로운 것은 〈사목 헌장〉이 모든 백성들이 "하나님께만 알려진 방식으로 …… 성령"에 의해 "부활절의 신비 안에서 파트너들이" 되기 위해 부름 받았다고 주장하는 대목이다. 공의회는 따라서 모든 여성과 남성들이 그 방식은 꼭 같지 않을 수 있지만, 하나의 소명과 하나의 운명을 공유하고 있다고 확증했다. 뒤피가 말했듯이, 다양한 문화와 종교적 전통들이 공존하는 세상 속에서 각자는 "나름의 차이에 대한 권리"를 가지고 있기 때문이다.[70]

원칙 둘, 세상 안에서 하나님의 영이 행하시는 보편적인 역사 성사성sacramentality 의 개념을 확장하는 데 도움을 준 두 번째 신학적 원칙은, 특별히 교황 요한 바오로 2세에 의해 발전되었다. 교황은 다른 백성들의 종교적 전통 속에서, 특히 그들의 기도 생활 속에서, 하나님의 성령의 역동적인 현존을 확증했다. 예수의 생애, 사역, 수난, 죽으심, 그리고 부활하심 이전에, 그 동안에, 그리고 그 후와 그 너머에서까지 하나님의 말씀Word이 말씀하신spoke 것처럼, 하나님의 영도 예수의 생애, 사역, 수난, 죽으심, 그리고 부활하심 이전에, 그 동안에, 그리고 그 후와 그 너머에서 까지 역사하셨다.[71] 하나님의 영의 "현존과 역사는 보편적이다"라고 요한 바오로 2세는 1990년 그의 회칙 〈교회의 선교 사명〉에서 다음과 같이 썼다. 그 역사하심은 "개인뿐 아니라 사회, 역사, 민족, 문화, 그리고 다른 종교들28항"에도 영향을 끼친다. 요컨대, 하나님의 "진리의 영은 그리스도의 신비한 몸의 가시적인 한계 너머에서 역사하신다〈인간의 구원자Redemptor Hominis〉 6항".[72] 따라서 종교들 사이에 존재하는 차이들은 같은 교황의 말씀을 인용하자면, "종교들의 연합보다 덜 중요한 요소이다. 왜냐하면, 종교들의 연합이 그 차이보다 더욱 근본적이고 기본적이며 결정적인 것이기 때문이다".[73] 요컨대 다른 민족들의 문화와 종교들은 "측은한 일탈"의 현장이 아니라, 그리스도인들이 하나님의 영의 현존과 역사를 깨닫도록 부르심 받는 장소다.[74] 하나님의 영으로 충만한 역사가 복음을 선포하는 교회의 사명을 취소하지 않는 것처럼, 교회의 소명 역시 다른 민족들의 신앙, 기도, 문화, 그리고 종교적 의례들에서의 성령의 현존을 취소하지 않는다.

원칙 셋, 하나님의 다스리심의 보편성 인간의 최종적인 운명을 위한 예수 자신의 이미지는 "하나님의 나라", 혹은 하나님의 다스리심, 혹은 하나님의 통치였다. 내가 이 책에서 여러 차례 언급했듯이, 모든 민족을 위한 하나님의 계획은 하나의 단어, 곧 만찬dinner으로 압축될 수 있다. 예수께서 보셨듯이, 하나님의 다스리심은 장소의 개념도 프로그램 자체도 아니며, 모든 시대 모든 민족들이 모든 곳에서 참여하도록 부르심 받은 식사meal였다. 또한, 그 식사 동안 그리스도인들이 행해야 하는 사명은 그 식사를 장엄하게 집례하는 사람이 되는 것이 아니라, 주방 도우미, 봉사자, 그리고 더러운 물로 가득한 대야를 양손으로 들고 가는 사람이 되는 것이다. 따라서 교회의 성례전적 구조는 공동의 성례전적 운명을 지시하는데, 그 운명이란 인류, 역사, 세상, 그리고 우주를 위한 정의와 평화와 연합의 도래를 알리는 잔치, 곧 하나님의 현존 속에서의 보편적인 잔치다.

다른 세계로 들어가기: 스스로를 변화에 내맡기기

〈비그리스도교에 관한 선언 – 우리 시대〉의 원칙에서 확증된 종교간 대화에 있어서 교회의 헌신은, 교회 자체의 성례전적 구조로부터, 그리고 인간 개인의 성례전적 운명과 그들의 역사로부터 흘러나온다. 그러나 그런 대화는 구체적으로 어떻게 이루어지는가? 아마도 그 가장 좋은 모델은 예수 자신의 예언적 목회적 활동으로부터 나올 수 있을 것이다. 〈마가복음 7장 25~30절〉과 〈마태복음 15장 21~28절〉에 나오는 이야기를 상고해보자. 이 이야기에서 "수로보니게 여자"가 예수께로 와서 자신의 딸을 도와달라고 요청한다. 학자들이 주목하듯 이 이야기는 잠재적으로 일촉즉발의 위기를 내포하고 있으며, 심지어 스캔들이 될 여지가 있다. 왜냐하면, 이 여자는 "이중으로 주변화된" 인물이기 때문이다. 이 여자는 (1) "남성들의 세계에 홀로 나타난 여성이다". 그녀는 또한 (2) 경건한 예수께서 "정결치 못하다는" 이유로 피하실 만한 이방인이다.[75] 달리 말하자면, 이 여성의 종교와 민족적 배경 모두가 예수의 세계에서는 의심스러운 것이었다. 그러나 그녀는 기도를 하지만, 그 기도는 유대교 경전과 예전의 기도가 아니다. 그녀의 기도는 필사적인 것이다. 그녀의 기도는 그녀의 몸이며, 그녀의 대담함이다. 그녀의 기도는 그 여자의 딸의 필요다. 처음에는 예수께서 그 여자의 "다름", 즉 그 여자의 차이 때문에 그녀를 피하신다. 예수께서는 이렇게 말씀하신다. "아이들을 먹일 빵, 즉 유대인들에게 하나님이 주셨던 선물들을 집어서 개들에게 던져주는 것은 옳지 않다〈마가복음〉 7장 27절." 그런데 바로 그 순간, 번개보다 더 빠르게 이 여자는 예수께서 사용하셨던 이미지를 자신의 목적에 유리하게 바꾸어버린다. 그 여자는 이렇게 말한다. "그러나 상 아래에 있는 개들도 아이들이 흘리는 부스러기는 얻어먹습니다〈마가복음〉 7장 28절." 예수께서는 깜짝 놀라신 듯 보인다. 더욱 놀라운 것은 예수께서 이 이방 여자의 태도에 의해 자신이 변화되도록 스스로를 내맡기신다는 점이다. 이야기가 끝날 때쯤 예수와 여성 모두, 이 만남으로 인해 변화된다. 그 누구도 상대방의 종교로 개종하지는 않는다. 예수께서는 유대인인 채로 남아 계시고, 그 여자는 여전히 이방인인 채로 남아 있다. 그러나 그들 각자는 인류를 위한 하나님의 계획이 갖는 신비, 즉 모든 인간을 포용하는 계획의 신비 속으로 더 깊이 들어가게 된다. 그 여자의 신앙, 그것이 유대교 신앙이 아니라 할지라도 진정한 그녀의 신앙에 대해 예수는 크게 감동을 받으신다. 예수는 이렇게 말씀하신다. "여자여, 참으로 네 믿음이 크다. 네 소원대로 될 것이다〈마태복음〉 15장 28절."

예수와 수로보니게 여자의 이야기에는 우리가 주목해야 할 더 중요한 점이 있다. 예수는 이 이방인 여자가 예수로 하여금 세상에서의 하나님의 역사하심을 새로운 방식으로 그려보고 상상하도록 도와주기 때문에 변화하신다. 또한, 하나님 자비의 넓으심과, 그리고 모든 민족을 구원하시려는 하나님의 계획의 원대하심을 보도록 도와주기 때문에 변화하신다. 상상력이 열쇠다.

우리가 다른 사람들의 종교 세계로 들어가기를 원한다면, 그 사람이 어떻게 무엇을 왜 믿는지를 알고 싶다면, 우리는 늘 해오던 대로의 방식을 떨쳐버려야만 한다. 맥신 그린Maxine Greene, 1917~이 발전시킨 교육학적 모델에 대해 언급하면서 주디스 벌링Judith Berling이 다음과 같이 썼듯이 말이다.

> 상상력이란, 아직 생각지 못한 것들을 이것저것 그려보는 고립된 능력만이 아니다. 그것은 오히려 우리의 지평을 "기정사실들" 너머로 확장시켜주며, 대안들과 가능성들의 거대한 영역을 열어주는 재능이다. 상상력은 윤리적이며 사회적인 측면을 지니고 있다. 그것은 대안들을 …… 제시해주고, …… 인간 공동체를 위한 새로운 가능성들을 창출해낸다.[76]

어쩌면 종교 간 대화가 요구하는 상호 성사 존중이라는 확장된 비전에 우리 자신을 준비시키는 가장 좋은 방법은, 화랑을 방문해보거나, 아이들의 미술 시간에 참여해보는 것이 될 것이다. 미술은 단지 보는 것과 관련된 일만은 아니다. 그것은 전에는 보인 적이 없는 것에 관련된 일, 그리고 다르게 보는 것과 관련된 일이다. 이것이 바로 미술이 우리를 감동시키기도 하고, 우리를 동요시키기도 하며, 우리를 변화로 몰고 가는 이유다. 수로보니게 여자가 예수께 했던 일이 바로 '말로 그린 그림verbal art', 즉 현답이었다. 그녀는 예수가 사용하신 이미지를 집어 들고, 그것을 비틀어서 다시 예수의 얼굴을 향해 되던졌다. 그런데 그 비틀림이 너무도 참신해, 마치 예수를 채찍으로 찰싹 때리는 것과 같았다. 이것이 바로 "상상력을 통해서 배우기"가 의미하는 바다. 또한, 다른 사람의 세계에 들어가기가 뜻하는 바이기도 하다.

마지막으로 성례전에 대한 확장된 이해는 우리로 하여금 다름을 포용하면서 신앙을 확증하도록 우리를 초대한다. 벌링이 지적하듯이, "상대를 진정으로 이해하기 위한 양자 사이의 진지한 대화라면, 서로의 차이를 심도 깊게 포용해야 하고, 동시에 서로의 유사성을 밝혀보려는 어떤 성급함도 자제해야 한다".[77] 만일 우리가 교회를 "세상의 성례전"이라고 말하고 싶다면, 혹은 인간의 공통된 "성례전적 운명"을 확증하기 원한다면, 우리는 다른 사람들로 하여금 다르게 남아 있도록 해야 한다. 종교 간 대화는 다른 종교 전통들을 "익명의 그리스도인들"이라고 주장하기 위한 핑계가 아니다. 또한, 종교 간 대화는 종교의 연합이 그 어디에도 존재하지 않을 때, 이루어진 척 하는 것도 아니다. 다른 사람들이 어떻게 믿고 왜 믿는지를 심도 있게 그리고 정중하게 평가하기 위해서는, 인내심과 개방성 그리고 상호 "주고받는" 비판이 필요하다. 다시 말해, 서로의 유사성뿐만 아니라 진정한 차이를 기꺼이 인정하려는 태도가 필요하다. 교황 베네딕토 16세Benedictus XVI가 교황 선거 다음 날 행했던 설교에서 언급했듯이, 복음의 종으로서 우리의 사명은 "모든 사람, 비록 그들이 다른 종교를 따르거나, 혹은 인생의 궁극적 질문들에 대한 해답을 찾고 있으나 아직 발견하지 못한 사람들이라 할지라도", 모든 사람들에게 다가가는 것이다.[78]

성례전 다시 쓰기

성사성의 개념을 보다 확장시켜야 한다는 도전은 공의회의 교회론과 종교 간 대화의 필요성에서 비롯된 것일 뿐만 아니라, 가톨릭 신학의 전통으로부터 비롯된 것이다. 토머스 M. 그린Thomas M. Green은 〈르네상스 시기의 의례와 본문〉이라는 흥미로운 논문에서 서구에선 중세기 후반에 이미 시작된 성례전 재해석의 한 유형을 분석했다. 그린은 다음과 같이 지적하고 있다. "의례의 상징이 보내는 경고", 다시 말해 단테Alighieri Dante, 1265~1321의

《신곡Commedia》에서 이미 시작되었고, 세르반테스와 셰익스피어의 작품에서 최고 절정에 도달했던 "쇠퇴하는, 대량의, 느린, 고르지 못한, 그리고 거의 보이지 않는 과정"이 진행 중에 있다는 것이다.[79] 그린은 이러한 쇠퇴가 근대 초기에 일어났던, 의례가 "삶을 규정한다는" 중세적 견해에 대한 반박 때문이었다고, 다시 말해 의례의 상징들이 모든 공적 생활의 측면에서 의미와 일관성을 찾아주던 성스러운 덮개canopy를 만들어준다는 중세적 견해에 대한 반박 때문이었다고 주장한다. 또한, 그린은 이렇게 말한다. "되풀이되는, 상징적이고, 집단적이며, 형식적이고, 효율적인 행위가 교회의 생활에 초점을 맞추고 그 삶을 규정해주었을 뿐만 아니라, 또한 궁중 생활, 도시, 길드, 협회, 법정, 대학, 귀족의 집과 장원, 농촌 지역에 이르는 모든 삶에도 초점을 맞추고 그 삶을 규정해주었다."[80] 결국 그린은 다음과 같이 결론을 내린다. "중세 시대에 각 개인들은" 교회의 성례전에 반복적으로 참여함으로써 얻어지는 "의례적 정체성ceremonial identity을 부여받았다"라는 주장을 가볍게 믿을 수는 없다.[81] 중세기에도 의심하는 자들과 폭로자들은 상당수 있었다. 프랑스에는 카타르파Cathar 신도들과 알비파Albigensian들이 있었고, 후에 영국에는 롤라드파Lollard들이 있었다. 이런 집단들은 상징과 성례전에 의해 부여되는 "의례적 정체성"을 반박하거나 부인하였다. 그러나 중세의 서유럽 주류 그리스도인들은 예전의 의례적 담화가 갖는 효율성과 적절성 모두를 확증했던 듯 보인다.[82]

그러나 점차적으로 의례적 상징들이 갖는 효율성에 관한 중세의 합의는, 점점 침식을 당하고, 또한 해체되기 시작했다. 그린이 "악마를 쫓는 힘을 가진" 기호학semiotics이라고 불렀던 것에 대한 중세 교회의 의존은, 근대 초기의 "분리기호학disjunctive semiotics"에 그 길을 내주게 되었다. 이 분리기호학에 따르면 표현과 지시 대상, 기의와 기표, 상징과 실체 사이의 그 어떤 연관성도 없다. 또한, 그린은 이렇게 말한다. 예전이 지녔던 의례적 효과에 관한 중세적 확신들이 점점 지워져감에 따라, 공적으로 공유되던 기호들에게도 "위기"가 초래되었을 뿐만 아니라, 교황권sacerdotium으로부터 황제권imperium으로의 권력 이동까지를 초래했다. 정치적 통일체 안에서의 상징적 연합을 창출해내는 일이, 중세 후반 그리스도인들이 예전에, 특히 성찬에 부여했던 임무인데, 이제는 군주와 그 지역의 행정 장관, 지사, 혹은 시장 등의 손으로 이관되었다. 그린은 계속해서 다음과 같이 쓰고 있다.

> 16세기는 다른 어떤 세기에서보다 의례와 예전이 많았던 시기였다. …… 16세기에 새롭게 권력을 장악하고 나아가 중앙 집권화를 이룬 군주들이, 그들의 위세를 더욱 과장하기 위해, 여러 가지 의례와 예전들을 영악하게 사용하는 법을 배웠던 까닭이다. 한 도시로 왕실이 행차할 때의 중세적 엄숙함이 새로운 환호의 대상이 되었다. 말을 타고 겨루는 창 시합과 같은 기사들의 콘테스트들이 끊임없이 계속되었다. 가면무도회들이 …… 사치스럽고 화려한 장관을 이루면서 군주와 궁정을 기념했다. 이러한 화려한 행사들은 의심할 여지없이, 항상 존재해왔던, 대중들을 조종하는 요인들을 강화시켰다. 그것들의 화려함에도 불구하고, 우리는 1600년대 사회를 1200년대에 대해 말하는 것처럼 기본적으로 의례 중심의 사회라고 말할 수 없다. 이 사회의 어떤 분야에서도, 우리는 더 이상 의례적 정체성을 말할 수 없다. 프랑스의 종교 전쟁 동안 한 종파의 열렬한 패거리들은 내털리 데이비스Natalie Zemon Davis, 1928~가 "폭력의 의식들"이라고 불렀던 것 속에서, 자신들의 야만적 목적을 위해 의례적 형식들을 사용했다. 결국, 전통적인 수행적 기호는 의문시되었다. …… 우리는 의미 짓기라는 인간의 기술들이 …… 완전히 전복되었음을 인정할 수밖에 없게 되었다.[83]

그린의 주장은 에드워드 뮤어Edward Wallace Muir, 1946~의 보다 최근에 발표된 책 한 권 분량의 연구인 〈근대 초기 유럽에서의 의례Ritual in Early Modern Europe〉에서 반향되고 있다.[84] 뮤어는 16세기의 종교 개혁을 "의례 이론에 있어서의 혁명"으로 이해하는 것이 최선이라고 주장한다.[85] 이 주장을 뒷받침하기 위해 뮤어는 중세 후기의 평신도 가톨릭 신자들이 다음의 세 가지 전제하에서, 그들의 종교 생활을 수행하였다고 주장한다. 첫째, 의례 행위들, 말들, 대상들, 예를 들면, 유물, 혹은 성찬에서 성별하는 말들, 혹은 성체Host는 하나님과 백성 사이에 실제로 육체적인 연대를 형성한다. 둘째, 이런 대상들과 인간 사이의 상호 작용은 일차적으로 인식론적이거나 합리적인 것이 아니라 감각적이며 심미적인 것이다. 셋째, 물질이 신비로의 접근을 가능케 하며, 이 신비는 의례 예절 안에서 의례 예절로서 지각되었다. 뮤어는 다음과 같이 쓰고 있다.

> 중세 후기의 그리스도인들은 보고, 만지고, 냄새 맡고, 맛보고, 먹을 수 있는 물질적인 대상들 안에서 스스로를 드러내는 거룩함을 발견할 수 있다고 기대했다. 의례 체계의 집대성으로서의 공식 성례전과 준準성례전들은, 하나님과 성인들이 인간들의 탄원에 대한 응답으로 물질적인 대상들 속에 스스로 현현한다는 추정에 의거하고 있었다. 이러한 계약적인, 심미적인, 그리고 감각적인 특징들은, 그리스도교 의례가 그 기적을 행하기 위해 인간의 몸과 하나님의 몸의 현현을 요구했다는 사실을 의미한다.[86]

위클리프John Wycliffe, 1330~1384와 후스Jan Hus, 1372~1415 같은 박식한 반대자들이 14세기와 15세기에 이 모든 전제들에 도전했었지만, "공공의 기호와 수행적 기호의 위기"는 마침내 16세기에 와서 악화될 대로 악화되어 터져버리고 만다. 뮤어의 말에 따르면, 이때 종교 개혁자들은 "전통적인 의례들에서는 명백하게 드러났던 영적인 세계와 물질적인 세계 사이의 깊고도 신비한 연결을 깨뜨리면서, 그 둘 사이에 엄격한 경계를 그음으로써 새로운 신학적 형이상학"을 창출하려고 노력했다.[87]

뮤어는 "수행적 기호"에 있어서의 위기로부터 촉발된 "의례 이론의 혁명"으로서의 종교 개혁에 관한 자신의 이론을 발전시킴에 있어서,[88] 다음 두 명의 학자의 연구에 큰 빚을 졌다고 인정하고 있다. 그들은 미리 루빈Miri Rubin, 1956~과 버지니아 레인버그Virginia Reinburg다. 루빈의 연구인 〈중세 후기 문화에서의 성찬Corpus Christi: The Eucharist in Late Medieval Culture〉은 1,000년대 초기에 진화를 겪었던 서구 그리스도교의 의례적 담론을 이해하고자 하는 누구에게나 큰 도움이 된다. 루빈은 다음과 같이 주장한다. "약 1100년경부터 종교의 언어는 사회적 관계들에 관한 언어와 우주적 질서들에 관한 언어를 제공했다. 또한, 종교의 언어는 그 핵심에 성찬이 들어 있는 성사 중심의 패러다임을 가지고, 인간의 행동과 자연적 또는 초자연적인 것 사이의 긴밀한 관계를 묘사하고 설명했다."[89]

짧게 말하자면, 의례의 상징들이 사회적으로 통용되었다. 의례적 상징들을 수행하는 일이 곧 사회적 권력과 사회적 통제를 행사하는 것이었다. 이것은 새로운 성찰이 아니다. 11세기와 12세기 동안 정말 새로웠던 것은 서구 그리스도교의 핵심적 예전 상징인 성찬을 전략적으로 재배치한 것이었다. 루빈이 관찰한 바와 같이 주의 만찬을 기념하는 일이 그리스도교 공동체들 사이에서는 오랫동안 핵심적 상징이 되어 왔다.

11세기와 12세기 동안, 관계들의 새로운 구조를 창출해내어, 거기에 첨부될 수 있는 상징의 질서를, 그리고 사회적 관계들과 정치적 주장들을 수정하기 위해서, 성찬이 재구성되었다. 이 새로운 질서 속에서 우리는 깨지기 쉬운, 흰색의 밀전병煎餅이 경이로운 무엇으로 높임 받는 것을 본다. 또한, 오류를 범하기 쉽고, 때로는 충분히 교육받지 못한 인간들이 그리스도인들과 초자연적인 존재 사이의 중재자의 지위로까지 높임 받는 것도 목격하게 된다. 성찬은 복잡한 세상을 연합시켜주는 하나의 상징으로 나타났다. 또한, 성찬은 지역에서 들리는 목소리들과 지역의 단체들로부터 압력을 받지 않는 하나의 상징으로 출현했다.[90]

요컨대, 모두를 연합시킬 수 있는 그 어떤 단일한 정치적 혹은 사회적 권위도 없던 세계, 곧 지역의 봉토, 지역의 연맹, 그리고 지역을 중심으로 형성된 정체성 등에 의해 극심하게 분열된 세상은, 성찬을 그 효과적인 중심으로 삼고, 그 최전선에서 의례를 수행하는 자들을 성직자로 안수해주는 성례전 체제 안에서, "초권위super-authority"를 찾으려 했고, 또 찾았던 것이다.

비록 중세의 "평신도 참여자들은 성직자들에 의해 독점된 미사를 경험했지만, 그들 자신이 그 의례로부터 무력하게 소외되었다고 느꼈던 것 같지는 않다".[91] 레인버그가 주장하듯이, 중세 후기의 성찬 참여자들은 철저하게 "피폐된 사람들"은 아니었다. 예술과 당대의 이야기들이 어떤 지침이 될 수 있다면, 중세 미사에 참여한 사람들은 그 미사에서 친숙하고도 편안한 의식, 곧 "환영하고, 나누고, 주고, 받고, 평화를 이루는 공동의 의식"을 발견했던 것 같다. 그들은 그것이 스스로를 "하나님과……교회, 그리고 서로서로를" 연합시켜주는 효과적인 수단이라고 여겼던 것이다. 참여자들이 라틴어 때문에 당혹스러움을 느낄 수도 있었겠지만, 성직자 자신들도 종종 그러했듯이, 혹은 영어의 "주문呪文같은 말hocus-pocus"이 그러하듯이, 중세의 평신도들은 주로 그들의 피부로, 그리고 그들의 몸으로 예전을 "이해했다". 따라서 그들과 예전의 관계는 "여러 층으로 겹쳐진 연상과 사회적 관계들, 그런 관계들을 표현해주는 의례들"로부터 흘러나왔다. 이 점은 레인버그가 지적하듯이, 세속적인 삶에서의 의례들과 예전 사이의 강력한 '몸짓의 유사성 gestural kinship'을 보여주는 수많은 중세의 삽화들에서 확인된다. 레인버그는 다음과 같이 결론을 내린다. "중세 후기의 예전은 하나님과 교회의 지도층과 평신도 공동체 사이의 사회적이고 영적인 연대의 확립으로 볼 수 있다."[92] 이상의 논의를 다시 한 번 요약해보자면 다음과 같다. 중세의 평신도들은 그들의 문화, 곧 골목, 거리, 여관, 술집, 그리고 그들의 가정에서, 도시, 궁정, 그리고 상업에 의해 그들의 몸에 새겨 넣어진 의식들로부터 그들이 배운 의례 레퍼토리들을 적절히 배치하고 사용하면서 미사에 참여했던 것이다. 요컨대, 평신도들은 "세상의 예전"에 참여함으로써 종교적 의례에 참여하는 법을 배웠던 것이다.

따라서 레인버그의 주장은 "중세 시대의 예전은 오늘날의 예전과는 달리, 그 성격에 있어서 의례적이었던 문화 속에 심겨진 예전이다"라고 쓴 캐서린 픽스톡의 주장과 공명한다. 제2차 바티칸 공의회 이후에 이루어진 로마 가톨릭의 예전 개혁들이 원활하지 못했다고 픽스톡이 믿는 한 가지 이유는, 그 개혁들이 오늘의 예배가 처한 문화적 콘텍스트를 정확하게 읽어내지 못했기 때문이라는 것이다. 공의회 이후의 개혁들은 예전을 포괄적인 문화적 윤리적 체계로 보는 일을 소홀히 했기 때문에, 그 개혁들은 픽스톡의 말에 따르면, "예전적 목적에는 전적으로 불리한 현대 세속 세계의 구조들에 도전하는 일에 실패하였다. 이런 구조들은 …… 일상생활을 예전의 수행으로부터 영구히 분리시키는 것이다". 나아가 그녀는 그 결과로 나타난 것이 일종의 "공의회 근본주의"였다고 주장한다. "공의회 근본주의"란 공의회의 개혁을 "의례적 전통" 혹은 "격식 및 고상한 취향"의 이름으로 계속 거부해

온 사람들의 보수적 향수보다 더욱 위험한 것이다. 픽스톡은 다음과 같이 결론을 내리고 있다. "성공적인 예전의 개정을 위해서는 현대 세계의 구조들에 도전을 하고, 또한 그 도전을 통해서만 예전으로서의 진정한 언어와 행위를 복원할 수 있는, 그런 언어와 수행의 혁명적인 재발명re-invention을 포함해야만 했던 것이었다."⁹³

공의회 이후 로마 가톨릭 예전에 대한 픽스톡의 분석에 대해, 비록 나는 동의하진 않지만, 언어와 수행을 "재발명"해야 한다는 그녀의 도전 자체는 우리에게 하나의 기회를 제공한다고 본다. 이제부터 나는 세 명의 매우 다른 사상가들이 그리스도교 예배의 핵심에 매우 가까이 있을 뿐만 아니라, 종교적 다원성과 문화적 다양성의 세상 속에서의 사명에 너무나 가까이 있는 성례전적 원칙을 다시 쓰거나 혹은 "개작하기" 위해 그들이 어떻게 노력해 왔는지를 소개하려고 한다. 이들 각자의 연구 결과는 의례의 상징, 즉 "수행적 의례 기호"의 효율성에 관한 서구 그리스도교의 전통에 혁신적으로 접근할 수 있는 길을 보여준다. 세 사상가의 연구를 간략하게 살펴보는 작업은, 우리가 예전적 상징과 성례전이 어떻게 작용하는지를 더 잘 이해하는 데 도움이 될 것이다.

아퀴나스: "실재하는" 그리고 "말할 수 있는 것"으로서의 인간과 세계

우리의 관심을 끄는 성례전의 첫 "개작"은 토마스 아퀴나스에 의해 13세기 중반에 이루어졌다. 그는 의례의 상징들이 어떻게 작용하는지, 특히 성찬의 성례전 속에서 어떻게 작용하는지에 관해, 비非아리스토텔레스적 설명을 하기 위해 아리스토텔레스적 언어를 사용하였다.⁹⁴ 《신학대전》과 그 부록에 나오는 세 편의 짧지만 핵심적인 텍스트가, 우리가 성례전들이라고 부르는 저 의례적 상징에 관한 아퀴나스의 생각을 요약해주고 있다.

- Summa Theologiae IIIa Pars, Q. 75, art. 1, ad 3 : Sacramentum est in genere signi"성례전은 표징의 범주에 속한다".[95]
- Summa Theologiae IIIa Pars, Q. 60, art. 2, corpus : Signa dantur hominibus quorum est per nota ad ignota pervenire"표징들은 인간에게 아는 것으로부터 모르는 것으로 나아갈 수 있는 능력을 준다". 이 문제에 관한 아퀴나스의 주장이 낳은 결과 중 하나가, 성례전적 기호들이 갖는 본질적인 "인간적 지향성" 때문에, 단지 "결과가 그 원인에 대해 갖게 되는 자연스러운 유사점"보다 더한 그 무엇이 성례전에게 요구된다는 것이다.[96] 성례전은 "물리적인 몸짓의 의미에 상응하며, 또한 그에 수반되는 말들에 의해 더욱 정밀해지는 '의지에 의해 결정되는 의미willed meaning'"를 체현한다.[97] 요컨대, 성례전은 우리로 하여금 단순히 자연스러운 유사성의 세계보다는, "의지에 의해 결정된", 즉 결정되고, 발견되고, 할당된 의미들의 세계를 대면하게 해주는 것이다.
- Summa Theologiae IIIa Pars Suppl., Q. 29, art 2, courpus : Sacramentum significando causat"성례전은 즉, 유효한 의례적 상징은 의미를 부여하는 바로 그 행동에 의해 기능한다. 다시 말해, 의미를 부여하는 행동에 의해 작용하고, 생산하고, 성취하고, 효과를 낸다".[98]

위의 세 가지 본문들은 하나의 명백한 사실을 가리키고 있다. 인간과 그들이 살고 있는 의미를 부여하는 세계 모두가 "실제의 것"이며 "말할 수 있는 것"이다. 즉, 사람들과 세계는 서로를 "말한다". 그들은 글자 그대로 "상호 유효하며co-efficient", 이 실제적이고 상호적인 "말할 수 있음"이 예전의 의례적 상징들이 어떻게 작용하는지에 관한 아퀴나스 사상의 핵심이다. 인간과 세계의 상호적 "말할 수 있음"은, 또한 버지니아 울프Virginia Woolf, 1882~1941 의 놀라운 모더니즘 소설인 《파도The Waves》의 중심 주제기도 하다. 인간들과 그들의 기호들이 모두 "말을 하며", "보여준다". 그들은 말함으로써 "보여주고", 보여줌으로써 "말한다". 또한, 아퀴나스는 의례적 상징들의 세계를 통해 인간이 그들의 눈으로 듣고, 그들의 귀로 보는 법을 발견한다고 제안한다.

아퀴나스가 보았듯이, "성례전이 무언가를 '발생시킨다cause' sacramentum significando causa"라고 말하는 것은, 성례전의 의미는 인간이 구술 언어와 몸짓으로 구성된 두터운 언어 체계 속에 침잠해 있으면서, 또한 그것과 상호작용을 한다는 사실로부터 생겨난다고 주장하는 것이다.[99] 효과적인 의미는 즉, 실제로 "작용하는" 의미는, 따라서 이해 가능성의 관계적 세계에 속한 것이다. 이해 가능성이란, 주체 자신으로부터만 나오는 것도 아니고, 기호로부터만 나오는 것도 아니며, 둘 사이의 복잡한 상호 작용, 곧 주체와 기호, 말하는 인간과 말하는 상징 사이의 상호 작용으로부터 나오는 것이기 때문이다. 이해할 수 없는 것은 기호와 주체 사이의 본질적이고 상호적인 관계가 없거나 또는 막혀 있기 때문에, 어떤 것도 의미할 수 없다.

따라서 아퀴나스에게 의미란, 필연적으로 관계적이며, 그리고 이해할 수 있는 무엇이다. 나아가 이런 의미의 이해 가능성은, 또한 항상 의도적인 intentional 것이다. 말하는 주체들은 상징들을 "의도"하고, 말하는 상징들은 주체들을 "의도"한다. 어쩌면 이것이 아퀴나스가 "의례적 상징들, 곧 '성례전들'은 인간을 위해 존재한다"는 공리를 믿었던 이유일 것이다. 그것들은 인간 주체들과 결합할 때, 그것들의 목적, 그것들의 완성, 그리고 적당한 "결말"을 성취한다. 주체와 상징 사이의 관계는 동시에 두 방향으로 작용하는 목적론, 즉 주체에서 기호로, 기호에서 주체로 작용하는 목적론을 향하고 있다. 그리고 또한 이 관계는 인간의 주체성과, 그리고 의미의 힘, 두 가지 모두 "초월적이다"라고 제시하고 있다. 다시 말해, 이들은 그 원천과 힘에 있어서 두 가지 모두를 넘어서는 "충만excess"에 의해 구성된다고 제시하는 것이다.[100]

또한, 이 이유 때문에 아퀴나스는 성례전들의 "인과성causality", 곧 "보여주고 말하는" 능력뿐만 아니라 무언가 결정적인 새로운 것을 행할 수 있는 능력으로서의 인과성은, 인간적인 것이며 동시에 신성한 것이라고 확언했던 것이다. 궁극적으로 의례적 상징의 효과를 창출해내는 것은 주체나 기호의 의도성intentionality이 아니다. 오히려 무한대의 지평, 곧 "충만"이 그 자체로 원인이 된다. 즉, 그리스도 안에서 행하시는 하나님의 은혜로운 역사가 그 원인이다. 왜냐하면, 그리스도께서는 인간의 행위와 자연의 행위 전부와 "의미"를 구성하는 결과들의 전부를 발생시킴으로써, 성례전의 효과를 또한 발생시키시기 때문이다. 우리는 이러한 행위들과 결과들을 "역사"와 "창조"라고 부른다. 아퀴나스는 이것들을 하나님, 곧 일차적이고 궁극적이며 혹은 최종적인 원인으로서의 하나님과 구분되는 존재로서, "도구적 원인들"이라고 불렀던 것이다.[101] 따라서 아퀴나스는 이렇게 주장한다. Consecratio sacramentorum est ab ipso Deo"성례전이 수행하거나 혹은 발생시키는 그 무엇은 하나님이 결정하신다".[102] 혹은 다시, De latere Christi dormientis in cruce fluxerunt sacramenta"십자가 위에서 잠드신 그리스도의 옆구리로부터 성례전들이 흘러나온다". Summa Theologiae Ia, Q 92, art. 3, corpus.

처음에는 아퀴나스의 성례전 해석이 단순히 deus ex machina, 하나님의 기계적 출현을 요청하는 일, 즉 하나님이 오셔서 인간의 원인들을 지배하심으로, 그것들을 가지고 우리가 그것들이 아니라고 알고 있는 무엇인가를 만들어달라는 노골적인 요청인 것처럼 들린다. 그러나 한 가지 기억해야 할 점은, 아퀴나스에게 있어 하나님의 인과성이란, 은혜가 자연을 파괴하지 않는 것과 마찬가지로, 인간, 즉 "도구적 인과성"을 압도하는 것이 아니라는 사실이다. 오히려 성례전적 의미의 구조에 대한 아퀴나스의 견해는, 멀리 퍼져 근절할 수 없는 성육신의 스캔들을 전제로 하고 있다. 이 점에 대해 현대 신학자인 제이비어 존 서버트는 다음과 같이 표현한 바 있다.

> 하나님은 예수 안에서 인간이 되셨고, 또 영원히 인간인 채로 남아계실 것이다. 이 사실의 논리적 결과는 예수의 인간적인 몸 뒤에 돌이킬 수 없이 연결되어, 하나님은 돌이킬 수 없이 인간적인 방식으로 독특하시다. ……
>
> 성육신은 하나님의 독특한 존재 방식으로서 공간과 시간 안에서 돌이킬 수 없는 선택이다. 물질적이고 역사적이며 독특한 장소가 하나님의 본질적 관계성을 위한 영원한 장소가 될 것이다.[103]

따라서 아퀴나스의 해석은 의례적 상징들을 철저하게 다시 읽을 것을 요구한다. 그는 성례전적 의미화에 있어서 위험에 처한 것은 "표현과 지시 대상", 즉 기호와 기표 사이의 관계가 아니라, 하나님과 세상, 하나님과 역사, 하나님과 인간들 사이의 관계라고 주장했다. Summa Theologiae Ia, Q 92, art. 3, Pars에서 토마스가 "십자가 위에서 잠들어 계신 예수님의 옆구리로부터 물과 피와 성례전들이 흘러나왔고, 그것을 통해 교회가 설립되었다"라는 중세의 상식을 언급한 것은, 하나님의 존재가 인간의 몸을 입으신 예수와 돌이킬 수 없이 연결되어 있으며, 이것이 교회의 생활과 예전의 유일한 원천이라는 것을 의미했기 때문이다. 주석가들은 거의 주목하지 못하고 있지만, 아퀴나스에게 있어서 형이상학이란, 이미 심하게 "훼손된" 용어다. 아퀴나스가 주장했던 내용은 존재의 형이상학이 아니라 "존재"가 암시적으로 무한한 것을 유한한 것에 종속시키고 있다는,[104] "몸 입음의 형이하학infraphysics of enfleshment"이라고 부를 만한 것이다. 요컨대, 이 세상이 가지고 있는 당황스러울 정도로 어리석고 거친 원인들이, "필요한 천사들", 다시 말해 그 안에서 신성함이 드러나고 알려지고 명명되는 필수적인 상황들이 되었다. 하나님의 존재는 더 이상 역사적인 과정으로부터 분리될 수 없으며, 따라서 성례전에 관해 인간이 이해할 수 있다는 가능성 자체가, 환원할 수 없는 신비와 우리가 만날 수 있는 특혜의 장이 되는 것이다.

역설적이게도 16세기의 종교 개혁자들은 예배는 이해할 수 있어야 하고, 사람들은 그리스도의 신비에 "인식론적으로 접근"할 수 있어야 한다고 주장함으로써, 순전히 자국어로 선포되고 설교되는 말씀에 의해 양육되어야 하고, 나아가 교리의 내용이 제공되는 참여가 가능해야 한다고 주장함으로써 아퀴나스의 예전 해석을 암암리에 동의한 셈이다. 더욱 놀라운 점은 트리엔트 공의회 또한 미사는 이해될 수 있어야 하며, 목회자들은 "미사를 집례하는 동안에" 성례전적으로 거행되고 있는 신비들에 대해 "자주 설명해야" 한다고 주장함으로써, 아퀴나스가 지녔던 "근대성"을 포용했다는 사실이다.[105] 이런 배경을 놓고 볼 때, 제2차 바티칸 공의회가 이해할 수 있는 의례적 상징들을 요구한 것은[106] 계몽주의적 합리주의에 항복한 것이 아니라, 어쩌면 천진하게 아퀴나스가 해석한 성례전 사상을 재승인한 것이었다.

데이비드 존스: 이것을 다른 것으로 만들기

이해 가능성과 인식은 의례적 상징들이 어떻게 작용하는가에 관한 아퀴나스의 견해에 핵심적 역할을 한다. 이러한 주장은 후에 종교 개혁자들과, 가톨릭 반종교 개혁자들에 의해 트리엔트 공의회에서와 그 이후에, 그리고 제2차 바티칸 공의회에 의해 차례로 동의되기도 했다. 토마스는 인간의 사유란 체현되는 것이라고 이해했으며, 이런 그의 주장은 성례전 다시 쓰기의 두 번째 본보기로 우리를 인도한다. 웨일스의 시인 데이비드 존스David Johnes 가 1960년에 〈불도 촛불도 아닌: 기술 아래서의 상징과 성례전Nor Fire Nor Candle Light; Symbol and Sacrament under Technology〉이라는 제목으로 발표한 논문에서 제안했던 심미적aesthetic 해석이 바로 그것이다.[107] 20세기에 일어난 기술의 급격한 진화는 혜택만 가져온 것이 아니라 박탈과 몸에 대한 이상한 무시를 함께 가져왔다. 존스는 다음과 같이 쓰고 있다.

어떤 믿음과는 대조적으로, 가톨릭교회의 믿음은 대단히 피할 수 없는 방식으로, 몸과 체현된 것을 신봉해왔다. 또한 역사를, 현장을, 시대와 장소를, 자아 인식을, 계약적인 것을, 알려진 것을, 느껴진 것을, 보이는 것을, 다루어진 것을, 보살핌 받는 것을, 시중 받는 것을, 보존되는 것을 신봉해왔다. 그리고 질적인 것과 친밀한 것을 신봉해왔다.

앞에서 언급한 모든 것들이, 특히 맨 뒤 두 가지의 대용물은 배제하고, 체현되지 않은 개념을 불신하는 경향이 있다.

또한, 모든 것들이 특별한 의미를 부여받을 수 있고 부여받으며 부여받아야 한다는, 그리고 확보될 수 있고 확보되며 확보되어야 한다는, 또한 다른 것으로 만들어질 수 있고 만들어지며 만들어져야 한다는, 그리고 유용성을 넘어서 상징signa의 지위로까지 들어 올려질 수 있고 들어 올려지며 들어 올려져야 한다는, 또한 육체적인 활동에 의해 존중받을 수 있고 존중받으며 존중받아야 한다는 믿음을 신봉한다. 이 모든 것들을 "피조물"에게 맡긴다.[108]

가톨릭이 가지고 있는 모든 것들을 "유용성을 넘어 상징의 지위로까지 들어 올리는 습관"을 언급한 것 속에 존스의 성례전 해석이 압축되어 있다.

의례적 상징들과 우리들 사이의 상호 작용, 그리고 그 상징들이 지니는 의미의 힘은, 인간이 homo faber, 즉 단지 도구와 인공물의 제작자일 뿐만 아니라, "기호들을 만들고 사용하고 이해하는 자들"이라는 점을 상기시켜준다. 비록 예술, 혹은 기술이 "'정신의 한쪽 옆에 머무르고 있지만' 그 생산물은 몸의 것이다". 또한, 비록 새들과 비버들처럼 우리도 둥지와 댐을 만들지만, "우리는 시초부터 …… 실용성 이상의 것, 즉 내가 기호 만들기sign-making 혹은 전시하기showing-forth라고 명명한 것에 관심을 가져왔다".[109]

따라서 존스에게 있어서 의례적 상징들은 "보여줌으로써" "행하는" 체현된 기술들이다. 인간 종에게 기술희랍어 technē과 기호희랍어 sēmeion는 상호 함축적인 것이다. 이 이유 때문에 존스는 다음과 같이 지적하고 있다.

성육신과 성만찬은 분리될 수 없다. 하나는 다른 것의 유비다. 전자가 우리를 동물적인 것animalic에 묶어준다면, 후자는 우리를 인공적인 것artifacture에 묶어준다. 또한, 둘 다 우리를 상징에 묶어준다. 왜냐하면, 양자 모두 보는 기호들 아래에 있는 보이지 않는 것들을 전시해주기 때문이다.
소 외양간에서 음매 하고 우는 송아지, 빵과 포도주라는 준準인공물, 경작지와 오븐과 큰 통의 생산물들은 기호들일 뿐만 아니라 의미가 부여된 사물the Thing들로 여겨져야 한다는 것이 우리의 종교가 요구하는 바다. 여기서 의미가 부여된 사물이란 영원히 생명을 주시는 말씀, 즉 확장하거나 수축하는, 그것이 어느 쪽으로 나타나든지 간에 우주를 생성케 하는 로고스다.[110]

따라서 존스는 다음과 같이 결론을 내리고 있다. "육체적인 것, 지상의 것, 이 세상의 것, 인공적인 것, 피조된 것"들은, 다시 말해 소위 "순수한" 자연의 산물 혹은 "기술로 만든" 산물들 모두는 성찬의 상징에 집중하게 되며, 그때 "오늘날 당신과 내가 즐기고 고통 받으며, 싫든 좋든 우리가 그 핵심적인 부분을 이루고 있는 세상과는 매우 다른 세상을 그려내며, 주문을 외운다."[111] 그러므로 의례적 상징들은 인간의 창작물의 "재再기술화", 즉 단순히 "실용적인useful" 무엇에서부터 숭고하게 "실용적인 것이 아닌useless" 무엇으로의 변형을 이루게 된다. 존스의 장시長詩인 〈아나테마타The Anathemata〉에서 인용한 다음의 구절 안에서 이 점에 관한 힌트를 들을 수 있다. 아나테마타는 고대 가톨릭의 〈성찬 기도 I〉을 다시 그려낸 것이다.

우리는 이미 그리고 무엇보다 먼저 이것을 다른 것으로 만드는 그를 분별한다.

주의를 기울여보면, 그의 모색하는 통사론統辭論, syntax은, 이미 모양을 갖춘다

"ADSCRIPTAM, RATAM, RATIONABILEM" …… 그리고

사전 적용에 의해, 그리고 그들을 위하여, 모두 그들의 것인 형식과 유형들 아래서,

거룩하고 존경할 만한 손들이 유효한 기호를 들어 올린다.

축 처진 결말과 장章의 결론에서, 주교좌 안에 펼쳐진 식탁들 앞에 겸손히 선 사람들은, 이런 삶을 생각한다.

불모의 장식품들 사이에서의

판지로 만든 천개天蓋 아래서의

젊은 시절에서처럼, 혈기왕성 했던 시절에서처럼,

살아 있는 꽃 장식들 사이에서의

높이 솟은 아치 아래서의.[112]

"이것을 다른 것으로 만들기." 궁극적으로 존스는 기술 자체가 성례전이 되기를, 다시 말해 창조를 변형시키는 개작이 되기를 원한다고 믿었다. 존스의 성례전 해석과 당대 독일계 미국인 철학자인 앨버트 보그만Albert Borgmann, 1937-의 작업 사이에는 유사점들이 발견된다. 보그만은 그가 기술적 고안물들devices과 "집중을 요하는 것들focal things"이라고 부르는 것들 사이에서 일어나는 근대적 갈등을 분석하고 있다.[113] 기술적 고안물들은 사용자를 수동적이며 비非참여적인 존재로 남아 있게 해주는 노동 절약적 도구다. 구식 벽난로와 현대식 보일러를 비교하며 생각해보라. 고안물들은 제품과 그 사용을 상품화한다. 고안물들은 우리에게 상호 작용에 개입할 것을 거의 요구하지 않는다. 만일 보일러가 멈추면, 우리는 보일러 수리 전문가를 부르면 된다. 석탄재를 찾아내기 위해 벽난로 뒤까지를 파헤칠 필요가 없다. 리처드 게일라데츠에 따르면, 이와는 대조적으로 집중을 요하는 작업들focal practices, 예를 들어 자신의 정원을 가꾸거나 바이올린 연주를 배우는 일 등은, "'여러 가지 종류의 참여'가 있는 복잡한 세계, …… 또한 더 큰 세계와의 여러 층으로 겹쳐진 관계의 망網이 있는 복잡한 세계"를 열어준다. 여기서 더 큰 세계란, 자연의 세계, 제품들의 세계, 그리고 사람들의 세계다. 고안물들은 "작업이 필요 없는 제품들"을 준다. 그리고 바로 이런 조건하에서 가치 자체의 성격이 변화한다. 이렇게 해서 가치는 상품, 즉 상업의 장이 된다. 요컨대, 도구들은 우리에게 콘텍스트가 없는 제품들, 곧 그 가치를 나타내주는 그 어떤 본질적 윤곽도 없는 "물건들"을 주는 것이다.[114] 그러나 집중을 요하는 작업들은 "관리가 많이 필요하다". 그들은 지속적인 주의와 보살핌, 지속적인 참여와 양육, 그리고 지속적인 상호작용을 요구한다.

따라서 데이비드 존스의 개작에서 의례적 상징과 성례전은 참여engagement와 주의attention를 필요로 하는, "집중을 요하는 작업들"이 되는 것이다. 성례전은 물건이 아니라 행위다. 그것은 우리가 가장 가치 있다고 여기는 것들을 인간이 직접 보살피는 작업의 영역으로 가져다놓는 것이다. 이 점에 대해 존스는 그의 장시 〈아나테마타〉에서 다음과 같이 말하고 있다.

> 제사 담당관이 펠럼Pellam의 땅에 홀로 서 있다.[115] 자신이 알고 있는 것보다 훨씬 위험스럽게 그는 상징을 지킨다. 그의 가보家寶들 가운데 있는 최고 성직자, …… 그는 오래된 것과 새로운 것들을 가지고 올 수 있다. 화폐 대용 토큰들, 주형鑄型들, 관습들, 부속물들, 그리고 비옥한 재들ashes, …… 지켜지는 기념일들과 함께 하늘에서 함께 내려온 물건들, 들어 올려진 물건들, 그리고 숭배되는 장식품들 말이다.
>
> 제사 담당관은 이렇게 늦은 시간까지 신기하게도 살아남아, 이름을 가지고 있는 도구들 사이를 이리저리 다니며 그 물건들을 다루거나 치우면서, 그 물건들에게 경의를 표한다. 또한, 그는 매일 그의 손으로 모든 민족들gentes에게 그 맛을 알게 하려고, 이 한 민족gens에게 주어진 소금에 절인 케이크를 보여줄 때도, 그것에 경의를 표한다.[116]

존스는 이렇게 결론을 내리고 있다. 그리스도 안에서 진정한 제사 담당관은 "실제로 어딘지 알 수 있는 장소에서, 우리들의 역사에서 매우 늦은 시기에, 실제로 눈에 보이는 몸의 기호 아래서, 기호를 만들고 기호를 이해하는 포유류로서" 나온다. 그리고 이러한 "의례적 상징들"을 처음으로 읽었던 존재는 짐승들이었다. "처음으로 노엘이라고 외쳤던 자들은 누구였나? 그것이 속한 동물 전체였다." 존스는 계속해서 이렇게 경고한다.

> 만일 우리가 그 동물들을 잊는다면, 우리는 우리 속에 있는 피조성을 상당

부분 잊어버리는 것이 되며, 따라서 그것은 우리 안에 있는 성례전을 피폐하게 만드는 것이 될 것이다. 왜냐하면, 동물들은 성례전에 관해서 아무것도 몰랐지만, 우리는 그것에 관해 아무것도 알 수가 없었고, 또한 그들과 몸 됨을 나누지도 않았기 때문이다. 대부분 고결한 위계질서와 연관되는 신학자 토마스 아퀴나스가 우리가 몸을 가지고 있다는 것이 특권이라고 선언해야 했던 것도 놀라운 일이 아니다.[117]

장뤼크 마리옹: 성례전적 선물

성례전 해석의 세 번째 예는 포스트모던 프랑스 가톨릭 신학자인 장뤼크 마리옹의 작업이다. 여기서 나는 의례적 상징과 성례전이 그가 "충만한 현상들saturated phenomena"이라고 부르는 것과 어떻게 연결되는지를 밝혀줄 수 있는 마리옹의 사상에 대해, 다음의 세 가지 점을 간략하게 살펴볼 것이다.[118]

1. "두 개의 우상 숭배 사이에 멈춰 있음" 포스트모던 신학이 공통적으로 지적하는 점이 있으니, 그 내용은 서구의 형이상학이 존재의 근본 원리를 단언적으로 주장하기는 하지만, 사실은 인간이라는 개념적 범주, 즉 "존재"를 하나님과 피조물 모두에게 귀속시킴으로써, 우상 숭배를 범할 위험을 조장한다는 것이다. "현존의 형이상학"이라는 표현이 이 문제를 함축하고 있는데, 그 이유의 하나는 현존이라는 어휘 자체가 서구의 성례전 신학 및 그 수행에 있어서 그렇게도 결정적인 역할을 하고 있기 때문이다. 예를 들어, 우리는 성례전에서 하나님의 "현존"에 대해, 그리고 축성된 성찬 예물, 곧 빵과 포도주 안의 그리스도의 "참된 현존"에 대해 말한다. 그러나 아퀴나스와 같은 사상가들도 일찍이 현존이란 언어 속에 숨어 있는 위험을 인식한 바 있다.

"현존하게 하기making present"를 언급하는 것은 단지 "설명하려는 과학이나, 혹은 계산하려는 의지를 통해 사물들을 정복하려는 우리의 욕구"를 은폐하기 위한 것일 수 있다.[119] 성례전은 그 무엇보다 기부 행위, 곧 하나님의 주심이다. 실제로 하나님은 우리가 줄 수 없는 것을 주신다. 또한, "현존 그 자체"가 중요한 것이 아니라, "현존 속으로 들어가게 하기letting-enter-into-presence", 즉 "오심을 현존 속으로 들어오게 하기letting the coming-into-presence"가 중요한 것이다. 그래서 토마스는 그의 《신학대전》에서, 그리스도가 "장소로서의sicut in loco" 성찬에 임재하셨느냐는 질문을 던졌을 때, 아니라고 대답했던 것이다.[120] 장소에 갇힌 현존, 하나의 장소에 "구금"되었다는 의미로서의 현존이란, 아퀴나스의 관점에서 볼 때, 성례전에서의 하나님의 내어주심, 곧 부활하신 그리스도의 몸과 피라는 선물을, 자연 세계 안에 있는 자연물의 지위, 즉 일반적인 자연 법칙과 물리학의 대상인 단순한 생화학적 "사실"이라는 지위로 끌어내리는 것이다. 그러한 관점에서는 타자성the otherness, 순전한 주어짐sheer givenness, 그리고 하나님의 행하심의 고갈되지 않는 깊이와 "충만" 등이 상실된다. 이러한 것들은 물리학이나 화학과 같은 자연법칙에 의해 제한을 받지 않는 현실들이다.

마리옹은 성례전에 관한 오늘날의 많은 생각들이 두 개의 우상 숭배 사이에 유예되어 있다고 주장한다. 둘 중 하나인 형이상학적metaphysical 우상 숭배는 일부 전통주의 가톨릭 신자들 안에서 인기가 있는 것으로서 물질적 기호들, 예를 들어 빵과 포도주 속에 현존을 위치시킨다. 다른 하나인 심리적psychological 우상 숭배는 진보주의자들 사이에 인기가 있는데, 현존을 공동체의 의식과 그리고 공동체의 말과 행동과 의도 속에 제한한다. 마리옹에게는 두 가지 우상 숭배 모두가 똑같이 거슬리는 것이다. 왜냐하면, 그것들은 현존을 "대상" 혹은 "사물"의 지위로까지 끌어내리는 동시에, 현존으로부터 내어주시는 하나님으로부터의 충만과 주심 자체를 제거해버림으로써, 현존을 상품화하기 때문이다.¹²¹ 이런 우상 숭배는 현존을 자연적 대상물의 세계, 곧 즉 물리학과 생화학에 관한 평범하면서도 이 세상적인 법칙에 따르는 세계에 귀속시키거나, 혹은 스스로를 과시하는 자율적인 자아들의 세계, 즉 공동체들 및 그들의 계획과 의도들 등에 귀속시킨다. 그 결과 하나님은 빵 혹은 사람들에 의해 볼모hostage가 되셨다. 즉, 더 이상 자유롭게, 주권을 가지시고, 넘치도록, 무한대로 주시지 못하는 그런 하나님이 되신 것이다. 마리옹 자신의 표현을 빌자면, "실체적 현존이 …… 인격을, 사용 가능하고, 영원하며, 간편하고, 한계 지워진 사물 속에 고착시키고 냉동시킨 것이다". 이와 마찬가지로 회중에 대해 과도하게 주목하는 일도 현존을, "공동체가 그 자신들의 권력 …… 곧 집단적 자기만족을 기념하는 예전들 속으로" 끌어내리는 것이다.¹²²

요컨대, 현존과 관련해서 형이상학에 의해 생겨난 우상 숭배라는 난국은, 우리가 두 개의 전통적인 서술 방식 사이에 붙잡혀 있기 때문에 야기된 것이다. 여기서 두 가지의 전통적인 방식이란, 하나님에 대해 말하기 및 하나님과 우리의 관계에 대해 말하기에 관한 방식이다. 긍정의 신학"cataphatic"이라고도 알려진 긍정affirmation의 방식과 부정의 신학"apophatic"이라고도 알려진 부정negation의 방식이 그것들이다. 마리옹은 두 가지 방식 중 어떤 것도 합당치 않으며, "제3의 방식", 즉 "이름을 짓지 않는", "지명하지 않는de-nomination" 방식이 필요하다고 주장한다.¹²³ 온갖 이름 짓기로부터, 그리고 하나님의 행하심 혹은 "현존"을 단순히 긍정하거나 부정하는 체계로부터 하나님을 "해방"하는 것이 신학의 임무다. 신학자는 "하나님의 이름을 지어 부르지 못하도록" 노력해야 하며, 오히려 그분의 이름이 우리의 이름을 지어 부르도록 해야 한다. 마리옹은 그의 논문 〈그분의 이름 속에서 '부정의 신학'으로 말하기를 피하기〉의 결론 부분에서 다음과 같이 말하고 있다.

    그분의 이름은 그 이름이 말해지지 않은 채로, 거기 존재해야 한다. 그분의 이름은 우리의 이름을 부름으로써, 그리고 우리를 부름으로써 거기 존재해야 한다. 그분의 이름은 우리들에 의해 말해지는 것이 아니다. 그분의 이름이 우리를 부르신다.
    왜냐하면, 이러한 부르심보다 우리를 더 무섭게 만드는 것은 아무것도 없기 때문에, "…… 우리는 우리의 합당한 이름들을 가지고 유일하신 한 분의 이름", …… 하나님께서 모든 이름들 위에 그 이름을 선물로 주신 그 한 분의 이름"을 지어 부르는 일이 무서운 임무라고 믿기 때문에 말이다".[124]

또한, 이것은 그리스도교 기도와 찬송의 임무이기도 하다. 예전은 끊임없이 "하나님의 이름을 지어 불러 드리기" 때문에, 그것이 마치 거룩하신 한 분을 현존의 형이상학으로 굴복시키는 듯 보일 수도 있다. 그러나 마리옹은 예전과 성례전의 언어를 가리켜 "지명하지 않는" 언어라고 주장한다. 이에 대해 그는 계속해서 다음과 같이 주장하고 있다.

    그 언어의 목적은 이것이 긍정에 대한 단언을 뜻하든지, 혹은 부정에 대한 단언을 뜻하든지, 서술하는 것이 아닌, 순전히 실용적인 것이다. 그것은 더 이상 이름을 지어 부르는 문제이거나, 또는 무엇을 다른 그 무엇에 귀속시키는 그런 문제가 아니다. 그 언어의 목적은 기도를 향하게 하고……, 기도와 연결되게 하고……, 기도를 향해 행동하게 하며……, 기도를 염두에 두게 하고……, 요컨대 기도를 다루는 것이다. 이러한 기도는 단정적이고 지명하는 언어의 의미, 다시 말해 언어의 형이상학적 의미로부터 벗어나는 것을 명백하게 나타내 준다.[125]

예전과 성례전에서 이름을 지어 부르는 일은, "주장하는" 것이 아니라 향하는 것이다. 다시 말해, "향하는 몸짓"이다. 예배에서 우리는 "불가능한 것의 사도들"이 된다. 다시 말해, 이름 지어 부를 수 없는 그분의 이름에 의해 부여된 정체성을 갖게 되는 것이다.[126] 마리옹은 다음과 같이 주장한다. "그 이름으로 세례를 주라(마태복음 28장 19절)"는 부활하신 그리스도의 명령은, "하나님의 본질이 우리의 이해의 지평 안에 새겨 넣어지는 그런 단언이 아니라, 하나님의 이름 지어 부를 수 없는 이름 속에 우리가 새겨 넣어져야 하는, 그런 단언이다. 즉, 그 이름에 의해서 열리는 빈터에 우리가 포함되어야 한다는 그런 단언인 것이다".[127]

2. **선물의 "불가능한 논리"** 마리옹은 두 번째로, 자크 데리다가 말한 선물의 "불가능한 논리"에 관해 언급하고 있다. 아리스토텔레스에 이어서 아퀴나스가 말하고 있듯이, "선물은 글자 그대로 돌려받지 못하는datio irreddibilis 내어줌이다. 즉, 선물은 보답을 기대하며 주어지는 것이 아니다".[128] 데리다 또한 아리스토텔레스를 읽었으며, 그래서 선물은 그 정의상 경제적인 것이 아니라고 주장한다. 즉, 선물은 인간들 사이에서 행해지는 대부분의 교환 형태를 특징지어주는 "주고받는 순환 혹은 그 경제"에 참여하는 것이 아니다.[129] 따라서 데리다의 삼단 논법은 다음과 같다. (a) 선물은 보답을 받을 수 없는 내어줌이다. (b) 그러나 우리 인간들의 경험 속에서 선물들은 교환과 보답을 함축한다. (c) 따라서 진정한 선물이란 불가능하다. 데리다의 말에 따르자면, 다음과 같다.

선물이 가능하기 위해서는 호혜, 보답, 교환, 답례, 혹은 빚 등이 없어야만 한다. 상대방이 나에게 보답을 한다면, 혹은 상대방이 나에게 빚을 지는 것이라면, 그리고 내가 그에게 준 것만큼 그가 나에게 돌려주어야만 한다면, 이러한 보답이 즉시 이루어지든 아니면 오랜 기간의 유예 혹은 차연différance이라는 …… 복잡한 계산에 의해 오랜 후에 이루어지든, 선물이란 있어본 적도 없고 있을 수도 없는 것이다.[130]

선물에 관한 데리다의 관점이 의례적 상징과 성례전의 이론에 대해 야기시키는 것으로 보이는 문제는 명백하다.[131] 만일, 예를 들어 성찬이 무언가를 "주면서" 그 "보답"으로 감사를 기대하는 것이라면, 성례전은 의무를 지우는 것이며, "주는 이the giver"도 "주어지는 것the given"도, 그리고 "받는 이the given to"도 진정으로 값없이 주고받는 것이 아니다. 잊기forgetting 없이는, 다시 말해 절대적 잊기, 즉 "잊기의 잊기forgetting of forgetting" 없이는 선물이란 있을 수 없다고 데리다는 주장하는 것처럼 보인다.[132] 그러나 여기서 그리스도교 신학은 예기치 않았던 문제에 부딪치게 된다. 전통적으로 상징과 성례전은 "기억하기remembering"에 관한 것이기 때문이다. 그렇다면 "기억"과 "잊기"는 어떻게 공존할 수 있는가? 다시 말하면 아남네시스anamnesis: 그리스도인들이 예전에서 행하는 일종의 "기억하기"를 지칭하는 희랍어와 암네시아amnesia: 잊기를 어떻게 화해시킬 수 있을 것인가?

3. "되찾은 시간?" 암네시아로서의 아남네시스, 아남네시스로서의 암네시아 그렇다면 "선물"과 "기억하기"란 개념들은, 즉 예전 언어의 중심 개념들인 두 개념들은 양립할 수 없고 화해될 수 없는 듯 보인다. 그러나 마리옹은 이 문제를 그런 식으로 해석하지 않는다. 그 이유의 한 부분은 그가 "현존"과 "내어주심" 사이에 구분을 짓고 있기 때문이다. 무엇보다 먼저 그는 하나님에 대한 우리의 몰이해는 "내어주심의 결여", 곧 하나님 편에서 내어주기를 꺼

려하는 것으로부터 비롯되는 것이 아니라, "오히려 내어주시는 것의 넘침, 즉 풍요함으로부터 비롯된다"는 사실을 지적한다. 또한, 마리옹은 이렇게 주장한다. "우리는 항상, 모든 다른 현실과 경험에 대해서, 실제로 우리에게 주어진 것 이상으로 의미 부여하거나 의도하고, 그래서 우리의 경험은 그런 우리의 의도를 따라잡도록 항상 강요받는다. 그러나 하나님에 대해서는, 우리가 의미를 부여할 수 있는 것 이상의 것, 혹은 우리가 말할 수 있는 것 이상의 것이 우리에게 주어진다. 따라서 말과 개념들은 항상 받은 것을 표현할 길이 없어 쩔쩔매게 된다." 따라서 문제는 우리의 이해력, 개념화 능력, 의미화 능력과 관련된 것이 아니라, 하나님의 내어주심, 즉 넘쳐흐르고, 포화시키며, 다른 모든 것을 뛰어넘는 내어주심의 순전한 자유로움에 관한 것이다. "현존"과 "내어주심" 사이의 차이는, 마리옹에게 하나님을 현존하시는 분이 아니라 "주어지신" 분으로 확증할 수 있도록 그 길을 제공해준다. 다시 말하자면, "하나님은 우리의 이해와 접근을 뛰어넘는 방식으로 자신을 내어주신다. 즉, 하나님은 형이상학적 개념으로 확정된 용어로는 이해될 수 없다. 우리는 하나님 자신의 스스로를 내어주심self-giving 혹은 그 주어지심givenness에 의해서 하나님께 접근할 수 있다"는 것을 의미한다.[133]

이런 각도에서 보면, "현존"과 "주어지심" 사이의 차이는 선물의 개념을 재再정의하고, 선물을 "주고받음의 순환 혹은 그 경제"로부터, 그리고 호혜, 빚, 의무의 순환 혹은 그 경제로부터 떼어낸다. 마리옹의 관점에서 보면 선물이란, 경제의 지평 너머에, 그리고 데리다의 관점에 따르면 "보려고 생각하지도 않았던" 그곳에, 그리하여 "거저 줌donation, 기부의 지평 속에" 있는 것이다.[134] 여기서 마리옹은 성례전에 대한 가톨릭의 사상 속에 담겨 있는 아주 오랜 명제,곧 "보이는 것 속에 보이지 않는 것이 나타남"이란 명제에 암시적으로 호소하고 있다.[135] 다시 말해, 의례적 상징과 성례전 안에서 "한정적이고, 눈에 보이는, 그리고 지금 여기 있는 선물", 즉 성찬식에서 우리가 봉헌하는 빵과 포도주가 추방되고, 따라서 우리는 그 "무한하고 보이지 않는 주어지심" 속에서 "선물로 주심의 초超현존hyperpresence 혹은 초超주어지심hypergivenness으로 포화된다"는 것이다.[136] 존 카푸토John D. Caputo, 1940~가 지적하듯이, "마리옹의 입장은 성례전에 관한 가톨릭 신학, 즉 하나님의 아이콘으로서의 그리스도 개념에 의해 뒷받침된다".[137]

그 근원이 무엇이든 간에 마리옹은 선물의 개념을 "구출rescue"하려고 한다. 그리고 이 목적을 위해 그는 첫째로 시간에 대해 재再정의하고, 둘째로 어떻게 존재being보다 줌giving이 우선하는지를 밝히자고 제안하고 있다.[138] 만일 선물이 먼저 오는 것이라면, 다시 말해 모든 존재, 주관성, 혹은 관계보다 앞서 오는 것이라면 "그것은 온전한 선물이며, 또한 온전한 선물인 채로 남아 있게 되기" 때문이다.[139]

마리옹은 먼저 시간의 문제를 다룬다. 보통 우리는 "과거"와 "미래"를 현재의 관점에서 부정적으로 정의한다. 과거는 현재가 시작될 때 끝이 난다. 미래는 현재가 끝날 때 시작된다. 그러나 마리옹이 지적하듯이 현재는 과거와 미래에 의해 "주어지기" 전까지는 존재할 수 없는 것이다. 물론 이것은 시간에 관한 비非형이상학적이고 비非연대기적인 이해를 의미한다. 이 모델에서 시간이란 지속duration이 아니라 창조creation, 즉 연대기가 아니라 내용이다. 시간 그 자체가 선물이다. "주는 것이 아니라 …… 받는" 것이다. 시간에 관한 일반적인 형이상학적 인식은 "현재로부터 전체를" 이해하려고 시도한다. 그러나 "시간이 곧 선물이라는 개념은 …… 현재를 전체로부터 이해한다."[140] 예를 들어, 성찬식에서 그리스도의 죽음, 부활, 승천과 재림parousia은, 우리 또는 하나님이 잊을지도 모르기 때문이 아니라, 이 사건들events이 우리의 현재와 미래를 계속 규정하고 있기 때문에 "기억"된다. 따라서 과거와 미래 모두가 근본적으로 우리의 현재를 결정하는 것이다. 과거는 현재의 기념, "기억하기"를 가능케 해주며, 미래 또한 우리가 아직은 그것을 알 수 없고, 만날 수도 없고, 생각해낼 수도 없지만, 현재의 최종적인 궤적을 결정해준다. 프랑스 소설가 마르셀 프루스트Marcel Proust, 1871~1922가 이해했듯이 미래는 때로 우리가 알지도 못하는 사이에 우리들 속에서 살고 있을지도 모른다.

의례적 상징과 성례전에서는 역설적으로 "기억하기과거"와 "충만미래"이 합일해 암네시아, 즉 축복받은 "잊기"를 가능케 해준다. 이러한 잊기를 통해, 선물은 빚과 의무와 경제의 순환에서부터 벗어나게 된다. 기억된 과거와 이미 활동하며 축적하고 있는 미래의 "충만"이, 현재를 지속이 아닌 줌으로 규정하면서, 그 현재를 점유占有한다.[141] 이제는 가능해진 현재 속에 항상 이미 "주어진" 것은, 다름 아닌 하나님, 곧 하나님이신 내어주심이기 때문에, "불가능한 선물"의 존재론적 한계는 극복되며, 절대적 암네시아, 곧 절대적인 잊기의 조건들이 충족된다. 하나님 안에서 "주는 이"와 "선물"과 "받는 이" 사이의 구분도 극복된다. "하나님이 주실 때, 하나님으로부터 누군가 다른 사람에게로 건네지는 것은 아무것도 없다. 오히려 하나님이 가까이로 오시는 것이다."[142] 그러므로 하나님의 주심은 하나님의 자기 내어주심이며, 다시 말해 완전히 무상으로 주어지는 하나님의 주어지심으로서의 현존, 형이상학적인 것이 아닌 현존이다. 존 밀뱅크Alasdair John Milbank, 1952~가 말하듯이 "이것은 누군가에게 주어지는 선물이 아니라, 오히려 피조물들로 하여금 스스로 선물이 되도록 하는 것이다". 그것은 "절대 교환의 절대적인 무상이다absolute gratuity with absolute exchange".[143] 이에 대해 제라드 로플린Gerard Loughlin은 다음과 같이 썼다. "절대적으로 주어진 것은 이미 절대적인 보답이다. 하나님께 대한 보답은 존재 자체이며, 또한 인간 심장의 박동이기 때문이다. 우리는 하나님을 위해 만들어졌다. 그리고 이것이 자유로운 피조물로서의 우리의 가능성이다. …… 하나님의 선물에 대한 완벽한 보답인 예수 그리스도 때문에 말이다".[146] 우리가 "그리스도 안에서" 세례를 받기 때문에, 우리는 결코 끝나지 않는 관계와 교환, 즉 하나님의 신비 속에서, 그리고 우리 안에서 인간성을 구성하는 조건들인 "보답"에 참여하는 것이다.

마리옹은 이상과 같이 데리다가 말한 "선물의 불가능한 논리"를 극복하려고 노력하고 있으며, 그렇게 함으로써 "말하고 보여줄" 뿐만 아니라 "행하고 주는" 의례적 상징들에게 정당성을 부여하고 있다. 마리옹이 제시하는 실제적인 문제는 "선물"이 불가능하다는 점이 아니라, 하나님의 주심이 고갈되지 않는 충만, 곧 우리를 무섭게 하는 충만이라는 점이다. 도스토옙스키 Fyodor Mikhailovich Dostoevsky, 1821~1881의 작품에 나오는 "종교 재판소장"이 분명코 알았던 것처럼, 그것은 죄에 억눌린 인간들에게는 견딜 수 없는 짐을 지우는 일이다. T. S. 엘리엇이 그의 시 〈리틀 기딩Little Gidding〉의 성령 강림절 편제IV부에서 다음과 같이 묘사했듯이 말이다.

> 사랑은 낯선 이름이다
> 손들 뒤에 있는
> 견딜 수 없는 화염의 셔츠를 짜낸
> 인간의 힘으로는 제거할 수 없는.
> 우리는 단지 살고, 단지 탄식하며
> 불 또는 불에 먹힌 채로.[145]

부활절과 성령 강림절의 신비들 속에서 하나님은 통상 받는 자를 주는 자로부터 떼어놓는 거리, 곧 "중립적 영역"을 영원히 닫아버리셨다. 자기 내어주심, 현존, 즉시성의 은혜와 마찬가지로 하나님의 주심[146]은 데리다가 제기한 문제, 즉 거리, 통로, 주는 자와 선물과 받는 자 사이의 "인간이 살지 않는 땅"을 요구하는 문제를 극복하는 것처럼 보일 것이다.[147] 따라서 마리옹과 같은 사상가에게 있어서 진정한 문제는, 우리 인간들이 "견딜 수 없는 화염의 셔츠"를 견뎌낼 수 있는가, 즉 하나님의 고갈되지 않는 충만을 보이는 것 속에 보이지 않는 것이 나타남을 통해 중개해주는 의례적 상징들과 성례전들을 참아낼 수 있는가이다. 니컬러스 래시Nicholas Lash, 1934~는 그의 저서인 《한 분 하나님을 세 가지 방식으로 믿기Believing Three Ways in One God》에서 이 점에 관해 다음과 같이 말하고 있다.

우리는 이것을 견딜 만큼 강하지 못하다. "죄"에 관해 말하는 것만으로는 충분치 않다. 우리는 분명코, 그 모든 도덕적인 해석 그 너머에서, 종교…… 재판소장이 "무서운 선물들"이라고 불렀던 이것들의 무게에 짓눌려 있다. 하나님의 생명의 선물은 인간들이 참아낼 수 있는 것 이상의 그 무엇이다. 그것은 우리가 지고갈 수 있는 것 이상의 그 무엇, 우리가 탄생시킬 수 있는 것 이상의 그 무엇이다. 하나님의 생명이 우리의 손에 있다는…… 메시지는, 거의 복음이 아닌 것처럼 들린다. ……

그럼에도 불구하고 하나님의 말씀하기utterance와 날숨outbreathing은 영원하다. 하나님의 말씀을 말하는 일과 하나님의 기쁨을 빚는 일은 결코 끝이 나지 않는다. 따라서 우리는 하나님의 "주심"에 대해 과거 시제로 말할 때 매우 조심해야 한다. …… 하나님의 주심은 하나님의 손을 떠나지 않으며, 그분의 손 안에서 모든 것들이 영원히 "주어지는 채로" 존재하기 때문이다.[148]

결론

제7장에서는 세례 받은 자들의 "왕 같은 제사장직" 안에서의 사역과 봉사에 관한 논의에서 시작해, "용서받은 자들의 공동체"로서의 예배 회중과 성례전의 구조를 연결해주는 유대까지를 검토해보았다. 또한, 우리는 교황 비오 12세의 회칙에서 시작되어 제2차 바티칸 공의회의 〈전례 헌장〉에서 절정에 이르게 된, 예전 안에서의 사제와 회중들이 연관된 역할들에 관한 교회의 가르침이 어떻게 진화되어 왔는지를 주목했다. 〈전례 헌장〉은 예배에서 회중들은 "흠 없는 희생 제물을 사제의 손을 통해서 그리고 사제와 함께 바친다"고 확증했다〈전례 헌장〉48항. 또한, 우리는 "예배 회중"이 된다는 것이 무슨 의미인지를 자세히 살펴보았고, 정의의 실현이 그 회중을 규정함에 있어 왜 핵심이 되는지에 대해서도 자세히 살펴보았다. 그리고 우리는 교회가 왜 "세상의 성례전"으로 인류를 위한 하나님의 계획하심의 아이콘으로서, 종교 간 대화라는 보다 더 큰 관점에서 이해되어야 하는지에 대해서도 살펴보았다. 하나님의 말씀이 예수의 생애와 사역과 수난과 죽으심, 그리고 부활하심 이전에, 그리고 그 동안에, 그리고 그 이후와 그 너머에서까지 말씀하고 있는 것처럼, 하나님의 영도 역시 계속해서 역사하시기 때문이다. 이를 교황 요한 바오로 2세는 이렇게 말했다. "하나님의 영은 개인들 안에서뿐만 아니라 시대들을 가로질러 우리의 시대에 이르기까지 사회와 역사 속에서도, 그리고 민족과 문화들과 종교들 속에서도 계속 역사하신다."

우리는 계속해 이번 장의 후반부에서 "세상의 성례전"으로서의 교회의 개념으로부터 가톨릭 전통이 "성례전들"이라고 규정하는 특정한 예전적 수행들에 이르기까지를 살펴보았다. 또한, 예전에 관한 "세 가지 해석다시 그려보기, 다시 쓰기"의 방식에 대해서도 논의했다. 중세 신학자 토마스 아퀴나스, 20세기 시인 데이비드 존스, 그리고 현대 포스트모던 현상학자 장뤼크 마리옹의 해석이 그것이다. 그리고 우리는 문제가 되는 포스트모던 철학자 자크 데리다가 제기한 이슈인 "선물"에 대한 분석과, 성례전이 어떻게 "하나님의 내어주심의 언어"로 적절히 서술될 수 있는지에 관한 논의로 결론을 맺었다.

성찰을 위한 질문

1. "식탁에서의 즐거운 교제는 역사적 예수와 고백된 예수 사이를 연결해주는 가장 중추적인 연결점이다. 여기서 고백된 예수란, 부활하신 예수, 하나님의 현존 속에 영원히 살아계신 예수, 그리고 제의와 돌봄, 즉 '작은 작은 자들', 그리고 '가장 보잘것없고' 가장 취약한 자들을 목회적으로 돌보는 일을 통해 만날 수 있는 예수시다. 빵을 떼시는 존재로서의 예수가 떼어진 빵으로서의 예수가 되셨다. 그래서 이제 하나님의 나라는 제의와 돌봄을 통해, 예전과 봉사를 통해, 그리고 회중의 예배와 회중을 위한 목회적 사역을 통해서만 접근 가능한 현실이다." 예수의 "식탁을 위한 새로운 지형도"는 어떻게 "사역을 위한 새로운 지형도"를 가능케 했는가?

2. "그리스도교 식탁 예전의 의례적 형태를 조성해 준 네 개의 동사, 곧 '취해, 축사하고, 떼어, 주기'는 따라서 매우 도전적인 성례전신학뿐만 아니라 이보다 더 도전적인 목회신학을 제안한다." 예전이 갖는 이러한 기본적 의례적 형태는 어떻게 안수받은 성직자들, 즉 주교들, 사제들, 부제뿐만 아니라 제2차 바티칸 공의회 이후 그리스도교 교회들에서 섬기기 시작해온 수많은 평신도 사역자들과 연결되어 있는가?

3. 제2차 바티칸 공의회의 〈전례 헌장〉은 어떤 방식으로 교황 비오 12세의 회칙인 〈하느님의 중개자〉와 〈그리스도의 신비체〉에 나타난 예배, 교회, 사역에 관한 신학에

기반을 두고 형성되었는가? 또한, 이 신학을 어떻게 확장시켰는가?

4. 에이든 카바나는 다음과 같이 지적하고 있다. "교회는 세례를 베풀어 직분자들을 세운다. 교회는 사역의 주요 품급 안에서, 해당 직분을 수행하게 하기 위한 목적으로만 안수한다. …… 또한, 안수식에서 …… 처음으로 안수받는 자에게 성직자로서의 자질이 나타나는 것도 아니다. 계속되는 세례를 통해, 교회는 기름 부음 받으신 분 자신의 영에 의해, 직분자들로 구성된 회중으로, 거기에 태어나는 것이다." 하나님의 백성으로서의 예배 회중과, 그 회중을 섬기는 "안수받은 성직자들" 사이를 연결시켜주는 "공통의 기반"은 무엇인가?

5. "마리옹은 성례전에 관한 오늘날의 많은 생각들이 두 개의 우상 숭배 사이에 유예되어 있다고 주장한다. 둘 중 하나인 형이상학적 우상 숭배는 일부 전통주의 가톨릭 신자들 안에서 인기가 있는데, 물질적 기호들, 예를 들어 빵과 포도주 속에 현존을 위치시키는 것이다. 다른 하나인 심리적 우상 숭배인데, 진보주의자들 사이에 인기가 있다. 이것은 현존을 공동체의 의식, 공동체의 말들과 행동들과 의도들 속에 제한한다." 이러한 이중의 위험을 피하기 위해, 그러면서도 성례전과 그 의미에 대한 가톨릭의 전통을 존중하기 위해 우리는 이런 단어들이 성찬식과 같은 의례적 행위에 적용될 때, "선물"과 "현존"과 같은 단어들을 어떻게 해석할 수 있는가?

독서를 위한 제안

Edward Hahnenberg, *Ministries: A Relational Approach*. New York: Crossroad, 2003. 교회 안에서의 안수받은 성직자들과 안수받지 않은 평신도 사역자들 사이의 관계를 연구하면서 평신도 사역자들을 위한 탁월한 신학을 제시한 연구서.

Roger Mahoney, *Gather Faithfully Together: Guide for Sunday Mass*. Chicago: Liturgy Training Publications, 1997. L. A. 추기경의 목회 서신으로 주일 예배 회중에 관한 다양한 문화적 배경 및 다양한 사역들, 그리고 생동감 넘치는 예전 신학을 배울 수 있음.

James Martin, ed. *Celebrating Good Liturgy: A guide to the Ministries of the Mass*. Chicago: Loyola Press, 2005. 성찬 예전의 각 부분과 그것이 요구하는 사역들에 관해 미국 예배학자들이 저술한 일련의 간결하고 명료한 논문들.

Mary Alice Piil, "The Local Church as the Subject of the action of the Eucharist". *In Sharing English Liturgy*, edited by Peter Finn and James Schellman. Washington, D.C.: Pastoral Press, 1990. 목회자에 의한 사역의 수동적인 수혜자로서가 아니라 교회의 성례전 예배에 활발하게 참여하는 자로서의 그리스도교 회중에 관한 간결하지만 중요한 연구서.

Gary Smith, *Radical Compassion: Finding Christ in the Heart of the Poor*. Chicago: Loyola Press, 2002. 오리건 주 포틀랜드의 노숙자들을 주요 교구민으로 섬기는 예수회 사제가 쓴 목회적이며 신학적인 명상들.

에필로그

이 책 프롤로그의 끝 부분에서, 나는 의례가 기본적으로 연결들, 즉 관련성에 관한 것이며, 또한 우리를 하나님과, 서로서로와, 공간과, 시간과, 역사에, 그리고 세상과 지구에, 그리고 다 기억과 욕망에, 나아가 기대에 연결시켜주는 것이 무엇인지를 발견하는 일에 관한 것이라고 언급한 바 있다. 그리스도교 의례, 예전 기도, 그리고 성례전에 관한 우리의 연구가 끝나감에 있어서, 미국의 작가인 애니 딜라드가 자신의 감동적인 명상집인 《성스러운 견고함Holy the Firm》에서 주장했던 바를 되짚어보는 일은 분명 유익할 것이다. 그녀는 이렇게 쓰고 있다. "그리스도교의 고高교회들은 마치 자신들이 하고 있는 일을 잘 알고 있는 것처럼, 자신들이 전문가인 양 권위를 뽐내면서, 하나님께로 나아온다."[1] 딜라드는 공중 기도란, 우리가 알고 있는 누군가에 대한 주장이거나, 혹은 우리가 알고 있는 무엇인가에 대한 주장이 아니라, 타자의 갑작스러운 도래과 재림을 환대하는 장소를 열어주는 것이어야 한다고 제안한다. 예배에서의 말들words은 하나님의 현존 속에서 회중들이 "잘 알고서" 행하는 세련되고 확신에 찬 말하기기 아니다. 오히려 그것은 딜라드가 다음과 같이 말하는 것과 같다.

예전의 기존 형식들은······사람들이 죽임을 당하지 않고서도 하나님께 성공적으로 말을 건넬 수 있는 말들이다. 고高교회들 안에서 그들은 그 위험성을 오래전부터 망각한 채, 길게 이어진 발판을 따라 걸어가는 모호크 인디언들처럼, 예전 안에서 이리저리 걸어 다닌다. 하나님께서 그런 예배를 산산조각 내신다면, 내가 믿기에 그 회중은 진실로 충격을 받을 것이다.²

의례의 위험성에 관해 논급했던 장에서 드러났듯이, 예전 안에서 하나님과 사람 사이의 만남은 불편함을 불러일으킬지도 모른다. 아니, 어쩌면 불편함을 불러일으켜야 할 것이다. 의례들은 예수가 자신의 사역에서 그렇게 하셨듯이, 비유적으로 수행된다. 따라서 예배는 "우리가 행하는 대단한 모든 일들"을 전시하는 자축적인 수행이 아니다. 기도 속으로 우리가 함께 나오는 이유는 축하와 위로를 위해서가 아니라, 도전과 변화를 위해서다. 우리가 번영과 성공으로 붉게 달아오른 채 교회의 문 앞에 도착했을 때조차도, 우리는 "우리의 실패를 인정하고 주님께 용서와 힘을 간구함으로써만" 교회 안으로 들어갈 수 있다. 우리는 용서받은 자들의 공동체가 되는 것이다. 우리가 사랑하던 이의 장례 예식에서 애도하고 비탄할 때조차도, 우리는 "찬양과 감사로〈성찬 기도 I〉" 하나님 앞에 나오라는 초대를 받아들인다. 또한, "당신의 모든 행위들은 당신의 사랑과 지혜를 보여주십니다〈성찬 기도 IV〉"라고 인정하라는 초청을 받아들인다.

또한 우리가 살펴본 것처럼, 특히 제5장에서 보았듯이, 우리의 공중 기도는 사고, 이성, 말하기, 그리고 본문들보다는, 우리의 몸이라는 책과 더 깊이 관련된 것이다. "몸"은 사실상 기도를 한 단어로 정의한 것이라 말할 수 있다. 장루이 크레티앵Jean-Louis Chrétien, 1952~이 썼듯이, 누구든지 "영적인 것을 향해가는 사람은 온몸을 가지고 육체적으로 그렇게 하는 것이다". 타자의 도래를 환대하는 장소를 여는 의례적 행위는, 항상 우리의 몸을 거기에 내어놓는 것이며, "드러낸다expose는 단어가 갖는 그 모든 의미로 우리를 드러내는 것이며, 그 어떤 것도 감추지 않는 것이다". 기도의 "최초의 목소리"는 항상 몸이다. 왜냐하면 육체flesh가 말speech보다 먼저이기 때문이다. "몸은 어떻게 기도하는지를 모른다는 것을 알고 있으며, 이 점을 기도 속에서만 배운다."³ 또한 몸은 움직임, 눈물, 육체의 몸짓 속에서만 기도하는 법을 배운다. 우리는 우리가 볼 수 없는 한 분 앞으로 나아가는 우리의 집단적 행동을 우리들의 몸에 새겨 넣는다.

따라서 몸의 성육신적 말하기에서 예전과 성례전이 시작된다. 물론 의례 기도에서는 육체가 말하기를 향해 더듬어 길을 찾아가는 것도 사실이다. 그러므로 제6장에서는 예전과 메타포의 논리에 대해 살펴보았다. 또한, 제6장에서 우리는 예전적 언어가 말할 수 없는 것을 말하도록, 그리고 생각할 수 없는 것을 생각하도록 만들려고 하기 때문에, 예전적 언어 자체가 갖는 일탈적 측면도 있음을 알아보았다. 따라서 우리가 드리는 기도의 공적 언어는 항상 우리가 말씀드리려는 그 한 분의 포로가 된다. 메타포의 논리는 우리가 자랑스럽게 확신하는 언어가 "모든 측정을 벗어나는 것이며, 그 자체를 측정하려는 어떤 능력도 벗어나는 것이며, 또한 그것을 완전히 알 수 있는 그 어떤 능력도 벗어나는 것이다"라는 점을 상기시켜준다.⁴ 우리는 이야기한다. 그러나 변화 산에서의 베드로처럼, 우리는 우리가 무슨 말을 하고 있는 지조차 모른다(누가복음) 9장 33절. 우리의 평범한 인간적인 경험 안에서 말한다는 것은 파악하는 것, 하나의 생각, 하나의 대상, 하나의 실체, 하나의 진실을 이해하는 것이며, 이름 지어 부르기를 주장하는 것이다. 그러나 예전의 메타포적 언어 속에서 우리의 말들은 연인들의 말들처럼 스스로를 상실하게 된다. 그들은 "주어지는 자, 주어지는 것들"이다. 모여든 회중은 우리의 목소리, 우리의 요청, 우리의 탄식과 찬양과 감사를 이미 들으신 그 한 분을 부른다. 하나님에 의해 항상 그리고 이미 들려진다는 것은 글자 그대로 우리의 말하기를 미리 점유당하는 것이며, 우리가 말하는 것에 대한 우리의 "소유권"을 취소하는 것이다. 이 점에 대해 크레티앵은 다음과 쓰고 있다. "하나님의 의해 항상 그리고 이미 들려지는 것은 고역이다. 말하기는 다른 어떤 일보다도 심한 시험에 들게 한다. 왜냐하면, 우리의 말하기는 그것이 숨기고 핑계대고 합리화하고 구하려고 하는 모든 것 속에 노출되기 때문이다. 우리들의 목소리는 진정 발가벗겨져 있다."[5]

이것이 바로 예언자 이사야가 하나님의 부르심을 받을 때, 성소에서 기도하는 동안 보았던 하나님의 환상 속에서〈이사야〉6장 1~3절, 그의 입술이 "불에 닿아야" 한다고 명령을 받았던 이유다. 대니얼 베리건이 관찰했듯이, "말씀을 전한 이사야는 우선 온 마음을 다해 말씀을 경청했다. 그 메시지가 그를 꿰뚫어 진정한 증인으로 만들지 않았더라면, 그의 말들이 무슨 소용이 있었겠는가? 그는 계속 보았고, 이해하게 되었다". 그리고 이 점 때문에 이사야는 "세상을 몽유병자처럼 돌아다니는 도덕적 좀비의 상태로 전락한" 사람들에게 예배가 요구하는 것의 아이콘이 될 수 있었던 것이다. "이것이 모든 면에서 증명된 우리의 현 상태다. 우리는 눈이 멀었고, 귀가 막혔고, 그리고 가장 나쁘게는 무정하다. 우리의 약탈과 피의 악취가 온 세상에 자명하다."[6] 불fire만이 우리의 입술을, 우리의 말하기를 정결케 할 수 있고, 또한 몽유병 환자들을 깨울 수 있으며, 따라서 제단의 불타는 숯에 닿은 이사야는 다음과 같다.

보고, 듣고, 마음으로 이해하며, 치유받는 우리의 능력을 재는 척도가 된다. 모든 역경에도 불구하고, 또한 우리를 짓이기는 죽음에도 불구하고, "거룩함"이 이사야 안에, 그리고 이사야처럼 하나님의 말씀을 진지하게 듣는 사람들 안에 거하게 된다.

숯이 불 속에서 건져져 이사야의 입술에 닿았다. 이 하나님의 불은 계속해서 전해진다. 불 주위에 둘러앉은 공동체는 불로부터 그저 따뜻함을 얻을 뿐만 아니라, 그 불에 닿게 되어 지울 수 없는 표식을 얻게 된다.[7]

베리건의 말은 그리스도교의 예전 기도에 의해 추적되는 궤적에 관한 경탄할 만한 이야기다. "하나님의 불은 계속해서 전해진다." 한 "공동체는 …… 불에 닿게 되고, …… 지울 수 없는 표식을 얻게 된다". 이렇게 닿고, 이렇게 표식을 얻게 되어, 공동체는 불에서 물로, 그리고 우리의 모든 말들을 미리 점유하는, 그런 태우는 말씀으로부터, 그리스도인들이 그들의 주님처럼 보잘것없는 자와 감사를 모르는 자들을 포함해 모든 사람들의 구부러진 발 앞에 무릎을 꿇고, 그들의 손으로 붙잡는 봉사와 성례전의 소중한 상징인 "더러운 물이 가득한 대야"로 옮겨가는 것이다. 〈요한복음〉에서 주신 예수의 말씀은 우리가 "신령과 진정으로 예배하는 것"에 대해 알아야 할 모든 것에 대해 우리에게 말해준다.

유월절 전에 예수께서는 이 세상을 떠나 아버지께로 가야 할 때가 된 것을 아시고, 세상에 있는 자기의 사람들을 사랑하시되 끝까지 사랑하셨다. 저녁을 먹을 때에 …… 예수께서는 아버지께서 모든 것을 자기 손에 맡기신 것과, 자기가 하나님께로부터 왔다가 하나님께로 돌아간다는 것을 아시고, 잡수시던 자리에서 일어나서 …… 수건을 가져다가 허리에 두르셨다. 그리고 대야에 물을 담아다가 제자들의 발을 씻기기 시작하셨다 〈요한복음〉 13장 1~5절.

미주

|||||||||||||||||||||||||||||||| 프롤로그 ||||||||||||||||||||||||||||||||

1. Richard Gaillardetz, "North American Culture and the Liturgical Life of the Church: The Separation of the Quests for Transcendence and Community", *Worship 68*, no. 5 (september 1994), 403~16쪽.
2. 앞의 책, 412쪽.
3. Anscar J. Chupungco, ed., *Handbook for Liturgical studies* (5 vols.; Collegeville, Minn.: Liturgical press/A Pueblo Book, 1997~2000); Cheslyn Jones, Geoffrey Wainwright, et al., eds., *The Study of Liturgy* (rev. ed.; New York: Oxford University Press, 1992); Cyrille Vogel, *Medieval Liturgy: An Introduction to the Sources*, trans. and rev. William Storey and Niels Rasmussen (NPM Studies in Church Music and Liturgy; Washington, D.C.: Pastoral Press, 1986); Eric Palazzo, *A History of Liturgical Books; From the Beginning to the Thirteenth Century*, trans. Madeleine Beaumont (Collegeville, Minn.: Liturgical Press/A Pueblo Book, 1998); Bernard Cooke and Gary Macy, *Christian Symbol and Ritual: An Introduction* (New York: Oxford University Press, 2005); Robert F. Taft, *The Byzantine Rite: A Short History* (American Essays In Liturgy; Collegeville, Minn.; Liturgical Press, 1992).
4. Nathan D. Mitchell, "Theological Principles for am Evaluation and Renewal of Popular Piety", in Peter C. Phan, ed., *Directory on Popular Piety and the Liturgy: Principles and Guidelines: A Commentary* (Collegeville, Minn.: Liturgical Press, 2005), 59~76쪽, 인용구, 61쪽.
5. Aidan Kavanagh, *On Liturgical Theology* (Collegeville, Minn.: Liturgical Press/A Pueblo Book, 1992), 14쪽.
6. Karl Rahner, "Easter: A Faith That Loves the Earth," in *The Great Church Year*, ed. Albert Raffelt, trans. Harvey D. Egan(New York: Crossroad, 1994), 192~197쪽; 인용구, 196쪽.
7. 예수를 주변부적인 유대인 평민으로 표현한 것은 존 P. 마이어의 작업에서 유래한 것이다. 이 점에 관해서는 그의 세 권짜리 연구, *A Marginal Jew: Rethinking the Historical Jesus* (Anchor Bible Reference Library: New York: Doubleday, 1991~)를 보라. 예배와 의례적 기도에 대한 예수의 태도와 관련해서는, 이 책의 제3장에서 마이어의 관점으로 토론할 것이다.
8. 나의 책 *Eucharist as Sacrament of Initiation* (Chicago: Liturgy Training Publication, 1994), 47~57쪽.
9. Louis-Marie Chauvet, *Symbol and Sacrament*, trans. Patrick Madigan and Madeleine Beaumont (Collegeville, Minn.: Liturgical Press/A Pueblo Book, 1995), 328쪽.
10. 앞의 책, 326쪽.
11. 이 책의 제5장을 보라.
12. Catherine Bell, *Ritual: Perspectives and Dimensions* (New York: Oxford University Press, 1997), 174~75쪽.
13. Jim Powell, *Postmodernism for Beginners* (New York: Readers and Writers Publishing, 1998), 111쪽.

제1부

제1장

1. 문화의 의미와 중요성에 대한 현대 사회학자들 사이의 논쟁을 종합해보려면, *Liturgy Digest* 3, 2권(1996, 63~107쪽 중에서 특히 94~97쪽)에 쓴 내 글을 보라. 또한 내가 쓴 *Liturgy and the Social Sciences* (American Essays in Liturgy: Collegeville, Minn.: Liturgucal Press, 1999)를 참조하라.
2. *The Collected Poems of W. B. Yeats* (New York: Maacmillan, 1956), 184~85쪽.
3. 포스트모더니즘과 소비 문화의 관계에 대해서는 프레드릭 제임슨의 고전적인 글, "포스트모더니즘과 소비 사회(Postmodernism and Consumer Society, in Hal Foster, ed., *The Anti-Aesthetic: Essays on Postmodern Culture* (Port Townsend, Wa.: Bay Press, 1983), 111~125쪽)"를 참조하라. 또한, 제임슨의 "포스트모더니즘, 후기 자본주의의 문화적 논리("Postmodernism, or the Cultural Logic of Late Capitalism," in Michael Hardt and Kathi weeks, eds., *The Jameson Reader* (Oxford: Blackwell, 2000), 188~232)"를 참조하라.
4. Jim Powell, *Postmodernism for Beginners* (New York: Readers and Writers Publishing, 1988), 36~37쪽.
5. Linda Gregg, *Chosen by the Lion* (St. Paul: Greywolf Press, 1994), 30쪽.
6. 포스트모더니티를 운동, 역사적 시기 또는 에피소드이기보다는 '상태로서 이해하는 개념은 데이비드 하비의 책, *The condition of Postmodernity* (Oxford: Blackwell, 1990)에서 전개되었다.
7. Graham Ward, "Postmodern Theology", in David F. Ford, *The Modern Theologians* (2nd ed.: Cambridge, Mass.: Blackwell, 1997), 585쪽. 모든 사람이 워드의 근대성에 대한 부정적인 평가를 공유하고 있는 것은 아니다. 예를 들면, 많은 역사가들은 근대성이란 "전통 사회"로부터의 차이에서 가장 잘 이해될 수 있다고 본다.
8. Powell, *Postmodernism for Beginners*, 111쪽. 포스트모던 문화의 이미지를 "리좀"으로 그려낸 것은 두 명의 프랑스 사상가 질 들레즈와 펠릭스 가타리의 저서(*Rhizome: Introduction* (Paris: Éditions de Minuit, 1976)로부터 유래한 것이다. 또한 케빈 하트(Kevin Hart)의 *Postmodernism: A Beginner's Guide* (Oxford: Oneworld, 2004), 6쪽을 참조하라.
9. Powell, *Postmodernism for Beginners*, 111쪽.
10. Gilles Deleuze and Félix Guattari, *Anti-Oedipus: Capitalism and Schizophrenia*, trans. Robert Hurley, Mark Seem, and Helen Lane (Minneapolis: University of Minnesota Press, 1983); *Rhizome*, translated by John Johnston, in Deleuze and Guattari, *On the Line* (New York: Semiotext[e], 1983) and by Brian Massumi, in Deleuze and Guattari, *A Thousand Plateaus: Capitalism and Schizophrenia* (Minneapolis: University of Minnesota Press, 1987), 3~25쪽.
11. "국가철학"이라는 표현은 들뢰즈와 가타리가 "플라톤 이후 서구의 형이상학을 특징지어 온 대표적인 사상"을 지칭하기 위해 사용한 용어다. 그러나 "자크 데리다, 미셸 푸코, 그리고 후기 구조주의 이론에 와서는 그러한 국가 철학이 일시적으로 쇠퇴를 겪었다." Brian Massumi, "Foreword", in Deleuze and Guattari, *A Thousand Plateaus*, xi. 들뢰즈와 가타리의 연구에 나타나는 "고전주의 형이상학"에 대한 비판은, 자크 데리다와 같은 포스트모던 철학자들이나 루이마리 쇼베나 장뤼크 마리옹과 같은 포스트모던 신학자들의 연구에서도 두드러지게 나타난다. 루이마리 쇼베와 장뤼크 마리옹은 로마 가톨릭의 새로운 성례전 신학의 기초를 제공하기 위한 자신들의 연구를 진행하는 과정에서 형이상학을 비판하고 있다.
12. Brian Massumi, "Foreword", in Deleuze and Guattari, *A Thousand Plateaus*, xi.
13. Deleuze and Guattari, *A Thousand Plateaus*, 374, 375, 376쪽.
14. Deleuze and Guattari, *Anti-Oedipus*, 42쪽.
15. Best and Kellner, *Postmodern Theory*, 76쪽. 베스트와 켈르너는 미셸 푸코와 자크 데리다 같은 중요한 프랑스 사상가들의 이론과, 들뢰즈와 가타리의 연구 사이에 보이는 유사점과 상이점을 지적하면서, 이들 연구의 중요성을 명쾌하게 밝히고 있다.
16. 앞의 책.
17. 앞의 책, 98쪽. 교회란 누구이며 무엇인가를 이해하기 위한 메타포로서의 "몸" 이미지가 이와 유사한 영향을 주어왔다는 사실에 주목하라. 몸 역

시 명령과 복종이라는 체계를 가진, 위계질서적으로 조직된 유기체다. 따라서 제2차 바티칸 공의회가 〈Dogmatic Constitution on the Church(*Lumen Gentium*)〉에서 "하나님의 백성" 이미지를 사용해 그 시각을 바꾸었을 때 어떤 교회 지도자들은 불편함을 느끼기 시작했다.

18. 베스트와 켈르너가 지적하듯이, 들뢰즈와 가타리는 "나무 중심 사고"에 대한 대안으로 다음과 같은 다양한 용어들을 사용하고 있다: schizoanalysis, rhizomatics, pragmatics, diagrammatics, cartography, micropolitics, (국가 철학의 "royal science"와 반대 개념으로서의) "vagabond" or "nomad" science.(*Postmodern Theory*, 98쪽을 보라). 이런 다양한 용어들은 "하나의 이념이나 수단, 혹은 하나의 메타포로 고착되지 않도록" 하기 위해 사용된 것들이다(앞의 책). 따라서 그들의 공동 작업 결과인 《A Thousand Plateaus》에서 들뢰즈와 가타리는 "아방가르드적 저술 기법"을 사용하고 있다. 예를 들면, 이 저서의 형식 자체가 "그 내용"과 연속되고 있다. 베스트와 켈르너가 관찰하고 있듯이, 형식과 내용 사이의 구분이 무너져 있다. 이는 들뢰즈와 가타리가, "콜라주" 혹은 "브리콜라주"를 닮은 글쓰기를 선호해, 전통적 글쓰기 "수사법"의 관습을 무시했다는 뜻이다. 그들은 "그 어떤 수사법이나 논쟁적 해설과 유사한 것은 버리고, 그 장들이나 혹은 고원들의 임의적인 병치를 선호했다. 이들은 복잡한 개념적 흐름으로 구성되어 있다. 이들 고원들은 다양한 주제들, 다양한 시간대들, 그리고 다양한 학문 분야들을 넘나들고 있다.(*Postmodern Theory*, 98쪽). 따라서 《A Thousand Plateaus》의 각 장들은 "결론을 맨 마지막에 읽기만 한다면", 어떤 순서로 읽어도 무방하다(앞의 책).

19. Deleuze and Guattari, "Introduction: Rhizome," in *A Thousand Plateaus*, 7~8쪽.

20. 앞의 책.

21. 《A Thousand Plateaus》의 "결론"에서 들뢰즈와 가타리는 언어란, 종종 나무와 같은 구조를 가지고 있다는 점을 인정한다. 그러나 그들은 다음과 같이 덧붙이고 있다. "결국 언어의 나무들은 리좀과 새싹들에 의해 흔들린다. 그래서 리좀들이 그것들을 갈라놓고 층을 내는 나무들과 그것들을 멀리 보내는 비상과 파열들 사이에서 진동한다(506쪽)."

22. 앞의 책, 8쪽.

23. Claude Lévi-Strauss, *The Raw and the Cooked: Introduction to a Science of Mythology*, volume 1, trans. John and Doreen Weightman (New York: Harper Torchbooks, 1969), 1쪽.

24. Edmund Leach, *Claude Lévi-Strauss* (New York: Viking Press, 1970), 22쪽.

25. 앞의 책, 23쪽: "레비스트로스는 그의 문화적 일반화를 언어학적 기반으로부터 유추해내었다."

26. 앞의 책, 19쪽.

27. 앞의 책. 소쉬르가 "기호"와 "의미" 사이의 그 어떠한 실제적이며 본질적인 관련도 부인한 것은 그 자체로 새로운 것은 아니었다. 이러한 단절은 이미 중세 후기와 근대 초반, 서구에서 이미 상당히 진행되어 있었고, 또한 성례전 의식들에 있어서의 "기호들"과 "의미된 것들" 사이의 진정한 관계에 대한 가톨릭의 전통적인 이해, 곧, 기호들이 그들이 의미하는 바를 "실제로 포함하고 있으며 그것에 의미를 부여하고 있다는 주장을 뒷받침하는 기초에 대한 심각한 도전을 야기했다." 이에 대해서는, Thomas M. Greene, "Ritual and Text in the Renaissance", *Canadian Review of Review of Comparative Literature/Revue Canadienne de Litt?rature Comparée* 15 (June/September 1991): 179~97쪽을 보라.

28. Leach, *Claude Lévi-Strauss*, 19쪽.

29. 레비스트로스는 다음과 같이 썼다. "언어학적 기호가 갖는 임의적 특성이라는 소쉬르의 원칙은, 언어학이 과학의 단계에 이르기 위한 전제 조건이라는 사실에 모두가 동의할 것이다."(*Structural Anthropology*, trans. Claire Jacobson and Brooke Grundfest Schoepf [Garden City, N.Y.: Doubleday Anchor Books, 1963], 204쪽). 같은 책의 앞 부분에서, 레비스트로스는 "비록 그것들이 다른 현실의 질서에 속하지만, 유사 현상들은 언어학적 현상과 동일한 유형이다"라고 지적하고 있다.

30. Best and Kellner, *Postmodern Theory*, 18쪽.

31. 신화적 구조와 그 변형이 갖는 복잡성에 대해서는 Lévi-Strauss's chapter "The Structural Study of Myth", in *Structural Anthropology*, 202~228쪽을 보라. "신화"가 "거짓"을 뜻하는 것은 아니다. 신

화는 의사소통이라는 언어가 지니는 일상적인 힘을 뛰어넘어 현실과 경험을 표현하기 위해 사용되는 말하기의 한 형식이다.

32. Lévi-Strauss, *Structural Anthropology*, 226쪽.
33. Leach, *Claude Lévi-Strauss*, 83쪽. 또한 *Structural Anthropology*, 209~213쪽에 나오는 레비스트로스 자신의 오이디푸스적 순환에 관한 시놉시스를 보라.
34. Leach, *Claude Lévi-Strauss*, 83쪽.
35. Deleuze and Guattari, *A Thousand Plateaus*, 112~113쪽.
36. 앞의 책, 208~209쪽.
37. *Selected Poems of Pablo Neruda*, trans. Ben Belitt (New York: Grove Press, 1961), 39쪽.
38. 앞의 책.
39. Best and Kellner, *Postmodern Theory*, 19쪽.
40. 앞의 책, 19~20쪽.
41. 앞의 책, 20쪽.
42. 앞의 책, 21쪽.
43. Jacques Derrida, *Writing and Difference*, trans. Alan Bass (Chicago: University of Chicago Press, 1978), 11쪽.
44. Maurice Merleau-Ponty, *The Primacy of Perception*, as cited in Derrida, *Writing and Difference*, 11쪽, 302쪽 31번.
45. Catherine Pickstock, *After Writing: On the Liturgical Consummation of Philosophy* (Oxford: Blackwell, 1998), 25쪽을 보라. 픽스톡은 데리다가 글쓰기를 우선시 한 점을 지속적으로 비판하고 있으며, 그 대신 플라톤이 말하기를 선호했던 점을 다시 주장하고 있다(3~46쪽).
46. Derrida, *Writing and Difference*, 11쪽. 데리다가 "글쓰기"에 관해 말할 때는, 기술적 도구로서의 글쓰기라는 행동 자체를 가리키거나, 혹은 글로 기록된 본문만을 가리킨 것이 아니라, 모든 언어의 내재적 구성 요소로서의 글쓰기를 말한 것이다. 왜냐하면, 모든 "알파벳 문자(글자)"는 그 본질적 특성상, 글쓴이가 사라져도 계속 그 의미가 유지되는, 말하자면 "성서적인" 의미의 약속 기호이기 때문이다. 이 점에 대해서는 Derrida, *On Grammatology*, trans. Gayatri Chakravorty Spivak (Baltimore: Johns Hopkins University Press, 1974), 69쪽을 보라.
47. Derrida, *Writing and Difference*, 11쪽.
48. (데리다와 메를로퐁티가 이해한 대로) 글쓰기와 예전적 의식들 사이에는 강한 유사점이 있다는 사실에 주목해야 한다. 예전의 경우에서도 우리는 우리가 그것을 실제로 수행해보기까지는, 행동이 무엇을 뜻하는지를 알지 못하기 때문이다. 이것이 바로 고대 그리스도교에서 새 신자들의 교육이, 입교 의식을 체험한 이전이 아니라 그 이후에 행해졌던 이유이다.
49. Denise Schmandt-Besserat, *How Writing Came About* (Austin: University of Texas Press, 1996), 1쪽.
50. Jonathan Rosen, *The Talmud and the Internet: A Journey between Worlds* (New York: Farrar, Strauss & Giroux, 2000), 10~11쪽. 탈무드는 바벨론판과 팔레스타인판이 공존하는데, 이 모두는 미슈나(Mishnah; 기원 후 200년경에 집대성된 랍비들의 구전 가르침)의 본문과, 후에 미슈나 본문에 관해 랍비들이 논쟁해 첨부된 내용인 게마라(Gemara)를 포함하는, 법과 가르침의 모음집이다. 이런 탈무드는 기원 후 5세기경에 집대성되었다.
51. 앞의 책, 12쪽.
52. 앞의 책, 14쪽.
53. 앞의 책, 105~106쪽.
54. 앞의 책, 109쪽.
55. 이렇게 말한다고 해서, 기술의 위험성, 특히 후기 자본주의 산업 문화 속에 나타나고 있는 기술의 위험성을 무시하는 것은 아니다. 예전에 미치는 그러한 기술들의 영향과, 그로 인해 초래될 수 있는 손상에 관한 비판적인 주장에 대해서는, Richard Gaillardetz, *Transforming Our Days: Spirituality, Community and Liturgy in a Technological Culture* (New York: Crossroad, 2000)을 보라.
56. 철학적 운동과 기술 개혁 사이에는 연합의 가능성이 물론 있을 수 있다. 이 점은 내가 들뢰즈와 가타리의 후기 구조주의적 "리조메틱스"와, 웹상에서 사람들과 정보들을 연결시켜 주는 잡초 같은 상황 사이의 유사성에 주목함으로써, 내가 이 장에서 밝히려고 노력했던 것이다.
57. Powell, *Postmodernism for Beginners*, 114쪽.
58. Louis-Marie Chauvet, *The Sacraments: The Word of God at the Mercy of the Body* (Collegeville, Minn.:

Liturgical Press/A Pueblo Book, 2001)를 보라.
59. Louis-Marie Chauvet, *Symbol and Sacrament: A Sacramental Reinterpretation of Christian Existence*, trans. Patrick Madigan and Madeleine Beaumont (Collegeville, Minn.: Liturgical Press/A Pueblo Book, 1995), 309쪽.
60. Chauvet, *Symbol and Sacrament*, 368쪽.
61. 앞의 책.
62. 카를 라너와 같은 20세기 신학자들은 "육체"와 "영혼"이란 것이 그리스도교 신학에서는 서로 반대되는 양극점이 아니라고 밝힌 바 있다. 오히려 인간은 하나의 연합이며, 따라서 내가 내 몸이 되면 될수록 나는 점점 더 영혼이 되는 것이며, 또 한 내가 영혼이 되면 될수록 나는 내 몸이 되는 것이다. "인간의 영적 본성"이 존재하게 되는 것은 바로 이런 실제적인 몸 됨을 통해서만 가능하다. Jörg Splett, "Body", *in Encyclopedia of Theology: The Concise Sacramentum Mundi*, ed. Karl Rahner (New York: Seabury Press, 1975), 106쪽.
63. 1998년 9월 25일자, A 31~32쪽.
64. 이런 현상에 대한 탁월한 분석은, Colleen McDannell, *Material Christianity: Religion and Popular Culture in America* (New York: Yale University Press, 1995)를 보라.
65. Mark Searle, "The Notre Dame Study of Catholic Parish Life", *Worship* 60, no. 4 (July 1986): 333쪽.
66. Edward Mendelson, "Tthe Word & the Web", in The New York Times, June 2, 1996 ("Bookend" in the New York Times Book Review)를 보라. 이 글은 2005년 5월 17일, http://www.columbia.edu/~em36/wordweb/bookend.html에 게시되었다.
67. 앞의 책.
68. 앞의 책.
69. 이것이 〈베네딕도 수도 규칙〉이 수도사들에게 "다른 사람들을 방해하지 않도록" 읽으라고 가르쳤던 이유다.
70. Mendelson, "Word & the Web".
71. 성찬 기도의 끝 부분에서 수행되는 성별된 빵과 포도주의 거양에 대해 말하는 것만큼이나, 예배에서 복음서를 "거양"하는 일에 대해서도 적절하게 이야기해야 한다. 기술적으로 빵과 잔에 대한 말씀을 낭독한 후에 수행하는 "거양"은, 엄밀히 말하면 거양하는 일이기 보다 "보여주는" 일이다. 책과 몸 모두는 회중들의 기쁨에 찬 화답으로 영접된다. 이 때 복음서 거양에서는 "알렐루야"로, 성찬 기도의 마지막에서는 "아멘"으로 화답한다.
72. Laurence Paul Hemming, "The Subject of Prayer: Unwilling Words in the Postmodern Access to God", *in The Blackwell Companion to Postmodern Theology*, ed. Graham Ward (Mass, Mass.: Blackwell, 2001), 445쪽.
73. 들뢰즈와 가타리는 책들과 책 만들기의 변화된 성격과 위상에 대한 성찰과 함께 그들의 "리좀" 연구를 시작한다. "책은 대상도 없고 주제도 없다. 책은 다양한 문제들로 구성되며, 매우 다른 일정과 속도에 따라 만들어진다. 책을 하나의 주제에 국한시키는 것은 이런 작업 방식을 간과하는 것이 되며, 그 관계들의 외면성을 간과하는 것이 된다. …… 책은 하나의 집합이다. …… 따라서 한 가지로 국한시킬 수 없다. 그것은 다양성이다. 그러나 우리는 그 다양함이 어떤 것을 수반할지에 대해서는 아직 모른다." 이 점에 대해서는, "Introduction: Rhizome," in *A Thousand Plateaus*, 3~4쪽을 보라. 이런 "리좀"의 관점에서 설명하자면, 책들은 과거의 "뿌리 · 책들"과는 상당히 다른 현실이다. 과거의 책들은 하나의 나무 모델(뿌리, 줄기, 가지의 모델)로 쓰였고, "예술이 자연을 모방하듯이 책은 세상을 모방한다(5쪽)"고 전제되었다. 이러한 리조메틱한 책은 "기호적 고리들과 권력의 조직들, 그리고 예술, 과학, 사회적 투쟁과 연관된 환경들 사이의 연결을 끊임없이 형성해낸다(7쪽)". 글쓰기 및 언어 자체와 마찬가지로 리조메틱한 책들은 더 이상 이상적인 "화자 · 청자"의 관계를 전제하지도 않으며, 또한 "순수한 단일 언어 공동체"가 존재한다고 가정하지도 않는다(7쪽).
74. 그리스도교 교회의 성서 일과표를 보면 이 점이 분명하게 드러날 것이다. 로마 가톨릭 신자들 사이에서는 제2차 바티칸 공의회의 개혁 이후, 성서 읽기에 관한 최소한 세 가지 명백한 체계들이 동시에 작동되고 있다. 성무일도에 배당된 1년차 성서 일과표, 주중의 성찬 수행에 배당된 2년차 성서 일과표, 그리고 주일 성찬에 배당된 3년차 성서 일과표.

75. Deleuze and Guattari, *A Thousand Plateaus*, section 12, "Treatise on Nomadology-The War Machine", 351~423쪽을 보라.
76. *A Thousand Plateaus*, 553~554쪽 20번을 보라.
77. Massumi, "Translator's Foreword", to *A Thousand Plateaus*, xiii.
78. 앞의 책.
79. Deleuze and Guattari, "Introduction: Rhizome", in *A Thousand Plateaus*, 3쪽. 통상 이름에는 두 개의 t를 사용하는 것이 선호되는데도 불구하고, 이 책에서는 부소티의 이름에 하나의 t만을 사용하고 있다. 데이비드 튜더는 미국의 탁월한 피아니스트 겸 작곡가였다.
80. Chauvet, *Symbol and Sacrament*, 238쪽.
81. 이 단락에 나오는 인용문들은, Chauvet, *Symbol and Sacrament*, 238, 535쪽에서 가져온 것임.
82. 이 장에 나오는 인용문들은, Chauvet, *Symbol and Sacrament*, 532, 535, 375, 409쪽에서 가져온 것임. 쇼베는 한스 우르스 폰 발타자와 발터 카스퍼 모두를 인용하고 있음.
83. 나는 "의례"라는 용어를 이곳과 이 책 전체에 걸쳐서 로널드 그라임스가 이해했던 것과 같은 방식으로 사용하고 있다. 그는 다음과 같이 주장한다. 의례는 "일반적인 생각," 즉 형식적인 "정의 규정 혹은 성격 규정"이다. 반면 의식들은 사람들이 실제로 행하는 것이다(이에 대해서는 Ronald Grimes, "Emerging Ritual", in *Proceedings of the North American Academy of Liturgy* [Valparaiso, Ind.: NAAL, 1990], 16쪽을 보라). 따라서 "의례"라는 용어가 더 넓은 개념의 용어이다. 그것은 "우리가 보통 명백하다고 생각하고 있는 여러 종류의 행동 수렴을" 뜻한다. "그것은 '순수하지 않은' 장르다. 다른 장르들을 포함하고 있는 오페라와 마찬가지로 예를 들어 노래, 드라마, 심지어는 춤까지 하나의 의례는 이 모든 것, 혹은 그 이상의 것을 포함할 수 있다. 이에 대해서는 Ronald Grimes, *Ritual Criticism* (Columbia: University of South Carlolina Press, 1990), 192쪽을 보라. 의례의 정의와 문화에 대한 이해 사이의 관계에 대한 논의뿐 아니라, 사고와 행동의 융합, 그리고 이론과 문화의 융합으로서의 의례에 대한 상세한 논의에 대해서는, Catherine Bell의 두 책, *Ritual Theory, Ritual Practice* (New York: Oxford University Press, 1992)와 *Ritual: Perspectives and Dimensions* (New York: Oxford University Press, 1997)를 보라.
84. 예를 들어, Aidan Kavanagh, *On Liturgical Theology* (Collegeville, Minn.: Liturgical Press/A Pueblo Book, 1984/1992), 3쪽을 보라. "예배에 대한 광의의 이해가 신학적 성찰을 낳는다. 그 역은 아니다."
85. 앞의 책, 74, 75쪽.
86. Pius XII, *Munificentissimus Deus* (November 1, 1950), 20항. Latin text in *Acta Apostolicae Sedis* 42 (1950): 760쪽. 예전과 신앙의 관계를 표현하기 위해 나무라는 메타포를 사용한 점에 주목할 것.
87. Pius XII, *Mediator Dei* (November 20, 1947), 46항. Latin text in Acta Apostolicae Sedis 39 (1947): 540쪽.
88. *Mediator Dei*, 48, 47항. Latin text in *Acta Apostolicae Sedis* 39 (1947): 540~541쪽.
89. Stanislas Breton, *The Word and the Cross*, trans. Jacquelyn Porter (New YOrk: Fordham University Press, 2002), 120~122쪽.
90. 앞의 책, 121~122쪽.
91. 앞의 책, 123쪽.
92. 앞의 책.
93. Chauvet, *Symbol and Sacrament*, 75쪽. 에마뉘엘 레비나스의 "이웃의 예전"은 타자의 피할 수 없는 명령에 대한 이러한 이해를 근거로 하고 있다. 보통은 "내가 타자를 지배한다". 따라서 "전적인 자아 인식이 전적인 내재성이며 주권이다". 그러나 타자의 현존은(여기서 레비나스는 인간 타자를 의미한다) "나"에 관해 의문을 던진다. "타자(인간 타자) 앞에서 나는 무한한 책임을 진다. 절대 타자는 가난하고 궁핍한 자이며, 이 낯선 이에 관해서는 내가 그 무엇도 무관심한 채로 놓아둘 수 없다." E. Levinas, "Tanscendence and Height", in *Emmanuel Levinas: Basic Philosophical Writings*, ed. Adriaan Peperzak, Simon Critechley, and Robert Bernasconi (Bloomington: Indiana University Press, 1996), 18쪽을 보라. 여기서 레비나스는 다른 포스트모던 철학자들과 마찬가지로 절대 타자를 환기시킴으로써 존재에 대한 고전적이고 형이상학적 개념에 반대한다. 이에 대해서는 Chauvet, *Symbol and Sacrament*, 46쪽을 보라.

94. Chauvet, *Symbol and Sacrament*, 75쪽.
95. Annie Dillard, *Holy the Firm* (1977; paperback, New York: Banta, Books, 1979), 60쪽.
96. Urban T. Holmes, "Theology and Religious Renewal", *Anglican Theological Review* 62, no. 1 (1980): 18쪽.
97. 앞의 책, 19쪽.
98. Chauvet, *Symbol and Sacrament*, 493쪽.
99. 레비나스로부터의 인용 전문을 보려면 93번을 보라.
100. Kavanagh, *On Liturgical Theology*, 73쪽.
101. Chauvet, *Symbol and Sacrament*, 501, 500쪽.
102. Kavanagh, *On Liturgical Theology*, 74~75쪽.
103. Chauvet, *Symbol and Sacrament*, 506쪽.
104. 앞의 책.
105. Kavanagh, *On Liturgical Theology*, 75쪽.
106. Chauvet, *Symbol and Sacrament*, 506, 501쪽.
107. 앞의 책, 501쪽.
108. Pickstock, *After Writing*, 181, 184쪽.
109. Jean-Francois Lyotard, "Music, Music", in *Postmodern Fables*, trans. Georges van den Abbeele (Minneapolis: University of Minnesota Press, 1997), 218, 221쪽.
110. T. S. Eliot, "The Dry Salvages", section V, in *Four Quartets* (New York: Harcourt Brace Jovanovich, 1971), 44쪽.
111. Lyotard, "Music, Music", 221~226쪽을 보라.
112. 앞의 책, 229쪽.
113. Chauvet, *Symbol and Sacrament*, 74쪽.

· 제2장

1. Nathan D. Mitchell, *Liturgy and the Social Sciences* (American Essays in Liturgy; Collegeville, Minn.: Liturgical Press, 1999), 25~26쪽.
2. 이러한 보다 새로운 관점들 몇 가지에 대해서는, 나의 책 *Liturgy and the Social Sciences* 63~93쪽에 요약해두었다.
3. 산스크리트어 니르바나는 "소멸"을 뜻한다. 그러나 보통 불교에서 사용되는 이 용어는 절대적인 축복 혹은 지복의 상태를 의미하며, 이때 일체의 열정, 욕망, 고통으로부터 자유를 얻게 된다고 한다.
4. Malcolm David Eckel, "Buddhism", in *Eastern Religion: Hinduism, Buddhism, Taoism, Confucianism, Shinto*, ed. Michael D. Coogan (New York: Oxford University Press, 2005), 120~121쪽.
5. 불교에서 보살은 부처가 될 만큼의 깨달음을 얻었으나, 다른 사람에 대한 동정심 때문에 부처가 되기를 사양한 사람을 말한다. 따라서 보살이란 "미래의 부처"라고 말할 수 있다.
6. Eckel, "Buddhism", 181쪽.
7. 이 인용문은 *The Journey to the West*, trans. Anthony C. Yu (4 vols.; Chicago: University of Chicago Press, 1977), 1:185에서 가져온 것임.
8. Eckel, "Buddhism", 181쪽.
9. Roland Barthes, *Empire of Signs*, trans. Richard Howard (New York: Hill & Wang, 1982), 4.
10. Edmund White, review of Roland Barthes's *Empire of Signs and A Barthes Reader* (edited by Susan Sontag), in *The New York Times*, September 12, 1982, Sunday, Late City Final Edition, section 7, 1면, 2단; Book Review Desk.
11. 앞의 책의 제1장, "The Postmodern Condition"을 보라.
12. Barthes, *Empire of Signs*, 4쪽.
13. 앞의 책, 83, 4쪽. "상징"이란 단어의 본래 이미지는 헬라어에 그 뿌리를 둔 것으로, 두 개의 반쪽이 하나로 합쳐져야 하는 동전의 이미지라는 점을 상기할 것(synballein).
14. White, review of Roland Barthes's *Empire of Signs*, 1쪽, 2단.
15. Barthes, *Empire of Signs*, 74쪽. 예를 들어, 바르트는 선이란, "언어를 멈추게 할, 우리를 둘러싸고 끊임없이 투덜대는 라디오의 시그널을, 전파를 보내서 방해할, 혹은 "비워내고 …… 명하게 하며 영혼의 억누를 수 없는 중얼거림을 마르게 할" 운명으로서의 거대한 프락시스"처럼 보인다고 지적하고 있다.
16. Roland Barthes, *S/Z*, trans. Richard Miller (New York: Hill & Wang, 1974), 79쪽.
17. Barthes, *Empire of Signs*, 28~29쪽.
18. 앞의 책, 44쪽.
19. Dennis Hirota, *Wind in the Pines: Classic Writings of the Way of Tea as a Buddhist Path* (Fremont, Calif.:

Asian Humanities Press, 1995), 40쪽.
20. 앞의 책.
21. 앞의 책, 41쪽. 히로다가 지적하듯이, "차가움"은 차갑다는 성질이 아니라, 오히려 "여백과 고독"이다. 신케이가 얼음과 겨울을 아름답다고 여겼던 것이 바로 이 이유 때문이다. 신케이는 이렇게 쓰고 있다. "얼음보다 더 절묘한 것은 없다. 이른 아침 그루터기만 남은 들판, 지붕 위의 편백 껍질 위에 덮여 있는 진눈깨비 위에 형성된 얼음 바늘, 시든 풀잎과 늪지의 나무들 위에 얼어붙은 흰 서리, 그리고 이슬들의 사랑스러움, 이 아름다움에 견줄 것이 그 무엇이랴(Hirota, 앞의 책, 43쪽에서 인용)." 여백과 고독은 빅토리아 시대 예수회 시인인 제라드 맨리 홉킨스가 "내면적 본성" 즉 사물들의 철저한 "본질"이라고 불렀던 것과 어쩌면 유사한, 강력한 현실 인식으로 인도한다.
22. Hirota, *Wind in the Pines*, 49쪽.
23. Hirota, *Wind in the Pines*, 50쪽.
24. 앞의 책.
25. 앞의 책.
26. White, review of Roland Barthes's *Empire of Signs*, 1쪽, 2단.
27. Barthes, *Empire of Signs*, 49쪽, 54쪽.
28. 앞의 책, 11, 12쪽.
29. 앞의 책, 15쪽.
30. 앞의 책, 16, 17~18쪽.
31. 앞의 책, 69, 70쪽.
32. 앞의 책, 72쪽.
33. George Steiner, *Real Presences* (Chicago: University of Chicago Press, 1989), 3~50쪽.
34. Barthes, *Empire of Signs*, 72쪽.
35. 앞의 책.
36. White, review of Roland Barthes's *Empire of Signs*, 1쪽, 2단.
37. 앞의 책.
38. GIRM 112; 이 구문의 라틴어 praecipua manifestatio ecclesiae는, 영어로는 "교회의 탁월한 표현"으로 번역되었다.
39. Louis-Marie Chauvet, *Symbol and Sacrament: A Sacramental Reinterpretation of Christian Existence*, trans. Patrick Madigan and Madeleine Beaumont (Collegeville, Minn.: Liturgical Press, 1995), 508쪽.
40. Walter Kasper, *The God of Jesus Christ*, trans. Matthew J. O'Connell (New York: Crossroad, 1984 [paperback, 1994]), 190쪽.
41. Walter Kasper, *Jesus the Christ* (new ed.; paperback, Mahwah, N.J.: Paulist, 1977), 118~19쪽.
42. Chauvet, *Symbol and Sacrament*, 506쪽.
43. 앞의 책, 507쪽.
44. 앞의 책, 506쪽.
45. 이 주제들: "상실에 대한 동의"와 "부재의 현존"이란 주제들은 쇼베가 주창한 성례전 신학의 핵심이다. 이에 대해서는 Chauvet, *Symbol and Sacrament*, 62~63, 74, 98, 170, 307, 404~405, 534쪽을 보라.
46. 앞의 책, 177쪽.
47. 앞의 책, 178쪽.
48. Thomas Sheehan, *The First Coming: How the Kingdom of God Became Christianity* (New York: Random House, 1986; Vintage paperback, 1988), 168~169쪽.
49. 희랍어 동사 εεφοβοὐντο(φοβέομαι에서 파생)는 미완료 시제다. 라틴어와 마찬가지로 희랍어의 미완료 시제는, "계속되는" 즉 연속되는 과거의 행동을 뜻한다. 〈마가복음〉의 원래의, 혹은 "더 짧은" 결론인 마가복음 16장 8절에 대해서는 Daniel J. Harrington, "The Gospel According to Mark", in *The New Jerome Biblical Commentary*, ed. Raymond E. Brown et al. (Englewood Cliffs, N.J.: Prentice-Hall, 1990), 41:108~109, 628~629쪽을 보라.
50. Barbara Myerhoff, *Number Our Days* (New York: Simon & Schuster, 1978; Touchstone Books paperback, 1980), 86쪽.
51. Jewish Women's Archive, "JWA-Barbara Myerhoff-Chicken Foot Stew", http://www.jwa.org/exhibits/wov/myerhoff/stew.html (June 15, 2005).
52. Sheehan, *First Coming*, 172쪽.
53. 앞의 책.
54. 앞의 책.
55. Chauvet, *Symbol and Sacrament*, 74쪽.
56. 앞의 책, 61쪽. 쇼베는 여기에서 하이데거의 언어

를 사용하고 있다.
57. 앞의 책, 62쪽.
58. "mature proximity to absence"라는 표현은 J. Greisch, "La contrée de la sérénité et l'horizon de l'espérance", in *Heidegger et la question de Dieu* (Paris: Grasset, 1980), 184쪽에서 가져온 것임.
59. 앞의 책, 75쪽.
60. John D. Caputo, *The Prayers and Tears of Jacques Derrida* (Bloomintin: Indiana University Press, 1997), 61쪽.
61. Jacques Derrida, *Specters of Marx: The State of the Debt, the Work of Mourning, and the New International*, trans. Peggy Kamuf (New York: Routledge, 1994), 143쪽.
62. Caputo, *Prayers and Tears of Jacques Derrida*, 64쪽.
63. 앞의 책, 62쪽.

· 제3장

1. John D. Witvliet, "Series Preface", in C. Michael Hawn, *Gather into One: Praying and Singing Globally* (Grand Rapids: Eedmans, 2003), 10쪽.
2. Hawn, *Gather into One*, 274, 276쪽. 혼은 춤이 가미된 예전에 참여하는 것이 불편하게 느껴질 북미 백인들의 예를 들고 있다. 폴리리듬의 예배를 드리기 위해서는 백인들 자신이 먼저 스스로의 문화적 변화를 통해 다른 사람들의 경험에 개방적인 상태가 되어야만 한다. 세상에는, 특히 아프리카 국가들에는, 예배가 "춤 없이는 아무런 의미도 가질 수 없는" 사람들이 많기 때문이다. 또한, 혼은 바버라 브라우닝의 작품 *Samba: Resistance in Motion* (Bloomington: Indiana University Press, 1995)을 예로 들고 있다.
3. Hawn, *Gather into One*, 128~137쪽.
4. Hawn, *Gather into One*, 133~134, 135~136쪽.
5. John P. Meier, *A Marginal Jew: Rethinking the Historical Jesus*, vol. 2, *Mentor, Message, and Miracles* (Anchor Bible Reference Library; New York: Doubleday, 1994), 1,040쪽.
6. Paula Fredriksen, *Jesus of Nazareth, King of the Jews:* *A Jewish Life and Emergence of Christianity* (New York: Knopf, 1999), 208쪽.
7. 앞의 책.
8. John P. Meier, *A Marginal Jew: Rethinking the Historical Jesus*, vol. 1, *The Roots of the Problem and the Person*; vol. 2, *Mentor, Message, and Miracles*; vol. 3, *Companions and Competitors* (Anchor Bible Reference Library; New York: Doubleday, 1991, 1994, 2001), 1권 8, 345, 347, 499쪽; 2권 55, 100~177, 291, 1,039~1,041쪽; 3권 498~501, 577쪽 39번. 쿰란 공동체에 관한 보다 자세한 논의는 3권 488~532쪽을 보라.
9. 마이어가 말하듯이, "유대 사회 주변부의 인물인 예수의 공적 사역은 또 다른 유대 사회 주변부의 인물인 세례 요한의 공적 사역으로부터 비롯된다 (*Marginal Jew*, 1권 1,041쪽)."
10. 마이어는, 예수가 "레위 지파 출신인지 혹은 제사장 가문 후예인지"에 관해서는 "믿을 만한 역사적 전승"이 없다고 말한다(*Marginal Jew*, 1권 345쪽).
11. 〈요한복음〉 18장 20절에 나오는 안나스를 향한 예수의 발언은, 역사적으로는 예수로부터 직접 나온 말이 아닐 수도 있다(*Marginal Jew*, 3권 500쪽을 보라).
12. Fredriksen, *Jesus of Nazareth*, 42~50쪽.
13. 〈마태복음〉에 기록되어 있는 이혼에 대한 예수의 관점에 대해서는 Douglas R. A. Hare, *Matthew* (Interpretation: A Bible Commentary for Teaching and Preaching; Louisville: John Knox Press, 1993), 219~223쪽을 보라. 인용문은 226쪽.
14. Meier, *A Marginal Jew*, 2권 291쪽.
15. 앞의 책, 293쪽을 보라. 이 기도는 "역사적 예수 주변에 모여든 제자들이 아직은 느슨한 연대 상태에 있을 때" 생겨난 것일 수도 있다고 마이어는 말한다. 또한, "그 기도의 가장 최초의 형태는 예수 자신으로부터 나온 것이라고 주장하는 사례가 여럿 있다"고 주장한다(294쪽). 〈주기도문〉의 여러 "부분들" 혹은 "탄원들"이 복음서 저자들, 특히 마태와 누가에 의해 창작되었거나, 혹은 편집되었을 수 있다는 점에 대해서는 Hal Taussig, *Jesus before God: The Prayer Life of the Historical Jesus* (Santa Rosa, Calif.: Polebridge, 1999), 35~66쪽을 보라.
16. 〈주기도문〉이 예전에서 사용되어 온 역사, 특히 성

찬에서 사용되어 온 역사에 대해서는, Joseph A. Jungmann, *The Mass of the Roman Rite: Its Origins and Development*, trans. Francis A Brunner (2 vols.; 1955; repr., Westminster, Md.: Christian Classics, 1992), 2권 277~294쪽을 보라.
17. 이것의 한 가지 예외가 〈요한복음〉 12장 28절에 나오는 예수의 기도, "아버지의 이름이 거룩히 여김을 받으시오며"일 수 있다. 이 점에 대해서는 Meier, *A Marginal Jew*, 2권 295쪽을 보라.
18. Taussig, *Jesus before God*, 75쪽.
19. Meier, *Marginal Jew*, 2권 295쪽.
20. 앞의 책, 295~296쪽.
21. 앞의 책, 296쪽, 예를 들어, 〈에스겔〉 36장 23절을 보라.
22. 아람어는 예수 자신이 사용하신 보통의 언어였다. 또한, 예수께서는 회당 예배에 참석해 성서 봉독을 들음으로써, 혹은 그 해설을 들음으로써 히브리어도 익히셨을 것이다. 또한, 희랍어도 다소 알고 계셨을지 모른다. 이에 대해서는 Meier, *Marginal Jew*, 2권 1,040쪽을 보라.
23. Baruch Graubard, "The Kaddish Prayer", in *The Lord's Prayer and the Jewish Liturgy*, ed. Jakob Petuchowski and Michael Brocke (New York: Seabury Press/A Crossroad Book, 1978), 59쪽.
24. 앞의 책, 37쪽. 이와 약간 다른 버전은 Meier, *Marginal Jew*, 2권 297쪽을 보라.
25. Qaddish 기도의 연대와 관련된 문제에 대해서는 Meier, *Marginal Jew*, 2권 297쪽과, 특히 361~362쪽 36번을 보라.
26. Graubard, "Kaddish Prayer", 59쪽. 이와 함께 Lawrence A. Hoffman, *The Canonization of the Synagogue Service* (University of Notre Dame Center for the Study of Judaism and Christianity in Antiquity 4; Notre Dame, Ind.: University of Notre Dame Press, 1979), 56~65쪽을 보라.
27. Joseph Heinemann, "The Background of Jesus' Prayer in the Jewish Liturgical Tradition", in Petuchowski and Brocke, eds., *The Lord's Prayer and Jewish Liturgy*, 81쪽.
28. Hoffman, *Canonization of the Synagogue Service*, 60쪽.
29. Meier, *Marginal Jew*, 2권 297~298쪽.
30. Meier, *Marginal Jew*, 2권 1,039~1,040쪽.
31. Louis-Marie Chauvet, *Symbol and Sacrament: A Sacramental Reinterpretation of Christian Existence*, trans. Patrick Madigan and Madeleine Beaumont (Collegeville, Minn.: Liturgical Press, 1995), 237쪽.
32. Lawrence Durrell, *Clea* (New York: E. P. Dutton, 1960), 229~230쪽.
33. Eudora Welty, *The Optimist's Daughter* (New York: Random House Vintage Books, 1972), 181쪽.
34. 앞의 책, 181, 207쪽.
35. Meier, *Marginal Jew*, 2권 297쪽.
36. 40여 년 전 탁월한 학자였던 레이몬드 E. 브라운은, 예수께서 수식어 없이 "아바"라는 표현을 쓰신 것이 명백한 사실이었을 뿐만 아니라, 그로 인해 이미 〈주기도문〉에 종말론적 색조가 가미되었다는 사실에 주목했다. 왜냐하면, "하나님과 이스라엘 민족 사이의 계약"이라는 〈주기도문〉의 개념이, 예수께서 그렇게 하셨듯이, 하나님과 친밀하고 개인적인 관계 속으로 들어온 모든 사람을 포함하는 것으로 확장되는 때를 향하고 있기 때문이다("The Pater Noster as an Eschatological Prayer", in New Testament Essays [Milwaukee: Bruce, 1965], 217~253, 특히 225~226쪽을 보라).
37. Taussig, *Jesus before God*, 76쪽.
38. Meier, *Marginal Jew*, 2권 300쪽.
39. 앞의 책. 기원후 1세기의 지중해 사회의 가족 안에서, 예수가 사용하신 하나님과 아바 사이의 대비는, 21세기 북미에서와는 비교가 안 될 정도로 극적이었다는 사실을 인식해야 할 것이다.
40. "세상을 다시 그려보기"로서 예수가 사용하신 비유의 전략과, 의례와 비유의 관계는 다음 장에서 상세하게 다룰 것임.
41. Taussig, *Jesus before God*, 67쪽.
42. 앞의 책, 68쪽.
43. Benedict T. Viviano, "The Gospel According to Matthew", in *The New Biblical Commentary*, ed. Raymond E. Brown et al, (Englewood Cliffs, N.J.: Prentice-Hall, 1990), 42:45, 646쪽.
44. Taussig, *Jesus before God*, 69쪽.
45. Viviano, "The Gospel According to Matthew", 42:45, 646쪽을 보라.

46. Taussig, *Jesus before God*, 68~69쪽.
47. Mary Gordon, "The Gospel According to Saint Mark: Parts of a Journal", in *Incarnation: Contemporary Writers on the New Testament*, ed. Alfred Corn (New York: Penguin Books, 1990), 19~20쪽을 보라. 디킨스의 아이들에 대한 초상에 관해서는 Vladimir Nabokov, *Lectures on Literature*, ed. Fredson Bowers (New York: Harcourt Brace Jovanovich, 1980), 65~69, 83~94쪽을 보라. 여기서 나보코프는 디킨스의 소설 《Bleak House》를 분석하고 있다.
48. John Dominic Crossan, *Jesus: A Revolutionary Biography* (San Francisco: Harper Collins, 1994), 58쪽.
49. 앞의 책, 59쪽.
50. Daniel J. Harrington, "The Gospel According to Mark", in *The Jerome Biblical Commentary*, ed. Raymond E. Brown et. al., 41:23, 6:45. 해링턴은 〈마가복음〉 3장 33절의 "핵심 메시지"는 "예수의 혈연적 가족에 대한 가혹한 말을 포함하고 있다"고 지적한다.
51. Crossan, *Jesus: A Revolutionary Biography*, 60쪽.
52. 앞의 책, 64쪽.
53. Eugene La Verdiere, *Dining in the Kingdom of God: The Origins of the Eucharist According to Luke* (Chicago: Liturgy Training Publications, 1994), vii.
54. John Dominic Crossan, *The Birth of Christianity* (San Francisco: Harper Collins, 1998), 422쪽.
55. Taussig, *Jesus before God*, 69쪽.
56. June Mateos, "The Message of Jesus", Sojourners 6, no. 7 (July 1997): 8~16, 특히 15쪽. 여기서 마테오스는 이 논문을, 새로운 스페인어판 《신약성서》의 머리말로 썼다. 이 논문을 캐슬린 잉글랜드 수녀가 잡지 《Sojourners》를 위해 영어로 번역했다.
57. 앞의 책, 12쪽.
58. 앞의 책.
59. 앞의 책, 15쪽. 이 본문에서 마테오스는 "세상"이란 단어를, 창조 세계의 자연 질서 혹은 인류를 구원하기 위한 하나님의 구현으로서의 세계를 지칭하기 위해 사용한 것이 아니라, 〈요한복음〉에 때때로 나오는 그런 의미의 세상을 지칭하기 위해서 사용한다. "세상"은 하나님과 하나님의 다스리심에 반대하는 모든 것을 총합하는 중심이다.
60. Meier, *Marginal Jew*, 2권 300쪽.
61. 앞의 책, 300~301쪽.
62. Taussig, *Jesus before God*, 82쪽.
63. 앞의 책, 83쪽.
64. Brown, "Pater Noster as an Eschatological Prayer", 227쪽을 보라.
65. 앞의 책.
66. Meier, *Marginal Jew*, 1:344쪽.
67. 성전을 대하는 갈릴리의 보수적인 태도에 대해서는 Sean Freyne, *Galilee from Alexander the Great to Hadrian, 323 B. C. E. to 135 C. E.* (Wilmington, Del.: Michael Glazier, and University of Notre Dame Press, 1980), 259~260쪽을 보라.
68. Meier, *Marginal Jew*, 1권 347쪽.
69. 앞의 책, 346쪽.
70. 앞의 책, 347, 349쪽.
71. Crossan, *Birth of Christianity*, xxx.
72. 앞의 책.
73. Robert Karris, "The Gospel According to Luke", in *The New Jerome Biblical Commentary*, ed. Raymond E. Brown et al., 43:61~62, 690쪽.
74. Fredriksen, *Jesus of Nazareth, King of the Jews*, 109, 107쪽.
75. Meier, *Marginal Jew*, 1권 351~352쪽.
76. Norman Perrin, *Rediscovering the Teaching of Jesus* (New York: Harper & Row, 1967), 107~8쪽.
77. R. Alan Culpepper, "The Gospel of Luke: Introduction", in *The New Interpreter's Bible* (Nashville: Abingdon, 1995), 9:22~23.
78. Hare, *Matthew*, 101쪽.
79. 앞의 책, 101쪽.
80. Marianne Sawicki, *Seeing the Lord: Resurrection and Early Christian Practices* (Minneapolis: Fortress, 1994), 291, 296쪽.
81. Thomas Sheehan, *The First Coming: How the Kingdom of God Became Christianity* (New York: Random House, 1986), 66쪽.
82. Taussig, *Jesus before God*, 129~130쪽.
83. Sheehan, *First Coming*, 68쪽.

· 제4장

1. Luis, León, "The Poetic Uses of Religion in the Miraculous Day of Amalia Gómez", *Religion and American Culture* 9, no. 2 (1999): 205~231쪽.
2. Orlando O. Espín, "An Exploration into the Theology of Sin and Grace", in *From the Heart of Our People: Latino/an Explorations in Catholic Systematic Theology*, ed. Orlando O. Espín and Miguel H. Diaz (Maryknoll, N.Y.: Orbis Books, 1999), 121~152쪽.
3. 앞의 책, 127~132쪽.
4. 앞의 책, 135쪽.
5. Muriel Rukyser, *The Speed of Darkness* (New York: Random House, 1968), 111쪽.
6. Eudora Welty, "A Worn Path", in *The Collected Stories of Eudora Welty* (New York: Harcourt Brace Jovanovich, 1980), 142쪽.
7. 앞의 책, 146쪽.
8. Eudora Welty, "Is Phoenix Jackson's Grandson Really Dead?" in *The Eye of the Story: Selected Essays and Reviews* (New York: Random House Vintage Books, 1979), 159~162쪽.
9. 앞의 책, 161~162쪽.
10. 앞의 책, 162쪽.
11. Eudora Welty, "Katherine Anne Porter: The Eye of the Story", in *Eye of the Story*, 40쪽.
12. Rainer Maria Rilke, "Archaic Torso of Apollo", in *Ahead of All Parting: Poetry and Prose of Rainer Maria Rilke*, trans. Stephen Mitchell (New York: Modern Library, 1995), 67쪽.
13. Rudolf Schwarz, *The Church Incarnate*, trans. Cynthia Harris (Chicago: Henry Regnery, 1958), 18~19쪽. 슈바르츠와 예전 운동 사이의 연관성, 그리고 현대 교회 건축에 관한 그의 이론이 갖는 중요성에 대해서는 Richard Kieckhefer, *Theology in Stone: Church Architecture from Byzantium to Berkeley* (New York: Oxford University Press, 2004), 229~264쪽을 보라.
14. Schwarz, *Church Incarnate*, 18쪽.
15. Stephen Huyler, "Transitory Art from Indian Villages", *The Chronicle of Higher Education*, *August* 18, 1995, B44쪽.
16. Carroll Stuhlmueller, "An Introduction to the Book of Psalms", in *Psalms for Morning and Evening Prayer* (Chicago: Liturg Training Publication, 1995), ix.
17. Kathleen Norris, "Stop Making Sense", in "Symposium on Writing and Spirituality", Manoa 7, no. 1 (Summer 1995): 115, 116쪽.
18. 키츠의 편지 원문은 http://www.mrbauld.com/negcap.html에서 검색 가능하다.
19. 이 책의 제1장을 보라.
20. 본문은 http://www.quaker.org.uk/qfp/Chap.2에서 검색 가능하다.
21. 앞의 책. 이 인용문들은 1884년에서 1886년 사이에 회집된 런던 연례회의 및 저자 루푸스 존스로부터 가져온 것임.
22. 본문은 http://www.quaker.org.uk/qfp/Chap.3에서 검색 가능하다.
23. 퀘이커 전통이 자신들의 의사 결정 과정과 "합의"에 대한 세속적 생각"을 얼마나 신중하게 구분하고 있는지를 주목하라.
24. 본문은 http://www.quaker.org.uk/qfp/Chap.3에서 검색 가능하다.
25. 인용된 본문들은 http://www.quaker.org.uk/qfp/Chap.3에서 검색 가능하다.
26. 토마스 아퀴나스에게 성찬 예전의 "궁극적인 목적과 의도"는 그리스도의 몸과 피를 공통으로 받는 것에 기초한 unio ecclesiasticae corporis에 다름 아니었다. 이에 대해서는 *Summa Theologiae* IIIa Pars *Supplementum*, Q. 71, art. 9, corpus; ad 3um을 보라.
27. 전통적인 예배 형식이 서로 다른 문화들과 상황들에 맞도록 그 예전을 편집할 수 있다는 생각은 제2차 바티칸 공의회(예를 들면, 〈전례 헌장〉 37~40항을 보라)에서 고안된 것도 아니고, 공의회 이후에 출현한 "통제 불능의" 진보주의자들에 의해 발명된 것 또한 아니다. 1724년 교황 베네딕토 13세는 다수의 성가대원들과 다수의 사역자들을 모으는 일이 거의 불가능했던 작은 교구를 위해, 수난 주간의 의식을 다소 극단적으로 단순화시킨 예식문을 발행하였다. 베네딕토 교황의 소책자 〈Memoriale Rituum〉에는 이렇게 응용된 로마 가톨릭의 예식

문들이 포함되어 있으며, 교황의 승인하에 이들은 20세기까지도 계속 재판되고 있다.
28. "완전하고, 의식적이며, 능동적인 참여"는 물론, 〈전례 헌장〉 14항에서 명백하게 선포된 유명한 목표였다. "어머니 교회는 모든 신자들이 예전의 본질이 요구하는 예전의 수행에, 완전하고 의식적이며 능동적인 참여로 인도되기를 소망한다. 이러한 참여는 …… 그들이 세례 받았다는 이유로 인해, 그들의 권리이며 의무이다."
29. 나이가 든 독자들은 윌리엄 와일러 감독의 1956년 연출 작품인 영화 〈Friendly Persuasion〉의 한 장면을 떠올릴지도 모르겠다. 제스민 웨스트의 원작 소설을 번안했던 이 영화는, 1862년 인디애나 주에 살던 퀘이커 교도 가족의 이야기를 묘사하고 있다.
30. John Dominic Crossan, *The Dark Interval: Towards a Theology of Story* (Niles, Ill.: Argus Communications, 1975).
31. W H. Auden, "For the Time Being: A Christmas Oratorio; Advent, IV", in *Collected Poems*, ed. Edward Mendelson (New York: Vintage Books, 1991), 354쪽.
32. 선문답을 뜻하는 公案은 글자 그대로 "공적인 경우"를 의미하는 일본어 단어다. "공적 업무"를 뜻하는 중국어 단어로부터 나온 것으로 보인다.
33. Isshu Mirura and Ruth, Fuller Sasaki, *Zen Dust: The History of the Koan and Koan Study in Rinzai (Lin-chi) Zen* (New York: Harcourt, Brace & World, 1966), 5쪽.
34. Thich Nhat Hanh, *Zen Keys* (New York: Doubleday, 1995), 57쪽.
35. Urs App, trans. and ed., *Master Yunmen: From the Record of the Chan Teacher "Gate of the Clouds"* (New York: Kodansha International, 1994), 53쪽.
36. Yoel Hoffmann, trans., *The Sound of the One Hand: 281 Zen Koans with Answers* (New York: Basic Books, 1975), 28쪽.
37. Nyogen Sensaki and Ruth Strout McCandless, *The Iron Flute: 100 Zen Koans* (1964; Boston: Tuttle Publishing, 2000), 35쪽.
38. 앞의 책, 36쪽. 위대한 스승들은 선을 철학이나 종교의 범주로부터 떼어냄으로써, 선에게 인간적인 산출 체계 및 신학과 같은 해석학으로부터의 완전한 독자성을 부여했다.
39. Hoffmann, *Sound of the One Hand*, 28~29쪽.
40. 앞의 책, 29쪽.
41. 앞의 책.
42. Crossan, *Dark Interval*, 48쪽.
43. U.S. Catholic Bishops, *Fulfilled in your Hearing*, no.60; text in *Liturgy Documents* (3rd ed.; Chicago: Liturgy Training Publication, 1991), 1권 361쪽.
44. Crossan, *Dark Interval*, 56쪽.
45. 앞의 책, 57쪽.
46. Bernard Brandon Scott, *Re-Imagine the World: An Introduction to the Parables of Jesus* (Santa Rosa, Calif.: Polebridge Press, 2001), 4쪽. 스콧이 관찰한 대로, 비유들은 공관 복음서 및 〈도마 복음〉과 같은 외경에서만 나타난다. 예수의 반대자들의 입술에서나, 〈요한복음〉 혹은 바울 서신들에서는 전혀 나타나지 않는다. "전통의 협소함은 한 가지 근원을 가리키고 있는 것처럼 보인다." 만일 "모든 비유를 하나의 전체로서 검토해보면, 그것들 안에는 일관성이 유지되고 있으며, 모든 비유들이 하나의 전체로서 의미를 갖는다는 사실을 발견할 수 있다."
47. Crossan, *Dark Interval*, 93~96쪽.
48. Bernard Brandon Scott, *Hear Then the Parable* (Minneapolis: Fortress, 1989), 386, 381쪽.
49. 앞의 책, 324쪽.
50. Scott, *Re-Imagine the World*, 121쪽.
51. Daniel Berrigan, *Isaiah: Spirit of Courage, Gift of Tears* (Minneapolis: Fortress, 1996), 33~34쪽.
52. 앞의 책, 131쪽.
53. 앞의 책.
54. 앞의 책, 132쪽.
55. Flannery O'Connor, *The Complete Short Stories* (New York: Farra, Straus & Giroux, 1971), 130~131쪽.
56. 앞의 책, 133쪽.
57. 앞의 책, 130~131쪽.
58. 앞의 책, 132쪽.
59. Flannery O'Connor, *The Habit of Being: Letters*, edited and introduced by Sally Fitzgerald (New York: Farrar, Straus & Giroux, 1979), 373쪽.
60. 앞의 책, 389쪽.
61. 앞의 책, 427쪽.

62. Flannery O'Connor, "The Enduring Chill", in *The Complete Stories of Flannery O'Connor* (New York: Farra, Straus & Giroux, 1971), 357~382쪽.
63. 이후 몇 단락에서 계속될 내용은 *Worship* 79, no. 4 (July 2005): 357~369쪽에 게재된 나의 글, 〈아멘 코너(Amen Corner)〉에 다소 다른 형태로 실려 있다.
64. 〈하느님의 말씀〉에 관한 논쟁들은 1964년 공의회의 세 번째 세션에서 일어났으나, 그에 관한 문서들은 승인되지 않은 채로 있다가, 1965년 네 번째 세션에서 비로소 공표되었다. 마이어 추기경은 1964년 9월 30일에 발언하였고, 그 라틴어 본문은 *Acta Synodalia Sacrosancti Concilii Oecumenici Vaticani II*, Vol. 3, Pars III (Vatican City: Typis Polygottis Vaticanis, 1974), 150~151쪽에 실려 있다. 〈하느님의 말씀〉은 공의회의 최종 세션에서 1965년 11월 18일에 승인되고 공표되었다. 마이어가 했던 발언의 영어 개요는 *Council Daybook: Vatican II, Session 3*, ed. Floyd Anderson (Washington, D.C.: National Catholic Welfare Conference, 1966), 83쪽에 실려 있다.
65. *Acta Synodalia*, III/III, 150쪽.
66. *Acta Synodalia*, III/III, 150쪽; 〈고린도전서〉 13장 12절.
67. *Acta Synodalia*, III/III, 150~151쪽.
68. Joseph Ratzinger, commentary on chapter 1 of *Dei Verbum*, in *Commentary on the Documents of Vatican II*, ed. H. Vorgrimler, trans. L. Adolphus, K. Smyth, and R. Strachan (5 vols.; New York: Herder & Herder, 1967-69), 3권 173쪽.
69. 앞의 책, 184쪽를 보라. 또한, 〈하느님의 말씀〉의 기원과 배경에 대한 간략한 역사, 그리고 트리엔트 공의회 및 제1차 바티칸 공의회의 가르침들과 〈하느님의 말씀〉 사이의 관계에 대해서는, 155~166쪽을 보라.
70. 앞의 책, 184쪽. 라칭거는 다음과 같이 쓰고 있다. "본문 속에서 Y. 콩가르의 필체를 알아보는 일은 어렵지 않다. 또한, 그 뒤에 숨어있는 19세기 가톨릭 튀빙엔 학파의 영향…… 곧, 독일 낭만주의의 정신이 깊숙이 침투해 있는 전통의 역동적이고 유기적인 생각을 알아보는 일도 어렵지 않다." 그런데 우리는 라칭거가 튀빙엔 학파가 독일 낭만주의로부터 악영향을 받았다고 믿고 있으며, 이러한 오류로 인해 〈하느님의 말씀〉이 교회의 역사가 지닌 부정적인 측면을 고려하지 못했다고 믿고 있다는 점도 간파할 수 있다. 마이어 추기경은 1964년 9월 30일의 발언에서 바로 이러한 부정적인 측면을 암시하였다. 그러나 콩가르가 독일 낭만주의를 수용했다고 말하는 것은, 라칭거의 본문 184쪽(각주 9번)에 암시된 비난인데, 이는 부당한 것이며 증명된 바도 없다.
71. Yves Congar, *I Believe in the Holy Spirit*, trans. David Smith (3 vols. in; New York: Crossroad, 1983), 3권 267, 271쪽.
72. Walter Abbott and Joseph Gallagher, eds., *The Documents of Vaticans II* (New York: Guild Press, America Press, Association Press, 1966), 116쪽.
73. Congar, *I Believe in the Holy Spirit*, xvii.
74. Ratzinger, commentary on DV 8, in *Commentary on the Documents of Vatican II*, ed. Vorgrimler, 184쪽.
75. John D. Caputo, *The Prayers and Tears of Jacques Derrida* (Bloomington: Indiana University Press, 1997), 1~68쪽을 보라. 카푸토는 데리다의 "해체"를 논하면서, 데리다는 하나님의 이름을 거부하거나 파괴하려고 한 것이 아니라, 그 감소시킬 수 없는 타자성을 지키려고 했던 것이라고 지적하고 있다. "해체는 스스로를 하나님의 이름 '위'에 놓으려는 것이 아니라, 하나님 아래에 놓으려고 한다. 따라서 하나님은 항상 그것보다 앞서는, 그것 이전의, 그리고 그것 이상의 무엇, 완전히 다른 절대 타자(tout autre)이시다(66쪽).” 카푸토는 계속해서 이렇게 쓰고 있다. "해체는 앞으로 올 존재에 대해 '예'라고 말하며, 그것을 승인하며, 그것에 동의한다. 또한 오고 있는 존재, '나의 하나님'을 위해 기도하고 운다(67쪽)."
76. Jean-Luc Marion, *In Excess: Studies of Saturated Phenomena*, trans. Robyn Horner and Vincent Berraud (New York: Fordham University Press, 2002), 162쪽. 둘째 단락에서 마리옹은 카이사레아의 바실리우스를 인용하고 있는데, 바실은 〈빌립보서〉 2장 9절을 인용하고 있다. 자크 데리다와의 대화와, 그의 중요한 반응들이 함께 실려 있는 이 논문의 이전 판이 Jacques Derrida, *God, the Gift, and*

Postmodernism, ed. John D. Caputo and Micahel J. Scanlon (Bloomington: Indiana University Press, 1999), 20~53쪽에 수록되어 있다.
77. Caputo, *Prayers and Tears of Jacques Derrida*, 50쪽.
78. Karl Rahner, "The Concept of Mystery in Catholic Theology", in *Theological Investigations*, vol. 4, trans. Kevin Smyth (New York: Seabury Press, 1974), 36~73쪽을 보라. 라너가 이 세 편의 세미나 논문에서 지적하듯이, 트리엔트 공의회와 제1차 바티칸 공의회의 주교들이 채택한 스콜라주의 신학은, 신비와 그 계시를 주로 이성에 연결 짓고 있으나, "우리가 계시와 성서신학의 역사로부터 우리의 개념들을 취한다면 우리는 하나님께서 우리에게 진리를 부여하시는 것은 그분의 행하심에 의해서라는 사실을 첨언해야 할 것이다. 따라서 더 넓은 개념은 행하심이며 사건인 계시라는 개념이다(앞의 책, 39쪽)." 나아가 만일 이성이 계시에 합당한 공동의 작인이라면, 신비는 "조건부"다. 즉, 우리 인간들은 마침내 "그것을 알아낼" 것이다. 하나님의 신비가 하늘에서조차도 영원히 신비로 남을 것이며, 해독 불가능할 것이며, 더욱 깊고 더욱 암시적인 것이며, 동시에 여전히 축소될 수 없다고 말할 수는 없다(앞의 책, 41~48쪽).
79. 앞의 책, 41쪽.
80. 교황 바오로 6세의 *Divinae consortium naturae*. 이에 대한 성서적 근거는 〈베드로후서〉 1장 4절 및 〈에베소서〉 2장 18절에서 찾을 수 있다.
81. Karl Rahner, *Encyclopedia of Theology: The Concise Sacramentum Mundi*, trans. J. Griffiths, F. Mcdonagh, and D. Smith (New York: Seabury Press/ A Crossroad Bool, 1975), 1,466~1,468쪽("Revelation, II"를 보라)에서, "하나님의 자기 소통"이 무엇을 의미하는지에 대해 상세하게 설명하고 있다. 이 점에 대해서는 Gerald O'Collins, "Revelation", in *The Harper Collins Encyclopedia of Catholicism*, ed. Richard P. McBrien (San Francisco: Harper, 1995), 1,112쪽을 보라.
82. John F. Haught, "Revelation", in *The New Dictionary of Theology*, ed. Joseph A. Komonchak, Mary Collins, and Dermot A. Lane (Wilmington, Del.: Michael Glazier, 1987), 884쪽.
83. 앞의 책, 887쪽. Norbert Schiffers, "Revelaton, I", in Rahner, *Encyclopedia of Theology*, 1,454~1,455쪽.
84. 앞의 책. Cf. Schiffers, "Revelation, I", 1,454쪽. 하나님의 말씀은 "역사가 되고, 역사는 하나님의 계시가 완성될 것이라는 사실을 가리키는 지시적인 단어가 된다. …… 하나님의 계시는 인간적인 생각으로는 상상할 수도 없는 것인데, 역사라고 불리는 인간의 행위 속에서 체험된다(1,455쪽)."
85. Haught, "Revelation", 890쪽. 말씀의 성육신과 예수의 사역은 그것만으로는 계시를 구성할 수 없으며, 이 점은 〈하느님의 말씀〉 4항에 강조되어 있다. "이런 이유 때문에 예수께서는 자신을 현현케 하고 드러내는 전(全) 사역을 통해, 그분의 말씀과 행하심(verba et gesta, 〈하느님의 말씀〉 2항에도 사용된 표현으로 '내적 합일성을 지니는 행위와 말씀에 의해서 실현되는 계시의 계획')을 통해, 그분의 표적과 기사를 통해, 특히 그분의 죽으심과 죽은 자 가운데서 영광스럽게 부활하신 일, 그리고 진리의 영을 마지막으로 보내신 일을 통해 계시를 완성하신 것이다(4항)."
86. O'Collins, "Revelation", 1,112쪽.
87. 앞의 책.
88. Jacques Dupuis, *Toward a Christian Theology of Religious Pluralism* (Maryknoll, N.Y.: Orbis Books, 1997); rev. ed., 2001).
89. Dupuis, "Church's Evangelizing Mission", 8쪽.
90. Pope John Paul II, *Redemptoris Missio* 28; English translation: *On the Permanent Validity of the Church's Missionary Mandate* (Washington, D.C.: USCC, 1991), 47쪽.
91. Avery Dulles, *Models of Revelation* (Garden City, N.Y.: Doubleday, 1983), 131~154쪽.
92. 앞의 책, 136쪽.
93. Nathan Mitchell, "Symbols Are Actions, Not Objects", *Living Worship* 13, no. 2 (February 1977): 1~2쪽, Dulles, *Models of Revelation*, 136쪽에서 재인용.
94. 이것이 장뤼크 마리옹과 같은 포스트모던 신학자들이 하나님에 관해 말하기 위한 "제3의 방법", "이름 지어 부르지 않기(de-nomination)"를 제안한 이유다. 이는 전통적인 "긍정(현현)"과 "부정(부

재)"이란 방식을 넘어서는 방식이다. 이것은 "하나님의 비(非)현현"의 신학을 의미하는 것이 아니라, 오히려 우리가 하나님께 드리는 "이름"이 "하나님을 현존으로부터 보호하는" 일, 즉 단언이라는 인간의 지평 안에 하나님을 속박하거나 구금하는 것으로부터 보호하는 일을 해야 하는 신학, 곧 "부재의 실용적인 신학"을 뜻하기도 한다. 그렇기 때문에 마리옹은 이렇게 쓸 수 있었던 것이다. "하나님의 이름은 하나님을 하나의 본질로 이름 지어 부르지 않는다. 그것은 모든 이름을 넘어서는 이름을 뜻한다. 그 이름이란 이름 지어 부르지 않는 것을 뜻하며, 그것의 이름을 지어 부르지 않는다고 말하는 것이다. In Excess, 156~157쪽을 보라.

95. Louis-Marie Chauvet, Symbol and Sacrament: A Sacramental Reinterpretation of Christian Existence, trans. Patrick Madigan and Madeleine Beaumont (Collegeville, Minn.: Liturgical Press/A PUeblo Book, 1995), 499쪽.
96. 앞의 책, 494, 498쪽. 쇼베는 여기서 에버하르트 윙엘과 발터 카스퍼의 작품을 인용하고 있다.
97. 앞의 책, 498쪽.
98. 앞의 책, 237, 236쪽.
99. 앞의 책, 239, 240쪽.
100. The Tolkien Reader (New York: Ballantine Books, 1966), 71~73쪽.
101. Shane Mackinlay, "Eyes Wide Shut: A Response to Jean-Luc Marion's Account of the Journey to Emmaus", Modern Theology 20, no. 3 (July 2004): 447~456쪽.
102. 앞의 책, 452, 453쪽.
103. Miura and Sasaki, History of the Koan, 5쪽.

|||||||||||||||||||||||||||| 제2부 ||||||||||||||||||||||||||||

· 제5장

1. Orlando Espín, "An Exploration into the Theology of Grace and Sin", in From the Heart of Our People: Latino/a Exploration in Catholic Systematic Theology, ed. Orlando O. Espín and Miguel H. Diaz (Maryknoll, N.Y.: Orbis Books, 1999), 121~152쪽.
2. 앞의 책.
3. Luis León, "The Poetic Uses of Religion in The Miraculous Day of Amalia Gómez", Religion and American Culture 9, no. 2 (1999): 205~231쪽.
4. 앞의 책.
5. 앞의 책, 213, 214쪽.
6. León, "Poetic Uses", 220~221쪽.
7. John Rechy, The Miraculous Day of Amalia Gómez (New York: Arcade, 1991), 204쪽.
8. 앞의 책, 205쪽. 이 장면에 대한 레키 자신의 해석에 대해서는 "Outlaw Aesthetics: Interview with John Rechy", Diacritics 25, no. 1 (Spring 1995): 120쪽을 보라.
9. Rechy, The Miraculous Day of Amalia Gómez, 205쪽.
10. 앞의 책, 205, 206쪽.
11. 앞의 책, 206쪽.
12. Espín, "An Exploration into the Theology of Grace and Sin", 127쪽.
13. León, "Poetic Uses of Religion", 222~223쪽.
14. 앞의 책, 223쪽.
15. James F. Keenan, "Current Theology Note: Christian Perspective on the Human Body", Theological Studies 55 (1992): 330~346쪽.
16. 앞의 책, 330쪽. 아리스토텔레스의 철학에서 "형상"과 "질료"가, 그리고 "행동(혹은 작동)"과 "잠재력"이 연결되어 있는 것과 똑같이, 그렇게 연결되어 있다는 점을 주목하라.
17. Keenan, "Perspectivess", 331쪽 10번.
18. Latin text in A. Kroymann, ed., Quinti Septimi Florentis Tertulliana Opera, Part 3 (Corpus Scriptorum Ecclesiasticorum Latinorum 47; Vienna: F. Tempsky, 1906), 36~37쪽; English translation in Paul F. Palmer, Sacraments and Worship (London: Darton, Longman and Todd, 1955), 108쪽.
19. Gedaliahu G. Stroumsa, "Caro Salutis Cardo: Shaping the Person in Early Christian Thought", History of Religions 30, no. 1 (1990): 25~50쪽.
20. 앞의 책, Paul Veyne에게서 인용.

21. Michel Foucault, *The History of Sexuality*, vol. 3, *The Care of the Self*, trans. Robert Hurley (New York: Vintage Books, 1990).
22. Stroumsa, "Caro Cardo Salutis", 29쪽.
23. 앞의 책, 29~30쪽.
24. Stroumsa, "Caro Cardo Salutis", 42와 64쪽를 보라.
25. Latin and Greek texts in A. Rousseau et al., Irénée de Lyon, *Contre les heresies* (Sources chretiennes 100/2; Paris: Cerf, 1965), 610~612; English translation in Palmer, *Sacraments and Worship*, 108쪽.
26. Stroumsa, "Caro Cardo Salutis", 44쪽.
27. Anne Sexton, *The Awful Rowing Toward God* (Boston: Houghton Mifflin, 1975), 24~25쪽.
28. *Et erit unus Christus amans seipsum. Cum enim se invicem amant membra, corpus se amat* (Augustine, Commentary on the First Letter of John 10.3). Latin text in P. Agaësse, ed., Saint Augustin, *Commentaire de la première épitre de s. Jean* (Sources chretiennes 75; Paris: Cerf, 1961), 298, 300쪽.
29. Stroumsa, "Caro Cardo Salutis", 49~50쪽.
30. Jacques Dupuis, *Christianity and the Religions: From Confrontation to Dialogue*, trans. Philip Berryman (Maryknoll, N.Y.: Orbis Books, 2003).
31. 앞의 책, 158쪽.
32. 앞의 책, 159쪽.
33. Karl Rahner and Herbert Vorgrimler, *Theological Dictionary*, trans. Cornelius Ernst (New York: Herder & Herder, 1965), 60쪽.
34. 앞의 책, 444쪽.
35. 앞의 책, 445쪽.
36. Rahner and Vorgrimler, *Theological Dictionary*, 61쪽.
37. Karl Rahner, "The Festival of the Future of the World", in *Theological Investigations*, vol. 7 (New York: Seabury Press, 1977), 183쪽.
38. 앞의 책, 183~184쪽.
39. Rahner and Vorgrimler, *Theological Dictionary*, 27쪽.
40. Rudolf Bultmann, *Theology of the New Testament*, trans. Kendrick Grobel (2 vols.; London: SCM, 1952), 1권 192쪽.
41. Keenan, "Perspectives", 332쪽.
42. 앞의 책, 333쪽.
43. 앞의 책, 335쪽.
44. 앞의 책, 336쪽.
45. Peter Brown, *The Body and Society: Men, Women, and Sexual Renunciation in Early Christianity* (New York: Columbia University Press, 1988), 437쪽.
46. 앞의 책, 363쪽.
47. Leo Steinberg, *The Sexuality of Christ in Renaissance Art and in Modern Oblivion* (2nd ed., revised and expanded; Chicago: University of Chicago Press, 1996).
48. John O'Malley, "Postscript", in Steinberg, *Sexuality of Christ* (1983 edition), 199~203쪽.
49. 앞의 책. 오말리는 과시적 칭송을 일삼는 에피다익틱 수사법이 "더 오래된 …… 독자적인 전통"과 연관되어 있다는 점에 주목한다. 이 전통은 "12세기에는 클레르보의 성 베르나르와 함께 발전되었고, 13~14세기에는 그리스도의 인성에 관해 명상하기를 즐겨했던 프란체스코파와 함께 발전되었다."
50. 앞의 책, 201쪽. 오늘날까지 주일 예배에서 암송되는 〈신경〉의 두 줄은, 존경의 몸짓과 함께 암송된다. "이 두 줄을 암송하는 동안 모두가 몸을 굽혀 절을 한다."
51. 앞의 책.
52. 앞의 책, 202쪽.
53. 앞의 책, 201쪽.
54. Caroline Walker Bynum, "… And Woman His Humanity': Female Imagery in the Religious Writings of the Middle Ages", in *Fragmentation and Redemption: Essays on Gender and the Human Body in Medieval Religion* (New York: Zone Books, 1991), 151~179쪽.
55. Keenan, "Perspectives", 339~340쪽.
56. 카라바조의 생애와 작품, 특히 당시 로마와 남부 이탈리아의 교회와 카라바조 사이의 관계에 대한 대담한 연구에 대해서는, Peter Robb, *M: The Man Who Became Caravaggio* (New York: Henry Holt and Company/A John Macrae Book, 1999)을 보라.
57. Helen Langdon, *Caravaggio: A Life* (New York: Farra, Straus & Giroux, 1999), 5, 167~168쪽.

58. Langdon, *Caravaggio*, 12판, 116~117쪽.
59. 앞의 책, 116~118쪽.
60. Langdon, *Caravaggio*, 18~29판, 212~213쪽.
61. Langdon, *Caravaggio*, 31판, 308~309쪽.
62. Robb, *M: The Man Who Became Caravaggio*, 265쪽.
63. 앞의 책.
64. 앞의 책, 268쪽. 카라바조가 〈Madonna of the Pilgrims〉를 그린 해에, 로마 시는 부랑자들을 일제 단속했다. 왜냐하면 가난한 사람들이, 반종교개혁적 경건함의 모델이 되고 싶어 했던 "쇼케이스"로서의 로마에 위협이 되는 동시에 수치라고 인식되었기 때문이다. 이에 대한 더 자세한 논의는 앞의 책, 266~267쪽을 보라.
65. Langdon, *Caravaggio*, 287쪽.
66. 앞의 책, 287, 289쪽.
67. Robb, *M: The Man Who Became Caravaggio*, 124쪽.
68. Langdon, *Caravaggio*, 250~251, 224~225, 226쪽.
69. Robb, *M: The Man Who Became Caravaggio*, 371, 372쪽.
70. Langdon, *Caravaggio*, 329~330, 231, 239쪽.
71. 앞의 책.
72. Xavier John Seubert, "'But Do Not Use the Rotted Names': Theological Adequacy and Homosexuality", *Heythrop Journal* 40, no. 1 (January 1999): 75쪽.
73. Patrick Quinn, "Aquinas's Concept of the Body and Out of Body Situations", *Heythrop Journal* 34 (1993): 387~400쪽.
74. 앞의 책.
75. 앞의 책, 396, 398쪽.
76. Rahner and Vorgrimler, *Theological Dictionary*, "death"를 보라, 11~20쪽; 그리고 "body"를 보라, 59~61쪽.
77. Quinn, "Aquinas's Concept", 399쪽.
78. Rahner and Vorgrimler, *Theological Dictionary*, "death"를 보라, 116쪽.
79. 앞의 책, 116~117쪽.
80. 앞의 책, 61쪽.
81. Mark Johnson, *The Body in the Mind: The Bodily Basis of Meaning, Imagination, and Reason* (Chicago: University of Chicago Press, 1987), xiii.
82. Rahner, "Festival of the Future of the World", in *Theological Investigations*, 7권 183~184쪽.
83. Keenan, "Perspectives", 333쪽.
84. Brown, *Body and Society*, 437쪽.
85. Thomas Aquinas, *Summa Theologiae*, Supplementum, Q. 71, art. 9, corpus, ad 3.
86. Mary Collins, "Eucharist and Christology Revisited: The Body of Christ", *Theology Digest* 39, no. 4 (1992): 321~332, 329쪽.
87. Keenan, "Perspectives", 339, 344쪽.
88. Dupuis, *Christianity and the Religions*, 145쪽.
89. Dupuis, *Christianity and the Religions*, 145쪽에서 인용함.
90. 예를 들어, "구약의 성례전"에 관한 아퀴나스의 논쟁에 대해서는 *Summa Theologiae*, IIIa Pars, Q. 61, articles 3 and 4를 보라.
91. 앞의 책. 이런 관점은 작고한 교황 요한 바오로 2세의 회칙에서도 발견된다는 점을 주목하라.
92. Pontifical Council for Culture, "Toward a Pastoral Approach to Culture"; English translation in *Origins* 29, no. 5 (June 17, 1999): 67쪽.
93. Wayne A Meeks, *The Origins of Christian Morality: The First Two Centuries* (New Haven: Yale University Press, 1993), 130~149쪽.
94. Catherine Bell, *Ritual Theory, Ritual Practice* (New York: Oxford University Press, 1992), 99쪽.
95. "말씀의 예전과 성찬 예전은 너무나 밀접하게 연결되어 있어서 …… 이 둘은 하나의 예배 행위를 구성한다. 신자들은 여기에 참여하도록 가르침을 받아야 한다(SC 56)."
96. Laurence Paul Hemming, "The Subject of Prayer: Unwilling Words in the Postmodern Access to God", in *The Blackwell Companion to Postmodern Theology*, ed. Graham Ward (Oxford: Blackwell, 2001), 445쪽.
97. 앞의 책.
98. 이 점에 대해서는 제2차 바티칸 공의회의 〈현대 세계의 교회에 관한 사목 헌장〉 22항을 보라.
99. Antonie Vergote, "The Body as Understood in Contemporary Thought and Biblical Categories",

Philosophy Today 35 (1991): 93~105쪽.
100. Keenan, "Perspectives", 333쪽.
101. N. T. Wright, *The Resurrection of the Son of God*, vol. 3 of *Christian Origins and the Question of God* (Minneapolis: Fortress, 2003), 289~290쪽.
102. Meeks, *Origins of Christian Morality*, 134쪽.
103. 앞의 책.
104. 앞의 책, 134~135쪽.
105. Keenan, "Perspectives", 334쪽.
106. Jorome Neyrey, "The Idea of Purity in Mark's Gospel", Semeia 35 (1986): 91~128쪽; idem, "Body Language on 1 Corinthians", Semeia 35 (1986): 129~170쪽.
107. Keenan, "Perspectives", 334쪽.
108. Jean-Luc Marion, "The Gift of a Presence", in *Prolegomena to Charity*, trans. Stephen Lewis (New York: Fordham University Press, 2002), 124쪽.
109. 이것은 또한 말씀과 성례전이 서로 분리될 수 없는 근본적인 이유이기도 하다. 그리고 제2차 바티칸 공의회가 예전에서의 두 개의 식탁(말씀의 식탁과 빵의 식탁)의 본질적 연합을 주장한 이유이기도 하다.
110. Nathan D. Mitchell, "Symbols Are Actions, Not Objects-New Directions for an Old Problem"; entire issue of *Living Worship* 31 (February 1977).
111. 마리옹은 이렇게 쓰고 있다. "자아는 자아가 받는 바로 그것(몸)으로부터 스스로를 받는다. 한 현상에 관한 보통의 정의는 '나타남'과 '나타난 것' 사이의 합치(adequation)다. 그러나 육체 안에서의 이 구분은 정확하게 드러나지 않는다. 육체의 경우 독특하게도 인식되는 것이 인식하는 주체와 하나다. 따라서 육체를 취하는 것은 주어짐으로부터 출발하는 것으로 생각할 필요가 있다. 여기서 주어짐이란 모든 현상의 기본이다." 마리옹은 계속해 육체가 본원적인 것이라고 주장한다. 그것은 "느껴진 것과 느끼는 것 사이의 풀 수 없는 연합 속에서 끝없이 스스로를 가리킨다". 따라서 "나를 나 되게 하는 것, 나를 나 자신에게 속하게 하는 것"은 육체의 의무다. 요컨대, "내가 육체를 취하기도 전에 육체가 나를 취한다". 따라서 나는 나의 육체를 "선택"하는 것이 아니다. "육체가 항상 이미 나를 취한다. 내가 나 자신에게 나의 육체를 주는 것이 아니다. 나에게 나 자신을 주는 것이 육체다. 나의 육체를 받으면서 나는 나 자신을 받는다. 이런 방식으로 '나는 주어진다'. 즉, 나 자신에게 주어진다". 이에 대한 자세한 논의는 Jean-Luc Marion, *In Excess: Studies in Saturated Phenomena*, trans. Robyn Horner and Vincent Berraud (New York: Fordham University Press, 2002), 97~103쪽을 보라. 그러나 마리옹에게 있어서, "육체"란 "몸"보다 더 근본적이고 포괄적인 범주라는 점을 주목하라.
112. Michael Sims, *Adam's Navel* (New York: Viking, 2003), 11쪽.
113. Diane Ackerman, *A natural History of the Senses* (New York: Vintage Books, 1991), 68쪽. 애커먼은 이렇게 지적한다. "우리의 피부는 살아 있고, 숨을 쉬며, 분비하고, 우리를 해로운 광선과 미생물의 공격으로부터 막아주며, 비타민 D를 합성하고, 우리를 열과 차가움으로부터 차단시켜주며, 필요하면 스스로를 재생하고, 혈액의 순환을 조정해주며, 우리의 감촉을 위한 기관이 되어주고, 성적인 매력을 발산하는 것을 도와주며, 우리의 개성을 드러내주고, 우리 안에 있는 두껍고 빨간색의 쨈과 젤리와 같은 조직들이 제 자리에 있도록 고정시켜준다."(67쪽)
114. Sims, *Adam's Navel*, 15쪽.
115. 앞의 책, 2쪽. "우리는 각각 하나의 몸을 가지고 있으며, 그 몸을 가지고 어떻게 하라고 말하는 하나의 문화에 속해 있다. 똑같은 군중들 속에, 구레나룻을 가진 그리스 정교회 신자도 있고, 스킨헤드 헤어스타일을 한 사람도 있으며, 아프리카 출신으로 머리를 곧게 편 사람도 있고, 유럽 출신으로 머리를 곱슬곱슬하게 말은 사람도 있으며, 인조 손톱을 붙인 사람과 발톱에 색을 칠한 사람도 있을 수 있다. …… 그리고 틀니를 한 사람, 목주름 성형 수술을 받은 사람, 다리를 면도한 사람, 겨드랑이 면도를 하지 않은 사람, 눈썹을 뽑은 사람, 뺨을 붉게 칠한 사람, 가슴 확장 수술을 한 사람, 코를 성형한 사람, 하이힐을 신어 종아리가 굳어진 사람, 귀걸이 때문에 귓불이 늘어진 사람 등도 있을 수 있다."
116. 이 인용문은, *the Missale Gallicanum Vetus* (the "Mone Masses") ed. Leo Eizenhofer (Rerum

Ecclesiasticarum Documenta, Series major; Fontes III; Rome: Herder, 1958), no. 282(78쪽)에서 가져온 것임. 영어 번역본은, *Prayers of the Eucharist, Early and Reformed*, ed. R. C. D. Jasper and G. J. Cuming (2nd ed.; New york: Oxford University Press, 1980), 106쪽을 보라.

117. 영어 번문은 Jasper and Cuming, *Prayers of the Eucharist*, 98~104쪽을, 헬라어 본문은 *Prex Eucharistica*, ed. Anton Hanggi and Irmgard Pahl (Spicilegium Friburgense 12; Fribourg [Suisse]: Editions Universitaires, 1968), 230~242쪽을 보라.

118. Sims, *Adam's Navel*, 2~3쪽.

119. 앞의 책, 2쪽.

120. 아퀴나스는 성례전이 "내적 상태들" 혹은 단순한 "정신적 현실들"이 아니라, 외적이고 눈에 보이며 인식할 수 있는, 또한 인간을 말과 행동에 완전히 종사케 하는 그런 활동이라고 주장했다. 이에 대해서는 Summa Theologiae IIa IIae, Q. 111, art. 1, corpus: *Signa ... exteriora non solum sunt verba, sed etiam facta* ("외적인 기호들은 말일 뿐만 아니라 행동이다")를 보라.

121. *De latere Christi dormientis in cruce fluxerunt sacramenta, idest sanguis et aqua, quibus est Ecclesia instituta* (Summa Theologiae Ia, Q. 92, art. 3, corpus).

122. Rahner and Vorgrimler, *Theological Dictionary*, 200쪽, "Heaven"을 보라.

123. 앞의 책, 407~408쪽, "Resurrection (of Christ)"를 보라.

124. Julia Kristeva, "Giotto's Joy", in *Desire in Language*, ed. Leon Roudiez, trans. T. Gora, A. Jardine, and L. Rudiez (New York: Columbia University Press, 1980), 219; cf. 223쪽. 또한 Carl A. Raschke, *Fire and Roses: Postmodernity and the Thought of the Body* (Albany: State University of New York Press, 1996), 12~13쪽을 보라.

125. Kristeva, "Giotto's Joy", 222쪽.

· 제6장

1. W. H. Auden, "For the Time Being: A Christmas Oratorio; The Massacre of the Innocents; IV", in *Collected Poems*, ed. Edward Mendelson (New York: Vintage Books, 1991), 400쪽.

2. Christopher Ricks, *Dylan's Visions of Sin* (New York: Ecco/Harper Collins, 2004)을 보라.

3. Donald Hall, Poetry: *The Unsayable Said* (Port Townsend, Wa.: Copper Canyon Press, 1993), 1, 2쪽.

4. Walt Whitman, *Leaves of Grass and Other Writings*, ed. Michael Moon (Norton Critical Editions; New York, W. W. Norton, 2002), 230쪽.

5. 이 행은 또한 교차 운율도 허용하고 있는데, 예를 들면 다음과 같을 수 있다. "Through the AMPle open DOOR / of the PEACEful country BARN", 이 운율은 약약강격의(anapestic) 느낌이 더 강하다.

6. Hall, *Poetry: The Unsayable Said*, 3쪽.

7. Whitman, *Leaves of Grass and Other Writings*, 230쪽, 7번.

8. Hall, *Poetry: The Unsayable Said*, 4쪽.

9. Thomas Hardy, "Transformations", in *The Complete Poems*, ed. James Gibson (New York: Palgrave, 2001), 410번, 472쪽.

10. Hall, *Poetry: The Unsayable Said*, 5쪽.

11. 앞의 책.

12. Richard Rodriguez, *Brown: The Last Discovery of America* (New York: Viking, 2002), xi.

13. "Remarks of Richard Rodriguez, Journalist and Author" (May 23, 1997), 1; http://www.library.ca.gov/LDS/convo/convoc21.html에 2004년 1월 4일 게시됨.

14. Rodriguez, Brown, xi.

15. 앞의 책, xi-xii.

16. Hall, *Poetry: The Unsayable Said*, 8쪽.

17. 앞의 책.

18. Whitman, *Leaves of Grass and Other Writings*, 408쪽.

19. 예를 들면, 다음과 같이 주장할 수는 없다. 〈맑은 한밤중〉이 인간 존재를 그 물질적인 부분들의 합체로 끌어내릴 수는 없다. 시의 "영혼과의 대화"는 인간들에게 고유한 영적 자질이 있음을 명백하게 암시하기 때문이다. 동시에 휘트먼의 시가 특정한 신학적 혹은 철학적 교리를, 예를 들면 "영혼의 불멸성" 같은 교리를 반복해서 가르친다고 주

장할 수도 없다.
20. *Summa Theologiae IIIa Pars*, Q. 60, art. 2, corpus를 보라.
21. 저자가 주일에 통상적으로 하는 시작 기도.
22. 아우구스티누스는 〈요한복음 주석서(Tractate 80.3)〉에서 "눈에 보이는 말씀"으로서의 성례전의 개념을 환기시키고 있다. 같은 맥락에서 그는 성례전 수행에 있어서, "물질적인 요소들"과 "하나님의 말씀" 사이의 본질적인 관계에 대해서도 이야기하고 있다. *accedit verbum ad elementum et fit sacramentum*("말씀이 물질적인 요소로 들어오면서 성례전이 시작된다"). 아우구스티누스의 관점은 다음과 같이 보다 복잡하고 은유적이다. *sacrificium visibile invisibilis sacrificii sacramentum est*("보이는 제물은 보이지 않는 제물의 성례전이다", City of God 10.5.6.) 아퀴나스는 아우구스티누스의 이러한 이해를 성찬에 관한 그의 논문에서 인용하고 있다. 이에 대해서는 *Summa Theologiae* IIIa Pars, Quaestio 82, articulus 4, corpus을 보라.
23. Elizabeth Sewell, *The Human Metaphor* (Notre Dame, Ind.: University of Notre Dame Press, 1966), 12쪽.
24. 앞의 책, 68쪽.
25. Gail Ramshaw, *Liturgical Language: Keeping It Metaphoric, Making It Inclusive* (American Essays in Liturgy; Collegeville, Minn.: Liturgical Press, 1996), 9쪽.
26. 앞의 책.
27. Sewell, *The Human Metaphor*, 109쪽.
28. William Blake, *Jerusalem*, section 71, 15~19행, edited by Morton D. Paley; vol. 1 of *Blake's Illuminated Books* (Princeton: Princeton University Press, 1991), 247쪽.
29. *The Poetical Works of George Herbert* (New York: D. Appleton, 1857), 61~62쪽.
30. Jean-Luc Marion, *God without Being*, trans. Thomas A. Carlson (Chicago: University of Chicago Press, 1983), 139, 223쪽 1번.
31. 앞의 책, 140~141쪽.
32. 앞의 책, 143쪽.
33. 앞의 책, 144쪽.
34. 이것이 바로 에이든 카바나와 같은 예배학자들이 공예배의 경험으로부터 직접 생성되는 신학을 이야기한 이유다. 이때 예배학은 2차적으로 파생되는 "조직신학"과는 반대되는 개념으로 원신학을 의미한다. 이에 대해서는 Aidan Kavanagh, *On Liturgical Theology* (New York: Pueblo, 1984), 73~95쪽을 보라.
35. Marion, *God without Being*, 145쪽.
36. Marianne Sawicki, *Seeing the Lord: Resurrection and Early Christian Practices* (Minneapolis: Fortress, 1994), 334쪽.
37. 앞의 책, 334~335쪽.
38. 앞의 책, 335쪽.
39. Marion, *God without Being*, 149쪽.
40. 앞의 책, 150쪽.
41. 앞의 책, 150~151쪽.
42. Catherine Pickstock, *After Writing: On the Liturgical Consummation of Philosophy* (Oxford: Blackwell, 1998), xv.
43. Marion, *God without Being*, 152쪽.
44. 앞의 책, 156, 157쪽.
45. 앞의 책, 158쪽.
46. Pickstock, *After Writing*, 176~177쪽.
47. Catherine Pickstock, "Asyndeton: Syntax and Insanity: A Study of the Revision of the Nicene Creed", *Modern Theology* 10, no. 4 (October 1994): 337쪽.
48. 앞의 책, 336쪽.
49. "접속사 생략법"이란 용어는 현대 수사법에서 접속사, 교차 대조, 혹은 종속절, 예를 들어 여러 다른 생각들이 어떻게 구분되고 연합하며 상호 의존되는가를 보여주는 절들의 사용을 거부하는 말하기를 가리키는 것으로 사용된다.
50. 우리는 제정사가 전혀 들어있지 않은 고대의 성찬 기도들의 예를 가지고 있다. 아마도 이 중 가장 유명한 것이 "Addai와 Mari라는 첫 머리 어구 반복"이다. 이 점에 대해서는 English Translation, in *Prayers of the Eucharist, Early and Reformed*, ed. R. C. D. Jasper and G. J. Cuming (2nd ed.; New York: Oxford University Press, 1980), 26~28쪽을 보라.
51. Pickstock, "Asyndeton: Syntax and Insanity", 335쪽. 픽스톡은 예수의 성찬 제정의 말씀, 공관 복음서와 바울 서신에 나오는 말씀이 실제로 "예수께

서 직접 하신 말씀(ipsissima verba Jesu)"인지 아닌지에 관한 주석학적 문제에 대해서는 깊이 파고들지는 않는다.
52. Pickstock, *After Writing*, xiii~xiv, 37, 39, 40쪽.
53. Josef Pieper, *In Tune with the World: A Theory of Festivity*, trans. Richard Winston and Clara Winston (Chicago: Franciscan Herald Press, 1973).
54. Kavanagh, *On Liturgical Theology*, 100쪽.
55. 현대 미국의 문화를 "자본주의 정복 문화"라고 평가한 부분에 대해서는 Michel de Certeau, *The Practice of Everyday Life*, trans. Steven Rendall (Berkeley: University of California Press, 1984), 136쪽을 보라. 이 문장에 포함된 다른 인용문들은 Graham Ward, "Postmodern Theology", in *The Modern Theologians*, ed. David F. Ford (2nd ed.; Oxford: Blackwell, 1997), 595쪽에서 가져온 것임.
56. Laurence Paul Hemming, "The Subject of Prayer: Unwilling Words in the Postmodern Access to God" in *The Blackwell Companion to Postmodern Theology*, ed. Graham Ward (Oxford: Blackwell, 2001), 444~457쪽.
57. Richard R. Gaillardetz, "North American Culture and the Liturgical Life of the Church: The Separation of the Quests for Transcendence and Community", *Worship* 68, no. 5 (September 1994): 403~416쪽, 특히 413쪽.
58. 앞의 책, 416쪽.
59. Michael Downey, *Altogether Gift: A Trinitarian Spirituality* (Maryknoll, N.Y.: Orbis Books, 2000)를 보라.
60. Gaillardetz, "North American Culture and the Liturgical Life of the Church", 416쪽.
61. Vincent J. Miller, *Consuming Religion: Christian Faith and Practice on a Consumer Culture* (New York: Continuum, 2004), 81쪽.
62. 앞의 책, 80~81쪽.
63. 앞의 책, 228쪽.
64. 앞의 책.
65. 앞의 책, 57쪽.
66. 앞의 책.
67. Ramshaw, *Liturgical Language*, 9쪽.
68. Certeau, *Practice of Everyday Life*, 186쪽.
69. Graham Ward, "Introduction", in *Blackwell Companion to Postmodern Theology*, xxii.
70. Michel de Certeau, in *On Signs*, ed. Marshall Blonsky (Oxford: Blackwell, 1987), 202쪽.
71. Jean-Luc Marion, *In Excess: Studies of Saturated Phenomena*, trans. Robyn Horner and Vincent Berraud (New York: Fordham University Press, 2002), 157쪽.
72. Adelin Rousseau et al., eds., Irénée de Lyon: *Contre les Heresies*, Livre IV (Sources chretiennes 100 pt. 2; Paris: Cerf, 1965), 846~849쪽을 보라. 번역은 Jean-luc Marion, "The Gift of a Presence", in *Prologomena to Charity*, trans. Stephen Lewis (New York: Fordham University Press, 2002), 124쪽에 근거했음.
73. Wolfhart Pannenberg, *Jesus, God and Man*, trans. Lewis L. Wilkins and Duane A Priebe (Philadelphia: Westminster, 1977), 367쪽.
74. Rene Descartes, *Meditations on First Philosophy*, trans. George Heffernan (Notre Dame, Ind.: University of Notre Dame Press, 1992), 48쪽.
75. Ward, "Introduction", in *Blackwell Companion to Postmodern Theology*, xxii.
76. Ivan Illich, *In the Vineyard of the Text: A Commentary to Hugh's Didascalion* (Chicago: University of Chicago Press, 1993), 2쪽.
77. W. S. Merwin, *The Ends of the Earth* (Washington, D.C.: Shoemaker & Hoard, 2004), 151쪽.

· 제7장

1. Leo the Great, Sermon I on the Lord's Nativity; Latin text in *Patrologiae cursus completus*: Series latina, ed. J. P. Migne (221 vols.; Paris, 1844~1864), 54권 192~192쪽. 저자가 직접 번역한 것임.
2. 초기 이스라엘의 지성소와, 예배의 예루살렘 성전으로의 집중화, 그리고 유대교 제사장직의 진화 등에 대해서는 Roland de Vaux, *Ancient Israel: Its Life and Institutions* (New York: McGraw-Hill, 1965), 271~405쪽을 보라. 제사장직의 세습에 관해서는 359쪽을 보라.

3. Vasudha Narayanan, "Hinduism", in *Eastern Religions: Hinduism, Buddhism, Taoism, Confucianism, Shinto*, ed. Michael D. Coogan (New York: Oxford University Press, 2005), 53쪽. 그러나 나라야난은 힌두교의 모든 공동체들이 그 스승들을 그렇게까지 중요하게 여긴 것은 아니라고 지적하고 있다.
4. 앞의 책, 58쪽. guru라는 용어는 아마도 많은 독자들에게 친숙할 것이다. swami나 acharya 등과 같이 이와 연관된 용어들과 마찬가지로, 이 용어는 제자들을 종교적인 운동으로 이끈 스승을 가리킨다. 그러나 엄밀히 말해 acharya는 "수도원의 공식적인 수장"를 가리킨다(54쪽).
5. 앞의 책, 59쪽.
6. 앞의 책, 70~71쪽.
7. 이 표현은 David Power의 훌륭한 연구서인 *Sacrament: The Language of God's Giving* (New York: Crossroad, 1999)의 부제임.
8. Gregory Dix, *The Shape of the Liturgy*, rev. ed. with notes by Paul Marshall (New York: Seabury Press, 1982), 48쪽.
9. John D. Crossan, *Who Killed Jesus?* (San Francisco: Harper, 1995), 210쪽.
10. Norman Perrin, *Rediscovering the Teaching of Jesus* (New York: Harper & Row, 1967), 102, 107쪽.
11. Crossan, *Who Killed Jesus?*, 209쪽.
12. John Dominic Crossan, *Jesus: A Revolutionary Biography* (San Francisco: Harper Collins, 1994), 69쪽.
13. Geza Vermes, *The Dead Sea Scrolls in English* (New York: Penguin, 1962), 121쪽.
14. Crossan, *Jesus: A Revolutionary Biography*, 181쪽.
15. 앞의 책.
16. 이 이야기의 누가 병행 구절에 대한 주석은 본 책의 제6장 결론 부분을 보라.
17. 최근에 출현하기 시작한 평신도 사역에 대한 신학적 평가 및 평신도 사역과 안수받은 성직자 사역 사이의 관계에 대해서는 Edward P. Hahnenberg, *Ministries: A Relational Approach* (New York: Crossroad/A Herder & Herder Book, 2003)을 보라.
18. Cardinal Roger Mahoney, *Gather Faithfully Together: Guide for Sunday Mass* (Chicago: Liturgical Training Publications, 1997), 31쪽.
19. 앞의 책.
20. Mary Alice Piil, "The Local Church as the Subject of the Action of the Eucharist", in *Shaping English Liturgy*, ed. Peter Finn and James Schellman (Washington, D.C.: Pastoral Press, 1990), 173~196쪽을 보라.
21. 앞의 책, 175~176쪽.
22. Piil, "Local Church as the Subject of the Action of the Eucharist", 191쪽.
23. 앞의 책, 195쪽.
24. 앞의 책.
25. J. Richards, *Consul of God: The Life and Time of Gregory the Great* (London: Routledge, 1980), 121쪽을 보라. 또한 S. J. P. van Dijk, "The Urban and Papal Rites in Seventh and Eighth-Century Rome", *Sacris Erudiri* 12 (1961): 411~487을 보라.
26. Richards, *Consul of God*, 121쪽.
27. Syracuse의 주교 요한에게 보낸 대교황 그레고리우스 1세의 편지에 대해서는 Dag Norberg, ed., S. *Gregorii Magni Registrum Epistolarum*, vol. 2, *Libri viii-Xiv* (Corpus Cristianorum 140A; Turnholt: Brepols, 1982), 586~587(IX, 26)쪽을 보라.
28. Van Dijk, "Urban and Papal Rites", 467쪽. OR I는 아마도 기원후 700년경에 집대성되었을 것이다. 로마 가톨릭 교구 교회들 중 한 곳에서 수행된 교황 집례 미사에 사용된 의례에 관한 설명의 영어 번역본은 *Prayers of the Eucharist, Early and Reformed*, ed. R. C. C. Jasper and G. J. Cuming (2nd ed.; New York: Oxford University Press, 1980), 125~129쪽을 보라.
29. 영어 번역은 Jasper and Cuming, *Prayers of the Eucharist, Early and Reformed*, 19쪽에서 가져온 것임.
30. 앞의 책.
31. 앞의 책, 127~129쪽.
32. Richards, *God's Consul*, 121쪽을 보라.
33. Van Dijk, "Urban and Papal Rites", 467쪽.
34. 앞의 책, 468쪽.
35. Richards, *God's Consul*, 121쪽.
36. Van Dijk, "Urban and Papal Rites", 467쪽.

37. Latin text in Marcella Recchia, ed., *Sant'Agostino, Discorsi*, Vol. V (Rome: Citta Nuova Editrice, 1966), 995쪽. 저자 자신이 번역한 것임. 아우구스티누스의 본문은 제2차 바티칸 공의회의 〈교회에 관한 교의 헌장 - 인류의 빛〉 32항에서 가져온 것임.
38. 이 문서는 1997년 8월 15일에 회집된 "the Vatican congregations for Clergy, Laity, Evangelization, Bishops, Consecrated Life, Worship, and Doctrine of the Faith"의 대표들에 의해 발행되었다.
39. 2004년 3월 25일에 회집된 "Congregation for Divine Worship"의 대표인 프란시스 아런제 추기경에 의해 발행되었다.
40. Jacques Dupuis, "Lay People in Church and World: The Contribution of Recent Literature to a Synodal Theme", *Gregorianum* 68 (1987): 389~390쪽.
41. Hahnenberg, *Ministries*, 209쪽.
42. Michael Richards, "Hierarchy and Priesthood", Priests & People 8, no. 6 (June 1994): 228~232쪽.
43. 앞의 책, 229~230쪽.
44. Gary Smith, *Radical Compassion: Finding Christ in the Heart of the Poor* (Chicago: Loyola Press, 2002), 115~116쪽.
45. 역설적이게도 세례의 의미를 갖는 세족식을 생략한 것은 서구의 수많은 그리스도교 교회들 가운데서도 유독 로마 가톨릭교회였다. 암브로시우스는 그의 교리 교육집인 *De sacramentis* 3.5~6에서 세족식을 삭제하는 이런 변격을 넌지시 지적하고 있다. 이 점에 대한 더 상세한 논의는 Edward Yarnold, *The Awe-Inspiring Rites of Initiation: Baptismal Homilies of the Fourth Century* (Slough, UK: St. Paul Publications, 1972), 122~123쪽을 보라.
46. 이 기도문의 라틴어 본문은 *Missale Gallicanum Vetus*, ed. Leo Cunibert Mohlberg (Rerum eccesiasticarum documenta, series major, Fontes III: Rome: Herder, 1958), no. 176, 42쪽을 보라. 저자가 번역한 것임.
47. Thoma Aquinas, *Summa Theologiae* IIIa Pars, Q. 35, art. 7, corpus를 보라.
48. 엘리세오 루피니가(*The Sacraments in General: A New Perspective*, ed. E. Schillebeekx and B. Willems

[Concilium 31 : New York: Paulist Press, 1968], 101~114쪽에 실림)가 〈교회와의 관계 속에서 성례전이 가지고 있는 구체적인 가시적 요소로서의 성격〉이라는 제목의 자신의 논문에서 밝히고 있듯이, 아퀴나스 이전의 중세 신학자들은 그 "성격"의 성례전적 구조를 제대로 분별했다. 즉, 그들은 세례 의식이란 일시적인 것이지만, 세례 자체는 그대로 남는다는 사실을 알고 있었다. 그러나 그들은 아마도 "세례의 교회적 측면에 관한 명백한 인식"에 기초한 아우구스티누스의 교리를 잊고 있었던 것 같다. "아우구스티누스에게 있어서 세례는 …… 일차적으로 구원의 공동체로 모이는 행위였다. 따라서 그 '성격'은 어떤 면에서 보면 세례 행위 자체의 가시적인 연장이었던 셈이다." 세례를 "정화", 원죄를 씻어내는 의미의 정화로 보았던 초기 스콜라주의자들은 성례전이 갖는 본질적으로 교회적인 중요성을 간과한 것 같다(104~105쪽). 13세기에 그리스도의 제사장직에 그리스도인들이 참여하는 것에 뿌리를 둔 그 '성격'에 관한 아퀴나스의 교리는, "눈에 띄는 전환"이었다. 왜냐하면, 그의 교리가 세례 받은 사람이 예배할 수 있는 힘을 받게 된다는 점을 강조했기 때문이다. "이때 예배란, 개인적이고 주관적인 예배가 아니라, 제사장 그리스도의 예배, 곧 교회의 가시적인 제의적 행위에서 실현되는 그런 예배를 의미한다(앞의 책, 106쪽)."
49. Thoma Aquinas, *Summa Theologiae* IIIa Pars, Q.
50. 예를 들어, 〈베드로전서〉 2장 9절에서와 같이, 그리스도교 저자들이 "왕 같은 제사장"이란 이미지를 사용한 점에 대해서는, 나의 책 *Mission and Ministry: History and Theology in the Sacrament of Order* (Wilmington, Del.: Michael Glazier, 1982), 283~284쪽을 보라.
51. E. C. Whitaker, *Documents of the Baptismal Liturgy*, revised and expanded by Maxwell E. Johnson (Collegeville, Minn.: Liturgical Press, 2003), 244~251쪽. *Ordo Romanus XI*는 기원 후 700년경의 관용구를 반영하고 있는 것처럼 보인다. 그러나 그 원고들은 그 이후 시대, 즉 9세기경의 것으로 추정되고, OR XI가 "순수한 로마 가톨릭교회의 관행"을 대표하는 것인지, 혹은 프랑크 편집자들에 의해 개작된 것인지는 분명치 않다.
52. Thoma Aquinas, *Summa Theologiae* IIIa Pars, Q.

63. art. 3, corpus.
53. 1992년 교황청 신앙교리성은 〈개교회를 지나치게 강조하는 교회적 연합에 대항하기 위하여 (Hahnenberg, Ministries, 119쪽을 보라)〉 문서 한 편을 발행했다("Some Aspects of the Church Understood as Communion"). 신앙교리성은 교회의 "본질적 신비"란 "모든 개교회에 존재론적으로 그리고 일시적으로 우선하는 실체"라고 주장한다. 제2차 바티칸 공의회가 〈교회에 관한 교의 헌장 - 인류의 빛〉에서 "교회의 신비"에 관해 논한 것은 분명한 사실이지만, 또한 모든 인간을 "그 자신의 거룩한 삶"과의 연합으로 초청하시는 하나님의 한 영원한 계획과 그 신비를 연결시키고 있지만(〈교의 헌장〉1, 2항), 그것은 그 신비를 구체적인 구원의 역사에, 즉 사람들 사이에서 하나님이 행하신 역사적 행위에도 연결시키고 있다. 나아가 〈교의 헌장〉 2항에서는 "아담의 시대, 즉 '의로운 아벨로부터 선민의 마지막 사람에 이르기까지'" 교회가 존재한다고 말할 수 있다고 주장한다. 또한, 하나님은 이들을 세상이 끝날 때, 그리고 역사가 마무리될 때 모으실 것이라고 주장하고 있다(〈교의 헌장〉 2항). 요컨대 "신비"는 "역사"로부터 분리될 수 없다. 교회는 하나님께서 거룩한 삶을 나누자고 부르시는 사람들과 분리될 수 없다. 이것이 〈교의 헌장〉이 그 첫 장에서 교회의 "신비"를, 그리고 다음 장에서 하나님의 순례자들에 관해 말하고 있는 이유다.
54. Thoma Aquinas, *Summa Theologiae* IIIa Pars, Q. 22, art. 6, ad 2um. 아퀴나스는 성찬의 빵과 포도주에 그리스도가 실제로 현존하시는 목적은 정확히 "교회인 몸의 연합"이라고 이해했다. 토마스는 이렇게 썼다. "성찬 예전은 특히 사랑에 관한 것이다(caritatem). 왜냐하면, 그것이 교회의 연합의 성례전이기 때문이다(cum sit sacramentum ecclesiasticae unionis). 또한 그분, 즉 그리스도 자신 안에서 전 교회가 연합하고 강해지는 바로 그 한 분을 담아내는 것이기 때문이다. 따라서 성찬식은 사랑의 근원 혹은 사랑의 연대다(eucharistia est quasiquadam caritatis origo sive vinculum)." (*Summa Theologiae*, Suppl. Q. 71, art. 9, corpus; ad 3um).
55. Aidan Kavanagh, "Initiation: Baptism and Confirmation", *Worship* 46 (1972): 270쪽.
56. Hahnenberg, *Ministries*, 175쪽.

57. Aidan Kavanagh, "Unfinished and Unbegun Revisited: The Rite of Christian Initiation of Adults", *Worship* 53 (1979): 338쪽.
58. 앞의 책, 335~336쪽.
59. Romano Guardini, *Preparing Yourself for Mass*; foreword by Henri J. M. Nouwen (Manchester, N.H.: Sophia Institute Press, 1993), 96~98쪽.
60. Thomas Sheehan, *The First Coming: How the Kingdom of God Became Christianity* (1986; New York: Rnadom House Vintage Books, 1988), 66쪽.
61. Guardini, *Meditations before Mass*, 98쪽.
62. Daniel Berrigan, *Isaiah: Spirit of Courage, Gift of Tears* (Minneapolis: Fortress Press, 1996), 27~35쪽.
63. David Rosenberg, *A Poet's Bible: Rediscovering the Voices of the Original Text* (New York: Hyperion, 1991), 228~230쪽.
64. Berrigan, *Isaiah*, 84쪽.
65. 앞의 책, 88~89쪽.
66. Jan Groot, "The Church as Sacrament of the World", in *The Sacraments in General: A New Perspective*, ed. Edward Schillebeeckx and Boniface Willems (Concilium 31: New York: Paulist Press, 1968), 51~66쪽.
67. 〈교의 헌장〉 9항을 보라. "모든 사람 각자에게 교회는 구원을 위한 연합의 가시적인 성례전일지도 모른다." 〈교의 헌장〉 1항과 〈사목 헌장〉 42항. "교회는 그리스도 안에서 …… 성례전이다. 하나님과의 연합, 그리고 모든 백성들 사이의 연합의 기호이며 도구다." 〈골로새서〉 1장 19~20절 참조. "하나님께서는 그리스도 안에 모든 충만함을 머물게 하시기를 기뻐하시고, 그리스도의 십자가의 피로 평화를 이루셔서, 그리스도로 말미암아 만물, 곧 땅에 있는 것들이나 하늘에 있는 것들이나 다 기쁘게 자기와 화해시키셨습니다."
68. Groot, "Church as Sacrament of the World", 52쪽.
69. Jacques Dupuis, "The Church's Evangelising Mission in the Context of Religious Pluralism", *Pastoral Review* (online edition, March 2005): I, 2쪽.
70. 앞의 책, 첫 단락.
71. Jacques Dupuis, *Christianity and the Religions: From Confrontation to Dialogue* (Maryknoll, N.Y.:

Orbis Books, 2003), 110~113, 156~161쪽.
72. Dupuis, "The Church's Evangelising Mission", 8쪽에서 인용.
73. 교황 요한 바오로 2세가 1986년 12월 22일에 로마 교황청에서 행한 강론으로, Dupuis, "The Church's Evangelising Mission", 8쪽에서 인용했음.
74. 예언자 무함마드에 관해 말하면서 자크 뒤피는 R. C. 제너의 의견을 인용하고 있다. 제너는 "두 권의 책, 히브리 《성서》와 《코란》을 읽으면 그것이 같은 하나님을 말하고 있다는 결론을 내리지 않을 수 없다"고 말한다. 따라서 그리스도교 신학자들 사이에서 "무함마드를 하나님의 진정한 예언자"라고 인정하고, 《코란》을 비록 "오류가 없지는 않지만" "거룩한 진리"를 말하는 거룩한 책, 즉 "예언자를 통해주신 하나님의 말씀"이라고 인정하는 경향이 점점 늘어가고 있다. 이에 대한 상세한 논의는 Dupuis, Christianity and the Religions, 126쪽을 보라.
75. Benedict Viviano, "Matthew", in *The New Jerome Biblical Commentary*, ed. Raymond E. Brown et al. (Englewood Cliffs, N.J.: Prentice-Hall, 1990), 42:100 (658쪽)을 보라.
76. Judith A. Berling, *Understanding Other Religious Worlds: A Guide for Interreligious Education* (Maryknoll, N.Y.: Orbis Books, 2004), 27쪽.
77. 앞의 책, 55쪽.
78. *New York Times*, Wednesday, April 20, 2005.
79. Thomas M. Greene, "Ritual and Text in the Renaissance", *Canadian Review of Comparative Literature/Revue Canadienne de Litterature Comparee* 15 (June~September 1991): 179~197쪽. 그런은 셰익스피어 작품 안에 담겨 있는 "세러모니의 불확실한 조각상"을 지적하고 있다. 그의 희곡들은 "세러모니적 상징과 패러디의 실험으로 가득"하기 때문이다(192~194쪽). 그는 셰익스피어가 희곡 〈리처드 2세〉의 대관식 장면을 "역(逆)의 의례", 즉 "공개적인 왕관 박탈식"으로 그리고 있다는 점을 지적한다. 세르반테스 또한 세러모니에서 신비한 성격을 제거해, 그것을 가혹한 현실주의와 투명성으로 끌어내리고 있는 듯 보인다. 그러나 그런이 교묘하게 보여주듯, 세르반테스의 희화(戲畵)화는 하나의 함정일 뿐이다. 왜냐하면, 그의 궁극적인 의도는 세러모니를 재(再)신비화해, 그것을 반(反)제도적이고 비극적인 세속적 양식으로 만들려는 것이었기 때문이다(194~195쪽).
80. 앞의 책, 179~180쪽.
81. 앞의 책, 180쪽.
82. Hildegard of Bingen과 Mechtilde of Magdeburg와 같은 여성들의 영성과 혁신적 예술의 틀을 제공해준 것은 예전의 상징적 담론이었다. 이 점에 대해서는, 나의 글 "The Struggle of Religious Women for Eucharist", *Benedictines* 52, no. 2 (Winter 1999): 12~25쪽을 보라.
83. Greene, "Ritual and Text in the Renaissance", 182~183쪽.
84. Edward Muir, Ritual *in Early Modern Europe* (New York: Cambridge University Press, 1997).
85. 앞의 책, 155~181쪽.
86. 앞의 책, 157쪽.
87. 앞의 책, 181쪽.
88. 뮤어의 "수행적 기호의 위기"는 그런의 "의전 기호의 쇠퇴"와 비교될 수 있다. 두 경우 모두 그 결과가 비슷한데, signum과 signatum 사이의 어떤 실제적 관계도 전복 혹은 부인하는 "분리(이접) 기호학"이 그 결과다.
89. Miri Rubin, *Corpus Christi: The Eucharist in Late Medieval Culture* (New York: Cambridge University Press, 1991), 1쪽.
90. 앞의 책, 347쪽.
91. Muir, *Ritual in Early Modern Europe*, 164쪽.
92. Virginia Reinburg, "Liturgy and the Laity in Late Medieval and Reformation France", *Sixteenth Century Journal* 33, no. 3 (1992): 526~547쪽을 보라. 중세 시대 평신도의 예배 참여에 대해서는 Eamon Duffy, *The Stripping of the Atlas: Traditional Religion in England 1400-1580* (New Haven: Yale University Press, 1992), 91~130, 295~298쪽을 보라.
93. Catherine Pickstock, "A Short Essay on the Reform of the Liturgy", *New Blackfriars* 78 (1997): 56, 57쪽. 픽스톡의 관점에 대해서는 나의 책 *Real Presence: The Work of Eucharist* (new and expanded ed.; Chicago: Liturgy Training Publications,

2001) 129~144쪽에서 더 길게 논술했다.
94. 성례전 이론에 관한 아퀴나스의 혁신적 입장에 대해서는 Herbert McCabe, O. P., "The Eucharist as Language", *Modern Theology* 15 (1999): 131~141을 보라.
95. 데이비드 버크가 지적하듯, "이 논문 *Summa Theologiae* IIIa, 60 ff에서 성 토마스는, 성례전들을 일차적으로 기호들이라고 간주함으로써, 성 아우구스티누스의 접근 방식으로 되돌아가가고 있다. 이때 기호들이란, 성육신이라는 거룩한 제스처의 연장이며, 하나님께서 그분의 신비로운 계획 속에서 구속적 은혜를 가져오시는 분으로서 뿐만 아니라 예배와 신앙의 대상으로서 스스로를 인간들에게 나타내시기로 선택하시는 양식이기도 하다(St. Thomas Aquinas, *Summa Theologiae*, vol. 56, The Sacraments [3a, 60~65쪽], trans. David Bourke [new York: McGraw-Hill/Blackfriars, 1975], 2~3쪽, 각주 b)". *Summa Theologiae* IIIa, 60쪽의 서문에서 아퀴나스는 성례전에 대한 아우구스티누스의 짧은 정의를 인용하고 있다(signum rei sacrae). 나아가 당대의 많은 사람들과 마찬가지로 아퀴나스는 "성례전을 …… 은혜의 유효한 원인"이라고 보고 있다 (Bourke). 이 전환, 곧 "유효한 원인"에서 기호로의 전환, 성례전이 갖는 의미화의 힘·효과와 그 구조 모두를 이해하는 핵심적인 방식으로서의 전환은 대단한 것이었다. 이 점에 대해서는 Louis-Marie Chauvet, *Symbol and Sacrament: A Sacramental Reinterpretation of Existence*, Trans. Patrick Madigan and Madeleine Beaumont (Collegeville, Minn.: Liturgical Press, 1995), 9~21쪽을 보라.
96. Bourke, *Sacraments*, 8~9쪽, 각주 c.
97. 앞의 책.
98. *Summa Theologiae* Suppl., Q. 30, art. 2, sed contra (sacramenta significando efficiunt: 이 언어는 랑고바르드 지방의 언어로, 성례전에 대해 극단적인 종교적 열의를 가지고 논의한다); *Summa Theologiae* Suppl., Q. 45, art. 3, corpus (causae sacramentales siginificando efficiunt. 여기서는 성례전이 결혼의 관점에서 논의되고 있다).
99. 아퀴나스는 성례전이 "내적 상태들" 혹은 단순한 "정신적 현실들"이 아니라, 외적이며 눈에 보이고 인식할 수 있는, 또한 인간을 말과 행동에 완전히 종사케 하는 그런 활동이라고 주장했다. 이에 대해서는 *Summa Theologiae* IIa IIae, Q. 111, art. 1, corpus: Signa ... exteriora non solum sunt verba, sed etiam facta ("외적으로 나타난 기호들은 말일 뿐만 아니라 행동이다")를 보라.
100. 내가 볼 때, 아퀴나스의 사상이 갖는 이런 측면이 그 자신으로 하여금, 현상학적 관점에서 연구하는 장뤼크 마리옹과 같은 많은 포스트모던 신학자들이 학문적인 성례전 신학에서 발견하는 "함정"으로부터, 스스로 피할 수 있도록 도와주었다. 물론 이때 "함정"이란, "주체"가 의도성을 가지고 기호를 구성한다는 의미다. 나는 이것이 가능하긴 하지만 필요하지는 않다고 본다. 마리옹과 다른 학자들은 포화된 현상으로서의 기호가 주체를 구성한다고 말하고 싶을 것이다.
101. *Summa Theologiae* Suppl., Q. 45, art. 1, ad 1: Sacramentorum prima causa est virtus divina, sed causae secundae instrumentales sunt materiales operationes ex divina institutione habent efficaciam "성례전의 첫 번째 동인은 거룩한 힘이다. 그러나 두 번째의 도구적 동인은 하나님 자신의 결단으로부터 효율성을 얻게 되는 물리적 행동들이다."
102. *Summa Theologiae* IIIa, Q. 83, art. 3, ad 8; cf. *Summa Theologiae*, Suppl., Q. 25, art. 2, ad 1: Sacramentorum effectus non sunt determinati ad homine, sed a Deo "성례전의 효력은 인간에 의해서가 아니라 하나님에 의해서 결정되는 것이다."
103. Xavier John Seubert, "'But Do Not Use the Rotted Names': Theological Adequacy and Homosexuality", *Heythrop Journal* 40, no. 1 (January 1999): 75쪽.
104. Chauvet, *Symbol and Sacrament*, 24~25쪽.
105. 이것은 트리엔트 공의회의 22회 차 세션에서 주교들이 도달한 결론이다. 이에 대해서는 *The Canons and Decrees of the Council of Trent*, trans. H. J. Schroeder (1941; repr., Rockford, Ill.: Tan Books, 1978), 148쪽을 보라.
106. 특히 〈전례 헌장〉 33~34항을 보라. "예전을 개정하는 경우에 있어서는 다음의 일반적인 규범들이 준수되어야 한다. 의식들은 고결한 단순성과는 구분되어야 한다. 짧고, 명확해야 하며, 불

필요한 반복은 피해야 한다. 또한, 사람들이 이해할 수 있어야 하고, 보통 많은 설명이 필요 없어야 한다."
107. David Jones, *The Dying Gaul and Other Writings*, ed. Harman Grisewood (London: Faber & Faber, 1978), 167~176쪽. 이 책 안에 "A Christmas Message 1960"이란 제목으로 다시 인쇄되어 있다.
108. Jones, "A Christmas Message 1960", 167쪽.
109. 앞의 책, 169, 168쪽.
110. 앞의 책, 171~172쪽.
111. 앞의 책, 173쪽.
112. David Jones, "The Anathemata: Rite and Fore-Time", in *Introducing David Jones: A Selection of His Writings*, ed. John Matthias (London: Faber & Faber, 1980), 139쪽.
113. Albert Borgmann, *Crossing the Postmodern Divide* (Chicago: University of Chicago Press, 1992)를 보라.
114. Richard Gaillardetz, *Transforming Our Days: Spirituality, Community and Liturgy in Technological Culture* (New York: Crossroad, 2000), 19, 23, 51쪽.
115. 존스는 이 구절에 대한 주석에서 "맬러리의 《아서 왕의 죽음(Morte d'Arthur)》에서 펠럼 왕은 웨이스트 랜드와 투 랜드의 영주다"라고 말하고 있다(*Introducing David Jones*, 177).
116. Jones, "Anathemata", in *Introducing David Jones*, 140쪽. 존스는 "제사 담당자"의 손에 대한 그의 암시가 "장미, 한 사랑스러운 장미의"라는 제목의 중세 영국 시에서 가져온 것이라고 말하고 있다. 이 시편에서는 성찬에 관해 다음과 같이 묘사하고 있다. "Every day it shewit in prystes hond." 존스는 계속해 소금을 넣은 제사용 음식인 mola salsa가 날마다의 희생 제물의 정화를 위해 로마의 신녀들에 의해 만들어졌다는 점을 또한 지적하고 있다. 존스는 〈마가복음〉 9장 49~50쪽에 나오는 예수의 이해할 수 없는 말씀이 유대교의 성전 제사에서 수행되었던 유사한 의식을 암시할 수도 있다고 믿었다. 이 점에 대해서는 *Introducing David Jones*, 177~178쪽, 6과 7번을 보라.
117. Jones, "A Christmas Message 1960", 175~176쪽.
118. 마리옹의 연구의 다른 측면들에 대한 보다 긴 논의는 나의 책 *Real Presence: The Work of Eucharist* (new and expanded ed.), 107~146쪽을 보라. 또한 Jean-Luc Marion, "In the Name: How to Avoid Speaking of 'Negative Theology'", in *God, the Gift, and Postmodernism*, ed. John D. Caputo and Michael J. Scanlon (Bloomington: Indiana University Press, 1999), 2~53쪽을 보라. 이 논문의 다른 번역본은 Jean-Luc Marion, *In Excess: Studies of Saturated Phenomena*, trans. Robyn Horner and Vincent Berraud (New York: Fordham University Press, 2002), 128~162쪽에 실려 있다.
119. Chauvet, *Symbol and Sacrament*, 61쪽.
120. *Summa Theologiae* IIIa, 75, 5 (*Utrum corpus Christi sit in hoc sacramento sicut in loco*). 그의 응답은 다음과 같다. *Corpus Christi non est in hoc sacramento secundum proprium modum quantitatis dimensivae, sed magis secundum modum substantiae* "그리스도의 몸은 질량의 측면에서의 자연적인 양태에 따라서가 아니라 본질의 양태에 따라 이 성례전에 계신다."
121. 마리옹의 현상학적 철학은 현상에 대한 우리의 경험 속에 있는 "주어짐의 으뜸성"을 강조한다는 점을 주목해야 한다. 또한, 마리옹이 이 주어짐이란, 고갈되지 않는 "넘치는" 것으로 "현상 그 자체와, 그 현상을 바라보는 주체 모두에 대해서 근본적으로 다시 생각함"것을 요구한다는 점을 강조하고 있음에 또한 주목해야 한다. 이와 관련해 셰인 맥킨리가 2005년 6월 6일에 구술 시험을 거친 바 있는 그의 박사 학위 논문의 시놉시스를 보라. http://www.kuleuven.be/doctoraatsverdediging/(accessed July 26, 2005). 맥킨리는 다음과 같이 쓰고 있다. "구성하는 주체에 의해 부과된 지평의 한계 안에서 대상 혹은 존재로서 나타나는 현상의 자리에서, 마리옹은 현상을 조건 또는 한계 없이 나타나는, 즉 그 스스로 주어지는 것으로 보았다." 결론적으로 인간 주체는 더 이상 "현상을 대상으로 구성하고 있는 주권적 자아가 아니며 오히려 주체는 현상이 스스로를 부과하는 대상이다."
122. Jean-Luc Marion, *God without Being*, trans. Thomas A. Carlson (Chicago: University of Chicago Press, 1991), 164쪽.

123. 마리옹은 그의 논문에서 긍정의 신학과 부정의 신학의 문제를 전체적으로 파악해 밝히고 있으며, 또한, "제3의 방식"에 대한 자신의 주장을 제안하고 있다. 이에 관해서는 Caputo and Scanlon, *God, the Gift, and Postmodernism*, 24~42쪽에 실린 그의 논문, "In the Name"을 보라.
124. 앞의 책, 42쪽(Maion, *In Excess*, 162쪽에서 번역문을 가져옴).
125. 앞의 책, 30쪽(*In Excess*, 144쪽 참조).
126. John D. Caputo, "Apostles of the Impossible: On God and the Gift in Derrida and Marion", in Caputo and Scanlon, *God, the Gift and Postmodernism*, 185~222쪽을 보라.
127. 앞의 책.
128. *Summa Theologiae* Ia Pars, Q. 38, art. 2, corpus. 또한 *Summa Theologiae* vol. 7, trans. T. C. O'Brien (London: Blackfriar Eyre and Spottiswoode, 1976), 94(Latin), 95쪽(English)을 보라.
129. Gerard Loughlin, *Telling God's Story: Bible, Church and Narrative Theology* (New York: Cambridge University Press, 1996), 226쪽.
130. Jacques Derrida, *Given Time: I: Counterfeit Money*, trans. Peggy Kamuf (Chicago: University of Chicago Press, 1992), 7쪽.
131. 마리옹과 같은 현상학적 신학자들의 견해가 있긴 하지만, 그러나 데리다가 "선물"을 비판만 했던 것은 아니며, 또한 그 성격을 밝히지 않은 채 선물의 가능성을 거부하고 있지도 않다 (Caputo, "Apostles of the Impossible", 203~210). 데리다가 "선물"에 관해 던진 질문은 "불가능한 것"의 문제이며, 해체와 연관된 문제였다. 카푸토가 언급하듯이, "불가능한 것"이라는 문제는 데리다에게 욕망의 조건 그 자체다. "불가능한 것이 우리의 욕망을 일깨우며, 우리의 신앙을 먹이고, 우리의 열정을 양육한다. …… 우리가 무엇인가 불가능하다고 느끼는 바로 그때, 우리의 심장에는 불이 붙고, 보행자는 따라잡을 수 없는 지평 저 너머로 우리 자신이 들어 올려진다. 데리다가 볼 때, 우리는 불가능한 것에 대한 믿음을 잃어서는 안 되며, 이것이야말로 우리의 소망이며, 우리의 사랑이며, 선물에 대한 우리의 믿음이다. 선물, 불가능한 것, 그래 맞아, 그러니 오라 선물이여!(*viens, oui, oui!*, Caputo, "Apostles of the Impossible", 205쪽) 데리다는 어쩌면 "선물은 불가능하다"고 말하는 것이 아니라, 선물은 "불가능한 것"이라고 말하고 있는 것 같다. 이렇게 보는 것이 더 옳을 것이다.
132. Derrida, *Given Time*, 17~18쪽; 또한 Loughlin, *Telling God's Story*, 227~228쪽을 보라.
133. Caputo, "Apostles of the Impossible", 193~195쪽을 보라.
134. 앞의 책, 203쪽. 카푸토가 지적하듯이 마리옹은 특히 그의 초기 저서에서 "선물"과 "불가능한 것" 사이의 관계에 대한 데리다의 분석에서 그 요점을 놓친 것일 수 있다(205쪽).
135. 앞의 책, 208쪽. 카푸토가 지적하듯이 마리옹은 자신의 이 입장을 한스 우르스 폰 발타자르의 신학적 미학으로부터 가져온 것으로 보인다. 즉, "사랑하는 사람의 보이지 않는 사랑은 반지와 같은 눈에 보이는 선물을 통해, 성상적으로 혹은 '성례전적으로' 빛난다.
136. 앞의 책, 209쪽.
137. 앞의 책. 이것이 바로 마리옹을 비판하는 사람들이 그를 향해, 철학적 현상학자로 자처하면서 보이지 않는 것을 보이는 것으로 "밀수입하고", 또한 초월적인 것을 현상학 속으로 수입해 들어오는 가톨릭 신학자로 활동하고 있다고 비난하는 이유다. 이 점에 대해서는 Dominique Janicaud, "Veerings", in *Phenomenology and the "Theological Turn": The French Debate*, trans. Bernard Prusak (New Yrok: Fordham University Press, 2000), 50~69쪽을 보라.
138. Loughlin, *Telling God's Story*, 237~244쪽을 보라.
139. Loughlin, *Telling God's Story*, 237쪽.
140. 앞의 책, 238, 239쪽.
141. 그 정의상, "현재"는 전혀 지속될 수 없다. 왜냐하면 현재란, 과거 속으로 "물러가거나" 혹은 미래 속으로 "나아가기" 때문이다. 기껏해야 "현재"는 현재 진행형(becoming)으로 여겨질 수 있을 뿐이다.
142. Loughlin, *Telling God's Story*, 243쪽.
143. John Milbank, "Can a Gift Be Given? Prolegomena to a Future Trinitarian Metaphysic",

Modern Theology 11, no. 1 (January 1995): 119~161쪽. 밀뱅크는 다음과 같이 말하고 있다. 보통의 인간이 무언가 선물을 주는 경험을 할 때, 선물은 일정 거리를 여행하게 되며, 일종의 "중립 지역"을 통과하게 된다. 이 중립 지역에서 선물은 받아들여지거나 혹은 거부당할 수 있고, 접수되거나 반송될 수 있으며, 잠정적인 수령인에 의해 버려지거나 혹은 보낸 사람에 의해 회수될 수도 있다. 그러나 하나님이 주시는 경우(datio) 이런 조건은 적용되지 않는다. 그 한 가지 이유는 하나님께서 "OO에게 주시"거나 "OO로부터 받는 바깥(중립 지역)"이란 아예 없기 때문이다. 하나님께서 "주신다"고 말하는 것은 따라서 하나님께서 "창조하신다"고 말하는 것이다. 또한 하나님께서는 이미 존재하던 "물건들"을 다시 배열함으로써 주시는 것이 아니라, 이전에는 존재하지 않던 것들을 존재케 하심으로써 창조하신다. 고전 신학에서는 이것을 "무로부터의 창조(creatio ex nihilo)"라고 부른다. 따라서 하나님께서 바깥을 향해(ad extra) "주실" 때 창조가 일어나고 피조물이 생겨난다는 것이다.

144. Loughlin, *Telling God's Story*, 243쪽.
145. T. S. Eliot, *Four Quarters* (New York: Harcourt Brace Jovanovich, 1971), 57쪽.
146. 우리가 하나님의 은혜를 현존, 즉각성, 혹은 하나님의 자기 중심이라고 말할 때, 우리는 그것을 "공간화" 혹은 "시간화"의 언어로부터 (그리고 실제로부터) 떼어내는 것이다(왜냐하면, 공간화와 시간화는 둘이 연합해 하나님의 은혜라는 개념을 상품화 혹은 물화(物化)하기 때문이다). Nicholas Lash, *Believing Three ways in One God* (Notre Dame. Ind.: University of Notre Dame. 1992)이란 책에서 래시는 토마스 아퀴나스가 성령의 "합당한 이름"으로 "선물"이라는 단어를 선택함으로써, 이미 그러한 공간화와 시간화의 상품화를 피하는 데 성공했다고 지적하고 있다(*Summa Theologiae* Ia, 38, 2를 보라). 래시는 아퀴나스의 논지를 다음과 같이 요약하고 있다. "자기 것이 아닌 것을 줄 수는 없다. 따라서 성령을 '선물'이라고 부르는 것은 주어진 선물을 준 이에게 연결 짓는 일이며, 그 근원의 관계성을 이름 짓는 일이다. 하나님은 주신다. 그리고 하나님이 주시는 것은 바로 하나님 자신이다. '선물'은 따라서 하나님의 사랑의 영을 부르는 가장 가까운 이름으로 여겨져야 하며, 또한 '주어진 존재', 혹은 하나님의 주어지심인 선물로 여겨져야 할 것이다. 즉, '내어주심'으로서의 하나님으로 말이다."

147. Loughlin, *Telling God's Story*, 244쪽. 마리옹과 또 다른 학자들의 견해로 보면, 데리다의 입장은 선물을 "공간화"하고 있다(따라서 동시에 그것을 상품화하고 있다). 마리옹, 밀 뱅크, 로플린 등이 기초한 견해는 그런 공간화에 의존하지 않고 있으며, 오히려 선물과 교환, 접수와 반송의 절대적인 우연한 일치를 주장하고 있다.

148. Lash, *Believing Three ways in One God*, 105쪽.

|||||||||||||||||||||||||||||||| 에필로그 ||||||||||||||||||||||||||||||||

1. Annie Dillard, *Holy the Firm* (New York: Bantam Books, 1979), 60쪽.
2. 앞의 책.
3. Jean-Louis Chrétien, "The Wounded Word: The Phenomenology of Prayer", in *Phenomenology and the "Theological Turn"*, trans. Bernard G. Prusak, Jerffrey L. Kosky, and Thomas A. Carlson (New York: Fordham University Press, 2000), 150, 160쪽.
4. 앞의 책, 161쪽.
5. 앞의 책.
6. Daniel Berrigan, *Isaiah: Spirit of Courage, Gift of Tears* (Minneapolis: Fortress, 1966), 33쪽.
7. 앞의 책.

찾아보기

ㄱ

가타리, 펠릭스Gattari, Félix 35~42, 46~47, 49, 51, 54, 57, 73, 90, 95~96
《갈라디아서》 122, 174
《갈색 피부Brown》 325, 327
게일라데츠, 리처드Gaillardetz, Richard 14, 361
고든, 메리Gordon, Mary 167
〈고린도전서〉 77, 83, 174, 309, 351, 353, 388
〈고린도후서〉 67, 264
《고백록Confessions》 267~268
〈골로새서〉 120, 174, 351, 377
과르디니, 로마노Guardini, Romano 417
〈교리 문답집〉 408
〈교리서〉 66~67
〈교회에 관한 교의 헌장 - 인류의 빛Lumen Gentium〉 408, 409, 414, 422~423
〈교회의 선교 사명Redemptoris Missio〉 28, 135, 426
〈구원의 성사Sacramentum Redemptionis〉 407
《구조인류학》 45
구텐베르크Gutenberg, Johannes 58
《국가Republic》 358
그라우바트, 바루흐Graubard, Baruch 155
그레그, 린다Gregg, Linda 32
그루트Groot 423
《그리스도교 도덕성의 기원The Origins of Christian Morality》 305
《그리스도교 상징과 의례Christian Symbol and Ritual》 15
〈그리스도의 신비체Mystici Corporis Christi〉 395, 460
그린, 맥신Greene, Maxine 429
그린, 토머스 M.Green, Thomas M. 430~432
〈그림으로 그린 기도들: 인도 마을의 여성 미술Painted Prayers: Women's Art in Village India〉 206
〈근대 초기 유럽에서의 의례Ritual in Early Modern Europe〉 432
《글쓰기 이후After Writing》 350
〈기도Prayer〉 340
〈기도의 주체: 하나님에 대한 포스트모던적 접근에 있어서 본의 아닌 말들The Subject of Prayer: Unwilling Words in the Postmodern Access to God〉 360
〈기도하라, 형제들이여Orate Fratres〉 365
기를란다요Ghirlandaio, Domenico 286, 316
《기호의 제국Empire of Signs》 100~102, 104, 110, 114
〈길가메시 서사시〉 206

ㄴ

〈나는 성령을 믿는다I Believe in the Holy Spirit〉 239
나라야난, 바수다Narayanan, Vasudha 385~386
나르시시즘narcissism 101
《나사렛 예수, 유대인의 왕Jesus of Nazareth, King of the Jews》 142
《낙천주의자의 딸The Optimist's Daughter》 161
〈너희가 듣는 가운데서 이루어졌다Fulfilled in Your Hearing〉 221
네루다, 파블로Neruda, Pablo 50, 91
네리, 필리포Neri, Filippo 293
네이리, 제롬Neyrey, Jerome H. 312
노리스, 캐슬린Norris, Kathleen 208~210, 254
〈농장 풍경A Farm Picture〉 321, 329
〈누가복음〉 117, 121~122, 139~141, 149, 165, 167~169, 172, 174, 183~184, 189, 225, 236,

252, 288, 337, 348~349, 371, 379, 385,
392~393, 465
〈눈먼 이삭의 기도〉 65
느치카나Ntsikana 136~137
니시타니 케이지西谷啓治 107

ㄷ

닥터 수스Dr. Seuss 320
단테Dante, Alighieri 430
〈닭발 스튜Chicken Foot Stew〉 125
〈닳고 닳은 길A Worn Path〉 199~202, 216
더럴, 로런스Durrell, Lawrence 160~161
데리다, 자크Derrida, Jacques 51~55, 95, 102, 131,
452~454, 457
〈데살로니가전서〉 414
〈데이비드 튜더를 위한 다섯 개의 피아노 곡
Five Piano Pieces for David Tudor〉 75
데이비스, 내털리Davis, Natalie Zemon 432
데카르트, 르네Descartes, Rene 335~336, 373~378
도스토옙스키Dostoevsky, Fyodor Mikhailovich 457
〈도시 속의 사람들Men in the Cities〉 48
〈동방 박사의 경배Adoration of Magi〉 286
뒤피, 자크Dupuis, Jacques 246, 275~276, 317, 407,
423, 425
들뢰즈, 질Deleuze, Gilles 35~42, 47~49, 51, 54, 57,
73~74, 90, 95~96
《디다스칼리온Didascalion》 377
〈디도서〉 117, 337
디킨스, 찰스Dickens, Charles John Huffam 167
디킨슨, 에밀리Dickinson, Emily 328
딕스, 돔 그레고리Dix, Dom Gregory 388
딜라드, 애니Dillard, Annie 85, 463
딜런, 밥Dylan, Bob 320, 328

ㄹ

라너, 카를Rahner, Karl 18, 244~245, 247, 276~281,
298, 301, 315, 423
라베르디에, 유진La Verdiere, Eugene 172
라이트, N. T.Wright, Nicholas Thomas 307
라이틀, 앤드루Lytle, Andrew 233~234
라쿠트, 피에르Lacout, Pierre 210
래시, 니컬러스Lash, Nicholas 458

램쇼, 게일Ramshaw, Gail 337, 366
랭던, 헬렌Langdon, Helen 291~294
레비나스, 에마뉘엘Levinas, Emmanuel 77, 87, 423
레비스트로스, 클로드Levi-Strauss, Claude 36,
42~46, 49
레오 1세Leo the Great 384
〈레위기〉 168, 224
레인버그, 버지니아Reinburg, Virginia 434~436
레제, 페르낭Leger, Fernand 48
레치, 존Rechy, John Francis 261
로드리게스, 리처드Rodriguez, Richard 325~327
〈로마 미사 전례서 총지침General Instruction of the
Roman Missal〉 115, 132, 398
〈로마 전례 지침서 IOrdo Romanus Primus〉 400~403
〈로마 전례 지침서 XIOrdo Romanus XI〉 413, 415
〈로마서〉 174, 248, 270, 275, 309
로젠, 조너선Rosen, Jonathan 58~61, 69~70
로젠버그, 데이비드Rosenberg, David 419
로플린, 제라드Loughlin, Gerard 456
롭, 피터Robb, Peter 294
루빈, 미리Rubin, Miri 434
〈르네상스 시기의 의례와 본문〉 430
《르네상스 예술과 근대적 망각에 있어서의
그리스도의 성The Sexuality of Christ in
Renaissance Art and in Modern Oblivion》 286
《리더스 다이제스트》 31
리언, 루이스León, Luis 197, 261
리오타르, 장프랑수아Lyotard, Jean-Francois 91
리좀rhizome 5, 22, 33~35, 41~42, 47~48, 55,
73, 75, 90
《리좀Rhizome》 35, 41
리처즈, 마이클Richards, Michael 408~49
리치, 에드먼드Leach, Edmund 46
〈리틀 기딩Little Gidding〉 457
릭스, 크리스토퍼Ricks, Christopher Bruce 320
릴케, 라이너 마리아Rilke, Rainer Maria 203

ㅁ

〈마가복음〉 99, 116~117, 123~124, 139, 165, 167,
169, 171, 178, 184, 186, 223~224, 285, 371,
392~393, 427~428
마리옹, 장뤼크Marion, Jean-Luc 243, 312, 341~343,

345~346, 348~352, 369, 375, 448~455, 457~458, 460~461
마이어, 앨버트Meyer, Albert Gregory 237~238
마이어, 존 P.Meier, John P. 139, 141~142, 144, 147~148, 157, 162, 176, 180~181, 186~187, 194
마이어호프, 바버라Myerhoff, Barbara 124~125
〈마태복음〉 83~84, 117, 139, 146, 149~150, 154, 165, 173~174, 177~179, 184, 189, 225, 282, 285, 294, 371, 417, 421, 427~428, 452
마테오스, 후안Mateos, Juan 173, 175
마호니, 로저Mahoney, Roger Michael 395, 406
〈만트라mantra〉 156
말라르메, 스테판Mallarmé, Stéphane 72
〈맑은 한밤중A Clear Midnight〉 328~329, 336~337
맥킨리, 셰인Mackinlay, Shane 252
메를로퐁티, 모리스Merleau-Ponty, Maurice 52
메이시, 개리Macy, Gary 15
멘델슨, 에드워드Mendelson, Edward 69~71
모세 71, 142
《모자 속의 고양이The Cat in the Hat》 320
모차르트Mozart, Wolfgang Amadeus 92
〈문화에 대한 사목적 접근에 대하여Toward a Pastoral Approach to Culture〉 304
뮤어, 에드워드Muir, Edward Wallace 432~434
《미국 고등 교육 신문The Chronicle of Higher Education》 66
미셸, 버질Michel, Virgil 365
《미슈나》 60
미크스, 웨인Meeks, Wayne A. 305, 308~309
밀러, 빈센트 J.Miller, Vincent J. 363~365
밀뱅크, 존Milbank, Alasdair John 456

ㅂ

바르트, 롤랑Barthes, Roland 100~105, 110~114, 121, 130
바르트, 카를Barth, Karl 341~343
바리새인 180, 380
바쇼芭蕉 112~113
바실리우스Basilius 313
바울 67, 71, 77, 83~84, 116, 122, 270, 281, 305, 307~311, 353, 356, 388, 393

바이넘, 워커Bynum, Caroline Walker 289~290, 300
바흐, 요한 세바스찬Bach, Johann Sebastian 76
반다이크, 스티븐van Dijk, Stephen 399~400, 403~404
《반지의 제왕the Lord of the Rings》 251
발자크Balzac, Honoré de 103
버클리, 조지Berkeley, George 220
벌링, 주디스Berling, Judith 429
베네딕토 16세Benedictus XVI, 요제프 라칭거, Joseph Ratzinger 238, 239, 430
베리건, 대니얼Berrigan, Daniel J. 226~228, 418~419, 466~467
벨, 캐서린Bell, Catherine 21
〈벨베데레의 아폴로Belvedere Apoll〉 202, 222
보겔, 시릴Vogel, Cyrille 15
보그만, 앨버트Borgmann, Albert 446
보로메오, 카를로Borromeo, Carlo 291
볼테르Voltaire 113
볼페, 슈테판Wolpe, Stefan 76
부소티, 실바노Bussotti, Sylvano 75~76
부재의 현존the presence of absence 93, 121~123, 126~128, 131, 209
부처Buddha 97~98, 107
분라쿠文楽 108~109
〈불도 촛불도 아닌: 기술 아래서의 상징과 성례전 Nor Fire Nor Candle Light; Symbol and Sacrament under Technology〉 443
불레즈, 피에르Boulez, Pierre 74, 76
불트만, 루돌프Bultmann, Rudolf Karl 281
브라운, 피터Brown, Peter Robert Lamont 283~285
브르통, 스타니슬라스Breton, Stanislas 83~84, 96
〈비그리스도교와 교회의 관계에 대한 선언 – 우리 시대 Nostra Aetate〉 28, 424, 427
비비아노, 베네딕트Viviano, Benedict 163
비오 12세Pius XII 81, 396, 408, 459~460
《비잔틴 의식 약사The Byzantine Rite: A Short History》 15
비탈리아누스Vitalianus 400
〈빌립보서〉 78, 84, 116~117, 119, 309

ㅅ

〈사도행전〉 48, 122, 174, 303, 371
사위키, 메리앤Sawicki, Marianne 190, 346~347

《사자에게 선택된Chosen by the Lion》 32
사토리悟リ 102, 104
사해 사본 139
《상징과 성례전Symbol and Sacrament》 21
생빅토르, 위그 드Saint-Victor, Hugues de 377
서버트, 제이비어 존Seubert, Xavier John 296, 441
《서유기西遊記》 98
설, 마크Searle, Mark 68
〈설교〉 405
설봉雪峰 219
〈성 마태의 순교Martyrdom of St. Matthew〉 294
〈성 베네딕도 수도 규칙Rule of St. Benedict〉 27
《성서》 54, 69~73, 116, 119~120, 122, 140, 144, 150, 151, 166, 177, 181, 199, 221, 224, 228~229, 237~238, 245, 248, 265, 282, 285, 295, 302, 344~346, 348, 355~356, 370, 372~375, 394, 395
《성스러운 견고함Holy the Firm》 463
《성의 역사History of Sexuality》 268
〈성직자의 거룩한 사역에 있어서 안수받지 않은 신자들과의 협력에 관한 질문들〉 407
성찬기도 239, 299, 313, 334, 354~357, 401
〈성찬 기도 IEucharistic Prayer I〉 355~356, 445, 464
세례요한 140, 146, 154, 385
세르토, 미셸 드Certeau, Michel de 367~368, 376
섹스턴, 앤Sexton, Anne 272~273
셰익스피어Shakespeare, William 209, 430
소쉬르, 페르디낭 드Saussure, Ferdinand de 44, 51
《쇠 피리The Iron Flute》 219
쇼베, 루이마리Chauvet, Louis-Marie 21, 77, 79, 88, 90, 93, 96, 116, 119, 128, 130, 132, 159, 209, 218, 248~250, 259, 317, 353
〈순례자들의 성모 마리아Madonna of thePilgrims〉 292~293
슈만트베세라트, 데니즈Schmandt-Besserat, Denise 56
슈바르츠, 루돌프Schwarz, Rudolf 203~204
슈얼, 엘리자베스Sewell, Elizabeth Missing 336, 339
스미스, 개리Smith, Gary 410
스콧, 버나드 브랜던Scott, Bernard Brandon 223~224, 226
스타, 케네스Star, Kenneth 65
스타이너, 조지Steiner, George 112

스타인버그, 레오Steinberg, Leo 286~287, 289
스툴뮐러, 캐럴Stuhlmueller, Carroll 207
스트롬사, 게달리아후Stroumsa, Gedaliahu A. G. 267, 271, 274
〈시편〉 117, 207~209, 254, 393
시핸, 토머스Sheehan, Thomas 123, 127, 191, 193, 417
《신곡Commedia》 430
〈신명기〉 122, 145, 158
〈신실하게 함께 모여라Gather Faithfully Together〉 395, 406
〈신약성서〉 116, 175, 181, 251, 302, 414
신케이心敬 107
《신학대전》 437, 449
《신화학 1The Raw and the Cooked: Introduction to a Science of Mythology》 43
심스, 마이클Sims, Michael 312, 314

ㅇ

〈아나테마타The Anathemata〉 445, 447
아리스토텔레스Aristoteles 92, 103, 271, 277, 298, 437, 452
《아말리아 고메즈의 기적의 날The Miraculous Day of Amalia Gómez》 261
〈아모스〉 228
아우구스티누스Augustinus, Aurelius 267~269, 273, 334, 378~379, 405~406, 414
〈아차리아 데보 브하바Acharya devobhava, 너의 스승을 신처럼 여기라〉 386
아퀴나스, 토마스Aquinas, Thomas 17, 128, 132, 277, 297~298, 302, 304, 315, 332, 412~413, 415, 437~442, 448~449, 459
아키텐의 프로스페르Prosper of Aquitaine 81
《알렉산드리아 사중주Alexandria Quartet》 161
암두巖頭 219
암브로시우스Ambrosius 284~285, 378, 411~412
《앙띠 오이디푸스Anti-Oedipus》 35, 38
애덤스, 존Adams, John 33
야훼 159, 177, 227
에가쿠慧萼 99
〈에베소서〉 174, 246, 270
에스겔 151~154, 157, 224

〈에스겔〉 151, 153~154, 224
에스핀, 올랜도Espín, Orlando 197~198, 260, 263
엘리야 183, 375
엘리엇, T. S.Eliot, Thomas Stearns 91, 457
〈엠마오에서의 만찬Supper at Emmaus〉 295
《예배 신학에 관하여On Liturgical Theology》 87
《예배 전의 명상들Meditations before Mass》 417
《예배Worship》 14.
《예배학 핸드북Handbook for Liturgical Studies》 15
《예수의 가르침을 재발견하기Rediscovering the Teaching of Jesus》 188
예이츠Yeats, William Butler 30, 38
《예전 연구The Study of Liturgy》 15
예전 전쟁liturgy wars 14, 114, 215~216, 305, 370
《예전과 사회과학Liturgy and the Social Sciences》 97
《예전서의 역사A History of Liturgical Books》 15
오말리, 존O'Malley, John W. 287~288
오코너, 플레너리O'Connor, Mary Flannery 229~236
오콜린스, 제럴드O'Collins, Gerald Glynn 246
요세푸스Josephus, Flavius 145
요엘Hoffmann, Yoel 220
요한 바오로 2세Joannes Paulus II 28, 135, 246~247, 304, 425~426, 459
〈요한계시록〉 99, 211
〈요한복음〉 32, 54, 134, 139~141, 174, 184~185, 342, 371, 393, 411~412, 467
《우리의 날들을 셈하기Number Our Days》 125
《우파니샤드의 금언Taittiriya Upanishad》 386
울프, 버지니아Woolf, Virginia 440
워드, 그레이엄Ward, Graham 32~34, 368, 376
워커, 조앤 해즐든Walker, Joan Hazelden 399
워홀, 앤디Warhol, Andy 31
웰티, 유도라Welty, Eudora 161, 199~202, 216
〈위대한 찬송Great Hymn, Ahomna, homna〉 136~137
위클리프Wycliffe, John 432
윗블리엇, 존 D.Witvliet, John D. 135
유스티누스Justinus 400~403
〈육체의 부활에 대해〉 266
《음악, 음악Music, Music》 91
〈이단 반박문Against Heresies〉 269, 370
이레나이우스Irenaeus 268, 370
이사야 156, 183, 226, 228, 361, 418~421,
466~467
〈이사야〉 183, 337, 361, 418, 420~421, 466
이스트우드, 클린트Eastwood, Clint 223
〈인간의 구원자Redemptor Hominis〉 426
일리치, 이반Illich, Ivan 377

ㅈ
〈자비의 일곱 가지 행동Seven Works of Mercy〉 294
장인匠人이 안 되기un-mastery 93, 128
〈재림The Second Coming〉 30
〈전례 헌장〉 4, 28, 51, 137, 306, 387, 394, 396~399, 408, 413, 459~460
《전집opera omnia》 59
제퍼슨, 토머스Jefferson, Thomas 33
제프레, 클로드Geffré, Claude 303
조토Bondone, Giotto di 316
존스, 데이비드Johnes, David 442~447, 460
존슨, 마크Johnson, Mark L. 300
존슨, 새뮤얼Johnson, Samuel 220
〈주기도문〉 149~150, 154~155, 157, 159~160, 162~164, 176~178, 192, 194, 196, 311, 401
중봉명본中峰明本 217, 253
《중세 예전Medieval Liturgy: An Introduction to the Source》 15
〈중세 후기 문화에서의 성찬Corpus Christi: The Eucharist in Late Medieval Culture〉 434
〈지극히 관대하신 하느님Munificentissimus Deus〉 81

ㅊ
〈착한 사람은 찾기 어렵다A Good Man Is Hard to Find〉 229, 232
〈창세기〉 88, 151~153, 166, 221, 270, 347, 366
《처음 온 이들The First Coming》 123
《천 개의 고원A Thousand Plateaus: Capitalism and Schizophrenia》 35, 41, 46, 73, 75
〈첫 번째 변증론First Apology》 400, 403
《초보자를 위한 포스트모더니즘Postmodernism for Beginners》 30
추풍코, 안스카Chupungco, Anscar J. 15
〈출애굽기〉 71, 158, 164

ㅋ

〈카디시Qaddish, Kaddish〉 154~156
카라바조Caravaggio, Michelangelo Merisi o Amerighi da 291~296, 316~317
카르둘로, 프란체스코Cardulo, Francesco 288
카바나, 에이든Kavanagh, Aidan 18, 87~88, 349, 359, 414, 416, 461
카스퍼, 발터Kasper, Walter 116
카푸토, 존Caputo, John D. 455
컬페퍼, R. 앨런Culpepper, R. Alan 189
케노시스kénōsis 116~117
〈케두샤Qedushah〉 156
케이지, 존Cage, John 75~76
코페르니쿠스Copernicus, Nicolaus 58
케이지, 존Cage, John 75~76
콜린스, 매리Collins, Mary 302
콩가르, 이브Congar, Yves Marie-Joseph 239~240, 247
쿡, 버나드Cook, Bernard 15
퀸, 패트릭Patrick 297~298
크레티앵, 장루이Chrétien, Jean-Louis 464, 466
크로산Crossan, John Dominic 172~173, 182, 222~223, 389, 391~392
크리소스토무스, 요하네스Chrysostomus, Johannes 291, 353
크리스테바, 쥘리아Kristeva, Julia 316
〈클레어Clea〉 160
클린턴, 빌Clinton, Bill 65
키냐르, 파스칼Quignard, Pascal 92
키츠, 존Keats, John 209

ㅌ

《타나크》 62
타우시그, 핼Taussig, Hal 150, 164, 166, 177~178
타키투스Tacitus, Cornelius 145
《탈무드》 58~61, 69, 155
태프트, 로버트Taft, Robert F. 15
테르툴리아누스Tertullianus, Quintus Septimius Florens 63, 266, 271~272, 317
《토라》 60, 62, 65, 139, 143, 147, 159, 165, 179
톨킨, J. R. R.Tolkien, John Ronald Reuel 251
투투, 데즈먼드Tutu, Desmond 137
튜더, 데이비드Tudor, David 75~76

틱낫한Thich Nhat Hanh 218

ㅍ

《파도The Waves》 438
파스칼Pascal, Blaise 342
파월, 짐Powell, Jim 30~31, 34
판넨베르크, 볼프하르트Pannenberg, Wolfhart 372
팔라초, 에리크Palazzo, Éric 15
페리얄바Periyalvar 386
페린, 노먼Perrin, Norman 188
평신도lay 79, 115, 135, 144, 147~149, 179~181, 186, 194, 330, 356, 394~396, 398, 404, 407~408, 410~412, 415~416, 433, 435~436, 460~461
포스트모더니즘 31, 39, 47, 51, 134, 376
포스트모더니티 32~34, 376
폴록, 잭슨Pollock, Jackson 75
폴리리듬 예배polyrhythmic worship 135, 137
폴리포니polyphony 5, 19, 27, 307, 376
푸코, 미셸Foucault, Michel 95, 268
프레드릭슨, 폴라Fredriksen, Paula 142, 186
프로이트Freud, Sigmund 37
프루스트, 마르셀Proust, Marcel 456
플라톤Platon 37, 52, 298, 358~359, 370
피퍼, 요제프Pieper, Josef 359
픽스톡, 캐서린Pickstock, Catherine 341, 350, 352~354, 357~359, 436~437
필, 메리 앨리스Piil, Mary Alice 395, 398

ㅎ

하넨버그, 에드워드Hahnenberg, Edward 407, 415
〈하느님의 계시에 관한 교의 헌장 – 하느님의 말씀 Dei Verbum〉 199, 237~241, 246~248, 408~409, 414
〈하느님의 중개자Mediator Dei〉 396~397, 408
하디, 토머스Hardy, Thomas 324~325
하이든Haydn, Franz Joseph 114
《한 분 하나님을 세 가지 방식으로 믿기Believing Three Ways in One God》 458
〈한 손의 소리the sound of one hand〉 219
허버트, 조지Herbert, George 340
헤롯 138, 184

헤밍, 로런스 폴Hemming, Laurence Paul 72,
    360~361
헤어, 더글러스Hare, Douglas 189
〈현대 세계의 교회에 관한 사목 헌장 – 기쁨과 희망
    Gaudium et Spes〉 29, 39, 274~276, 279,
    282, 305, 317, 347, 422~423, 425
현장玄奘 98
호메로스Homeros 332
호크스, 존Hawkes, John 234
호프먼, 로런스Hoffman, Lawrence 156
혼, C. 마이클Hawn, C. Michael 135
홀, 도널드Hall, Donald 321~323, 327
홈스, 어번Holmes III, Urban Tigner 86~87
화이트, 에드먼드White, Edmund 101~103, 113
후스Hus, Jan 433
휘트먼, 월트Whitman, Walt 321~323, 325, 328, 336
휠라이트, 필립Wheelwright, Philip Ellis 333
휠러, 스티븐Huyler, Stephen 206
흠산欽山 219
〈히브리서〉 143
히사마추久松真— 218

N

《New Jerusalem Bible》 421

S

《S/Z》 103